国内外食品农药残留技术法规差异性研究

张峰　祝建华　主编

山东大学出版社
SHANDONG UNIVERSITY PRESS
·济南·

图书在版编目(CIP)数据

国内外食品农药残留技术法规差异性研究 /张峰，祝建华主编. --济南:山东大学出版社，2022.2
ISBN 978-7-5607-7357-5

Ⅰ.①国… Ⅱ.①张…②祝… Ⅲ.①食品污染-农药残留量分析-法规-对比研究-中国、国外 Ⅳ.①D912.404

中国版本图书馆 CIP 数据核字(2021)第 278493 号

责任编辑　姜　山
封面设计　张　荔

国内外食品农药残留技术法规差异性研究
GUONEIWAI SHIPIN NONGYAO CANLIU JISHU FAGUI CHAYIXING YANJIU

出版发行	山东大学出版社
社　　址	山东省济南市山大南路 20 号
邮政编码	250100
发行热线	(0531)88363008
经　　销	山东省新华书店
印　　刷	济南巨丰印刷有限公司
规　　格	787 毫米×1092 毫米　1/16
	24.25 印张　482 千字
版　　次	2022 年 2 月第 1 版
印　　次	2022 年 2 月第 1 次印刷
定　　价	96.00 元

《国内外食品农药残留技术法规差异性研究》

编委会

主　　编　张　峰　祝建华

顾　　问　潘灿平

副 主 编　张　卉　王艳丽　杨振东　李　洁

编　　委（按姓氏笔画排序）

于艳艳　王秀娟　师景双　刘艳明

许秀丽　李　珊　李海霞　吴珍珍

张红霞　陈倩倩　赵慧男　钟立霞

姚桂红

前　言

农药作为控制农林作物病、虫、草、鼠等有害生物危害的特殊商品，在保护农业生产、提高农业综合生产能力和促进农作物增产等方面发挥着重要作用，同时也是现代化农业不可或缺的生产资料。然而，大量农药的不合理施用，不仅带来了严重的环境污染问题，还影响到农产品的质量安全和生物的多样性，进而影响到人类社会的可持续发展。我国始终重视对农药的监管并颁布了一系列农药相关的政策法规。各个国家对食品中农药的使用和残留要求均制定了明确的法规标准进行规范。由于地域、技术发展、贸易壁垒等原因，各国的要求也不尽相同。农药最大残留限量标准既是各国政府保障公共食品安全的政策工具，也是贸易保护政策工具。我国农药残留标准经过多年的不断修订与完善，已具备覆盖食品范围广、涉及的农药品种多、限量标准多等特点。但是和其他发达国家相比，我国在制定部分农药的最大残留限量标准方面仍存在一定差距。

本书通过分析主要贸易国家或组织（中国、国际食品法典委员会、美国、欧盟、日本、澳大利亚、新西兰）的农药残留技术标准和法规信息，对其肉、乳、蔬菜的农药残留限量进行详细分析。第 1 章介绍了中国及主要贸易国家（组织）的农药残留相关的标准法规体系情况，包括农药主要管理部门及职责、农药残留标准法规体系框架等。第 2 章介绍了中国与主要贸易国家（组织）的农药残留标准法规中食品分类体系差异。第 3 章介绍了中国与主要贸易国家（组织）的农药残留限量差异，包括农药的定义与分类、农药残留物的定义与分类，选择中国主要贸易产品牛肉、猪肉、生牛乳、洋葱、胡萝卜和番茄等，分别与其他主要贸易国家（组织）规定的农药种类和限量指标进行详细的比对分析。第 4 章主要介绍中国食品中农药残留限量标准制定的相关依据、程序、发展概况与变化趋势。第 5 章简明介绍了农药残留检测常用的样品前处理技术、测定技术以及国内外检测标准法规的差异。为方便读者了解农药残留方面的技术法规与检测方法标准，本书选择了现行有效的部分检测标准与限量法规列于书末附录中。

本书的出版得到了科技部国家重点研发计划食品安全关键技术研发重点专项项

目“应对国际贸易食品安全法规精准检测关键技术研究”(项目编号:2017YFC1601600)的资助,编写过程中得到了课题承担单位中国检验检疫科学研究院和山东省食品药品检验研究院相关领导与专家的指导和帮助,特此鸣谢。

本书编写过程中尽可能参考收集新法规、新技术与新进展,编写过程中难免存在疏漏与不妥,敬请读者提出宝贵意见。

编　者

2021年12月

目录

第 1 章　中国及主要贸易国家(组织)的农药残留标准法规体系情况 …… 1
1.1 中国农药残留标准法规体系 …… 1
1.1.1 主要管理部门及职责 …… 2
1.1.2 农药残留标准法规体系框架 …… 4
1.1.3 农药残留标准法规特点 …… 6
1.2 美国农药残留标准法规体系 …… 6
1.2.1 主要管理部门及职责 …… 7
1.2.2 农药残留标准法规体系框架 …… 7
1.2.3 农药残留标准法规特点 …… 8
1.3 日本农药残留标准法规体系 …… 9
1.3.1 主要管理部门及职责 …… 9
1.3.2 农药残留标准法规体系框架 …… 10
1.3.3 农药残留标准法规特点 …… 11
1.4 欧盟农药残留标准法规体系 …… 11
1.4.1 主要管理部门及职责 …… 12
1.4.2 农药残留标准法规体系框架 …… 12
1.4.3 农药残留标准法规特点 …… 13
1.5 澳大利亚、新西兰农药残留标准法规体系 …… 14
1.5.1 主要管理部门及职责 …… 14
1.5.2 农药残留标准法规体系框架 …… 16

1.6 国际食品法典委员会(CAC)农药残留标准法规体系 …… 18
1.6.1 农药残留限量标准制定机构及职责 …… 18
1.6.2 农药残留标准法规体系框架 …… 20
第2章 中国及主要贸易国家(组织)的农药残留标准法规中食品分类体系差异 …… 22
2.1 中国食品分类体系 …… 22
2.2 美国食品分类体系 …… 27
2.3 日本食品分类体系 …… 30
2.4 欧盟食品分类体系 …… 32
2.5 澳大利亚、新西兰食品分类体系 …… 37
2.6 国际食品法典委员会(CAC)食品分类体系 …… 40
2.7 中国与其他国家(组织)食品分类体系比较 …… 43
2.7.1 中国与美国食品分类体系比较 …… 43
2.7.2 中国与日本食品分类体系比较 …… 46
2.7.3 中国与欧盟食品分类体系比较 …… 49
2.7.4 中国与澳大利亚、新西兰食品分类体系比较 …… 52
2.7.5 中国与CAC食品分类体系比较 …… 55
第3章 中国与主要贸易国家(组织)的农药残留限量差异 …… 58
3.1 农药的概况 …… 58
3.1.1 农药的概念 …… 58
3.1.2 农药的分类 …… 59
3.1.3 农药残留物的简介 …… 156
3.2 农药残留限量差异 …… 158
3.2.1 不同国家(组织)蔬菜中农药残留限量差异 …… 160
3.2.2 不同国家(组织)肉中农药残留限量差异 …… 228
3.2.3 不同国家(组织)乳中农药残留限量差异 …… 275

第 4 章　中国食品中农药残留限量的发展及变化趋势 …… 297
4.1 食品中农药最大残留限量的制定 …… 297
4.1.1 中国食品中农药残留限量制定的依据 …… 297
4.1.2 中国食品中农药残留限量制定的基本程序 …… 298
4.1.3 农药最大残留限量的分类 …… 298
4.2 中国食品中农药残留限量标准的发展概况与变化趋势 …… 299
4.2.1 中国食品中农药最大残留限量发展历程 …… 299
4.2.2 中国禁限用农药概况 …… 300
4.2.3 中国食品中农药残留限量的发展趋势分析 …… 302
第 5 章　农药残留检测技术 …… 318
5.1 样品前处理技术 …… 318
5.1.1 提取技术 …… 318
5.1.2 净化技术 …… 321
5.1.3 浓缩 …… 325
5.2 农药残留检测仪器分析技术 …… 327
5.2.1 色谱分析技术 …… 327
5.2.2 色谱-质谱联用技术 …… 334
5.2.3 农药残留快速检测技术 …… 341
5.2.4 其他技术简介 …… 343
5.3 检测方法标准法规的现状与差异 …… 346
附录　中国和主要贸易国家(组织)农药残留相关标准法规目录 …… 349
参考文献 …… 367

第1章 中国及主要贸易国家(组织)的农药残留标准法规体系情况

农药、化肥等农业化学品是现代农业的三大支柱之一。据不完全统计,使用农药可以挽回世界种植业约1/3的因病虫害造成的损失。农药的使用在粮食安全,特别是发展中国家解决温饱问题等方面发挥着重要的作用,也推动了世界农药的快速发展。由英国作物保护委员会出版的《农药手册》是全世界公认的权威性农药工具书,其收录的农药数据信息系统且全面。自1968年首次出版以来,《农药手册》已更新到第19版(2021年10月出版),其中记录了除草剂、杀菌剂、杀虫剂、杀螨剂、杀线虫剂、植物生长调节剂、除草剂安全剂、驱避剂、增效剂、杀鼠剂及兽药等839个农药活性成分,反映了农药科学的变化和发展情况。但化学农药的使用也会带来一系列的负面影响。美国科普作家蕾切尔·卡逊1961年出版的《寂静的春天》阐述了以"滴滴涕"为代表的农药对环境的污染,用生态学的原理分析了这些化学杀虫剂对人类赖以生存的生态系统带来的危害。随着科技的进步和时间的推移,环境污染、病虫害抗药性与食品中农药残留逐渐成为农药使用所带来的三大亟待解决的问题。

农药残留问题随着农药的使用和发展而有所变化。20世纪90年代以前关注的是以"六六六"为代表的持久性有机氯农药。进入21世纪,随着欧盟《食品安全白皮书》(2000年版)、美国《FDA食品安全现代化法案》(2011年版)等一系列国家食品安全管理的文件出台,开启了从农田到餐桌的农药残留管理新模式。世界各地因经济水平、生产方式、生产水平、气候等因素差异以及投入使用的农药不同,所建立的农药残留标准法规体系也有差异。通过此书,读者可以了解到世界各国在农药管理、监管执法、标准制定、管理机构允许模式等方面存在的共性和差异。食品安全管理体系的建立没有统一的模式。本书通过对比研究国际上主要贸易国家(组织)的法规标准,吸收和借鉴其先进的管理理念和模式,预期为我国食品安全管理及标准修定提供技术参考和政策依据。

1.1 中国农药残留标准法规体系

中国是目前世界上最大的农药生产国、使用国和出口国。自1982年我国实施农药登记制度以来,至2020年年底,在我国获得登记并处于登记有效期内的国内外农药产品有41888个(原药4786个、制剂37102个),登记的有效成分(通用名)有714个,登记的企业共2231家。

我国于2006年7月起担任国际食品法典农药残留委员会(CCPR)主席国,已连续成功组织召开14届CCPR会议,制定了上百种农药最大残留限量标准;先后提交风险评估资料,促进了硫丹、氯氰菊酯等在茶叶上,乙酰甲胺磷、甲胺磷在糙米和秸秆上等多项限量国际标准的制定;加强了与联合国粮食及农业组织(FAO)、欧盟、美国等国际组织和国家在限量标准制定、农药登记联合评审、风险评估及检测技术等方面的合作与交流。通过建立农药残留限量制定评估程序,推动农药残留标准体系建设等一系列手段措施,我国农药安全管理水平大幅提高,在国际农药残留标准方面的影响力显著增强。

1.1.1 主要管理部门及职责

1.1.1.1 农药管理

经历了几十年的探索和发展,我国建立了农药登记管理制度,即农药新药研发后,完成药效评估、质量要求评估、残留评估等工作并取得登记证后方可上市销售。农药登记具体工作由国务院农业主管部门所属的负责农药检定工作的机构完成。省、自治区、直辖市人民政府农业主管部门所属的负责农药检定工作的机构协助做好本行政区域的农药登记具体工作。

国务院于1997年发布实行的《农药管理条例》于2001、2017年分别进行了修订。《农药管理条例》将原来由多部门负责的农药生产管理职责划归农业部门,农药登记、生产、经营、应用和监管归农业部门统一管理,解决了重复监管、监管盲区并存等问题,实现了农药产、销、用全程一体化管理。为了更好地推动《农药管理条例》的贯彻落实,农业部随后以农业部令2017年第3、4、5、6、7号的形式分别发布《农药登记管理办法》《农药生产许可管理办法》《农药经营许可管理办法》《农药登记试验管理办法》《农药标签和说明书管理办法》5个配套规章,自2017年8月1日起施行,提出了“提高产业集中度、提高登记门槛、提高经营进入门槛,严格准入条件、严格审核把关、严格技术审核”的要求。

中国农药管理实施农药登记制度、生产许可制度、经营许可制度。2017年版的《农药管理条例》取消了原来的临时登记,统一了生产许可条件,实现“一企一证”;对农药实行分类管理,严禁生产假劣农药,强化农药标签监管,并明确了委托加工、分装农药的范围和要求。农药经营许可制度(经营卫生用的农药除外)对农药经营人员、经营场所和管理制度设立全国统一准入门槛;建立采购台账和销售台账等,严格规范农药经营行为,进一步明确农药进出口要求,强调了农药经营者的义务。

高剧毒农药管理主要的依据有《中华人民共和国食品安全法》(下文简称《食品安全法》)、《农药管理条例》以及农业部门的相关公告和各地的管理办法等。《食品安全法》规定国家对农药的使用实行严格的管理制度，加快淘汰剧毒、高毒、高残留的农药，推动替代产品的研发和应用，鼓励使用高效、低毒、低残留农药，同时规定禁止将剧毒、高毒农药用于蔬菜、瓜果、茶叶和中草药材等国家规定的农作物。《农药管理条例》对于剧毒、高毒农药的标签和使用也有相应的要求。农业部门的相关公告规定了部分高毒农药的限制使用措施。

1.1.1.2 农药残留管理

现阶段，我国食品安全监管模式为国务院食品安全委员会宏观协调，国家市场监督管理总局为主、其他部委参与监管。食品安全监管机构有国家市场监督管理总局、国家卫生和健康委员会、农业农村部、海关总署、工信部和公安部。

国家市场监督管理总局负责食品从生产、流通到餐桌的全链条质量安全监管。其职责包括：建立覆盖食品生产、流通、消费全过程的监督检查制度和隐患排查治理机制并组织实施，防范区域性、系统性食品安全风险；推动建立食品生产经营者落实主体责任的机制，健全食品安全追溯体系；组织开展食品安全监督抽检、风险监测、核查处置和风险预警、风险交流工作；组织实施特殊食品注册、备案和监督管理；组织制定食品安全重大政策并组织实施；负责食品安全应急体系建设，组织指导重大食品安全事件应急处置和调查处理工作；建立健全食品安全重要信息直报制度。

国家卫生和健康委员会负责食品安全风险评估。其职责包括：除农兽药质量以及残留以外的食品安全标准制定，承担新食品原料、食品添加剂新品种、食品相关产品新品种的安全性审查等。

农业农村部负责农产品质量安全监督管理。其职责包括：组织开展农产品质量安全监测、追溯、风险评估，提出技术性贸易措施建议；负责有关农业生产资料和农业投入品的监督管理；负责食用农产品中农药残留限量标准及检测方法与规程的计划、立项、起草、审查、复审、解释、制（修）订经费的管理等。

为贯彻落实《食品安全法》及其实施条例，做好食品安全标准体系中农药、兽药残留标准管理工作，国家卫生和健康委员会与农业农村部共同修订了《食品中农药、兽药残留标准管理问题协商意见》：①食品安全国家标准审评委员会负责食品安全国家标准审查，食品安全国家标准审评委员会设农药残留和兽药残留专业委员会负责食品中农药残留和兽药残留限量、检验方法与规程标准的审查。农业农村部负责农药残留和兽药残留专业委员会的组建及日常管理工作。根据《食品安全国家标准审评委员会章程》规定，农药残留和兽药残留专业委员会接受食品安全国家标准审评委员会的统一管理。②兽药残留标准是食品安全国家标准。农业农村部提出兽药残留标准计划，纳入食品安全国家标准计划，统一按规定程序发布。农业农村部制订食用农产品兽药残留标准时，应当兼顾加工食品。

农业主管部门成立国家农药残留标准审评委员会，设置秘书处、残留化学、毒理学和分析方法三个工作组。其主要职责包括：审议农药残留国家标准制修订计划和长期规划；审议农药残留国家标准制修订草案；审议秘书处工作报告，研究解决秘书处提交的议题；根据国家有关方针政策，向农业农村部提出农药残留标准工作政策和技术措施建议；开展农药残留国家标准相关技术咨询和标准解释；研究农药残留标准相关重大问题。

1.1.2 农药残留标准法规体系框架

为有效指导农业生产安全及科学用药，保障食品质量安全和消费者健康，以及按照世界贸易组织（WTO）《实施卫生与植物卫生措施协定》（SPS 协定）保护本国农业产业安全的技术性贸易措施，我国逐步建立完善农药残留标准法规体系，主要法律法规依据有《农产品质量安全法》《食品安全法》《农药管理条例》《食品安全法实施条例》《农药管理条例实施办法》等；同时，各监管部门还制定了相应的部门规章，例如《农产品质量安全监测管理办法》《农产品产地安全管理办法》等。针对食品安全刑事案件的适用法律问题，最高法、最高检专门出台了有关司法解释，将生产、销售、使用禁用农药等行为纳入刑罚范围；诸多省份因地制宜，配套制定了《农产品质量安全管理条例》和《食品安全管理条例》或两法的本省（区、市）实施办法。

农业农村部等部门联合发布了国家标准《食品安全国家标准　食品中农药最大残留限量》（GB 2763—2021）及相关检测方法，实施了一系列《农药合理使用准则》国家标准，制定了《农药每日允许摄入量制定指南》《用于农药最大残留限量标准制定的作物分类》等技术规范，基本形成以国家标准为主，行业标准、团体标准、地方标准等为补充，安全标准和配套支撑标准共同组成的农药残留标准体系。2019 年 5 月发布的《中共中央、国务院关于深化改革加强食品安全工作的意见》要求“建立最严谨的标准”，要求“加快制修订标准。立足国情、对接国际，加快制修订农药残留、兽药残留、重金属、食品污染物、致病性微生物等食品安全通用标准，到 2020 年农药兽药残留限量指标达到 1 万项，基本与国际食品法典标准接轨”。

1.1.2.1 农药最大残留限量标准

农药最大残留限量标准是农产品质量安全监管工作的重要基础，是我国食品安全国家标准的重要组成部分。依据《食品安全法》，食品中农药残留的限量规定及其检验方法与规程由国务院卫生行政部门、国务院农业行政部门会同国务院食品安全监督管理部门制定。

我国农药残留限量标准的制定工作大致分为三个阶段：第一阶段是初期起步阶段。该阶段的关注点在高毒有机磷农药等的残留检测，残留限量较为分散，涉及《粮食、蔬菜等食品中六六六、滴滴涕残留量标准》(GB 2763—1981)等34项国家标准。第二阶段是发展汇总阶段。原农业部实施无公害农产品行动计划，推广标准化生产；加快制定行业标准，替代并废止GB 2763—1981等34项标准，发布实施《食品中农药最大残留限量》(GB 2763—2005)，规定了136种农药的478项限量值。同时制定了600余项农药残留检测方法的国家、行业标准以及配套的技术规范等，初步形成了以国家标准为主、行业标准为辅，安全标准与配套支撑标准组成的农药残留标准体系。第三阶段是与国际组织、发达国家对标阶段。《食品中农药最大残留限量》(GB 2763—2012)的发布实施标志着农药残留标准制修订工作取得了重大突破。新标准涵盖了常用农药和主要农产品，推荐了检测方法标准，解决了标准不规范、不统一和缺失的问题。GB 2763—2012涵盖了322种农药的2293项最大残留限量。此后，农药残留限量标准进行了多次更新，历经2014版、2016版、2018版、2019版和2021版，至今共5次更新。现行版本为《食品安全国家标准　食品中农药最大残留限量》(GB 2763—2021)，涵盖了564种农药的10092项最大残留限量，由残留限量标准、推荐检测方法、豁免制定最大残留限量的农药名单以及食品类别及测定部位组成。

1.1.2.2 检测方法标准

截至2021年年底，我国共有农药残留检测方法标准近1000项，包括国家标准300多项、行业标准500多项，还包括地方标准等其他标准和农业部公告等。从现行标准发展趋势上来看，行业标准、地方标准、企业标准等逐渐被废止，统一向国家标准靠拢，检测方法多以高效液相色谱、气相色谱以及两者与质谱联用为主。检测方法标准的发布和实施，为我国农药残留的检测提供了技术依据。《食品安全国家标准　食品中农药最大残留限量》(GB 2763—2021)推荐了194个配套检测方法标准，其中食品安全国家标准(GB 23200系列)有53个，GB和GB/T系列有66个，SN/T系列有57个，NY/T系列有17个，烟草的标准有1个。

1.1.2.3 技术规范

2010年11月26日，原农业部以第1490号公告发布实施《用于农药最大残留限量标准制定的作物分类》；2012年8月25日，原农业部以第1825号公告发布实施《农药每日允许摄入量制定指南》；2015年10月8日，原农业部以第2308号公告发布实施《食品中农药残留风险评估指南》和《食品中农药最大残留限量制定指南》；自20世纪80年代以来，以国家标准形式发布实施了10份《农药合理使用准则》(GB/T 8321.1～10)；2016年4月11日，原农业部为统一规范农药残留检测方法标准制修订工作，以第2386号公告发布实施《农药残留检测方法国家标准编制指南》。

1.1.3 农药残留标准法规特点

GB 2763—2021 基本覆盖我国批准使用的农药品种和主要植物源性农产品，为加强我国农产品质量安全监管提供了充分的技术支撑。与 GB 2763—2019 相比，其具有以下特点：

一是涵盖农药品种和限量标准数量大幅增加。GB 2763—2021 规定了 564 种农药的残留限量，包括我国批准登记农药 428 种、禁限用农药 49 种、我国尚未登记的农药(禁用农药除外)87 种和豁免制定残留限量的低风险农药 44 种。与 GB 2763—2019 相比，农药种类增加 81 种，限量标准增加 2985 项，其中蔬菜、水果的限量标准数量增加明显，分别增加了 960 和 615 项。

二是标准制定更加严格，突出禁限用农药管理。GB 2763—2021 规定了甲胺磷等 29 种禁用农药的 792 项限量标准，氧乐果等 20 项限用农药的 345 项限量标准，制修订胺苯磺隆等 16 种禁限用农药的限量值，实现了禁用农药在 12 类植物源性农产品、限用农药在相应限用农产品种类上限量的全覆盖，强化了禁限用农药监管。

三是创新探索解决特色小宗作物“无药可用、无标可依”难题的工作机制。新增人参、杨梅、枸杞等特色小宗作物上阿维菌素等 67 种农药的 589 项残留限量。一些区域性集中种植、产业规模大的特色作物用药短缺问题得到有效缓解。

四是增加未批准使用农药残留限量，加强进口农产品监管。通过评估转化国际食品法典委员会(CAC)标准等方式，制定了除我国禁用农药外的 87 种尚未在我国批准使用农药的 1742 项残留限量，为加强进口农产品监管、保障我国居民消费安全提供了技术依据。

五是农药残留限量标准配套检测方法标准更加完善。为保证配套检测方法的适用性和实用性，在所有检测方法中优中选优，GB 2763—2021 按照每种农药同类基质不超过 5 个且同类仪器的检测方法仅限 1 个的原则推荐配套检测方法，以满足不同检测机构的实际需要。同时，GB 2763—2021 在规范性引用文件中增加了通用性表述“在配套检测方法中选择满足检测要求的方法进行检测。在本标准发布后，新实施的食品安全国家标准(GB 23200)同样适用于相应参数的检测”，意味着针对 GB 23200 系列方法标准，建立了配套检测方法的动态机制，可有效解决 1000 多项农药残留限量标准“有限量、无方法”问题。

1.2 美国农药残留标准法规体系

美国是世界上重要的农药生产与使用国，也是世界上农药管理制度最完善、程序最复杂的国家之一。1902 年，美国加利福尼亚州开始实施农药登记管理制度，到 1926 年开始实施农药残留相关监控工作。从 1962 年开始，美国国家层面开展农药残留相关监测工作，并逐步建立了一整套较为完整、成熟的农药残留监控法律及监测体系。

1.2.1 主要管理部门及职责

美国食品安全监管以联邦食品安全监管机构和地方政府食品安全监管机构为主体，实行食品安全分段管理、风险分级管理。根据美国宪法的规定，美国食品安全管理机构由立法、行政和司法部门共同组成。立法部门（美国国会、各州议会）负责制定相关法律。美国环境保护署（EPA）、美国食品药品监督管理局（FDA）、美国农业部（USDA）共同负责管理与农药相关的食品安全，共同承担规范农药生产与使用的责任。食品中农药残留限量是由 EPA 下属的管理机构农药计划办公室（OPP）负责制定。

1.2.2 农药残留标准法规体系框架

美国农药立法分为联邦和州政府两部分。1906 年，美国国会制定了第一部有关农药的法律《纯净食品和药品法》（Pure Food and Drugs Act，简称 PFDA）。1910 年，制定了《杀虫剂法》。1938 年，对《纯净食品和药品法》进行了修改，制定了《联邦食品、药品和化妆品法案》（FFDCA），授权农业部（USDA）、食品药品监督管理局（FDA）共同实施食品中农药残留监测。1947 年，在《杀虫剂法》的基础上，制定了《联邦杀虫剂、杀菌剂和杀鼠剂法》（FIFRA），并在 1954 年和 1958 年相继补充规定，授权环境保护署（EPA）负责农药登记、注册及标识，制定最大残留限量。1996 年，制定了《食品质量保护法》（FQPA），对农药的使用要求更严格，规定对涉及儿童的食品应有 10 倍的安全系数。《美国联邦法规》（CFR）第 21 篇“食品和药品”对农药残留限量以及残留限量豁免的原则性问题进行了规定，环境保护署制定的《化学农药在食品中的残留限量与残留限量豁免》公布于 CFR 第 40 篇“环境保护”第 180 节。

1.2.2.1《联邦食品、药品和化妆品法案》

1906 年，美国制定了第一部有关农药的法律《纯净食品和药品法》，经数次修订后，于 1938 年由美国国会通过的《联邦食品、药品和化妆品法案》取代。该法案弥补了《纯净食品和药品法》的不足，形成美国食品药品基本法律框架；作为食品方面的基础立法，为保障消费者的权利提供了最基本的法律依据。

1.2.2.2《联邦杀虫剂、杀菌剂和杀鼠剂法》

该法案于 1947 年生效。1998 年，美国联邦政府对该法案进行修正，增加了农药登记相关要求，制定了农药残留限量标准，并授权 EPA 审查及登记有特殊用途的农药，于 2012 年对法案进行最新一次修订完善。FIFRA 实行以美国联邦政府管理为主，联邦和各州政府互相配合的农药监管制度，是美国最重要的农药管理法案。

1.2.2.3《食品质量保护法》

《食品质量保护法》于1996年发布，修正了《联邦杀虫剂、杀菌剂和杀鼠剂法》与《联邦食品、药品和化妆品法案》中的部分内容。该法案对农药品种设定安全标准，对加工和未加工食品设定统一标准和要求，从根本上改变了环境保护署管控农药的方式，同时实施风险分析原则，加强对婴儿、孕妇等特殊人群的保护。

1.2.2.4 美国联邦法规

美国农药登记与最大残留标准的制定由美国环境保护署(EPA)负责，为CFR第40篇"环境保护"第180节"化学农药在食品中的残留容许量与残留容许量豁免"。该法规规定了400多种农药在水果、蔬菜、豆类、畜牧业产品、鱼类以及加工农产品等24大类食品中的约5万个最大残留限量指标。限量指标多数为在美国取得登记的农药，按照CFR要求提供相关资料而制定，其他包括农药在各州登记时所制定的限量、临时限量、进口限量和再残留限量等，还列出了豁免物质或无需制定限量的农药清单。美国并未制定默认限量，但规定农产品中农药残留量应低于相应的限量值，否则可判定为违法。此外，美国对部分农药实施零残留(zero tolerance)制度，即"不得检出"。美国一般在检测中使用0.1 mg/kg作为判定标准。同时，美国官方发布了农药残留数据库，以便政府、科研院所、企业及相关农业从业人员进行查询。

1.2.2.5 其他法案

美国联邦政府还制定了一系列配套法律及规章，如《农药环境控制法》《职业安全和健康法》《濒危物种保护法》《清洁水法》及《自然资源保护和恢复法》等。同时，联邦监管机构根据上述法律的授权，也制定了相应的规章。作为组成联邦的独立法律主体，各州政府在遵守联邦法律的基础上，也制定了本州相应的环境保护规程、条例及州农药管理法律法规来确保食品的安全，如《南卡罗来纳州农药法案》《加利福尼亚州食品和农业法典》《加利福尼亚州病虫害防治法案》及《马里兰州农药使用法》等。

1.2.3 农药残留标准法规特点

对于农药残留规定，美国主要以CFR的形式发布，并且是首个提出作物分类的国家，于1971年出版了第一版作物分类。目前CFR第40篇第180节第41条对作物进行了归类划分，共分为21个大类，并列出了代表作物，一共包括1100多种农作物。该分类不仅用于农药残留规定，美国国家环境保护署还以此制定了Pesticide Use Index(杀虫剂使用索引)，用以指导药剂公司登记农药使用。

1.3 日本农药残留标准法规体系

日本作为世界上食品安全监管最为严格的国家之一，已经建立了一套较为完善的食品安全监管体系。1947 年，日本出台了《食品卫生法》，并于 2003 年大幅修改。同时农林水产省修改了《农药取缔法》，加强对未登记农药的取缔和处罚。2004 年，厚生劳动省依据 2003 年修改后的《食品卫生法》，在农业化学品残留管理方面引入了“食品中残留农业化学品肯定列表制度”[以下简称“肯定列表制度”(Positive List System)]，对于已知的农业化学品均提出食品中的残留限量要求，填补了对未制定残留标准的农药在食品中残留量监控的空白。肯定列表制度可谓是世界上包含范围最广、限量最严格的农药残留管理制度之一。

1.3.1 主要管理部门及职责

1.3.1.1 农药管理部门

日本食品农药管理相关的部门有农林水产省、环境省和厚生劳动省。

农林水产省负责登记农药生产商、进口商、经销商和使用者，制定和公布农药的使用指导准则，检查农药的生产、销售和使用等，科普农药使用安全知识等。

环境省负责制定并公布农药在农作物、土壤、水生动植物和水中的残留标准；管理农药进口商及生产商的使用报告；管理外国农药登记者的业务报告，检查相关记录和资料等。

厚生劳动省负责监督各类食品在加工和流通环节中农药残留情况，负责农药残留检测服务机构的资质申报等。

为保证农药在登记后的品质，避免使用未登记农药，农林水产省和地方农药管理人员会对农药的生产、销售、使用情况进行上门现场检查、抽样检查，核查农药使用记录。环境省每年委托特定机构监测农药在作物、水、土壤、空气中的残留情况。

1.3.1.2 农药管理

日本严格控制高毒农药的生产，主要生产低毒高效农药，从源头控制高毒农药的使用。在日本，农药的销售同样受到严格管理。《农药管理法》规定，农药销售单位必须向农药管理机构申报备案，销售人员也必须取得农药销售资格；不同级别毒性的农药要分类存放，高毒农药要上锁保存，并张贴警告标识；消费者购买高毒农药时必须登记，从而严格掌握高毒农药的流向。日本政府非常重视农药安全使用的宣传培训。厚生劳动省、农林水产省和环境省会在每年的 6 月至 8 月开展农药危害防治工作，对农药的存放和安全使用进行培训和指导。1987 年，日本正式建立农药管理指导师制度，指导师负责培训指导农民选择农药、农药使用登记以及遵守农药使用指南。经过长期的宣传与培训，日本农民的农药安全使用意识普遍较高。

1.3.1.3 农药残留管理

日本实行食品安全溯源制度，从源头保证消费者权益。食品安全溯源制度是全过程的追溯模式，包括生产、加工、销售等各环节信息数据。在种植过程中，农业协同组织检查和录入使用的农药、化肥信息，并监测农药残留含量，禁止农药残留超标的产品进入市场销售。农产品进入市场时，其产品品名、规格型号、产地、生产者信息都会被标记在产品外包装上。如果发现农药残留超标，便可追根溯源，找到直接责任人。各地市负责食品安全监测的机构也定期抽查辖区内的食品，监测产品农药残留情况，多措并举敦促农民安全使用农药，控制农残超标。

1.3.2 农药残留标准法规体系框架

肯定列表制度是日本为加强食品中农业化学品（农药、兽药和饲料添加剂）残留管理而制定的，为2003年厚生劳动省依据修改后的《食品卫生法》在农业化学品残留管理方面引入的新理念。经历2003年10月“临时最大残留限量标准”第一次草案，2004年8月“临时最大残留限量标准”第二次草案、“统一限量标准”草案和“豁免物质”草案，日本于2005年6月21日正式向各WTO成员国通报“临时最大残留限量标准”“统一限量标准”和“豁免物质”最终草案。2005年11月，日本批准“临时最大残留限量标准”“统一限量标准”和“豁免物质”最终草案，并于2006年5月29日起正式实施。

在2006年5月29日之前，日本实行“否定列表制度”，只检测现行标准规定限量的农业化学品，超过标准规定的农业化学品为不合格产品，禁止其销售。但是对于没有最大残留限量的农业化学品，即使检出值很高，产品也可以在市场上流通，不会受到法律的制裁。

肯定列表制度包含“暂定标准”“现行标准”“豁免物质”“禁用物质”和“一律标准”五方面内容。其中，“暂定标准”是拟5年进行重新审议和修订一次的限量标准，截至2020年，涉及农业化学品734种、农产品食品264种、残留限量标准51392条。“现行标准”是单独列出，未纳入暂定标准的已有原限量标准，涉及农业化学品63种、农产品食品175种、残留限量标准2470条。“豁免物质”是对人类健康无害，可以不用制定残留限量的物质，共68种，包括矿物质、维生素、氨基酸和天然杀虫剂。“禁用物质”是不得检出的农药化学品，共15种。“一律标准”是在“暂定标准”和“现行标准”之外，对所有农业化学品或农产品制定的统一限量标准，为0.01 mg/kg。可见肯定列表制度的内容主要是“两个限量”，即“暂定标准”和“一律标准”。具体内容包括：

(1)对所有农业化学品都设定残留限量。

(2)对于已有残留限量值或有临时残留限量值参考资料的农业化学品，制定暂定标准，并根据参考资料及新毒理学资料的变化情况每5年复审一次。

(3)对于缺少设定残留限量值所需的参考资料的农业化学品，制定一律标准，为0.01 mg/kg。

(4)对可能致癌而不能设定每日允许限量的农业化学品，仍以“不得检出”为标准。

(5)对于在日本根本不使用或者只在有限的农作物中使用的农药，其他国家可通过厚生劳动省建立的国外申请系统，申请它们在特定农作物上的使用并制定最大残留限量。

(6)禁止销售“肯定列表”中未列出的农业化学品以及农业化学品含量超过暂定标准或一律标准的食品。

(7)如果原料符合限量标准，则认为其加工产品也符合相应标准。

(8)在肯定列表制度生效后，临时残留限量将作为法定标准执行，并给予6个月的过渡期。

(9)确定了豁免物质(即明显不会对人体健康构成损害的农业化学品)的名单。

1.3.3 农药残留标准法规特点

肯定列表制度规定了所有食品和农业化学品应遵循的原则：有“最大残留限量标准”的遵从“最大残留限量标准”，无“最大残留限量标准”的遵从“一律标准”。肯定列表制度适用范围广、限量要求严，呈现出以下特点：

(1)设定限量数目大幅增加。仅“暂定标准”就有5万多条限量要求，包括264类食品中的734种化学品残留。而之前日本限量指标仅9321个，包括186类食品中的255种化学品。

(2)限量标准更为严格。日本“暂定标准”基本上是集成了国际食品法典委员会、欧盟、美国、加拿大、澳大利亚和新西兰等国家(组织)的标准，已经非常严格。而“一律标准”比“暂定标准”更严格，0.01 mg/kg限量基本是检测仪器的检出限。

(3)检测项目范围大幅度增加。每类农产品涉及的农药残留项目值平均为200项，有些甚至超过400项，如猪肉残留限量指标由25项增加到428项。

1.4 欧盟农药残留标准法规体系

欧盟自成立之日起，就十分重视食品安全问题。1997年，欧盟委员会发布了《食品安全绿皮书》，初步提出了食品安全管理的思想。2001年，欧盟理事会发布了《食品安全白皮书》，将食品安全作为欧盟食品法的主要目标，该白皮书成为欧盟成员国完善食品安全法规体系和管理机构的基本指导。2002年，欧盟《食品安全基本法》（欧盟第178/2002号法规）生效。同时，欧盟还制定了一系列食品安全规范要求。欧盟对于农药残留限量方面的规定，以91/414/EEC法令为基础，并不断修改和完善。2003年3月14日，欧盟委员会公布2003/0052(COD)法规，这是一部关于植物及动物源性产品中农药最大残留限量的法律性文件（草案），该法规中确定的农药残留限量的管理内容，对欧盟和其他国家农药残留限量的管理起了很大作用。日本于2006年5月29日实施的肯定列表制度，其中采用的"一律标准"就是借鉴了2003/0052(COD)法规的内容。2005年2月23日，欧盟发布(EC)No. 396/2005《在植物和动物源性食品或饲料中或表面的最大农药残留限量》并对理事会91/414/EEC法令[现逐步被EU Pesticide Regulation (EC) No. 1107/2009替代]进行修订，建立了植物源和动物源产品及饲料中统一的农药残留限量管理的框架。此后，欧盟新的农药残留标准体系的建立均是在修订和简化(EC)No. 396/2005的基础上进行，该条例统一协调了欧盟农药残留的设定原则，简化了相关法规体系。

1.4.1 主要管理部门及职责

欧盟总部设在比利时首都布鲁塞尔，由欧洲共同体发展而来。该联盟现拥有28个会员国，正式官方语言有24种。为更好地监管在欧盟生产销售以及进入欧盟市场的第三国的食品安全，保护消费者的合法权益，欧盟建立了食品安全监督管理机构，对从农田到餐桌整个食品链进行管理。

欧盟的食品安全监管是通过三个层级实现的，即欧盟、成员国、企业形成一个多层的监管治理格局。欧盟层级的食品安全管理机构主要包括欧洲理事会、欧盟理事会、欧洲议会、欧盟委员会以及欧盟食品安全局。其中，欧盟委员会是欧盟的常设执行机构，负责制定并实施与框架指令有关的法律法规和具体实施指令，是欧盟唯一有权起草提案的机构。欧盟委员会下属的欧盟健康与消费者总司负责整个食品链的安全，工作目标在于保护消费者的权益和促进公共卫生，保证欧盟食品的健康和安全，保护动植物的健康。欧盟健康与消费者总司下属的E部门为食品链安全部，负责食品中农药安全政策法规的制定。

1.4.2 农药残留标准法规体系框架

欧盟早在1991年就颁布了91/414/EEC法令，以人畜和环境安全为由对欧洲市场上使用和销售的近千种农药有效成分重新进行评估，由欧盟委员会统一管理各成员国使用的农药品种。2002年11月，欧盟委员会发布了2076/2002号法规，宣布自2003年7月25日前欧盟各成员国停止使用和销售320种农药有效成分，且最终使用期不超过2003年12月30日。

2001年，欧盟公布《食品安全白皮书》，加强对农产品从农场到餐桌的控制。2005年2月23日，欧盟发布(EC)No. 396/2005《在植物和动物源性食品或饲料中或表面的最大农药残留限量》并对理事会91/414/EEC法令进行修订，建立了植物源和动物源产品及饲料中统一的农药残留限量管理的框架。

欧洲议会和理事会条例(EC)No. 396/2005整合了以往4个指令，包括欧盟的245个农药最大残留限量值(MRLs)以及约850个各成员国各自的农药MRLs，对欧盟成员国实行统一的农产品和食品的农药残留标准。(EC)No. 396/2005自2008年9月1日起实施，此后欧盟对该法规进行了多次修订。该条例包括农药残留限量的主旨、范围和定义，申请农药残留限量的程序，动植物源食品和饲料产品合适的农药残留限量，允许农药残留限量编入此条例的特殊规定，农药残留限量的官方控制机构、调查报告和批准，紧急措施，协调农药残留限量的保障措施，农药残留限量申请的协调，贯彻执行，最终条款。与之前的农药残留限量管理法规相比，(EC)No. 396/2005更加突出食品安全的整体性，以保护消费者为最高目的，体现了欧盟食品安全管理的预防性原则、风险分析原则、透明度原则、可追溯原则和食品生产者责任等，使农药残留的管理体系更加完善。

欧洲议会和理事会条例(EC)No. 396/2005增加了7个附录，简化了农药最大残留限量值以及所适用的食品和饲料，这7个附录分别为：

附录Ⅰ：欧盟(EU)No. 752/2014法规[2014年欧盟发布法规(EU)No. 752/2014，替换法规(EC)No. 396/2005的附件Ⅰ部分]为农药最大残留限量值(MRLs)所适用的食品和饲料目录，建立了欧盟农药残留管理的农产品分类体系，包括水果、蔬菜、调味料、谷物和动物产品等315种农产品。与CAC现有的产品分类相比，欧盟的食品分类更加细化且考虑到欧盟进出口贸易的具体品种。

附录Ⅱ：欧盟现有的农药最大残留限量值(MRLs)标准，列出245种。

附录Ⅲ：欧盟暂定农药最大残留限量值的清单，包括欧盟协调统一限量过程中制定的471种农药的暂定残留标准。

附录Ⅳ：由于其低风险而豁免制定最大残留限量值的52种农药。

附录Ⅴ：所有限量值不为0.01 mg/kg的农药默认限量，该限量值包括0.02 mg/kg和0.05 mg/kg，与残留分析方法定量限相关。

附录Ⅵ：加工食品和饲料中农药残留的加工系数。

附录Ⅶ：作为熏蒸剂的农药名录。

实施新农药残留标准体系后，欧盟农药残留限量数量由原来的3.9万多个增加到11.8万多个，截至2021年年底，其限量已达16万多个，其中多数为默认限量。

1.4.3 农药残留标准法规特点

欧盟地区是世界上农药残留限量标准最严格的地区之一。欧盟允许在科学基础上建立农药最大残留限量(MRLs),以确保包括婴幼儿在内的消费群体的安全,同时还要求欧盟和成员国共同承担相关责任。

欧盟制定农药 MRLs 标准的主要依据是:

(1)通过严格的残留试验确定一种农药在特定的使用条件(良好农业规范)下处理某一农作物后该农药的残留动态。

(2)根据适当的消费模式,评估欧洲人群、各民族人群及各种敏感人群(如婴儿)在正常的和不良的条件下的每日残留摄入量。

(3)根据该农药的毒理学试验资料,确定一个"日允许摄入量"(ADI 值),首先确定在一生(慢性)的持续摄入期内不产生不利影响的最高剂量,然后考虑适当的安全系数。

(4)如果通过上述第二条评估计算出的消费者从各种日常食品中的日残留摄入量低于根据上述第三条计算出的日允许摄入量,那么根据上述第一条得到的残留水平则被确认为 MRLs 标准。如果通过上述第二条计算得到的日残留摄入量高于日允许摄入量,那么上述第一条中原定的使用条件需要进行修正,以降低日常食品中的残留水平。如果使用条件无法进行适当的修正,那就不能允许该农药在这种作物上使用,该农药的检测限即被设定为 MRLs 标准。

欧盟食品链和动物健康常设委员会通过的农药 MRLs 标准制定的工作程序是:通常先为每种农药指定一个成员国负责起草制定 MRLs 标准的报告;基于可以获得的各种资料,起草成员国向欧盟委员会提出新的或修正的农药 MRLs 标准的建议。这个建议先在食品链和动物健康常设委员会的一个工作组内进行广泛的讨论,取得一致意见后,再在欧洲食品安全局进行讨论(一般持续 4 个月左右),对该项 MRLs 建议的科学依据(特别是在饮食摄入或消费者接触方面)的可靠性做出评价。在欧洲食品安全局给出一个肯定的意见后,欧盟委员会将指示欧盟食品链和动物健康常设委员会起草指令,经欧盟委员会原则通过后,再在 WTO 程序中进行讨论(约 2 个月),然后在欧盟食品链和动物健康常设委员会中进行正式投票,最后由欧盟委员会发布。

1.5 澳大利亚、新西兰农药残留标准法规体系

澳大利亚、新西兰是食品出口大国,其出口的食品在国际贸易市场享有较高的信誉,这与两国完善的食品立法、食品标准体系是密不可分的。

1.5.1 主要管理部门及职责

1.5.1.1 联合管理系统

澳大利亚新西兰食品管理部长级委员会(拥有在澳大利亚和新西兰的司法权)制

定两国食品管理的国家级政策，澳大利亚新西兰食品标准委员会在澳大利亚新西兰食品管理部长级委员会的政策引导下制定标准。澳大利亚各州、各地区政府部门以及新西兰政府负责食品标准的执行和监督。

1991年，《澳新食品标准法案》(简称 ANZFA 法案)建立了食品联合管理手段(食品标准或实施规范)的发展机制，同时也规定了由澳新食品标准委员会(FSANZ)负责制定与维护澳大利亚与新西兰两国食品标准与法规。1996年7月1日，澳大利亚和新西兰建立了食品联合管理系统，减少了两国在食品管理中消耗的管理成本，减少了两国不必要的贸易壁垒。2005年，澳大利亚和新西兰联合颁布了《澳大利亚-新西兰食品标准法典》(Australia New Zealand Food Standards Code，以下简称《澳新食品标准法典》)，在 ANZFA 法案的基础上，逐渐形成了比较完善的食品安全和食品标准法律法规体系。《澳新食品标准法典》适用于澳大利亚各州，部分适用于新西兰。澳新共同和独立的监管机构关系如图1-1所示。

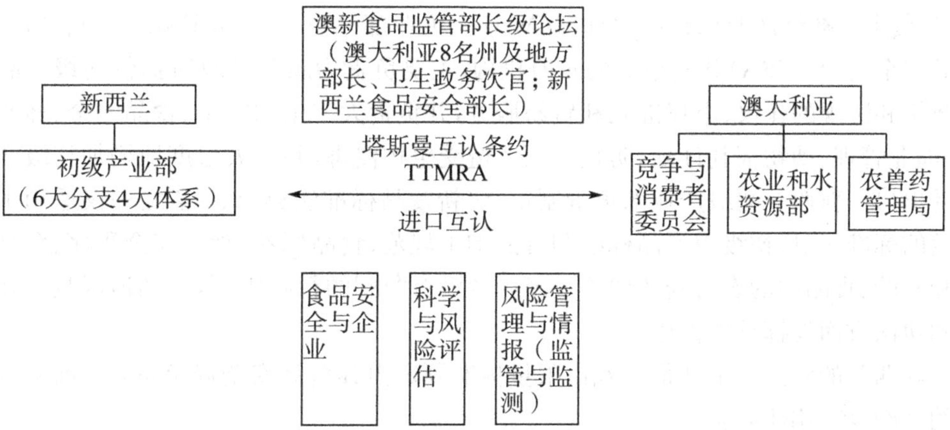

图1-1 澳新食品安全联合监管示意图

(1)澳大利亚新西兰食品管理部长委员会(The Forum)。该委员会由澳大利亚政府委员会设立，成员为澳大利亚和新西兰政府专家。其首要职责是对国家食品法规政策的发展和食品标准提供政策指导，具体包括：为澳新食品标准委员会制定食品标准提供政策指导，促进澳大利亚和新西兰之间的标准协调，对食品标准的实施进行监督，在不同的司法管辖范围促进执法的一致性。

(2)澳大利亚新西兰食品标准委员会(FSANZ)。FSANZ 是澳大利亚和新西兰制定食品安全标准的专门的独立非政府机构，办公室设在澳大利亚堪培拉和新西兰惠灵顿，前身为澳大利亚新西兰食品管理局。下属四个部门的职责分别为：食品安全及监督管理部门负责食品安全管理、食品事故处理和食品召回，食品信息、科学及技术部门负责协调膳食监测调查及食品检验分析、数据处理，风险评估部门从事风险评估工作，食品标准部门从事风险管理工作。

1.5.1.2 澳大利亚的监管体系

澳大利亚食品安全管理工作是由联邦政府管理机构、州政府管理机构及地方政府管理机构共同承担的。其中，联邦政府管理机构主要负责政策和标准的制定，而州政府管理机构主要负责这些政策和标准的实施、验证和监管，并根据当地的实际情况制定出切实有效的食品条例，以更好地保证食品的质量安全。

澳大利亚农药和兽药管理局（APVMA）成立于1993年，主要负责活性成分、农药和兽药产品的评估、核准登记和复审，食品中农药和兽药最大残留限量标准的制定和修改等工作。

1.5.1.3 新西兰的监管体系

新西兰食品的监管工作主要由初级产业部（Ministry for Primary Industries, MPI）负责。初级产业部是由农林部（MAF）、渔业部（Ministry of Fisheries）和新西兰食品安全局（NZFSA）共同组成的政府机构，主要负责为新西兰政府提供初级产品相关政策和法规的建议、市场准入和贸易服务，并负责大型生物安全、食品安全、林业管理、渔业管理、动物福利计划，防止新西兰遭受生物侵害，并最大限度地增加初级产品贸易出口。新西兰初级产业部负责制定《澳新食品标准法典》1、2章之外仅适用于新西兰的标准，包括初级农产品标准和食品加工规范、食品标签、食品安全程序、食品审查和检验、食品中的农兽药残留等。新西兰没有“州”的行政级别，市和地区政府在实施和执法方面发挥重要作用。

新西兰的农药登记和最大残留限量标准制定由其食品安全局负责，目前共制定了约2900项MRLs标准。

1.5.2 农药残留标准法规体系框架

1.5.2.1 澳大利亚-新西兰食品标准法典

澳大利亚与新西兰在1995年签订了一份《澳大利亚-新西兰食品标准协议》，制定了一套联合食品标准系统。能够在新西兰合法销售的食品也能在澳大利亚销售，反之亦然。两国机构“澳大利亚新西兰食品标准委员会”为这套联合系统制定《澳新食品标准法典》。该法典基本框架见图1-2。

《澳新食品标准法典》包括一般（通用）食品标准、食品产品标准、食品安全标准、初级产品标准四章内容，另外法典还包括对特殊目的食品的准入申请和安全规定，比如转基因食品或因特殊生产目的加入的食品添加剂。

《澳新食品标准法典》的第3章和第4章内容仅适用于澳大利亚，新西兰该部分内容由新西兰初级产业部制定。

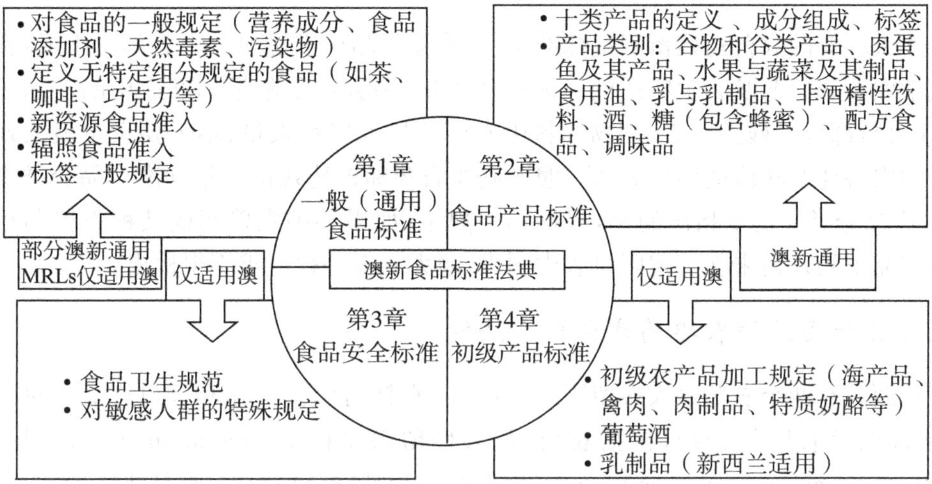

图 1-2 《澳新食品标准法典》基本框架

第 1 章为一般(通用)食品标准,其涉及的内容适用于所有食品,包括食品的基本标准、食品标签及其他信息的具体要求、食品添加物质的规定、污染物及残留物的具体要求以及在上市前需要进行申报的食品。但是,新西兰有自己的食品最大残留限量标准,因此标准中规定的污染物最大残留限量和微生物加工过程的要求仅在澳大利亚适用。

第 2 章为食品产品标准,具体阐述了特定类别食物的标准,涉及谷物和谷类产品、肉蛋鱼及其产品、水果与蔬菜及其制品、食用油、乳与乳制品、非酒精性饮料、酒、糖(包含蜂蜜)、配方食品、调味品的详细标准规定。该章内容同时适用于澳大利亚和新西兰。

第 3 章为食品安全标准,仅适用于澳大利亚。具体包括食品安全计划、食品安全操作和一般要求、食品企业的生产设施及设备要求。该章是基于 WHO/FAO 食品法典委员会采纳的食品生产加工操作过程中危害分析与关键控制点(HACCP)概念提出的要求,而不仅是依赖于终端产品的标准。各州或行政区域内的食品企业按照该章中的标准实施并审核食品安全程序。食品安全程序由具有资质的食品安全审计者定期审计。

第 4 章为初级产品标准,仅适用于澳大利亚,内容包括澳大利亚海产品的基本生产程序标准和要求、特殊乳酪的基本生产程序标准和要求以及葡萄酒的生产要求。

《澳新食品标准法典》具有法律效力。凡违反食品标准的行为都属于违法行为,都要受到处罚;凡销售那些被损坏的、变质的、腐烂掺假的或不适于人类消费的食品的行为还要受到刑法处罚。

1.5.2.2 澳大利亚的农兽药残留标准法规

澳大利亚的农兽药残留限量标准执行《澳新食品标准法典》，由五部分组成：食品中化学农药和兽药及相关物质的最大残留限量、最大残留限量标准适用的产品部分(取样分析部分)、残留定义、动物饲料中农药的最大残留限量、不需要设定最大残留限量的农兽药及相应的使用方法。澳大利亚农药和兽药残留限量标准产品分类参照CAC产品分类。需要指出的是，根据相关规定，如果某种农兽药或某种农兽药在某种农产品中的残留未在上述限量表中列出，澳大利亚一律要求不得检出。

1.5.2.3 新西兰的农兽药残留标准法规

新西兰有两个农药最大残留限量系统，分别针对国内产品和进口产品。对国内产品，新西兰农用化合物(包括农药)最大残留限量标准[maximum residue levels (MRLs) for agricultural compounds]由新西兰食品安全局根据《食品法》(Food Act)制定。截至2021年年底共制定针对国内农产品的282种农药的约1200项限量以及豁免物质名单。对尚未制定限量的农药，执行一律标准(即限量为0.1 mg/kg)。该标准不仅对具体限量标准未涉及的农用化合物残留设定了0.1 mg/kg的默认标准，同时还认可符合FAO/WHO食品法典委员会(CAC)农兽药残留限量标准要求的进口食品。此外，农用化合物在烘干、脱水或是浓缩的食品中的最大残留限量必须以该食品经过稀释或是复原后总量为基础。某种由一种或多种食物组成的食品中的农用化合物最大残留限量等于农用化合物在各种食物中的最大残余限量乘以该种食物在食品中所占的比例所得值的总和。进口产品的最大残留限量标准由澳大利亚新西兰食品标准委员会(FSANZ)制定的《澳新食品标准法典》规定。

1.6 国际食品法典委员会(CAC)农药残留标准法规体系

国际食品法典委员会(Codex Alimentarius Commission，简称CAC)是联合国粮食及农业组织(FAO)和世界卫生组织(WHO)联合设立的政府间国际组织，工作宗旨是通过建立一套国际协调一致的食品标准体系来保障消费者健康和确保食品贸易公平。

1.6.1 农药残留限量标准制定机构及职责

CAC农药残留限量标准由CAC下属分委员会——农药残留委员会(CCPR)负责制定，经过大会审议后，经CAC大会最终通过。CCPR以科学依据为基础，采用风险分析的方式对已登记使用的农药进行风险评估，在发现其对人体具有潜在危险且有可能导致国际贸易争端时才制定MRLs标准。在相关标准制定中，CCPR与农药残留联席会议(JMPR)关系密切,CCPR 为食品标准风险管理机构,JMPR 为农药残留风险评估机构。JMPR 根据 CCPR 的建议开展工作,但独立于 CCPR。

1.6.1.1 国际食品法典农药残留委员会

国际食品法典农药残留委员会(Codex Comittee on Pesticide Resicues,CCRR)是国际食品法典委员会(CAC)下属的 10 个综合主题委员会之一,也是 CAC 重点关注的委员会。CCPR 制定的农药残留限量标准几乎涉及所有种植、养殖农产品及其加工制品,经 CAC 审议通过后成为世界贸易组织(WTO)认可的涉及农药残留问题的国际农产品及食品贸易的仲裁依据,对全球农产品及食品贸易产生着重大的影响。

CCPR 的主要职责包括:

(1)制定具体单个食品或一组食品中的 MRLs。

(2)为了保护人类健康,制定某些国际贸易中动物饲料的 MRLs。

(3)制定食品中的再残留限量(EMRLs)。

(4)制定农药优先名单,交 JMPR 评价。

(5)审议食品和饲料中的农药残留的采样和分析方法。

(6)审议其他涉及农药残留的食品和饲料安全事宜。

CCPR 本身不制定分析方法标准,而是审议成员国(组织)提交的分析方法并将其作为法典方法,这项工作由 CCPR 的分析方法特别工作组负责完成。

CCPR 在农药残留限量标准的制定过程中与 CAC 及 JMPR 保持密切联系。农药残留限量标准的基本制定过程是:首先,JMPR 评估成员国或公司提供的农药残留实验数据,提出最大残留水平 MRLs;然后,CCPR 按照标准制定程序,审议 JMPR 建议的残留限量值 MRLs,并递交 CAC 大会审议;最后,CAC 批准 CCPR 上报的残留限量值,并使之成为农药残留限量标准。

1.6.1.2 农药残留联席会议

农药残留联席会议(JMPR)是指联合国粮农组织(FAO)/世界卫生组织(WHO)联合专家委员会,成立于 1963 年。JMPR 是根据 FAO 农药应用专家组于 1959 年建议 FAO 和 WHO 联合研究食品和动物饲料中残留农药对消费者的健康危害的提议成立的。

JMPR 由 FAO 专家组和 WHO 专家组组成,是受 FAO/WHO 联合管理的专家委员会,但其独立于 CAC 及其附属机构。JMPR 专家由 FAO 和 WHO 总干事在国际范围内聘请的农药、环境化学物质残留以及毒理学方面知名科学家组成。被聘请的专家不代表政府和所在单位的意愿,他们以独立身份参加评估。

JMPR 于 1963 年召开了第一届会议,之后每年召开 FAO 专家组和 WHO 专家组年度会议,开展具体单个食品或一组食品中农药残留风险评估,提出最大残留限量(MRLs)建议,以保证含有残留农药的食品安全性,同时就相关采样及分析方法提出建议。最大残留限量建议经CCPR审议通过后，呈报CAC大会审议，通过后将作为法典标准。

JMPR的主要职责是开展农药残留评估工作，提出全球一致的与农药残留有关的建议，提供给CCPR审议。JMPR建议包括推荐的最大农药残留限量（MRLs）、每日允许摄入量（ADIs）和急性参考剂量（ARfD）。

FAO专家组和WHO专家组各自开展评估工作，并联席评议评估结果。FAO专家组负责评估农药残留资料，主要评估良好农业规范（Good Agricultural Practice，GAP）残留数据、农药化学、环境行为、农药在作物和家畜体内代谢情况、农药残留分析方法以及工业/家庭加工系数等资料，根据GAP数据估算食品中农药最大残留水平，并且推荐某种食品中某种农药的最大残留限量建议值。WHO专家组负责评估农药毒理学资料，主要评估农药经口、经皮、吸入、遗传毒性、神经毒性或致癌性等急性/慢性毒理学资料，以估算农药的每日允许摄入量（ADI）和急性参考剂量（ARfD）。评估完农药残留和毒理学资料后，FAO专家组和WHO专家组通过风险评估模型和方法，确定能否接受推荐的残留限量建议值。摄入量不超过每日允许摄入量（ADI）和急性参考剂量（ARfD）时，将最大残留限量（MRLs）建议值提交CCPR和CAC进行审议，审议通过后确定为法典标准；否则返回补充资料后重新评估或停止制定。MRLs或ADI和ARfD不是一成不变的，当补充必要的新资料后，JMPR重新审议ADI和ARfD或MRLs，并周期性地（每10～15年）评估已制定限量的农药。

1.6.2 农药残留标准法规体系框架

围绕限量标准，CAC建立了全方位立体式农药残留标准体系，涵盖管理体系、残留试验、残留评估和限量制定、限量标准执行和质量保障。国际食品法典农药残留委员会制定的标准和规范详见表1-1。

表1-1 国际食品法典农药残留委员会制定的标准和规范

序号	标准和规范编号	名称
1	CAC/GL 33-1999	农药最大残留限量符合性测定的推荐取样方法
2	CAC/GL 40-1993	农药残留分析中良好实验室操作规范
3	CAC/GL 41-1993	农药残留分析：农药残留分析中适用于法典农药残留分析标准的商品
4	CAC/GL 56-2005	采用质谱（MS）进行残留物鉴别、确认和定量测定的指南
5	CAC/GL 59-2006	结果不确定性的评估指南
6	CAC/GL 84-2012	用于从农药最大残留限量外推至同组商品代表商品的选择原则和指南

续表

序号	标准和规范编号	名称
7	CAC/GL 90-2017	食品和饲料中农药残留测定分析方法的性能标准指南
8	CAC/MISC 4	食品和动物饲料的法典分类(在线数据库)
9	CAC/MRL 1	农药最大残留限量(在线数据库)
10	CAC/MRL 3	农药最大再残留限量(在线数据库)

CAC标准中的农药残留限量标准以在线数据库的形式展现，包括某类产品中某种农药的最大残留限量及再残留限量共4844个，目前数据库的数据更新至2019年食品法典委员会第42届会议通过内容。此外，与农药残留限量标准制定有关的标准有《农药最大残留限量符合性测定的推荐取样方法》(CAC/GL 33-1999)、《农药残留分析中良好实验室操作规范》(CAC/GL 40-1993)、《农药残留分析：农药残留分析中适用于法典农药残留分析标准的商品》(CAC/GL 41-1993)、《用于从农药最大残留限量外推至同组商品代表商品的选择原则和指南》(CAC/GL 84-2012)、《食品和饲料中农药残留测定分析方法的性能标准指南》(CAC/GL 90-2017)、《结果不确定性的评估指南》(CAC/GL 59-2006)等。

《农药最大残留限量符合性测定的推荐取样方法》(CAC/GL 33-1999)是CCPR在1999年为了确保取得代表性样品用于农药残留测定制定的。该采样方法也是食品中农药残留质量安全标准体系的部分内容，包括采样目的、采样原则、采样程序、符合性标准以及肉、禽类、植物产品，蛋类和牛奶等产品的具体取样数量和注意事项等。

《农药残留分析中良好实验室操作规范》(CAC/GL 40-1993)概括了农药残留分析中应遵循的最基本的原则和规程。

《结果不确定性的评估指南》(CAC/GL 59-2006)是CCPR根据《检测和校准实验室能力的通用要求》(ISO/IEC 17025：2017)标准农药残留分析实验室的要求，吸收国际食品法典分析和采样方法委员会(CCMAS)的总体建议而制定的。该指南指出了结果不确定度主要受分析中三个环节的影响：一是外部操作，包括采样、包装、运输和储存；二是检测样品的制备，包括样品缩分、样品制备和样品加工；三是分析，包括提取、净化、蒸发、衍生化、仪器检测。该指南的附录于2009年修订，提出了农药残留不确定度评价的方法与案例。

国际原子能机构(IAEA)维护农药残留检测分析方法数据库，该数据库是由CCPR的分析方法工作组通过审议成员国(组织)提交的分析方法之后形成的，目前只作为资料性文件免费共享。

另外，世界卫生组织(WHO)和经济合作发展组织(OECD)也制定了农药残留试验准则、农药登记资料要求、良好实验室规范和农药急性毒性参考剂量准则等一系列与农药残留安全管理有关的技术规范和文件，形成了比较完善的风险评估数据库。这些资料已经成为世界各国农药风险评估和安全管理的重要参考依据。

第2章 中国及主要贸易国家(组织)的农药残留标准法规中食品分类体系差异

不同国家的食品分类体系不同。针对同一类产品,同一国家不同危害物(农药、污染物、致病微生物等)的食品分类也有所不同。比如在中国,蔬菜中危害物通用限量标准涉及农药残留、污染物和微生物等方面,涉及的标准主要有《食品安全国家标准 食品中农药最大残留限量》(GB 2763—2021)、《食品安全国家标准 食品中污染物限量》(GB 2762—2017)、《食品安全国家标准 预包装食品中致病菌限量》(GB 29921—2021)。每个标准都分别规定了仅适用于本标准的食品分类,因此需要分别予以研究。本章主要以蔬菜中农药残留为例阐述各国分类体系的不同,旨在帮助大家厘清食品分类层级和归属,以精确查找限量,梳理不同国家间限量要求的不同,避免引起不必要的经济和贸易损失。

2.1 中国食品分类体系

中国现行农药残留标准《食品安全国家标准 食品中农药最大残留限量》(GB 2763—2021)附录A“食品类别及测试部位”列出了已制定农药最大残留限量的食品及分类。该食品分类的前身是原农业部(今农业农村部)组织制定的《用于农药最大残留限量标准制定的作物分类》,为2010年为适应农药残留标准制定工作需要、规范不同类别的作物分类制定的。制定的依据为《中华人民共和国农药管理条例》和《农药登记资料规定》,借鉴国际食品法典委员会(CAC)作物分类体系,结合我国作物种植特点,并且在制定过程中,以作物形态学、栽培措施、种植规模为参考,重点考虑作物可食用部位的农药残留分布情况,把具有相同残留行为特征的作物归为一类,选取其中残留量高、消费量大的作物为该类别的代表作物。

从食品源性来看,我国农药残留限量标准的食品分类体系(详见表2-1)可分为动物源性食品和植物源性食品,以植物源性食品为主。植物源性食品为12个大类,包括谷物、油料和油脂、蔬菜、水果、干制蔬菜、干制水果、坚果、糖料、饮料类、食用菌、调味料、药用植物。动物源性食品为1个大类,包括哺乳动物类(海洋哺乳动物除外)、禽类、生乳、蛋类、乳脂肪和水产品6类食品。从加工程度来看,我国农药残留限量标准的食品分类体系可分为农产品和加工农产品。农产品涉及谷物（稻类、麦类、旱粮类、杂粮类）、油料和油脂（油籽类）、蔬菜、水果、坚果、糖料、食用菌、调味料（叶类、果类、种子类、根茎类）、药用植物（鲜品）和动物源性食品[哺乳动物肉类（海洋哺乳动物除外）、哺乳动物内脏（海洋哺乳动物除外）、哺乳动物脂肪（海洋哺乳动物除外）、禽肉类、禽类内脏、禽类脂肪、蛋类、生乳、水产品]10 个大类；加工农产品涉及谷物（成品粮）、油料和油脂（油脂）、干制蔬菜、干制水果、饮料类、调味料（干辣椒、番茄酱）、药用植物（干制品）和动物源性食品（乳脂肪）8 个大类。

蔬菜和食用菌是两个并列的类别，其中蔬菜分为鳞茎类、芸薹属类、叶菜类、茄果类、瓜类、豆类、茎类、根茎类和薯芋类、水生类、芽菜类及其他类，共 11 类。在每个类别中根据作物外形特点进行归类。芸薹属类蔬菜分为结球芸薹属类蔬菜、头状花序芸薹属类蔬菜和茎类芸薹属类蔬菜 3 类。结球芸薹属类蔬菜主要是指甘蓝类蔬菜，具体的品种有结球甘蓝、球茎甘蓝、抱子甘蓝、赤球甘蓝、羽衣甘蓝、皱叶甘蓝等，其中结球甘蓝和赤球甘蓝外形近似、颜色不同，根据农药残留限量评估的原则，它们属于两个类别。瓜类蔬菜根据大小分为大型瓜类和小型瓜类，并把黄瓜单列：大型瓜类包括冬瓜、南瓜、笋瓜等，小型瓜类包括西葫芦、苦瓜、丝瓜等。豆类蔬菜根据豆荚是否可以食用分为荚可食类和荚不可食类：荚可食类包括豇豆、菜豆、食荚豌豆、四棱豆、扁豆、刀豆等，荚不可食类包括菜用大豆、蚕豆、豌豆、利马豆等。

动物源性食品包括哺乳动物类（海洋哺乳动物除外）、禽类、生乳、蛋类、乳脂肪和水产品 6 类。其中哺乳动物类和禽类根据组织部位分为肉类、内脏和脂肪，涉及的动物品种为我国有食用习惯的猪、牛、山羊、绵羊、驴、马等畜类和鸡、鸭、鹅等禽类。生乳包括国内习惯饮用的牛乳、山羊乳、绵羊乳、马乳等，对新疆、内蒙古等地区习惯饮用的骆驼乳暂时没有涉及。

表 2-1　中国农药残留限量标准食品分类体系

食品类别（一级）	类别说明（二级）	类别说明（三级）	品种说明（四级）
谷物	原粮	稻类	稻谷等
		麦类	小麦、大麦、燕麦、黑麦、小黑麦等
		旱粮类	玉米、鲜食玉米、高粱、粟、稷、薏仁、荞麦等
		杂粮类	绿豆、豌豆、赤豆、小扁豆、鹰嘴豆、羽扇豆、豇豆、利马豆、蚕豆等
	成品粮	成品粮	大米粉、小麦粉、小麦全粉、全麦粉、玉米糁、玉米粉、高粱米、大麦粉、荞麦粉、莜麦粉、甘薯粉、高粱粉、黑麦粉、黑麦全粉、大米、糙米、麦胚等

续表

食品类别（一级）	类别说明（二级）	类别说明（三级）	品种说明（四级）
油料和油脂	油料	小型油籽类	油菜籽、芝麻、亚麻籽、芥菜籽等
		中型油籽类	棉籽等
		大型油籽类	大豆、花生仁、葵花籽、油茶籽等
	油脂	植物毛油	大豆毛油、菜籽毛油、花生毛油、棉籽毛油、玉米毛油、葵花籽毛油等
		植物油	大豆油、菜籽油、花生油、棉籽油、初榨橄榄油、精炼橄榄油、葵花籽油、玉米油等
蔬菜	鳞茎类蔬菜	鳞茎葱类	大蒜、洋葱、薤等
		绿叶葱类	韭菜、葱、青蒜、蒜薹、韭葱等
		百合(鲜)	
	芸薹属类蔬菜	结球芸薹属	结球甘蓝、球茎甘蓝、抱子甘蓝、赤球甘蓝、羽衣甘蓝、皱叶甘蓝等
		头状花序芸薹属	花椰菜、青花菜等
		茎类芸薹属	芥蓝、菜薹、茎芥菜等
	叶菜类蔬菜	绿叶类	菠菜、普通白菜(小白菜、小油菜、青菜)、苋菜、蕹菜、茼蒿、大叶茼蒿、叶用莴苣、结球莴苣、苦苣、野苣、落葵、油麦菜、叶芥菜、萝卜叶、芜菁叶、菊苣、芋头叶、茎用莴苣叶、甘薯叶等
		叶柄类	芹菜、小茴香、球茎茴香等
		大白菜	
	茄果类蔬菜	番茄类	番茄、樱桃番茄等
		其他茄果类	茄子、辣椒、甜椒、黄秋葵、酸浆等
	瓜类蔬菜	大型瓜类	冬瓜、南瓜、笋瓜等
		黄瓜、腌制用小黄瓜	
		小型瓜类	西葫芦、节瓜、苦瓜、丝瓜、线瓜、瓠瓜等
	豆类蔬菜	荚可食类	豇豆、菜豆、食荚豌豆、四棱豆、扁豆、刀豆等
		荚不可食类	菜用大豆、蚕豆、豌豆、利马豆等
	茎类蔬菜	芦笋、朝鲜蓟、大黄、茎用莴苣等	

续表

食品类别（一级）	类别说明（二级）	类别说明（三级）	品种说明（四级）
蔬菜	根茎类和薯芋类蔬菜	根茎类	萝卜、胡萝卜、根甜菜、根芹菜、根芥菜、姜、辣根、芜菁、桔梗等
		马铃薯	马铃薯
		其他薯芋类	甘薯、山药、牛蒡、木薯、芋、葛、魔芋等
	水生类蔬菜	茎叶类	水芹、豆瓣菜、茭白、蒲菜等
		果实类	菱角、芡实、莲子(鲜)等
		根类	莲藕、荸荠、慈姑等
	芽菜类蔬菜	绿豆芽、黄豆芽、萝卜芽、苜蓿芽、花椒芽、香椿芽等	
	其他类蔬菜	黄花菜(鲜)、竹笋、仙人掌、玉米笋等	
食用菌	食用菌	蘑菇类	香菇、金针菇、平菇、茶树菇、竹荪、草菇、羊肚菌、牛肝菌、口蘑、松茸、双孢蘑菇、猴头菇、白灵菇、杏鲍菇等
		木耳类	木耳、银耳、金耳、毛木耳、石耳等
水果	柑橘类水果	柑、橘、橙、柠檬、柚、佛手柑、金橘等	
	仁果类水果	苹果、梨、山楂、枇杷、榅桲等	
	核果类水果	桃、油桃、杏、枣(鲜)、李子、樱桃、青梅等	
	浆果和其他小型类水果	藤蔓和灌木类	枸杞(鲜)、黑莓、蓝莓、覆盆子、越橘、加仑子、悬钩子、醋栗、桑葚、唐棣、露莓(包括波森莓和罗甘莓)等
		小型攀援类	皮可食:葡萄(鲜食葡萄和酿酒葡萄)、树番茄、五味子等 皮不可食:猕猴桃、西番莲等
		草莓	
	热带和亚热带类水果	皮可食	柿子、杨梅、橄榄、无花果、杨桃、莲雾等
		皮不可食	小型果:荔枝、龙眼、红毛丹等
			中型果:杧果、石榴、鳄梨、番荔枝、番石榴、黄皮、山竹等
			大型果:香蕉、番木瓜、椰子等
			带刺果:菠萝、菠萝蜜、榴莲、火龙果等
	瓜果类水果	西瓜	
		甜瓜类	薄皮甜瓜、网纹甜瓜、哈密瓜、白兰瓜、香瓜、香瓜茄等

续表

食品类别（一级）	类别说明（二级）	类别说明（三级）	品种说明（四级）
坚果	坚果	小粒坚果	杏仁、榛子、腰果、松仁、开心果等
		大粒坚果	核桃、板栗、山核桃、澳洲坚果等
糖料	甘蔗		
	甜菜		
饮料类	茶叶		
	咖啡豆、可可豆		
	啤酒花		
	菊花(鲜)、菊花(干)、玫瑰花、茉莉花等		
	果汁	蔬菜汁	番茄汁等
		水果汁	橙汁、苹果汁、葡萄汁等
调味料	调味料	叶类	芫荽、薄荷、罗勒、艾蒿、紫苏、留兰香、月桂、欧芹、迷迭香、香茅、蒌叶、马郁兰、夏香草等
		果类	花椒、胡椒、豆蔻、孜然、番茄酱等
		种子类	芥末、八角茴香、小茴香籽、芫荽籽等
		根茎类	桂皮、山葵等
		干辣椒	干辣椒
药用植物	药用植物	根茎类	人参(鲜)、人参(干)、三七块根(干)、三七须根(干)、贝母(鲜)、贝母(干)、天麻、甘草、半夏、当归、白术(鲜)、白术(干)、百合(干)、元胡(鲜)、元胡(干)等
		叶及茎秆类	车前草、鱼腥草、艾、蒿、石斛(鲜)、石斛(干)等
		花及果实类	枸杞(干)、金银花、银杏、三七花(干)等
干制蔬菜	脱水蔬菜、番茄干、马铃薯干、黄花菜(干)、萝卜干等		
干制水果	柑橘脯、柑橘肉(干)、李子干、葡萄干、干制无花果、无花果蜜饯、枣(干)、苹果干等		
动物源性食品	哺乳动物类	哺乳动物肉类(海洋哺乳动物除外)	猪、牛、山羊、绵羊、驴、马肉等
		哺乳动物内脏(海洋哺乳动物除外)	心、肝、肾、舌、胃等

续表

<table>
<tr><th>食品类别
（一级）</th><th>类别说明
（二级）</th><th>类别说明
（三级）</th><th>品种说明（四级）</th></tr>
<tr><td rowspan="8">动物源性食品</td><td rowspan="2">哺乳动物类</td><td>哺乳动物脂肪（海洋哺乳动物除外）</td><td>猪、牛、山羊、绵羊、驴、马脂肪等</td></tr>
<tr><td>哺乳动物脂肪（乳脂肪除外）</td><td>哺乳动物脂肪（乳脂肪除外）</td></tr>
<tr><td rowspan="3">禽类</td><td>禽肉类</td><td>鸡、鸭、鹅肉等</td></tr>
<tr><td>禽类内脏</td><td>鸡、鸭、鹅内脏等</td></tr>
<tr><td>禽类脂肪</td><td>鸡、鸭、鹅脂肪等</td></tr>
<tr><td>生乳</td><td>生乳</td><td>牛、山羊、绵羊、马等生乳</td></tr>
<tr><td>蛋类</td><td colspan="2">蛋类</td></tr>
<tr><td>乳脂肪</td><td colspan="2">乳脂肪</td></tr>
<tr><td></td><td>水产品</td><td colspan="2">水产品</td></tr>
</table>

2.2 美国食品分类体系

美国农药残留容许量标准主要由美国环保局（EPA）负责制定，在《美国联邦法规》（CFR）第 40 篇“环境保护”第 180 节——化学农药在食品中的残留容许量与残留容许量豁免中公布。其中对于法规规定的农药残留容许量适用的食品类别说明主要集中在“180.40 作物中农药残留规定”和“180.41 作物分类列表”。

对于动物源性产品说明，仅“180.6 乳、蛋、畜禽肉中农药残留政策”中有涉及，但该章节中仅解释动物源性食品中残留量制定的原则，并没有给出详细的类别说明。从美国 CFR 关于动物性产品类别的农药残留规定来看（见表 2-2），畜禽肉主要从脂肪、肌肉、肉制品三个方面分别进行规定，有具体规定的动物包括牛、羊、猪、马、禽类，而蛋、乳没有具体的子类别。

表 2-2　美国 CFR 农药残留限量标准中动物性产品类别

<table>
<tr><th>食品大类</th><th>食品类别</th><th>二级类别</th></tr>
<tr><td rowspan="3">动物性产品</td><td rowspan="3">牛</td><td>脂肪</td></tr>
<tr><td>肌肉</td></tr>
<tr><td>肉制品</td></tr>
</table>

续表

食品大类	食品类别	二级类别
动物性产品	羊	脂肪
		肌肉
		肉制品
	猪	脂肪
		肌肉
		肉制品
	马	脂肪
		肌肉
		肉制品
	禽类	脂肪
		肌肉
		肉制品
	蛋	—
	乳	—

对于植物源性食品，分类相关的内容主要集中在“180.40 作物中农药残留规定”和“180.41 作物分类列表”。“180.41 作物分类列表”与“180.40 作物中农药残留规定”要结合使用，以确定作物准确的农药残留量规定。此外，“180.41 作物分类列表”中未涉及的作物被视为不包含在美国 CFR 规定的类别中，必须要单独确定它们的农药残留量，如芦笋、鳄梨、香蕉、无花果、洋蓟、啤酒花、芒果、木瓜、花生、柿子、菠萝、菱角和豆瓣菜的任何混合类商品。

“180.41 作物分类列表”将植物源性食品分为 21 个组，前 9 组为蔬菜，第 21 组为食用菌。每组作物类别规定仅包含两级（食品类别和代表性作物），组名如块根块茎类蔬菜、豆类蔬菜等，以及代表性作物，如牛蒡、胡萝卜等。其中，对于每类作物，CFR 还规定了下属子类，但子类和作物之间没有上下级归属关系，仅为了方便后期农药残留量规定使用。作物子类是由几个具体作物集合组成的，一个作物可能分属于不同的子类。子类的农药残留量规定仅适用于法规规定其包含的作物。例如胡萝卜，它属于第 1 组块根和块茎类蔬菜，同时它还属于第一组的 1A 和 1B 子类。对于 CFR 的第 180 节中限量规定，胡萝卜中的农药残留量既要符合针对胡萝卜单独制定的限量，也要符合 1A 和 1B 子类的限量。对于 1A 子类，代表性作物是胡萝卜、萝卜和糖用甜菜，具体作物包括菜用甜菜、糖用甜菜、牛蒡、胡萝卜、根芹菜、菊苣、人参、辣根、欧防风、东方萝卜、婆罗门参、黑婆罗门参、泽芹、芜菁。对于1B子类，代表性作物是胡萝卜和萝卜，具体作物包括具体作物包括菜用甜菜、牛蒡、胡萝卜、根芹菜、菊苣、人参、辣根、欧防风、东方萝卜、婆罗门参、黑婆罗门参、泽芹、芜菁。两个子类的区别在于是否包含糖用甜菜。因此，使用CFR查询农药残留限量时，一定要注意区分适用范围，特别是子类作物的适用范围。

表2-3 美国CFR农药残留限量标准中蔬菜(含食用菌)类别

食品类别	代表性作物
第1组 块根和块茎类蔬菜	秘鲁胡萝卜、葛根、朝鲜蓟、球形朝鲜蓟、菜用甜菜、糖用甜菜、牛蒡、可食用美人蕉、胡萝卜、木薯、根芹菜、佛手瓜根、细芹根、菊苣、荸荠、芋头、生姜、西洋参、山葵、食用兰花蕉、欧防风、欧芹、马铃薯、萝卜、东方萝卜、芜菁甘蓝、婆罗门参、西班牙婆罗门参、泽芹、红薯、芋头类、姜黄、芜菁、山药豆、山药
第2组 块根类和块茎类蔬菜叶	菜用甜菜、糖用甜菜、牛蒡、胡萝卜、木梳、根芹菜、菊苣、芋头、欧防风、萝卜、东方萝卜、芜菁甘蓝、婆罗门参、红薯、芋头类、芜菁、山药
第3组 鳞茎类蔬菜	大蒜鳞茎类、韭菜、洋葱(干和新鲜)、威尔士洋葱、葱
第4组 叶菜类(芸薹属除外)	苋菜、芝麻菜、刺棘蓟、芹菜、中国芹菜、莴笋、细叶芹、茼蒿、蓬蒿、野莴苣、水芹、山芥、蒲公英、酸模、菊苣、佛罗伦萨茴香、莴苣叶、榆钱菠菜、芹菜、马齿苋、冬马齿苋、红菊苣、大黄、菠菜、新西兰菠菜、印度菠菜、瑞士甜菜
第5组 芸薹属叶类蔬菜	西兰花、芥蓝、菜心、甘蓝、卷心菜、大白菜、小白菜、芥菜、花椰菜、羽衣甘蓝、大头菜、水菜、芥末菠菜、空心菜
第6组 豆类蔬菜	羽扇豆属(包括谷类羽扇豆、甜羽扇豆和白羽扇豆)、豆类(包括菜豆、芸豆、利马豆、海军蓝豆、品脱豆、金枪鱼豆、油菜豆、蜡豆)、豆(包括小豆、芦笋豆、黑豌豆、中国长豆、豇豆、绿豆、米豆、南方豌豆、豆腐豆)、蚕豆、鹰嘴豆、瓜尔豆、风信子豆、小扁豆、豌豆、鸽子豌豆、大豆、大毛豆、刀豆
第7组 豆类蔬的叶子	豆类蔬菜中包含的任何豆类蔬菜的植物部分，将用作动物饲料
第8组 果类蔬菜	非洲茄、灌木番茄、桃番茄、醋栗番茄、茄子、花园越橘、龙葵、枸杞、角胡麻、奎东茄、可乐茄、秋葵、咖啡黄葵、泰国茄、水茄、茄瓜、人参果、辣椒、甜椒、胡椒、辣椒属、玫瑰茄、红茄、埃塞俄比亚茄、黄花刺茄、太阳莓、酸浆、毛酸浆、番茄、树番茄、茄科以及以上品种的变异品系
第9组 瓜类蔬菜	佛手瓜、冬瓜、枸橼西瓜、黄瓜、腌黄瓜用小黄瓜、可食用葫芦、苦瓜属、甜瓜、南瓜属、夏季南瓜、冬季南瓜、西瓜
第21组 可食用食用菌	带盾环柄菇、杏鲍菇、香菇、金针菇、松茸、黑木耳、羊肚菌、灰树花、大腿蘑、竹荪、平菇、猴头菇、灵芝、罗德曼蘑菇、花菇、结球口蘑、球藻属、双孢蘑菇、银耳

2.3 日本食品分类体系

日本蔬菜分类来源于厚生劳动省发布的肯定列表食品分类体系。日本肯定列表中食品分类表按照“种类—类型—分组—食品名称”的顺序编排，将食品分为动物源、植物源、矿泉水和加工食品 4 个种类，包括谷物、豆类/豆类种子、蔬菜、水果等 8 个植物源类型，陆生哺乳动物、家禽、水生动物和蜂产品 4 个动物源类型以及矿泉水和加工食品共 14 个类型。在分组环节，将 14 个类型的食品再细分为 53 个组，252 种农产品和加工食品，几乎囊括了日本国民膳食结构中的各种食品。

日本肯定列表中的植物源农产品中的蔬菜包含食用菌，按照植物学分类的方式分为百合科蔬菜、十字花科蔬菜、伞形花科蔬菜、葫芦科蔬菜、豆类蔬菜、薯类、菊科蔬菜、糖源蔬菜、茄科蔬菜、菇类蔬菜、杂类蔬菜、未归为上述分类的蔬菜等 12 个组（见表 2-4）。每类蔬菜又可进一步细化到品种或具体的某一部位，如十字花科蔬菜包括豆瓣菜、大白菜、卷心菜、球芽甘蓝等 15 种蔬菜以及其他十字花科蔬菜，其中的芜菁细分为芜菁根、芜菁叶，日本萝卜细分为日本萝卜、日本萝卜根、日本萝卜叶；豆类蔬菜中的豌豆和扁豆分为未成熟带豆荚的豌豆、扁豆以及干豌豆、干扁豆等。

日本肯定列表中动物源农产品包括陆生哺乳动物、家禽、水生动物和蜂产品 4 类（见表 2-4）。其中陆生哺乳动物和家禽根据组织部位除可共同细分为肉、脂肪、肝脏、肾脏、可食用下水 5 个类别外，陆生哺乳动物还包括乳类，家禽还包括蛋类。动物品种方面，陆生哺乳动物涉及鹿、马、羊、猪、绵羊、山羊、牛及其他等，家禽涉及鸡、鸭、火鸡和其他等。乳类是陆生哺乳动物下属的一个类别，没有指明具体动物品种。

表 2-4　日本肯定列表中蔬菜和肉、乳分类体系

类型	分组	食品名称
蔬菜	薯类	甘薯、马铃薯、山药、芋头、魔芋、其他薯类
	糖源蔬菜	甘蔗、甜菜
	十字花科蔬菜	大白菜、豆瓣菜、京菜、卷心菜、球芽甘蓝、日本萝卜根（包括萝卜）、日本萝卜叶（包括萝卜）、山葵、花椰菜、西兰花、小菘菜（日本芥末菠菜）、青梗菜、羽衣甘蓝、芜菁根、芜菁叶、其他十字花科蔬菜
	菊科蔬菜	牛蒡、茼蒿、菊苣、苦苣、洋蓟、婆罗门参、莴苣（包括直立莴苣和散叶莴苣）、其他菊科蔬菜
	百合科蔬菜	洋葱、芦笋、大蒜、韭菜、繁殖洋葱（包括青葱）、葱（包括韭葱）、其他百合科蔬菜

续表

类型	分组	食品名称
蔬菜	伞形花科蔬菜	芹菜、胡萝卜、欧芹、鸭儿芹、欧洲防风、其他伞形花科蔬菜
	茄科蔬菜	番茄、茄子、甜椒、其他茄科蔬菜
	葫芦科蔬菜	黄瓜(包括做泡菜用的小黄瓜)、南瓜(包括西葫芦)、甜瓜、西瓜、香瓜、越瓜、其他葫芦科蔬菜
	豆类蔬菜	毛豆、豌豆(未成熟带豆荚)、扁豆(未成熟带豆荚)
	菇类蔬菜	花菇、草菇、其他蘑菇
	杂类蔬菜	菠菜、黄秋葵、姜、竹笋
	未归入上述分类蔬菜	其他蔬菜
陆生哺乳动物	肉	鹿肉、马肉、羊肉、猪肉、牛肉、山羊肉、绵羊肉
	脂肪	鹿脂肪、马脂肪、羊脂肪、猪脂肪、牛脂肪、山羊脂肪、绵羊脂肪
	肝脏	鹿肝脏、马肝脏、羊肝脏、猪肝脏、牛肝脏、山羊肝脏、绵羊肝脏
	肾脏	鹿肾脏、马肾脏、羊肾脏、猪肾脏、牛肾脏、山羊肾脏、绵羊肾脏
	可食用下水	鹿可食用下水、马可食用下水、羊可食用下水、猪可食用下水、牛可食用下水、山羊可食用下水、绵羊可食用下水
	乳类	乳
家禽	肉	鸡肉、鸭肉、火鸡肉、其他家禽肉
	脂肪	鸡脂肪、鸭脂肪、火鸡脂肪、其他家禽脂肪
	肝脏	鸡肝脏、鸭肝脏、火鸡肝脏、其他家禽肝脏
	肾脏	鸡肾脏、鸭肾脏、火鸡肾脏、其他家禽肾脏
	可食用下水	鸡可食用下水、火鸡可食用下水、其他家禽可食用下水
	蛋类	鸡蛋、其他家禽蛋

续表

类型	分组	食品名称
水生动物	鱼	鳗鲡目、鲈形目、鲑形目、鱼屯形目和其他鱼
	有壳类	甲壳纲、有壳软体动物
	其他水生动物	其他水生动物

2.4 欧盟食品分类体系

欧盟(EC)No. 396/2005 号法规列举了适用于农药残留规定的食品类别，(EU)No. 752/2014 条例中详细描述了该食品类别分类的说明。该条例附录 1 分为两个表格，第一个表格详细规定了水果、蔬菜、豆类、含有的种子和果类、香料、糖类作物、动物产品、螺类、鱼类以及动物饲料等十二大类(见表 2-5)及其包含的食品(共 315 种)。第二个表格列举了(EC) No. 396/2005 农药残留规定涉及除第一个表格中列举的食品归类情况。另外，(EC) No. 396/2005 为每种(类)食品进行编码，这有助于标准的制(修)订和使用。

表 2-5 欧盟农残标准中对食品的分类

食品一级分类	食品二级分类
新鲜或冷冻的水果、坚果	柑橘类的水果、木本坚果、仁果、核果、浆果、混杂类等
新鲜或冷冻的蔬菜	块根和块茎类蔬菜、鳞茎类蔬菜、果类蔬菜、芸薹属蔬菜、叶菜、豆类、茎类、菌类、藻类等
豆类	—
含油的种子和果类	—
茶、咖啡、草本浸泡物和可可	咖啡、咖啡豆、草本浸泡物、可可豆等
啤酒花(干)，包括颗粒酒花和非浓缩粉	啤酒花(干)、颗粒酒花和非浓缩粉
香料、调料	种子类、果类、树皮、根或根茎、芽、花、假种皮等
糖类作物	—
陆地动物及其制品	肉类(猪、牛、绵羊、山羊、马、驴、家禽)、奶及制品、蛋类、蜂蜜、两栖类爬行动物
鱼类、鱼类制品以及其他海洋和淡水食品	—
动物饲料作物	—
加工食品	—

研究表明，动植物不同部位对农药的吸收程度有较大差异。针对食品不同的食用部位，(EC) No. 396/2005 号法规对最大农药残留限量做了不同的规定。例如，在动物性产品中，对于肉、脂肪、肝脏、肾脏和其他可食用内脏等不同部位，(EC) No. 396/2005 均给出了其对应的最大农药残留限量。在植物性产品中，欧盟的食品分类细化到具体的作物，并且给出了科学名称(拉丁文名字)以帮助读者分类。

表 2-6 (EC) No. 396/2005 中蔬菜及动物性产品类别

食品一级分类	食品二级分类	食品三级分类	食品四级分类
新鲜或冷冻的蔬菜	块茎块根类	土豆	—
		热带块茎块根类	木薯、地瓜、山药、竹芋、其他
		其他块茎块根类(除糖用甜菜根)	甜菜根、胡萝卜、欧防风、马蹄、菊芋、芜菁、鬼子姜、欧芹根、萝卜、婆罗门参、芜菁甘蓝、其他
	鳞茎类	大蒜、洋葱、青葱、春葱、威尔士大葱、韭菜、其他	—
	果类	茄科	西红柿、甜椒、柿子椒、红茄、茄子、黄秋葵、其他
		皮可食用瓜类	黄瓜、腌黄瓜用小黄瓜、小胡瓜、其他
		皮不可食用瓜类	甜瓜、南瓜、西瓜、其他
		甜玉米	—
		其他果类蔬菜	—
	芸薹属类(不包括芸薹根类和芸薹幼叶类)	花科类芸薹属	花椰菜、青花菜、其他
		头状花序芸薹属	结球甘蓝、芽甘蓝、其他
		叶类芸薹属	大白菜、羽衣甘蓝、其他
		大头菜	—

续表

<table>
<tr><th>食品一级分类</th><th>食品二级分类</th><th>食品三级分类</th><th>食品四级分类</th></tr>
<tr><td rowspan="28">新鲜或冷冻的蔬菜</td><td rowspan="9">叶类蔬菜、草药、可食用花类</td><td>生菜和沙拉植物</td><td>野苣、沙拉菜、生菜、茅菜、阔叶苣、水芹、芝麻菜、红芥末、幼叶类(包括芸薹属)、其他</td></tr>
<tr><td>菠菜以及类似叶菜</td><td>菠菜</td></tr>
<tr><td>—</td><td>马齿苋</td></tr>
<tr><td>—</td><td>甜菜叶</td></tr>
<tr><td>—</td><td>其他</td></tr>
<tr><td>葡萄叶以及类似品种</td><td>—</td></tr>
<tr><td>豆瓣菜</td><td>—</td></tr>
<tr><td>菊苣</td><td>—</td></tr>
<tr><td>草药和可食用花类</td><td>山萝卜、细香葱、芹菜叶、欧芹、鼠尾草、迷迭香、百里香、罗勒和可食花、月桂叶、龙蒿、其他</td></tr>
<tr><td rowspan="5">豆类蔬菜</td><td>带荚豆类</td><td>—</td></tr>
<tr><td>不带荚豆类</td><td>—</td></tr>
<tr><td>带荚豌豆</td><td>—</td></tr>
<tr><td>不带荚豌豆</td><td>—</td></tr>
<tr><td>小扁豆</td><td>—</td></tr>
<tr><td rowspan="10">茎类</td><td>芦笋</td><td>—</td></tr>
<tr><td>刺棘蓟</td><td>—</td></tr>
<tr><td>芹菜</td><td>—</td></tr>
<tr><td>小茴香</td><td>—</td></tr>
<tr><td>朝鲜蓟</td><td>—</td></tr>
<tr><td>韭葱</td><td>—</td></tr>
<tr><td>大黄</td><td>—</td></tr>
<tr><td>竹笋</td><td>—</td></tr>
<tr><td>棕榈芯</td><td>—</td></tr>
<tr><td>其他</td><td>—</td></tr>
</table>

续表

食品一级分类	食品二级分类	食品三级分类	食品四级分类
新鲜或冷冻的蔬菜	真菌、苔藓和地衣	栽培类真菌	—
		野生真菌	—
		苔藓和地衣	—
	藻类和原核生物	—	—
陆生动物	猪	肌肉	—
		脂肪组织	—
		肝脏	—
		肾脏	—
		可食用内脏（除肝脏和肾脏）	—
		其他	—
	牛	肌肉	—
		脂肪组织	—
		肝脏	—
		肾脏	—
		可食用内脏（除肝脏和肾脏）	—
		其他	—
	绵羊	肌肉	—
		脂肪组织	—
		肝脏	—
		肾脏	—
		可食用内脏（除肝脏和肾脏）	—
		其他	—

续表

食品一级分类	食品二级分类	食品三级分类	食品四级分类
陆生动物	山羊	肌肉	—
		脂肪组织	—
		肝脏	—
		肾脏	—
		可食用内脏（除肝脏和肾脏）	—
		其他	—
	马	肌肉	—
		脂肪组织	—
		肝脏	—
		肾脏	—
		可食用内脏（除肝脏和肾脏）	—
		其他	—
	家禽	肌肉	—
		脂肪组织	—
		肝脏	—
		肾脏	—
		可食用内脏（除肝脏和肾脏）	—
		其他	—
	其他养殖动物	肌肉	—
		脂肪组织	—
		肝脏	—
		肾脏	—
		可食用内脏（除肝脏和肾脏）	—
		其他	—

续表

食品一级分类	食品二级分类	食品三级分类	食品四级分类
陆生动物	乳	牛	—
		绵羊	—
		山羊	—
		马	—
		其他	—

2.5 澳大利亚、新西兰食品分类体系

《澳新食品标准法典》附表22“食品和食品种类”具体阐述了法典中农药残留限量规定适用的食品类别描述，该附表于2021年7月22日发布实施，附表将食品分为动物性食品和农作物，并对它们的具体类别进行了详细阐述。《澳新食品标准法典》中关于农药残留限量的规定，不适用于新西兰。新西兰食品安全局根据《食品安全法》制定了《新西兰农用化合物最大残留限量标准》(Maximum Residue Levels for Agricultural Compounds)，新西兰国内销售的食品需符合该标准中农药化合物规定。但现行版本的标准中并未包含对食品类别的具体描述，仅规定标准中所有的术语都依据《食品安全法》。

《澳新食品标准法典》的附表22中规定动物性食品包括哺乳动物产品、禽类、鱼类、甲壳类和软体动物、蜂蜜以及其他动物源性的初级产品。其中哺乳动物产品分为肌肉、可食用内脏、脂肪、乳，禽类分为禽肉、可食用内脏、脂肪、蛋，鱼类分为洄游鱼类、淡水鱼、海水鱼。

农作物类别共规定了水果、蔬菜、谷物、坚果籽类、草药和香料5类作物。《澳新食品标准法典》中对农作物分类的描述较动物性食品更为具体，将作物类别分为4个层级：一级分类为食品大类，如水果、蔬菜等；二级分类为食品大类的植物学分类，如鳞茎类蔬菜、叶类蔬菜等；三级分类为二级分类的亚类，如鳞茎类蔬菜的亚类有鳞茎葱类、绿叶葱类；四级分类为具体食品品种，详见表2-7。

表2-7 《澳新食品标准法典》中蔬菜类别

食品一级分类	食品二级分类	食品三级分类	食品四级分类
蔬菜	鳞茎类蔬菜	鳞茎葱类	大蒜、洋葱、中国大葱、红葱头
		绿叶葱类	青葱、韭菜、威尔士洋葱、小葱、珠芽圆葱

续表

食品一级分类	食品二级分类	食品三级分类	食品四级分类
蔬菜	芸薹属类蔬菜(除芸薹叶类)	头状花序芸薹属	花椰菜、小西蓝花、青花菜
		结球芸薹属	抱子甘蓝、卷心菜、大白菜
		茎类芸薹属	芥蓝
	果类蔬菜(瓜类)	果类蔬菜(瓜类)——黄瓜和夏季南瓜	苦瓜、胶苦瓜、葫芦、佛手瓜、黄瓜、腌黄瓜用小黄瓜、丝瓜、尖头葫芦、蛇瓜、西葫芦
		果类蔬菜(瓜类)——甜瓜,南瓜和冬季南瓜	甜瓜(除西瓜)、南瓜、冬瓜、西瓜
	果类蔬菜(茄果类)	番茄类	樱桃番茄、枸杞、酸浆、番茄
		辣椒和辣椒类似蔬菜	黄秋葵、辣椒、甜椒、角胡麻、玫瑰茄
		茄子和茄子类似蔬菜	茄子、人参果
	叶类蔬菜	绿叶类	苋菜叶、枸杞叶、叶甜菜、细叶芹、菊苣叶、沙拉菜、蒲公英、苦菊、莴苣头、莴苣叶、新西兰菠菜、菠菜、马齿苋、苦苣
		芸薹叶菜	甘蓝、小油菜、小白菜、独行菜、印度芥末、小松菜、羽衣甘蓝、油菜、山葵、芝麻菜
		块根块茎类蔬菜叶子	箭根叶、甜菜根叶、萝卜叶、地瓜叶
		木本、灌木、藤蔓叶子	葡萄叶
		水生类蔬菜叶	水田芥、雍菜
		菊苣	菊苣
		葫芦科叶	红瓜叶
		嫩叶类	嫩叶类
		芽菜类	苜蓿芽、芒豆芽、萝卜芽、大豆豆芽

续表

食品一级分类	食品二级分类	食品三级分类	食品四级分类
蔬菜	豆类蔬菜	带荚豆类	豆类(除蚕豆和黄豆)、蚕豆、瓜尔豆、青刀豆、黄豆、豆角、利马豆、四季豆、扁豆、菜豆
		带荚豌豆	鹰嘴豆、菜用豌豆、小扁豆、木豆、食荚豌豆
		不带荚多汁豆类	羽扇豆、不带荚豆类的多汁豆
		不带荚多汁豌豆	带荚豌豆的多汁豆
		地下生豆类	—
	干豆	干豆类	—
		干豌豆	—
		地下生干豆	—
	块茎块根类蔬菜	块根类	甜菜、牛蒡、胡萝卜、根芹菜、防风草、萝卜、日本萝卜、甜菜根、芜菁、姜、辣根
		块茎和球茎类	箭根、可食用美人蕉、木梳、朝鲜蓟、马铃薯、红薯、芋头、山药豆、山药
		水生根类和茎类	藕、菱角、荸荠
	茎类蔬菜	叶柄类	刺棘蓟、芹菜、木姜、球茎茴香、大黄
		嫩茎类	龙舌兰、芦笋、竹笋
	食用菌	—	食用菌(除蘑菇)、蘑菇、松露

2.6 国际食品法典委员会(CAC)食品分类体系

国际食品法典委员会(CAC)标准中农产品分类来源于官方农药残留数据库中产品分类,产品相关释义参考《Classification of Foods and Animal Feeds》(CAC/MISC 4-1989)。该分类体系最初是在 1989 年第 18 届 CAC 会议上通过,并于 1993 年和 2006 年分别进行修订,其中也收录了无需制定最大农药残留限量的食品种类和饲料,目的在于尽可能收录所有在贸易中涉及的食品种类和饲料。根据消费方式,CAC 标准包含仅为食品、仅为饲料、食品饲料两用 3 类产品。

CAC 农药残留标准将产品分为 A 植物源初级食品、B 动物源初级食品、C 初级动物饲料、D 植物源加工食品和 E 动物源加工食品等 5 个大类。每个大类根据相似性程度分为不同的亚类,如 A 植物源初级食品细分为 01 水果、02 蔬菜、03 禾本科农产品、04 坚果和种子以及 05 香草和香料 5 个亚类。亚类是建立在自然特征和食用习惯以及在动植物学方面有较小外延的基础上的,但通常一个"亚类"食品由于过于宽泛而无法使用一个统一的最大农药残留限量来涵盖,因此又被细分为"组"。同一组的产品通常具有相似的残留特性和农业生产技术特点,并在动、植物学方面有一定程度的联系。比如 02 蔬菜细分为 009 鳞茎蔬菜,010 芸薹类(油菜或甘蓝)蔬菜、结球甘蓝、头状花序类芸薹属,011 葫芦科果蔬,012 非葫芦科果蔬,013 叶菜(包括芸薹类叶菜),014 豆类蔬菜,015 豆类,016 块根和块茎蔬菜,017 茎类蔬菜及 018 其他蔬菜 10 组。CAC 农药残留限量标准部分食品分类体系详见表 2-8。

B 动物源初级食品包括 06 哺乳动物产品、07 禽类产品、08 水生动物产品、09 两栖及爬行动物和 10 无脊椎动物 5 个亚类。其中 06 哺乳动物产品不包括海洋哺乳动物,根据组织部位分为肉、脂肪、可食下水和乳类,动物品种涉及骆驼、鹿、马、牛、羊、猪、兔等。07 禽类产品同样根据组织部位分为肉、脂肪、可食下水和蛋类,动物品种涉及鸡、鹌鹑、火鸡、鹅以及鸽子等。乳类是归为 06 哺乳动物产品亚类下的一个组,包括牛乳、羊乳、山羊乳、骆驼乳等。

CAC 标准在食品分类中建立了一套与公认的学名相联系的统一的名称术语,拥有不同通俗名的相同或相近的产品或同一种农作物的不同栽培变种尽量用同一个通用名来命名,并且只有在一个通用名无法充分区别某个特殊的产品时,才修改通用名。但是,特定的栽培变种还是用其在农业生产和国际贸易中的通用名来区别,同时标明其通用名、种以及栽培变种的学名,例如用"nectarine"把油桃与其他桃子栽培变种区别出来。为了实现分类的信息化管理,每个产品都有大类、亚类、组、字母代码、数字编码和描述。

表 2-8 CAC 农药残留限量标准部分食品分类体系

大类（编码及中文名称）	亚类（编码及中文名称）	组（编码及中文名称）	种（举例）
A 植物源初级食品	02 蔬菜	009 鳞茎蔬菜	洋葱、大葱、韭菜
		010 芸薹类（油菜或甘蓝）蔬菜、结球甘蓝、头状花序类芸薹属	西兰花、卷心菜、丕蓝
		011 葫芦科果蔬	黄瓜、西葫芦、甜瓜、西瓜、南瓜、冬瓜
		012 非葫芦科果蔬	番茄、辣椒、茄子
		013 叶菜（包括芸薹类叶菜）	结球莴苣、油麦菜、菠菜、芥菜、羽衣甘蓝、空心菜、绿豆芽
		014 豆类蔬菜	豌豆（带荚、不带荚）、菜豆（带荚、不带荚）
		015 豆类	干黄豆、干豌豆
		016 块根和块茎蔬菜	胡萝卜、萝卜、马铃薯、甘薯、慈姑
		017 茎类蔬菜	芹菜、芦笋
		018 其他蔬菜	—
		028 香料	—
B 动物源初级食品	06 哺乳动物产品	030 哺乳动物肉类（除海洋哺乳动物外）	骆驼肉、鹿肉、马肉、牛肉、羊肉、猪肉、兔肉
		031 哺乳动物脂肪	兔子脂肪、羊脂肪、猪脂肪、牛脂肪
		032 哺乳动物可食下水	马肝、马肾、牛肝、牛肾、猪肝
		033 乳类	牛乳、羊乳、山羊乳、骆驼乳
	07 禽类产品	036 禽类肉（包括鸽子肉）	鸡肉、鹌鹑肉、火鸡肉、鹅肉
		037 禽类脂肪	鹅脂肪、火鸡脂肪、鸡脂肪
		038 禽类可食下水	家禽皮
		039 蛋类	鹅蛋、鸡蛋

续表

大类(编码及中文名称)	亚类(编码及中文名称)	组(编码及中文名称)	种(举例)
B 动物源初级食品	08 水生动物产品	040 淡水鱼	白鲈、草鱼、河鲶
		041 海河洄游鱼	海洋鲶鱼、鲑鱼、大马哈鱼
		042 海洋鱼类	大菱鲆、大西洋鲱鱼、金枪鱼
		043 鱼卵,鱼白和可食鱼下水:下水	鲨鱼肝
		043 鱼卵,鱼白和可食鱼下水:鱼卵	江鲽鱼卵和鱼白
		044 海产哺乳动物	鼠海豚、伪虎鲸
		045 甲壳类	虾蛄、蟹
	09 两栖及爬行类动物	048 蛙类、蜥蜴、蛇类及海龟	蜥蜴
	10 无脊椎动物	049 软体动物(包括头足类动物)和其他无脊椎动物	褶柔鱼、鱿鱼
D 植物源加工食品	14 植物源单成分加工食品	066 茶类	—
		067 植物油毛油	—
		068 食用(或精炼)植物油	—
		069 其他植物源食用制品	—
		070 果汁	—
		071 作为饲料的果蔬加工副产品	—
		075 水果单成分加工食品	—
		076 蔬菜单成分加工食品	—
	15 植物源多成分加工食品	078 多成分谷物加工品	—
		086 乳脂肪	—
		087 乳制品	—
E 动物源加工食品	18 动物源单成分加工食品	090 单成分加工乳品	—
	19 动物源多成分加工食品	092 多成分加工乳品	—

2.7 中国与其他国家(组织)食品分类体系比较

合理的食品分类是对食品生产进行有效监管的基础。由于生产方式、饮食习惯和文化背景的不同,各国在食品的分类上会存在较大的差异。目前各国之间没有“食品统一分类标准”,而且各国之间的食品分类原则兼容性差,分类过于模糊,不同的食品分类方法将直接影响食品中农药残留限量标准制定的水平,如农药残留限量标准的数量及对食品的覆盖面等。本节通过对比我国与主要贸易国家(组织)食品分类体系,主要以蔬菜为例,帮助大家了解各国蔬菜层级分类。

2.7.1 中国与美国食品分类体系比较

美国将蔬菜分为块根类和块茎类蔬菜、果类蔬菜等 9 个类别,分类方式与中国 GB 2763 分类系统基本相同,以植物学属别结合食用部位综合分类。比较两国的蔬菜分类体系(详见表 2-9),主要有以下几点不同:

(1)从分类层级看,中国 GB 2763 将食品类别分为大类、亚类、细类三个层级,并且规定了具体的检测部位。美国法典仅规定了食品类别和该类别代表性作物,对于子类的规定与大类、细类没有种属逻辑上的层级关系,只是为了后期农药残留限量规定方便。例如甜椒,在 GB 2763 里,分类层级归属为茄果类蔬菜—其他茄果类,测定部位为全果(去柄);在美国法典中,甜椒属于第 8 组果类蔬菜,它分属 8-10B、8-10C 两个子类。8-10B 子类包括甜椒和栽培的小甜椒,8-10C 子类包括甜椒和茄子类。

(2)从分类看,中国 GB 2763 将蔬菜分为 11 个类别,美国法典将蔬菜分为 9 个类别。GB 2763 中水生类、芽菜类、其他类与美国不同,美国的分类则多出了第 2 组块根类和块茎类蔬菜叶、第 7 组豆类蔬菜的叶子。另外,对于芸薹属叶类,美国单独规定了类别,中国则归入了叶菜类。

(3)从分类的具体内容看,最主要的区别在瓜类蔬菜,美国将甜瓜纳入了蔬菜类别。另外,由于两国饮食习惯不同,两国都有一些特有的食品品类,例如中国的百合、黄花菜、仙人掌等,美国的一些豆类(如鹰嘴豆、羽扇豆等)。

表 2-9 中国和美国蔬菜分类体系对比

中国			美国	
类别说明(二级)	类别说明(三级)	品种说明(四级)	食品类别	代表性作物
鳞茎类蔬菜	鳞茎葱类	大蒜、洋葱、薤等	第 3 组 鳞茎类蔬菜	大蒜鳞茎类、韭菜、洋葱(干和新鲜)、威尔士洋葱、葱
	绿叶葱类	韭菜、葱、青蒜、蒜薹、韭葱等		
	百合(鲜)	—		

续表

中国			美国	
类别说明（二级）	类别说明（三级）	品种说明（四级）	食品类别	代表性作物
芸薹属类蔬菜	结球芸薹属	结球甘蓝、球茎甘蓝、抱子甘蓝、赤球甘蓝、羽衣甘蓝、皱叶甘蓝等	第 5 组 芸薹属叶类蔬菜	西兰花、芥蓝、菜心、甘蓝、卷心菜、大白菜、小白菜、芥菜、花椰菜、羽衣甘蓝、大头菜、水菜、芥末菠菜、空心菜
	头状花序芸薹属	花椰菜、青花菜等		
	茎类芸薹属	芥蓝、菜薹、茎芥菜等		
叶菜类蔬菜	绿叶类	菠菜、普通白菜（小白菜、小油菜、青菜）、苋菜、蕹菜、茼蒿、大叶茼蒿、叶用莴苣、结球莴苣、苦苣、野苣、落葵、油麦菜、叶芥菜、萝卜叶、芜菁叶、菊苣、芋头叶、茎用莴苣叶、甘薯叶等	第 4 组 叶菜类（芸薹属除外）	苋菜、芝麻菜、刺棘蓟、芹菜、中国芹菜、莴笋、细叶芹、茼蒿、蓬蒿、野莴苣、水芹、山芥、蒲公英、酸模、菊苣、佛罗伦萨茴香、莴苣叶、榆钱菠菜、马齿苋、冬马齿苋、红菊苣、大黄、菠菜、新西兰菠菜、印度菠菜、瑞士甜菜
	叶柄类	芹菜、小茴香、球茎茴香等		
	大白菜	—		
茄果类蔬菜	番茄类	番茄、樱桃番茄等	第 8 组 果类蔬菜	非洲茄、灌木番茄、桃番茄、醋栗番茄、茄子、花园越橘、龙葵、枸杞、角胡麻、奎东茄、可乐茄、秋葵、咖啡黄葵、泰国茄、水茄、茄瓜、人参果、辣椒、甜椒、胡椒、辣椒属、玫瑰茄、红茄、埃塞俄比亚茄、黄花刺茄、太阳莓、酸浆、毛酸浆、番茄、树番茄、茄科以及以上品种的变异品系
	其他茄果类	茄子、辣椒、甜椒、黄秋葵、酸浆等		
瓜类蔬菜	黄瓜、腌制用小黄瓜	—	第 9 组 瓜类蔬菜	佛手瓜、冬瓜、枸橼西瓜、黄瓜、腌黄瓜用小黄瓜、可食用葫芦、苦瓜属、甜瓜、南瓜属、夏季南瓜、冬季南瓜、西瓜
	小型瓜类	西葫芦、节瓜、苦瓜、丝瓜、线瓜、瓠瓜等		
	大型瓜类	冬瓜、南瓜、笋瓜等		

续表

中国			美国	
类别说明（二级）	类别说明（三级）	品种说明(四级)	食品类别	代表性作物
豆类蔬菜	荚可食类	豇豆、菜豆、食荚豌豆、四棱豆、扁豆、刀豆等	第6组 豆类蔬菜	羽扇豆属(包括谷类羽扇豆、甜羽扇豆和白羽扇豆)、豆类(包括菜豆、芸豆、利马豆、海军蓝豆、品脱豆、菜豆、金枪鱼豆、油菜豆、蜡豆)、豆(包括小豆、芦笋豆、黑豌豆、中国长豆、豇豆、绿豆、米豆、南方豌豆、豆腐豆)、鹰嘴豆、瓜尔豆、蚕豆、风信子豆、小扁豆、豌豆、鸽子豌豆、大豆、大毛豆、刀豆
	荚不可食类	菜用大豆、蚕豆、豌豆、利马豆等		
茎类蔬菜	芦笋、朝鲜蓟、大黄、茎用莴苣等	—	—	—
根茎类和薯芋类蔬菜	根茎类	萝卜、胡萝卜、根甜菜、根芹菜、根芥菜、姜、辣根、芜菁、桔梗等	第2组 块根类和块茎类蔬菜叶	菜用甜菜、糖用甜菜、牛蒡、胡萝卜、木梳、根芹菜、菊苣、芋头、欧防风、萝卜、东方萝卜、芜菁甘蓝、婆罗门参、红薯、芋头类、芜菁、山药
	马铃薯	马铃薯		
	其他薯芋类	甘薯、山药、牛蒡、木薯、芋、葛、魔芋等		
水生类蔬菜	茎叶类	水芹、豆瓣菜、茭白、蒲菜等	—	—
	果实类	菱角、芡实、莲子(鲜)等		
	根类	莲藕、荸荠、慈姑等		
芽菜类蔬菜	绿豆芽、黄豆芽、萝卜芽、苜蓿芽、花椒芽、香椿芽等	—		
其他类蔬菜	黄花菜(鲜)、竹笋、仙人掌、玉米笋等	—		

续表

中国			美国	
类别说明（二级）	类别说明（三级）	品种说明（四级）	食品类别	代表性作物
—	—	—	第21组 可食用食用菌	带盾环柄菇、杏鲍菇、香菇、金针菇、松茸、黑木耳、羊肚菌、灰树花、大腿蘑、竹荪、平菇、猴头菇、灵芝、罗德曼蘑菇、花菇、结球口蘑、球藻属、双孢蘑菇、银耳
—	—	—	第7组 豆类蔬菜的叶子	豆类蔬菜中包含的任何豆类蔬菜的植物部分，将用作动物饲料

2.7.2 中国与日本食品分类体系比较

日本肯定列表将蔬菜分为百合科蔬菜、十字花科蔬菜、伞形花科蔬菜、葫芦科蔬菜、豆类蔬菜、薯类等12个组，与中国蔬菜分类差异较大（见表2-10），主要有以下几点：

（1）从分类看，日本标准中的蔬菜包括甘蔗、甜菜等糖源蔬菜以及食用菌类，而中国农药残留标准中蔬菜不包括食用菌类。

（2）从食品类别看，日本按照植物学分类的方式对蔬菜进行命名和归类，中国农药残留标准食品分类参考作物形态学、栽培措施、种植规模、作物种植特点以及可食用部位等方面对蔬菜进行命名和归类。具体有以下特点：①同类蔬菜命名不同，如洋葱在中国标准中属于鳞茎类蔬菜的鳞茎葱类，在日本标准中属于百合科蔬菜；胡萝卜在中国标准中属于根茎类和薯芋类蔬菜中的根茎类，在日本标准中属于伞形花科蔬菜。②日本标准中有些蔬菜类别涉及品种范围与中国标准基本一致，如茄科蔬菜、葫芦科蔬菜和豆类蔬菜分别对应中国标准的茄果类蔬菜、瓜类蔬菜和豆类蔬菜。③日本标准中有些蔬菜类别包含的品种范围明显大于中国蔬菜分类，如十字花科蔬菜的品种范围可涵盖中国的芸薹属类蔬菜、叶菜类蔬菜等多个蔬菜类别。④日本标准中有些蔬菜类别包含的品种范围则归属于中国标准中多个蔬菜类别，如菊科蔬菜包含的品种涉及中国标准中的叶菜类蔬菜、茎类蔬菜、根茎类和薯芋类蔬菜等；伞形花科蔬菜包含的品种涉及中国标准中的叶菜类蔬菜、根茎类和薯芋类蔬菜等。

（3）从具体品种看，日本标准中的南瓜包含西葫芦，而中国标准中的南瓜和西葫芦是两个不同的品种；日本标准中的葱包括韭葱，不包括青葱，而中国标准中的葱包括大葱、小葱、香葱等多种葱，但不包括韭葱。

表 2-10 中国与日本蔬菜分类体系对比

<table>
<tr><td colspan="3">中国</td><td colspan="2">日本</td></tr>
<tr><td>类别说明（二级）</td><td>类别说明（三级）</td><td>品种说明（四级）</td><td>分组</td><td>食品名称</td></tr>
<tr><td rowspan="3">鳞茎类蔬菜</td><td>鳞茎葱类</td><td>大蒜、洋葱、薤等</td><td rowspan="3">百合科蔬菜</td><td rowspan="3">洋葱、芦笋、大蒜、韭菜、繁殖洋葱（包括青葱）、葱（包括韭葱）、其他百合科蔬菜</td></tr>
<tr><td>绿叶葱类</td><td>韭菜、葱、青蒜、蒜薹、韭葱等</td></tr>
<tr><td>百合（鲜）</td><td>—</td></tr>
<tr><td rowspan="3">芸薹属类蔬菜</td><td>结球芸薹属</td><td>结球甘蓝、球茎甘蓝、抱子甘蓝、赤球甘蓝、羽衣甘蓝、皱叶甘蓝等</td><td rowspan="6">十字花科蔬菜</td><td rowspan="6">大白菜、豆瓣菜、京菜、卷心菜、球芽甘蓝、日本萝卜根（包括萝卜）、日本萝卜叶（包括萝卜）、山葵、花椰菜、西兰花、小菘菜（日本芥末菠菜）、青梗菜、羽衣甘蓝、芜菁根、芜菁叶、其他十字花科蔬菜</td></tr>
<tr><td>头状花序芸薹属</td><td>花椰菜、青花菜等</td></tr>
<tr><td>茎类芸薹属</td><td>芥蓝、菜薹、茎芥菜等</td></tr>
<tr><td rowspan="3">叶菜类蔬菜</td><td>绿叶类</td><td>菠菜、普通白菜（小白菜、小油菜、青菜）、苋菜、蕹菜、茼蒿、大叶茼蒿、叶用莴苣、结球莴苣、苦苣、野苣、落葵、油麦菜、叶芥菜、萝卜叶、芜菁叶、菊苣、芋头叶、茎用莴苣叶、甘薯叶等</td></tr>
<tr><td>叶柄类</td><td>芹菜、小茴香、球茎茴香等</td></tr>
<tr><td>大白菜</td><td>—</td></tr>
</table>

续表

中国			日本	
类别说明（二级）	类别说明（三级）	品种说明（四级）	分组	食品名称
茄果类蔬菜	番茄类	番茄、樱桃番茄等	茄科蔬菜	番茄、茄子、甜椒、其他茄科蔬菜
	其他茄果类	茄子、辣椒、甜椒、黄秋葵、酸浆等		
瓜类蔬菜	黄瓜、腌制用小黄瓜	—	葫芦科蔬菜	黄瓜（包括做泡菜用的小黄瓜）、南瓜（包括西葫芦）、甜瓜、西瓜、香瓜、越瓜、其他葫芦科蔬菜
	小型瓜类	西葫芦、节瓜、苦瓜、丝瓜、线瓜、瓠瓜等		
	大型瓜类	冬瓜、南瓜、笋瓜等		
豆类蔬菜	荚可食类	豇豆、菜豆、食荚豌豆、四棱豆、扁豆、刀豆等	豆类蔬菜	毛豆、豌豆（未成熟带豆荚）、扁豆（未成熟带豆荚）
	荚不可食类	菜用大豆、蚕豆、豌豆、利马豆等		
茎类蔬菜	芦笋、朝鲜蓟、大黄、茎用莴苣等	—	—	—
根茎类和薯芋类蔬菜	根茎类	萝卜、胡萝卜、根甜菜、根芹菜、根芥菜、姜、辣根、芜菁、桔梗等	—	—
	马铃薯	马铃薯	薯类	甘薯、马铃薯、山药、芋头、魔芋、其他薯类
	其他薯芋类	甘薯、山药、牛蒡、木薯、芋、葛、魔芋等		
水生类蔬菜	茎叶类	水芹、豆瓣菜、茭白、蒲菜等	—	—
	果实类	菱角、芡实、莲子（鲜）等	—	—
	根类	莲藕、荸荠、慈姑等	—	—
芽菜类蔬菜	绿豆芽、黄豆芽、萝卜芽、苜蓿芽、花椒芽、香椿芽等	—	—	—

续表

中国			日本	
类别说明（二级）	类别说明（三级）	品种说明（四级）	分组	食品名称
其他类蔬菜	黄花菜(鲜)、竹笋、仙人掌、玉米笋等	—	—	—
—	—	—	菊科蔬菜	牛蒡、茼蒿、菊苣、苦苣、洋蓟、婆罗门参、莴苣（包括直立莴苣和散叶莴苣）、其他菊科蔬菜
—	—	—	伞形花科蔬菜	芹菜、胡萝卜、欧芹、鸭儿芹、欧洲防风、其他伞形花科蔬菜
—	—	—	糖源蔬菜	甘蔗、甜菜
—	—	—	菇类蔬菜	花菇、草菇、其他蘑菇
—	—	—	杂类蔬菜	菠菜、黄秋葵、姜、竹笋
—	—	—	未归入上述分类蔬菜	其他蔬菜

2.7.3 中国与欧盟食品分类体系比较

欧盟将蔬菜分为块茎块根类、鳞茎类、果类等8类，与中国相比，其分类方式主要依据食用部位，同时结合植物学分类。比较中国与欧盟的蔬菜分类体系（详见表2-11），主要有以下几个特点：

(1)从分类层级看，欧盟与中国相同，都是分为四个层级，大类、亚类、次亚类、细类，四个层级是从上而下的归属关系。

(2)从分类看，欧盟将蔬菜分为8个类别，中国分为11个类别，其中欧盟将瓜类蔬菜和茄果类蔬菜合并归为果类，欧盟瓜类按照皮是否可以食用，分为皮可食用瓜类和皮不可食用瓜类，叶类蔬菜与草药、可食用花类合并为一类，并且没有中国的水生类和芽菜类蔬菜。

(3)从分类的具体内容看，欧盟果类蔬菜包括茄果类和果类，将甜玉米也归为果类蔬菜，在《食品安全国家标准　食品中农药最大残留限量》(GB 2763—2021)中，鲜食玉米属于谷物旱粮类，并且甜瓜和西瓜也包含在皮不可食用瓜类里。欧盟芸薹属类蔬菜包括花椰菜、头状花序芸薹属、叶菜芸薹属和大头菜，与中国不同，欧盟将大白菜等叶菜类芸薹属按照植物学分类划入了芸薹属类，不属于叶菜类。对于块茎块根类，欧盟将食用量巨大的马铃薯单独分为一个亚类，还有热带块茎块根类、其他块茎块根类，《食品安全国家标准　食品中农药最大残留限量》(GB 2763—2021)里根茎类和薯芋类包含根茎类、马铃薯、其他薯芋类。对于叶类蔬菜，欧盟根据食用习惯，主要分为生菜和沙拉植物、菠菜及类似叶菜等，《食品安全国家标准　食品中农药最大残留限量》(GB 2763—2021)里按照食用部位分为绿叶菜类、叶柄类和大白菜。

表 2-11　中国和欧盟蔬菜分类体系对比

<table>
<tr><th colspan="3">中国</th><th colspan="2">欧盟</th></tr>
<tr><th>类别说明（二级）</th><th>类别说明（三级）</th><th>品种说明（四级）</th><th>食品二级分类</th><th>食品三级分类</th></tr>
<tr><td rowspan="3">鳞茎类蔬菜</td><td>鳞茎葱类</td><td>大蒜、洋葱、薤等</td><td rowspan="3">鳞茎类</td><td rowspan="3">大蒜、洋葱、青葱、春葱、威尔士大葱、韭菜、其他</td></tr>
<tr><td>绿叶葱类</td><td>韭菜、葱、青蒜、蒜薹、韭葱等</td></tr>
<tr><td>百合(鲜)</td><td>—</td></tr>
<tr><td rowspan="4">芸薹属类蔬菜</td><td>结球芸薹属</td><td>结球甘蓝、球茎甘蓝、抱子甘蓝、赤球甘蓝、羽衣甘蓝、皱叶甘蓝等</td><td rowspan="4">芸薹属类(不包括芸薹根类和芸薹幼叶类)</td><td>花椰菜</td></tr>
<tr><td>头状花序芸薹属</td><td>花椰菜、青花菜等</td><td>头状花序芸薹属</td></tr>
<tr><td rowspan="2">茎类芸薹属</td><td rowspan="2">芥蓝、菜薹、茎芥菜等</td><td>叶类芸薹属</td></tr>
<tr><td>大头菜</td></tr>
<tr><td rowspan="7">叶菜类蔬菜</td><td>绿叶类</td><td>菠菜、普通白菜(小白菜、小油菜、青菜)、苋菜、蕹菜、茼蒿、大叶茼蒿、叶用莴苣、结球莴苣、苦苣、野苣、落葵、油麦菜、叶芥菜、萝卜叶、芜菁叶、菊苣、芋头叶、茎用莴苣叶、甘薯叶等</td><td rowspan="7">叶类蔬菜、草药、可食用花类</td><td>生菜和沙拉植物</td></tr>
<tr><td>叶柄类</td><td>芹菜、小茴香、球茎茴香等</td><td>菠菜以及类似叶菜</td></tr>
<tr><td rowspan="5">大白菜</td><td rowspan="5">—</td><td>葡萄叶以及类似品种</td></tr>
<tr><td>豆瓣菜</td></tr>
<tr><td>菊苣</td></tr>
<tr><td>草药和可食用花类</td></tr>
<tr><td>葡萄叶以及类似品种</td></tr>
</table>

续表

中国			欧盟	
类别说明（二级）	类别说明（三级）	品种说明（四级）	食品二级分类	食品三级分类
茄果类蔬菜	番茄类	番茄、樱桃番茄等	果类	茄科
	其他茄果类	茄子、辣椒、甜椒、黄秋葵、酸浆等		皮可食用瓜类
				皮不可食用瓜类
				甜玉米
瓜类蔬菜	黄瓜、腌制用小黄瓜	—	—	—
	小型瓜类	西葫芦、节瓜、苦瓜、丝瓜、线瓜、瓠瓜等		
	大型瓜类	冬瓜、南瓜、笋瓜等		
豆类蔬菜	荚可食类	豇豆、菜豆、食荚豌豆、四棱豆、扁豆、刀豆等	豆类	带荚豆类
	荚不可食类	菜用大豆、蚕豆、豌豆、利马豆等		不带荚豆类
				带荚豌豆
				不带荚豌豆
				小扁豆
茎类蔬菜	芦笋、朝鲜蓟、大黄、茎用莴苣等	—	茎类	芦笋、刺棘蓟、芹菜、小茴香、朝鲜蓟、韭葱、大黄、竹笋、棕榈芯、其他
根茎类和薯芋类蔬菜	根茎类	萝卜、胡萝卜、根甜菜、根芹菜、根芥菜、姜、辣根、芜菁、桔梗等	块茎块根类	马铃薯
	马铃薯	马铃薯		热带块茎块根类
	其他薯芋类	甘薯、山药、牛蒡、木薯、芋、葛、魔芋等		其他块茎块根类（除糖用甜菜根）

续表

中国			欧盟	
类别说明（二级）	类别说明（三级）	品种说明（四级）	食品二级分类	食品三级分类
水生类蔬菜	茎叶类	水芹、豆瓣菜、茭白、蒲菜等		
	果实类	菱角、芡实、莲子(鲜)等		
	根类	莲藕、荸荠、慈姑等		
芽菜类蔬菜	绿豆芽、黄豆芽、萝卜芽、苜蓿芽、花椒芽、香椿芽等	—	—	—
其他类蔬菜	黄花菜(鲜)、竹笋、仙人掌、玉米笋等	—		
—	—	—	真菌、苔藓和地衣	栽培类真菌
				野生真菌
				苔藓和地衣

2.7.4 中国与澳大利亚、新西兰食品分类体系比较

《澳新食品标准法典》将蔬菜分为鳞茎类、果类(瓜类)、果类(茄果类)、叶类蔬菜等9类，与中国相比，其分类方式主要依据食用部位，同时结合植物学分类。比较中国与澳大利亚、新西兰食品分类体系(详见表2-12)，主要有以下几个特点：

(1)从分类层级看，澳大利亚、新西兰与中国相同，都是分为四个层级，大类、亚类、次亚类、细类，四个层级是从上而下的归属关系。食品四级分类都是具体的食品品种。

(2)从类别看，《澳新食品标准法典》将蔬菜分为9类，不论是食品二级分类还是三级分类，基本同中国相同，但也有少许不同。相对中国，澳大利亚、新西兰分类更依

据食用部位，例如将水生类分为叶类、根类和茎类，并将水生叶类归到叶类蔬菜，水生根类和茎类归到块茎块根类蔬菜。同时将干豆分到了豆类蔬菜中，在 GB 2763 中，干豆属于谷物杂粮类。

(3)从类别的具体内容看，首先，叶类蔬菜规定同中国相同，澳大利亚、新西兰按照食用部位，将芸薹属叶类分到叶类蔬菜，但叶类蔬菜的亚类规定比中国更详细，多了块根块茎类蔬菜叶子，木本、灌木、藤蔓叶子等，同时将芽菜类也归到了叶类蔬菜。同欧盟一样，澳新的果类蔬菜(瓜类)也包括甜瓜类，将水果纳入了蔬菜。

表 2-12 中国和澳大利亚、新西兰蔬菜分类体系对比

中国			澳大利亚、新西兰	
类别说明（二级）	类别说明（三级）	品种说明（四级）	食品二级分类	食品三级分类
鳞茎类蔬菜	鳞茎葱类	大蒜、洋葱、薤等	鳞茎类蔬菜	鳞茎葱类
	绿叶葱类	韭菜、葱、青蒜、蒜薹、韭葱等		绿叶葱类
	百合(鲜)	—		
芸薹属类蔬菜	结球芸薹属	结球甘蓝、球茎甘蓝、抱子甘蓝、赤球甘蓝、羽衣甘蓝、皱叶甘蓝等	芸薹属类蔬菜(除芸薹叶类)	头状花序芸薹属
	头状花序芸薹属	花椰菜、青花菜等		结球芸薹属
	茎类芸薹属	芥蓝、菜薹、茎芥菜等		茎类芸薹属
叶菜类蔬菜	绿叶类	菠菜、普通白菜(小白菜、小油菜、青菜)、苋菜、蕹菜、茼蒿、大叶茼蒿、叶用莴苣、结球莴苣、苦苣、野苣、落葵、油麦菜、叶芥菜、萝卜叶、芜菁叶、菊苣、芋头叶、茎用莴苣叶、甘薯叶等	叶类蔬菜	绿叶类
	叶柄类	芹菜、小茴香、球茎茴香等		芸薹叶菜
	大白菜	—		块根块茎类蔬菜叶子
				木本、灌木、藤蔓叶子
				水生类蔬菜叶
				菊苣
				葫芦科叶
				嫩叶类
				芽菜类

续表

中国			澳大利亚、新西兰	
类别说明（二级）	类别说明（三级）	品种说明（四级）	食品二级分类	食品三级分类
茄果类蔬菜	番茄类	番茄、樱桃番茄等	果类蔬菜（茄果类）	番茄类
	其他茄果类	茄子、辣椒、甜椒、黄秋葵、酸浆等		辣椒和辣椒类似蔬菜
				茄子和茄子类似蔬菜
瓜类蔬菜	黄瓜、腌制用小黄瓜	—	果类蔬菜（瓜类）	果类蔬菜（瓜类）——黄瓜和夏季南瓜
	小型瓜类	西葫芦、节瓜、苦瓜、丝瓜、线瓜、瓠瓜等		果类蔬菜（瓜类）——甜瓜、南瓜和冬季南瓜
	大型瓜类	冬瓜、南瓜、笋瓜等		
豆类蔬菜	荚可食类	豇豆、菜豆、食荚豌豆、四棱豆、扁豆、刀豆等	豆类蔬菜	带荚豆类
	荚不可食类	菜用大豆、蚕豆、豌豆、利马豆等		带荚豌豆
				不带荚多汁豆类
				不带荚多汁豌豆
				地下生豆类
茎类蔬菜	芦笋、朝鲜蓟、大黄、茎用莴苣等	—	茎类蔬菜	叶柄类
				嫩茎类
根茎类和薯芋类蔬菜	根茎类	萝卜、胡萝卜、根甜菜、根芹菜、根芥菜、姜、辣根、芜菁、桔梗等	块茎块根类蔬菜	块根类
	马铃薯	马铃薯		块茎和球茎类
	其他薯芋类	甘薯、山药、牛蒡、木薯、芋、葛、魔芋等		水生根类和茎类

续表

中国			澳大利亚、新西兰	
类别说明（二级）	类别说明（三级）	品种说明（四级）	食品二级分类	食品三级分类
水生类蔬菜	茎叶类	水芹、豆瓣菜、茭白、蒲菜等	—	—
	果实类	菱角、芡实、莲子(鲜)等		
	根类	莲藕、荸荠、慈姑等		
芽菜类蔬菜	绿豆芽、黄豆芽、萝卜芽、苜蓿芽、花椒芽、香椿芽等	—		
其他类蔬菜	黄花菜(鲜)、竹笋、仙人掌、玉米笋等	—		
—	—	—	真菌、苔藓和地衣	栽培类真菌
				野生真菌
				苔藓和地衣

2.7.5 中国与CAC食品分类体系比较

中国农药残留涉及的食品分类体系建立的原则是：借鉴国际食品法典委员会(CAC)作物分类体系，结合我国作物种植特点，并且在制定过程中，以作物形态学、栽培措施、种植规模为参考，重点考虑作物可食用部位的农药残留分布情况，把具有相同残留行为特征的作物归为一类，选取其中残留量高、消费量大的作物为该类别的代表作物。因此，我国和CAC标准中蔬菜类别的分类规则基本一致，如鳞茎类蔬菜、芸薹属类蔬菜、叶菜类蔬菜、豆类蔬菜、茎类蔬菜等，具体品种方面的一致性也很高，如豆类蔬菜分为带荚或不带荚、洋葱均归为鳞茎蔬菜，但也有差异。主要有以下几点：

(1)从分类层级看，中国农药残留标准中蔬菜分为鳞茎类蔬菜、芸薹属类蔬菜、叶菜类蔬菜等11个类别；CAC标准中蔬菜分为鳞茎蔬菜、叶菜类(包括芸薹类叶菜)、葫芦科果菜等9个组，与中国标准相比，缺少水生类蔬菜、芽菜类蔬菜2个类别，这两个类别涉及的蔬菜品种分布在9个蔬菜类别中，如绿豆芽、慈姑等。

(2)从分类的具体内容看，CAC同我国部分蔬菜类别命名不完全一致，如我国的根茎类和薯芋类蔬菜与CAC标准中的块根和块茎蔬菜，二者在名称上有所差别，所包含的品种有所差别：二者都包含胡萝卜、马铃薯、甘薯、山药等；但慈姑在CAC标准中属于块根和块茎蔬菜，而在我国标准中属于水生类蔬菜。其他差异的情况如CAC标准中的叶菜类（包括芸薹类叶菜）除了对应我国标准中的叶菜类蔬菜外，还包括部分芸薹属类蔬菜中的结球芸薹属类蔬菜，如羽衣甘蓝；绿豆芽在中国标准中属于芽菜类蔬菜，而在CAC标准中归为叶菜类（包括芸薹类叶菜）；芹菜在中国标准中属于叶菜类蔬菜，而在CAC标准中归为茎类蔬菜。此外，甜瓜、西瓜在CAC标准中归为葫芦科果菜，但在中国标准中则归为水果，并未包含在蔬菜类别。中国和CAC蔬菜分类体系对比详见表2-13。

表2-13　中国和CAC蔬菜分类体系对比

<table>
<tr><th colspan="3">中国</th><th colspan="2">CAC</th></tr>
<tr><th>类别说明（二级）</th><th>类别说明（三级）</th><th>品种说明（四级）</th><th>组（编码及中文名称）</th><th>种（举例）</th></tr>
<tr><td rowspan="3">鳞茎类蔬菜</td><td>鳞茎葱类</td><td>大蒜、洋葱、薤等</td><td rowspan="3">009 鳞茎蔬菜</td><td rowspan="3">洋葱、大葱、韭菜</td></tr>
<tr><td>绿叶葱类</td><td>韭菜、葱、青蒜、蒜薹、韭葱等</td></tr>
<tr><td>百合（鲜）</td><td>—</td></tr>
<tr><td rowspan="3">芸薹属类蔬菜</td><td>结球芸薹属</td><td>结球甘蓝、球茎甘蓝、抱子甘蓝、赤球甘蓝、羽衣甘蓝、皱叶甘蓝等</td><td rowspan="3">010 芸薹类（油菜或甘蓝）蔬菜、结球甘蓝、头状花序类芸薹属</td><td rowspan="3">西兰花、结球甘蓝、丕蓝</td></tr>
<tr><td>头状花序芸薹属</td><td>花椰菜、青花菜等</td></tr>
<tr><td>茎类芸薹属</td><td>芥蓝、菜薹、茎芥菜等</td></tr>
<tr><td rowspan="3">叶菜类蔬菜</td><td>绿叶类</td><td>菠菜、普通白菜（小白菜、小油菜、青菜）、苋菜、蕹菜、茼蒿、大叶茼蒿、叶用莴苣、结球莴苣、苦苣、野苣、落葵、油麦菜、叶芥菜、萝卜叶、芜菁叶、菊苣、芋头叶、茎用莴苣叶、甘薯叶等</td><td rowspan="3">013 叶菜类（包括芸薹类叶菜）</td><td rowspan="3">结球莴苣、油麦菜、菠菜、芥菜、羽衣甘蓝、空心菜（蕹菜）、绿豆芽</td></tr>
<tr><td>叶柄类</td><td>芹菜、小茴香、球茎茴香等</td></tr>
<tr><td>大白菜</td><td>—</td></tr>
</table>

续表

中国			CAC	
类别说明（二级）	类别说明（三级）	品种说明（四级）	组（编码及中文名称）	种（举例）
茄果类蔬菜	番茄类	番茄、樱桃番茄等	012 非葫芦科果菜	番茄、辣椒、茄子
	其他茄果类	茄子、辣椒、甜椒、黄秋葵、酸浆等		
瓜类蔬菜	黄瓜、腌制用小黄瓜	—	011 葫芦科果菜	黄瓜、西葫芦、甜瓜、西瓜、南瓜、冬瓜
	小型瓜类	西葫芦、节瓜、苦瓜、丝瓜、线瓜、瓠瓜等		
	大型瓜类	冬瓜、南瓜、笋瓜等		
豆类蔬菜	荚可食类	豇豆、菜豆、食荚豌豆、四棱豆、扁豆、刀豆等	014 豆类蔬菜	豌豆（带荚、不带荚）、菜豆（带荚、不带荚）
	荚不可食类	菜用大豆、蚕豆、豌豆、利马豆等		
茎类蔬菜	芦笋、朝鲜蓟、大黄、茎用莴苣等	—	017 茎类蔬菜	芹菜、芦笋
根茎类和薯芋类蔬菜	根茎类	萝卜、胡萝卜、根甜菜、根芹菜、根芥菜、姜、辣根、芜菁、桔梗等	016 块根和块茎蔬菜	胡萝卜、萝卜、马铃薯、甘薯、慈姑
	马铃薯	马铃薯		
	其他薯芋类	甘薯、山药、牛蒡、木薯、芋、葛、魔芋等		
水生类蔬菜	茎叶类	水芹、豆瓣菜、茭白、蒲菜等	018 其他蔬菜	—
	果实类	菱角、芡实、莲子（鲜）等		
	根类	莲藕、荸荠、慈姑等		
芽菜类蔬菜	绿豆芽、黄豆芽、萝卜芽、苜蓿芽、花椒芽、香椿芽等	—		
其他类蔬菜	黄花菜（鲜）、竹笋、仙人掌、玉米笋等	—		

第3章　中国与主要贸易国家(组织)的农药残留限量差异

人类利用天然矿物和植物防治农业病虫害的历史可追溯至3000年前的古希腊时期，但农药作为商品的模式化生产、流通和使用却始于19世纪中叶。100多年来，农药的发展可大致分为三个历史阶段。一是无机及天然产物农药阶段，这一阶段的农药具有如下特点：①其原料大多数是天然的植物或矿物；②作用方式单一，杀虫杀菌谱较窄；③活性低、使用量大；④对非靶标生物的危害相对较小。二是近代有机合成农药阶段，这一阶段的农药具有广谱、高效、高毒、化学性质稳定、容易产生残留毒素污染环境等特点。三是现代有机合成农药阶段，随着各国政府对环境的高度重视，环境友好农药得到发展，此阶段的农药具有下述特点：①生物活性大幅度提高；②新颖的骨架分子结构；③新颖的作用靶标；④良好的环境相容性。

为了保证农药质量，防止农药生产、经营、使用过程中对人、畜、环境产生危害，世界各国建立了农药管理制度。由国家立法机关或地方行政机关制定和颁布有关法律、法规或技术规范，对农药生产、经营、使用等方面进行全面管理。法国1905年制定的《农药管理法》是世界上第一部农药管理的专门法规，标志着世界农药管理法制化的开始，随后美国、加拿大、德国等国也相继制定了农药管理法规。我国与大部分发展中国家于20世纪60年代开始实施系统的农药管理工作。农药管理的一个重要内容就是制定农药最高残留限量。由于各国农药管理制度的差异性，各国农产品中最大农药残留限量之间也存在较大差异。

本章节对农药的概况、农药残留物的定义及主要贸易国家(组织)对蔬菜、肉类、乳类等农产品中农药残留限量规定的差异性进行概述。

3.1 农药的概况

3.1.1 农药的概念

我国《农药管理条例》中规定，农药是指用于预防、控制危害农业、林业的病、虫、草、鼠和其他有害生物以及有目的地调节植物、昆虫生长的化学合成或者来源于生物、其他天然物质的一种物质或者几种物质的混合物及其制剂。

按《中国农业百科全书·农药卷》的定义，农药(pesticides)主要是指用来防治危害农林牧业生产的有害生物(害虫、害螨、线虫、病原菌、杂草及鼠类)和调节植物生长的化学药品，但通常也把改善有效成分物理、化学性状的各种助剂包括在内。需要指出的是，对于农药的含义和范围，不同的时代、不同的国家和地区有所差异。如美国，早期将农药称之为“经济毒剂”(economic poison)，欧洲则称之为“农业化学品”(agrochemicals)，还有的书刊将农药定义为“除化肥以外的一切农用化学品”。20 世纪 80 年代以前，农药的定义和范围偏重于强调对有害生物的“杀死”，但 20 世纪 80 年代以来，农药的概念发生了很大变化。现在，我们并不注重“杀死”，而更注重“调节”，因此，将农药定义为“生物合理农药”(biorational pesticides)、“生物调节剂”(bioregulators)、“抑虫剂”(insectistatics)、“抗虫剂”(anti-insect agents)等，尽管表达不同，但今后的农药必然是“对有害生物高效，对非靶标生物及环境安全”。

3.1.2 农药的分类

农药的品种很多，为了便于研究和使用，可从不同角度对其进行分类，常见分类如下：

(1)按功能和用途，可分成杀虫剂、杀螨剂、除草剂、杀鼠剂、杀线虫剂、杀软体动物剂及植物生长调节剂等若干大类。

(2)按作用方式，可分为胃毒剂、触杀剂、熏蒸剂、特异性杀虫剂等类别。

(3)按化合物来源，可分为矿物源农药[无机农药、生物源农药(天然有机物、微生物、抗生素等)]及化学合成农药；化学合成农药又可按化学结构分为有机氯、有机磷、有机氮、有机硫、氨基甲酸酯、拟除虫菊酯、酰胺类化合物、脲类化合物、醚类化合物、酚类化合物、苯氧羧酸类、胺类、三唑类、杂环类、苯甲酸类、有机金属化合物类等若干种类。

(4)根据《农药剂型名称及代码》(GB/T 19378—2017)标准规定，农药剂型主要分为原药和母药、固体制剂、液体制剂、种子处理制剂及其他制剂，不同剂型农药按照其形态及性状又可分为很多小类，具体见表 3-1。

表 3-1　农药剂型分类

农药剂型	剂型类别	剂型名称
原药和母药	原药	—
	母药	—
固体制剂	直接使用固体制剂	粉剂、颗粒剂、球剂、片剂、条剂
	可分散固体制剂	可湿性粉剂、油分散粉剂、乳粉剂、水分散粉剂、乳粒剂、水分散片剂
	可溶固体制剂	可溶粉剂、可溶粒剂、可溶片剂
液体制剂	溶液制剂	可溶液剂、可溶胶剂、油剂、展膜油剂
	分散液体制剂	乳油、乳胶、可分散液剂、膏剂
	乳液制剂	水乳剂、油乳剂、微乳剂、脂剂
	悬浮制剂	悬浮剂、微囊悬浮剂、油悬浮剂、可分散油悬浮剂
	多相制剂	悬乳剂、微囊悬浮-悬浮剂、微囊悬浮-水乳剂、微囊悬浮-悬乳剂

续表

农药剂型	剂型类别	剂型名称
种子处理制剂	种子处理固体制剂	种子处理干粉剂、种子处理可分散粉剂
	种子处理液体制剂	种子处理液剂、种子处理乳剂、种子处理悬浮剂
其他制剂	带有应用器具的制剂	气雾剂、电热蚊香片、电热蚊香液、防蚊片
	挥散制剂	气体制剂、发气剂、挥散芯
	烟类制剂	烟剂、蚊香
	诱饵制剂	饵剂、浓饵剂
	空间趋避制剂	防蚊网、防虫罩、长效防蚊帐
	涂抹制剂	驱蚊乳、驱蚊液、驱蚊花露水、驱蚊巾
	使用方式制剂	超低容量液剂、热雾剂

本节在按化合物来源分类的基础上，简要叙述常见类型农药的结构特点、理化特性及主要功能。

3.1.2.1 有机磷类农药

有机磷类农药，是指含磷元素的有机化合物农药，大部分有机磷农药结构式中含有“P═O”键或者“P═S”键。有机磷农药主要用于防治植物病、虫、草害等，多为油状液体，有大蒜味，挥发性强，微溶于水，遇碱易被破坏。其在农业生产中的广泛使用导致农作物中会有不同程度的农药残留。有机磷农药对人体的危害以急性毒性为主，多发生于大剂量或反复接触之后，会使人出现一系列神经中毒症状，如出汗、震颤、精神错乱、语言失常，严重者会出现呼吸麻痹，甚至死亡，因此，实际应用中应选择高效低毒及低残留品种的农药。根据《农药管理条例》规定，剧毒、高毒农药不得用于防治卫生害虫，不得用于蔬菜、瓜果、茶叶、菌类、中草药材的生产，不得用于水生植物的病虫害防治。由于部分有机磷农药毒性较大，已被我国列入禁限用农药名录中，例如甲胺磷、对硫磷、甲基对硫磷、久效磷、磷胺、苯线磷、地虫硫磷、甲基硫环磷、硫线磷、蝇毒磷、治螟磷、特丁硫磷、杀扑磷等已被列入禁止（停止）使用的农药，甲拌磷、甲基异柳磷、水胺硫磷、氧乐果等农药被限制了使用范围。部分有机磷类农药的理化性质如表 3-2所示。

表 3-2　部分有机磷类农药的理化性质

中文名称	甲胺磷	甲拌磷	乙酰甲胺磷
英文名称	methamidophos	phorate	acephate
CAS 号	10265-92-6	298-02-2	30560-19-1
分子式	$C_2H_8NO_2PS$	$C_7H_{17}O_2PS_3$	$C_4H_{10}NO_3PS$
分子量	141.1	260.38	183.17
结构式	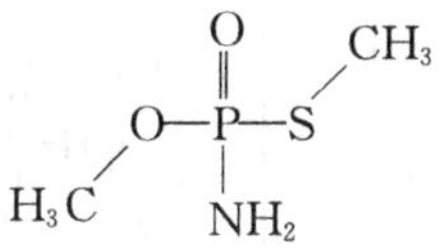	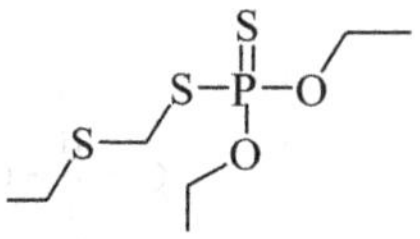	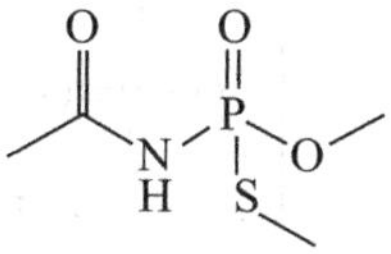
溶解度	溶解度（20 ℃）：水＞1000 g/L，二氯甲烷＞1000 g/L，正己烷 0.1～1 g/L，辛醇 50～100 g/L，甲苯 2～5 g/L，丙酮＞200 g/L	水中溶解度（25 ℃）为 50 mg/L，可溶于多数有机溶剂和脂肪油	室温下溶解度：水中为 650 g/L，乙醇、丙酮＞100 g/L，芳烃溶剂＜50 g/L
稳定性	室温条件下稳定，加热时分解，在 pH＝3～8 时稳定，遇酸或碱分解	一般贮存条件下可保存 2 年。对光不稳定，在 pH＝5～7 时稳定	微酸性条件下稳定，半衰期 DT_{50}（40 ℃）：60 h（pH＝9），710 h（pH＝3）
主要功能	杀虫、杀螨剂	杀虫、杀螨剂	杀虫剂

续表

中文名称	氧乐果	敌敌畏	敌百虫
英文名称	omethoate	dichlorvos	trichlorfon
CAS 号	1113-02-6	62-73-7	52-68-6
分子式	$C_5H_{12}NO_4PS$	$C_4H_7Cl_2O_4P$	$C_4H_8Cl_3O_4P$
分子量	213.2	221.0	257.4
结构式	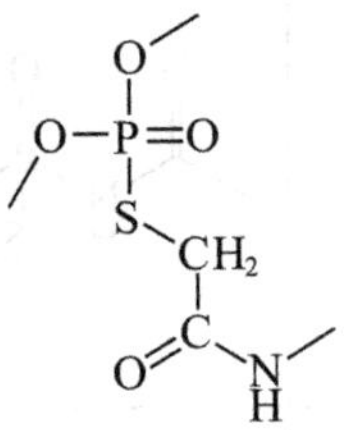	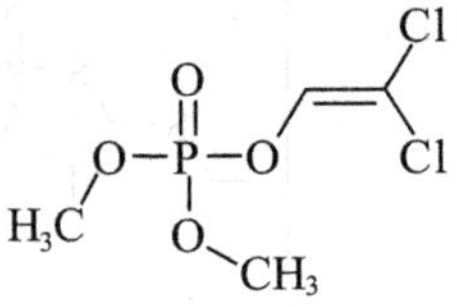	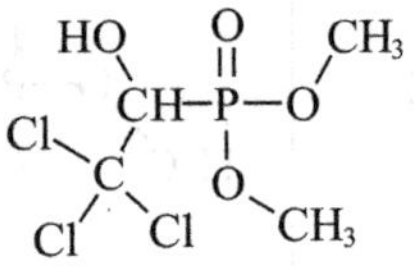
溶解度	易溶于水、丙酮、氯仿、甲醇、乙醇、正丁醇和烃类，微溶于乙醚，几乎不溶于石油醚	25 ℃水中溶解度为 18 g/L，煤油中溶解 0.2%～0.3%，溶于大多数有机试剂	20 ℃水中溶解度为 120 g/L，可溶于苯、乙醇和大多数氯代烃，不溶于石油醚，微溶于乙醚和四氯化碳
稳定性	在中性、偏酸性介质中较稳定，在高温或碱性介质中能较快水解。在 22 ℃时 DT_{50}：120 d(pH=4)；17 d (pH=7)；28 h(pH=9)	对热稳定，在水和酸性溶液中缓慢水解，碱性溶液中水解迅速	在酸性介质中稳定，pH>6 时逐渐转化为敌敌畏
主要功能	杀虫剂	杀虫剂	杀虫剂

续表

中文名称	甲基毒死蜱	马拉硫磷	毒死蜱
英文名称	chlorpyrifos-methyl	malathion	chlorpyrifos
CAS号	5598-13-0	121-75-5	2921-88-2
分子式	$C_7H_7Cl_3NO_3PS$	$C_{10}H_{19}O_6PS_2$	$C_9H_{11}Cl_3NO_3PS$
分子量	322.5	330.3	350.6
结构式	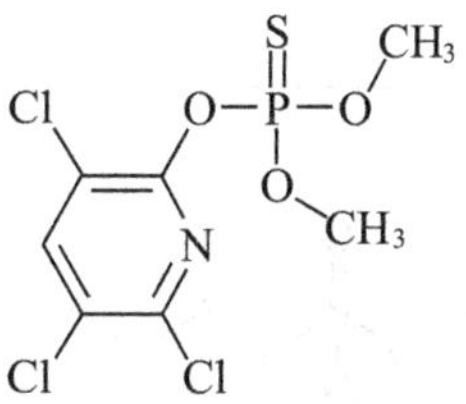	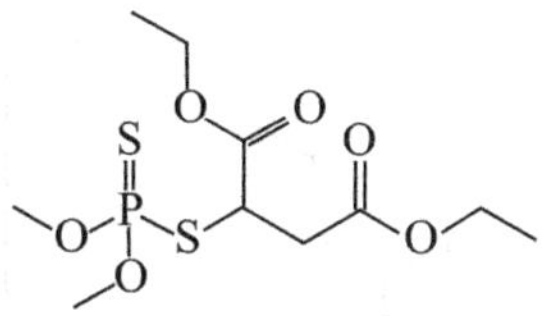	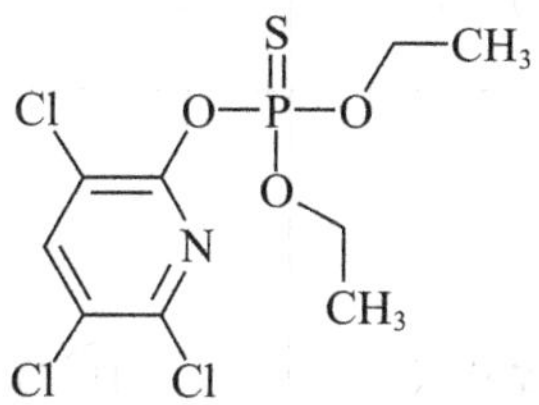
溶解度	20 ℃水中的溶解度为2.6 mg/L。20 ℃有机溶剂中的溶解度：丙酮>400 g/kg，甲醇190 g/kg，已烷120 g/kg	15 ℃水中溶解度为145 mg/L，能与丙酮、三氯甲烷等许多溶剂混溶	25 ℃水中的溶解度为1.4 mg/ kg。25 ℃有机溶液中溶解度：苯7900 g/kg，丙酮6500 g/kg，三氯甲烷6300 g/kg，二硫化碳5900 g/kg，乙醚5100 g/kg，二甲苯5000 g/kg，辛醇790 g/kg，甲醇450 g/kg，易溶于大多数其他有机溶剂
稳定性	贮存条件下稳定，中性介质中相对稳定，在pH为4～6和8～10的介质中则水解，碱性条件下加热则水解加速	在微酸性介质中较稳定，在碱性介质中易分解；不能与碱性农药混用，对铁有腐蚀性	在微酸性介质中较稳定，在碱性介质中易分解；不能与碱性农药混用，对铁有腐蚀性
主要功能	杀虫剂、杀螨剂	杀虫剂	杀虫剂

续表

中文名称	甲基异柳磷	噻唑磷
英文名称	isofenphos-methyl	fosthiazate
CAS 号	99675-03-3	98886-44-3
分子式	$C_{14}H_{22}NO_4PS$	$C_9H_{18}NO_3PS_2$
分子量	331.4	283.35
结构式	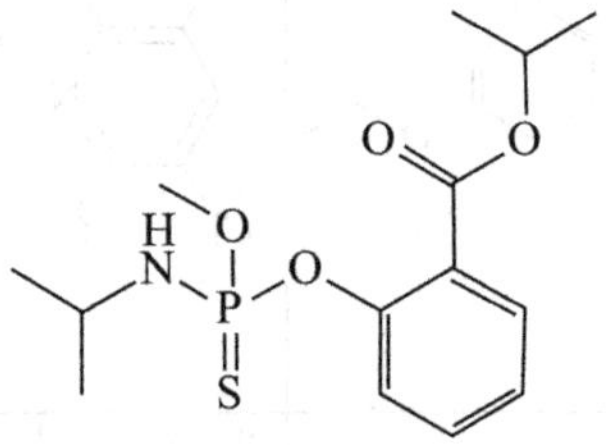	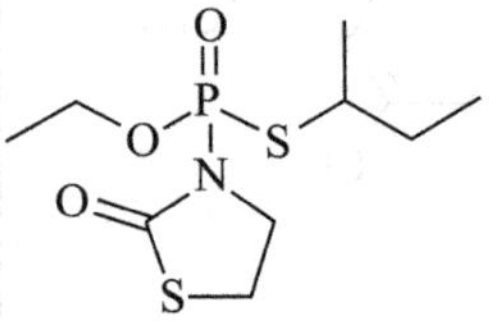
溶解度	易溶于苯、甲苯、二甲苯、乙醚等有机溶剂，难溶于水	在水中溶解度为 9.85 g/L (0.87%)
稳定性	常温贮存稳定，遇强酸、碱、热、光易分解	水中 DT_{50}：3 d(pH=9，25 ℃)
主要功能	杀虫、杀螨剂	杀线虫剂

3.1.2.2 有机氯类农药

有机氯类农药是含有有机氯元素的有机化合物，主要分为以苯为原料和以环戊二烯为原料的两大类。前者有使用最早、应用最广的杀虫剂滴滴涕和六六六；后者有作为杀虫剂的氯丹、七氯、艾氏剂等。此外以松节油为原料的莰烯类杀虫剂、毒杀芬和以萜烯为原料的冰片基氯也属于有机氯农药。

人们自 20 世纪 40 年代开始使用滴滴涕、六六六两种有机氯化合物杀虫药，由于它们防治面广，药效比当时的其他农药好，还由于它们的急性毒性低，而且残留毒性尚未被发现，因而被广泛用于防治作物、森林和牲畜的害虫。由于有机氯农药具有蒸气压低、挥发性小、氯苯结构较为稳定等特性，它可以通过食物链进入人体和动物体，能在心、肝、肾等组织中蓄积，而且由于这类农药脂溶性大，所以在脂肪中蓄积最多。蓄积的残留农药也能通过母乳排出，或转入卵、蛋等组织，影响子代。因此各国对有机氯农药在食品中的残留控制甚严，德国、美国、日本等不容许在食品中检测出环戊二烯类杀虫剂，中国对六六六、滴滴涕、硫丹、毒杀芬、艾氏剂、狄氏剂等杀虫剂规定了“禁止(停止)使用”。部分有机氯类农药的理化性质如表 3-3 所示。

表 3-3 部分有机氯类农药的理化性质

中文名称	氯丹	硫丹	七氯
英文名称	chlordane	endosulfan	heptachlor
CAS 号	57-74-9	115-29-7	76-44-8
分子式	$C_{10}H_6Cl_8$	$C_9H_6Cl_6O_3S$	$C_{10}H_5Cl_7$
分子量	409.8	406.9	373.3
结构式	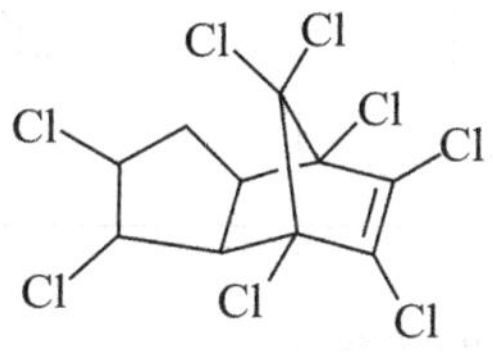	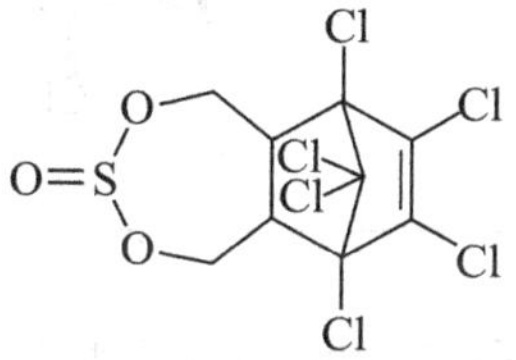	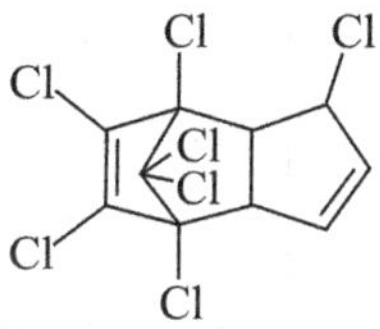
溶解度	25 ℃水中溶解度 0.1 mg/L；与多数脂肪族和芳香族有机溶剂混溶，包括丙酮、环已烷、乙醇、无臭煤油、异丙醇、三氯乙烯	20 ℃水中 α-硫丹溶解度为 0.00032 g/L、β-硫丹溶解度为 0.00033 g/L；20 ℃其他溶剂中溶解度：乙酸乙酯、二氯甲烷、甲苯中均为 200 g/L，乙醇中约为 65 g/L，正已烷中约为 24 g/L	25～29 ℃水中溶解性 0.056 mg/L；25～30 ℃环已酮中 1.65 kg/L，乙醇中 62.5 g/L，除臭的煤油中 263 g/L，二甲苯中1.41 kg/L
稳定性	遇碱脱氯分解。紫外辐射下骨架结构和氯含量发生变化	对日光稳定；在酸性或碱性水溶液中缓慢水解为硫丹醇和二氧化硫	对光、水分、空气稳定，不易脱去氯化氢，易发生环氧化作用
主要功能	杀虫剂	杀虫剂	杀虫剂

续表

中文名称	艾氏剂	狄氏剂	异狄氏剂
英文名称	aldrin	dieldrin	endrin
CAS 号	309-00-2	60-57-1	72-20-8
分子式	$C_{12}H_8Cl_6$	$C_{12}H_8Cl_6O$	$C_{12}H_8Cl_6O$
分子量	364.9	380.9	380.9
结构式	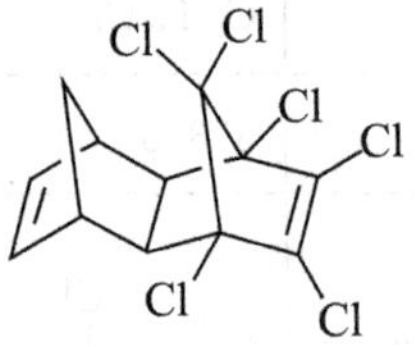	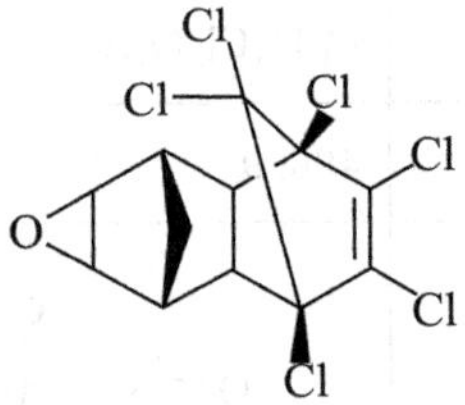	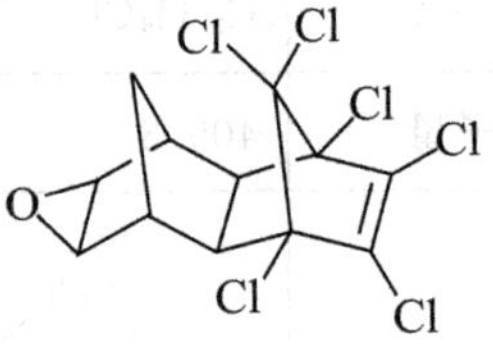
溶解度	25～29 ℃水中溶解度 0.027 mg/L;中度溶于石油,易溶于丙酮、苯和二甲苯	几乎不溶于水(25～29 ℃溶解度为 0.186 mg/L),微溶于石油,中度溶于丙酮,溶于芳香烃溶剂	不溶于水,微溶于醇类、石油烃,中度溶于苯、丙酮
稳定性	对热、碱和弱酸稳定,但遇到氧化剂、强酸则破坏其氯化部分的环,它能与大多数农药和肥料混用;由于贮藏时缓慢放出氯化氢,所以有腐蚀性	对碱、弱酸和光是稳定的	对酸和碱稳定。遇明火、高热可燃
主要功能	杀虫剂	杀虫剂	杀虫剂

续表

中文名称	毒杀芬	滴滴涕	六六六
英文名称	camphechlor	DDT	BHC
CAS号	8001-35-2	pp'-DDT：50-29-3	α-BHC：319-84-6； β-BHC：319-85-7； γ-BHC：58-89-9； δ-BHC：319-86-8
分子式	$C_{10}H_{10}Cl_8$	$C_{14}H_9Cl_5$	$C_6H_6Cl_6$
分子量	411.8	354.5	290.8
结构式	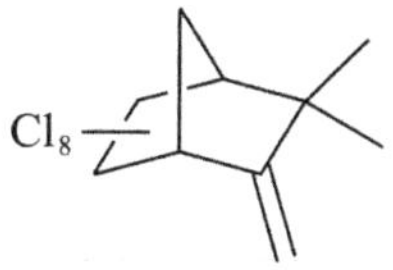	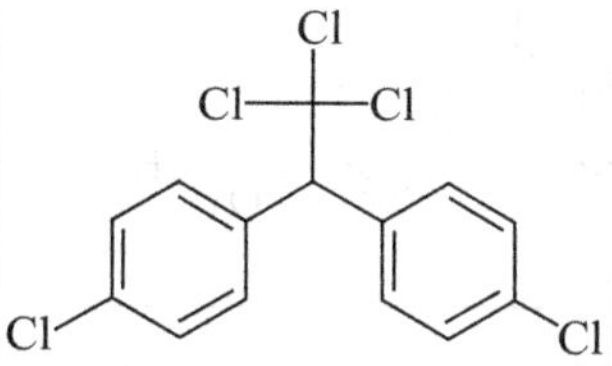	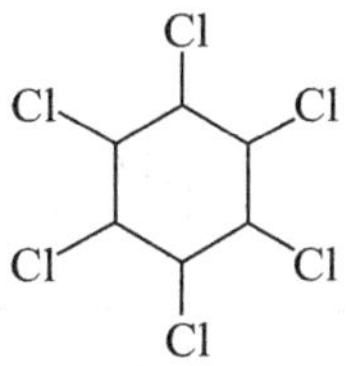
溶解度	水中溶解度约3 mg/L，易溶于包括石油在内的有机溶剂	几乎不溶于水，易溶于芳香族和氯代溶剂，微溶于极性有机溶剂和石油，27 ℃有机溶剂溶解度：环己酮1000 g/L，二噁烷1000 g/L，二氯甲烷850 g/L，苯770 g/L，三氯乙烯720 g/L，二甲苯600 g/L，丙酮500 g/L，四氧化碳470 g/L，氯仿310 g/L，乙醚270 g/L，乙醇60 g/L，甲醇40 g/L	35 ℃水中的溶解度12 mg/L
稳定性	在加热、强阳光照射下和如铁之类的催化剂存在时易脱掉氯化氢，不能与强碱性农药混用	pp'-DDT在碱液中和超过熔点的温度下发生脱氯化氢反应，生成DDE、氯化铁、氯化铝，紫外线能催化该反应的反生	在光热、酸性条件下稳定，碱性物质中易分解
主要功能	杀虫剂	杀虫剂	杀虫剂

续表

中文名称	甲氧滴滴涕
英文名称	methoxychlor
CAS 号	72-43-5
分子式	$C_{16}H_{15}Cl_3O_2$
分子量	345.7
结构式	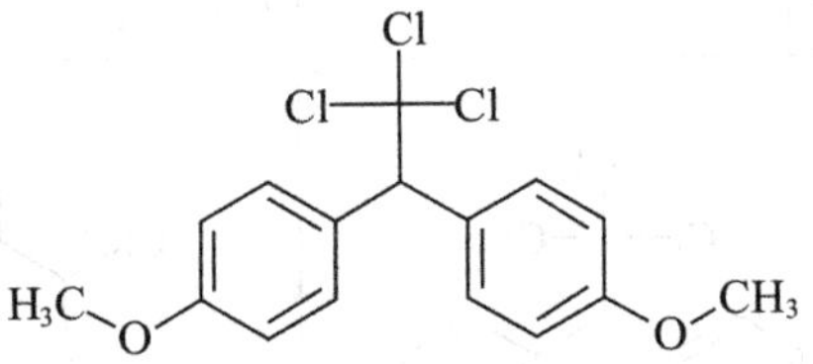
溶解度	25 ℃水中溶解度 0.1 mg/L，22 ℃氯仿、二甲苯中 440 g/kg，22 ℃甲醇中 50 g/kg
稳定性	对光、温度和碱比滴滴涕更稳定；有耐热和抗氧化作用；遇明火、高热可燃；其粉体与空气可形成爆炸性混合物，当达到一定浓度时，遇火星会发生爆炸；受高热分解放出有毒的气体；对氧化剂和紫外光稳定，与碱反应，特别是有催化剂条件下反应迅速，失去氯化氢
主要功能	杀虫剂

3.1.2.3 拟除虫菊酯类农药

拟除虫菊酯类农药是由除虫菊花中提取的除虫菊酯衍生而来的化学农药，属于仿生农药，具有高效、杀虫谱广、残效较长的特点，是高抗类型农药，对昆虫具有特异性，但对螨类效果差，根据其毒性和物理性质分为两类：Ⅰ型和Ⅱ型，Ⅰ型结构中不含α-氰基，主要品种有胺烯菊酯、丙烯菊酯、苯醚菌酯、二氯苯醚菌酯等；Ⅱ型结构中含α-氰基，主要品种有溴氰菊酯、氯氰菊酯、氰戊菊酯、高效氯氟氰菊酯、高效氟氯氰菊酯、甲氰菊酯和联苯菊酯等。

拟除虫菊酯类农药具有触杀、胃毒作用，其作用机制为破坏神经元轴突的离子通道扰乱钠离子的进出，导致昆虫神经功能紊乱中毒而亡。拟除虫菊酯对哺乳动物和鸟类具有相对较低的急性毒性，在哺乳动物体内水解、氧化、轭合代谢，在组织中无残留，但对鱼类和虾等水生生物具有较高的毒性作用，长期暴露于环境中的拟除虫菊酯对人体也将产生神经、代谢、生长发育毒性等。该类杀虫剂作用迅速，对光、热稳定，不足之处是大部分有害生物对其易产生抗药性。部分拟除虫菊酯类农药的理化性质见表 3-4。

表 3-4 部分拟除虫菊酯类农药的理化性质

中文名称	氟氯氰菊酯
英文名称	cyfluthrin
CAS 号	68359-37-5
分子式	$C_{22}H_{18}Cl_2FNO_3$
分子量	434.3
结构式	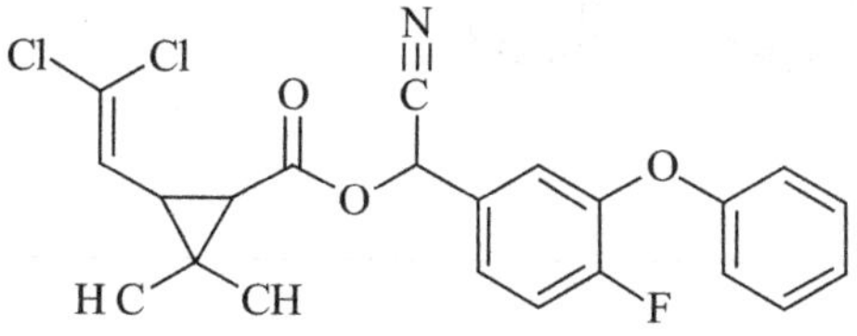
溶解度	微溶于水，易溶于甲苯、丙酮、三氯甲烷、庚烷和四氢呋喃等有机溶剂
稳定性	常温储存能稳定 2 年以上，在酸性条件下稳定，但在 pH>7.5 的碱性条件下易分解
主要功能	杀虫剂

续表

中文名称	甲氰菊酯
英文名称	fenpropathrin
CAS号	39515-41-8;64257-84-7
分子式	$C_{22}H_{23}NO_3$
分子量	349.43
结构式	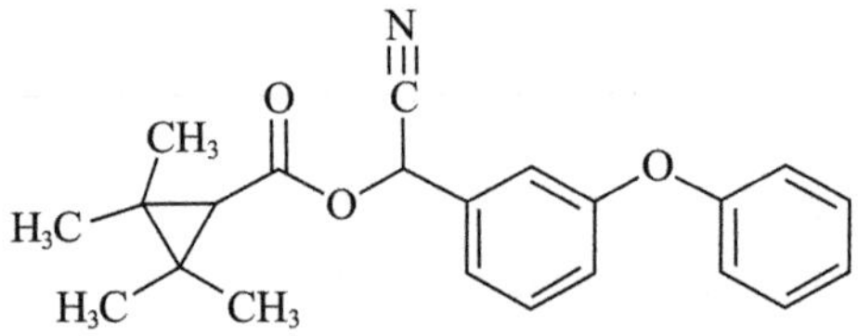
溶解度	溶解度(20 ℃):水中 0.34 mg/L,易溶于二甲苯、己烷等有机溶剂
稳定性	在酸性介质中相当稳定,对光和热稳定,在碱性条件下不稳定
主要功能	杀虫、杀螨剂

续表

中文名称	苯醚菊酯
英文名称	phenothrin
CAS 号	26002-80-2
分子式	$C_{23}H_{26}O_3$
分子量	350.45
结构式	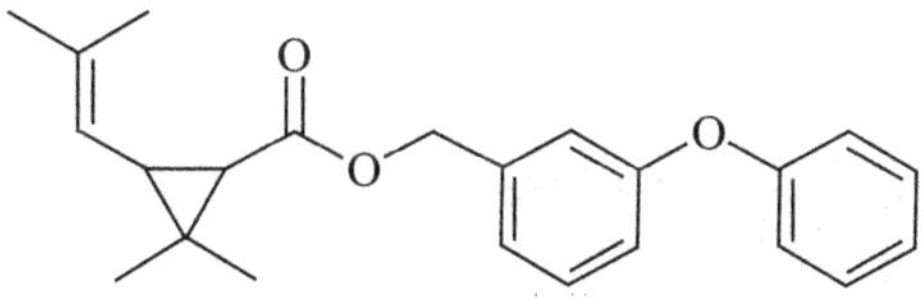
溶解度	水中溶解度(25 ℃)9.7 ug/L，正己烷(25 ℃)中溶解度大于 4.96 g/mL，还溶于异丙醇、二乙醚、二甲苯、环己烷等
稳定性	光照条件下，在大多数有机溶剂和无机缓释剂中是稳定的，但遇强碱分解。在正常储存条件下稳定，室温下黑暗放置 1 年后不分解，在中性及弱酸性条件下稳定，碱性条件下水解
主要功能	杀虫剂

续表

中文名称	氯氰菊酯
英文名称	cypermethrin
CAS 号	52315-07-8
分子式	$C_{22}H_{19}Cl_2NO_3$
分子量	416.3
结构式	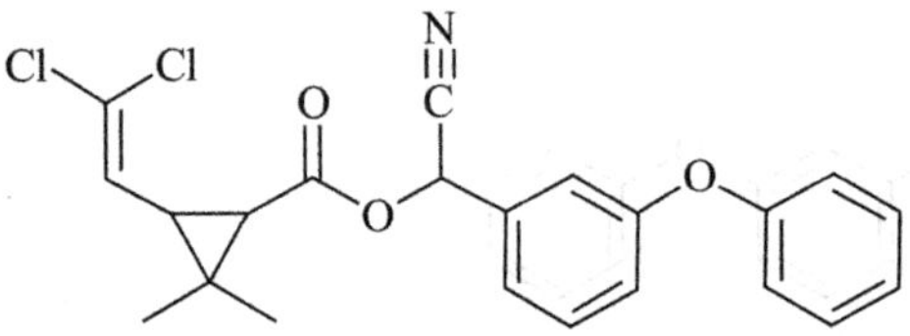
溶解度	溶解度(20 ℃):水中为 0.01～0.2 mg/L,己烷中为 103 g/L,乙醇中为 337 g/L,丙酮、三氯甲烷、环己酮、二甲苯中大于 450 g/L
稳定性	在 220 ℃、中性或酸性条件下稳定,pH=4 时最佳,在土壤中降解
主要功能	杀虫剂

续表

中文名称	溴氰菊酯
英文名称	deltamethrin
CAS号	52918-63-5
分子式	$C_{22}H_{19}Br_2NO_3$
分子量	505.2
结构式	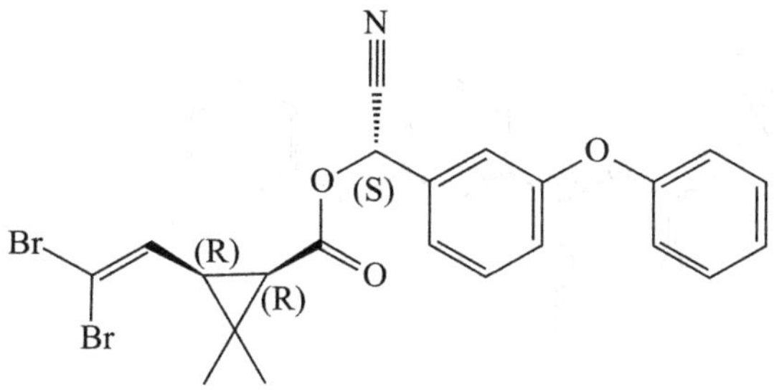
溶解度	溶解度(20 ℃)：水中小于0.002 mg/L，丙酮中为450 g/L，二氯甲烷中为700 g/L，环己烷中为750 g/L，二甲基甲酰胺中为450 g/L，二氧六环中为900 g/L
稳定性	对光、热较稳定，在中性及微酸性介质中稳定，碱性条件下易分解
主要功能	杀虫剂

续表

中文名称	高效氯氟氰菊酯
英文名称	lambda-cyhalothrin
CAS 号	91465-08-6
分子式	$C_{23}H_{19}ClF_3NO_3$
分子量	449.9
结构式	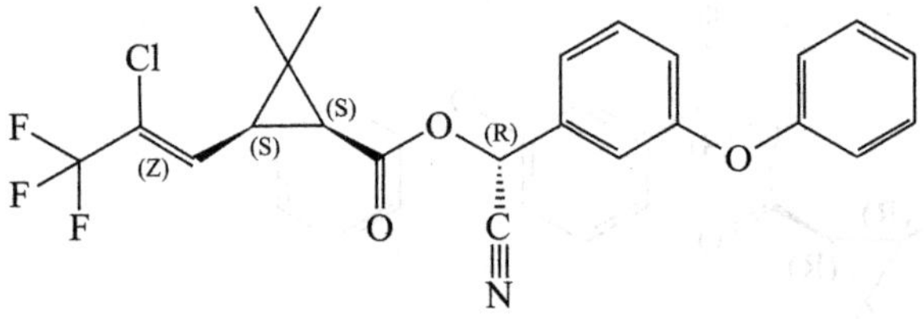
溶解度	溶解度(20 ℃):水中为 0.005 mg/L(pH=6.5)、0.004 mg/L(pH=5.0),在丙酮、甲醇、甲苯、正己烷、乙酸乙酯中大于 500 g/L
稳定性	对光稳定,在 15～25 ℃条件下可稳定贮存 6 个月以上,在酸性条件下稳定,在碱性介质中水解
主要功能	杀虫剂

续表

中文名称	氰戊菊酯
英文名称	fenvalerate
CAS号	51630-58-1
分子式	$C_{25}H_{22}ClNO_3$
分子量	419.91
结构式	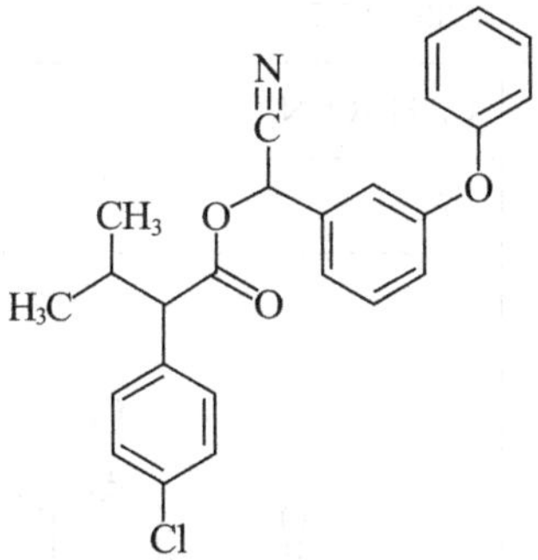
溶解度	溶解度(20 ℃)：在水中小于1.0 mg/L，已烷中小于77 g/L，丙酮、环己酮、乙醇、二甲苯、氯仿中大于450 g/L
稳定性	在碱性介质中易分解，在微酸性介质中稳定
主要功能	杀虫剂

3.1.2.4 氨基甲酸酯类农药

氨基甲酸酯类农药是在有机磷酸酯类农药之后发展起来的合成农药，为氨基甲酸的N-甲基取代酯类，是人类针对有机氯和有机磷农药的缺点而开发出的一种新型广谱杀虫、杀螨、除草剂。其具有高效、残留期短的优点，在水中溶解度较高，大多数品种毒性较有机磷酸酯类低。

氨基甲酸酯类农药具有选择性强、高效、广谱、对人畜低毒、易分解和残毒少的特点，在水果、蔬菜、农作物种植中的应用率较高，前体化合物是甲酸酯，可以快速分解，效果显著且具有一定的选择性，近些年，氨基甲酸酯类农药的使用量已超过有机磷农药。氨基甲酸酯类农药一般在酸性条件下较稳定，遇碱及暴露在空气和阳光下易分解，在土壤中的半衰期为数天至数周，部分氨基甲酸酯类农药具体理化性质见表 3-5。

表 3-5 部分氨基甲酸酯类农药的理化性质

中文名称	涕灭威	除害威
英文名称	aldicarb	allyxycarb
CAS号	116-06-3	6392-46-7
分子式	$C_7H_{14}N_2O_2S$	$C_{16}H_{22}O_2N_2$
分子量	190.3	274.4
结构式	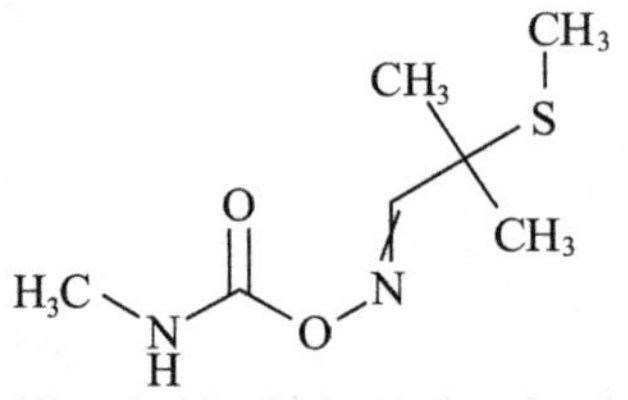	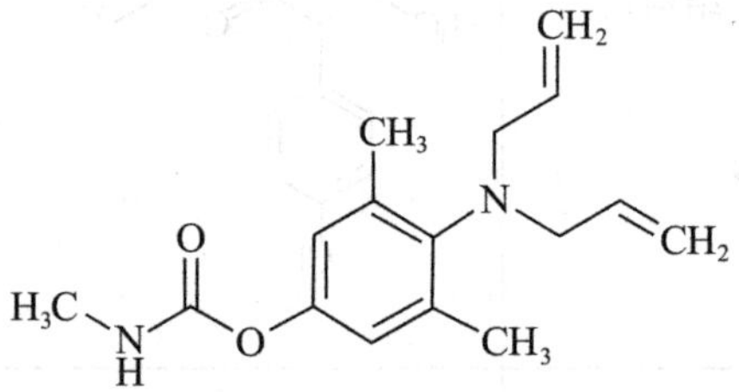
溶解度	pH＝7，20 ℃条件下水中溶解度为4.93 g/L；25 ℃时溶于多数有机溶剂，丙酮中溶解度为 350 g/L，二氯甲烷中为 300 g/L，苯中为150 g/L，二甲苯中为 50 g/L	20 ℃时水中溶解度为 700 mg/L
稳定性	在中性、酸性、弱碱性介质中稳定，在浓碱中水解，100 ℃以上热分解	对光、热稳定，遇碱性分解
主要功能	杀虫剂	杀虫剂

续表

中文名称	抗蚜威	克百威
英文名称	pirimicarb	carbofuran
CAS号	23103-98-2	1563-66-2
分子式	$C_{11}H_{18}N_4O_2$	$C_{12}H_{15}NO_3$
分子量	238.3	221.3
结构式	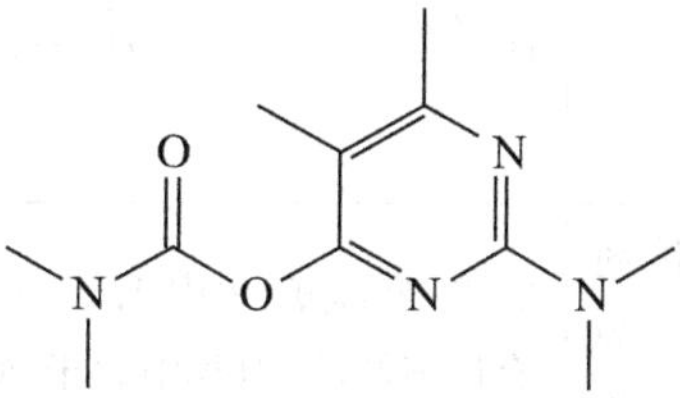	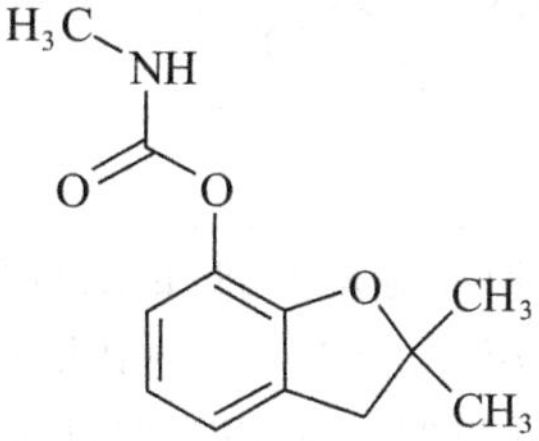
溶解度	水中溶解度为3.1 g/L(pH = 7.4，20 ℃)，有机溶剂溶解度：丙酮、甲醇、二甲苯中大于200 g/L(20 ℃)	溶解度(25 ℃)：水中为0.7 g/L，丙酮中为150 g/L，二甲基甲酰胺中为270 g/L，乙腈中为140 g/L，环己酮中为90 g/L，苯中为40 g/L，乙醇中为40 g/L，微溶于石油醚和二甲苯
稳定性	强酸、强碱环境中煮沸水解，其水溶液在紫外光下不稳定。遇强酸、强碱或紫外光照射易分解。贮存条件下较稳定，对大部分金属设备无腐蚀性	180 ℃开始分解；在酸性介质中较稳定，碱性中不稳定，温度和碱性对水解速度的影响较大
主要功能	杀虫剂	杀虫剂

续表

中文名称	杀线威	残杀威
英文名称	oxamyl	propoxur
CAS号	23135-22-0	114-26-1
分子式	$C_7H_{13}N_3O_3S$	$C_{11}H_{15}NO_3$
分子量	219.3	209.2
结构式	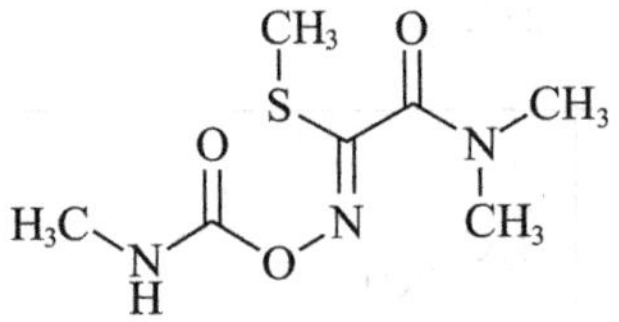	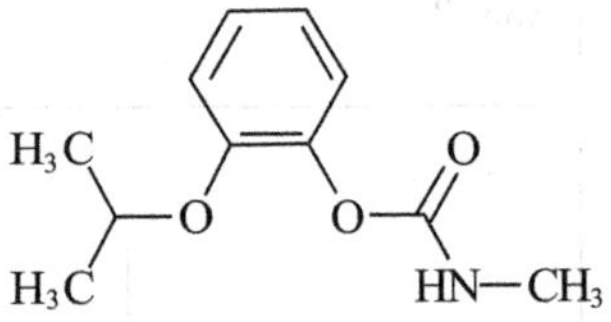
溶解度	水中溶解度为280 g/L(25 ℃),有机溶剂溶解度(25 ℃):丙酮中为670 g/kg,乙醇中为330 g/kg,甲醇中为1440 g/kg,甲苯中为10 g/kg	20 ℃溶解度:水中1.75 g/L,可溶于多种有机溶剂,异丙醇中大于200 g/L,甲苯中为94 g/L,已烷中为1.3 g/L
稳定性	固体和制剂稳定,水溶液缓慢分解;通风和光照加快分解	水中稳定(pH=7),遇强碱水解。20 ℃、pH=10时半衰期为40 min
主要功能	杀虫剂、杀螨剂	杀虫剂

3.1.2.5 二硝基苯胺类农药

二硝基苯胺类除草剂是一类广谱、高效的选择性芽前土壤处理剂,具有高效低毒、除草谱广和持效期长等优点,主要包括氟乐灵、二甲戊灵、仲丁灵、安磺灵等,在化学除草剂应用中占很大比重。该类除草剂被广泛应用于棉花、花生、大豆、小麦、水稻、玉米等多种作物农田中,防除一年生禾本科杂草和部分一年生阔叶杂草,其除草机理是通过抑制细胞的有丝分裂与分化,破坏细胞的正常分裂,从而造成杂草的死亡。

二硝基苯胺类除草剂化学性质稳定、残留期长、易挥发,已成为一类环境污染物,对生态环境和人类健康造成严重威胁。二硝基苯胺类除草剂对水生生物和无脊椎动物高毒，并且因其含二硝基苯胺结构，可形成致癌物质——亚硝胺，对人体健康也有潜在危害。例如，对哺乳动物细胞有基因毒性，其致癌性被认定为C类，即可疑的人类致癌剂。美国国家环境保护局已将二甲戊灵和氟乐灵归类为持久性生物积聚有毒物质；欧洲一些国家已对氟乐灵采取禁用或限用的措施；但由于其性价比较高，它们在中国仍是首选的除草剂。因此，二硝基苯胺类除草剂在生态环境中迁移、转化、降解以及生态安全性评估已引起了广泛关注。部分二硝基苯胺类农药的理化性质见表3-6。

表 3-6　部分二硝基苯胺类农药的理化性质

中文名称	环丙氟灵	氯乙氟灵
英文名称	profluralin	fluchloralin
CAS号	26399-36-0	33245-39-5
分子式	$C_{14}H_{16}F_3N_3O_4$	$C_{12}H_{13}ClF_3N_3O_4$
分子量	347.3	355.7
结构式	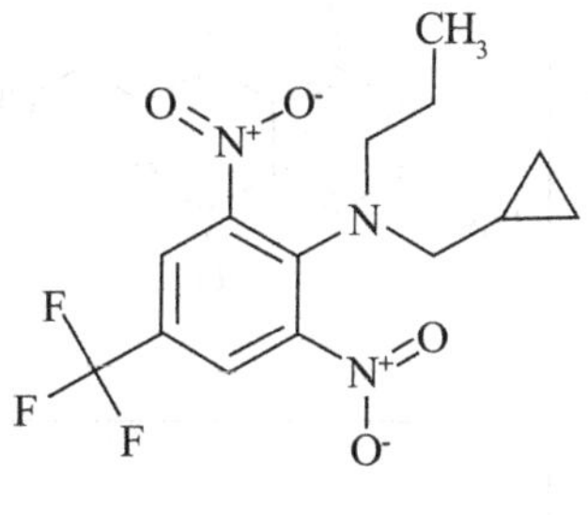	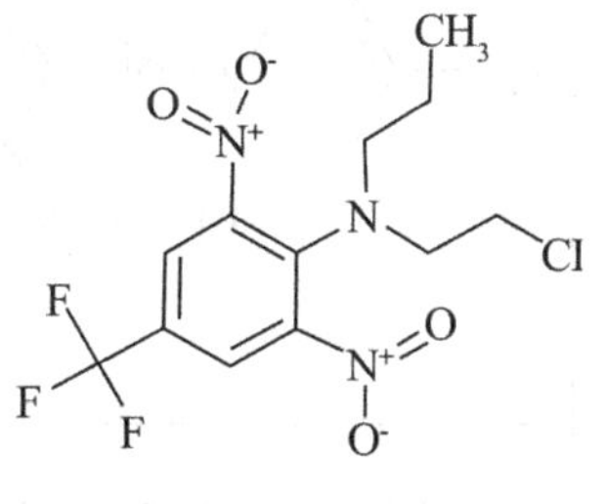
溶解度	20 ℃下水中溶解度为 0.1 mg/L，辛醇中为 220 g/L	20 ℃溶解度：水中小于 1 mg/kg，丙酮、苯、氯仿、乙醚中大于 1 kg/kg，环己烷中为 251 g/kg，乙醇中为 177 g/kg
稳定性	不水解(100 ℃)，DT_{50}为 6 h(pH=3、pH=7、pH=10)	紫外光下不稳定
主要功能	除草剂	除草剂

续表

中文名称	氟啶胺	地乐灵
英文名称	fluazinam	dipropalin
CAS 号	79622-59-6	1918-08-7
分子式	$C_{13}H_4Cl_2F_6N_4O_4$	$C_{13}H_{19}N_3O_4$
分子量	465.1	281.3
结构式	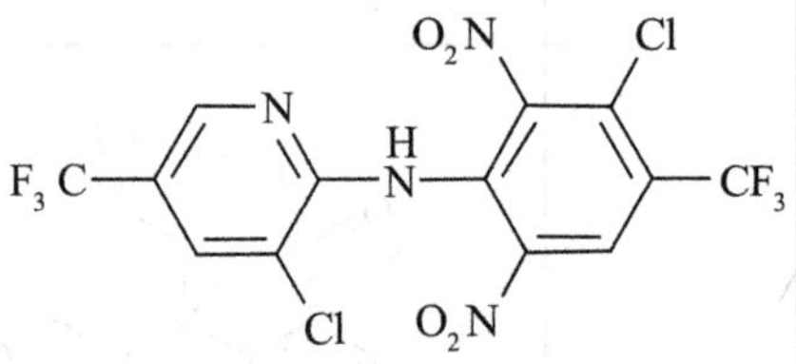	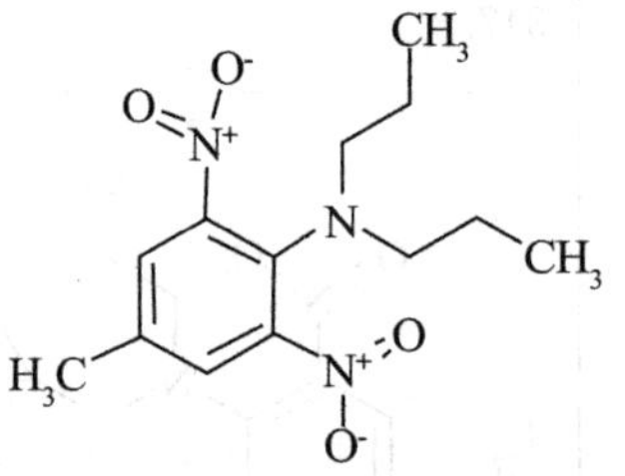
溶解度	有机溶剂中的溶解度(25 ℃):正己烷中为 8 g/L,丙酮中为 853 g/L,甲苯中为 451 g/L,二氯甲烷中为 675 g/L,乙酸乙酯中为 722 g/L,甲醇中为 192 g/L	27 ℃时在水中的溶解度为 304 mg/L
稳定性	对酸、碱、热稳定	—
主要功能	杀菌剂	除草剂

续表

中文名称	二甲戊灵	仲丁灵
英文名称	pendimethalin	butralin
CAS号	40487-42-1	33629-47-9
分子式	$C_{13}H_{19}N_3O_4$	$C_{14}H_{21}N_3O_4$
分子量	281.3	295.3
结构式	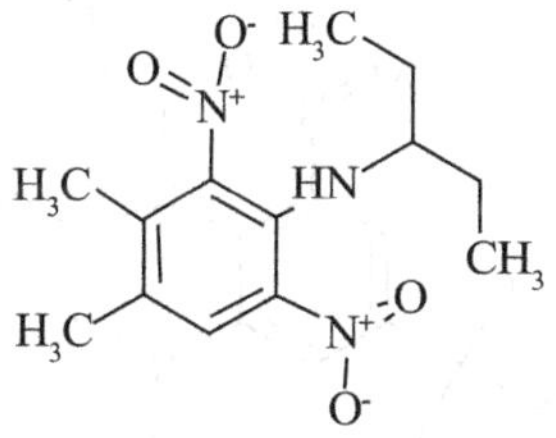	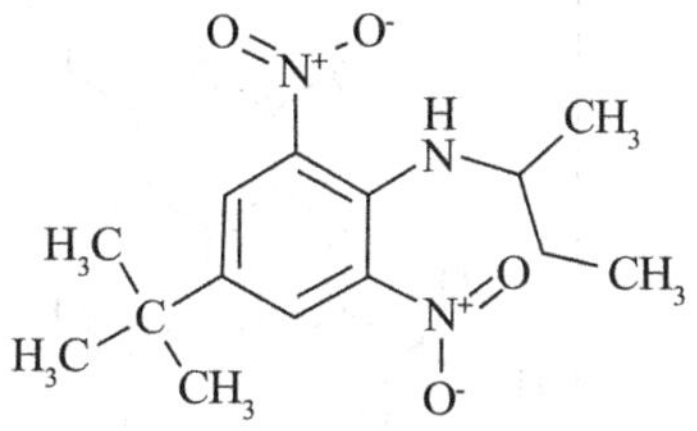
溶解度	溶解度(20 ℃):水中为0.3 mg/L,丙酮中为700 g/L,玉米油中为148 g/L,异丙醇中为77 g/L,二甲苯中为628 g/L,庚烷中为138 g/L,易溶于苯、甲苯、三氯甲烷和二氯甲烷,微溶于石油醚和汽油	溶解度:水中为0.3 mg/L(25 ℃);正庚烷中为182.8 g/L,二甲苯中为668.8 g/L,二氯甲烷中为877.7 g/L,甲醇中为68.3 g/L,丙酮中为773.3 g/L,乙酸乙酯中为718.4 g/L(20 ℃)
稳定性	在5～130 ℃条件下,对酸、碱稳定,见光慢慢分解	分解温度为253 ℃
主要功能	除草剂	除草剂

续表

中文名称	磺乐灵	氟乐灵
英文名称	nitralin	trifluralin
CAS号	4726-14-1	1582-09-8
分子式	$C_{13}H_{19}N_3O_6S$	$C_{13}H_{16}F_3N_3O_4$
分子量	345.4	335.3
结构式	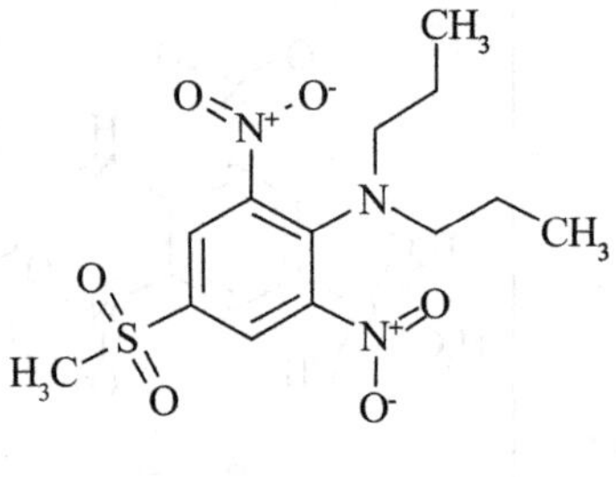	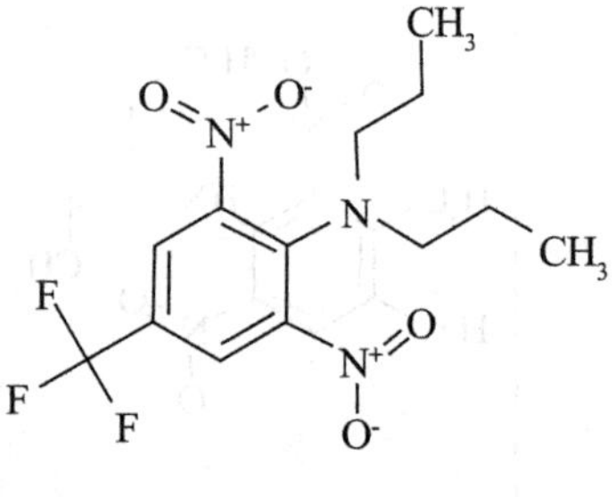
溶解度	22 ℃时在水中的溶解度为0.6 mg/L，可溶于有机溶剂	25 ℃时在水中的溶解度为0.184 mg/L（pH = 5）、0.221 mg/L（pH = 7）、0.188 mg/L(pH=9)，丙酮中为400 g/L，二甲苯中为580 g/L，三氯甲烷、乙腈、甲苯、乙酸乙酯中大于1000 g/L，甲醇中为33～40 g/L，己烷中为50～60 g/L
稳定性	应避免与强碱或高温接触	pH=3～9(52 ℃以下)的水介质中稳定，紫外光下分解
主要功能	除草剂	除草剂

续表

中文名称	异丙乐灵	氯乙地乐灵
英文名称	isopropalin	chlornidine
CAS号	33820-53-0	26389-78-6
分子式	$C_{15}H_{23}N_3O_4$	$C_{11}H_{13}Cl_2N_3O_4$
分子量	309.4	322.1
结构式	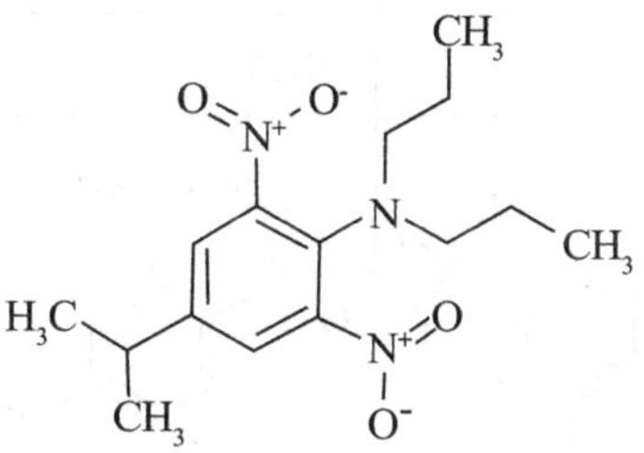	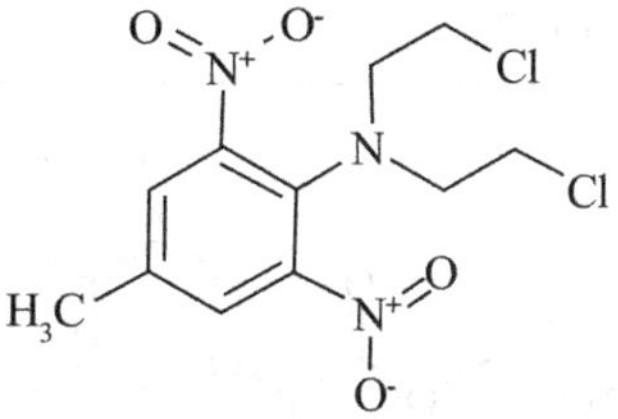
溶解度	25 ℃水中溶解度为 0.1 mg/L，丙酮、己烷和甲醇中为 1 kg/L	20 ℃时水中溶解度为 7 mg/100 g，在苯、乙醚、丙酮、氯仿中的溶解度均为 100 g/100 g，乙醇中为 17.7 g/100 g，环己烷中为 25.1 g/100 g
稳定性	易被紫外光分解	对光敏感
主要功能	除草剂	除草剂

3.1.2.6 二苯醚类农药

二苯醚类除草剂(diphenyl ether herbicides)是醚类除草剂的一种,是一种原卟啉原氧化酶抑制剂,主要用于防除一年生和多年生阔叶杂草,是水稻田主要的除草剂品种之一。醚类除草剂在不断改进结构的过程中,引入氮原子或稠杂环,除草活性大大提高。

二苯醚类除草剂作为触杀性农药,广泛应用于水稻、玉米、大豆田等作物农田,用来防除阔叶杂草。二苯醚类结构的农药产品具有其独特的结构特性及效果,二苯醚结构可以显著改善农药的理化性质和生物活性,提高了农药的光稳定性、降低了农药对哺乳类动物的毒性、扩大了生物活性谱。部分二苯醚类农药的理化性质见表 3-7。

表 3-7　部分二苯醚类农药的理化性质

中文名称	乳氟禾草灵	三氟羧草醚
英文名称	lactofen	acifluorfen
CAS 号	77501-63-4	50594-66-6
分子式	$C_{19}H_{15}ClF_3NO_7$	$C_{14}H_7ClF_3NO_5$
分子量	461.8	361.7
结构式	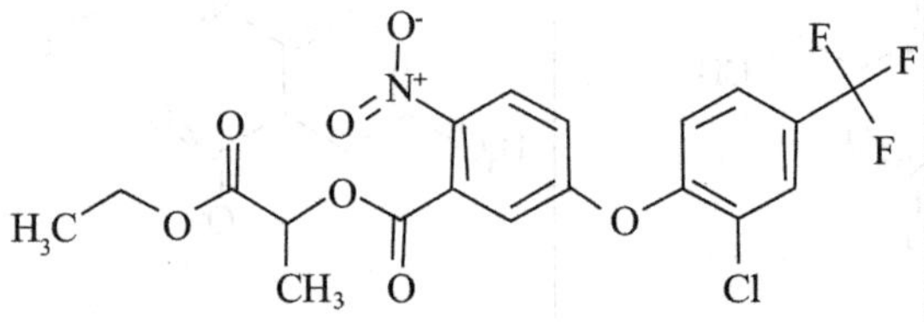	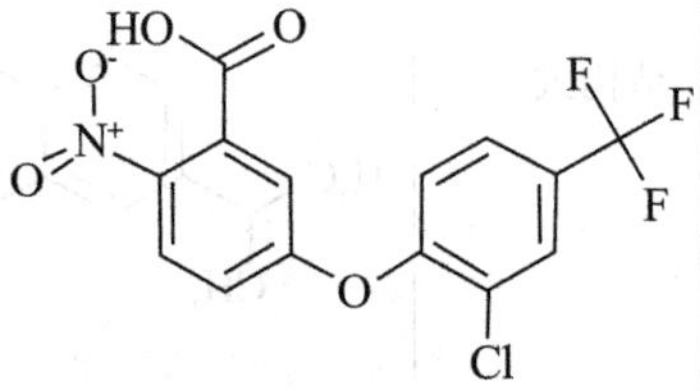
溶解度	丙醇中溶解度为 19.2%,煤油中为 12.7%,能溶于二甲苯,在水中溶解度小于 1 mg/L	水中溶解度为 120 mg/L(23～25 ℃),有机溶剂溶解度(25 ℃):丙酮中为 600 g/kg,乙醇中为 500 g/kg,二氯甲烷中为 50 g/kg,二甲苯中小于 10 g/kg,煤油中小于 10 g/kg
稳定性	室温下可保存 6 个月不分解	50 ℃时可稳定贮存 2 个月。在酸、碱性介质中稳定,分解温度 235 ℃。遇紫外线分解
主要功能	除草剂	除草剂

续表

中文名称	乙氧氟草醚	甲氧除草醚
英文名称	oxyfluorfen	chlomethoxyfen
CAS 号	42874-03-3	32861-85-1
分子式	$C_{15}H_{11}ClF_3NO_4$	$C_{13}H_9Cl_2NO_4$
分子量	361.7	314.1
结构式	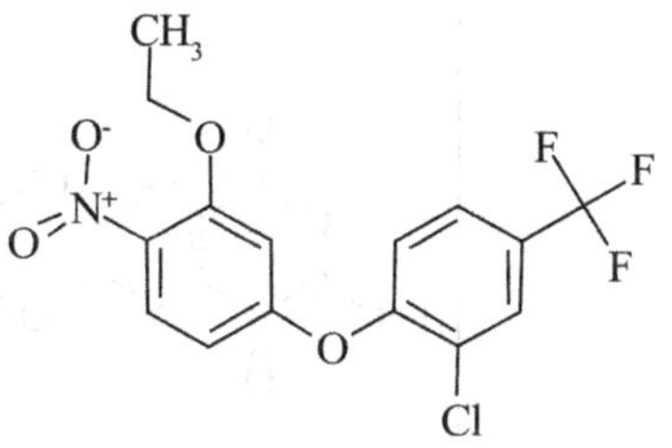	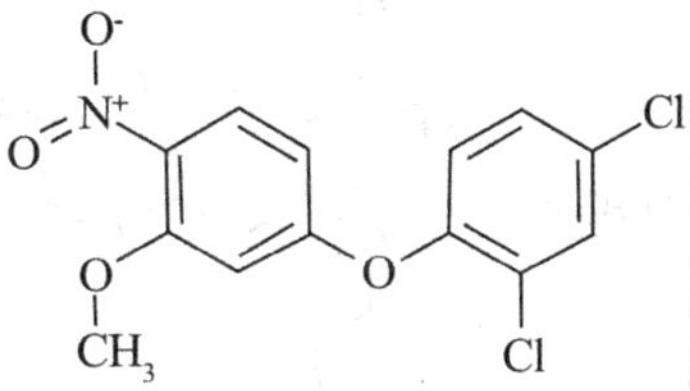
溶解度	易溶于丙酮、环己酮、二甲基甲酰胺、氯仿等有机溶剂，在水中溶解度为 0.116 mg/L(25 ℃)	15 ℃时在水中溶解度为 0.3 mg/L。丙酮中为 200 g/kg，苯中为 100 g/kg，二甲亚砜中为 150 g/kg
稳定性	pH＝5～9 的环境中可保存 28 d，无明显水解(25 ℃)，紫外光下分解迅速，50 ℃以下稳定	对酸、碱、光稳定
主要功能	除草剂	除草剂

续表

中文名称	氟呋草醚	甲羧除草醚
英文名称	furyloxyfen	bifenox
CAS号	80020-41-3	42576-02-3
分子式	$C_{17}H_{13}ClF_3NO_5$	$C_{14}H_9Cl_2NO_5$
分子量	403.7	342.1
结构式	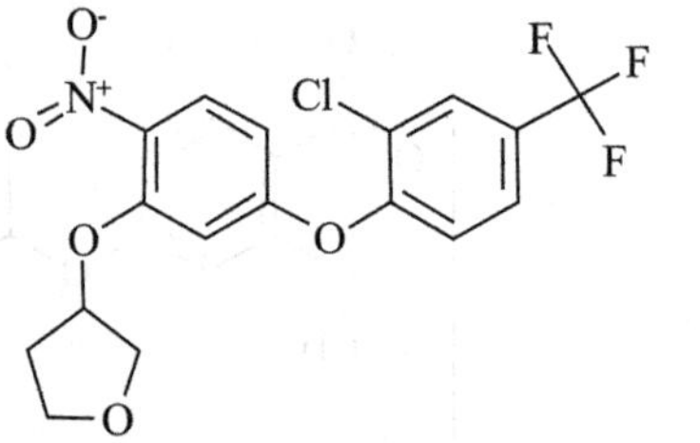	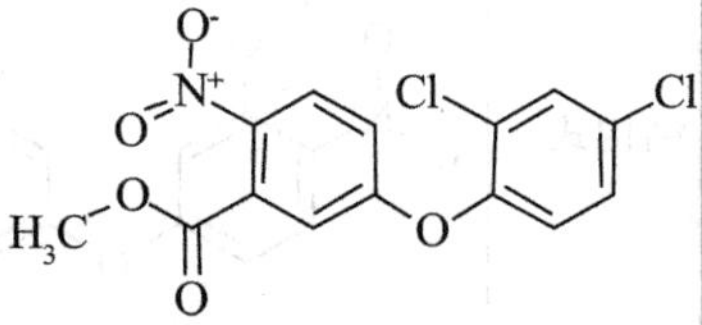
溶解度	—	25 ℃时在水中溶解度为0.35 mg/L,25 ℃时在丙酮溶解度为400 g/kg、氯苯中为400 g/kg、二甲苯中为300 g/kg、乙醇中小于50 g/kg,微溶于脂肪烃
稳定性	—	290 ℃以上分解,微酸或微碱介质中稳定,pH>9快速水解
主要功能	除草剂	除草剂

续表

中文名称	甲草醚	二甲草醚
英文名称	1-methyl-3-(4-nitrophenoxy)benzene	1,3-dimethyl-5-(4-nitrophenoxy)benzene
CAS号	2303-25-5	1630-17-7
分子式	$C_{13}H_{11}NO_3$	$C_{14}H_{13}NO_3$
分子量	229.2	243.3
结构式	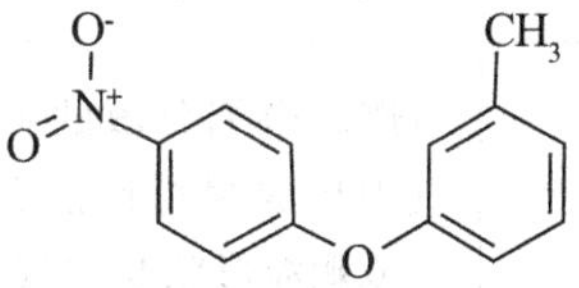	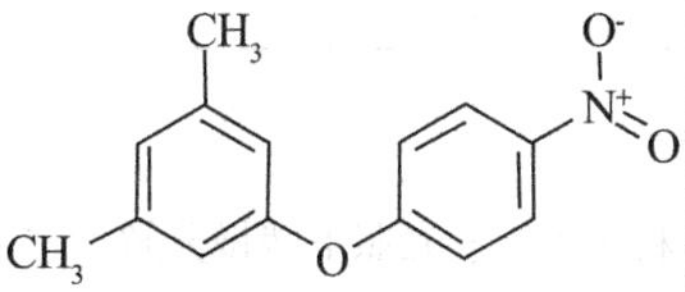
溶解度	25 ℃时在水中溶解度为5 mg/L	易溶于乙基丙酮
稳定性	—	对热、酸、碱比较稳定，在紫外线照射下缓慢分解
主要功能	除草剂	除草剂

续表

中文名称	苯草醚	除草醚
英文名称	aclonifen	nitrofen
CAS 号	74070-46-5	1836-75-5
分子式	$C_{12}H_9ClN_2O_3$	$C_{12}H_7Cl_2NO_3$
分子量	264.7	284.1
结构式	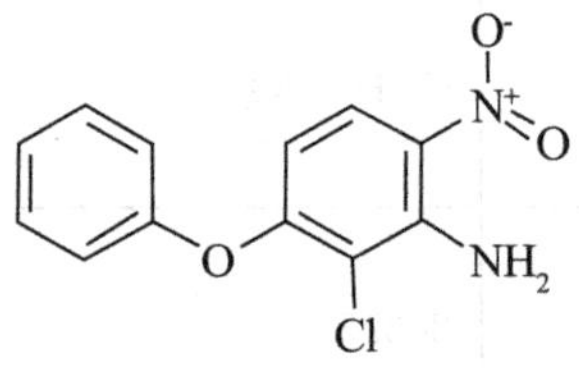	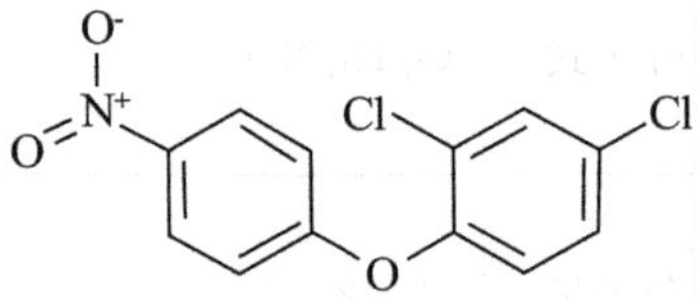
溶解度	溶解度(20 ℃):水中为 1.4 mg/L,己烷中为 4.5 g/kg,甲醇中为 50 g/kg,甲苯中为 390 g/kg	22 ℃时在水中溶解度为 0.7～1.2 mg/L。易溶于甲醇、乙醇、丙酮和苯等有机溶剂
稳定性	光照下缓慢分解	可燃。微细分散的颗粒物在空气中形成爆炸性混合物。以粉末或颗粒形状与空气混合,可能发生粉尘爆炸
主要功能	除草剂	除草剂

3.1.2.7 苯氧羧酸类农药

1942 年在研究植物激素过程中,发现苯氧羧酸类化合物 2,4-滴对田旋花有除草活性,2,4-滴在高浓度条件下抑制双子叶植物的生长发育,而对禾本科作物安全,从而开创了有机选择性除草剂的新领域——苯氧羧酸类除草剂。苯氧羧酸类除草剂的分子结构包括:①一个苯环,环上一个氧原子被取代;②与氧原子相连的脂肪链及一个羧基;③由于在苯环上取代基和取代位置不同,以及羧酸的碳原子数目不同,形成了不同的苯氧羧酸类除草剂品种。

苯氧羧酸类除草剂的突出特性是选择性强、杀草谱广、用量低、使用安全。该类除草剂主要进行茎叶喷雾,防除阔叶杂草,植物根、茎、叶均可吸收,并在韧皮部或木质部传导，积累于分生组织，其盐与酯被植物吸收后，在体内转变为酸而发生毒性效应。在大量苯氧羧酸类除草剂品种中，普遍应用的是2,4-滴、2甲4氯与2,4,5-涕，其活性是2,4-滴>2甲4氯>2,4,5-涕；同一品种的酯>酸>盐；在盐类中，胺盐>铵盐>钠盐(钾盐)。部分苯氧羧酸类农药的理化性质见表3-8。

表3-8 部分苯氧羧酸类农药的理化性质

中文名称	2,4-滴	2,4-滴丁酸
英文名称	2,4-D	2,4-DB
CAS号	94-75-7	94-82-6
分子式	$C_8H_6Cl_2O_3$	$C_{10}H_{10}Cl_2O_3$
分子量	221.0	249.1
结构式	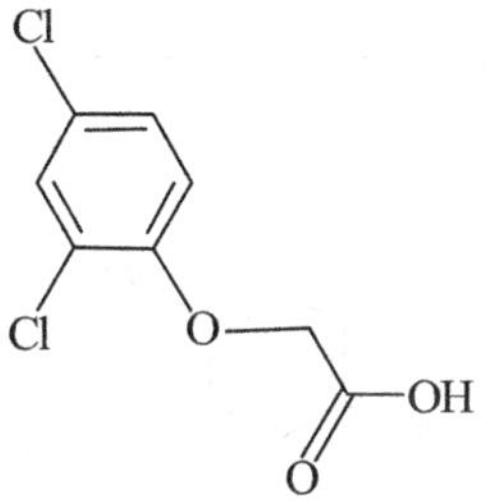	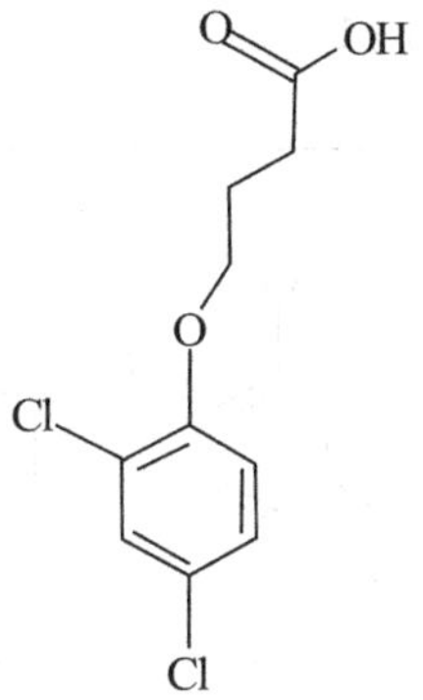
溶解度	25 ℃时在水中溶解度为0.62 g/L，可溶于碱溶液和醇中，不溶于石油	20 ℃时在水中溶解度：0.062 g/L(pH=5)、4.385 g/L(pH=7)、454.8 g/L(pH=9)，易溶于丙酮、乙醇和乙醚，微溶于苯、甲苯和煤油；碱金属盐和铵盐易溶于水
稳定性	对热、光稳定，不吸湿，有腐蚀性	对酸、热稳定，遇碱分解为2,4-滴钠盐及丁醇
主要功能	具有除草和生物调节的效能	除草剂

续表

中文名称	2,4-滴丙酸	2甲4氯
英文名称	2,4-DP	MCPD
CAS号	120-36-5	94-74-6
分子式	$C_9H_8Cl_2O_3$	$C_9H_9ClO_3$
分子量	235.1	200.6
结构式	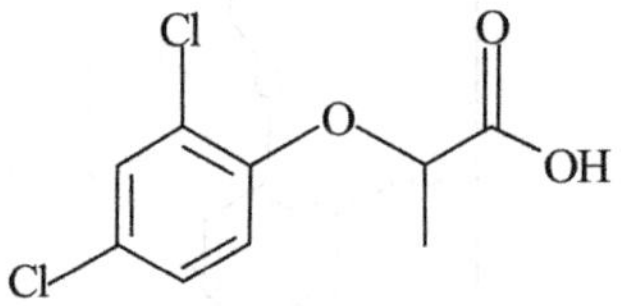	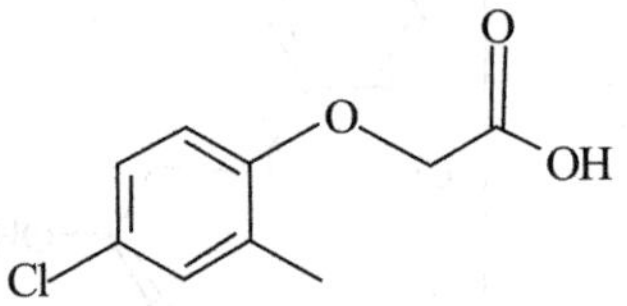
溶解度	20 ℃时水中溶解度为350 mg/L;20 ℃时有机溶剂中溶解度:丙酮中为595 g/L,异丙醇中为510 g/L,苯中为85 g/L,甲苯中为69 g/L,二甲苯中为51 g/L,煤油中为2.1 g/L	25 ℃时水中溶解度为0.395 g/L(pH=1),26.2 g/L(pH=5),293.9 g/L(pH=7),320.1 g/L(pH=9);25 ℃有机溶剂中溶解度:乙醚中为770 g/L,甲苯中为26.5 g/L,二甲苯中为49 g/L,丙酮中为487.8 g/L,庚烷中为5 g/L,甲醇中为775.6 g/L,二氯甲烷中为69.2 g/L
稳定性	在酸溶液中稳定,形成难溶、有轻微活性的重金属盐	在酸性介质中的化学性质非常稳定。在硬水中可形成水溶性碱金属盐和铵盐,也可形成钙盐和铵盐沉淀
主要功能	除草剂、植物生长调节剂	除草剂

续表

中文名称	2甲4氯乙硫酯
英文名称	MCPA-thioethyl
CAS号	25319-90-8
分子式	$C_{11}H_{13}ClO_2S$
分子量	244.7
结构式	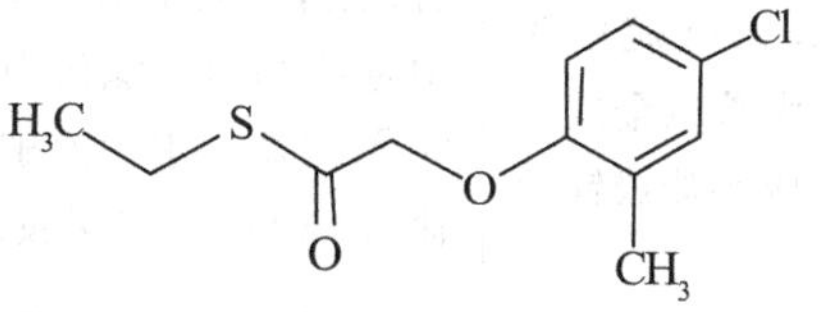
溶解度	25 ℃时溶解度：水中为2.3 mg/L，丙酮、二甲苯中大于1000 g/L，己烷中为290 g/L
稳定性	在酸性介质中稳定，在碱性介质中比较不稳定。200 ℃以下稳定
主要功能	除草剂

续表

中文名称	2 甲 4 氯丁酸	2 甲 4 氯丙酸
英文名称	MCPB	MCPP
CAS 号	94-81-5	93-65-2
分子式	$C_{11}H_{13}ClO_3$	$C_{10}H_{11}ClO_3$
分子量	228.7	214.6
结构式	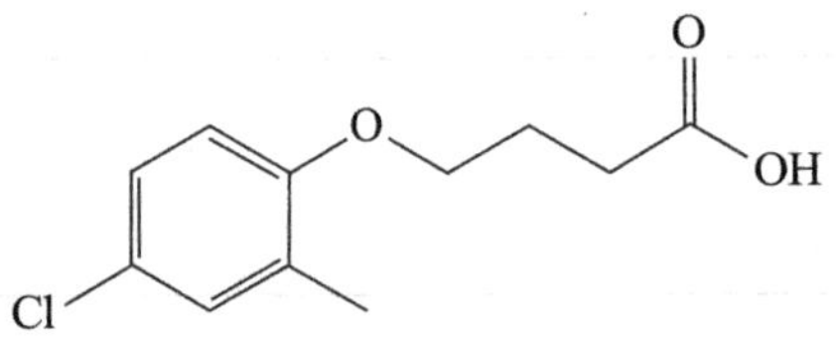	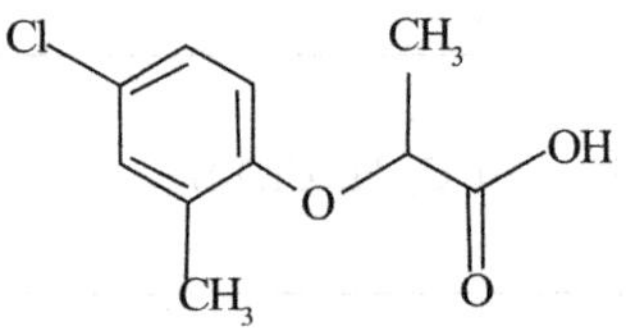
溶解度	20 ℃时水中溶解度:0.11 g/L(pH=5)、4.4 g/L(pH=7)、444 g/L(pH=9),室温下有机溶剂溶解度:丙酮中为 313 g/L,二氯甲烷中为 169 g/L,乙醇中为 150 g/L,正己烷中为 0.26 g/L,甲苯中为 8 g/L。普通碱金属和铵盐易溶于水(在硬水中可形成钙盐或镁盐沉淀),难溶于有机溶剂	25 ℃时水中溶解度为 880 mg/L;20 ℃时有机溶剂中溶解度:丙酮、乙醚、乙醇中大于 1000 g/kg,乙酸乙酯中为 825 g/kg,氯仿中为 339 g/kg ;20 ℃时盐在水中溶解度:二乙醇胺盐为 580 g/L,二甲胺盐为 660 g/L
稳定性	在酸性介质中化学性质很稳定,25 ℃、pH=5~9 条件下不水解。固体对阳光稳定,溶液光解。150 ℃条件下对铝、锡、铁稳定	对热、水解、还原和大气氧化稳定。2 甲 4 氯丙酸是酸,可形成盐,其中很多盐是水溶性的
主要功能	除草剂	除草剂

3.1.2.8 环己烯酮类农药

环己烯酮类除草剂亦称环己烷-1,3-二酮类除草剂,它们实际上是以三种互变异构体形式平衡存在,通过抑制乙酰辅酶 A 羧化酶(ACCase),破坏脂肪酸的生物合成,从而阻碍植物生长。此类除草剂仅对禾本科植物的乙酰辅酶 A 羧化酶有效,对阔叶植物的乙酰辅酶 A 羧化酶并无活性,故对阔叶作物呈现了很好的安全性。

环己烯酮类除草剂主要特性有:①高度选择性,可防治多种禾本科杂草,包括一年生禾本科杂草和多年生禾本科杂草,而对双子叶作物安全。②适用作物广,可以用于多种阔叶作物，但不能飘移至禾本科作物田，否则易产生药害。③具有内吸性（和渗透转移性），施药后药剂可被杂草茎和叶迅速吸收，并很快传导到根系和植物生长点，破坏杂草的分裂组织，使被处理的植物生长缓慢，失去竞争力。有效成分在施药后 1～3 h 即被吸收，随后降雨并不降低其除草活性。④通过对乙酰辅酶 A 羧化酶抑制而阻碍脂肪酸的生物合成，影响植物的生长发育。日除草效果显著，一般在施药后 7～14 d 即可以观察到嫩组织开始褪绿、坏死，随后其余叶子干缩、枯萎。⑤易于分解，主要用于芽后对杂草茎叶处理，掉落在土壤中的药剂会很快分解成安全的物质，即在土壤中的持效期短，因此对后茬作物安全无影响，对人畜毒性低。部分环己烯酮类农药的理化性质见表 3-9。

表 3-9　部分环己烯酮类农药的理化性质

中文名称	噻草酮	烯草酮
英文名称	cycloxydim	clethodim
CAS 号	101205-02-1	99129-21-2
分子式	$C_{17}H_{27}NO_3S$	$C_{17}H_{26}ClNO_3S$
分子量	325.5	359.9
结构式	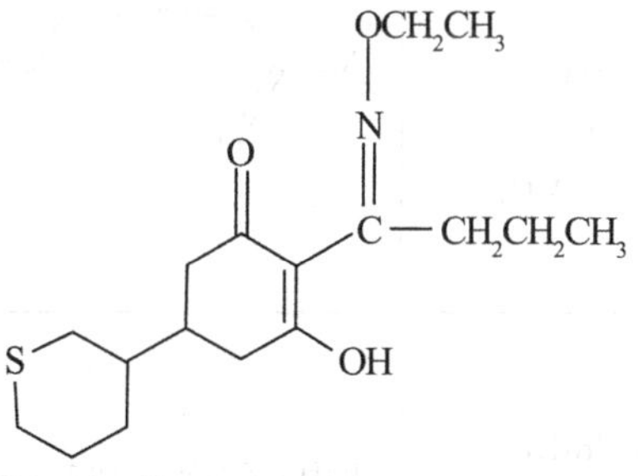	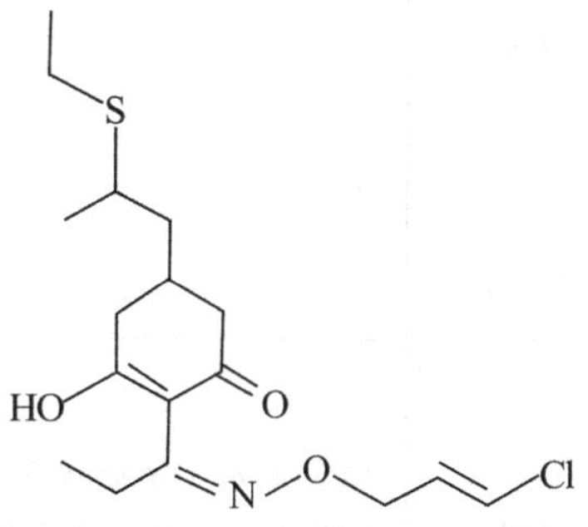
溶解度	20 ℃时水中溶解度为 53 mg/L(pH＝4.3)；20 ℃时有机溶剂中溶解度：丙酮、甲醇、二氯甲烷、乙酸乙酯、甲苯中大于 250 g/L，正己烷中为 29 g/kg	不溶于水，溶于大多数有机溶剂
稳定性	室温下稳定 1 年以上，30 ℃以上不稳定，约在 200 ℃分解	在紫外线下、强酸、强碱条件下不稳定，热稳定性差
主要功能	除草剂	除草剂

续表

中文名称	烯禾啶	磺草酮
英文名称	sethoxydim	sulcotrione
CAS 号	74051-80-2	99105-77-8
分子式	$C_{17}H_{29}NO_3S$	$C_{14}H_{13}ClO_5S$
分子量	327.5	328.8
结构式	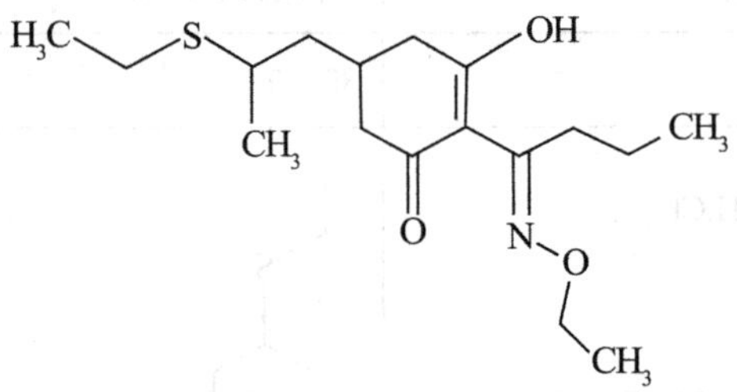	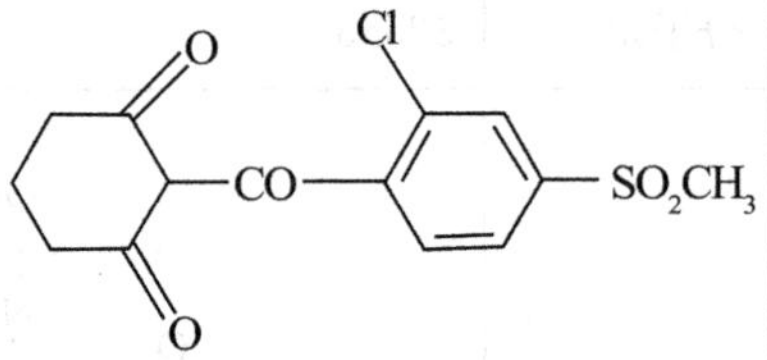
溶解度	20 ℃时水中溶解度为 104.1 mg/mL，20 ℃时溶于大部分普通有机溶剂，如丙酮、苯、乙酸乙酯、己烷、甲醇中溶解度大于 1 kg/kg	水中溶解度为 167 mg/L(pH=4.8，20 ℃)，溶于二氯甲烷、丙酮和氯苯
稳定性	正常储存条件下稳定期至少 2 年	光照或避光下，在水中稳定，耐热稳定达 80 ℃
主要功能	除草剂	除草剂

续表

中文名称	肟草酮	禾草灭
英文名称	tralkoxydim	alloxydim-sodium
CAS号	87820-88-0	55635-13-7
分子式	$C_{20}H_{27}NO_3$	$C_{17}H_{25}NO_5$
分子量	329.4	323.38
结构式	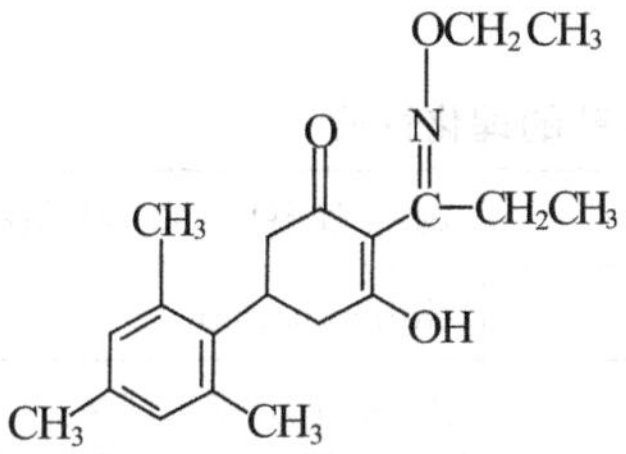	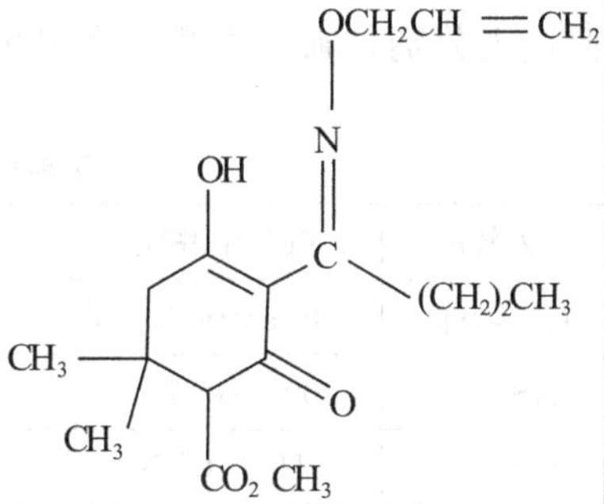
溶解度	20 ℃时水中溶解度：6 mg/L（pH＝5）、6.7 mg/L(pH＝6.5)、9800 mg/L(pH＝9)；24 ℃时有机溶剂中溶解度：正己烷中为18 g/L，甲醇中为25 g/L，丙酮中为89 g/L，乙酸乙酯中为110 g/L，甲苯中为213 g/L，二氯甲烷中大于500 g/L	30 ℃时溶解度：水中大于2 kg/L，二甲基甲酰胺中为1000 g/kg，甲醇中为619 g/kg，乙醇中为50 g/kg，丁酮中为15 g/kg，丙酮中为14 g/kg，环己酮中为3 g/kg，乙酸乙酯中为2 g/kg，二甲苯中为0.02 g/kg
稳定性	15～25 ℃条件下稳定时间大于12周，50 ℃条件下稳定时间为4周	干燥时稳定，但吸湿性非常强
主要功能	除草剂	除草剂

3.1.2.9 酰胺类农药

酰胺类农药是化学结构中含有酰胺结构的有机化合物。根据化学结构和生理活性的不同，酰胺类农药可分为氯乙酰胺类和芳族酰胺类两类，其中氯乙酰胺类农药占较大比例。氯乙酰胺类农药是一类分子结构有氯乙酰胺基团的农药，使用量居世界第三位，以甲草胺、乙草胺、丁草胺和异丙甲草胺的销售量最大。氯乙酰胺类农药在施入表层土壤后，主要通过嫩枝或根系进入杂草内，通过抑制杂草细胞分裂，导致杂草死亡。而且氯乙酰胺类农药由于其化学结构稳定，水溶性强，易通过入渗进入水土，造成地表水和土壤污染，再通过食物链的富集作用等，危害生态系统和人类健康，严重威胁生态环境安全。另外，常见的代表性酰胺类农药还有萎锈灵、氧化萎锈灵、邻酰胺、甲霜灵和呋霜灵等。

双酰胺类杀虫剂是一类以芳香环为核心，在芳香环的 2 个不同位点分别连接一个酰胺键的活性分子。双酰胺类杀虫剂具有优异的选择毒性，对哺乳动物、鸟类、蜜蜂、鱼类低毒，与传统的杀虫剂无交互抗性。目前已上市的双酰胺类杀虫剂主要有氟苯虫酰胺、氯虫苯甲酰胺、溴氰虫酰胺、四氯虫酰胺、环丙虫酰胺、溴虫氟苯双酰胺、四唑虫酰胺等。根据结构特点，双酰胺类杀虫剂主要分为邻苯二甲酰胺（phthalic diamide）和邻甲酰胺基苯甲酰胺（anthranilic diamide）两大类，这两类杀虫活性分子的经典代表分别是氟苯虫酰胺和氯虫苯甲酰胺。部分酰胺类农药的理化性质见表 3-10。

表 3-10　部分酰胺类农药的理化性质

中文名称	氯虫苯甲酰胺	氟虫双酰胺（氟苯虫酰胺）
英文名称	chlorantraniliprole	flubendiamide
CAS 号	500008-45-7	272451-65-7
分子式	$C_{18}H_{14}BrCl_2N_5O_2$	$C_{23}H_{22}F_7IN_2O_4S$
分子量	483.15	682.39
结构式	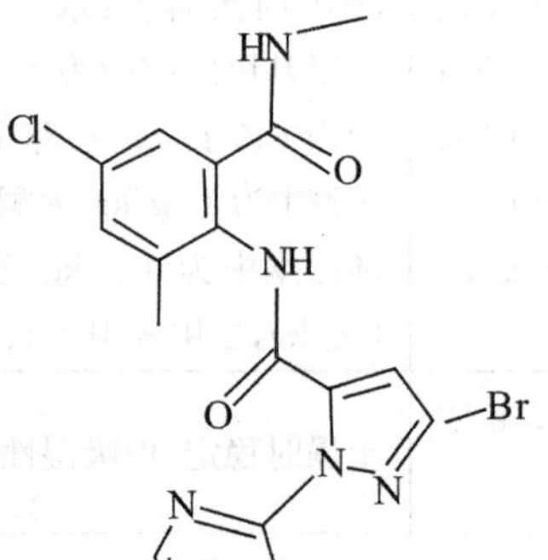	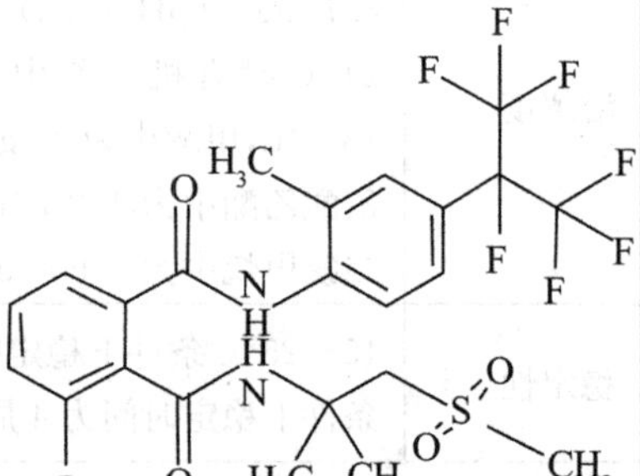
溶解度	20 ℃时水中溶解度为 0.9～1.0 mg/L（pH=4～9）；有机溶剂中溶解度：丙酮中为 3.4 g/L，乙腈中为 0.71 g/L，二氯甲烷中为 2.48 g/L，乙酸乙酯中为 1.14 g/L，甲醇中为 1.71 g/L	20 ℃时水中溶解度为 29.9 μg/L；有机溶剂中溶解度：对二甲苯中为 0.488 g/L，正庚烷中为 0.835 mg/L，甲醇中为 26.0 g/L，1，2-二氯乙烷中为 8.12 g/L，丙酮中为 102 g/L，乙酸乙酯中为 29.4 g/L
稳定性	水中 DT_{50}：10 d（pH=9，25 ℃）	在酸和碱中稳定（pH=4～9）。水中光解 DT_{50}：5.5 d（蒸馏水，25 ℃）
主要功能	杀虫剂	杀虫剂

续表

中文名称	稻瘟酰胺	敌草胺
英文名称	fenoxanil	napropamide
CAS号	115852-48-7	15299-99-7
分子式	$C_{15}H_{18}Cl_2N_2O_2$	$C_{17}H_{21}NO_2$
分子量	329.222	271.354
结构式	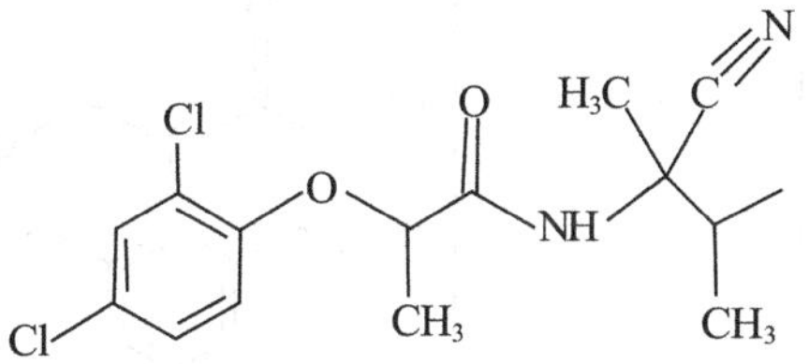	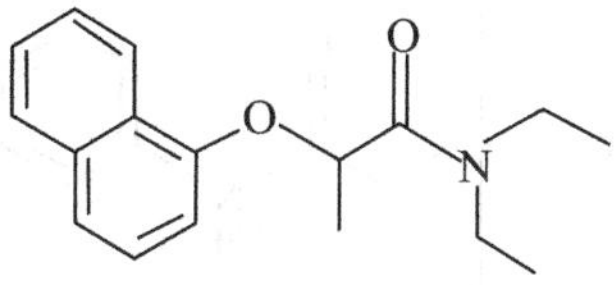
溶解度	20 ℃时水中溶解度为(30.7±0.3) mg/L；有机溶剂中溶解度：正己烷中为4.7 g/L，正辛醇中为120 g/L，甲醇、甲苯中为510 g/L，乙酸乙酯中为530 g/L，乙腈中为570 g/L，丙酮中大于580 g/L，二氯甲烷中大于600 g/L	20 ℃时溶解度：丙酮、乙醇中大于1000 g/L，正己烷中为1 g/L，水中为73 mg/L
稳定性	在一定的pH范围内可稳定存在	对热、稀酸稳定
主要功能	苯氧酰胺类杀菌剂	除草剂

续表

中文名称	敌稗	甲草胺
英文名称	propanil	alachlor
CAS 号	709-98-8	15972-60-8
分子式	$C_9H_9Cl_2NO$	$C_{14}H_{20}ClNO_2$
分子量	218.08	269.77
结构式	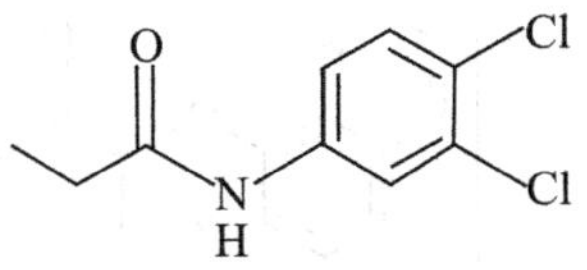	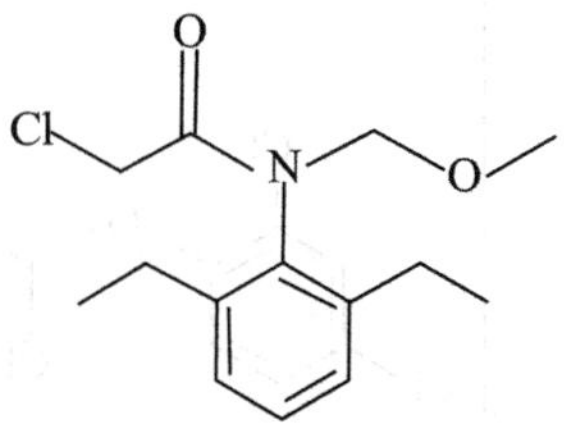
溶解度	乙醇中为 54%，二甲基甲酰胺中为 60%，环己酮中为 35%，甲乙酮中为 25%，甲苯中为 3%，二甲苯中为 3%，水中为 225 mg/L	25 ℃时水中溶解度 242 mg/L；溶于丙酮、苯、乙醇、乙酸乙酯，稍溶于庚烷
稳定性	在酸性和碱性介质中水解为 3，4-二氯苯胺和丙酸；在土壤中易分解，故不宜进行土壤处理；成品在贮存期析出结晶	在 105 ℃条件下分解，对紫外光稳定，在强碱或酸的条件下水解
主要功能	除草剂	除草剂

续表

中文名称	甲霜灵	毒草安
英文名称	metalaxyl	propachlor
CAS号	57837-19-1	1918-16-7
分子式	$C_{15}H_{21}NO_4$	$C_{11}H_{14}ClNO$
分子量	279.33	211.69
结构式	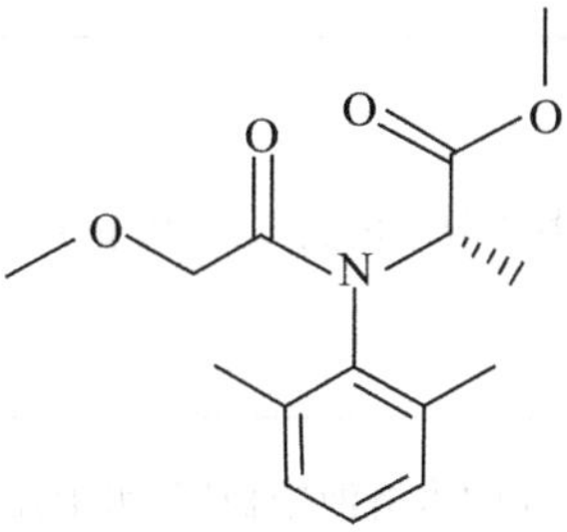	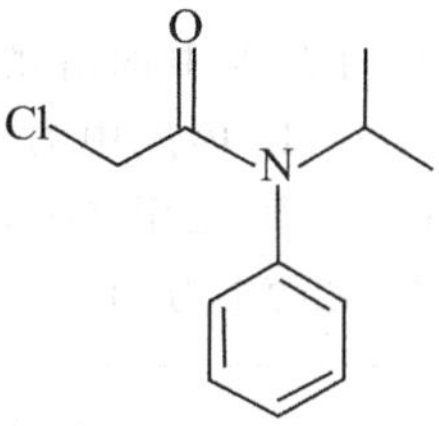
溶解度	能溶于多种有机溶剂，甲醇中溶解度为65%，20 ℃时水中溶解度为0.71%	25 ℃时溶解度：丙酮中为448 g/kg，氯仿中为602 g/kg，乙醇中为408 g/kg，二甲苯中为239 g/kg，水中为613 mg/kg
稳定性	在酸性及中性介质中较稳定	对紫外光稳定，170 ℃条件下分解，不易燃
主要功能	杀菌剂	除草剂

续表

中文名称	萎锈灵	双炔酰菌胺
英文名称	carboxin	mandipropamid
CAS 号	5234-68-4	374726-62-2
分子式	$C_{12}H_{13}NO_2S$	$C_{23}H_{22}ClNO_4$
分子量	237.29	411.88
结构式	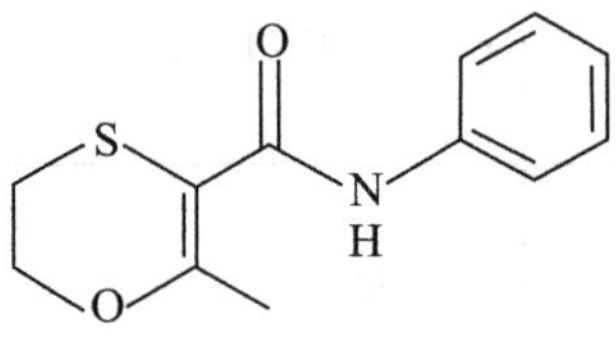	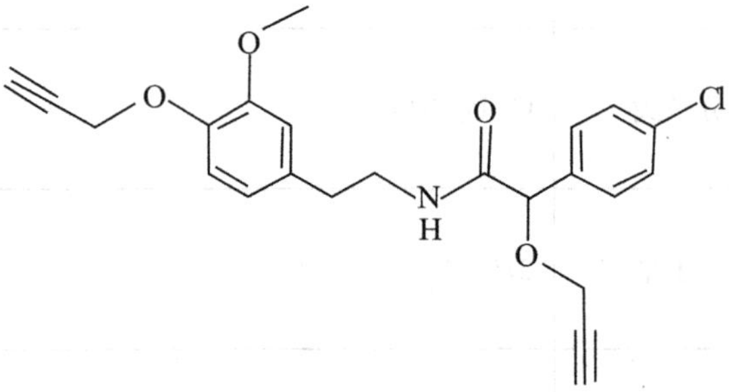
溶解度	25 ℃时在水中的溶解度为 170 μg/mL,丙酮中为 60%,苯中为 15%,二甲基亚砜中为 150%,乙醇中为 21%	25 ℃在水中的溶解度为 0.0042 g/L
稳定性	除强酸、强碱情况外,在一般介质中较稳定	在 pH=4~9 的水溶液中稳定,水中光解 DT_{50}:1.7 d (pH=7,25 ℃),土壤降解半衰期 17 d(范围 2~29 d)
主要功能	杀菌剂	除草剂

3.1.2.10 磺酰胺类农药

磺酰胺类除草剂是继磺酰脲类及后来发现的咪唑啉酮类除草剂之后,由美国陶氏益农公司研制开发的一类新型的乙酰乳酸合成酶(ALS)抑制剂,施用后使植物体内的乙酰乳酸合成酶活性降低,氨基酸的生物合成受到抑制,从而抑制蛋白质的合成,导致植物生长停止而死亡。磺酰胺类农药的主要结构形式是三唑并嘧啶磺酰胺,是将磺酰脲类除草剂通过脲桥的结构改造和修饰而得。

磺酰胺类除草剂属内吸传导性药剂,既可用来苗前土壤处理,也可用来苗后茎叶处理，其作用机制与磺酰脲类除草剂类似。其适用作物较广，常用于大豆、水稻、玉米、小麦、大麦、黑麦、豌豆、苜蓿、三叶草等作物地，主要防治一年生的阔叶杂草。此类除草剂具有用量少、高效、广谱、低毒和高选择性等特点，在农业生产中被广泛使用，使用此类制剂时，若剂量不当，容易对当茬及后茬轮种作物造成一定的药害。部分磺酰胺类农药的理化性质见表 3-11。

表 3-11 部分磺酰胺类农药的理化性质

中文名称	唑嘧磺草胺	双氟磺草胺
英文名称	flumetsulam	florasulam
CAS 号	98967-40-9	145701-23-1
分子式	$C_{12}H_9F_2N_5O_2S$	$C_{12}H_8F_3N_5O_3S$
分子量	329.222	359.284
结构式	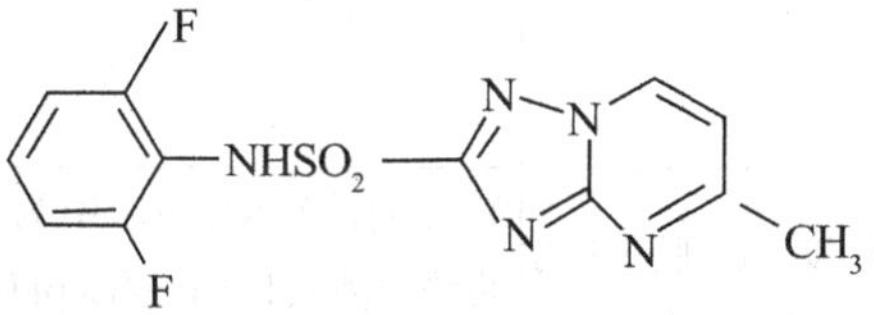	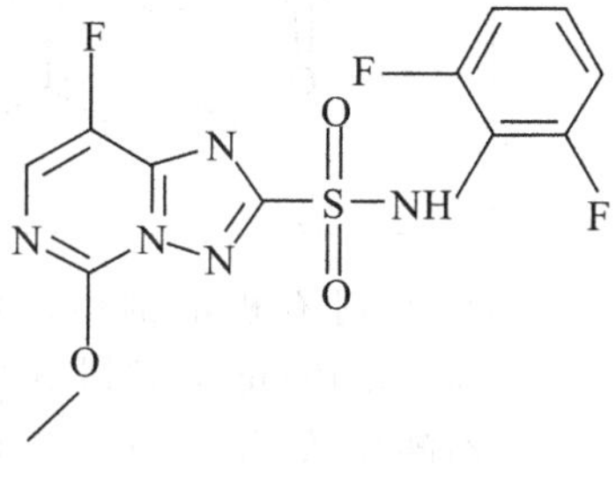
溶解度	溶解度：水中为 49 mg/L(pH＝2.5)，在丙酮、甲醇中轻微溶解，不溶于二甲苯、己烷	水中溶解度为 6.36 g/L(pH=7)
稳定性	灰白色无味固体，熔点 251～253 ℃，蒸气压 0.37 nPa(25 ℃)，密度 1.77 g/cm^3(21 ℃)，水中光解需 6～12 月，土中光解需 3 个月	土壤半衰期 DT_{50}<1～4.5 d，田间 DT_{50} 为 2～18 d
主要功能	除草剂	除草剂

续表

中文名称	苯嘧磺草胺	氯酯磺草胺
英文名称	saflufenacil	cloransulam-methyl
CAS 号	372137-35-4	147150-35-4
分子式	$C_{17}H_{17}ClF_4N_4O_5S$	$C_{15}H_{13}ClFN_5O_5S$
分子量	500.852	429.8
结构式	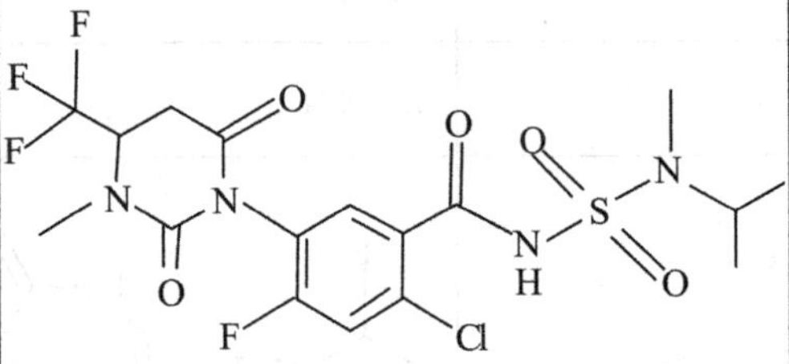	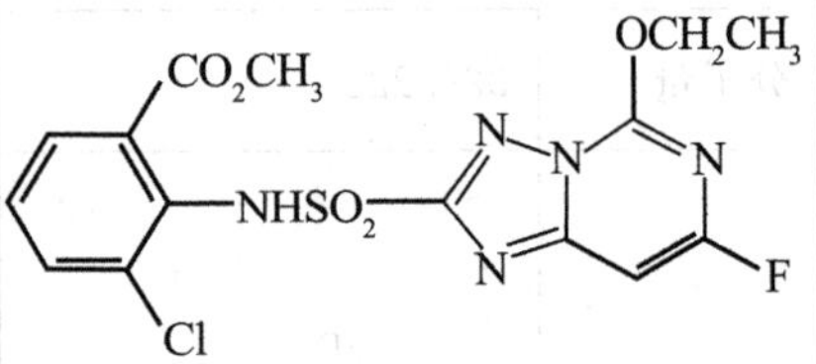
溶解度	20 ℃时有机溶剂中的溶解度：乙腈中为 19.4 g/100 mL，丙酮中为 27.5 g/100 mL，乙酸乙酯中为 6.55 g/100 mL，四氢呋喃中为 36.2 g/100 mL，甲醇中为 2.98 g/100 mL，异丙醇中为 0.25 g/100 mL，甲苯中为 0.23 g/100 mL，1-辛醇中小于 0.01 g/100 mL，正庚烷中小于 0.005 g/100 mL	25 ℃时溶解度：在水中为 3 mg/L(pH=5 的缓冲液)、184 mg/L(pH=7 的缓冲液)、3430 mg/L(pH=9 的缓冲液)；在有机溶液中：丙酮中为 4360 mg/L，乙腈中为 5500 mg/L，二氯甲烷中为 6980 mg/L，乙酸乙酯中为 980 mg/L，己烷中小于 10 mg/L，甲醇中为 470 mg/L，辛醇中小于 10 mg/L，甲苯中为 14 mg/L
稳定性	浅褐色挤条颗粒状，54 ℃可稳定贮存 21 d，室温下稳定，常温或升温时，在金属或金属离子介质中稳定。酸性条件下不易水解，碱性条件下水解	纯品外观为白色固体，熔点：216～218 ℃，蒸气压(25 ℃)：4.0×10^{-11} MPa
主要功能	除草剂	除草剂

续表

中文名称	磺菌胺	氰霜唑
英文名称	flusulfamide	cyazofamid
CAS号	106917-52-6	120116-88-3
分子式	$C_{13}H_7Cl_2F_3N_2O_4S$	$C_{13}H_{13}ClN_4O_2S$
分子量	415.2	324.7859
结构式	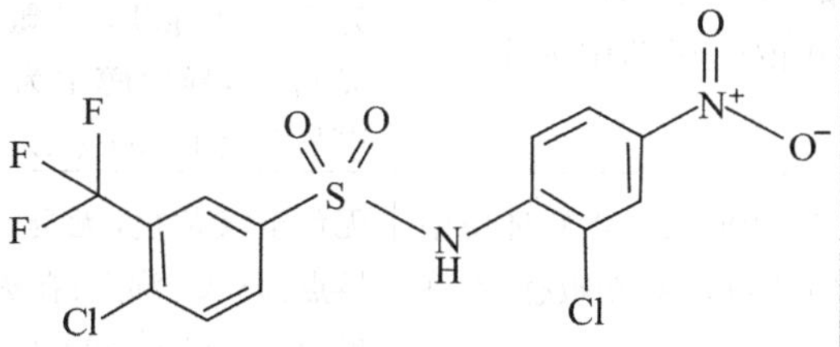	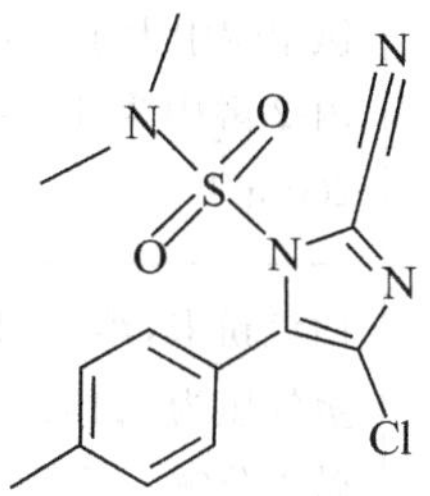
溶解度	25 ℃时溶解度：在水中为2.9 mg/kg。25 ℃时在有机溶液中溶解度：甲醇中为24 g/kg，丙酮中为314 g/kg，二甲苯中为14 g/kg，四氢呋喃中为592 g/kg	20 ℃时在水中溶解度为0.121 μg/mL（pH=5）
稳定性	淡黄色晶体，稳定性：在35～80 ℃暗环境下稳定90 d	浅黄色无味粉状固体，熔点：152.7 ℃，蒸气压小于 1.33×10^{-5} Pa
主要功能	杀菌剂	杀菌剂

续表

中文名称	苯氟磺胺	甲苯氟磺胺
英文名称	dichlofluanid	tolylfluanid
CAS 号	1085-98-9	731-27-1
分子式	$C_9H_{11}Cl_2FN_2O_2S_2$	$C_{10}H_{13}Cl_2FN_2O_2S_2$
分子量	333.2	347.2
结构式	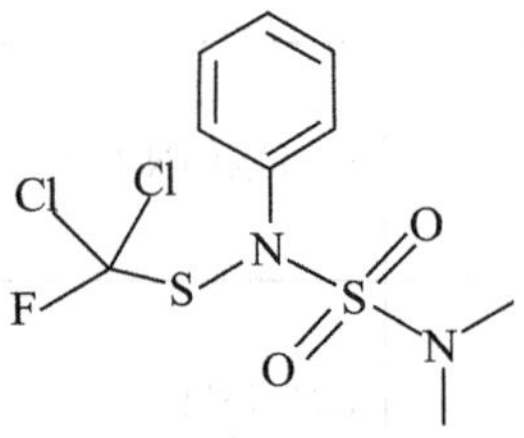	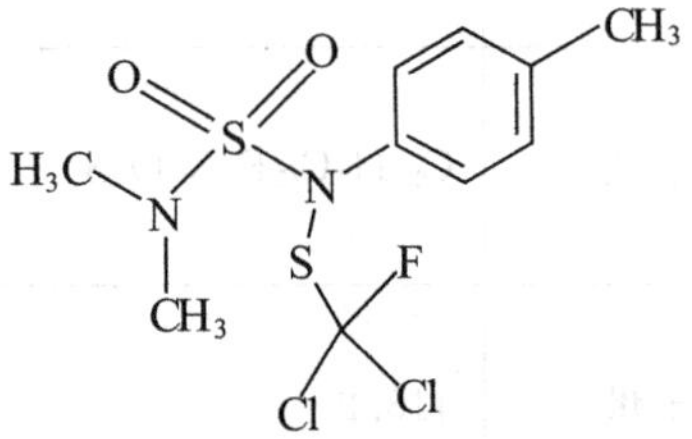
溶解度	20 ℃条件下溶解度：水中为 1.3 mg/L，二氯甲烷中大于 200 g/L，己烷中为 2～5 g/L，丙-2-醇中为 10～20 g/L，甲苯中为 100～200 g/L	常温下水中溶解度：0.9 mg/L。常温下有机溶剂中溶解度：正己烷中为 5～10 g/L，二氯甲烷中大于 250 g/L，异丙醇中为 20～50 g/L，甲苯中大于 200 g/L
稳定性	白色粉末，熔点：105～106 ℃，20 ℃环境中蒸气压为 0.133×10^{-6} kPa，对光敏感，在强碱中分解	无色至淡黄色，无臭，结晶性粉末；熔点：93 ℃；沸点：在蒸馏中分解；密度：1.52 g/cm^3（20 ℃）
主要功能	杀菌剂	杀菌剂

3.1.2.11 取代脲类农药

取代脲类除草剂包括异丙隆、敌草隆、绿麦隆、利谷隆等，根据脲分子中氨基侧链上取代基的不同分为两类：一类是 N，N-二甲基取代脲类除草剂（如异丙隆、敌草隆和绿麦隆等），另一类是 N-甲氧基-N-甲基取代脲类除草剂（利谷隆和绿谷隆等）。取代脲类除草剂主要用来防除一年生禾本科杂草和阔叶杂草，因其高效、广谱而被广泛应用于农业生产中。取代脲类除草剂的化学结构的核心是脲，其化学结构为：在脲分子中氨基上的取代基不同，而形成不同取代脲类除草剂品种。

大多数取代脲类除草剂主要用作苗前土壤处理剂，防除一年生禾本科杂草和阔叶杂草，对阔叶杂草的活性高于对禾本科杂草的活性。取代脲类除草剂具有较高的水溶性和较低的土壤吸附性，易被雨水或灌溉水从土壤中淋溶流失。因此，其在环境中的残留对水生生态系统有很大的风险。部分取代脲类农药的理化性质见表 3-12。

表 3-12　部分取代脲类农药的理化性质

中文名称	特胺灵	异丙隆
英文名称	karbutilate	isoproturon
CAS 号	4849-32-5	34123-59-6
分子式	$C_{14}H_{21}N_3O_3$	$C_{12}H_{18}N_2O$
分子量	279.33	206.28
结构式	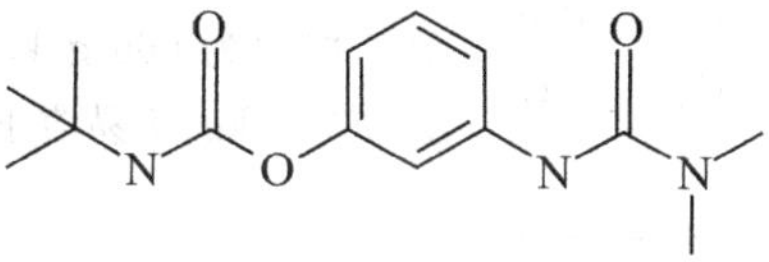	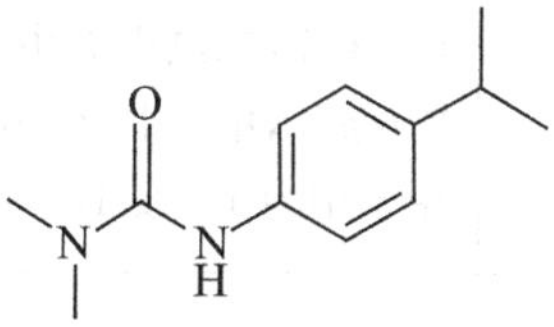
溶解度	—	20 ℃时溶解度：水中为 55 g/L，苯中为 5 g/L，二氯甲烷中为 63 g/L，己烷中约 100 mg/kg，甲醇中为 56 g/L
稳定性	—	对光、酸、碱稳定，230 ℃以上出现缓慢放热分解
主要功能	除草剂	除草剂

续表

中文名称	秀谷隆	非草隆
英文名称	metobromuron	fenuron
CAS 号	3060-89-7	101-42-8
分子式	$C_9H_{11}BrN_2O_2$	$C_9H_{12}N_2O$
分子量	259.1	164.2
结构式	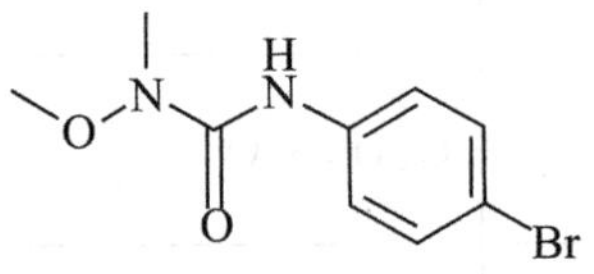	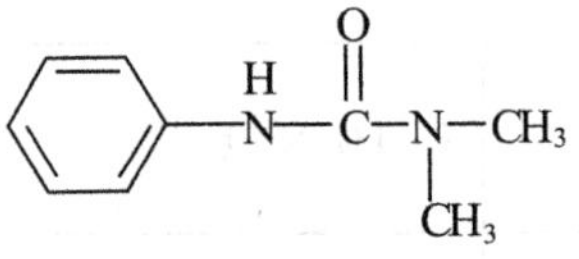
溶解度	25 ℃时溶解度:水中为 0.33 g/L,丙酮中为 500 g/L,二氯甲烷中为 550 g/L,己烷中为 2.6 g/L,甲醇中为 240 g/L,辛醇中为 70 g/L,甲苯中为 100 g/L	室温下溶解度:水中为 4.8 g/L,二氯乙烷中为 666 g/kg,三氯乙烯中为 567 g/kg,不易溶于石油
稳定性	水解(20 ℃)DT_{50}:150 d(pH=1),>200 d(pH=9),83 d(pH=13)	—
主要功能	除草剂	除草剂

3.1.2.12 磺酰脲类农药

磺酰脲类除草剂属乙酰乳酸合成酶(acetolactate synthase,ALS)/乙酰羟酸合成酶(acetohydroxyacid synthase,AHAS)抑制剂,为内吸传导型除草剂,通过抑制植物(杂草)的 ALS/AHAS,阻止支链氨基酸如缬氨酸、亮氨酸、异亮氨酸的生物合成,破坏蛋白质的合成,干扰 DNA 合成及细胞分裂与生长,最终导致植物(杂草)死亡。其基本结构由 3 部分组成:活性基团、疏水基团芳基和桥(兼电子传递基团)。磺酰脲类除草剂易被植物的根、叶吸收，在木质部和韧皮部传导，其作用靶标即乙酰乳酸合成酶。

磺酰脲类除草剂的活性极高，用量极低，被称为超高效除草剂，效果为传统除草剂的 100～1000 倍。磺酰脲类除草剂容易在土壤中发生化学水解和微生物降解，又由于动物体内缺乏支链氨基酸（缬氨酸、亮氨酸和异亮氨酸）的生物合成途径，以抑制此类氨基酸生物合成作为靶标的除草剂对动物的安全性高，因此，磺酰脲类除草剂对哺乳动物毒性低，对人及牲畜安全。部分磺酰脲类农药的理化性质见表 3-13。

表 3-13　部分磺酰脲类农药的理化性质

中文名称	嘧磺隆	氯磺隆
英文名称	sulfometuron-methyl	chlorsulfuron
CAS 号	74222-97-2	64902-72-3
分子式	$C_{15}H_{16}N_4O_5S$	$C_{12}H_{12}ClN_5O_4S$
分子量	364.4	357.8
结构式	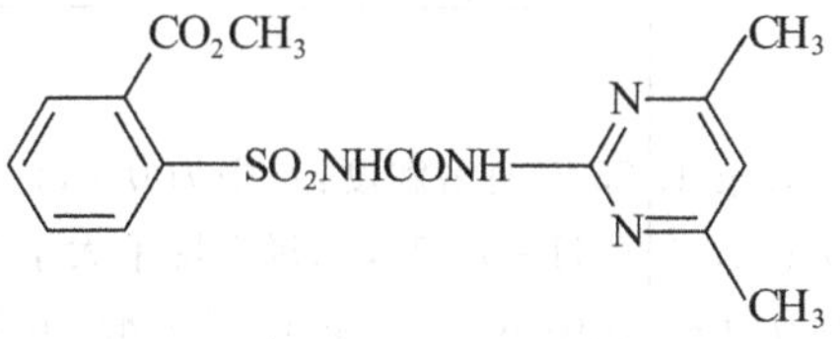	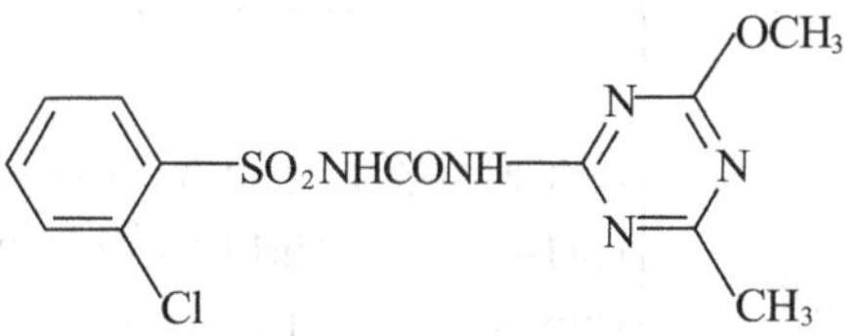
溶解度	25 ℃时水中溶解度：8 mg/L（pH＝5）、70 mg/L（pH＝7）；25 ℃时有机溶剂中溶解度：丙酮中为 2400 mg/kg，乙腈中为 1500 mg/kg，乙醇中为 137 mg/kg，乙醚中为 32 mg/kg，二甲苯中为 37 mg/kg	25 ℃时水中溶解度：300 mg/L（pH＝5）、27900 mg/L（pH＝7）；22 ℃时有机溶剂中溶解度：甲苯中为 3 g/L，甲醇中为 14 g/L，丙酮中为 57 g/L，二氯甲烷中为 102 g/L，己烷中小于 0.01 g/L
稳定性	水悬浮液在 pH＝7～9 时稳定	干燥情况下光稳定
主要功能	除草剂	除草剂

续表

中文名称	氯嘧磺隆	氯嘧磺隆
英文名称	chlorimuron-ethyl	chlorimuron
CAS 号	90982-32-4	99283-00-8
分子式	$C_{15}H_{15}ClN_4O_6S$	$C_{13}H_{11}ClN_4O_6S$
分子量	414.8	386.8
结构式	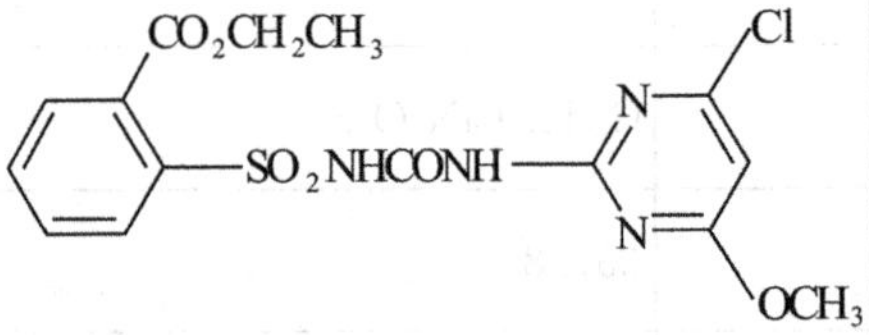	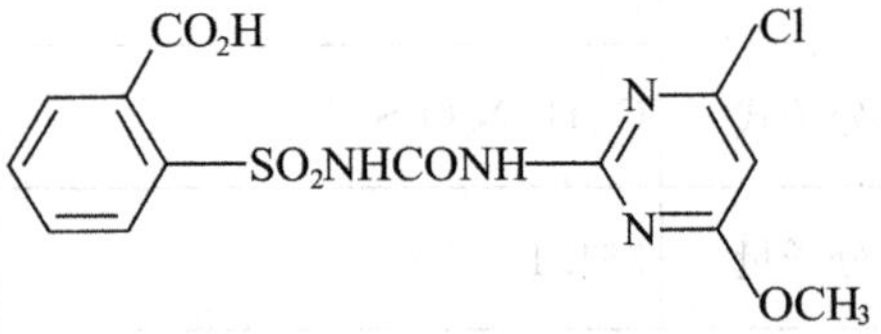
溶解度	25 ℃时溶解度:水中为 0.011～0.012 g/L(pH=5～7),二氯甲烷中大于 200 g/L,己烷中小于 0.1 g/L,异丙醇、甲苯中为 50～100 g/L	25 ℃时溶解度:水中为 0.011～0.012 g/L(pH=5～7),二氯甲烷中大于 200 g/L,己烷中小于 0.1 g/L,异丙醇、甲苯中为 50～100 g/L
稳定性	水中 DT_{50} 为 17～25 d(pH=5,25 ℃)	水中 DT_{50} 为 17～25 d(pH=5,25 ℃)
主要功能	除草剂	除草剂

续表

中文名称	噻吩磺隆	醚磺隆
英文名称	thifensulfuron-methyl	cinosulfuron
CAS 号	79277-27-3	94593-91-6
分子式	$C_{12}H_{13}N_5O_6S_2$	$C_{15}H_{19}N_5O_7S$
分子量	387.392	413.4
结构式	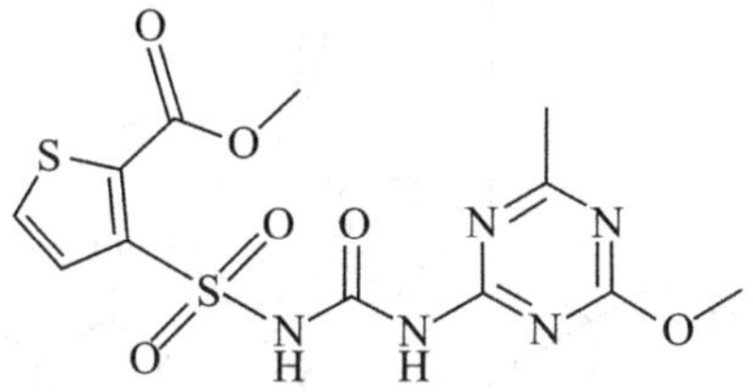	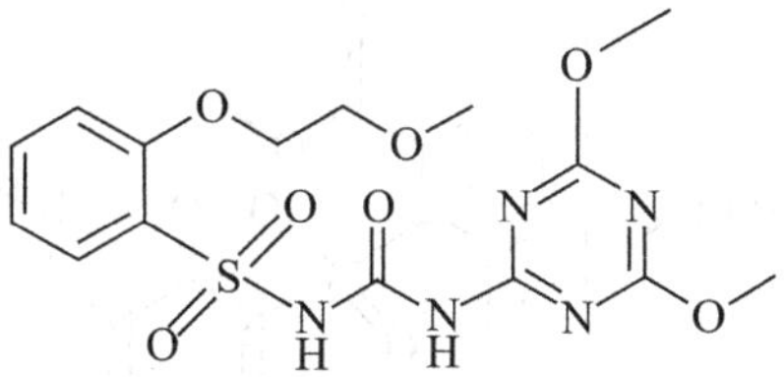
溶解度	30 ℃时有机溶剂中的溶解度：二氯甲烷中为 27.5 g/L，丙酮中为 11.9 g/L，乙腈中为 7.3 g/L，乙酸乙酯中为 2.6 g/L，甲醇中为 2.6 g/L，乙醇中为 0.9 g/L，二甲苯中为 0.2 g/L，已烷中小于 0.1 g/L；水中溶解度：24 mg/L（pH＝4）、260 mg/L（pH＝5）、2400 mg/L（pH＝6）	20 ℃时水中溶解度为：18 mg/L（pH＝2.5）、82 mg/L（pH＝5）、3700 mg/L（pH＝7）；20 ℃时有机溶剂溶解度：二氯甲烷中为 95 g/kg，二甲基亚砜中为 320 g/kg，微溶于一般有机溶剂
稳定性	在温度小于 55 ℃的环境中稳定，对光也稳定。45 ℃时水解反应半衰期为 4.7 h（pH＝3）、38 h（pH＝5）、250 h（pH＝7）、11 h（pH＝9），在土壤中半衰期为 1～4 d	pH＝3～5 时水解明显，pH＝7～9 时水解不明显，温度高于熔点分解
主要功能	除草剂	除草剂

续表

中文名称	氟胺磺隆	吡嘧磺隆
英文名称	triflusulfuron-methyl	pyrazosulfuron-ethyl
CAS号	126535-15-7	93697-74-6
分子式	$C_{17}H_{19}F_3N_6O_6S$	$C_{14}H_{18}N_6O_7S$
分子量	492.4	414.4
结构式	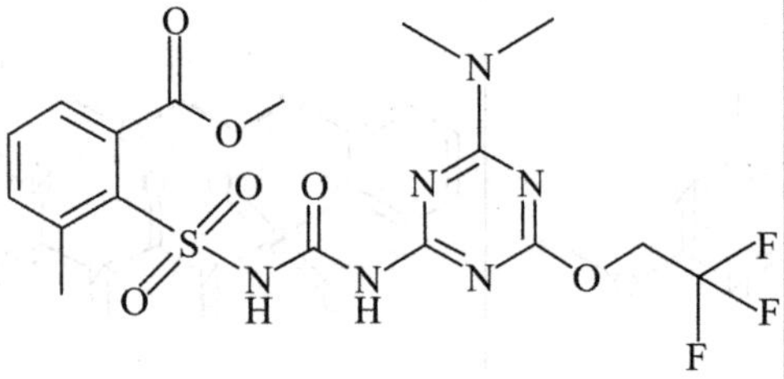	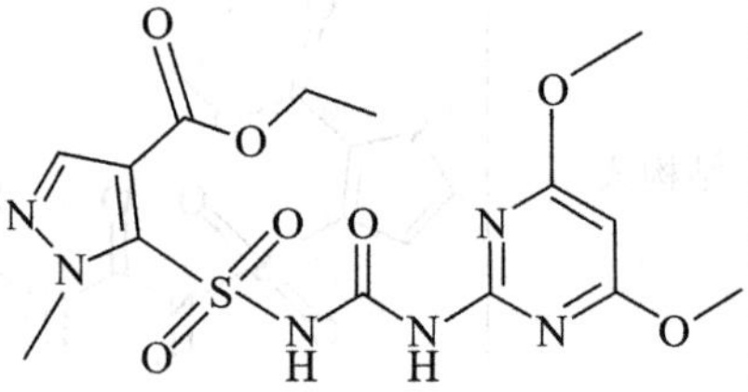
溶解度	25 ℃时在水中的溶解度：1 mg/L(pH=3)、3 mg/L(pH=5)、110 mg/L(pH=7)、11000 mg/L(pH=9)	20 ℃时溶解度：水中为14.5 mg/L，丙酮中为31.7 mg/L，氯仿中为234.4 g/L，甲醇中为0.7 g/L
稳定性	25 ℃时，在水中半衰期为3.7 d(pH=5)、32 d(pH=7)、36 d(pH=9)。在土壤中迅速降解，碱性条件下，主要是微生物降解；在中性和酸性条件下，主要是化学水解。实验室条件下，土壤中半衰期为3～6 d	50 ℃条件下稳定6个月，pH=7时相对稳定，酸碱介质中不稳定
主要功能	除草剂	除草剂

续表

中文名称	醚苯磺隆	乙氧嘧磺隆
英文名称	triasulfuron	ethoxysulfuron
CAS 号	82097-50-5	126801-58-9
分子式	$C_{14}H_{16}ClN_5O_5S$	$C_{15}H_{18}N_4O_7S$
分子量	401.8	398.4
结构式	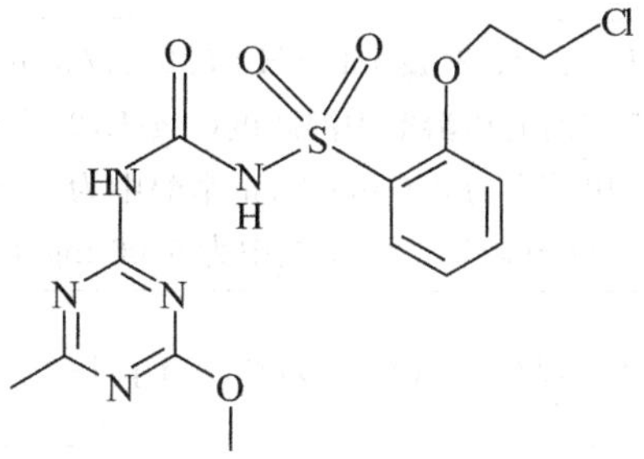	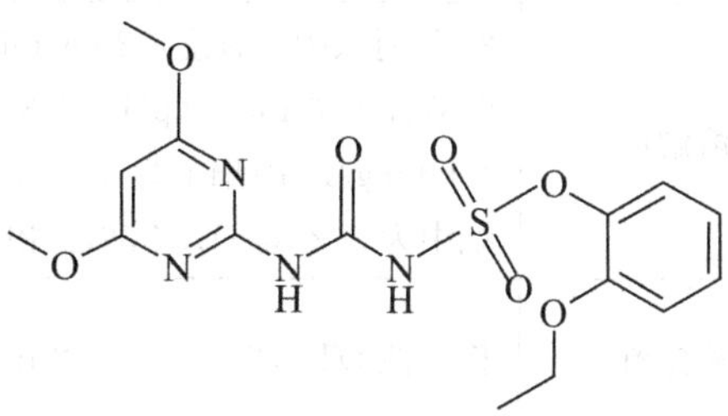
溶解度	溶解度：20 ℃时水中为 1.5 g/L(pH=7)，微溶于丙酮、二氯甲烷、环己酮、甲醇，正辛醇中为 180 mg/L，二甲苯中为 166 mg/L，微溶于一般有机溶剂	有机溶剂中溶解度：正己烷中为 0.006 g/L，甲苯中为 2.5 g/L，丙酮中为 36 g/L，二氯甲烷中为 107 g/L，甲醇中为 7.7 g/L，异丙醇中为 1.0 g/L，乙酸乙酯中为 14.1 g/L，聚乙二醇中为 22.5 g/L，二甲亚砜中大于 500 g/L，水中溶解度为 26.4 mg/L(pH=5)
稳定性	低于熔点部分分解，分解 DT_{50}：2 h(pH=3)、288 h(pH=9)、108 h(pH=10)	水解 DT_{50}：65 d(pH=5)、259 d(pH=7)、331 d(pH=9)
主要功能	除草剂	除草剂

续表

中文名称	环氧嘧磺隆
英文名称	oxasulfuron
CAS号	144651-06-9
分子式	$C_{17}H_{18}N_4O_6S$
分子量	406.4
结构式	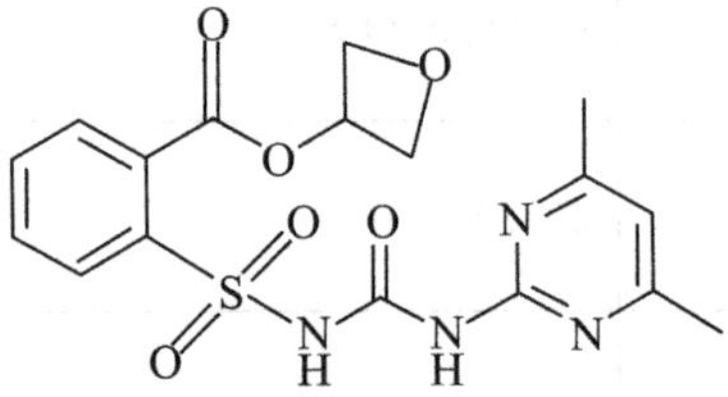
溶解度	25 ℃时水中溶解度:52 μg/mL(pH=5.1)、63 μg/mL(pH=5.0)、1700 μg/mL(pH=6.8)、19000 mg/L(pH=7.8)。25 ℃时有机溶剂中溶解度(mg/L,25℃):甲醇中为1500 mg/L,丙酮中为9300 mg/L,甲苯中为320 mg/L,正辛醇中为99 mg/L,正己烷中为2.2 mg/L,乙酸乙酯中为2300 mg/L,二氯甲烷中为6900 mg/L
稳定性	稳定性 DT_{50}(20 ℃):17.2 d(pH=5),22.7 d(pH=7),20.0 d(pH=9)
主要功能	除草剂

3.1.2.13 新烟碱类农药

新烟碱类杀虫剂是在烟碱结构修饰的基础上开发的一类新型杀虫剂,具有高效、低毒、杀虫谱广、用量低、内吸传导性好和与常规农药无交互抗性等化学生物特性,常被用来替代有机磷和有机氯等常规高毒农药,使用于蔬菜等农产品中。新烟碱类杀虫剂的基本结构特征及其活性基团主要包含:①芳香杂环,如6-氯-3-吡啶(以吡虫啉为代表)、2-氯-5-噻唑(以噻虫嗪为代表)和四氢呋喃环(以呋虫胺为代表)等具有活性的芳香杂环;②桥键部分,2个杂环之间只有一个亚甲基相连的新烟碱类化合物有较高的活性;③吸电子基团部分(或称药效团、功能基团),主要有硝基亚甲基(C═C)、硝基胍(C═N)和氰基脒(C═N)等药效基团,这些基团决定了杀虫剂的选择性;④氢化杂环部分或胍/脒部分,一般分为含氮环状和开环部分,环的大小影响杀虫剂的生物活性,其中以五元环或六元环的活性较高。

新烟碱类农药是一类具有与尼古丁相似化学性质的神经活性杀虫剂，具有最好杀虫活性的该类杀虫剂是以硝基胍部分为活性基和以6-氯-3-吡啶为杂环基的化合物，其作用机理是作为烟碱乙酰胆碱受体激动剂与乙酰胆碱受体选择性结合，与昆虫乙酰胆碱产生竞争，阻断昆虫中枢神经正常传导，进而导致昆虫麻痹、死亡。由于该类杀虫剂具有独特的作用机制，因此具有杀虫活性高、杀虫谱广、对哺乳动物毒性小、相对环境稳定且与其他传统类杀虫剂无交互抗性等优点，已经成为国内外最常使用的农业杀虫剂。新烟碱类农药分子量较小，通常在200～400 g/mol之间，并且在20 ℃和pH=7条件下，溶解度较高。此外，新烟碱类农药还有较强的水溶性。这些因素都使新烟碱类农药在各种环境介质中的流动性很强。同时，由于新烟碱类农药是极性杀虫剂，其挥发性很低，所以在大气中一般浓度较低，而在土壤和水环境中赋存较多。新烟碱类杀虫剂主要代表品种有吡虫啉、啶虫脒和噻虫嗪等。部分新烟碱类农药的理化性质见表3-14。

表3-14　部分新烟碱类农药的理化性质

中文名称	吡虫啉	啶虫脒
英文名称	imidacloprid	acetamiprid
CAS号	105827-78-9	135410-20-7
分子式	$C_9H_{10}ClN_5O_2$	$C_{10}H_{11}ClN_4$
分子量	255.7	222.7
结构式	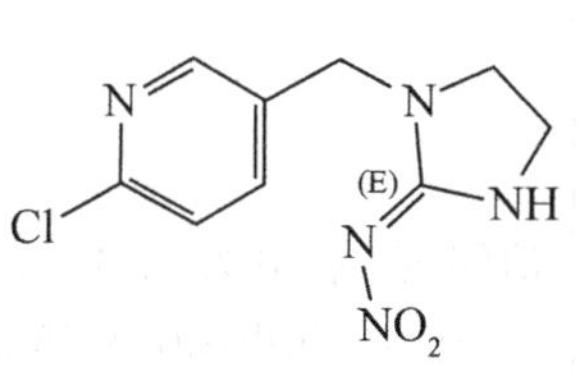	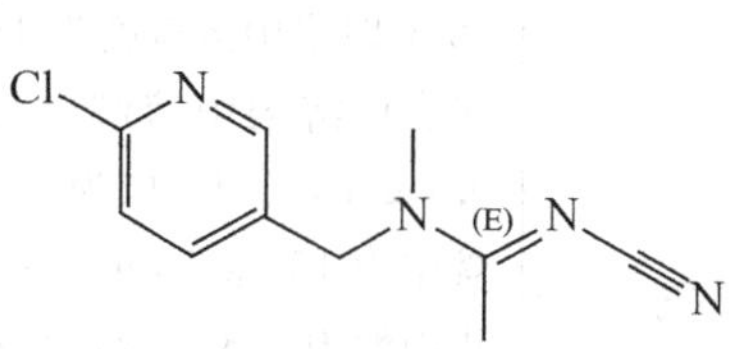
溶解度	20 ℃时溶解度：己烷中小于0.1 g/L，二氯甲烷中为67 g/L，异丙醇中为2.3 g/L，甲苯中为0.69 g/L，水中为0.61 g/L	微溶于水，在水中溶解度为4.2 g/L，易溶于丙酮、甲醇、乙醇、二氯甲烷、氯仿、乙腈等
稳定性	在pH=5～11时对水解稳定	在中性或偏酸性介质中稳定，常温贮存稳定时间为2年。pH为9时，于45 ℃环境中逐渐水解。在日光下稳定
主要功能	杀虫剂	杀虫剂

续表

中文名称	噻虫啉	哌虫啶
英文名称	thiacloprid	paichongding
CAS 号	111988-49-9	948994-16-9
分子式	$C_{10}H_9ClN_4S$	$C_{17}H_{23}ClN_4O_3$
分子量	252.7	366.76
结构式	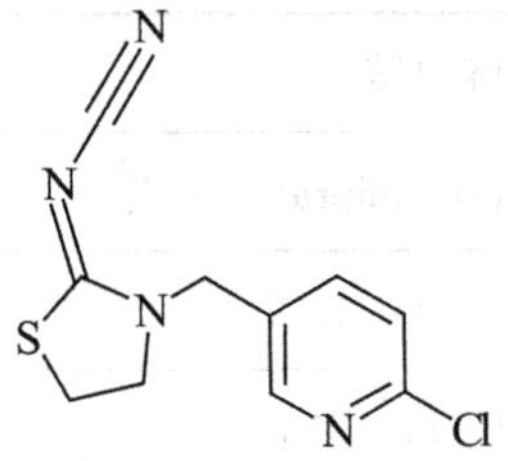	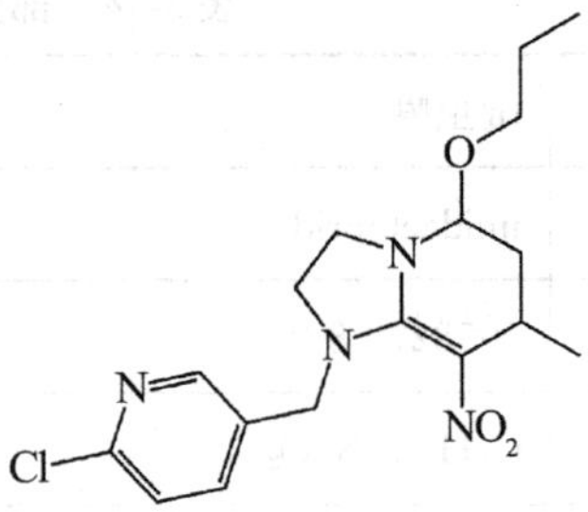
溶解度	20 ℃时水中溶解度为 185 mg/L;20 ℃时有机溶剂中溶解度:正己烷中小于 0.1 g/L,二甲苯中为 0.30 g/L,一氯甲烷中为 160 g/L,正辛醇中为 1.4 g/L,正丙醇中为 3.0 g/L,丙酮中为 64 g/L,乙酸乙酯中为 9.4 g/L,聚乙二醇中为 42 g/L,乙腈中为 52 g/L,二甲基亚砜中为 150 g/L	溶解度:水中为 0.61 g/L,乙腈中为 50 g/L,二氯甲烷中为 55 g/L
稳定性	在 25 ℃、pH=5~9 的水溶液中不水解	正常贮存条件下及中性、弱酸性介质中稳定,碱性介质中缓慢水解
主要功能	杀虫剂	杀虫剂

续表

中文名称	噻虫嗪	噻虫胺
英文名称	thiamethoxam	clothianidin
CAS号	153719-23-4	210880-92-5
分子式	$C_8H_{10}ClN_5O_3S$	$C_6H_8ClN_5O_2S$
分子量	291.7	249.7
结构式	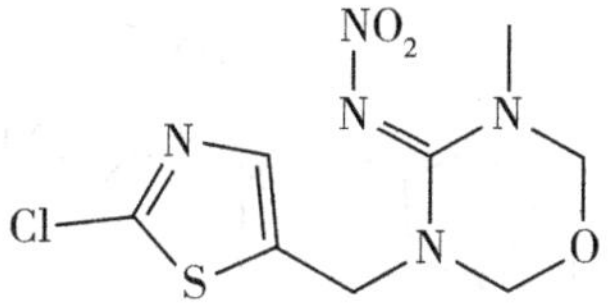	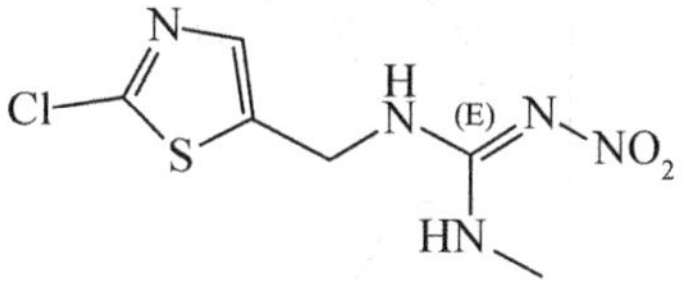
溶解度	25 ℃时水中溶解度为4.1 g/L;25 ℃时有机溶剂中溶解度:丙酮中为48 g/L,乙酸乙酯中为7.0 g/L,甲醇中为13 g/L,二氯甲烷中为110 g/L,己烷中小于1 mg/L,辛醇中为620 mg/L,甲苯中为680 mg/L	水中溶解度为0.304 g/L(pH=4)、0.340 g/L(pH=10);25 ℃时有机溶剂中溶解度:庚烷中小于0.00104 g/L,二甲苯中为0.0128 g/L,甲醇中为6.26 g/L,辛醇中为0.938 g/L,丙酮中为15.2 g/L,乙酸乙酯中为2.03 g/L
稳定性	pH=5时稳定	pH=5和7条件下稳定
主要功能	杀虫剂	杀虫剂

续表

中文名称	氯噻啉	呋虫胺
英文名称	imidaclothiz	dinotefuran
CAS号	105843-36-5	165252-70-0
分子式	$C_7H_8ClN_5O_2S$	$C_7H_{14}N_4O_3$
分子量	261.69	202.2
结构式	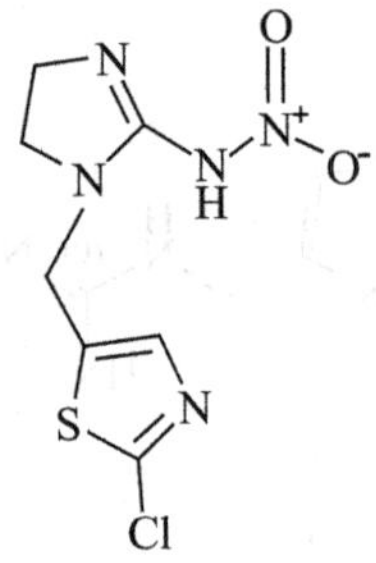	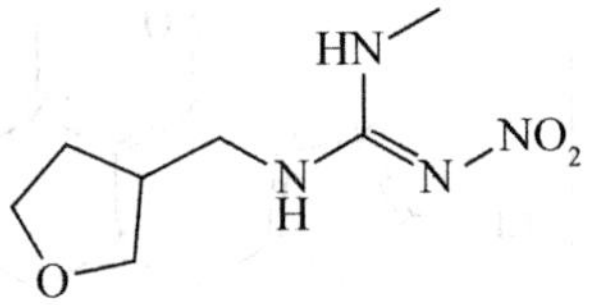
溶解度	25 ℃时溶解度：水中为 5 g/L，乙腈中为 50 g/L，二氯甲烷中为 20～30 g/L，甲苯中为 0.6～1.5 g/L，二甲基亚砜中为 260 g/L	20 ℃时水中溶解度为 39.8 g/L；20 ℃时有机溶剂中溶解度：二氯甲烷中为 11 g/L，丙酮中为 58 g/L，甲醇中为 57 g/L，乙醇中为 19 g/L，乙酸乙酯中为 5.2 g/L
稳定性	常温贮存稳定	150 ℃条件下稳定
主要功能	杀虫剂	杀虫剂

续表

中文名称	烯啶虫胺	氟吡呋喃酮
英文名称	nitenpyram	flupyradifurone
CAS号	150824-47-8	951659-40-8
分子式	$C_{11}H_{15}ClN_4O_2$	$C_{12}H_{11}ClF_2N_2O_2$
分子量	270.7	288.68
结构式	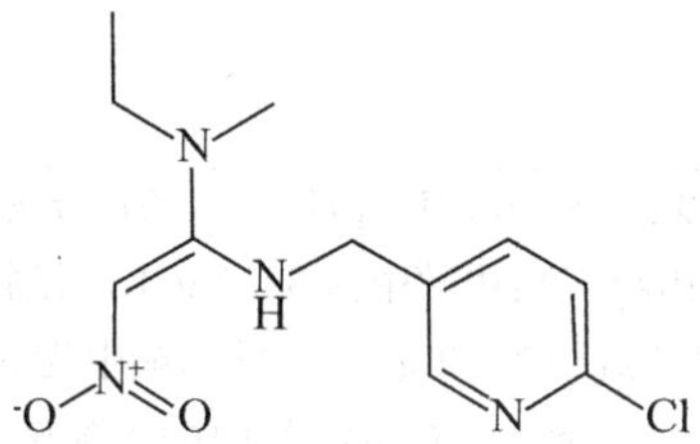	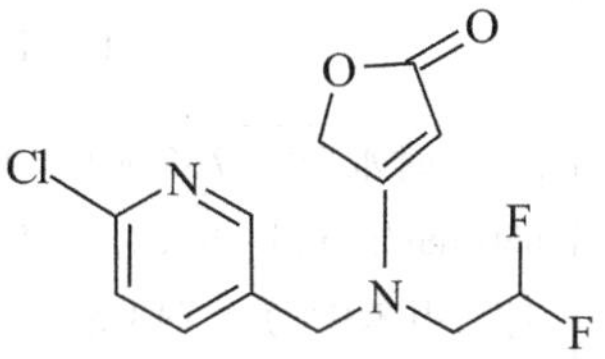
溶解度	20 ℃时水中溶解度大于 590 g/L(pH=7)；20 ℃时有机溶剂中溶解度：二氯甲烷与甲醇中大于 1000 g/L，氯仿中为 700 g/L，丙酮中为 290 g/L，乙酸乙酯中为 34.7 g/L，甲苯中为 10.6 g/L，二甲苯中为 4.5 g/L，正己烷中为 0.00470 g/L	—
稳定性	150 ℃条件下稳定，pH=3、5、7 时稳定不水解	—
主要功能	杀虫剂	杀虫剂

续表

中文名称	氟啶虫胺腈
英文名称	sulfoxaflor
CAS 号	946578-00-3
分子式	$C_{10}H_{10}F_3N_3OS$
分子量	277.27
结构式	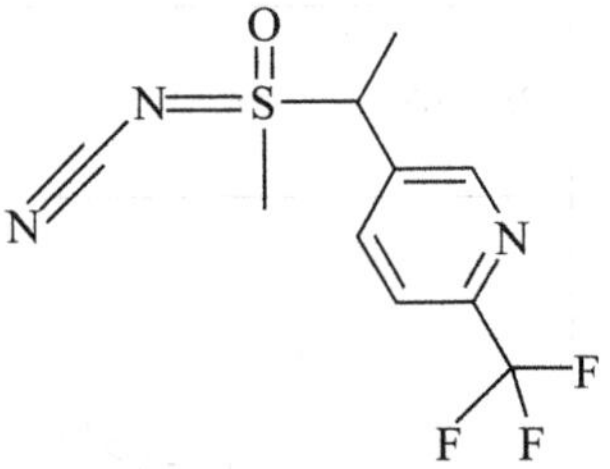
溶解度	20 ℃时水(99.7%纯度)中溶解度:1380 mg/L(pH=5)、570 mg/L(pH=7)、550 mg/L(pH=9);20 ℃有机溶剂中溶解度:甲醇中为 93.1 g/L,丙酮中为 217 g/L,对二甲苯中为 0.743 g/L,1,2-二氯乙烷中为 39 g/L,乙酸乙酯中为 95.2 g/L,正庚烷中为 0.000242 g/L,正辛醇中为 1.66 g/L。有机溶剂中的光降解速率大小顺序为乙腈>甲醇>正己烷>丙酮
稳定性	氟啶虫胺腈水分散粒剂外观为白色颗粒状固体,稍有味道,pH 为 5~9;在 54 ℃条件下热贮 14 d 稳定
主要功能	杀虫剂

3.1.2.14 甲氧基丙烯酸酯类农药

甲氧基丙烯酸酯类杀菌剂是以天然抗生素 Strobilurin A 为先导化合物开发的新型杀菌剂,是现代农药发展史上继三唑类杀菌剂之后的又一类极具发展潜力和市场活力的新型农用杀菌剂。该类杀菌剂具有新颖的作用机制,主要是通过阻止电子从细胞色素 b 到细胞色素 c1 的传递,阻碍三磷酸腺苷(ATP)的产生,从而抑制其线粒体呼吸而发挥抑菌作用。在此基础上,国内外研究出具有相同的反式β-甲氧基丙烯酸酯结构的甲氧基丙烯酸酯衍生类新农药,根据主要活性基团的化学结构不同,可分为 6 小类:甲氧基丙烯酸酯类、甲氧基肟乙酸酯类、甲氧基肟乙酰胺类、甲氧基氨基甲酸酯类、二嗪酮甲氧肟类和甲氧基乙酰胺类。

甲氧基丙烯酸酯类杀菌剂与过去使用的其他类型杀菌剂没有交互抗性，具有抗菌谱广、活性高、选择性强等优点。对大多数真菌如卵菌纲、子囊菌纲、半知君纲、担子菌纲引起的霜霉病、白粉病、稻瘟病、锈病等具有良好的作用，并于 2009 年之后成为全球销售量最大的一类杀菌剂。其对蚯蚓、蜜蜂、鸟类和哺乳动物等环境生物相对安全，但对非靶标水生生物及水生态系统存在一定风险，在水环境中的残留量较高。部分甲氧基丙烯酸酯类农药的理化性质见表 3-15。

表 3-15 部分甲氧基丙烯酸酯类农药的理化性质

中文名称	吡唑醚菌酯	肟菌酯
英文名称	pyraclostrobin	trifloxystrobin
CAS 号	175013-18-0	141517-21-7
分子式	$C_{19}H_{18}ClN_3O_4$	$C_{20}H_{19}F_3N_2O_4$
分子量	387.8	408.4
结构式	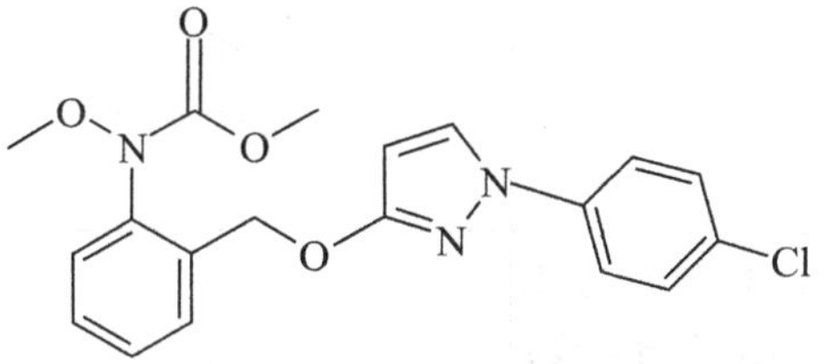	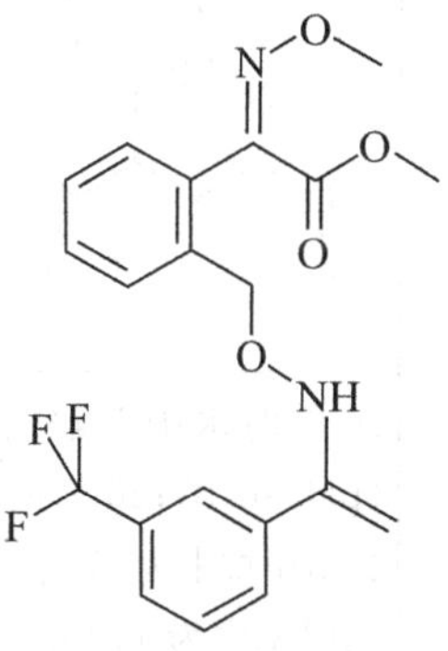
溶解度	20 ℃时溶解度：水中为 0.0019 g/L，正庚烷中为 3.7 g/L，甲醇中为 100 g/L，丙酮、乙酸乙酯、乙腈、甲苯、二氯甲烷中均大于等于500 g/L	25 ℃时水中溶解度为 0.610 mg/L；25 ℃时有机溶剂中溶解度：丙酮、二氯甲烷、乙酸乙酯中大于 500 g/L，已烷中为 11 g/L，甲醇中为 76 g/L，辛醇中为 18 g/L，甲苯中为 500 g/L
稳定性	在 pH＝5～7，25 ℃的水溶液中稳定期大于 30 d	在 pH＝5 时稳定，水溶液中光解
主要功能	杀菌剂	杀菌剂

续表

中文名称	嘧螨酯	醚菌酯
英文名称	fluacrypyrim	kresoxim-methyl
CAS 号	229977-93-9	143390-89-0
分子式	$C_{20}H_{21}F_3N_2O_5$	$C_{18}H_{19}NO_4$
分子量	426.39	313.35
结构式	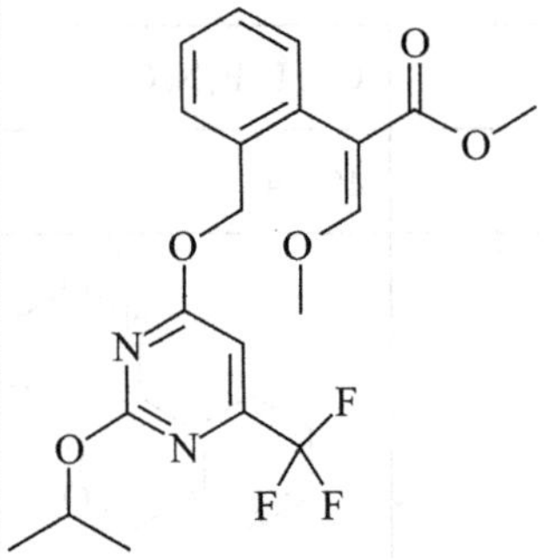	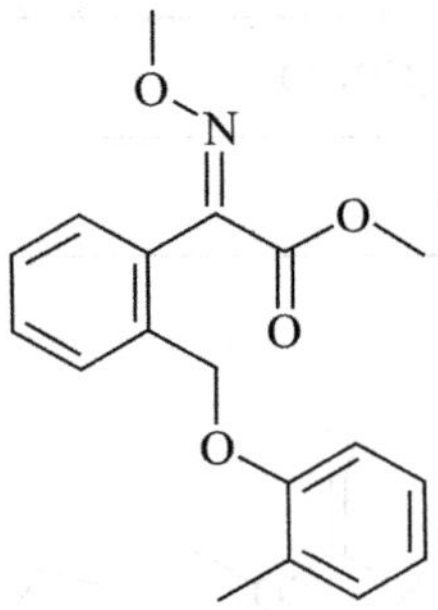
溶解度	20 ℃时水中溶解度为 3.44×10^{-4} g/L (pH=6.8);20 ℃时其他溶剂中溶解度:二氯甲烷中为 579 g/L,丙酮中为 278 g/L,二甲苯中为 119 g/L,乙腈中为 287 g/L,甲醇中为 27.1 g/L,乙醇中为 15.1 g/L,乙酸乙酯中为 232 g/L,正己烷中为 1.84 g/L,正庚烷中为 1.60 g/L	20 ℃时水中溶解度为 2 mg/L,20 ℃时其他溶剂中溶解度:正庚烷中为 1.72 g/L,醇中为 14.9 g/L,酮中为 217 g/L,乙酸乙酯中为 123 g/L,氯甲烷中为 939 g/L
稳定性	在 pH=4 和 7 时稳定,DT_{50}:574 d(pH=9),水溶液光解 DT_{50}:26 d	pH=5 时稳定
主要功能	杀螨剂	杀菌剂

续表

中文名称	啶氧菌酯	氟嘧菌酯
英文名称	picoxystrobin	fluoxastrobin
CAS 号	117428-22-5	193740-76-0
分子式	$C_{18}H_{16}F_3NO_4$	$C_{21}H_{16}ClFN_4O_5$
分子量	367.3	458.8
结构式	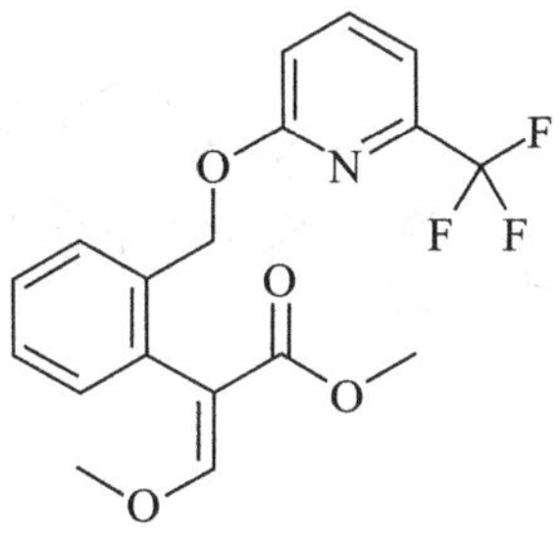	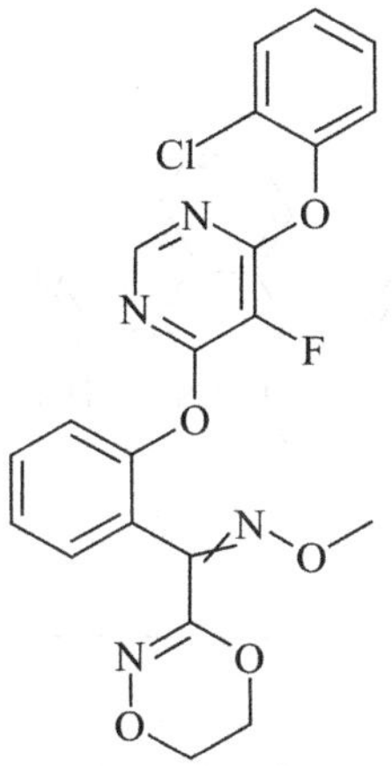
溶解度	20 ℃水中溶解度为 3.1 mg/L；20 ℃时有机溶剂中溶解度：甲醇中为 96 g/L，1,2-二氯乙烷、丙酮、二甲苯和乙酸乙酯中大于 250 g/L	20 ℃时水中溶解度：2.56 g/L(无缓冲)、2.29 mg/L(pH=7)；20 ℃时有机溶剂中溶解度：二氯甲烷中大于 250 g/L，二甲苯中为 38.1 g/L，异丙醇中为 6.7 g/L，正庚烷中为 0.04 g/L
稳定性	pH=5 和 7 时稳定	纯品为白色结晶固体，熔点 75 ℃，蒸气压 6×10^{-10} Pa(20 ℃)，分配系数 2.86，在土壤中降解半衰期为 16～119 d
主要功能	杀菌剂	杀菌剂

续表

中文名称	苯氧菌胺	唑菌酯
英文名称	metominostrobin	pyraoxystrobin
CAS 号	133408-50-1	862588-11-2
分子式	$C_{16}H_{16}N_2O_3$	$C_{22}H_{21}ClN_2O_4$
分子量	284.3	412.87
结构式	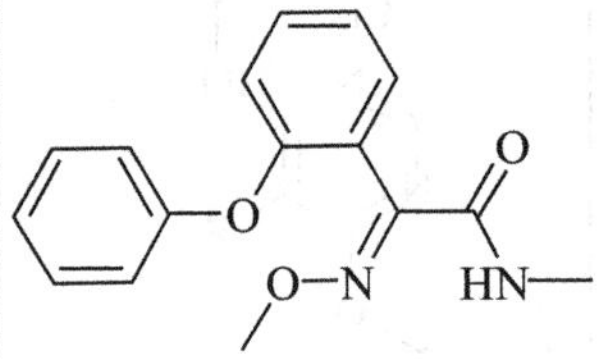	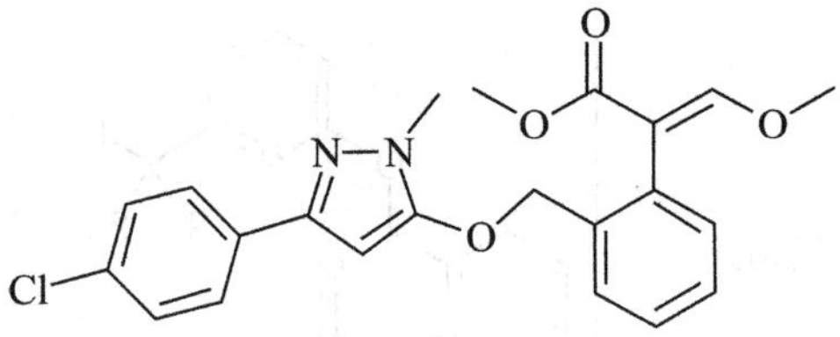
溶解度	20 ℃时水中溶解度为 0.128 g/L;25 ℃时有机溶剂中溶解度为:二氯甲烷中为 1380 g/L,氯仿中为 1280 g/L,二甲亚砜中为 940 g/L	极易溶于二甲基甲酰胺、丙酮、乙酸乙酯、甲醇,微溶于石油醚,不溶于水
稳定性	对高温、酸性、碱性介质稳定,对光略有不稳定	白色结晶固体,在常温下贮存稳定
主要功能	杀菌剂	杀菌剂

续表

中文名称	肟醚菌胺	嘧菌酯
英文名称	orysastrobin	azoxystrobin
CAS 号	248593-16-0	131860-33-8
分子式	$C_{18}H_{25}N_5O_5$	$C_{22}H_{17}N_3O_5$
分子量	391.4	403.4
结构式	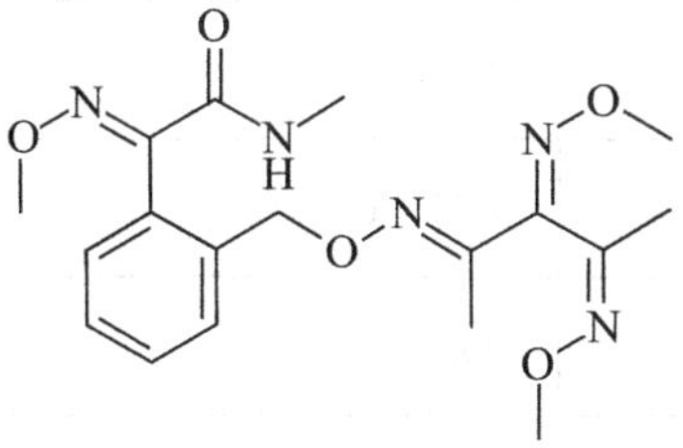	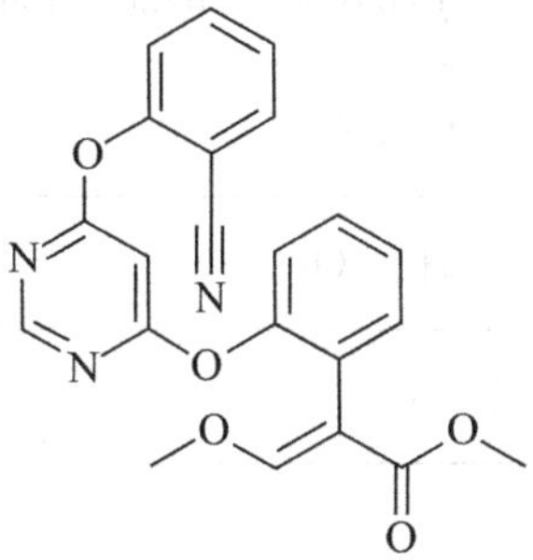
溶解度	20 ℃时水中溶解度为 50.6 mg/L	20 ℃时水中溶解度为 6.7 mg/L(pH=7)；20 ℃时有机溶剂中溶解度：己烷中为 0.057 g/L，正辛醇中为 1.4 g/L，甲醇中为 20 g/L，甲苯中为 55 g/L，丙酮中为 86 g/L，乙酸乙酯中为 130 g/L，乙腈中为 340 g/L，二氯甲烷中为 400 g/L
稳定性	白色结晶固体，熔点 98.4～99.0 ℃，蒸气压 7×10^{-7} Pa(20 ℃)	纯品为白色固体，熔点 114～116 ℃，密度 1.34 g/cm^3(20 ℃)，蒸气压 1.1×10^{-7} MPa(25 ℃)，pH=7 时水光解半衰期为 8.7～13.9 d
主要功能	杀菌剂	杀菌剂

3.1.2.15 芳香族类农药

芳香族类农药是一类具有苯环结构的化合物。苯环中的氢原子被不同官能团取代，从而形成一系列结构稳定、毒性很强的芳香族类农药，如五氯硝基苯、百菌清、敌磺钠等。其大部分品种具有高效、低毒、广谱的特点。敌磺钠对由腐霉菌属和丝囊菌属引起的病害有特效，对一些真菌性病害也有防效，具有内吸杀菌活性。

芳香族类农药以百菌清(chlorothalonil)为代表，其主要作用机制在于和含氢硫基(—SH)的酶反应，抑制了含氢硫基(—SH)基团酶的活性，特别是磷酸甘油醛脱氢酶的活性。芳香族类农药不易分解，会对环境造成严重的污染，对人体危害极大。部分芳香族类农药的理化性质见表 3-16。

表 3-16　部分芳香族类农药的理化性质

中文名称	枯萎宁	毒菌酚
英文名称	2-(4-chloro-3,5-dimethylphenoxy)eth	hexachlorophene
CAS 号	5825-79-6	70-30-4
分子式	$C_{10}H_{13}ClO_2$	$C_{13}H_6Cl_6O_2$
分子量	200.7	406.9
结构式	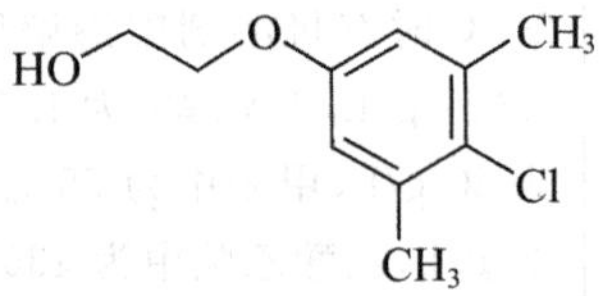	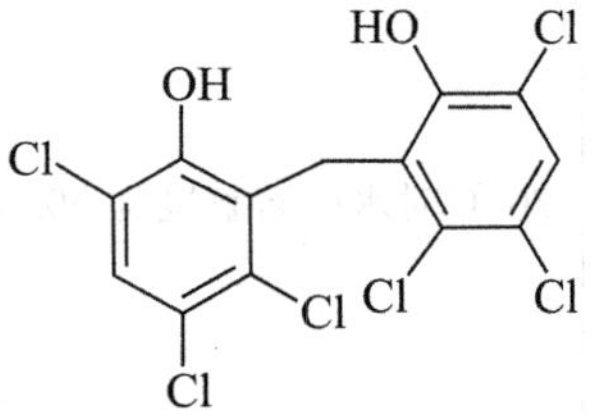
溶解度	25 ℃时水中溶解度为 242 mg/L，能溶于乙醇、乙醚、丙酮、氯仿等有机溶剂	不溶于水，溶于醇、丙酮、乙醚、氯仿、丙二醇、油类、稀碱液
稳定性	分解温度 105 ℃，在强酸、强碱条件下分解	遇明火、高热可燃；其粉体与空气可形成爆炸性混合物，当达到一定浓度时，遇火星会发生爆炸；受高热分解放出有毒的气体
主要功能	杀菌剂	杀菌剂

续表

中文名称	敌锈酸	地茂散
英文名称	p-aminobenzene sulfonic acid	chloroneb
CAS号	121-47-1	2675-77-6
分子式	$C_6H_7NSO_3 \cdot H_2O$	$C_8H_8Cl_2O_2$
分子量	191.0	207.1
结构式	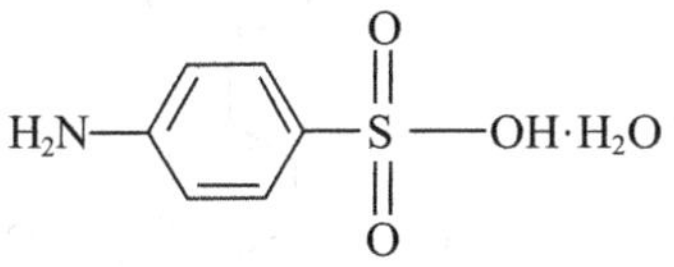	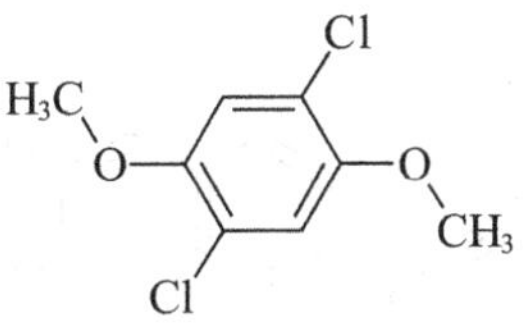
溶解度	可溶于发烟硫酸中，20 ℃时微溶于水(10.8 g/L)，几乎不溶于醇、醚和苯	25 ℃时溶解度：水中为 8 mg/L，丙酮中为 115 g/kg，二甲苯中为 89 g/kg，二氯甲烷中为 133 g/kg，二甲替甲酰胺中为 118 g/kg
稳定性	在空气中易风化，在 100 ℃时失去结晶水；呈酸性，受热分解，放出氮、硫的氧化物等毒性气体；见光分解	在弱酸、弱碱和 268 ℃以下温度的环境中稳定，在潮湿土壤中会被微生物分解
主要功能	杀菌剂	杀菌剂

续表

中文名称	硫氰散	酞菌酯
英文名称	nitrostyrene	nitrothal-isopropyl
CAS号	950-00-5	10552-74-6
分子式	$C_{10}H_8N_2O_2S$	$C_{14}H_{17}NO_6$
分子量	220.2	295.3
结构式	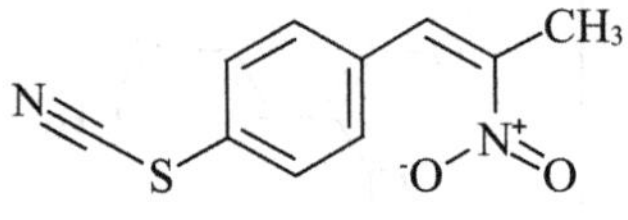	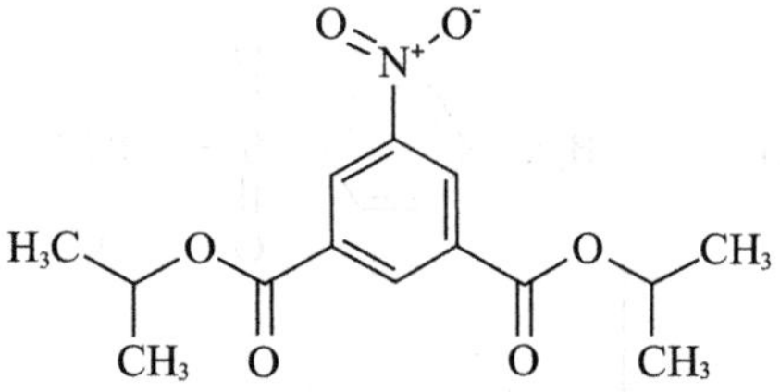
溶解度	难溶于水，可溶于丙酮、乙醚和苯等有机溶剂	几乎不溶于水，易溶于大多数有机溶剂
主要功能	杀菌剂	杀菌剂

续表

中文名称	敌磺钠	百菌清
英文名称	fenaminosulf	chlorothalonil
CAS号	140-56-7	1897-45-6
分子式	$C_8H_{10}N_3NaO_3S$	$C_8Cl_4N_2$
分子量	251.2	265.9
结构式	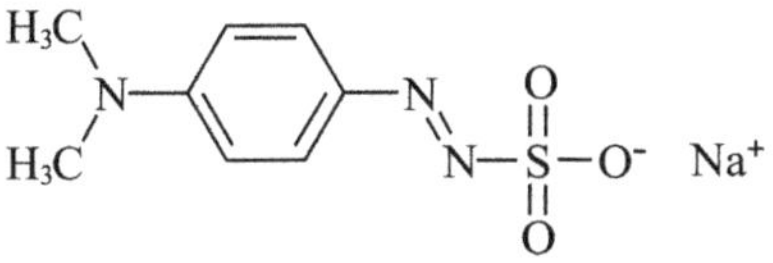	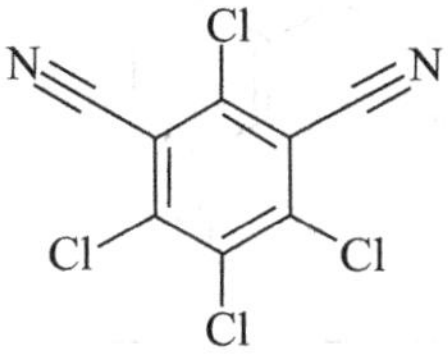
溶解度	25 ℃时水中溶解度为20～30 g/L，可溶于二甲替甲酰胺和甲醇，不溶于乙醚、苯和石油	25 ℃时有机溶剂中溶解度：丙酮中为2 g/kg，环己醇中为30 g/kg，二甲基甲酰胺中为30 g/kg，二甲基亚砜中为20 g/kg，煤油中低于10 g/kg，丁酮中为20 g/kg，二甲苯中为80 g/kg；25 ℃时水中溶解度0.6 mg/L
稳定性	水溶液呈深橙色，对光敏感，可加亚硫酸钠使其稳定，遇碱分解	室温储存稳定，弱碱性和酸性水溶液对紫外线的照射均稳定。pH>9时缓慢水解
主要功能	杀菌剂	杀菌剂

续表

中文名称	双氯酚
英文名称	dichlorophen
CAS 号	97-23-4
分子式	$C_{13}H_{10}Cl_2O_2$
分子量	269.1
结构式	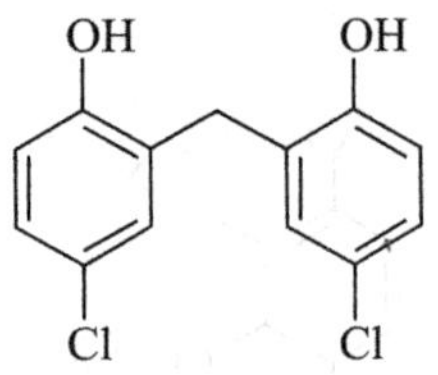
溶解度	25 ℃时水中溶解度为 30 mg/L,易溶于丙酮和乙醇
稳定性	—
主要功能	杀菌剂

3.1.2.16 醌类农药

醌类化合物在自然界中广泛分布,普遍存在于植物体内,为重要的植物次生代谢产物。醌类化合物主要包括蒽醌、菲醌、萘醌和苯醌等,其结构中均含有不饱和环己二酮,易发生氧化还原反应。此类化合物还是生物代谢过程中电子传递的重要中间产物,这使得醌类化合物表现出多种生物活性,如抗菌、抗炎、抗病毒、抗肿瘤、抗氧化等，因此醌类化合物被广泛用于农药、医药、化工、染料等领域。部分醌类农药的理化性质见表 3-17。

表 3-17　部分醌类农药的理化性质

中文名称	菲醌	二氯萘醌
英文名称	phenanthrenequinone	dichlone
CAS 号	84-11-7	117-80-6
分子式	$C_{14}H_8O_2$	$C_{10}H_4Cl_2O_2$
分子量	208.21	227.04
结构式	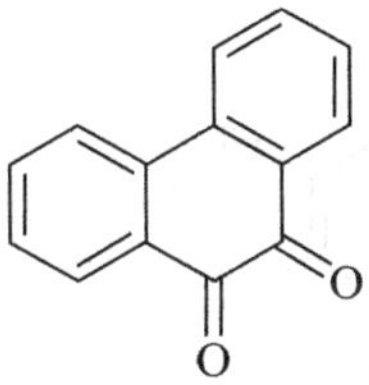	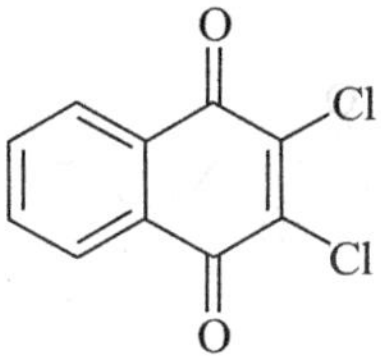
溶解度	不溶于水，可溶于苯、乙醚和冰醋酸	不溶于水，微溶于乙醇、乙醚、苯，易溶于热乙醇
稳定性	—	对光和酸稳定，遇碱会水解
主要功能	杀菌剂	杀菌剂、除草剂

续表

中文名称	醌肟腙	四氯对醌
英文名称	benquinox	chloranil
CAS 号	495-73-8	118-75-2
分子式	$C_{13}H_{11}N_3O_2$	$C_6Cl_4O_2$
分子量	241.25	245.88
结构式	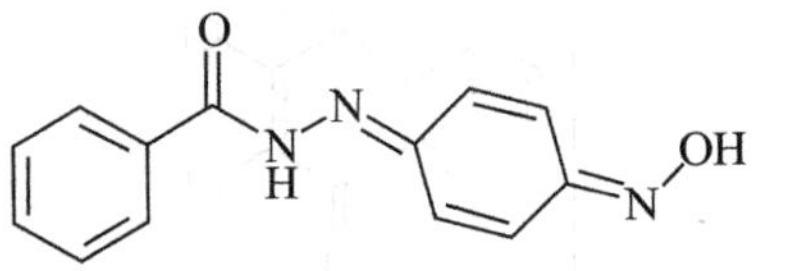	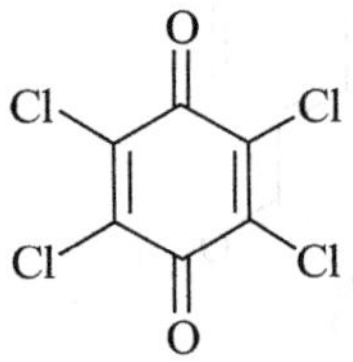
溶解度	不挥发，在 25 ℃水中的溶解度为 5 mg/L，易溶于碱和有机溶剂，特别易溶于甲酰胺	溶于氢氧化钠溶液、醚，微溶于醇，难溶于氯仿、四氯代碳和二硫化碳，几乎不溶于冷醇，不溶于水
稳定性	—	在一般条件下稳定，但能与碱反应生成四氯对苯醌酸盐
主要功能	杀菌剂	杀菌剂

续表

中文名称	二氰蒽醌(二噻农)
英文名称	dithianon
CAS 号	3347-22-6
分子式	$C_{14}H_4N_2O_2S_2$
分子量	296.324
结构式	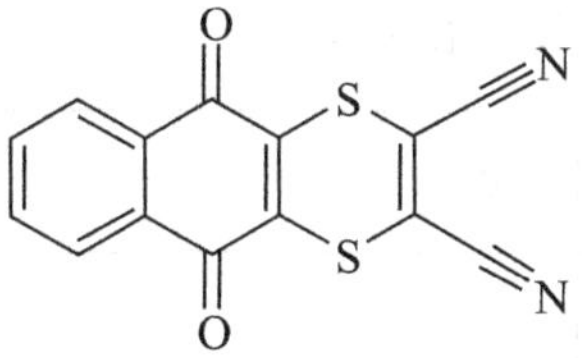
溶解度	微溶于水、甲醇和二氯化碳，溶于二噁烷、氯苯、氯仿
稳定性	浓酸、碱性介质中及长时间加热会分解
主要功能	杀菌剂

3.1.2.17 硫代氨基甲酸盐及其类似物类农药

二硫代氨基甲酸盐（DTCs）是一类有机硫农药的总称，是传统的保护性杀菌剂，按化学结构可将其分为二甲基二硫代氨基甲酸盐(福美双、福美锌等)、乙撑二硫代氨基甲酸盐(代森锰锌、代森联等)和丙撑二硫代氨基甲酸盐(丙森锌)。

该类杀菌剂作用谱广、防效稳定、价格低廉，目前主要与高效的内吸性杀菌剂复配，以延缓抗药性产生，降低药剂使用成本。DTCs 对哺乳动物皮肤和呼吸器官有中度的刺激作用，无明显的神经毒性，但其降解产物二硫化碳（CS_2）是神经毒素，代森锰锌的代谢产物、降解物及主要杂质乙撑硫脲(ETU)具有致癌、致畸作用。我国国家标准和农业行业标准规定 DTCs 在不同农产品中的农药最大残留限量为 0.1～5 mg/kg(以 CS_2 计)。二硫代氨基甲酸盐类农药大都不溶于水和大多数有机溶剂,其在农产品中的残留量以测定时酸解产生的 CS_2 的量来表达,国际和国内规定的其在农产品中的最大残留限量也是特指测定时转化的 CS_2 的量。部分硫代氨基甲酸盐类农药的理化性质见表 3-18。

表 3-18　部分硫代氨基甲酸盐类农药的理化性质

中文名称	福美锌	代森环
英文名称	ziram	milneb
CAS 号	137-30-4	3773-49-7
分子式	$C_6H_{12}N_2S_4Zn$	$C_{12}H_{22}N_4S_4$
分子量	305.8	350.6
结构式	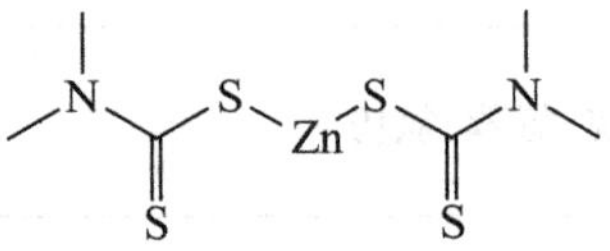	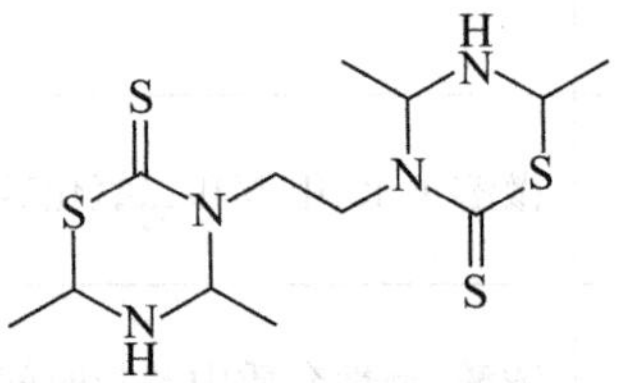
溶解度	25 ℃时水中溶解度为 65 mg/L,可溶于丙酮,易溶于烯碱、二硫化碳和氯仿,微溶于乙醇和乙醚	不溶于水和乙醇,可溶于硝基苯和硝基甲烷等
稳定性	遇酸分解	对光、热较稳定,可燃烧,遇碱性物质易分解失效
主要功能	杀菌剂	杀菌剂

续表

中文名称	代森锰	代森锌
英文名称	maneb	zineb
CAS 号	12427-38-2	12122-67-7
分子式	$C_4H_6MnN_2S_4$	$C_4H_6N_2S_4Zn$
分子量	265.28	275.75
结构式	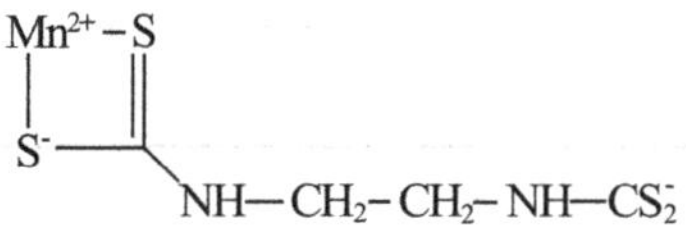	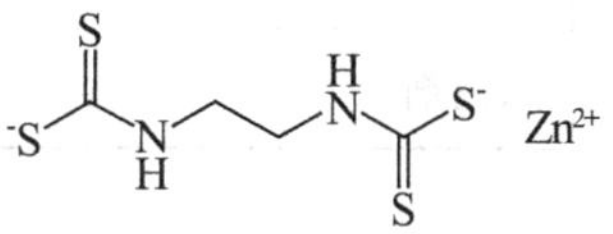
溶解度	微溶于水（水中溶解度为 160 mg/L），不溶于大多数有机溶剂	不溶于水和大多数有机溶剂，但溶于吡啶
稳定性	长期暴露在空气中或潮湿环境下分解；对光稳定，水解 DT_{50}＜24 h（pH＝5,7 或 9）；在潮湿环境下分解形成的产物之一是代森硫	对于光、热、湿不稳定，能逐渐分解出二硫化碳
主要功能	杀菌剂	杀菌剂

续表

中文名称	福美双
英文名称	thiram
CAS号	137-26-8
分子式	$C_6H_{12}N_2S_4$
分子量	240.41
结构式	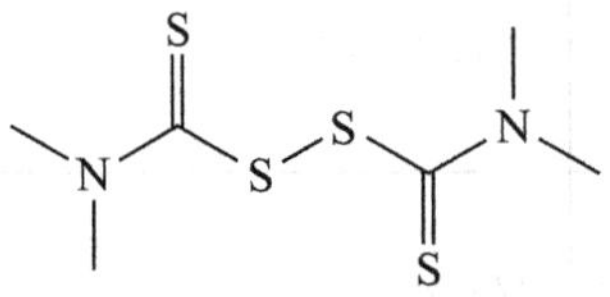
溶解度	室温下溶解度:水中为0.03 g/L,丙酮中为80 g/L,氯仿中为230 g/L,乙醇中小于10 g/L
稳定性	长期暴露在空气、热及潮湿环境下易变质
主要功能	杀菌剂

3.1.2.18 杂环类农药

杂环类农药(heterocyclic pesticides)是指具有杀虫、除草和除菌效果的各种杂环化合物,由于其在农业生产中作为农药使用,故称为杂环农药。近年来,随着农药发展进入"超高效,无毒无污染"的新时期,越来越多的杂环农药相继涌现和应用。在世界新农药的专利中,约90%为杂环化合物。这些含杂环的农药具有高活性、广谱及低毒安全等特性,由此可大大减少农药的使用量,节约时间和劳动力,它们正成为传统农药的替代药剂。

杂环类除草剂主要分两大类:一类为五元含氮杂环化合物,包括杀草强、吡唑类、咪唑啉酮类等;另一类为六元环化合物,包括联吡啶类化合物和其他六元含氮化合物等。杂环类杀虫剂主要包括吡啶、哌嗪、咪唑、二嗪、三嗪、吩噻嗪、咔唑、噻嗪酮等。杂环类杀菌剂主要有乙烯菌核利、十三吗啉、三环唑、粉锈宁等。中国对氟虫腈进行了以下规定:"禁止在所有农作物上使用(玉米等部分旱田种子包衣除外)。"部分杂环类农药的理化性质见表3-19。

表 3-19 部分杂环类农药的理化性质

中文名称	敌菌灵	氟虫腈	三环唑
英文名称	anilazine	fipronil	tricyclazole
CAS 号	101-05-3	120068-37-3	41814-78-2
分子式	$C_9H_5Cl_3N_4$	$C_{12}H_4Cl_2F_6N_4OS$	$C_9H_7N_3S$
分子量	275.52	437.15	189.24
结构式	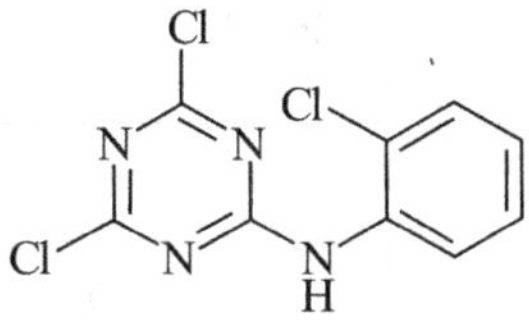	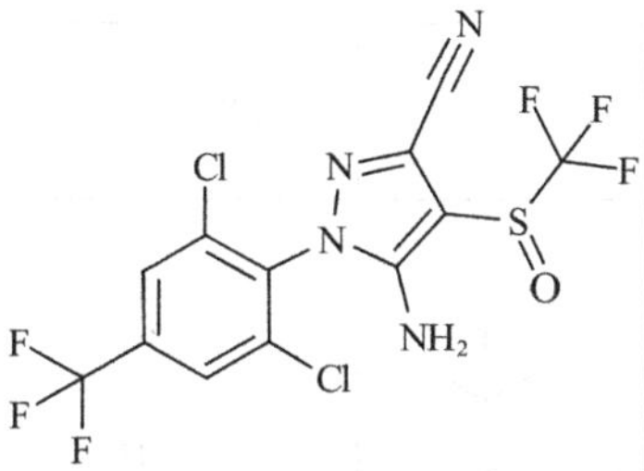	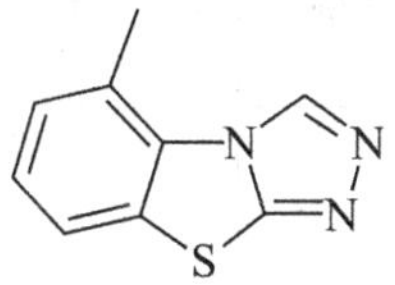
溶解度	20 ℃时溶解度：水中为 0.008 g/L，二氯甲烷中为 500～1000 g/L，己烷中为 1～2 g/L，异丙醇中为 5～10 g/L，甲苯中为 20～50 g/L	溶解度：丙酮中为 54.6 g/100 mL，二氯甲烷中为2.23 g/100 mL，甲醇中为 13.75 g/100 mL，己烷和甲苯中为 0.3 g/mL，水中为 1.9 mg/L	25 ℃时溶解度：水中为 1.6 g/L，二氯甲烷中为 33%，乙醇中为 25%，甲醇中为 25%，丙酮中为 10.4%，乙腈中为 10.4%，环己酮中为 10.0%，苯中为 4.2%，二甲苯中为 2.1%，氯仿中大于 500 g/L
稳定性	水解（22 ℃）DT_{50}：730 h（pH=4）、790 h（pH=7）、22 h（pH=9），与碱共热水解	在正常贮存条件下稳定，在水中半衰期 135 d，在水中光解半衰期 8 h	不易被水和光分解
主要功能	杂环类内吸性杀菌剂	苯吡唑类杀虫剂	三唑类杀菌剂

续表

中文名称	噻嗪酮	噻菌灵	乙烯菌核利
英文名称	buprofezin	thiabendazole	vinclozolin
CAS 号	69327-76-0	148-79-8	50471-44-8
分子式	$C_{16}H_{23}N_3OS$	$C_{10}H_7N_3S$	$C_{12}H_9Cl_2NO_3$
分子量	305.44	201.25	286.11
结构式	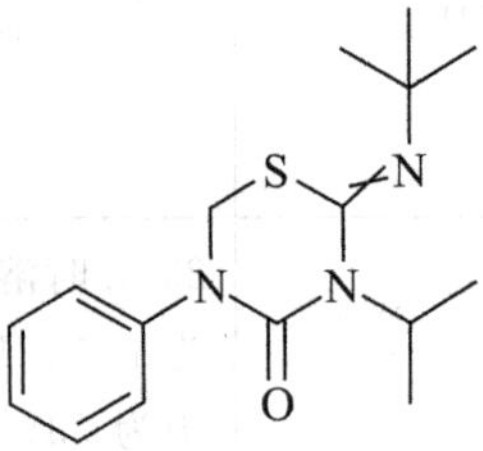	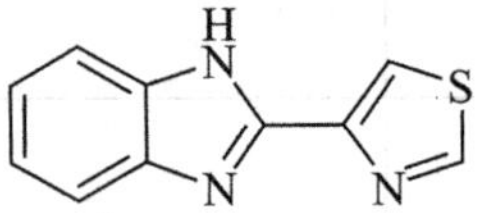	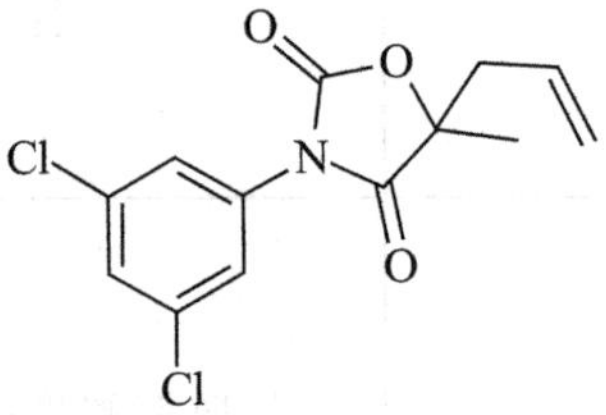
溶解度	25 ℃时溶解度：氯仿中为520 g/L，甲苯中为320 g/L，丙酮中为240 g/L，乙醇中为 80 g/L，己烷中为20 g/L，水中为0.0009 g/L	25 ℃时水中溶解度：1%(pH=2.0)、<50 μg/mL；室温下有机溶剂中溶解度：丙酮中为2.8 mg/mL，苯中为0.23 mg/mL，氯仿中为0.08 mg/mL，甲苯中为9.3 mg/mL，二甲苯亚砜中为80 mg/mL	20 ℃时水中溶解度为1 g/L；有机溶剂中溶解度：丙酮中为435 g/kg，苯中为146 g/kg，氯仿中为319 g/kg
稳定性	对酸和碱稳定	在水，酸、碱性溶液中均稳定	在室温水中以及在0.1 mol/L盐酸中稳定，在碱性溶液中缓慢水解
主要功能	杀虫剂，噻二嗪类昆虫生长调节剂	咪唑类杀菌剂	杀菌剂

续表

中文名称	十三吗啉	吩噻嗪
英文名称	tridemorph	phenothiazine
CAS 号	24602-86-6	92-84-2
分子式	$C_{19}H_{39}NO$	$C_{12}H_{9}NS$
分子量	297.52	199.27
结构式	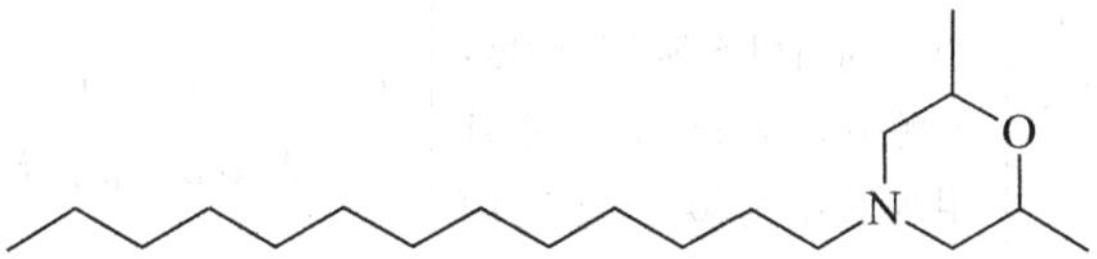	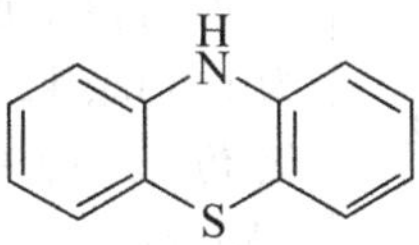
溶解度	20 ℃时水中溶解度为 11.7 mg/L，能与丙酮、苯、氯仿、环己烷、乙醇、橄榄油混合	微溶于乙醇、乙醚，不溶于水和氯仿，可溶于丙酮和苯
稳定性	常温下贮存稳定	在空气和光照下易氧化
主要功能	吗啉类杀菌剂	杀虫剂

续表

中文名称	拌种胺	多菌灵	嘧菌胺
英文名称	furmecyclox	carbendazim	mepanipyrim
CAS号	60568-05-0	10605-21-7	110235-47-7
分子式	$C_{14}H_{21}NO_3$	$C_9H_9N_3O_2$	$C_{14}H_{13}N_3$
分子量	251.32	191.19	223.27
结构式	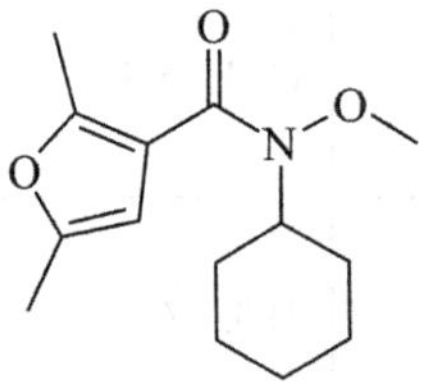	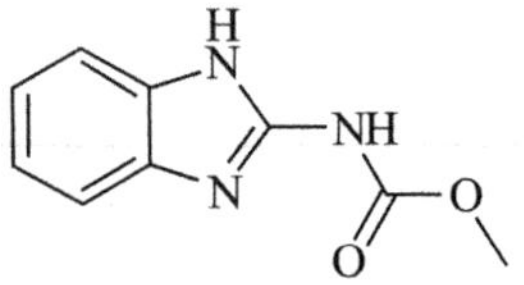	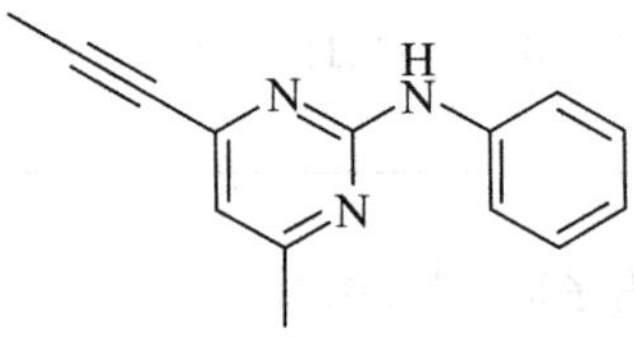
溶解度	20 ℃时溶解度：水中为1.3 mg/kg，丙酮、氯仿、乙醇中大于1 kg/kg	20 ℃时水中溶解度：28 mg/L(pH=4)、8 mg/L(pH=7)、7 mg/L(pH=8)；20 ℃时有机溶剂中溶解度：乙醇中为30 mg/L，二甲基甲酰胺中为5000 mg/L，丙酮中为300 mg/L，氯仿中为168 mg/L，二氯甲烷中为68 mg/L	20 ℃水中溶解度为5.58 mg/L，溶于大多数有机溶剂
稳定性	在日光下分解，在强碱或强酸条件下水解	在熔点温度302～307 ℃下分解	在pH=4～9时稳定
主要功能	杀菌剂	苯并咪唑类杀菌剂	嘧啶胺类杀菌剂

3.1.2.19 沙蚕毒素类农药

沙蚕毒素是存在于海生环形动物沙蚕体内的一种具有杀虫活性的有毒物质。沙蚕毒素类农药则是以沙蚕毒素的骨架结构为基础模拟合成的一类仿生杀虫剂，它们都具备其母体化合物的基本特点，即在化学结构中具有“双硫键”。正是由于这个“双硫键”的存在，使该类化合物具有杀虫作用。从结构类型上来看，此类仿生合成化合物主要有两种类型：一为链状结构的化合物，如杀螟丹、杀虫双等；一种为环状化合物，如杀虫环、多噻烷。

沙蚕毒素类杀虫剂属于中、低毒品种杀虫剂，此类杀虫剂进入昆虫体内后，首先转化为沙蚕毒素，以沙蚕毒素形式与神经系统突触部位的乙酰胆碱受体结合，阻断或部分阻断神经系统的电位传导而发挥毒杀作用。主要品种有杀螟丹、杀虫环、杀虫双和杀虫单等，其中，杀虫双和杀虫单是我国自行开发的杀虫剂。该类农药为强极性化合物，水溶性好，在空气中见光发生氧化还原和光解作用，降解或代谢为毒性更低的物质，无致突变性和致癌性。部分沙蚕毒素类农药的理化性质见表 3-20。

表 3-20 部分沙蚕毒素类农药的理化性质

中文名称	杀虫环	杀虫双
英文名称	thiocyclam	bisultap
CAS 号	31895-21-3	52207-48-4
分子式	$C_5H_{11}NS_3$	$C_5H_{11}NO_6S_4Na_2$
分子量	181.30	355.39
结构式	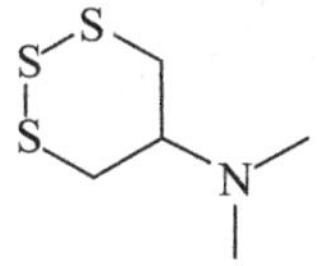	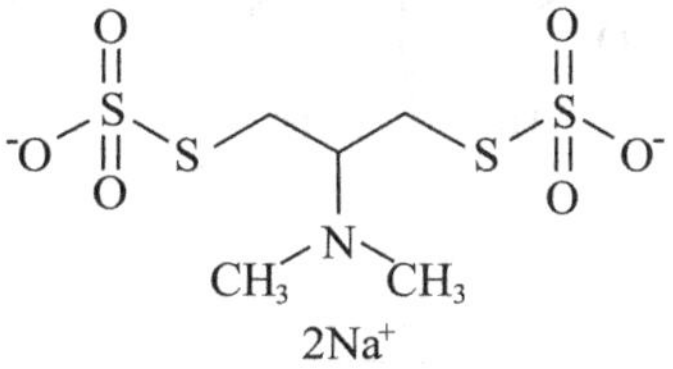
溶解度	23 ℃时水中溶解度为 84 g/L，有机溶剂中溶解度：二甲基亚砜中为 92 g/L，丙酮中为 0.5 g/L，乙醇中为 1.9 g/L，二甲苯中小于 10 g/L，甲醇中为 17 g/L，乙酸乙酯、氯仿中小于 1 g/L	易溶于水，能溶于热乙醇、甲醇、二甲基甲酰胺、二甲基亚砜等有机溶剂，微溶于丙酮，不溶于乙酸乙酯和乙醚
稳定性	见光分解	在空气中易吸潮，微酸、微碱下稳定，强酸、强碱下分解
主要功能	杀虫剂	杀虫剂

续表

中文名称	杀虫单	杀螟丹
英文名称	monosultap	cartap hydrochloride
CAS 号	29547-00-0	15263-53-3
分子式	$C_5H_{12}NO_6S_4Na$	$C_7H_{15}N_3O_2S_2$
分子量	333.405	273.8
结构式	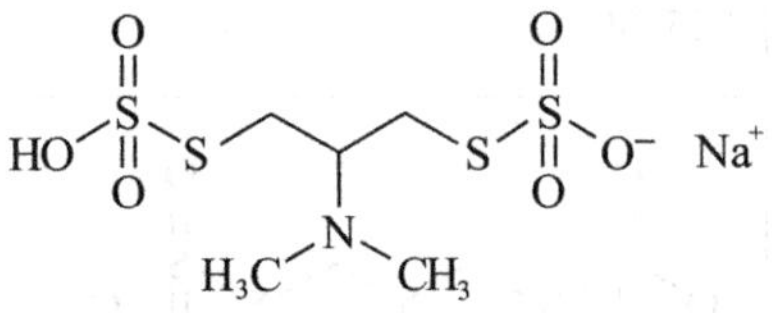	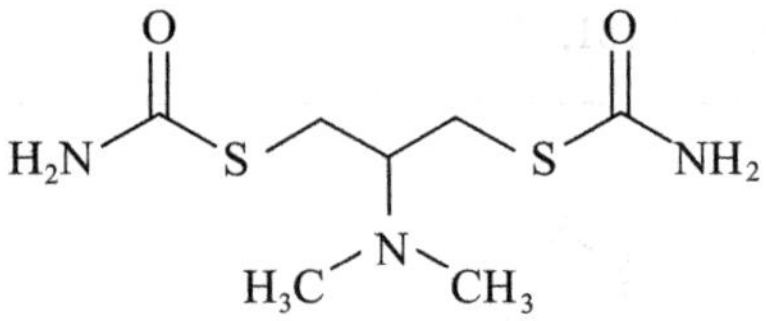
溶解度	易溶于水、热乙醇，微溶于甲醇、二甲基甲酰胺、二甲基亚砜等有机溶剂，不溶于苯、丙酮、乙醚、氯仿等溶剂	25 ℃时溶解度：水中约 200 g/L，微溶于甲醇、乙醇，不溶于丙酮、乙醚、乙酸乙酯、三氯甲烷、苯、正己烷等有机溶剂
稳定性	常温下稳定，在 pH＝5～9 时能稳定存在，在强酸、强碱下容易分解，分解为沙蚕毒素	酸性条件下稳定，中性及碱性介质中水解，具有吸湿性，无腐蚀性
主要功能	杀虫剂	杀虫剂

续表

中文名称	杀虫磺
英文名称	bensultap
CAS 号	17606-31-4
分子式	$C_{17}H_{21}NO_4S_4$
分子量	431.6
结构式	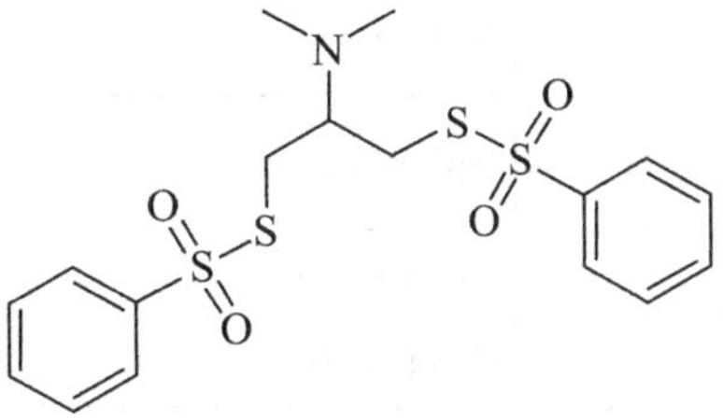
溶解度	20 ℃时溶解度:水中为 0.448 mg/L,已烷中为 0.0319 g/L,甲苯中为 83.3 g/L,二氯甲烷中大于 2000 g/L,甲醇中为 10.48 g/L,乙酸乙酯中为 149 g/L
稳定性	温度小于等于 150 ℃、散射光、pH<5 等条件下稳定,但中性和碱性条件下水解
主要功能	杀虫剂

3.1.2.20 金属有机农药

金属有机农药是指某些金属(汞、铜、锡等)形成的金属有机化合物,金属有机农药在防治农业、林业病虫害方面起到重要作用。常见的金属有机农药包括有机铜、有机锡、有机砷类农药。

有机铜类农药是靠铜制剂释放出的铜离子与真菌体内蛋白质中的氢硫基(—SH)、氨基(—NH_2)、羧基(—COOH)、羟基(—OH)等基团起作用,进而导致病菌死亡。常见的有机铜制剂主要有乙酸铜、噻菌铜(龙克菌)、喹啉铜、琥胶肥酸铜(DT)、壬菌铜、松脂酸铜、腐殖酸铜、脂肪酸铜、硝基酸铜、环烷酸铜、铜皂液、氨基酸铜、胺磺酸铜等。

有机锡类农药是用于杀螨和杀菌的农药,该类农药包括苯丁锡、三唑锡、三环锡等有机化合物在内的农药。此类农药具有脂溶性,可由皮肤、消化道、呼吸道进入人体,而后分布于肝、血液、脑和肾中;也可通过食物链产生生物富集,且具有较好的稳定性、较长的残留期,故有危害人体健康的风险。有机锡化合物作为金属有机化合物的一种,其使用范围广、形态差异大,且由其引起的潜在危害不可低估。

有机砷农药是指含砷元素的有机化合物农药，主要品种有稻脚青、稻宁、田安、甲基硫砷等。由于这类农药及其分解产物对人、畜都有较高的毒性，同时容易在土壤和农产品中积累，所以已限制生产和使用。有机砷杀菌剂的作用机理主要是三价砷离子与含—SH 基的化合物结合，进而影响丙酮酸的氧化，对生物体内的氧化磷酸偶然联反应有解偶联作用。部分有机铜、有机锡、有机砷类农药的理化性质见表 3-21。

表 3-21　部分有机铜、有机锡、有机砷类农药的理化性质

中文名称	噻菌铜	喹啉铜	苯丁锡
英文名称	thiodiazole copper	oxine-copper	fenbutatin oxide
CAS 号	3234-61-5	10380-28-6	13356-08-6
分子式	$C_4H_6N_6S_4Cu$	$C_{18}H_{12}CuN_2O_2$	$C_{60}H_{78}OSn_2$
分子量	329.92	351.85	1052.68
结构式	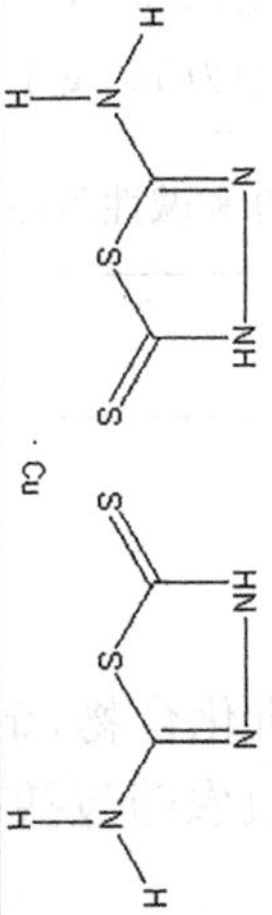	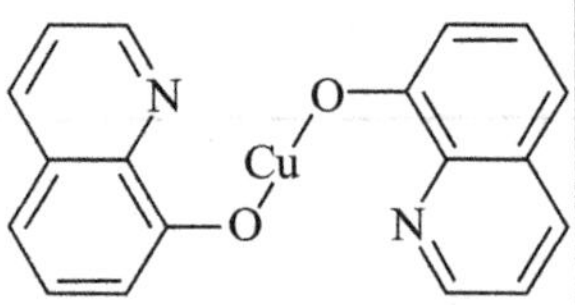	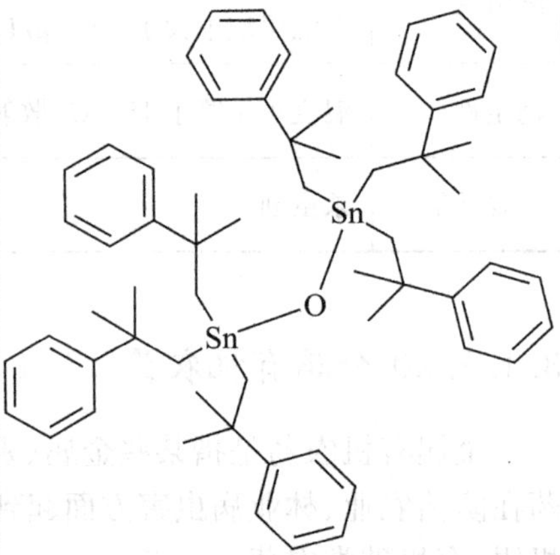
溶解度	微溶于二甲基甲酰胺，不溶于水和各种有机溶剂	不溶于水及一般有机溶剂，微溶于吡啶	难溶于多种有机溶剂，在二氯甲烷中溶解度为 380 g/L，苯中为 140 g/L，丙酮中为 6 g/L，水中溶解度约为 0.005 mg/L
稳定性	热贮(54±2) ℃及 0 ℃以下贮存稳定，遇强碱分解，在酸性条件下稳定	在 pH=2.7～12 范围内稳定，具有化学惰性，在紫外光下不分解	对光、热稳定
主要功能	杀菌剂	杀菌剂	有机锡类杀螨剂

续表

中文名称	三唑锡	三环锡	稻脚青（甲基胂酸锌）
英文名称	azocyclotin	cyhexatin	zinc methanearsonate
CAS号	41083-11-8	13121-70-5	20324-26-9
分子式	$C_{20}H_{35}N_3Sn$	$C_{18}H_{34}OSn$	CH_3AsO_3Zn
分子量	436.22	385.17	203.344
结构式	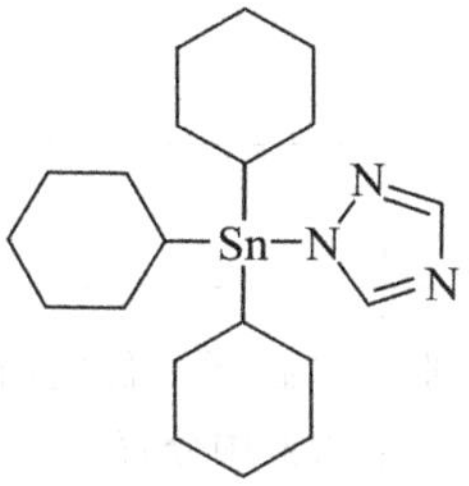	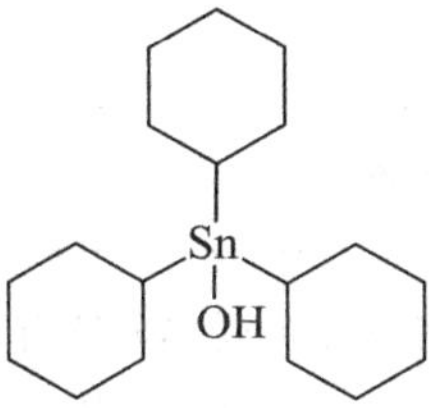	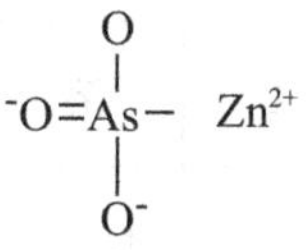
溶解度	20 ℃时溶解度：水中小于0.12 mg/L，二氯甲烷中为20～50 g/L、异丙醇中为10～20 g/L	25 ℃时溶解度：水中小于1 mg/L，丙酮中为1.3 g/kg，氯仿中为216 g/kg，甲醇中为37 g/kg，甲苯中为10 g/kg	不溶于水及多数有机溶剂，溶于氢氧化钠水溶液
稳定性	遇水系酸失去三唑基而水解	悬液在弱酸性（pH＝6）至碱性在100 ℃下稳定，可被紫外光分解	—
主要功能	有机锡类杀螨剂	有机锡类杀螨剂	有机砷类杀菌剂

续表

中文名称	稻宁(甲基砷酸钙)	甲基硫胂	田安(甲基胂酸铁铵)
英文名称	calcium methanearsonate	methylarsine sulphide	MAFA
CAS号	6423-72-9	2533-82-6	35745-11-0
分子式	CH_3AsCaO_3	CH_3AsS	$CH_8AsFeNO_3$
分子量	178.032	122.02	212.8
结构式	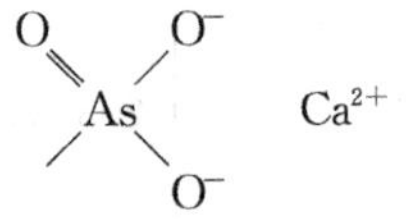	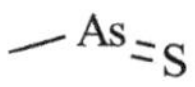	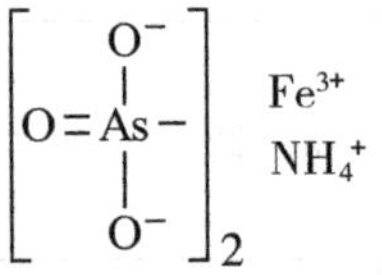
溶解度	不溶于水,溶于苯、乙醇	—	—
稳定性	本身不能燃烧,受高热分解放出有毒的气体	受热分解有毒氧化硫、砷化物气体	常温下较稳定,在酸及碱性溶液中分解
主要功能	有机砷类除草剂	—	有机砷类杀菌剂

3.1.2.21 无机农药

无机农药是以无机物为原料加工制成的具有杀菌、杀虫作用的元素或无机化合物,有效成分是无机化学物质。这一类农药作用比较单一、品种少、药效低且易发生药害,所以目前绝大多数品种已被有机合成农药所代替。目前尚在使用的无机硫农药主要有含硫的硫黄、石灰硫黄合剂,其对靶标菌的毒力作用主要归因于硫离子和少量硫化氢气体对病原菌的杀菌和抑菌效果。无机铜农药有王铜、氢氧化铜、氧化亚铜、碱式硫酸铜、波尔多液等,波尔多液的杀菌和抑菌效果主要归因于铜离子,主要表现为:①与菌体细胞膜上的氢硫基(—SH)酶作用,使酶失去活性;②与细胞膜表面的Ca^{2+}、Mg^{2+}、K^{+}、H^{+}等阳离子交换,影响了菌体细胞膜蛋白质的活性;③局部渗入菌体内与某些酶结合，影响其活性。部分无机农药的理化性质见表 3-22。

表 3-22　部分无机农药的理化性质

中文名称	硫磺	波尔多液	氢氧化铜
英文名称	sulfur	bordeaux mixture	cupric hydroxide
CAS 号	7704-34-9	8011-63-0	20427-59-2
分子式	S	$CuSO_4 \cdot xCu(OH)_2 \cdot yCa(OH)_2 \cdot zH_2O$	CuH_2O_2
分子量	(32.1)x	—	97.6
结构式	S_x	—	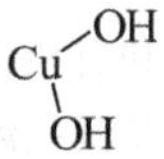
溶解度	20 ℃时水中溶解度为 0.063 g/L(pH=7)；晶体溶于二硫化碳，非晶体不溶；微溶于乙醚和石油醚，易溶于热苯和丙酮	20 ℃时水中溶解度为 2.2 mg/L(pH=6.8)；有机溶剂中溶解度：甲苯中小于 9.6 mg/L，二氯甲烷中为 8.8 mg/L，正己烷中小于 9.8 mg/L，乙酸乙酯中小于 8.4 mg/L，甲醇中小于 9.0 mg/L，丙酮中小于 8.8 mg/L	20 ℃时水中溶解度为 0.506 mg/L(pH=6.5)；25 ℃时有机溶剂中溶解度：正庚烷中为 7010 μg/L，对二甲苯中为 15.7 μg/L，1,2-二氯乙烷中为 61.0 μg/L，异丙醇中为 1640 μg/L，丙酮中为 5000 μg/L，乙酸乙酯中为 2570 μg/L
稳定性	常温下菱形硫稳定，但是加热到 94～119 ℃时形成同素异形体，纯品光解	Cu^{2+}为单离子，在常规的以碳为基础的农药溶液中，不可能转化成相关降解产物	Cu^{2+}是一种单离子，不能像通常理解的有机农药一样在溶液中转化为相应的降解产物
主要功能	杀菌剂、杀螨剂	杀菌剂、杀细菌剂	杀菌剂、杀细菌剂

续表

中文名称	氧化亚铜	硫酸铜
英文名称	cuprous oxide	copper sulfate
CAS号	1317-39-1	7758-99-8
分子式	Cu_2O	$CuSO_4$
分子量	143.1	159.6
结构式	Cu—O—Cu	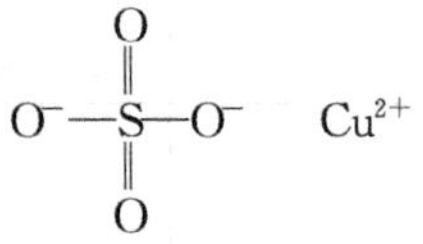
溶解度	不溶于水和有机溶剂，溶于稀无机酸和氨水及其盐溶液	0 ℃时水中溶解度为 148 g/kg，25 ℃时为 230.5 g/kg，50 ℃时为 335 g/kg，100 ℃时为 736 g/kg；甲醇中为 156 g/L。不溶于多数其他有机溶剂；溶于甘油，形成翠绿色溶液
稳定性	在潮湿空气中倾向于氧化为氧化铜并转化为碳酸盐	空中缓慢风化；加热过程中，30 ℃时失去 2 个结晶水，110 ℃时再失去 2 个结晶水，250 ℃时形成无水物；水溶液中与碱反应生成氧化铜；与胺或铵形成有色配合物；与很多有机酸形成微溶性盐类
主要功能	杀菌剂	杀菌剂、杀藻剂

3.1.2.22 农用抗生素类农药

农用抗生素简称农抗，是指由微生物发酵产生，具有农药功能，用于农业上防治虫、草、鼠等有害生物及病害的次生代谢产物。放线菌、真菌、细菌等微生物均能产生农用抗生素，其中放线菌产生的农用抗生素最多。目前许多广泛应用的重要农用抗生素都是从链霉菌属中分离得到的放线菌所产生的。最早的农用抗生素为链霉素，农用抗生素已几乎遍及杀虫剂、杀菌剂、除草剂、植物生长调节剂等农药领域，其中较为突出的有杀虫剂土霉素，杀菌剂井冈霉素、春雷霉素，除草剂双丙氨膦，植物生长调节剂赤霉素等。与一般化学合成农药相比，农用抗生素具有以下特点：①结构复杂；②活性高、用量小、选择性好；③易被生物或自然因素所分解，不在环境中积累或残留；④生产原料为淀粉、糖类等农产品，属于再生性能源；⑤采用发酵工程生产，同一套设备只要改变菌种即可生产不同的抗生素，生产菌大多是土壤中的放线菌，也有真菌和细菌。农用抗生素由于易被土壤微生物分解而不污染环境、对人畜安全、选择性高，故很有发展前途。部分农用抗生素类农药的理化性质见表 3-23。

表 3-23 部分农用抗生素类农药的理化性质

中文名称	阿维菌素
英文名称	abamectin
CAS 号	71751-41-2
分子式	$C_{48}H_{72}O_{14}$
分子量	873.08
结构式	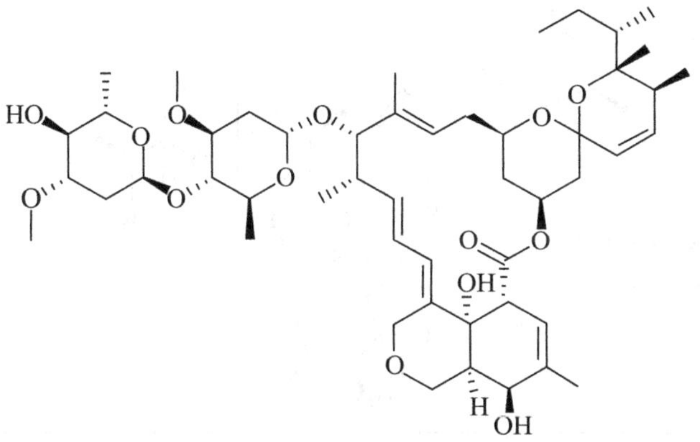
溶解度	21 ℃时水中溶解度为 7.8 mg/L；有机溶剂中溶解度：丙酮中为 100 g/L，甲苯中为 350 g/L，异丙醇中为 70 g/L，氯仿中为 25 g/L，乙醇中为 20 g/L，甲醇中为 19.5 g/L，正丁醇中为 10 g/L，环己烷中为 6 g/L
稳定性	25 ℃，pH＝5～9 的水溶液中稳定性好；对强酸、强碱敏感；紫外光照射下首先会转变为 8,9-Z 异构体，后降解为未知产物
主要功能	杀虫剂

续表

中文名称	伊维菌素
英文名称	ivermectin
CAS 号	70288-86-7
分子式	(1)B_{1a}：$C_{48}H_{74}O_{14}$　(2)B_{1b}：$C_{47}H_{72}O_{14}$
分子量	(1)B_{1a}：875.09　(2)B_{1b}：861.07
结构式	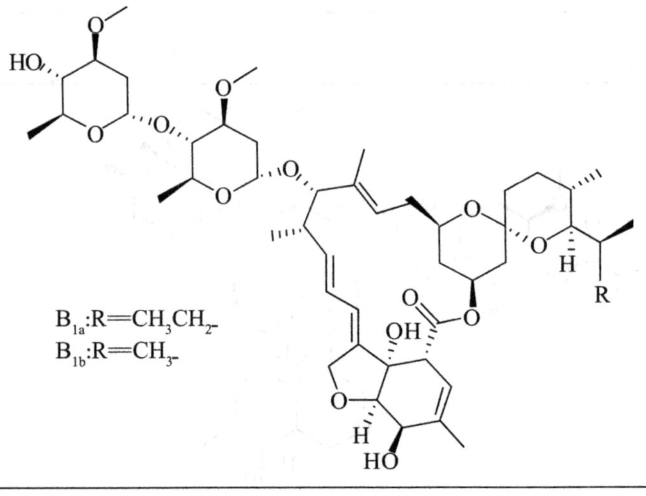
溶解度	难溶于水，易溶于甲苯、二氯甲烷、乙酸乙酯、苯等有机溶剂
稳定性	对热比较稳定，对紫外光敏感
主要功能	杀虫剂

续表

中文名称	甲氨基阿维菌素
英文名称	emamectin
CAS 号	119791-41-2
分子式	(1)B_{1b}：$C_{48}H_{73}NO_{13}$　(2)B_{1a}：$C_{49}H_{75}NO_{13}$
分子量	(1)B_{1b}：872.11　(2)B_{1a}：886.13
结构式	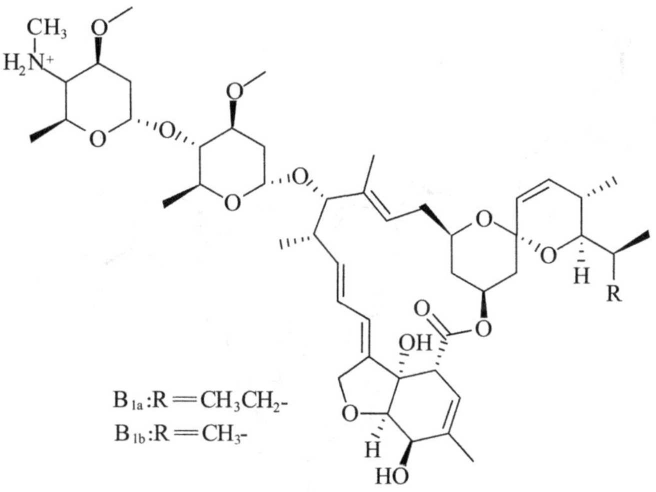
溶解度	溶于丙酮和甲醇，微溶于水，不溶于己烷
稳定性	在通常贮存的条件下稳定，对紫外光不稳定
主要功能	杀虫剂

续表

中文名称	多拉菌素
英文名称	doramectin
CAS号	117704-25-3
分子式	$C_{50}H_{74}O_{14}$
分子量	899.1
结构式	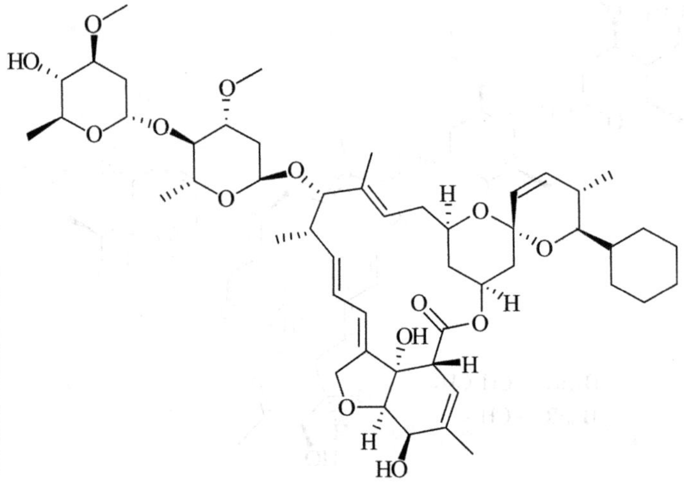
溶解度	在水中溶解度极低
稳定性	—
主要功能	杀虫剂

续表

中文名称	灭瘟素
英文名称	blasticidin
CAS 号	2079-00-7
分子式	$C_{17}H_{26}N_8O_5$
分子量	422.4
结构式	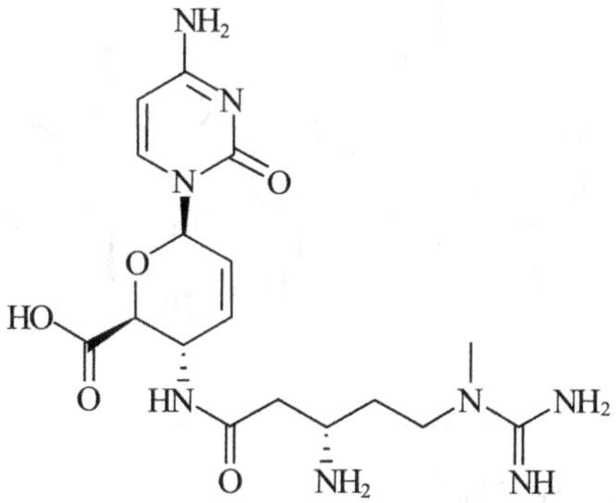
溶解度	溶于水和醋酸，但不溶于其他一般的有机溶剂
稳定性	在 pH<4 和碱性条件下不稳定，在光照的条件下稳定
主要功能	杀菌剂

续表

中文名称	春雷霉素	井冈霉素
英文名称	kasugamycin	validamycin
CAS 号	6980-18-3	37248-47-8
分子式	$C_{14}H_{25}N_3O_9$	$C_{20}H_{35}NO_{13}$
分子量	379.4	497.5
结构式	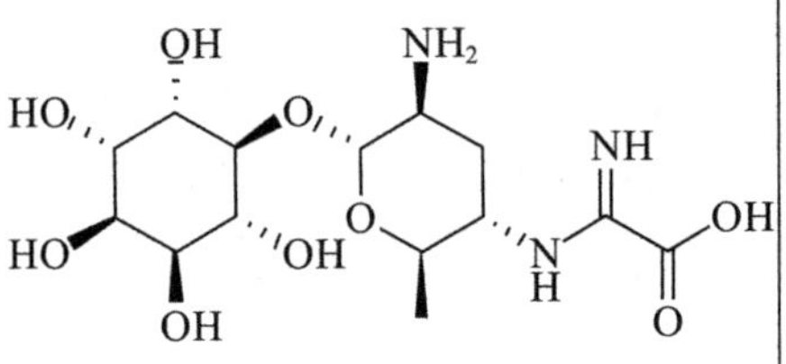	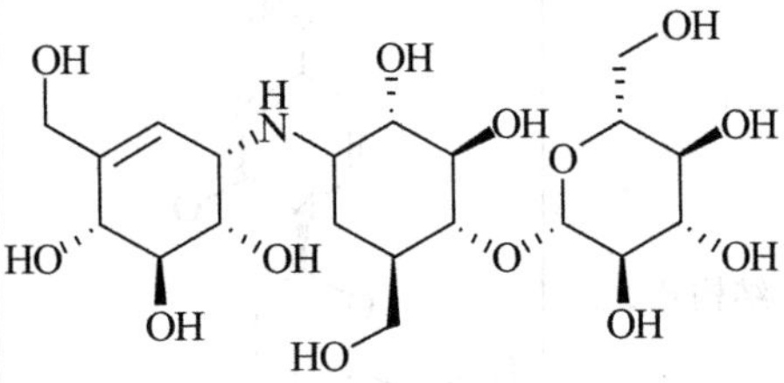
溶解度	微溶于甲醇、乙醇、丙醇、苯等多种有机溶剂，易溶于水，25 ℃水中溶解度12.5％	溶于水、二甲基甲酰胺，微溶于乙醇，不溶于丙酮、苯、乙酸乙酯等有机溶剂
稳定性	50 ℃条件下放置10周活性不降低。pH在5以下，800 mg/mL水溶液于50 ℃下放10周活性不变；pH＝9时，同条件下活性下降为42.6％	室温下，在pH＝3～9的水溶液中稳定
主要功能	杀菌剂	杀菌剂

续表

中文名称	茴香霉素	丰加霉素
英文名称	anisomycin	4-amino-5-cyano-7-(beta-D-ribofuranosyl) pyrrolo[2,3-D]pyrimidine
CAS号	22862-76-6	606-58-6
分子式	$C_{14}H_{19}NO_4$	$C_{12}H_{13}N_5O_4$
分子量	265.30	291.26
结构式	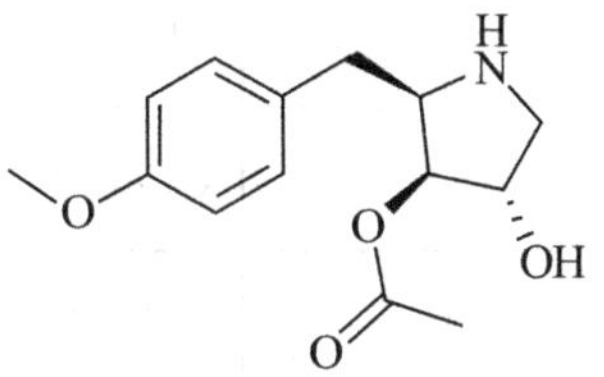	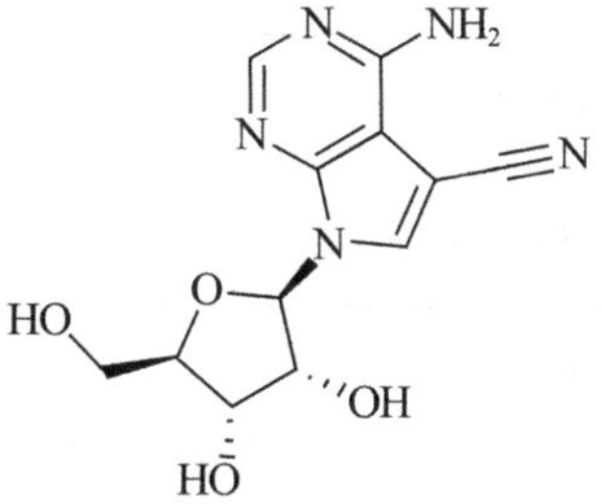
溶解度	微溶于水，易溶于稀酸、乙醇、丙酮和氯仿，不溶于已烷、环已烷和四氯化碳	溶于甲醇、乙醇、丙酮、水、二氧六环，不溶于氯仿、乙酸乙酚、石油醚
稳定性	干燥条件下可长期保存；室温下，水溶液稳定	—
主要功能	除草剂	除草剂

3.1.2.23 生物源类农药

生物源类农药是指直接利用生物活体或生物代谢过程中产生的具有生物活性的物质或从生物体提取的物质作为防治病虫害的农药，或是通过仿生合成具有特异作用的农药制剂。狭义上的生物源农药是指直接利用生物产生的天然活性物质或生物活体作为农药，广义上的则还包括按天然物质的化学结构或类似衍生结构人工合成的农药。生物源农药按其来源分为植物源农药、动物源农药、微生物农药，按其用途分为生物源杀虫剂、生物源杀菌剂、生物源除草剂和植物生长调节剂等。

生物源农药与化学农药相比，具有以下优点：选择性强、对人畜安全、对生态环境影响小、可诱发害虫流行病及可利用农副产品生产加工。随着环境保护呼声的日益高涨，高毒农药的大量使用对农业生产及生态环境造成的负面影响已引起世界范围的广泛关注。许多国家和一些国际组织纷纷制定禁止或限制高毒、高残留农药使用的政策，世界各国都争相投资、研发新型生物源农药。应提高生物源农药在未来有害生物综合治理策略中的应用比重，这是 21 世纪和谐发展的标志，可以部分体现人们对现代社会的发展要求，是可持续发展的产品。部分生物源类农药的理化性质见表 3-24。

表 3-24　部分生物源类农药的理化性质

中文名称	楝素	蛔蒿素	烟碱
英文名称	toosedarin	santonin	nicotine
CAS 号	58812-37-6	481-06-1	54-11-5
分子式	$C_{30}H_{38}O_{11}$	$C_{15}H_{18}O_{3}$	$C_{10}H_{14}N_{2}$
分子量	574.63	246.30	162.23
结构式	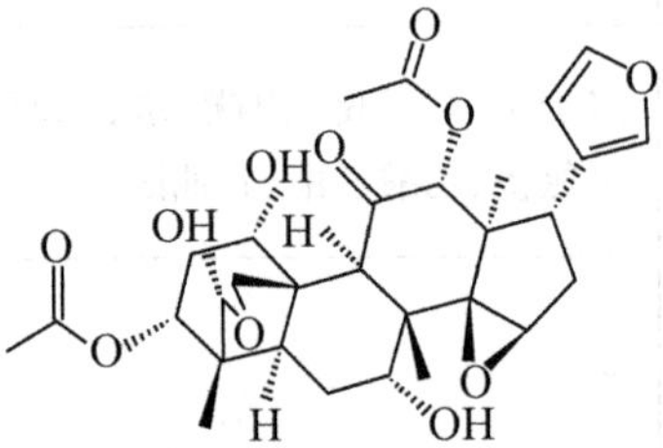	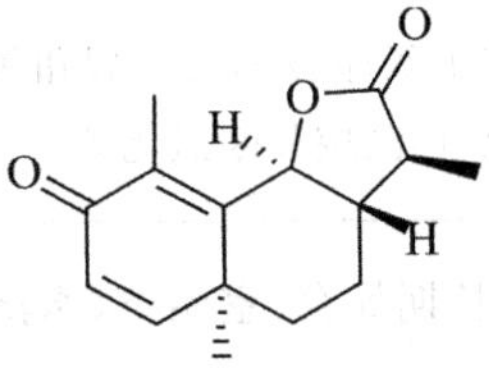	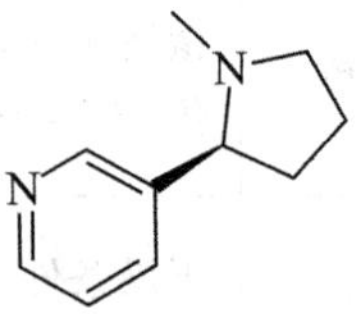
溶解度	溶于甲醇、乙醇、丙酮、吡啶、乙酸乙酯，微溶于热水、氯仿、乙醚、苯，难溶于水及石油醚	不溶于水，微溶于乙醚，略溶于乙醇，易溶于沸乙醇和氯仿	可溶于水、乙醇、氯仿、乙醚、油类
稳定性	在酸、碱中以及受光或热均易破坏	性质稳定，遇酸、碱分解	暴露在空气中，颜色逐渐变深，呈黏稠状。其是碱性的，遇酸成盐
主要功能	植物源杀虫剂	植物源杀虫剂	植物源杀虫剂

续表

中文名称	苏云金杆菌	枯草芽孢杆菌	球形芽孢杆菌
英文名称	bacillus thuringiensis berliner	bacillus subtilis cohn VAR amyloliquefaciens	bacillus sphaericus neide VAR
CAS 号	68038-71-1	68038-70-0	143447-72-7
溶解度	不溶于水和有机溶剂	浅白色至浅棕色干固体，不溶于水	不溶于水和有机溶剂
稳定性	紫外线可杀灭，干粉在40 ℃以下稳定	在干燥环境中稳定存在至少 2 年	20 ℃下稳定 2 年
主要功能	细菌杀虫剂	生物杀菌剂	生物杀虫剂

3.1.2.24 其他类农药

农药是动态发展的特殊商品，新品种不断地取代老品种，以适应农业的发展和社会的需求。特别是 20 世纪 80 年代以来，全社会对农药的属性提出了更为苛刻的需求，简单来说就是生物活性高、对非靶标生物安全和环境相容性好。除了上述介绍的农药种类外，具有除草生物功能的苯甲酸类农药、苯氧芳氧羧酸类农药、三氮苯类农药和具有促进和延缓植物生长的植物生长调节剂等低毒、高效的农药也相继发展起来。尤其近年来，纳米科技发展迅速，逐渐在农药制剂领域中进行了应用，极大地促进了农药的可持续发展，为新兴纳米农药的开发奠定了基础。

纳米农药指具有杀虫、杀菌、除草等作用的活性成分，通过物理、化学或物理化学等手段使活性成分以纳米尺度存在于制剂中的农药形态。目前，纳米农药的划分多以粒子尺寸为标准，国际上尚无统一的定义。粒径纳米化可以提升农药在水中的饱和度和溶解度，进而提升农药的水稳定性和分散性，有利于促进农药药效的发挥，提升农药利用率。目前的研究主要集中于 2 种作用机理的加工型纳米农药，一是通过机械破碎等纳米加工手段将农药活性成分直接加工成纳米级粒子，通过此法可制备微乳剂（microemulsion）、纳米乳（nanoemulsion）和纳米分散体（nanodipersion/nanosuspension）等农药剂型；二是利用纳米载体通过吸附、偶联、包裹和镶嵌等方式装载农药，可制备纳米微囊（nanocapsule）、纳米微球（nanosphere）、纳米胶束（nanomicelle）、纳米凝胶（nanogel）以及静电纺丝纳米纤维（electrospun nanofiber）等农药剂型。纳米农药因其特殊的纳米结构和制备方式，具有扩大靶标接触面积、促进植物内吸作用、提升叶面附着能力、调控药剂精准释放的特点，在现代农业中发挥着重要作用，具有巨大的发展潜力。

3.1.3 农药残留物的简介

农药在农业生产中的大量应用，为保证粮食安全做出了巨大贡献，但同时也对生态环境和人类健康造成危害。另外，农药的残留影响我国出口食品在世界贸易中的国际竞争力。因此，科学合理地制定农药最大残留限量不仅可有效防治病虫害、确保农业的增产创收，而且有利于严格控制农药的违规使用、保证食品安全，同时对于我国有效应对国际技术贸易壁垒、促进外贸经济稳定健康发展具有重要意义。

随着社会各界对食品安全重视程度的增加，食品中农药残留检测工作已趋于常态化。但近年来，由于农药残留物定义的不同，导致了不同的风险评估结果和食品中农药残留量的检测结果。另外，不同的农药残留物定义易导致不同的食品中农药最大残留限量，进而可能引起食品贸易争端。因此，制定协调一致的农药残留物定义，是制定协调一致的农药最大残留限量值的前提。本节介绍农药残留物的定义、分类与组成等一般性原则。

3.1.3.1 农药残留物的定义

我国《食品安全国家标准　食品中农药最大残留限量》(GB 2763—2021)中规定，“残留物”是指由于使用农药而在食品、农产品和动物饲料中出现的任何特定物质，包括被认为具有毒理学意义的农药衍生物，如农药转化物、代谢物、反应产物及杂质等。

经济合作与发展组织（OECD）颁布的《农药残留物定义导则》(Guidance of Residue Definition）中规定，农药残留是指残留于人类食物、牲畜饲料和饮用水中的农药及其代谢物、降解物和其他转化物的总称。农药的“残留物”定义是农药管理机构对施用于可食用或可饲用作物上的农药，在进行膳食摄入风险评估以及制定最大允许残留限量时所明确的残留化合物。

农药残留联席会议(JMPR)专家在对农药进行评估后，会发布每种农药的残留物定义，此残留物定义被多数国家重视，有些国家会直接采用。但对于如何确定残留物定义，CAC 并未发布专门的程序文件，仅有《农药最大残留限量和膳食摄入风险评估培训手册》和《用于推荐食品和饲料中最大残留限量的农药残留数据提交和评估手册》两个文件进行了相关论述。2003 年，OECD 开始了建立统一测试标准和农药残留化学标准文件的工作，其中包括 4 个导则和 9 个试验准则，这些文件对于确定食物或动物饲料中的农药残留相关内容提供了技术依据，尤其是 2009 年修订的关于农药残留物定义的导则，得到了美国、欧洲各国及日本等 OECD 国家的认可，并已被收录到联合国粮食及农业组织(FAO)的相关手册中，作为JMPR专家用于推荐农药残留物定义时的指导性文件。OECD的《农药残留物定义导则》(Guidance of Residue Definition)为农药和代谢产物及其降解产物的识别提供了一套通用方法，该导则同样也适用于我国农药残留物定义的制定。

3.1.3.2 农药残留物定义的制定原则

对农药登记管理部门或进行残留风险评估的部门而言，农药残留的定义包括“用于风险评估的残留物定义”和“用于残留监测(即制定最大残留限量)的残留物定义”两种。用于风险评估的残留物定义必须考虑农药使用后所产生的降解产物或代谢物在人类膳食中暴露的潜在可能性，以及降解产物或代谢物相对于母体的毒性。用于残留监测的残留物定义应该尽可能地具有实用性，最好以单个的残留组分为指标来指示总残留量，包括母体化合物、代谢物以及在分析过程中产生的衍生物。所选取的残留物应该能反映农药的施用情况(施药剂量、安全间隔期)，并且应该尽可能保证在任何时候都能用多残留分析方法进行测定。

因此，制定农药残留物定义时，要考虑如下基本要素：(1)应包含所有在膳食摄入和风险评估中可能具有毒理学意义的化合物；(2)应选择最适合制定最大残留限量的化合物；(3)考虑农药在植物和动物体内代谢后的残留物及残留水平；(4)代谢物、降解产物以及其他转化产物的毒理学特性，应包括所有与有效成分相比更具毒理学关注意义的代谢物和产物；(5)通过规范残留试验和饲喂试验确定的农药残留水平；(6)其他农药是否会产生相同的代谢物、降解产物或其他转化产物；(7)农药是否为其他农药的代谢物、降解产物或其他转化产物；(8)用特定检测方法对残留物进行检测时，方法的可行性以及监测分析方法的实用性；(9)是否与其他国家和国际组织确定的残留物定义不同；(10)当农药作为兽药使用时所产生的农药残留，以及农药在农业生产中使用后，通过饲喂等途径在畜牧业产品中产生的农药残留，应协调这两种农药残留物定义；(11)残留的农药作为天然物质而存在的可能性。

3.1.3.3 农药残留物定义的组成

农药残留物的定义通常分为几种情况：

(1)仅考虑农药母体。通常情况下，将农药母体作为残留物定义是最常见的。

(2)考虑农药母体、其代谢物及衍生物。当母体化合物产生了相关代谢物或衍生物时，则需要考虑其代谢途径，并对其代谢物和衍生物进行毒理学研究，从而确定其残留物的种类。如甲拌磷的残留为甲拌磷及其氧类似物(亚砜、砜)之和，以甲拌磷表示。

(3)考虑农药母体及其同分异构体。当农药存在光学异构体或顺反异构体时,由于不同异构体可能具有各自不同的降解途径,需考虑其毒理学效应和代谢机理。如果各异构体之间毒性相同,则无须制定不同的残留物定义,假如观察到不同的毒理学效应,则应针对不同异构体制定单独的残留物定义。例如:速灭磷由 E-速灭磷和 Z-速灭磷两种顺反异构体组成,其残留物定义就包括这两种异构体。

(4)动、植物产品中定义不同。由于动物和植物本身代谢机制的差异性,农药在动、植物体内的代谢途径不同,其代谢产物可能存在较大的差异,导致残留物定义不同。如我国标准《食品安全国家标准　食品中农药最大残留限量》(GB 2763—2021)中对百菌清的规定,在植物源产品中的残留物定义为百菌清,动物源产品中为4-羟基-2,5,6-三氯异二苯腈。

(5)检测方法的限制。当母体化合物不稳定或其分析方法受限时,可能需通过一定途径将母体化合物转化为另一种稳定且常见的物质,从而制定相应的残留物定义。例如,代森锰锌的残留物定义为:二硫代氨基甲酸盐(或酯),以二硫化碳表示;苯菌灵的残留物定义为:苯菌灵与多菌灵之和,以多菌灵表示。

(6)转基因作物的影响。转基因作物和非转基因作物可能会对化合物产生不同的代谢机理,并对应不同的分析方法,因此其农药残留物定义可能会有所不同。但当由非转基因作物生产的商品与由转基因作物生产的商品难以区分时,二者的残留物定义应该是相同的。

目前,世界各国对如何制定农药残留物定义的原则基本一致,同时也会根据本国的实际情况制定适用于本国的残留物定义。参考国际上农药残留物定义制定的相关准则及依据,完善我国的农药残留物定义制定的相关规定,对于保障食品及农产品安全、规范市场秩序均具有重要的意义。

3.2 农药残留限量差异

国际食品法典委员会(CAC)下设的分属委员会国际食品法典农药残留委员会(CCPR)负责制定食品和农产品中农药的 MRLs,同时也为其他各成员国提供重要的技术参考,使各成员国在此国际协调一致的原则下制定自己的 MRLs 标准,这样不仅可以避免重复性工作,节省人力物力,而且还可以有效地减少国际食品贸易摩擦,促进贸易的公平和公正。由于各国饮食习惯和膳食结构不同、残留试验的数据存在差异以及检测方法的不同,都有可能导致不同国家制定的 MRLs 存在着差异。

我国在基于本国国情的基础上,制定和出台了越来越多的 MRLs 标准、扩大了标准的覆盖面且尽可能地靠近甚至严于 CAC 标准。《食品安全国家标准　食品中农药最大残留限量》(GB 2763—2021)是目前我国统一规定的食品中农药最大残留限量的强制性国家标准，最新版(2021 版)已于 2021 年 9 月 3 日起正式实施，所规定的农药品种和限量标准数量达到国际食品法典委员会(CAC)相关标准的近 2 倍。欧盟 2005 年发布的 REGULATION (EC)No. 396/2005 法规，对食品和饲料中农药的最大残留限量进行统一调整，之后关于建立食品和饲料分类的(EC)No. 178/2006 法规和建立残留限量的(EC)No. 149/2008 法规的发布对(EC)No. 396/2005 法规做了进一步的完善，规定欧盟各成员国实施统一的农药最高残留限量标准规定，无具体限量且不属于脂肪酸、植物油等豁免物质的则实施 0.01 mg/kg 的一律标准。

美国对 380 种农药制定了详细的农药残留限量标准，约 11000 项，有全美范围的、区域性的，有时限的或临时的，进口的和间接残留的，还有豁免的，并提出了“零残留”制度，即“不得检出”。

日本关于农药残留的法规主要有《食品卫生法》和《农药管理法》，2006 年 5 月 29 日，日本对 791 种食品中农业化学品实施“肯定列表制度”管理，该制度是目前世界上农药残留限量品种最全、标准最多的管理制度，并规定每 5 年进行一次重新评估和全面修订，对于未制定最大残留限量标准的农业化学品，其在食品中的含量不得超过一律标准，即 0.01 mg/kg。

新西兰的农药 MRLs 标准由新西兰食品安全局制定，对标准中未制定限量的农药残留设定了 0.1 mg/kg 的一律标准。

澳大利亚的农兽药残留限量标准执行《澳新食品标准法典》，如果某种农兽药或某种农兽药在某种农产品中的残留未在上述限量表中列出，澳大利亚要求不得检出。

我国农药残留标准经过多年的不断修订与完善，目前《食品安全国家标准　食品中农药最大残留限量》(GB 2763—2021)已规定食品中 564 种农药(批准登记农药 428 种、禁限用农药 49 种、我国禁用农药外的尚未登记农药 87 种)的 10092 项最大残留限量，已具备覆盖食品范围广、涉及的农药品种多、限量标准多等特点，但是和其他发达国家相比，我国对部分农药的 MRLs 标准的制定仍存在一定差距。

本节针对中国主要贸易产品(牛肉、猪肉、生乳、胡萝卜、番茄和洋葱)，分别与主要贸易国家或组织(CAC、美国、欧盟、日本、澳大利亚、新西兰)有限量规定的农药种类、限量指标进行比对分析。由于不同国家或组织的食品分类体系之间差异较大，不能直接将一个国家或组织的食品分类体系直接应用于另一个国家，因此，本书在进行限量差异比较时，充分考虑到各国分类体系的差异，全面收集不同分类级别下的农药限量要求，以求实现准确的对应和比较。在此基础上，采用逐级比对法，从农药指标数量、残留限量值宽严程度两个层面，对我国《食品安全国家标准　食品中农药最大残留限量》(GB 2763—2021)与其他国家或组织的农药残留限量标准中的差异进行了比对分析。其中,农药种类的比对按其他国家或组织独有、我国独有、我国与其他国家或组织共有3种情况进行分析;限量值的比对,分为我国与其他国家或组织一致、我国严于其他国家或组织、我国宽于其他国家或组织3种情况。

3.2.1 不同国家(组织)蔬菜中农药残留限量差异

我国蔬菜播种面积占世界蔬菜播种总面积的1/3以上,产量约占世界总产量的67%。大力发展我国蔬菜出口有助于缓解我国蔬菜市场的供求矛盾,解决农村剩余劳动力问题,能有效促进我国经济的发展。据中华人民共和国海关总署统计,鲜冷冻蔬菜占我国蔬菜总出口量的50%以上,其次为加工保鲜蔬菜和干蔬菜。蔬菜出口以沿海、沿边省市为主,出口的主要产品有蘑菇冻罐头、竹笋罐头以及鲜冷冻蒜头、芦笋、番茄、洋葱、胡萝卜、白萝卜、菠菜和马铃薯等20多类,出口以一般贸易为主要方式。我国蔬菜出口最大的市场是亚洲,占出口量和出口额的70%以上。其中,日本是最主要的市场,约占蔬菜出口总量的1/3,是我国蔬菜出口最主要的贸易伙伴。

随着农业产业化的发展,农药在粮食、蔬菜、水果、茶叶等农产品上的用量居高不下。农药的不合理使用将导致农产品中的农药残留超标,导致食品安全问题。各个国家针对蔬菜中农药的使用和残留要求,均制定了明确的法规标准进行规范,由于地域不同、技术发展不同、贸易壁垒等原因,各国家的要求也不尽相同。

不同国家或组织的蔬菜中农药限量要求法规或标准见表3-25。中国标准中规定了蔬菜中368种农药的限量要求,美国标准中规定了246种农药的限量要求,欧盟标准中规定了498种农药的限量要求,CAC标准中规定了173种农药的限量要求,澳大利亚标准中规定了205种农药的限量要求,新西兰标准中规定了123种农药的限量要求,日本标准中规定了424种农药的限量要求。

表3-25 不同国家或组织的蔬菜中主要农药残留限量要求法规或标准

国家或组织	限量法规或标准中文名称	限量法规英文名称	农药数量
中国	食品安全国家标准 食品中农药最大残留限量	GB 2763—2021	368
美国	食品中农药残留限量及豁免	40 CFR PART 180	246
欧盟	动植物源性食品和饲料中农药最大残留限量	(EC) No. 396/2005	498

续表

国家或组织	限量法规或标准中文名称	限量法规英文名称	农药数量
CAC	食品和饲料中农药残留限量数据库	Codex Pesticides Residues in Food Online Database	173
澳大利亚	澳新食品标准法典-附表20	Standard 1.4.2: Schedule 20	205
新西兰	农业化合物最大残留限量	Maximum Residue Levels for Agricultural Compounds	123
日本	残留农药等肯定列表制度基准值列表	Maximum Residue Limits (MRLs) List of Agricultural Chemicals in Foods	424

注：日本和欧盟技术法规标准中指标数量的统计均以标准中规定限量的指标为准。

蔬菜种类繁多，不同蔬菜由于其生长和种植特点不同，施用农药品种和施用量存在差异，且各国的农药残留限量要求均对应到具体的蔬菜品种或类别，因此针对具体品种蔬菜进行差异性分析才能够得到更为准确的信息。另外，由于不同国家分类体系不同，在各自的分类体系中蔬菜的分组也存在差异，如洋葱在中国和澳新的标准中属于鳞茎类蔬菜的鳞茎葱类，在欧盟、美国、CAC的分类体系中属于鳞茎类蔬菜，但在日本标准属于百合科蔬菜。这些国家或组织可能在不同分类级别下对农药残留均有限量规定，因此仅统计洋葱的农药残留限量是不全面的，需要将具体品种蔬菜的农药残留限量及其所属分级的农药残留限量同时进行统计分析。

本节以进出口贸易量较大的洋葱、胡萝卜和番茄为例，具体分析我国与其他国家/组织的农药残留限量在指标数量、指标宽严程度上的差异，以期向读者呈现更详尽、具体的蔬菜中农残限量的差异性。

3.2.1.1 洋葱中农药残留限量差异

洋葱（拉丁文学名：*allium cepa*），别名球葱、圆葱、玉葱、葱头、荷兰葱、皮牙子等，百合科、葱属二年生草本植物。洋葱含有前列腺素A，能降低外周血管阻力、降低血黏度，可用于降低血压、提神醒脑、缓解压力、预防感冒。此外，洋葱还能清除体内氧自由基，增强新陈代谢能力、抗衰老、预防骨质疏松，是适合中老年人的保健食物。中国是洋葱生产大国，每年产量可达2000万吨。2019年，中国洋葱产量达2507.11万吨，在全球产量中排名第二。洋葱是中国一类大宗出口农产品。海关数据显示，2017～2019年，中国洋葱出口量保持在85万吨以上，2020年1～8月，洋葱出口量为49.47万吨。从洋葱的出口国家和地区来看，亚洲及俄罗斯为中国主要出口地区，随着国际贸易的发展，出口规模也在不断地增加，2020年1～8月，排在中国洋葱出口量前二的国家为日本和越南，出口量分别为13.84万吨、13.46万吨，占比分别达27.98%、27.21%。

（1）中国与其他国家（组织）农药残留限量指标数量的差异

各个国家及组织对洋葱中农药残留的限量做了不同规定，其指标数量存在较大差异，如图3-1所示。中国规定了洋葱中151种农药的限量，低于欧盟的497种、日本的287种，其中与欧盟的指标数量差距在一倍以上。与其他国家（组织）相比，中国洋葱中有限量规定的农药项目缺失较大，欧盟、日本的独有指标数量分别为388、196种，见表3-26。

表3-26 洋葱中农药残留限量指标数量差异情况

项目		中国	欧盟	日本	澳大利亚	美国	CAC	新西兰
农药指标数量		151	497	287	88	98	56	52
中国独有指标数量		—	43	59	100	99	102	125
对方独有指标数量		—	388	196	38	46	7	26
共同指标数量		—	105	88	48	52	49	26
共同指标数量	限量值一致	—	42	28	13	11	40	3
	限量值严于中国	—	44	17	16	12	6	20
	限量值宽于中国	—	19	43	19	29	3	3
其他指标数量	中国	—	3	4	3	—	—	—
	对方国家（组织）	—	4	3	2	—	—	—

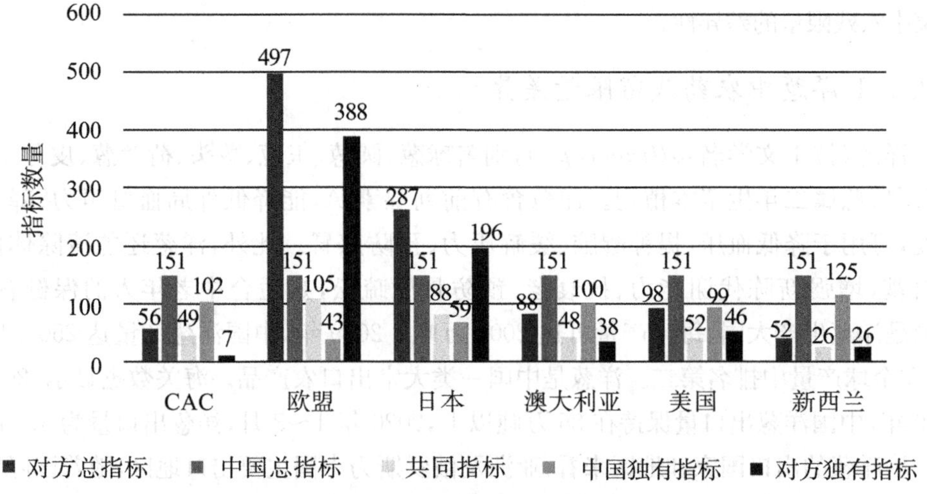

图3-1 洋葱中农药残留限量指标数量差异情况

(2)中国与其他国家(组织)农药残留限量指标值的差异

不同国家(组织)在洋葱中农药残留共有指标的限量值上也存在宽严程度的差异,如图3-2所示。例如:中国与欧盟对105种相同农药做出了限量规定,其中欧盟与中国的限量规定一致的农药有42种,欧盟严于中国的有44种,宽于中国的有19种;中国与日本对88种相同农药做出了限量规定,其中日本与中国的限量规定一致的农药有28种,日本严于中国的有17种,宽于中国的有43种;中国与澳大利亚对48种相同农药做出了限量规定,其中澳大利亚与中国的限量规定一致的农药有13种,澳大利亚严于中国的有16种,宽于中国的有19种。下面就中国与CAC、欧盟、美国等国家(组织)洋葱中的农药残留限量指标的差异进行逐一分析。

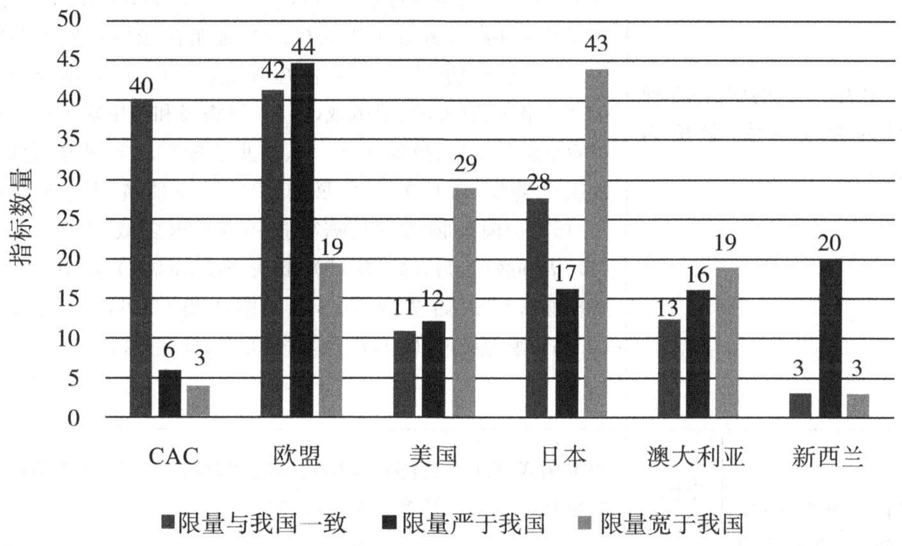

图3-2 相同农药残留限量指标的限量值差异情况

①CAC

CAC对洋葱共规定了56种农药的残留限量,有49种与中国规定的农药种类一致。其中,相同种类农药中,有苯霜灵、吡虫啉、敌草腈、氟吡菌胺等40种农药的MRLs相同,戊唑醇、涕灭威以及毒死蜱3种农药的MRLs比中国宽松,百菌清、苯醚甲环唑、草铵膦等6种农药的MRLs比中国更严格。苯氟磺胺、吡蚜酮、丙环唑等102种农药的MRLs是中国制定而CAC未制定,氰霜唑、二甲戊灵、溴虫腈等7种农药的MRLs是CAC制定而中国未制定。中国与CAC洋葱中农药残留限量值差异情况具体见表3-27。

表 3-27　中国与 CAC 洋葱中农药残留限量值差异情况

项目		农药残留限量指标数目、种类和限量值
有限量规定的农药种类总量	中国	151 种
	CAC	56 种
CAC 与中国一致的项目 40 种(括号内为限量值,单位为 mg/kg)		苯霜灵(0.02)、吡虫啉(0.1)、吡氟禾草灵和精吡氟禾草灵(0.3)、吡噻菌胺(0.7)、吡唑醚菌酯(1.5)、丙炔氟草胺(0.02)、敌草腈(0.01)、多杀霉素(0.1)、二嗪磷(0.05)、呋虫胺(0.1)、氟吡甲禾灵和高效氟吡甲禾灵(0.2)、氟吡菌胺(1)、氟吡菌酰胺(0.07)、氟啶虫胺腈(0.01)、氟噻唑吡乙酮(0.04)、氟唑菌酰胺(0.6)、咯菌腈(0.5)、甲硫威(0.5)、甲霜灵和精甲霜灵(2)、精二甲吩草胺(0.01)、抗蚜威(0.1)、螺虫乙酯(0.4)、氯氰菊酯和高效氯氰菊酯(0.01)、氯硝胺(0.2)、马拉硫磷(1)、咪唑菌酮(0.15)、嘧菌环胺(0.3)、嘧霉胺(0.2)、灭多威(0.2)、灭菌丹(1)、灭蝇胺(0.1)、噻草酮(3)、双炔酰菌胺(0.1)、霜霉威和霜霉威盐酸盐(2)、烯草酮(0.5)、烯酰吗啉(0.6)、溴氰虫酰胺(0.05)、溴氰菊酯(0.05)、异菌脲(0.2)、抑芽丹(15)
规定严于中国的项目 6 种(括号内为限量值,单位为mg/kg)	中国	阿维菌素(0.05)、百菌清(10)、苯醚甲环唑(0.5)、草铵膦(0.1)、啶虫脒(0.1)、乙基多杀菌素(0.8)
	CAC	阿维菌素(0.005)、百菌清(1.5)、苯醚甲环唑(0.1)、草铵膦(0.05)、啶虫脒(0.02)、乙基多杀菌素(0.01)
规定宽于中国的项目 3 种(括号内为限量值,单位为mg/kg)	中国	戊唑醇(0.1)、涕灭威(0.03)、毒死蜱(0.02)
	CAC	戊唑醇(0.15)、涕灭威(0.1)、毒死蜱(0.2)

续表

项目		农药残留限量指标数目、种类和限量值
独有限量规定的农药项目(括号内为限量值,单位为 mg/kg)	中 国 102 种	苯氟磺胺(0.1)、吡蚜酮(0.5)、丙环唑(0.1)、丙森锌(0.5)、代森联(0.5)、代森锰锌(0.5)、代森锌(0.5)、氟啶胺(0.05)、福美双(0.5)、活化酯(0.15)、甲氧虫酰肼(0.05)、嘧菌酯(2)、灭草松(0.1)、萘乙酸和萘乙酸钠(0.1)、氰戊菊酯和 S-氰戊菊酯(0.5)、肟菌酯(0.05)、胺苯磺隆(0.01)、巴毒磷(0.02)、百草枯(0.05)、倍硫磷(0.05)、苯线磷(0.02)、丙酯杀螨醇(0.02)、草枯醚(0.01)、草芽畏(0.01)、敌百虫(0.2)、敌敌畏(0.2)、地虫硫磷(0.01)、丁硫克百威(0.01)、啶酰菌胺(5)、毒虫畏(0.01)、毒菌酚(0.01)、对硫磷(0.01)、二溴磷(0.01)、氟吡呋喃酮(0.01)、氟虫腈(0.02)、氟除草醚(0.01)、格螨酯(0.01)、庚烯磷(0.01)、环螨酯(0.01)、甲胺磷(0.05)、甲拌磷(0.01)、甲磺隆(0.01)、甲基对硫磷(0.02)、甲基硫环磷(0.03)、甲基异柳磷(0.01)、甲萘威(1)、甲氧滴滴涕(0.01)、腈菌唑(0.06)、久效磷(0.03)、克百威(0.02)、乐果(0.01)、乐杀螨(0.05)、磷胺(0.05)、硫丹(0.05)、硫环磷(0.03)、硫线磷(0.02)、氯苯甲醚(0.01)、氯氟氰菊酯和高效氯氟氰菊酯(0.2)、氯磺隆(0.01)、氯菊酯(1)、氯酞酸(0.01)、氯酞酸甲酯(0.01)、氯唑磷(0.01)、茅草枯(0.01)、灭草环(0.05)、灭螨醌(0.01)、灭线磷(0.02)、内吸磷(0.02)、三氟硝草醚(0.01)、三氯杀螨醇(0.01)、三唑磷(0.05)、杀虫脒(0.01)、杀虫畏(0.01)、杀螟硫磷(0.5)、杀扑磷(0.05)、水胺硫磷(0.05)、速灭磷(0.01)、特丁硫磷(0.01)、特乐酚(0.01)、戊硝酚(0.01)、烯虫炔酯(0.01)、烯虫乙酯(0.01)、消螨酚(0.01)、辛硫磷(0.05)、溴甲烷(0.02)、氧乐果(0.02)、乙酰甲胺磷(0.02)、乙酯杀螨醇(0.01)、抑草蓬(0.05)、茚草酮(0.01)、蝇毒磷(0.05)、治螟磷(0.01)、艾氏剂(0.05)、滴滴涕(0.05)、狄氏剂(0.05)、毒杀芬(0.05)、六六六(0.05)、氯丹(0.02)、灭蚁灵(0.01)、七氯(0.02)、异狄氏剂(0.05)、保棉磷(0.5)
	CAC 7 种	氰霜唑(1.5)、二硫代氨基甲酸酯(0.5)、二甲戊灵(0.05)、唑嘧菌胺(1.5)、苯并噻二唑(0.15)、排草丹(0.04)、溴虫腈(0.01)

②欧盟

欧盟对洋葱共规定了497种农药的残留限量，有105种与中国规定的农药种类一致。其中，相同种类农药中，苯醚甲环唑、吡虫啉、吡唑醚菌酯、滴滴涕等42种农药的MRLs相同，百草枯、百菌清、倍硫磷、草铵膦等44种农药的MRLs比中国更严格，苯霜灵、吡噻菌胺、敌草腈、对硫磷等19种农药的MRLs比中国宽松。苯氟磺胺、活化酯、异菌脲、胺苯磺隆等43种农药的MRLs是中国制定而欧盟未制定，缬霉威、环溴虫酰胺、吡啶菌胺、唑菌嗪等388种农药的MRLs是欧盟制定而中国未制定。另外，中国对艾氏剂、狄氏剂、六六六（α-六六六、β-六六六、γ-六六六和δ-六六六之和）制定了相应的限量，而欧盟是对艾氏剂与狄氏剂之和、α-六六六、β-六六六、林丹制定了限量。在对洋葱中农药残留限量做出规定的国家（组织）中，欧盟规定的农药种类是最多的，其限量值也是相对比较严格的，497种农药的MRLs中，有83.7%的MRLs定在0.05 mg/kg及以下，52.1%的MRLs定在0.01 mg/kg及以下。中国与欧盟洋葱中农药残留限量值差异情况具体见表3-28。

表3-28 中国与欧盟洋葱中农药残留限量值差异情况

项目		农药残留限量指标数目、种类和限量值
有限量规定的农药种类总量	中国	151种
	欧盟	497种
欧盟与中国一致的项目42种（括号内为限量值，单位为mg/kg）		苯醚甲环唑(0.5)、苯线磷(0.02)、吡虫啉(0.1)、吡氟禾草灵和精吡氟禾草灵(0.3)、吡唑醚菌酯(1.5)、丙炔氟草胺(0.02)、滴滴涕(0.05)、啶酰菌胺(5)、毒虫畏(0.01)、二嗪磷(0.05)、呋虫胺(0.1)、氟吡呋喃酮(0.01)、氟吡菌胺(1)、氟啶虫胺腈(0.01)、咯菌腈(0.5)、甲磺隆(0.01)、甲基对硫磷(0.02)、甲氧滴滴涕(0.01)、腈菌唑(0.06)、精二甲吩草胺(0.01)、抗蚜威(0.1)、乐果(0.01)、螺虫乙酯(0.4)、氯氟氰菊酯和高效氯氟氰菊酯(0.2)、氯硝胺(0.2)、嘧菌环胺(0.3)、嘧霉胺(0.2)、灭草松(0.1)、灭螨醌(0.01)、灭线磷(0.02)、噻草酮(3)、杀扑磷(0.05)、双炔酰菌胺(0.1)、霜霉威和霜霉威盐酸盐(2)、速灭磷(0.01)、特丁硫磷(0.01)、特乐酚(0.01)、烯草酮(0.5)、烯酰吗啉(0.6)、溴氰虫酰胺(0.05)、乙酰甲胺磷(0.02)、抑芽丹(15)

续表

项目		农药残留限量指标数目、种类和限量值
规定严于中国的项目44种（括号内为限量值，单位为mg/kg）	中国	阿维菌素(0.05)、百草枯(0.05)、百菌清(10)、保棉磷(0.5)、倍硫磷(0.05)、吡蚜酮(0.5)、丙环唑(0.1)、丙森锌(0.5)、草铵膦(0.1)、敌百虫(0.2)、敌敌畏(0.2)、啶虫脒(0.1)、毒杀芬(0.05)、毒死蜱(0.02)、多杀霉素(0.1)、氟虫腈(0.02)、氟噻唑吡乙酮(0.04)、氟唑菌酰胺(0.6)、福美双(0.5)、甲胺磷(0.05)、甲硫威(0.5)、甲萘威(1)、甲霜灵和精甲霜灵(2)、甲氧虫酰肼(0.05)、久效磷(0.03)、克百威(0.02)、磷胺(0.05)、硫线磷(0.02)、氯丹(0.02)、氯菊酯(1)、马拉硫磷(1)、灭多威(0.2)、灭菌丹(1)、灭蝇胺(0.1)、七氯(0.02)、氰戊菊酯和S-氰戊菊酯(0.5)、三唑磷(0.05)、杀螟硫磷(0.5)、肟菌酯(0.05)、辛硫磷(0.05)、氧乐果(0.02)、乙基多杀菌素(0.8)、异狄氏剂(0.05)、蝇毒磷(0.05)
	欧盟	阿维菌素(0.01)、百草枯(0.02)、百菌清(0.01)、保棉磷(0.05)、倍硫磷(0.02)、吡蚜酮(0.02)、丙环唑(0.01)、丙森锌(0.05)、草铵膦(0.05)、敌百虫(0.02)、敌敌畏(0.01)、啶虫脒(0.02)、毒杀芬(0.01)、毒死蜱(0.01)、多杀霉素(0.07)、氟虫腈(0.005)、氟噻唑吡乙酮(0.01)、氟唑菌酰胺(0.1)、福美双(0.1)、甲胺磷(0.02)、甲硫威(0.1)、甲萘威(0.02)、甲霜灵和精甲霜灵(0.5)、甲氧虫酰肼(0.01)、久效磷(0.02)、克百威(0.002)、磷胺(0.01)、硫线磷(0.01)、氯丹(0.01)、氯菊酯(0.05)、马拉硫磷(0.02)、灭多威(0.01)、灭菌丹(0.03)、灭蝇胺(0.05)、七氯(0.01)、氰戊菊酯和S-氰戊菊酯(0.02)、三唑磷(0.01)、杀螟硫磷(0.02)、肟菌酯(0.01)、辛硫磷(0.01)、氧乐果(0.01)、乙基多杀菌素(0.05)、异狄氏剂(0.01)、蝇毒磷(0.01)
规定宽于中国的项目19种（括号内为限量值，单位为mg/kg）	中国	苯霜灵(0.02)、吡噻菌胺(0.7)、敌草腈(0.01)、对硫磷(0.01)、氟吡菌酰胺(0.07)、氟啶胺(0.05)、甲拌磷(0.01)、硫丹(0.05)、氯磺隆(0.01)、氯氰菊酯和高效氯氰菊酯(0.01)、氯酞酸甲酯(0.01)、茅草枯(0.01)、咪唑菌酮(0.15)、嘧菌酯(2)、三氯杀螨醇(0.01)、涕灭威(0.03)、戊唑醇(0.1)、溴氰菊酯(0.05)、乙酯杀螨醇(0.01)
	欧盟	苯霜灵(0.2)、吡噻菌胺(0.8)、敌草腈(0.02)、对硫磷(0.05)、氟吡菌酰胺(0.1)、氟啶胺(0.06)、甲拌磷(0.02)、硫丹(0.1)、氯磺隆(0.05)、氯氰菊酯和高效氯氰菊酯(0.1)、氯酞酸甲酯(0.02)、茅草枯(0.05)、咪唑菌酮(0.2)、嘧菌酯(10)、三氯杀螨醇(0.05)、涕灭威(0.05)、戊唑醇(0.15)、溴氰菊酯(0.06)、乙酯杀螨醇(0.02)

续表

项目		农药残留限量指标数目、种类和限量值
独有限量规定的农药项目(括号内为限量值,单位为mg/kg)	中国 43种	苯氟磺胺(0.1)、代森联(0.5)、代森锰锌(0.5)、代森锌(0.5)、氟吡甲禾灵和高效氟吡甲禾灵(0.2)、活化酯(0.15)、萘乙酸和萘乙酸钠(0.1)、异菌脲(0.2)、胺苯磺隆(0.01)、巴毒磷(0.02)、丙酯杀螨醇(0.02)、草枯醚(0.01)、草芽畏(0.01)、地虫硫磷(0.01)、丁硫克百威(0.01)、毒菌酚(0.01)、二溴磷(0.01)、氟除草醚(0.01)、格螨酯(0.01)、庚烯磷(0.01)、环螨酯(0.01)、甲基硫环磷(0.03)、甲基异柳磷(0.01)、乐杀螨(0.05)、硫环磷(0.03)、氯苯甲醚(0.01)、氯酞酸(0.01)、氯唑磷(0.01)、灭草环(0.05)、内吸磷(0.02)、三氟硝草醚(0.01)、杀虫脒(0.01)、杀虫畏(0.01)、水胺硫磷(0.05)、戊硝酚(0.01)、烯虫炔酯(0.01)、烯虫乙酯(0.01)、消螨酚(0.01)、溴甲烷(0.02)、抑草蓬(0.05)、茚草酮(0.01)、治螟磷(0.01)、灭蚁灵(0.01)
	欧盟 388种	缬霉威(0.1)、环溴虫酰胺(0.01)、吡啶菌胺(0.01)、氯酸钠(0.5)、1,1-氯-2,2-二(4—乙苯基)乙烷(0.01)、1,2-二溴乙烷(0.01)、二氯乙烷(0.01)、1,3-二氯丙烯(0.01)、1,4-二甲基萘(0.01)、唑菌嗪(0.001)、1-甲基环丙烯(0.01)、1-萘基乙酰胺和1-萘基乙酸(0.06)、2,4,5-涕(0.01)、2-萘氧乙酸(0.01)、2-苯基苯酚(0.01)、8-羟基喹啉(0.01)、乙氧磺隆(0.01)、乙草胺(0.01)、甲草胺(0.02)、酰嘧磺隆(0.01)、醚菌酯(0.3)、吲唑磺菌胺(0.01)、双甲脒(0.05)、杀草强(0.01)、敌菌灵(0.02)、蒽醌(0.01)、杀螨特(0.01)、磺草灵(0.05)、莠去津(0.05)、印楝素(1)、四唑嘧磺隆(0.01)、益棉磷(0.02)、三唑锡和三环锡(总和,以三环锡计)(0.02)、燕麦灵(0.01)、氟丁酰草胺(0.02)、氟草胺(0.02)、苄嘧磺隆(0.01)、苯噻菌胺(0.02)、氯化苯甲烃铵(0.1)、联苯肼酯(0.02)、甲羧除草醚(0.01)、联苯(0.01)、溴离子(30)、乙基溴硫磷(0.01)、溴螨酯(0.02)、溴苯腈(0.01)、碘苯腈(0.01)、乙嘧酚磺酸酯(0.05)、草达灭(0.01)、丁乐灵(0.01)、丁草敌(0.02)、敌菌丹(0.05)、多菌灵(0.1)、一氧化碳(0.01)、四氯化碳(0.01)、氟酮唑草(0.01)、杀螟丹(0.01)、氯杀螨(0.01)、氯草灵(0.01)、十氯酮(0.02)、溴虫腈(0.02)、杀螨酯(0.01)、氯草敏(0.3)、氯化苦(0.005)、绿麦隆(0.01)、枯草隆(0.01)、氯苯胺灵(0.05)、草克乐(0.02)、乙菌利(0.01)、环虫酰肼(0.01)、炔草酯(0.02)、四螨嗪(0.02)、异恶草酮(0.01)、噻虫胺(0.01)、铜化合物(5)、氰胺(0.01)、环丙草酰胺(0.05)、环氟菌胺(0.01)、丁氟螨酯(0.01)、氟氯氰菊酯(0.02)、氰氟草酯(0.02)、吡唑萘菌胺(0.01)、丁酰肼(0.06)、棉隆(0.02)、甜菜安(0.01)、燕麦敌(0.01)、

续表

项目		农药残留限量指标数目、种类和限量值
独有限量规定的农药项目(括号内为限量值,单位为mg/kg)	欧盟388种	麦草畏(0.05)、禾草灵(0.1)、二癸基二甲基氯化铵(0.1)、乙霉威(0.01)、吡喃草酮(0.1)、吡氟草胺(0.01)、二氟乙酸(0.06)、二甲草胺(0.01)、噻节因(0.1)、醚菌胺(0.01)、烯唑醇(0.01)、敌螨普(0.02)、地乐酚(0.02)、敌杀磷(0.01)、恶霜灵(0.01)、敌草快(0.01)、乙拌磷(0.02)、二氰蒽醌(0.01)、二硫代氨基甲酸酯(1)、敌草隆(0.01)、二硝甲酚(0.01)、吗菌灵(0.01)、多果定(0.01)、氟环唑(0.05)、茵草敌(0.02)、乙丁烯氟灵(0.01)、甲基胺苯磺隆(0.01)、乙硫磷(0.02)、乙菌定(0.05)、乙氧呋草黄(0.03)、乙氧基喹(0.05)、糠菌唑(0.01)、环氧乙烷(0.02)、乙螨唑(0.01)、恶唑菌酮(0.01)、氯苯嘧啶醇(0.02)、喹螨醚(0.01)、腈苯唑(0.01)、萎锈灵(0.03)、皮蝇磷(0.01)、精恶唑禾草灵(0.1)、苯氧威(0.01)、甲氰菊酯(0.01)、苯锈啶(0.01)、胺苯吡菌酮(0.01)、三苯锡(0.02)、嘧啶磺隆(0.01)、双氟磺草胺(0.01)、氟环脲(0.01)、氟氰戊菊酯(0.01)、氟噻草胺(0.05)、氟虫脲(0.05)、氟螨嗪(0.05)、氟甲喹(0.01)、氟节胺(0.01)、伏草隆(0.01)、氟离子(2)、乙羧氟草醚(0.01)、氟嘧菌酯(0.04)、氟啶嘧磺隆(0.02)、氟喹唑(0.01)、氟咯草酮(0.01)、氟草烟(0.05)、调嘧醇(0.01)、呋草酮(0.01)、氟硅唑(0.01)、氟酰胺(0.01)、氟磺胺草醚(0.02)、甲酰胺磺隆(0.01)、氯吡脲(0.01)、伐虫脒(0.01)、安果(0.01)、噻唑磷(0.02)、麦穗宁(0.01)、糠醛(5)、氯氟醚菌唑(0.01)、苯草醚(0.02)、草甘膦(0.1)、双胍辛胺(0.05)、氟氯吡啶酯(0.02)、氯吡嘧磺隆(0.01)、吡氟氯禾灵(0.2)、已唑醇(0.02)、噻螨酮(0.5)、氢氰酸(0.01)、恶霉灵(0.05)、抑霉唑(0.01)、杀雄啉(0.01)、甲氧咪草烟(0.05)、甲咪唑烟酸(0.01)、灭草烟(0.01)、灭草喹(0.05)、咪唑磺隆(0.01)、吲哚乙酸(0.1)、吲哚丁酸(0.1)、茚虫威(0.02)、碘甲磺隆(0.01)、苯丁锡(0.01)、种菌唑(0.01)、异丙隆(0.01)、异恶草胺(0.02)、异恶唑草酮(0.02)、氰霜唑(1.5)、乳氟草灵(0.02)、氯氨吡啶酸(0.01)、氟苯脲(0.01)、环草定(0.1)、氟醚唑(0.02)、氯芬奴隆(0.01)、克菌丹(0.03)、二甲四氯和二甲四氯丁酸(0.05)、灭蚜磷(0.01)、二甲四氯丙酸(0.05)、嘧菌胺(0.01)、灭锈胺(0.02)、硝苯菌酯(0.05)、甲基二磺隆(0.01)、硝磺草酮(0.01)、氰氟虫腙(0.05)、苯嗪草酮(0.1)、叶菌唑(0.02)、噻唑隆(0.02)、虫螨畏(0.01)、烯虫酯(0.05)、异丙甲草胺和精异丙甲草胺(0.05)、磺草唑胺(0.01)、嗪草酮(0.1)、灭螨菌素(0.02)、溴敌隆(0.01)、利谷隆(0.01)、灭草隆(0.02)、敌草胺(0.01)、烟嘧磺隆(0.01)、除草醚(0.01)、双苯氟脲(0.01)、

续表

项目		农药残留限量指标数目、种类和限量值
独有限量规定的农药项目(括号内为限量值,单位为mg/kg)	欧盟388种	鱼藤酮(0.01)、苯嘧磺草胺(0.03)、环苯吡菌胺(0.01)、硅噻菌胺(0.01)、西玛津(0.02)、二苯胺(0.05)、螺螨酯(0.02)、螺环菌胺(0.01)、链霉素(0.01)、磺草酮(0.01)、磺酰磺隆(0.01)、硫酰氟(0.01)、抑虫肼(0.01)、四氧硝基苯(0.01)、环磺酮(0.02)、特普(0.01)、草净津(0.05)、环苯草酮(0.01)、磺酰脲(0.01)、黄草消(0.01)、丙炔噁草酮(0.01)、恶草酮(0.05)、五氟磺草胺(0.01)、杀线威(0.01)、环氧嘧磺隆(0.01)、啶氧菌酯(0.01)、亚砜磷(0.02)、乙氧氟草醚(0.05)、石蜡油(0.01)、戊菌隆(0.02)、哒螨灵(0.01)、氟菌唑(0.02)、乙酰胺(0.01)、矿物油(0.01)、甜菜宁(0.01)、苯醚菊酯(0.02)、稻丰散(0.01)、伏杀硫磷(0.02)、亚胺硫磷(0.05)、毒莠定(0.01)、多效唑(0.01)、唑啉草酯(0.02)、甲基嘧啶磷(0.01)、咪酰胺(0.03)、腐霉利(0.02)、2,5-二氯苯甲酸甲酯(0.01)、毒草安(0.05)、敌稗(0.01)、喔草酯(0.1)、苯胺灵(0.01)、异丙草胺(0.01)、残杀威(0.05)、丙苯磺隆(0.02)、炔苯酰草胺(0.01)、丙氧喹啉(0.02)、苄草丹(0.03)、氟磺隆(0.01)、丁苯吗啉(0.01)、氟吡酰草胺(0.01)、二甲戊灵(0.05)、磺酰草吡唑(0.01)、吡菌磷(0.01)、除虫菊素(1)、戊菌唑(0.01)、啶虫丙醚(0.01)、哒草特(0.05)、甲氧苯啶菌(0.01)、吡丙醚(0.05)、甲氧磺草胺(0.01)、喹硫磷(0.01)、二氯喹啉酸(0.02)、氯甲喹啉酸(0.1)、灭藻醌(0.01)、喹氧灵(0.02)、五氯硝基苯(0.05)、喹禾灵(0.4)、苄呋菊酯(0.01)、砜嘧磺隆(0.01)、四氯杀螨砜(0.02)、噻虫啉(0.01)、噻虫嗪(0.01)、噻吩磺隆(0.01)、杀草丹(0.01)、硫双威(0.01)、甲基硫菌灵(0.1)、甲基立枯磷(0.01)、甲苯氟磺胺(0.02)、苯吡唑草酮(0.01)、三甲苯草酮(0.01)、野燕畏(0.1)、醚苯磺隆(0.01)、苯磺隆(0.01)、杀虫隆(0.01)、三环唑(0.01)、十三吗啉(0.02)、甲基毒死蜱(0.01)、氟乐灵(0.01)、嗪氨灵(0.02)、三甲基锍阳离子(0.05)、抗倒酯(0.01)、灭菌唑(0.01)、三氟甲磺隆(0.01)、维芬乐特(0.5)、乙烯菌核利(0.01)、杀鼠灵(0.01)、福美锌(0.1)、苯酰菌胺(0.02)、长杀草(0.01)、吲哚酮草酯(0.05)、3-癸烯-2-酮(0.1)、5-硝基愈创木酚钠(0.03)、磷酸盐和磷化盐(0.01)、2,4-滴丙酸(0.02)、乙烯利(0.05)、四聚乙醛(0.05)、醚菊酯(0.01)、土菌灵(0.05)、氟胺氰菊酯(0.01)、三唑酮(0.01)、三唑醇(0.01)、三氟苯嘧啶(0.01)、氟吡草酮(0.01)、六氯苯(0.01)、壮棉素(0.02)、尼古丁(0.01)、丙溴磷(0.02)、噻苯咪唑(0.01)、氟丙菊酯(0.02)、氟噻唑菌腈(0.01)、粉唑醇(0.01)、调环酸(0.01)、唑嘧菌胺(1.5)、环唑醇(0.05)、汞化合物(0.01)、吡螨胺(0.01)、双苯三唑醇(0.01)、

续表

项目		农药残留限量指标数目、种类和限量值
独有限量规定的农药项目(括号内为限量值,单位为mg/kg)	欧盟388种	矮壮素(0.01)、七氟菊酯(0.07)、苯并烯氟菌唑(0.01)、联苯菊酯(0.01)、氟啶虫酰胺(0.03)、苯菌酮(0.01)、吡草醚(0.02)、螺甲螨酯(0.02)、联苯吡菌胺(0.01)、氯虫苯甲酰胺(0.01)、霜脲氰(0.01)、甲苯醚菌酯(0.01)、吡草胺(0.02)、稻瘟灵(0.01)、乙磷铝(50)、炔螨特(0.01)、唑螨酯(0.01)、氟虫酰胺(0.01)、绿草定(0.01)、二氯吡啶酸(0.5)、甲胺基阿维菌素苯甲酸盐(0.01)、苯并噻二唑(0.15)、环酰菌胺(0.8)、异丙噻菌胺(0.01)、丙硫菌唑(0.05)、2,4-滴(0.05)、氯氟吡啶酯(0.01)、除虫脲(0.01)、噻嗪酮(0.01)、双草醚(0.01)、苯甲地那铵盐(0.01)
其他项目(括号内为限量值,单位为mg/kg)	中国3种	艾氏剂(0.05)、狄氏剂(0.05)、六六六(α-六六六、β-六六六、γ-六六六和δ-六六六之和,0.05)
	欧盟4种	艾氏剂与狄氏剂之和(0.01)、α-六六六(0.01)、β-六六六(0.01)、林丹(0.01)

③美国

美国对洋葱共规定了98种农药的残留限量,有52种与中国规定的农药种类一致。其中,相同种类农药中,有啶酰菌胺、多杀霉素、氟啶虫胺腈、咯菌腈等11种农药的MRLs相同,阿维菌素、苯醚甲环唑、百菌清、啶虫脒等12种农药的MRLs比中国更严格,吡虫啉、吡噻菌胺、敌敌畏、毒死蜱等29种农药的MRLs比中国宽松。环酰菌胺、唑虫酰胺、啶氧菌酯、氟唑菌苯胺等46种农药的MRLs是美国制定而中国未制定,甲胺磷、甲拌磷、氯唑磷等99种农药的MRLs是中国制定而美国未制定,中国与美国洋葱中农药残留限量值差异情况具体见表3-29。

表3-29 中国与美国洋葱中农药残留限量值差异情况

项目		农药残留限量指标数目、种类和限量值
有限量规定的农药种类总量	中国	151种
	美国	98种
美国与中国一致的项目11种(括号内为限量值,单位为mg/kg)		丙炔氟草胺(0.02)、啶酰菌胺(5)、多杀霉素(0.1)、氟啶虫胺腈(0.01)、氟噻唑吡乙酮(0.04)、咯菌腈(0.5)、嘧霉胺(0.2)、灭多威(0.2)、烯草酮(0.5)、烯酰吗啉(0.6)、抑芽丹(15)

续表

项目		农药残留限量指标数目、种类和限量值
规定严于中国的项目12种(括号内为限量值,单位为mg/kg)	中国	阿维菌素(0.05)、百菌清(10)、苯醚甲环唑(0.5)、吡唑醚菌酯(1.5)、啶虫脒(0.1)、活化酯(0.15)、氯菊酯(1)、嘧菌酯(2)、氰戊菊酯和S-氰戊菊酯(0.5)、双炔酰菌胺(0.1)、溴氰虫酰胺(0.05)、乙基多杀菌素(0.8)
	美国	阿维菌素(0.01)、百菌清(0.5)、苯醚甲环唑(0.2)、吡唑醚菌酯(0.9)、啶虫脒(0.02)、活化酯(0.1)、氯菊酯(0.1)、嘧菌酯(1)、氰戊菊酯和S-氰戊菊酯(0.05)、双炔酰菌胺(0.05)、溴氰虫酰胺(0.04)、乙基多杀菌素(0.1)
规定宽于中国的项目29种(括号内为限量值,单位为mg/kg)	中国	百草枯(0.05)、吡虫啉(0.1)、吡氟禾草灵和精吡氟禾草灵(0.3)、吡噻菌胺(0.7)、丙环唑(0.1)、代森锰锌(0.5)、敌敌畏(0.2)、毒死蜱(0.02)、二嗪磷(0.05)、呋虫胺(0.1)、氟吡呋喃酮(0.01)、氟吡菌胺(1)、氟吡菌酰胺(0.07)、氟啶胺(0.05)、氟唑菌酰胺(0.6)、甲霜灵和精甲霜灵(2)、甲氧虫酰肼(0.05)、螺虫乙酯(0.4)、氯氰菊酯和高效氯氰菊酯(0.01)、氯硝胺(0.2)、马拉硫磷(1)、咪唑菌酮(0.15)、嘧菌环胺(0.3)、灭菌丹(1)、灭蝇胺(0.1)、戊唑醇(0.1)、溴甲烷(0.02)、溴氰菊酯(0.05)、异菌脲(0.2)
	美国	百草枯(0.1)、吡虫啉(0.15)、吡氟禾草灵和精吡氟禾草灵(0.5)、吡噻菌胺(3)、丙环唑(0.2)、代森锰锌(1.5)、敌敌畏(0.5)、毒死蜱(0.5)、二嗪磷(0.75)、呋虫胺(0.15)、氟吡呋喃酮(0.09)、氟吡菌胺(7)、氟吡菌酰胺(0.4)、氟啶胺(0.2)、氟唑菌酰胺(1.5)、甲霜灵和精甲霜灵(3)、甲氧虫酰肼(0.1)、螺虫乙酯(0.8)、氯氰菊酯和高效氯氰菊酯(0.1)、氯硝胺(10)、马拉硫磷(8)、咪唑菌酮(0.2)、嘧菌环胺(0.6)、灭菌丹(2)、灭蝇胺(0.3)、戊唑醇(0.2)、溴甲烷(2)、溴氰菊酯(0.1)、异菌脲(0.5)

续表

项目		农药残留限量指标数目、种类和限量值
独有限量规定的农药项目（括号内为限量值，单位为 mg/kg）	中国 99 种	苯氟磺胺(0.1)、苯霜灵(0.02)、吡蚜酮(0.5)、丙森锌(0.5)、草铵膦(0.1)、代森联(0.5)、代森锌(0.5)、敌草腈(0.01)、氟吡甲禾灵和高效氟吡甲禾灵(0.2)、福美双(0.5)、甲硫威(0.5)、精二甲吩草胺(0.01)、抗蚜威(0.1)、灭草松(0.1)、萘乙酸和萘乙酸钠(0.1)、噻草酮(3)、霜霉威和霜霉威盐酸盐(2)、肟菌酯(0.05)、胺苯磺隆(0.01)、巴毒磷(0.02)、倍硫磷(0.05)、苯线磷(0.02)、丙酯杀螨醇(0.02)、草枯醚(0.01)、草芽畏(0.01)、敌百虫(0.2)、地虫硫磷(0.01)、丁硫克百威(0.01)、毒虫畏(0.01)、毒菌酚(0.01)、对硫磷(0.01)、二溴磷(0.01)、氟虫腈(0.02)、氟除草醚(0.01)、格螨酯(0.01)、庚烯磷(0.01)、环螨酯(0.01)、甲胺磷(0.05)、甲拌磷(0.01)、甲磺隆(0.01)、甲基对硫磷(0.02)、甲基硫环磷(0.03)、甲基异柳磷(0.01)、甲萘威(1)、甲氧滴滴涕(0.01)、腈菌唑(0.06)、久效磷(0.03)、克百威(0.02)、乐果(0.01)、乐杀螨(0.05)、磷胺(0.05)、硫丹(0.05)、硫环磷(0.03)、硫线磷(0.02)、氯苯甲醚(0.01)、氯氟氰菊酯和高效氯氟氰菊酯(0.2)、氯磺隆(0.01)、氯酞酸(0.01)、氯酞酸甲酯(0.01)、氯唑磷(0.01)、茅草枯(0.01)、灭草环(0.05)、灭螨醌(0.01)、灭线磷(0.02)、内吸磷(0.02)、三氟硝草醚(0.01)、三氯杀螨醇(0.01)、三唑磷(0.05)、杀虫脒(0.01)、杀虫畏(0.01)、杀螟硫磷(0.5)、杀扑磷(0.05)、水胺硫磷(0.05)、速灭磷(0.01)、特丁硫磷(0.01)、特乐酚(0.01)、涕灭威(0.03)、戊硝酚(0.01)、烯虫炔酯(0.01)、烯虫乙酯(0.01)、消螨酚(0.01)、辛硫磷(0.05)、氧乐果(0.02)、乙酰甲胺磷(0.02)、乙酯杀螨醇(0.01)、抑草蓬(0.05)、茚草酮(0.01)、蝇毒磷(0.05)、治螟磷(0.01)、艾氏剂(0.05)、滴滴涕(0.05)、狄氏剂(0.05)、毒杀芬(0.05)、六六六(0.05)、氯丹(0.02)、灭蚁灵(0.01)、七氯(0.02)、异狄氏剂(0.05)、保棉磷(0.5)
	美国 46 种	缬菌胺(0.6)、环酰菌胺(2)、唑虫酰胺(0.09)、啶氧菌酯(0.5)、氟唑菌苯胺(0.01)、唑嘧菌胺(1.5)、砜吡草唑(0.15)、氯虫苯甲酰胺(0.3)、螺甲螨酯(0.09)、氰霜唑(2)、恶唑菌酮(0.45)、噻虫胺(0.45)、苯酰菌胺(0.7)、噻虫嗪(0.03)、炔丙菊酯(1)、氯氟吡氧乙酸(0.03)、唑草酮(0.1)、吡丙醚(0.7)、霜脲氰(0.05)、二氯丙烯胺(0.05)、二甲噻草胺(0.01)、解草酮(0.01)、氯氟氰菊酯菊酯和高效氯氟氰菊酯(0.1)、三乙膦酸铝(0.5)、西禾定(1)、乙氧氟草醚(0.05)、甲基硫菌灵(0.5)、异丙甲草胺(0.1)、草甘膦(0.2)、二甲戊灵(0.1)、乙氧呋草黄(0.25)、砜吸磷(0.05)、溴草腈(0.1)、杀线威(0.2)、萎锈灵(0.2)、茵多杀(0.5)、噻苯咪唑(0.02)、地散磷(0.1)、磷化氢(0.01)、氟乐灵(0.05)、四氯对苯二甲酸二甲酯(1)、2,4-滴(0.05)、克菌丹(0.05)、苯并烯氟菌唑(0.02)、三氯甲基吡啶(0.3)、氯氟醚菌唑(0.2)

④日本

日本对洋葱共规定了287种农药的残留限量，有88种与中国规定的农药种类一致。其中，相同种类农药中，有百草枯、苯氟磺胺、吡噻菌胺、啶酰菌胺等28种农药的MRLs相同；百菌清、苯醚甲环唑、吡虫啉、氟虫腈等17种农药的MRLs比中国更严格，日本规定洋葱中苯醚甲环唑MRLs为0.2 mg/kg，而中国为0.5 mg/kg；苯霜灵、苯线磷、吡唑醚菌酯、草铵膦等43种农药的MRLs比中国宽松。敌草腈、福美双、甲氧虫酰肼、精二甲吩草胺等59种农药的MRLs是中国制定而日本未制定，哌碳唑、春雷霉素、丙硫克百威等196种农药的MRLs是日本制定而中国未制定。另外，中国对溴氰菊酯、艾氏剂、狄氏剂、六六六（α-六六六、β-六六六、γ-六六六和δ-六六六之和）制定了相应的限量，而日本是对四溴菊酯和溴氰菊酯之和、艾氏剂与狄氏剂之和、林丹制定了限量。中国与日本洋葱中农药残留限量值差异情况具体见表3-30。

表3-30 中国与日本洋葱中农药残留限量值差异情况

<table>
<tr><th colspan="2">项目</th><th>农药残留限量指标数目、种类和限量值</th></tr>
<tr><td rowspan="2">有限量规定的农药种类总量</td><td>中国</td><td>151种</td></tr>
<tr><td>日本</td><td>287种</td></tr>
<tr><td colspan="2">日本与中国一致的项目28种（括号内为限量值，单位为mg/kg）</td><td>百草枯(0.05)、苯氟磺胺(0.1)、吡氟禾草灵和精吡氟禾草灵(0.3)、吡噻菌胺(0.7)、丙炔氟草胺(0.02)、丁硫克百威(0.01)、啶酰菌胺(5)、多杀霉素(0.1)、二嗪磷(0.05)、呋虫胺(0.1)、氟啶虫胺腈(0.01)、氟噻唑吡乙酮(0.04)、咯菌腈(0.5)、甲硫威(0.5)、甲霜灵和精甲霜灵(2)、甲氧滴滴涕(0.01)、氯丹(0.02)、氯硝胺(0.2)、茅草枯(0.01)、嘧霉胺(0.2)、灭多威(0.2)、灭菌丹(1)、灭蝇胺(0.1)、杀虫畏(0.01)、双炔酰菌胺(0.1)、烯草酮(0.5)、辛硫磷(0.05)、溴氰虫酰胺(0.05)</td></tr>
<tr><td rowspan="2">规定严于中国的项目17种（括号内为限量值，单位为mg/kg）</td><td>中国</td><td>阿维菌素(0.05)、百菌清(10)、苯醚甲环唑(0.5)、吡虫啉(0.1)、敌敌畏(0.2)、氟吡甲禾灵和高效氟吡甲禾灵(0.2)、氟虫腈(0.02)、甲萘威(1)、克百威(0.02)、磷胺(0.05)、氯菊酯(1)、七氯(0.02)、噻草酮(3)、杀螟硫磷(0.5)、乙基多杀菌素(0.8)、异狄氏剂(0.05)、蝇毒磷(0.05)</td></tr>
<tr><td>日本</td><td>阿维菌素(0.005)、百菌清(0.5)、苯醚甲环唑(0.2)、吡虫啉(0.07)、敌敌畏(0.1)、氟吡甲禾灵和高效氟吡甲禾灵(0.05)、氟虫腈(0.01)、甲萘威(0.01)、克百威(0.01)、磷胺(0.01)、氯菊酯(0.1)、七氯(0.01)、噻草酮(0.5)、杀螟硫磷(0.05)、乙基多杀菌素(0.1)、异狄氏剂(0.01)、蝇毒磷(0.01)</td></tr>
</table>

续表

项目		农药残留限量指标数目、种类和限量值
规定宽于中国的项目43种(括号内为限量值,单位为mg/kg)	中国	苯霜灵(0.02)、苯线磷(0.02)、吡唑醚菌酯(1.5)、丙环唑(0.1)、草铵膦(0.1)、滴滴涕(0.05)、敌百虫(0.2)、啶虫脒(0.1)、毒虫畏(0.01)、毒死蜱(0.02)、对硫磷(0.01)、氟吡呋喃酮(0.01)、氟吡菌胺(1)、氟吡菌酰胺(0.07)、氟啶胺(0.05)、氟唑菌酰胺(0.6)、活化酯(0.15)、甲胺磷(0.05)、甲拌磷(0.01)、甲基对硫磷(0.02)、腈菌唑(0.06)、久效磷(0.03)、抗蚜威(0.1)、乐果(0.01)、硫丹(0.05)、螺虫乙酯(0.4)、氯氟氰菊酯和高效氯氟氰菊酯(0.2)、氯氰菊酯和高效氯氰菊酯(0.01)、氯酞酸甲酯(0.01)、马拉硫磷(1)、咪唑菌酮(0.15)、嘧菌环胺(0.3)、嘧菌酯(2)、灭草松(0.1)、三氯杀螨醇(0.01)、杀扑磷(0.05)、特丁硫磷(0.01)、戊唑醇(0.1)、烯酰吗啉(0.6)、氧乐果(0.02)、乙酰甲胺磷(0.02)、异菌脲(0.2)、抑芽丹(15)
	日本	苯霜灵(0.2)、苯线磷(0.04)、吡唑醚菌酯(2)、丙环唑(0.2)、草铵膦(0.2)、滴滴涕(0.5)、敌百虫(0.5)、啶虫脒(0.2)、毒虫畏(0.05)、毒死蜱(0.05)、对硫磷(0.3)、氟吡呋喃酮(0.09)、氟吡菌胺(7)、氟吡菌酰胺(0.4)、氟啶胺(0.2)、氟唑菌酰胺(2)、活化酯(0.2)、甲胺磷(0.2)、甲拌磷(0.3)、甲基对硫磷(1)、腈菌唑(1)、久效磷(0.1)、抗蚜威(0.5)、乐果(0.3)、硫丹(0.2)、螺虫乙酯(0.8)、氯氟氰菊酯和高效氯氟氰菊酯(0.5)、氯氰菊酯和高效氯氰菊酯(0.1)、氯酞酸甲酯(2)、马拉硫磷(8)、咪唑菌酮(0.2)、嘧菌环胺(0.6)、嘧菌酯(10)、灭草松(0.2)、三氯杀螨醇(3)、杀扑磷(0.1)、特丁硫磷(0.05)、戊唑醇(0.2)、烯酰吗啉(2)、氧乐果(1)、乙酰甲胺磷(0.3)、异菌脲(0.5)、抑芽丹(20)

续表

项目		农药残留限量指标数目、种类和限量值
独有限量规定的农药项目（括号内为限量值，单位为 mg/kg）	中国 59 种	吡蚜酮(0.5)、丙森锌(0.5)、代森联(0.5)、代森锰锌(0.5)、代森锌(0.5)、敌草腈(0.01)、福美双(0.5)、甲氧虫酰肼(0.05)、精二甲吩草胺(0.01)、萘乙酸和萘乙酸钠(0.1)、氰戊菊酯和 S-氰戊菊酯(0.5)、霜霉威和霜霉威盐酸盐(2)、肟菌酯(0.05)、胺苯磺隆(0.01)、巴毒磷(0.02)、倍硫磷(0.05)、丙酯杀螨醇(0.02)、草枯醚(0.01)、草芽畏(0.01)、地虫硫磷(0.01)、毒菌酚(0.01)、二溴磷(0.01)、氟除草醚(0.01)、格螨酯(0.01)、庚烯磷(0.01)、环螨酯(0.01)、甲磺隆(0.01)、甲基硫环磷(0.03)、甲基异柳磷(0.01)、乐杀螨(0.05)、硫环磷(0.03)、硫线磷(0.02)、氯苯甲醚(0.01)、氯磺隆(0.01)、氯酞酸(0.01)、氯唑磷(0.01)、灭草环(0.05)、灭螨醌(0.01)、灭线磷(0.02)、内吸磷(0.02)、三氟硝草醚(0.01)、三唑磷(0.05)、杀虫脒(0.01)、水胺硫磷(0.05)、速灭磷(0.01)、特乐酚(0.01)、涕灭威(0.03)、戊硝酚(0.01)、烯虫炔酯(0.01)、烯虫乙酯(0.01)、消螨酚(0.01)、溴甲烷(0.02)、乙酯杀螨醇(0.01)、抑草蓬(0.05)、茚草酮(0.01)、治螟磷(0.01)、毒杀芬(0.05)、灭蚁灵(0.01)、保棉磷(0.5)
	日本 196 种	哌碳唑(0.03)、春雷霉素(0.2)、丙硫克百威(0.01)、敌草快(0.02)、氟虫吡喹(0.05)、嗪氨灵(0.01)、二氯异丙醚(0.01)、2,4-滴丙酸(0.01)、特丁赛草隆(0.01)、苯醚菊酯(0.01)、呋喃硫威(0.01)、仲丁胺(0.01)、地散磷(0.01)、苯酰菌胺(0.7)、克菌丹(0.3)、三氯杀螨砜(0.01)、烯禾啶(1)、敌稗(0.01)、双胍辛胺(0.05)、禾草丹(0.02)、甲基立枯磷(2)、三唑酮(0.5)、三唑醇(0.5)、氟啶虫酰胺(0.05)、弥拜菌素(0.05)、琥珀酸脱氢酶抑制剂(0.05)、乙烯菌核利(1)、杀鼠灵(0.001)、单克素(0.05)、井冈霉素(0.05)、氟乐灵(0.05)、杀铃脲(0.02)、砜吸磷(0.04)、乙氧氟草醚(0.05)、氧四环素(0.2)、戊菌唑(0.1)、二甲戊灵(0.2)、稻丰散(0.02)、亚胺硫磷(1)、啶氧菌酯(0.05)、杀鼠酮(0.001)、增效醚(8)、甲基嘧啶磷(1)、多氧霉素(0.05)、烯丙苯噻唑(0.01)、咪鲜胺(0.05)、腐霉利(0.2)、调环酸钙盐(0.01)、扑草净(0.02)、毒草安(0.7)、霜霉威(0.2)、喔草酯(0.05)、残杀威(2)、拿草特(0.05)、苄草丹(0.1)、丙硫磷(0.1)、吡草醚(0.05)、苄草唑(0.02)、除虫菊素(1)、吡菌苯威(0.1)、啶虫丙醚(0.05)、哒草特(0.2)、喹恶磷(0.05)、五氯硝基苯(0.1)、喹禾灵(0.05)、喹禾糠酯(0.05)、苄呋菊酯(0.1)、螺甲螨酯(0.09)、氟菌唑(0.2)、十三吗啉(0.05)、三环唑(0.01)、野麦畏(0.1)、绿草定(0.03)、

续表

项目		农药残留限量指标数目、种类和限量值
独有限量规定的农药项目（括号内为限量值，单位为 mg/kg）	日本 196 种	噻菌灵(2)、噻虫嗪(0.02)、四氯硝基苯(0.05)、得杀草(0.3)、磺酰唑草酮(0.05)、喹菌酮(0.1)、喹啉铜(0.2)、恶霜灵(5)、杀线威(0.05)、烟碱(2)、烯啶虫胺(0.1)、嗪草酮(0.5)、异丙甲草胺(0.05)、冬播隆(0.05)、羟菌唑(0.1)、利谷隆(0.2)、环草定(0.3)、醚菌酯(0.02)、异丙胺磷(0.1)、碘苯腈(0.1)、咪唑喹啉酸(0.05)、咪唑乙烟酸铵(0.05)、抑霉唑(0.02)、氰化氢(5)、磷化氢(0.01)、恶霉灵(0.5)、六氯苯(0.01)、草甘膦(0.2)、赤霉素(0.2)、噻唑磷(0.05)、乙膦酸(50)、氟胺氰菊酯(0.03)、氯氟吡氧乙酸(0.04)、伏草隆(0.02)、氟氰戊菊酯(0.1)、啶嘧磺隆(0.02)、三苯基氢氧化锡(0.05)、氰戊菊酯(0.5)、丰索磷(0.1)、苯氧威(0.05)、丁苯吗啉(0.05)、仲丁威(0.3)、恶唑禾草灵(0.1)、环酰菌胺(0.05)、氯苯嘧啶醇(0.5)、腈苯唑(0.05)、苯丁锡(0.05)、恶唑菌酮(0.5)、土菌灵(0.1)、二氯乙烷(0.01)、二溴化乙烯(0.01)、乙氧呋草黄(0.3)、乙烯利(0.05)、乙硫磷(0.3)、多果定(0.2)、茵草敌(0.04)、敌草隆(0.05)、二硫代氨基甲酸盐类(0.5)、乙拌磷(0.5)、二苯胺(0.05)、噻节因(0.04)、二甲噻草胺(0.01)、链霉素和双氢链霉素(0.05)、氟吡草腙(0.05)、除虫脲(0.05)、野燕枯(0.05)、乙霉威(5)、1,3-二氯丙烯(0.01)、异吸磷(0.4)、丁醚脲(0.02)、胺磺铜(0.5)、棉隆(0.1)、威百亩(0.1)、异硫氰酸甲酯(0.1)、2,4-滴(0.05)、霜脲氰(0.05)、氟氯氰菊酯(2)、氰霜唑(2)、氰草津(0.05)、杀螟腈(0.05)、壬菌铜(10)、4-氯苯氧乙酸(0.02)、克球酚(0.2)、噻虫胺(0.02)、异恶草酮(0.02)、炔草酯(0.02)、氯苯胺灵(0.02)、甲基毒死蜱(0.03)、矮壮素(0.01)、杀草敏(0.1)、氟啶脲(0.01)、唑草酮(0.1)、巴丹(3)、萎锈灵(0.2)、多菌灵(3)、抑草磷(0.02)、溴苯腈(0.1)、溴螨酯(0.5)、溴(50)、溴鼠隆(0.001)、联苯三唑醇(0.05)、生物苄呋菊酯(0.1)、苯噻菌胺(0.02)、双丙酰胺磷(0.004)、吲唑磺菌胺(0.05)、莠去津(0.02)、唑嘧菌胺(2)、棉铃威(0.1)、氟丙菊酯(0.01)、砜吡草唑(0.01)、氯化苦(0.01)、茚吡菌胺(0.1)、氟恶唑酰胺(0.02)、氟虫碳酸酯(0.05)、联苯吡嗪菌胺(0.3)、异恶唑硫磷(0.01)、苯胺灵(0.01)、丁酰肼(0.1)、敌菌丹(0.01)、2,4,5-滴(0.05)、扑灭津(0.01)、哒菌清(0.02)、吡丙醚(0.2)
其他项目（括号内为限量值，单位为 mg/kg）	中国 4 种	溴氰菊酯(0.05)、艾氏剂(0.05)、狄氏剂(0.05)、六六六(α-六六六、β-六六六、γ-六六六和 δ-六六六之和，0.05)
	日本 3 种	四溴菊酯和溴氰菊酯之和(0.05)、林丹(2)、艾氏剂和狄氏剂之和(0.05)

⑤澳大利亚

澳大利亚对洋葱共规定了88种农药的残留限量，有48种与中国规定的农药种类一致。其中，相同种类农药中，有百菌清、吡唑醚菌酯、精二甲吩草胺等13种农药的MRLs相同，敌百虫、啶酰菌胺、氟吡菌胺等16种农药的MRLs比中国更严格，苯霜灵、吡噻菌胺、代森联等19种农药的MRLs比中国宽松。七氯、灭蚁灵、氯丹等100种农药的MRLs是中国制定而澳大利亚未制定，三唑醇、噻苯咪唑、喹禾糠酯等38种农药的MRLs是澳大利亚制定而中国未制定。另外，中国对艾氏剂、狄氏剂、六六六（α-六六六、β-六六六、γ-六六六和δ-六六六之和）制定了相应的限量，而澳大利亚对艾氏剂与狄氏剂之和、林丹制定了限量。中国与澳大利亚洋葱中农药残留限量值差异情况具体见表3-31。

表3-31　中国与澳大利亚洋葱中农药残留限量值差异情况

项目		农药残留限量指标数目、种类和限量值
有限量规定的农药种类总量	中国	151种
	澳大利亚	88种
澳大利亚与中国一致的项目13种（括号内为限量值，单位为mg/kg）		阿维菌素(0.05)、百菌清(10)、吡唑醚菌酯(1.5)、氟吡甲禾灵和高效氟吡甲禾灵(0.2)、氟噻唑吡乙酮(0.04)、精二甲吩草胺(0.01)、氯氰菊酯和高效氯氰菊酯(0.01)、嘧霉胺(0.2)、灭草松(0.1)、噻草酮(3)、烯酰吗啉(0.6)、溴氰虫酰胺(0.05)、抑芽丹(15)
规定严于中国的项目16种（括号内为限量值，单位为mg/kg）	中国	吡氟禾草灵和精吡氟禾草灵(0.3)、敌百虫(0.2)、啶酰菌胺(5)、氟吡菌胺(1)、咯菌腈(0.5)、甲硫威(0.5)、甲霜灵和精甲霜灵(2)、氯氟氰菊酯和高效氯氟氰菊酯(0.2)、嘧菌环胺(0.3)、嘧菌酯(2)、灭多威(0.2)、杀扑磷(0.05)、霜霉威和霜霉威盐酸盐(2)、戊唑醇(0.1)、烯草酮(0.5)、乙基多杀菌素(0.8)
	澳大利亚	吡氟禾草灵和精吡氟禾草灵(0.05)、敌百虫(0.1)、啶酰菌胺(0.5)、氟吡菌胺(0.1)、咯菌腈(0.2)、甲硫威(0.1)、甲霜灵和精甲霜灵(0.1)、氯氟氰菊酯和高效氯氟氰菊酯(0.05)、嘧菌环胺(0.2)、嘧菌酯(0.2)、灭多威(0.1)、杀扑磷(0.01)、霜霉威和霜霉威盐酸盐(0.5)、戊唑醇(0.01)、烯草酮(0.3)、乙基多杀菌素(0.01)

续表

项目		农药残留限量指标数目、种类和限量值
规定宽于中国的项目 19 种（括号内为限量值，单位为 mg/kg）	中国	苯霜灵(0.02)、吡噻菌胺(0.7)、丙森锌(0.5)、代森联(0.5)、代森锰锌(0.5)、滴滴涕(0.05)、毒死蜱(0.02)、多杀霉素(0.1)、二嗪磷(0.05)、氟唑菌酰胺(0.6)、福美双(0.5)、甲拌磷(0.01)、抗蚜威(0.1)、乐果(0.01)、螺虫乙酯(0.4)、马拉硫磷(1)、茅草枯(0.01)、溴甲烷(0.02)、异菌脲(0.2)
	澳大利亚	苯霜灵(0.1)、吡噻菌胺(1)、丙森锌(4)、代森联(4)、代森锰锌(4)、滴滴涕(1)、毒死蜱(0.2)、多杀霉素(0.3)、二嗪磷(0.7)、氟唑菌酰胺(1.5)、福美双(4)、甲拌磷(0.5)、抗蚜威(7)、乐果(0.7)、螺虫乙酯(0.5)、马拉硫磷(2)、茅草枯(0.1)、溴甲烷(0.05)、异菌脲(0.7)
独有限量规定的农药项目（括号内为限量值，单位为 mg/kg）	中国 100 种	苯氟磺胺(0.1)、苯醚甲环唑(0.5)、吡虫啉(0.1)、吡蚜酮(0.5)、丙环唑(0.1)、丙炔氟草胺(0.02)、草铵膦(0.1)、代森锌(0.5)、敌草腈(0.01)、啶虫脒(0.1)、呋虫胺(0.1)、氟吡菌酰胺(0.07)、氟啶胺(0.05)、氟啶虫胺腈(0.01)、活化酯(0.15)、甲氧虫酰肼(0.05)、氯硝胺(0.2)、咪唑菌酮(0.15)、灭菌丹(1)、灭蝇胺(0.1)、萘乙酸和萘乙酸钠(0.1)、氰戊菊酯和 S-氰戊菊酯(0.5)、双炔酰菌胺(0.1)、肟菌酯(0.05)、溴氰菊酯(0.05)、胺苯磺隆(0.01)、巴毒磷(0.02)、百草枯(0.05)、倍硫磷(0.05)、苯线磷(0.02)、丙酯杀螨醇(0.02)、草枯醚(0.01)、草芽畏(0.01)、敌敌畏(0.2)、地虫硫磷(0.01)、丁硫克百威(0.01)、毒虫畏(0.01)、毒菌酚(0.01)、对硫磷(0.01)、二溴磷(0.01)、氟吡呋喃酮(0.01)、氟虫腈(0.02)、氟除草醚(0.01)、格螨酯(0.01)、庚烯磷(0.01)、环螨酯(0.01)、甲胺磷(0.05)、甲磺隆(0.01)、甲基对硫磷(0.02)、甲基硫环磷(0.03)、甲基异柳磷(0.01)、甲萘威(1)、甲氧滴滴涕(0.01)、腈菌唑(0.06)、久效磷(0.03)、克百威(0.02)、乐杀螨(0.05)、磷胺(0.05)、硫丹(0.05)、硫环磷(0.03)、硫线磷(0.02)、氯苯甲醚(0.01)、氯磺隆(0.01)、氯菊酯(1)、氯酞酸(0.01)、氯酞酸甲酯(0.01)、氯唑磷(0.01)、灭草环(0.05)、灭螨醌(0.01)、灭线磷(0.02)、内吸磷(0.02)、三氟硝草醚(0.01)、三氯杀螨醇(0.01)、三唑磷(0.05)、杀虫脒(0.01)、杀虫畏(0.01)、杀螟硫磷(0.5)、水胺硫磷(0.05)、速灭磷(0.01)、特丁硫磷(0.01)、特乐酚(0.01)、涕灭威(0.03)、戊硝酚(0.01)、烯虫炔酯(0.01)、烯虫乙酯(0.01)、消螨酚(0.01)、辛硫磷(0.05)、氧乐果(0.02)、乙酰甲胺磷(0.02)、乙酯杀螨醇(0.01)、抑草蓬(0.05)、茚草酮(0.01)、蝇毒磷(0.05)、治螟磷(0.01)、毒杀芬(0.05)、氯丹(0.02)、灭蚁灵(0.01)、七氯(0.02)、异狄氏剂(0.05)、保棉磷(0.5)

续表

项目		农药残留限量指标数目、种类和限量值
独有限量规定的农药项目(括号内为限量值,单位为 mg/kg)	澳大利亚 38 种	三唑醇(0.05)、噻苯咪唑(0.05)、喹禾糠酯(0.02)、喹禾灵(0.02)、除虫菊素(1)、克螨特(3)、扑灭津(0.1)、喔草酯(0.05)、扑草胺(0.7)、扑草净(0.1)、腐霉利(0.2)、增效醚(8)、亚磷酸(10)、二甲戊灵(0.05)、乙氧氟草醚(0.05)、杀线威(0.5)、恶霜灵(0.5)、异丙甲草胺(0.01)、威百亩(4)、噻唑隆(0.05)、四聚乙醛(1)、利谷隆(0.05)、醚菌酯(0.3)、碘苯腈(0.02)、草甘膦(0.1)、氟草烟(0.2)、乙氧呋草黄(0.1)、抑霉唑(0.05)、茵草敌(0.04)、氟环唑(0.05)、二硫代氨基甲酸酯(4)、敌草快(0.1)、氰草津(0.02)、稀禾定(0.3)、溴虫腈(1)、唑嘧菌胺(1.5)、溴苯腈(0.01)、氟啶虫酰胺(0.2)
其他项目(括号内为限量值,单位为 mg/kg)	中国 3 种	艾氏剂(0.05)、狄氏剂(0.05)、六六六(α-六六六、β-六六六、γ-六六六和 δ-六六六之和,0.05)
	澳大利亚 2 种	艾氏剂与狄氏剂之和(0.01)、林丹(0.01)

⑥新西兰

新西兰对洋葱共规定了 52 种农药的残留限量,有 26 种与中国规定的农药种类一致。其中,相同种类农药中,有苯菌酮、丙硫菌唑、苯嘧磺草胺共 3 种农药的 MRLs 相同,艾氏剂、百菌清、吡虫啉等 20 种农药的 MRLs 比中国更严格,马拉硫磷、戊唑醇、毒死蜱共 3 种农药的 MRLs 比中国宽松。氟啶虫胺腈、氟吡菌胺、氟吡甲禾灵和高效氟吡甲禾灵等 125 种农药的 MRLs 是中国制定而新西兰未制定,乙氧氟草醚、二甲戊灵、磷化氢等 26 种农药的 MRLs 是新西兰制定而中国未制定。中国与新西兰洋葱中农药残留限量值差异情况具体见表 3-32。

表 3-32　中国与新西兰洋葱中农药残留限量值差异情况

项目		农药残留限量指标数目、种类和限量值
有限量规定的农药种类总量	中国	151 种
	新西兰	52 种
新西兰与中国一致的项目 3 种(括号内为限量值,单位为 mg/kg)		丙森锌(0.5)、甲胺磷(0.05)、抑芽丹(15)

续表

项目		农药残留限量指标数目、种类和限量值
规定严于中国的项目20种(括号内为限量值,单位为mg/kg)	中国	阿维菌素(0.05)、百菌清(10)、吡虫啉(0.1)、啶酰菌胺(5)、氟吡菌酰胺(0.07)、氟虫腈(0.02)、氟啶胺(0.05)、氟噻唑吡乙酮(0.04)、氟唑菌酰胺(0.6)、咯菌腈(0.5)、甲霜灵和精甲霜灵(2)、氯氟氰菊酯和高效氯氟氰菊酯(0.2)、咪唑菌酮(0.15)、嘧菌环胺(0.3)、嘧菌酯(2)、嘧霉胺(0.2)、双炔酰菌胺(0.1)、溴氰虫酰胺(0.05)、溴氰菊酯(0.05)、乙基多杀菌素(0.8)
	新西兰	阿维菌素(0.01)、百菌清(0.5)、吡虫啉(0.02)、啶酰菌胺(0.2)、氟吡菌酰胺(0.01)、氟虫腈(0.01)、氟啶胺(0.02)、氟噻唑吡乙酮(0.01)、氟唑菌酰胺(0.2)、咯菌腈(0.01)、甲霜灵和精甲霜灵(0.05)、氯氟氰菊酯和高效氯氟氰菊酯(0.01)、咪唑菌酮(0.05)、嘧菌环胺(0.01)、嘧菌酯(0.01)、嘧霉胺(0.02)、双炔酰菌胺(0.01)、溴氰虫酰胺(0.01)、溴氰菊酯(0.01)、乙基多杀菌素(0.01)
规定宽于中国的项目3种(括号内为限量值,单位为mg/kg)	中国	马拉硫磷(1)、戊唑醇(0.1)、毒死蜱(0.02)
	新西兰	马拉硫磷(5)、戊唑醇(0.2)、毒死蜱(0.1)
独有限量规定的农药项目(括号内为限量值,单位为mg/kg)	中国125种	苯氟磺胺(0.1)、苯醚甲环唑(0.5)、苯霜灵(0.02)、吡氟禾草灵和精吡氟禾草灵(0.3)、吡噻菌胺(0.7)、吡蚜酮(0.5)、吡唑醚菌酯(1.5)、丙环唑(0.1)、丙炔氟草胺(0.02)、草铵膦(0.1)、代森联(0.5)、代森锰锌(0.5)、代森锌(0.5)、敌草腈(0.01)、啶虫脒(0.1)、多杀霉素(0.1)、二嗪磷(0.05)、呋虫胺(0.1)、氟吡甲禾灵和高效氟吡甲禾灵(0.2)、氟吡菌胺(1)、氟啶虫胺腈(0.01)、福美双(0.5)、活化酯(0.15)、甲硫威(0.5)、甲氧虫酰肼(0.05)、精二甲吩草胺(0.01)、抗蚜威(0.1)、螺虫乙酯(0.4)、氯氰菊酯和高效氯氰菊酯(0.01)、氯硝胺(0.2)、灭草松(0.1)、灭菌丹(1)、灭蝇胺(0.1)、萘乙酸和萘乙酸钠(0.1)、氰戊菊酯和S-氰戊菊酯(0.5)、噻草酮(3)、霜霉威和霜霉威盐酸盐(2)、肟菌酯(0.05)、烯草酮(0.5)、烯酰吗啉(0.6)、异菌脲(0.2)、胺苯磺隆(0.01)、巴毒磷(0.02)、百草枯(0.05)、倍硫磷(0.05)、苯线磷(0.02)、丙酯杀螨醇(0.02)、草枯醚(0.01)、草芽畏(0.01)、敌百虫(0.2)、敌敌畏(0.2)、地虫硫磷(0.01)、丁硫克百威(0.01)、毒虫畏(0.01)、毒菌酚(0.01)、对硫磷(0.01)、二溴磷(0.01)、氟吡呋喃酮(0.01)、氟除草醚(0.01)、格螨酯(0.01)、庚烯磷(0.01)、环螨酯(0.01)、甲拌磷(0.01)、甲磺隆(0.01)、甲基对硫磷(0.02)、甲基硫环磷(0.03)、甲基异柳磷(0.01)、甲萘威(1)、甲氧滴滴涕(0.01)、腈菌唑(0.06)、久效磷(0.03)、克百威(0.02)、乐果(0.01)、乐杀螨(0.05)、磷胺(0.05)、硫丹(0.05)、硫环磷(0.03)、硫线磷(0.02)、氯苯甲醚(0.01)、氯磺隆(0.01)、

续表

<table>
<tr><th colspan="2">项目</th><th>农药残留限量指标数目、种类和限量值</th></tr>
<tr><td rowspan="2">独有限量规定的农药项目(括号内为限量值,单位为 mg/kg)</td><td>中国
125 种</td><td>氯菊酯(1)、氯酞酸(0.01)、氯酞酸甲酯(0.01)、氯唑磷(0.01)、茅草枯(0.01)、灭草环(0.05)、灭多威(0.2)、灭螨醌(0.01)、灭线磷(0.02)、内吸磷(0.02)、三氟硝草醚(0.01)、三氯杀螨醇(0.01)、三唑磷(0.05)、杀虫脒(0.01)、杀虫畏(0.01)、杀螟硫磷(0.5)、杀扑磷(0.05)、水胺硫磷(0.05)、速灭磷(0.01)、特丁硫磷(0.01)、特乐酚(0.01)、涕灭威(0.03)、戊硝酚(0.01)、烯虫炔酯(0.01)、烯虫乙酯(0.01)、消螨酚(0.01)、辛硫磷(0.05)、溴甲烷(0.02)、氧乐果(0.02)、乙酰甲胺磷(0.02)、乙酯杀螨醇(0.01)、抑草蓬(0.05)、茚草酮(0.01)、蝇毒磷(0.05)、治螟磷(0.01)、艾氏剂(0.05)、滴滴涕(0.05)、狄氏剂(0.05)、毒杀芬(0.05)、六六六(0.05)、氯丹(0.02)、灭蚁灵(0.01)、七氯(0.02)、异狄氏剂(0.05)、保棉磷(0.5)</td></tr>
<tr><td>新西兰
26 种</td><td>甲苯醚菌酯(0.01)、噻唑隆(0.05)、恶草酮(0.01)、乙氧氟草醚(0.01)、二甲戊灵(0.05)、磷化氢(0.01)、杀鼠酮(0.001)、醋酸氟一钠(0.001)、吡喃草酮(0.1)、噻虫啉(0.01)、噻虫嗪(0.01)、三唑醇(0.2)、杀鼠灵(0.001)、缬霉威(0.05)、伐虫脒盐酸盐(0.2)、氟草烟(0.05)、氟鼠酮(0.001)、敌草快(0.1)、环唑醇(0.01)、霜脲氰(0.05)、氰霜唑(0.01)、氰草津(0.02)、氯霉素(0.0003)、溴敌隆(0.001)、溴鼠灵(0.001)、唑嘧菌胺(0.5)</td></tr>
</table>

(3)部分农药残留指标差异性分析

本部分内容举例分析单一指标限量值差异情况。

对于洋葱中部分农药残留限量值,中国与其他国家(组织)存在较大差异,部分其他国家(组织)的限量值明显严于中国。欧盟规定百菌清在洋葱中的限量值为 0.01 mg/kg,低于中国的 10 mg/kg;CAC、澳大利亚、新西兰均规定乙基多杀菌素在洋葱中的限量值为 0.01 mg/kg,明显低于中国的 0.8 mg/kg。由于中国对洋葱中部分农药限量要求宽于其他国家(组织),导致在出口时容易出现贸易壁垒。表 3-33 列举了不同国家(组织)部分农药残留限量值差异情况。

表 3-33 不同国家(组织)部分农药残留限量值差异情况 单位:mg/kg

化合物	各国限量值					
	中国	欧盟	日本	CAC	澳大利亚	新西兰
敌敌畏	0.2	0.01	0.1	—	—	—
杀螟硫磷	0.5	0.02	0.05	—	—	—
乙基多杀菌素	0.8	0.05	0.1	0.01	0.01	0.01
百菌清	10	0.01	0.5	1.5	10	0.5
甲萘威	1	0.02	0.01	—	—	—

注:“—”表示无限量规定。

3.2.1.2 胡萝卜中农药残留限量差异

胡萝卜适应性强、易栽培，是全球性十大蔬菜作物之一，种植十分普遍。胡萝卜主要分布在亚洲、欧洲和美洲地区。近年来除亚洲栽培面积增幅较大之外，其他洲变化较小。2004 年，中国胡萝卜栽培面积达到 45.3 万公顷，以山东、河南、浙江、云南等省种植最多，约占全世界栽培面积的 42.0%，是世界第一大胡萝卜生产国。海关数据显示，数量方面，2019 年 4 月中国鲜或冷藏的胡萝卜及类似的食用根茎进出口总量为 46630 吨，出口量为 46622 吨，进口量为 8 吨；金额方面，2019 年 4 月中国鲜或冷藏的胡萝卜及类似的食用根茎进出口总额为 18356.3 万元，出口额为 18341.9 万元，进口额为 14.4 万元。

(1)中国与其他国家(组织)农药残留限量指标数量的差异

各个国家及组织对胡萝卜中农药残留的限量做了不同规定，其指标数量存在较大差异，如图 3-3 所示。中国规定了胡萝卜中 137 种农药的限量，低于欧盟的 492 种、日本的 326 种，与欧盟、日本的指标数量差距在一倍以上。与其他国家(组织)相比，中国胡萝卜中农药限量指标数量处于中等偏上水平，欧盟、日本、美国、澳大利亚、新西兰、CAC 的独有指标数量分别为 399、241、36、28、8、1 种，见表 3-34。

表 3-34 胡萝卜中农药残留限量指标数量差异情况

项目		中国	欧盟	日本	澳大利亚	美国	CAC	新西兰
农药指标数量		137	492	326	62	73	48	20
中国独有指标数量		—	43	51	102	100	89	125
对方独有指标数量		—	399	241	28	36	1	8
共同指标数量		—	92	83	33	37	46	12
共同指标数量	限量值一致	—	33	31	5	10	39	4
	限量值严于中国	—	45	18	12	8	4	4
	限量值宽于中国	—	14	34	16	19	3	4
其他指标数量	中国	—	2	3	2	—	2	—
	对方国家(组织)	—	1	2	1	—	1	—

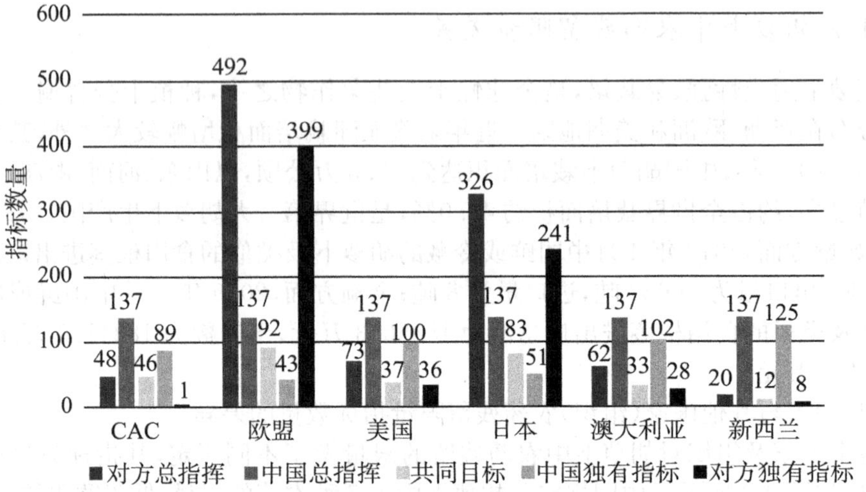

图 3-3　胡萝卜中农药残留限量指标数量差异情况

(2)中国与其他国家(组织)农药残留限量指标值的差异

对于共同的农药指标,不同国家(组织)在限量值的宽严程度上也存在一定的差异,如图 3-4 所示。例如:中国与欧盟对 92 种相同农药做出了限量规定,其中欧盟与中国的限量规定一致的农药有 33 种,欧盟严于中国的有 45 种,宽于中国的有 14 种;中国与日本对 83 种相同农药做出了限量规定,其中日本与中国的限量规定一致的农药有 31 种,日本严于中国的有 18 种,宽于中国的有 34 种;中国与澳大利亚对 33 种相同农药做出了限量规定,其中澳大利亚与中国的限量规定一致的农药有 5 种,澳大利亚严于中国的有 12 种,宽于中国的有 16 种。下面就中国与 CAC、欧盟、美国等国家(组织)胡萝卜中的农药残留限量指标的差异进行逐一分析。

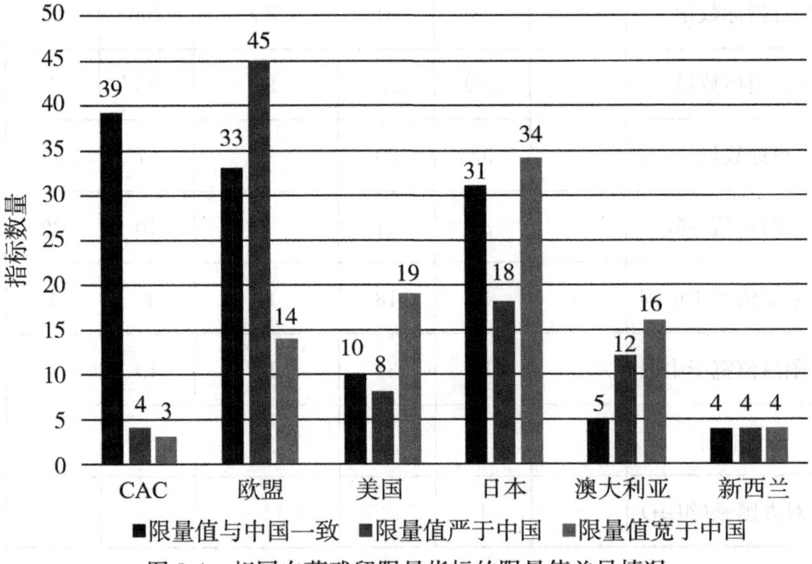

图 3-4　相同农药残留限量指标的限量值差异情况

①CAC

CAC 对胡萝卜共规定了 48 种农药的残留限量，有 46 种与中国规定的农药种类一致。其中，相同种类农药中，有 39 种农药的 MRLs 相同，草铵膦、除虫菊素、溴氰菊酯等 4 种农药的 MRLs 比中国更严格，嘧菌环胺、吡虫啉、毒死蜱共 3 种农药的 MRLs 比中国宽松。胺苯磺隆、巴毒磷、敌敌畏等 89 种农药的 MRLs 是中国制定而 CAC 未制定，咯菌腈的 MRLs 是 CAC 制定而中国未制定。另外，中国对艾氏剂、狄氏剂分别制定了相应的限量，而 CAC 对艾氏剂与狄氏剂之和制定了限量。中国与 CAC 胡萝卜中农药残留限量值差异情况具体见表 3-35。

表 3-35　中国与 CAC 胡萝卜中农药残留限量值差异情况

项目		农药残留限量指标数目、种类和限量值
有限量规定的农药种类总量	中国	137 种
	CAC	48 种
CAC 与中国一致的项目 39 种（括号内为限量值，单位为 mg/kg）		吡氟禾草灵和精吡氟禾草灵（0.6）、氯氰菊酯和高效氯氰菊酯（0.01）、氯氟氰菊酯和高效氯氟氰菊酯（0.01）、甲霜灵和精甲霜灵（0.05）、百菌清（0.3）、苯醚甲环唑（0.2）、吡噻菌胺（0.6）、吡唑醚菌酯（0.5）、吡唑萘菌胺（0.15）、滴滴涕（0.2）、啶酰菌胺（2）、多菌灵（0.2）、二甲戊灵（0.5）、二嗪磷（0.5）、氟吡呋喃酮（0.7）、氟吡菌酰胺（0.4）、氟啶虫胺腈（0.05）、氟噻虫砜（4）、氟唑菌酰胺（1）、甲萘威（0.5）、甲氧虫酰肼（0.5）、腈菌唑（0.06）、抗蚜威（0.05）、联苯菊酯（0.05）、氯虫苯甲酰胺（0.08）、氯菊酯（0.1）、氯硝胺（15）、咪唑菌酮（0.2）、嘧菌酯（1）、嘧霉胺（1）、噻草酮（5）、噻虫胺（0.2）、噻虫嗪（0.3）、百草枯（0.05）、肟菌酯（0.1）、戊唑醇（0.4）、溴氰虫酰胺（0.05）、异菌脲（10）、增效醚（0.5）
规定严于中国的项目 4 种（括号内为限量值，单位为 mg/kg）	中国	草铵膦（0.3）、除虫菊素（1）、杀线威（0.1）、溴氰菊酯（0.2）
	CAC	草铵膦（0.05）、除虫菊素（0.05）、杀线威（0.01）、溴氰菊酯（0.02）
规定宽于中国的项目 3 种（括号内为限量值，单位为 mg/kg）	中国	嘧菌环胺（0.7）、吡虫啉（0.2）、毒死蜱（0.02）
	CAC	嘧菌环胺（1.5）、吡虫啉（0.5）、毒死蜱（0.1）

续表

项目		农药残留限量指标数目、种类和限量值
独有限量规定的农药项目(括号内为限量值,单位为 mg/kg)	中国 89 种	丙森锌(5)、虫酰肼(5)、代森联(5)、代森锰锌(5)、代森锌(5)、敌百虫(0.5)、敌敌畏(0.5)、氟啶脲(0.1)、氟氰戊菊酯(0.05)、福美双(5)、甲氨基阿维菌素苯甲酸盐(0.02)、马拉硫磷(0.5)、氰戊菊酯和 S-氰戊菊酯(0.05)、胺苯磺隆(0.01)、巴毒磷(0.02)、倍硫磷(0.05)、苯线磷(0.02)、丙酯杀螨醇(0.02)、草枯醚(0.01)、草芽畏(0.01)、地虫硫磷(0.01)、丁硫克百威(0.01)、毒虫畏(0.01)、毒菌酚(0.01)、对硫磷(0.01)、二溴磷(0.01)、氟虫腈(0.02)、氟除草醚(0.01)、格螨酯(0.01)、庚烯磷(0.01)、环螨酯(0.01)、甲胺磷(0.05)、甲拌磷(0.01)、甲磺隆(0.01)、甲基对硫磷(0.02)、甲基硫环磷(0.03)、甲基异柳磷(0.01)、甲氧滴滴涕(0.01)、久效磷(0.03)、克百威(0.02)、乐果(0.01)、乐杀螨(0.05)、磷胺(0.05)、硫丹(0.05)、硫环磷(0.03)、硫线磷(0.02)、氯苯甲醚(0.01)、氯磺隆(0.01)、氯酞酸(0.01)、氯酞酸甲酯(0.01)、氯唑磷(0.01)、茅草枯(0.01)、灭草环(0.05)、灭多威(0.2)、灭螨醌(0.01)、灭线磷(0.02)、内吸磷(0.02)、三氟硝草醚(0.01)、三氯杀螨醇(0.01)、三唑磷(0.05)、杀虫脒(0.01)、杀虫畏(0.01)、杀螟硫磷(0.5)、杀扑磷(0.05)、水胺硫磷(0.05)、速灭磷(0.01)、特丁硫磷(0.01)、特乐酚(0.01)、涕灭威(0.03)、戊硝酚(0.01)、烯虫炔酯(0.01)、烯虫乙酯(0.01)、消螨酚(0.01)、辛硫磷(0.05)、溴甲烷(0.02)、氧乐果(0.02)、乙酰甲胺磷(0.02)、乙酯杀螨醇(0.01)、抑草蓬(0.05)、茚草酮(0.01)、蝇毒磷(0.05)、治螟磷(0.01)、毒杀芬(0.05)、六六六(0.05)、氯丹(0.02)、灭蚁灵(0.01)、七氯(0.02)、异狄氏剂(0.05)、保棉磷(0.5)
	CAC 1 种	咯菌腈(0.7)
其他项目(括号内为限量值,单位为 mg/kg)	中国 2 种	艾氏剂(0.05)、狄氏剂(0.05)
	CAC 1 种	艾氏剂和狄氏剂(0.1)

②欧盟

欧盟对胡萝卜共规定了 492 种农药的残留限量,有 92 种与中国规定的农药种类一致。其中,相同种类农药中,有 33 种农药的 MRLs 相同,百草枯、丙森锌、敌百虫等 45 种农药的 MRLs 比中国更严格,苯醚甲环唑、吡虫啉、乙酯杀螨醇等 14 种农药的 MRLs 比中国宽松。乐杀螨、杀虫脒、内吸磷等 43 种农药的 MRLs 是中国制定而欧盟未制定,乙草胺、双甲脒、杀草强等 399 种农药的 MRLs 是欧盟制定而中国未制定。在对胡萝卜中农药残留限量做出规定的国家(组织)中,欧盟规定的农药种类是最多的。另外,中国对艾氏剂、狄氏剂分别制定了相应的限量,而欧盟对艾氏剂与狄氏剂之和制定了限量。中国与欧盟胡萝卜中农药残留限量值差异情况具体见表3-36。

表3-36　中国与欧盟胡萝卜中农药残留限量值差异情况

项目		农药残留限量指标数目、种类和限量值
有限量规定的农药种类总量	中国	137种
	欧盟	492种
欧盟与中国一致的项目33种(括号内为限量值,单位为mg/kg)		灭螨醌(0.01)、嘧菌酯(1)、联苯菊酯(0.05)、啶酰菌胺(2)、氯虫苯甲酰胺(0.08)、毒虫畏(0.01)、百菌清(0.3)、氯酞酸甲酯(0.01)、溴氰虫酰胺(0.05)、噻草酮(5)、特乐酚(0.01)、硫丹(0.05)、灭线磷(0.02)、咪唑菌酮(0.2)、苯线磷(0.02)、氟吡菌酰胺(0.4)、甲氧滴滴涕(0.01)、甲氧虫酰肼(0.5)、甲磺隆(0.01)、速灭磷(0.01)、腈菌唑(0.06)、氧乐果(0.02)、吡噻菌胺(0.6)、甲拌磷(0.01)、抗蚜威(0.05)、吡唑醚菌酯(0.5)、除虫菊素(1)、嘧霉胺(1)、戊唑醇(0.4)、特丁硫磷(0.01)、噻虫嗪(0.3)、肟菌酯(0.1)、氟啶虫胺腈(0.05)
规定严于中国的项目45种(括号内为限量值,单位为mg/kg)	中国	乙酰甲胺磷(0.02)、涕灭威(0.03)、保棉磷(0.5)、硫线磷(0.02)、毒杀芬(0.05)、甲萘威(0.5)、克百威(0.02)、氯丹(0.02)、毒死蜱(0.02)、噻虫胺(0.2)、蝇毒磷(0.05)、滴滴涕(0.2)、溴氰菊酯(0.2)、二嗪磷(0.5)、敌敌畏(0.5)、氯硝胺(15)、异狄氏剂(0.05)、杀螟硫磷(0.5)、倍硫磷(0.05)、氰戊菊酯和S-氰戊菊酯(0.05)、氟虫腈(0.02)、吡氟禾草灵和精吡氟禾草灵(0.6)、氟氰戊菊酯(0.05)、氟吡呋喃酮(0.7)、氟唑菌酰胺(1)、草铵膦(0.3)、七氯(0.02)、马拉硫磷(0.5)、甲胺磷(0.05)、杀扑磷(0.05)、灭多威(0.2)、久效磷(0.03)、杀线威(0.1)、百草枯(0.05)、甲基对硫磷(0.02)、氯菊酯(0.1)、磷胺(0.05)、辛硫磷(0.05)、丙森锌(5)、虫酰肼(5)、福美双(5)、三唑磷(0.05)、敌百虫(0.5)、多菌灵(0.2)、甲氨基阿维菌素苯甲酸盐(0.02)
	欧盟	乙酰甲胺磷(0.01)、涕灭威(0.02)、保棉磷(0.05)、硫线磷(0.01)、毒杀芬(0.01)、甲萘威(0.01)、克百威(0.002)、氯丹(0.01)、毒死蜱(0.01)、噻虫胺(0.06)、蝇毒磷(0.01)、滴滴涕(0.05)、溴氰菊酯(0.02)、二嗪磷(0.01)、敌敌畏(0.01)、氯硝胺(0.01)、异狄氏剂(0.01)、杀螟硫磷(0.01)、倍硫磷(0.01)、氰戊菊酯和S-氰戊菊酯(0.02)、氟虫腈(0.005)、吡氟禾草灵和精吡氟禾草灵(0.4)、氟氰戊菊酯(0.01)、氟吡呋喃酮(0.01)、氟唑菌酰胺(0.3)、草铵膦(0.1)、七氯(0.01)、马拉硫磷(0.02)、甲胺磷(0.01)、杀扑磷(0.02)、灭多威(0.01)、久效磷(0.01)、杀线威(0.01)、百草枯(0.02)、甲基对硫磷(0.01)、氯菊酯(0.05)、磷胺(0.01)、辛硫磷(0.01)、丙森锌(0.01)、虫酰肼(0.01)、福美双(0.1)、三唑磷(0.01)、敌百虫(0.01)、多菌灵(0.1)、甲氨基阿维菌素苯甲酸盐(0.01)

续表

项目		农药残留限量指标数目、种类和限量值
规定宽于中国的项目 14 种(括号内为限量值,单位为 mg/kg)	中国	乙酯杀螨醇(0.01)、氯磺隆(0.01)、氯氟氰菊酯和高效氯氟氰菊酯(0.01)、氯氰菊酯和高效氯氰菊酯(0.01)、嘧菌环胺(0.7)、茅草枯(0.01)、三氯杀螨醇(0.01)、苯醚甲环唑(0.2)、乐果(0.01)、吡虫啉(0.2)、吡唑萘菌胺(0.15)、甲霜灵和精甲霜灵(0.05)、对硫磷(0.01)、二甲戊灵(0.5)
	欧盟	乙酯杀螨醇(0.02)、氯磺隆(0.05)、氯氟氰菊酯和高效氯氟氰菊酯(0.04)、氯氰菊酯和高效氯氰菊酯(0.05)、嘧菌环胺(1.5)、茅草枯(0.05)、三氯杀螨醇(0.02)、苯醚甲环唑(0.4)、乐果(0.03)、吡虫啉(0.5)、吡唑萘菌胺(0.2)、甲霜灵和精甲霜灵(0.1)、对硫磷(0.05)、二甲戊灵(0.7)
独有限量规定的农药项目(括号内为限量值,单位为 mg/kg)	中国 43 种	代森联(5)、代森锰锌(5)、代森锌(5)、氟啶脲(0.1)、氟噻虫砜(4)、异菌脲(10)、胺苯磺隆(0.01)、巴毒磷(0.02)、丙酯杀螨醇(0.02)、草枯醚(0.01)、草芽畏(0.01)、地虫硫磷(0.01)、丁硫克百威(0.01)、毒菌酚(0.01)、二溴磷(0.01)、氟除草醚(0.01)、格螨酯(0.01)、庚烯磷(0.01)、环螨酯(0.01)、甲基硫环磷(0.03)、甲基异柳磷(0.01)、乐杀螨(0.05)、硫环磷(0.03)、氯苯甲醚(0.01)、氯酞酸(0.01)、氯唑磷(0.01)、灭草环(0.05)、内吸磷(0.02)、三氟硝草醚(0.01)、杀虫脒(0.01)、杀虫畏(0.01)、水胺硫磷(0.05)、戊硝酚(0.01)、烯虫炔酯(0.01)、烯虫乙酯(0.01)、消螨酚(0.01)、溴甲烷(0.02)、抑草蓬(0.05)、茚草酮(0.01)、增效醚(0.5)、治螟磷(0.01)、六六六(0.05)、灭蚁灵(0.01)
	欧盟 399 种	环溴虫酰胺(0.01)、吡啶菌胺(0.01)、氯酸钠(0.15)、1，1-二氯-2，2-二(4-乙苯基)乙烷(0.01)、1，2-二溴乙烷(0.01)、1，3-二氯丙烯(0.01)、1，4-二甲基萘(1,4-DMN)(0.01)、1-甲基环丙烯(0.01)、唑菌嗪(0.001)、1-萘基乙酰胺和 1-萘基乙酸(0.06)、2，4，5-涕(0.01)、由使用三氟磺隆得到的 2-氨基-4-甲氧基-6-(三氟甲基)-1，3，5-三嗪(AMTT)(0.01)、2-萘氧乙酸(0.01)、2-苯基苯酚(2-苯基苯酚及其共轭物的总和,以 2-苯基苯酚表示)(0.01)、8-羟基喹啉(0.01)、乙氧磺隆(0.01)、乙草胺(0.01)、甲草胺(0.01)、酰嘧磺隆(0.01)、醚菌酯(0.01)、吲唑磺菌胺(0.01)、双甲脒(0.05)、杀草强(0.01)、敌菌灵(0.01)、蒽醌(0.01)、杀螨特(0.01)、磺草灵(0.05)、莠去津(0.05)、印楝素(1)、四唑嘧磺隆(0.01)、益棉磷(0.02)、三唑锡和三环锡(总和，以三环锡计)(0.01)、燕麦灵(0.01)、氟丁酰草胺(0.02)、苯霜灵(包括其他混和异构体及精苯霜灵及其异构体之和)(0.05)、氟草胺(0.02)、排草丹(0.03)、苄嘧磺隆(0.01)、苯噻菌胺(0.01)、氯化苯甲烃铵(0.1)、联苯肼酯(0.02)、甲羧除草醚(0.01)、联苯(0.01)、溴离子(50)、乙基溴硫磷(0.01)、溴螨酯(0.01)、溴苯腈及其盐(以溴苯腈计)(0.01)、碘苯腈(0.01)、乙嘧酚磺酸酯(0.05)、

续表

项目		农药残留限量指标数目、种类和限量值
独有限量规定的农药项目(括号内为限量值,单位为mg/kg)	欧盟399种	丁乐灵(0.01)、丁草敌(0.01)、敌菌丹(0.02)、四氯化碳(0.01)、草达灭(0.01)、氟酮唑草(0.01)、杀螟丹(0.01)、氯杀螨(0.01)、氯草灵(0.01)、十氯酮(0.02)、溴虫腈(0.01)、杀螨酯(0.01)、氯草敏(0.1)、氯化苦(0.005)、绿麦隆(0.01)、枯草隆(0.01)、氯苯胺灵(0.01)、草克乐(0.01)、乙菌利(0.01)、环虫酰肼(0.01)、烯草酮(0.5)、炔草酯和炔草酯S-异构体及其盐(0.02)、四螨嗪(0.02)、异恶草酮(0.01)、氰胺包括其盐(0.01)、环丙草酰胺(0.05)、环氟菌胺(0.01)、丁氟螨酯(0.01)、氟氯氰菊酯(0.02)、氰氟草酯(0.02)、乙基多杀菌素(0.05)、灭蝇胺(0.05)、丁酰肼(0.06)、棉隆(0.02)、甜菜安(0.01)、燕麦敌(0.01)、麦草畏(0.05)、敌草腈(0.01)、禾草灵(0.1)、二癸基二甲基氯化铵(0.1)、乙霉威(0.01)、吡喃草酮(0.1)、吡氟草胺(0.01)、二氟乙酸(0.09)、二甲草胺(0.01)、噻节因(0.05)、烯酰吗啉及其异构体之和(0.01)、醚菌胺(0.01)、烯唑醇及其异构体之和(0.01)、地乐酚(0.02)、呋虫胺(0.01)、敌杀磷(异构体之和)(0.01)、恶霜灵(0.01)、敌草快(0.01)、乙拌磷(0.01)、二氰蒽醌(0.05)、二硫代氨基甲酸酯(0.2)、敌草隆(0.01)、二硝甲酚(0.01)、吗菌灵(0.01)、多果定(0.01)、氟环唑(0.05)、茵草敌(0.01)、乙丁烯氟灵(0.01)、甲基胺苯磺隆(0.01)、乙硫磷(0.01)、乙菌定(0.05)、乙氧呋草黄(0.03)、乙氧基喹(0.05)、糠菌唑(0.01)、环氧乙烷(0.02)、乙螨唑(0.01)、噁唑菌酮(0.01)、氯苯嘧啶醇(0.02)、喹螨醚(0.01)、腈苯唑(0.01)、萎锈灵(0.03)、皮蝇磷(0.01)、精恶唑禾草灵(0.1)、苯氧威(0.01)、甲氰菊酯(0.01)、苯锈啶(0.01)、胺苯吡菌酮(0.01)、三苯锡(0.02)、嘧啶磺隆(0.01)、双氟磺草胺(0.01)、氟环脲(0.01)、氟噻草胺(0.05)、氟虫脲(0.05)、氟螨嗪(0.02)、氟甲喹(0.01)、氟节胺(0.01)、丙炔氟草胺(0.02)、伏草隆(0.01)、氟离子(2)、乙羧氟草醚(0.01)、氟嘧菌酯(0.01)、氟啶嘧磺隆(0.02)、氟喹唑(0.01)、氟咯草酮(0.08)、氟草烟(0.01)、调嘧醇(0.01)、呋草酮(0.01)、氟硅唑(0.01)、氟酰胺(0.01)、氟磺胺草醚(0.01)、甲酰胺磺隆(0.01)、氯吡脲(0.01)、伐虫脒(0.01)、安果(0.01)、噻唑磷(0.02)、麦穗宁(0.01)、糠醛(1)、氯氟醚菌唑(0.01)、苯草醚(0.08)、草甘膦(0.1)、双胍辛胺(0.05)、氟氯吡啶酯(0.02)、氯吡嘧磺隆(0.01)、吡氟氯禾灵(0.09)、已唑醇(0.01)、噻螨酮(0.5)、氢氰酸(0.01)、恶霉灵(0.05)、抑霉唑(0.01)、甲氧咪草烟(0.05)、甲咪唑烟酸(0.01)、灭草烟(0.01)、灭草喹(0.05)、咪唑磺隆(0.01)、吲哚乙酸(0.1)、吲哚丁酸(0.1)、茚虫威(0.02)、碘甲磺隆(0.01)、苯丁锡(0.01)、种菌唑(0.01)、异丙隆(0.01)、异恶草胺(0.05)、异恶唑草酮(0.02)、氰霜唑(0.01)、乳氟草灵(0.01)、氯氨吡啶酸(0.01)、氟苯脲(0.01)、环草定(0.1)、氟醚唑(0.02)、氯芬奴隆(组成异构体的任意比例)(0.01)、克菌丹(0.03)、

续表

项目		农药残留限量指标数目、种类和限量值
独有限量规定的农药项目(括号内为限量值,单位为mg/kg)	欧盟399种	二甲四氯和二甲四氯丁酸(0.05)、灭蚜磷(0.01)、二甲四氯丙酸(0.05)、嘧菌胺(0.01)、灭锈胺(0.01)、消螨普(0.05)、甲基二磺隆(0.01)、硝磺草酮(0.01)、氰氟虫腙(0.05)、苯嗪草酮(0.1)、叶菌唑(0.02)、噻唑隆(0.01)、虫螨畏(0.01)、甲硫威(0.1)、烯虫酯(0.02)、异丙甲草胺和精异丙甲草胺(0.05)、磺草唑胺(0.01)、嗪草酮(0.1)、灭螨菌素(0.02)、溴敌隆(0.01)、利谷隆(0.01)、灭草隆(0.01)、敌草胺(0.01)、烟嘧磺隆(0.01)、除草醚(0.01)、双苯氟脲(0.01)、磺酰脲(0.01)、黄草消(0.01)、丙炔噁草酮(0.01)、恶草酮(0.05)、五氟磺草胺(0.01)、环氧嘧磺隆(0.01)、氟噻唑吡乙酮(0.01)、啶氧菌酯(0.01)、亚砜磷(0.01)、乙氧氟草醚(0.05)、石蜡油(0.01)、戊菌隆(0.02)、哒螨灵(0.01)、氟菌唑(0.02)、乙酰胺(0.01)、石油(0.01)、甜菜宁(0.01)、苯醚菊酯(0.02)、稻丰散(0.01)、伏杀硫磷(0.01)、亚胺硫磷(0.05)、毒莠定(0.01)、吡草醚(0.02)、多效唑(0.01)、唑啉草酯(0.02)、甲基嘧啶磷(0.01)、咪酰胺(0.03)、腐霉利(0.01)、毒草安(0.02)、敌稗(0.01)、喔草酯(0.1)、苯胺灵(0.01)、丙环唑(0.01)、异丙草胺(0.01)、残杀威(0.05)、丙苯磺隆(0.02)、炔苯酰草胺(0.01)、丙氧喹啉(0.02)、苄草丹(1)、氟磺隆(0.01)、丁苯吗啉(异构体之和)(0.04)、吡嗪酮(0.02)、氟吡酰草胺(0.01)、磺酰草吡唑(0.01)、吡菌磷(0.01)、戊菌唑(0.01)、啶虫丙醚(0.01)、哒草特 (0.05)、甲氧苯啶菌(0.01)、吡丙醚(0.05)、甲氧磺草胺(0.01)、喹硫磷(0.01)、二氯喹啉酸(0.01)、氯甲喹啉酸(0.1)、灭藻醌(0.01)、喹氧灵(0.02)、五氯硝基苯(0.02)、喹禾灵包括精喹禾灵(0.4)、苄呋菊酯(0.01)、砜嘧磺隆(0.01)、鱼藤酮(0.01)、苯嘧磺草胺(0.03)、环苯吡菌胺(0.01)、硅噻菌胺(0.01)、西玛津(0.01)、多杀菌素(0.02)、二苯胺(0.05)、螺螨酯(0.02)、螺环菌胺(异构体之和)(0.01)、链霉素(0.01)、磺草酮(0.01)、磺酰磺隆(0.01)、硫酰氟(0.01)、四氧硝基苯(0.01)、螺虫乙酯和其4种代谢物(0.1)、环磺酮(0.02)、特普(0.01)、啶虫脒(0.01)、草净津(0.05)、环苯草酮(0.01)、四氯杀螨砜(0.01)、噻虫啉(0.05)、噻吩磺隆(0.01)、杀草丹(4-氯苄基甲基砜)(0.01)、硫双威(0.01)、甲基硫菌灵(0.1)、甲基立枯磷(0.01)、甲苯氟磺胺(0.02)、苯吡唑草酮(0.01)、三甲苯草酮(0.01)、野燕畏(0.1)、醚苯磺隆(0.01)、苯磺隆(0.01)、杀虫隆(0.01)、三环唑(0.01)、十三吗啉(0.01)、二甲吩草胺(二甲吩草胺-P包括其异构体混和物之和)(0.01)、甲基毒死蜱(0.01)、氟乐灵(0.01)、嗪氨灵(0.01)、三甲基硫阳离子(0.05)、抗倒酯(0.01)、灭菌唑(0.01)、三氟甲磺隆(0.01)、维芬乐特(0.01)、乙烯菌核利(0.01)、杀鼠灵(0.01)、福美锌(0.1)、苯酰菌胺(0.02)、长杀草(0.01)、吲哚酮草酯(0.05)、3-癸烯-2-酮(0.1)、5-硝基愈创木酚钠(邻硝基酚钠与对－硝基苯酚钠

续表

项目		农药残留限量指标数目、种类和限量值
独有限量规定的农药项目(括号内为限量值,单位为 mg/kg)	欧盟 399 种	之和,以 5-硝基愈创木酚钠表示)(0.03)、磷酸盐和磷化盐(0.01)、2,4-滴丙酸(0.02)、乙烯利(0.05)、四聚乙醛(0.3)、醚菊酯(0.01)、土菌灵(0.05)、氟胺氰菊酯(异构体之和)(0.01)、三唑酮(0.01)、三唑醇(组成同分异构体的任意比例)(0.01)、三氟苯嘧啶(0.01)、氟吡草酮(0.01)、六氯苯(0.01)、壮棉素(0.02)、尼古丁(0.01)、六氯环己烷(HCH)α-异构体(0.01)、六氯环己烷(HCH)β-异构体(0.01)、林丹(0.01)、丙溴磷(0.01)、噻苯咪唑(0.01)、氟丙菊酯和它的对映异构体(0.02)、氟噻唑菌腈(0.01)、氟啶胺(0.01)、粉唑醇(0.01)、调环酸(0.01)、唑嘧菌胺(0.01)、环唑醇(0.05)、汞化合物(0.01)、吡螨胺(0.01)、双苯三唑醇(0.01)、抑芽丹(30)、矮壮素(0.01)、七氟菊酯(0.08)、苯并烯氟菌唑(0.01)、苯菌酮(0.01)、螺甲螨酯(0.02)、2,5-二氯苯甲酸甲酯(2,5-二氯苯甲酸及其酯的总和,以 2,5-二氯苯甲酸甲酯计)(0.01)、联苯吡菌胺(0.01)、霜脲氰(0.01)、灭菌丹(0.03)、甲苯醚菌酯(0.01)、吡草胺(0.02)、霜霉威(0.01)、氟啶虫胺腈(异构体总和)(0.05)、稻瘟灵(0.01)、乙磷铝(三乙膦酸铝)(2)、炔螨特(0.01)、唑螨酯(0.01)、氟虫酰胺(0.01)、氟吡菌胺(0.15)、绿草定(0.01)、二氯吡啶酸(0.5)、咯菌腈(1)、阿灭丁(阿维菌素)(0.01)、苯并噻二唑(0.01)、环酰菌胺(0.01)、杀雄啉(0.01)、异丙噻菌胺(0.01)、丙硫菌唑(0.1)、2,4-滴(0.05)、氯氟吡啶酯(0.01)、双炔酰菌胺(0.01)、除虫脲(0.01)、噻嗪酮(0.01)、双草醚(0.01)
其他项目(括号内为限量值,单位为 mg/kg)	中国 2 种	艾氏剂(0.05)、狄氏剂(0.05)
	欧盟 1 种	艾氏剂和狄氏剂(0.01)

③美国

美国对胡萝卜共规定了 73 种农药的残留限量,有 37 种与中国规定的农药种类一致。其中,相同种类农药中,有 10 种农药的 MRLs 相同,吡唑醚菌酯、氟吡菌酰胺、腈菌唑等 8 种农药的 MRLs 比中国更严格,百菌清、苯醚甲环唑、吡虫啉等 19 种农药的 MRLs 比中国宽松。胺苯磺隆、巴毒磷、倍硫磷等 100 种农药的 MRLs 是中国制定而美国未制定,地散磷、啶氧菌酯、螺虫乙酯等 36 种农药的 MRLs 是美国制定而中国未制定,中国与美国胡萝卜中农药残留限量值差异情况具体见表 3-37。

表 3-37　中国与美国胡萝卜中农药残留限量值差异情况

<table>
<tr><td colspan="2">项目</td><td>农药残留限量指标数目、种类和限量值</td></tr>
<tr><td rowspan="2">有限量规定的农药种类总量</td><td>中国</td><td>137 种</td></tr>
<tr><td>美国</td><td>73 种</td></tr>
<tr><td colspan="2">美国与中国一致的项目 10 种(括号内为限量值,单位为 mg/kg)</td><td>嘧菌酯(1)、啶酰菌胺(2)、溴氰菊酯(0.2)、氟噻虫砜(4)、灭多威(0.2)、杀线威(0.1)、百草枯(0.05)、二甲戊灵(0.5)、氟啶虫胺腈(0.05)、肟菌酯(0.1)</td></tr>
<tr><td rowspan="2">规定严于中国的项目 8 种(括号内为限量值,单位为 mg/kg)</td><td>中国</td><td>咪唑菌酮(0.2)、氟吡菌酰胺(0.4)、氟唑菌酰胺(1)、异菌脲(10)、代森锰锌(5)、腈菌唑(0.06)、吡唑醚菌酯(0.5)、噻虫嗪(0.3)</td></tr>
<tr><td>美国</td><td>咪唑菌酮(0.15)、氟吡菌酰胺(0.30)、氟唑菌酰胺(0.90)、异菌脲(5.0)、代森锰锌(1)、腈菌唑(0.03)、吡唑醚菌酯(0.4)、噻虫嗪(0.05)</td></tr>
<tr><td rowspan="2">规定宽于中国的项目 19 种(括号内为限量值,单位为 mg/kg)</td><td>中国</td><td>联苯菊酯(0.05)、甲萘威(0.5)、氯虫苯甲酰胺(0.08)、百菌清(0.3)、噻虫胺(0.2)、溴氰虫酰胺(0.05)、氯氰菊酯和高效氯氰菊酯(0.01)、嘧菌环胺(0.7)、二嗪磷(0.5)、苯醚甲环唑(0.2)、吡氟禾草灵和精吡氟禾草灵(0.6)、氟吡呋喃酮(0.7)、吡虫啉(0.2)、马拉硫磷(0.5)、甲霜灵和精甲霜灵(0.05)、甲氧虫酰肼(0.5)、溴甲烷(0.02)、吡噻菌胺(0.6)、氰戊菊酯和S-氰戊菊酯(0.05)</td></tr>
<tr><td>美国</td><td>联苯菊酯(0.10)、甲萘威(2.0)、氯虫苯甲酰胺(0.30)、百菌清(1)、噻虫胺(0.8)、溴氰虫酰胺(0.40)、氯氰菊酯和高效氯氰菊酯(0.1)、嘧菌环胺(0.75)、二嗪磷(0.75)、苯醚甲环唑(0.6)、吡氟禾草灵和精吡氟禾草灵(2.0)、氟吡呋喃酮(0.90)、吡虫啉(0.40)、马拉硫磷(8)、甲霜灵和精甲霜灵(0.5)、甲氧虫酰肼(0.90)、溴甲烷(3.0)、吡噻菌胺(3.0)、氰戊菊酯和S-氰戊菊酯(0.5)</td></tr>
</table>

续表

项目		农药残留限量指标数目、种类和限量值
独有限量规定的农药项目(括号内为限量值,单位为 mg/kg)	中国 100 种	吡唑萘菌胺(0.15)、丙森锌(5)、草铵膦(0.3)、虫酰肼(5)、除虫菊素(1)、代森联(5)、代森锌(5)、敌百虫(0.5)、敌敌畏(0.5)、多菌灵(0.2)、氟啶脲(0.1)、氟氰戊菊酯(0.05)、福美双(5)、甲氨基阿维菌素苯甲酸盐(0.02)、氯菊酯(0.1)、氯硝胺(15)、嘧霉胺(1)、噻草酮(5)、戊唑醇(0.4)、滴滴涕(0.2)、胺苯磺隆(0.01)、巴毒磷(0.02)、倍硫磷(0.05)、苯线磷(0.02)、丙酯杀螨醇(0.02)、草枯醚(0.01)、草芽畏(0.01)、地虫硫磷(0.01)、丁硫克百威(0.01)、毒虫畏(0.01)、毒菌酚(0.01)、毒死蜱(0.02)、对硫磷(0.01)、二溴磷(0.01)、氟虫腈(0.02)、氟除草醚(0.01)、格螨酯(0.01)、庚烯磷(0.01)、环螨酯(0.01)、甲胺磷(0.05)、甲拌磷(0.01)、甲磺隆(0.01)、甲基对硫磷(0.02)、甲基硫环磷(0.03)、甲基异柳磷(0.01)、甲氧滴滴涕(0.01)、久效磷(0.03)、抗蚜威(0.05)、克百威(0.02)、乐果(0.01)、乐杀螨(0.05)、磷胺(0.05)、硫丹(0.05)、硫环磷(0.03)、硫线磷(0.02)、氯苯甲醚(0.01)、氯氟氰菊酯和高效氯氟氰菊酯(0.01)、氯磺隆(0.01)、氯酞酸(0.01)、氯酞酸甲酯(0.01)、氯唑磷(0.01)、茅草枯(0.01)、灭草环(0.05)、灭螨醌(0.01)、灭线磷(0.02)、内吸磷(0.02)、三氟硝草醚(0.01)、三氯杀螨醇(0.01)、三唑磷(0.05)、杀虫脒(0.01)、杀虫畏(0.01)、杀螟硫磷(0.5)、杀扑磷(0.05)、水胺硫磷(0.05)、速灭磷(0.01)、特丁硫磷(0.01)、特乐酚(0.01)、涕灭威(0.03)、戊硝酚(0.01)、烯虫炔酯(0.01)、烯虫乙酯(0.01)、消螨酚(0.01)、辛硫磷(0.05)、氧乐果(0.02)、乙酰甲胺磷(0.02)、乙酯杀螨醇(0.01)、抑草蓬(0.05)、茚草酮(0.01)、蝇毒磷(0.05)、增效醚(0.5)、治螟磷(0.01)、艾氏剂(0.05)、狄氏剂(0.05)、毒杀芬(0.05)、六六六(0.05)、氯丹(0.02)、灭蚁灵(0.01)、七氯(0.02)、异狄氏剂(0.05)、保棉磷(0.5)
	美国 36 种	啶氧菌酯(0.50)、螺虫乙酯(0.15)、乙基多杀菌素(0.10)、氟吡菌胺(0.15)、氟啶虫酰胺(0.60)、氰霜唑(0.09)、双苯氟脲(0.05)、氟啶胺(0.70)、咯菌腈(7.0)、唑草酮(0.10)、吡丙醚(0.15)、多杀菌素(0.10)、烯草酮(1.0)、氟氯氰菊酯和异构体 β-氟氯氰菊酯(0.20)、丙环唑(0.25)、氟啶草酮(0.1)、西禾定(4.0)、除虫脲(0.20)、异丙甲草胺(0.40)、草甘膦(5.0)、乙氧呋草黄(7.0)、赛克津(0.3)、茵多杀(1.0)、噻苯咪唑(0.02)、地散磷(0.10)、敌草快(0.02)、扑草净(0.45)、氟乐灵(1.0)、利谷隆(1.0)、2,4-滴(0.1)、邻苯基苯酚及其钠盐(20)、茵草敌(0.1)、克菌丹(0.05)、联苯吡菌胺(0.30)、阿维菌素 B1 及其 delta-8，9-异构体(0.03)、氯氟醚菌唑(0.7)

④日本

日本对胡萝卜共规定了326种农药的残留限量，有83种与中国规定的农药种类一致。其中，相同种类农药中，有31种农药的MRLs相同，草铵膦、二甲戊灵、氟啶脲等18种农药的MRLs比中国更严格，百菌清、苯醚甲环唑、苯线磷等34种农药的MRLs比中国宽松。胺苯磺隆、巴毒磷、倍硫磷等51种农药的MRLs是中国制定而日本未制定，1,3-二氯丙烯、2,4-滴、2,4-滴丙酸等241种农药的MRLs是日本制定而中国未制定。另外，中国对艾氏剂、狄氏剂、溴氰菊酯分别制定了相应的限量，而日本是对艾氏剂与狄氏剂之和、四溴菊酯和溴氰菊酯之和制定了限量。中国与日本胡萝卜中农药残留限量值差异情况具体见表3-38。

表3-38 中国与日本胡萝卜中农药残留限量值差异情况

项目		农药残留限量指标数目、种类和限量值
有限量规定的农药种类总量	中国	137种
	日本	326种
日本与中国一致的项目31种(括号内为限量值，单位为mg/kg)		嘧菌酯(1)、联苯菊酯(0.05)、啶酰菌胺(2)、甲萘威(0.5)、丁硫克百威(0.01)、氯虫苯甲酰胺(0.08)、氯丹(0.02)、氯苯甲醚(0.01)、噻虫胺(0.2)、溴氰虫酰胺(0.05)、茅草枯(0.01)、滴滴涕(0.2)、二嗪磷(0.5)、氟氰戊菊酯(0.05)、氟噻虫砜(4)、氟吡菌酰胺(0.4)、氟唑菌酰胺(1)、马拉硫磷(0.5)、甲氧虫酰肼(0.5)、百草枯(0.05)、吡噻菌胺(0.6)、氯菊酯(0.1)、增效醚(0.5)、吡唑醚菌酯(0.5)、除虫菊素(1)、嘧霉胺(1)、氟啶虫胺腈(0.05)、杀虫畏(0.01)、噻虫嗪(0.3)、敌百虫(0.5)、肟菌酯(0.1)
规定严于中国的项目18种(括号内为限量值，单位为mg/kg)	中国	克百威(0.02)、氟啶脲(0.1)、噻草酮(5)、氯硝胺(15)、异狄氏剂(0.05)、咪唑菌酮(0.2)、杀螟硫磷(0.5)、氟虫腈(0.02)、草铵膦(0.3)、七氯(0.02)、异菌脲(10)、甲胺磷(0.05)、二甲戊灵(0.5)、磷胺(0.05)、辛硫磷(0.05)、虫酰肼(5)、特丁硫磷(0.01)、敌敌畏(0.5)
	日本	克百威(0.01)、氟啶脲(0.01)、噻草酮(0.5)、氯硝胺(10)、异狄氏剂(0.01)、咪唑菌酮(0.15)、杀螟硫磷(0.01)、氟虫腈(0.01)、草铵膦(0.1)、七氯(0.01)、异菌脲(5)、甲胺磷(0.01)、二甲戊灵(0.2)、磷胺(0.01)、辛硫磷(0.02)、虫酰肼(0.3)、特丁硫磷(0.005)、敌敌畏(0.1)

续表

项目		农药残留限量指标数目、种类和限量值
规定宽于中国的项目34种(括号内为限量值，单位为mg/kg)	中国	乙酰甲胺磷(0.02)、灭螨醌(0.01)、毒虫畏(0.01)、百菌清(0.3)、毒死蜱(0.02)、氯酞酸甲酯(0.01)、氯氟氰菊酯和高效氯氟氰菊酯(0.01)、氯氰菊酯和高效氯氰菊酯(0.01)、嘧菌环胺(0.7)、三氯杀螨醇(0.01)、苯醚甲环唑(0.2)、乐果(0.01)、甲氨基阿维菌素苯甲酸盐(0.02)、硫丹(0.05)、苯线磷(0.02)、氰戊菊酯和S-氰戊菊酯(0.05)、吡氟禾草灵和精吡氟禾草灵(0.6)、氟吡呋喃酮(0.7)、吡虫啉(0.2)、吡唑萘菌胺(0.15)、甲霜灵和精甲霜灵(0.05)、杀扑磷(0.05)、甲氧滴滴涕(0.01)、久效磷(0.03)、腈菌唑(0.06)、氧乐果(0.02)、杀线威(0.1)、对硫磷(0.01)、甲基对硫磷(0.02)、甲拌磷(0.01)、抗蚜威(0.05)、戊唑醇(0.4)、多菌灵(0.2)、灭多威(0.2)
	日本	乙酰甲胺磷(0.05)、灭螨醌(1)、毒虫畏(0.4)、百菌清(1)、毒死蜱(0.5)、氯酞酸甲酯(5)、氯氟氰菊酯和高效氯氟氰菊酯(0.5)、氯氰菊酯和高效氯氰菊酯(0.05)、嘧菌环胺(2)、三氯杀螨醇(3)、苯醚甲环唑(0.5)、乐果(1)、甲氨基阿维菌素苯甲酸盐(0.1)、硫丹(0.2)、苯线磷(0.2)、氰戊菊酯和S-氰戊菊酯(0.5)、吡氟禾草灵和精吡氟禾草灵(1)、氟吡呋喃酮(0.9)、吡虫啉(0.4)、吡唑萘菌胺(0.2)、甲霜灵和精甲霜灵(0.4)、杀扑磷(0.1)、甲氧滴滴涕(7)、久效磷(0.05)、腈菌唑(1)、氧乐果(1)、杀线威(0.2)、对硫磷(0.3)、甲基对硫磷(1)、甲拌磷(0.3)、抗蚜威(0.5)、戊唑醇(0.6)、多菌灵(3)、灭多威(0.5)
独有限量规定的农药项目(括号内为限量值，单位为mg/kg)	中国51种	丙森锌(5)、代森联(5)、代森锰锌(5)、代森锌(5)、福美双(5)、胺苯磺隆(0.01)、巴毒磷(0.02)、倍硫磷(0.05)、丙酯杀螨醇(0.02)、草枯醚(0.01)、草芽畏(0.01)、地虫硫磷(0.01)、毒菌酚(0.01)、二溴磷(0.01)、氟除草醚(0.01)、格螨酯(0.01)、庚烯磷(0.01)、环螨酯(0.01)、甲磺隆(0.01)、甲基硫环磷(0.03)、甲基异柳磷(0.01)、乐杀螨(0.05)、硫环磷(0.03)、硫线磷(0.02)、氯磺隆(0.01)、氯酞酸(0.01)、氯唑磷(0.01)、灭草环(0.05)、灭线磷(0.02)、内吸磷(0.02)、三氟硝草醚(0.01)、三唑磷(0.05)、杀虫脒(0.01)、水胺硫磷(0.05)、速灭磷(0.01)、特乐酚(0.01)、涕灭威(0.03)、戊硝酚(0.01)、烯虫炔酯(0.01)、烯虫乙酯(0.01)、消螨酚(0.01)、溴甲烷(0.02)、乙酯杀螨醇(0.01)、抑草蓬(0.05)、茚草酮(0.01)、蝇毒磷(0.05)、治螟磷(0.01)、毒杀芬(0.05)、六六六(0.05)、灭蚁灵(0.01)、保棉磷(0.5)
	日本241种	1,3-二氯丙烯(0.01)、2,4-滴(0.08)、2,4-滴丙酸(0.01)、2,4-滴丁酸(0.2)、2-苯基苯酚(20)、2甲4氯(0.1)、2甲4氯丁酸(0.06)、4-氯苯氧乙酸(对氯苯氧乙酸)(0.02)、氟噻唑酰胺(5)、茚吡菌胺(5)、甲苯醚菌酯(10)、联苯吡嗪菌胺(10)、阿维菌素(0.08)、矮壮素(0.01)、氨基咪草啶酸(0.1)、胺苯吡菌酮(0.7)、

续表

项目		农药残留限量指标数目、种类和限量值
独有限量规定的农药项目(括号内为限量值,单位为 mg/kg)	日本 241 种	胺磺铜(0.5)、巴丹(3)、苯并噻二唑(0.3)、苯并烯氟菌唑(0.2)、苯丁锡(0.05)、苯氟磺胺(15)、苯醚菊酯(0.01)、苯嘧磺草胺(0.01)、苯霜灵(0.05)、苯氧威(0.05)、吡菌苯威(0.7)、吡螨胺(3)、吡蚜酮(0.6)、吡唑硫磷(0.1)、苄草唑(0.02)、苄草丹(1)、苄呋菊酯(0.1)、丙环唑(0.3)、丙硫克百威(0.01)、残杀威(2)、草甘膦(0.2)、赤霉素(0.1)、虫螨腈(0.2)、除虫脲(0.01)、春雷霉素(0.2)、哒菌清(0.02)、稻丰散(0.1)、地散磷(0.01)、敌稗(0.01)、敌草快(0.02)、敌草隆(0.05)、碘苯腈(0.1)、调环酸钙盐(0.01)、丁苯吗啉(0.05)、哒草特(10)、丁醚脲(0.02)、啶虫丙醚(0.3)、啶虫脒(0.2)、得杀草(吡喃草酮)(0.2)、啶嘧磺隆(0.02)、啶氧菌酯(0.5)、多果定(0.2)、多杀霉素(0.2)、多氧霉素(0.3)、噁霉灵(0.5)、噁霜灵(5)、恶唑禾草灵(0.1)、二苯胺(0.05)、二硫代氨基甲酸盐类(1)、二氯乙烷(0.01)、二氯异丙醚(0.01)、二溴化乙烯(0.01)、呋虫胺(1)、呋喃硫威(0.01)、丁氟螨酯(70)、伏草隆(0.02)、氟吡草腙(0.05)、氟虫脲(0.2)、氟虫酰胺(氟苯虫酰胺)(0.3)、氟啶胺(0.3)、丁氧环酮(0.01)、氟啶虫酰胺(0.02)、氟乐灵(1)、氟氯氰菊酯(0.1)、腐霉利(0.2)、咯菌腈(5)、环草定(0.3)、磺菌胺(0.1)、磺酰唑草酮(0.05)、甲基毒死蜱(0.03)、甲基立枯磷(2.0)、甲基嘧啶磷(1.0)、甲硫威(0.05)、井冈霉素(0.05)、恶虫威(0.05)、克菌丹(0.01)、二甲噻草胺(0.01)、克球酚(0.2)、喹恶磷(0.05)、喹禾灵(0.1)、喹禾糠酯(0.1)、二氯吡啶酸(4)、利谷隆(1)、联苯吡菌胺(0.3)、链霉素和双氢链霉素(0.05)、林丹(1)、二氰蒽醌(0.2)、磷化氢(0.01)、砜吡草唑(0.07)、六氯苯(0.01)、螺虫乙酯(0.05)、绿草定(0.03)、氯苯胺灵(0.01)、氯苯嘧啶醇(0.5)、氟胺氰菊酯(0.02)、氟吡菌胺(30)、氟丙菊酯(15)、氯氟吡氧乙酸(0.05)、氯化苦(0.01)、氟啶草酮(0.1)、咪鲜胺(0.05)、咪唑喹啉酸(0.05)、咪唑乙烟酸铵(0.05)、醚菌酯(0.2)、氟菌唑(0.5)、棉铃威(0.1)、棉隆(0.05)、威百亩(0.05)、异硫氰酸甲酯(0.05)、灭草松(0.05)、氟醚唑(0.01)、扑灭津(0.01)、七氟菊酯(0.1)、氟噻唑吡乙酮(15)、氟酰胺(1.0)、嗪氨灵(0.01)、嗪草酮(0.5)、氰草津(0.01)、氰化氢(5)、氰霜唑(0.09)、硅白灵(0.1)、禾草丹(0.02)、禾草灵(0.1)、炔草酯(0.02)、环草特(0.01)、环虫酰肼(0.05)、环酰菌胺(30)、磺草灵(0.1)、壬菌铜(10)、噻节因(0.04)、噻菌灵(2)、噻唑磷(0.2)、三苯基氢氧化锡(0.1)、三环唑(5-甲基-1,2,4-三唑并(3,4-b)苯并噻唑)(0.01)、甲苯氟磺胺(0.05)、三氯杀螨砜(0.01)、三唑醇(0.1)、三唑酮(0.1)、杀草敏(0.1)、甲基氟胺磺隆(0.05)、杀铃脲(0.02)、杀螟腈(0.01)、杀鼠灵(0.001)、杀鼠酮(0.001)、生物苄呋菊酯(0.1)、十三吗啉(0.05)、双苯三唑醇(联苯三唑醇)(0.05)、双丙酰胺磷(0.004)、双胍辛胺(0.05)、四氯硝基苯(0.05)、

续表

项目		农药残留限量指标数目、种类和限量值
独有限量规定的农药项目(括号内为限量值,单位为 mg/kg)	日本 241 种	腈吡螨酯(0.7)、特丁赛草隆(特丁隆)(0.01)、土菌灵(0.1)、五氯硝基苯(0.02)、戊菌唑(0.1)、烯丙苯噻唑(0.01)、烯草酮(0.1)、烯啶虫胺(0.01)、烯禾啶(4)、克草蜢(0.01)、新烟碱类(0.03)、溴(40)、溴螨酯(0.5)、溴鼠隆(0.001)、亚胺硫磷(1)、亚砜吸磷(亚砜磷)(0.02)、野麦畏(0.1)、喹菌酮(0.2)、喹啉铜(0.3)、野燕枯(0.05)、乙拌磷(0.5)、乙基多杀菌素(0.05)、乙膦酸(50)、乙硫磷(0.3)、乙烯利(0.05)、联苯肼酯(7)、异丙甲草胺(0.05)、异噁草酮(0.02)、异噁唑硫磷(0.05)、异吸磷(0.4)、抑草磷(0.03)、抑霉唑(0.02)、抑芽丹(30)、茵草敌(0.1)、莠去津(0.02)、硫酰氟(0.5)、螺甲螨酯(12)、氯吡嘧磺隆(0.05)、氯氟醚菌唑(1)、弥拜菌素(5)、醚菊酯(10)、灭螨菌素(3)、灭螨猛(0.5)、灭蝇胺(1)、灭藻醌(0.02)、萘丙酰草胺(0.1)、扑草净(0.5)、氰氟虫腙(0.3)、噻虫啉(0.1)、噻呋酰胺(1)、噻螨酮(0.7)、三氟羧草醚(0.1)、双苯氟脲(氟酰脲)(0.05)、双丙环虫酯(3)、双炔酰菌胺(25)、霜霉威(0.2)、四聚乙醛(1)、特草定(0.05)、特丁净(0.01)、甜菜安(0.01)、萎锈灵(0.2)、蚊蝇醚(0.2)、喔草酯(0.05)、戊菌隆(0.7)、西玛津(0.05)、烯酰吗啉(10)、烟碱(2)、氧化萎锈灵(0.01)、乙霉威(5)、乙烯菌核利(1)、乙氧呋草黄(5)、仲丁胺(0.01)、唑草酮(0.1)、唑螨酯(5)、唑嘧菌胺(50)
其他项目(括号内为限量值,单位为 mg/kg)	中国 3 种	艾氏剂(0.05)、狄氏剂(0.05)、溴氰菊酯(0.2)
	日本 2 种	艾氏剂和狄氏剂(0.1)、四溴菊酯和溴氰菊酯(0.2)

⑤澳大利亚

澳大利亚对胡萝卜共规定了 62 种农药的残留限量,有 33 种与中国规定的农药种类一致。其中,相同种类农药中,有 5 种农药的 MRLs 相同,啶酰菌胺、毒死蜱等 12 种农药的 MRLs 比中国更严格,百菌清、吡虫啉等 16 种农药的 MRLs 比中国宽松。胺苯磺隆、巴毒磷、百草枯等 102 种农药的 MRLs 是中国制定而澳大利亚未制定,灭蝇胺、腐霉利、醚菌酯等 28 种农药的 MRLs 是澳大利亚制定而中国未制定。另外,中国对艾氏剂、狄氏剂分别制定了相应的限量,而澳大利亚是对艾氏剂与狄氏剂之和制定了限量。中国与澳大利亚胡萝卜中农药残留限量值差异情况具体见表 3-39。

表 3-39　中国与澳大利亚胡萝卜中农药残留限量值差异情况

项目		农药残留限量指标数目、种类和限量值
有限量规定的农药种类总量	中国	137 种
	澳大利亚	62 种
与中国一致的项目 5 种(括号内为限量值,单位为 mg/kg)		噻草酮(5)、苯醚甲环唑(0.2)、吡唑醚菌酯(0.5)、氟啶虫胺腈(0.05)、马拉硫磷(0.5)
规定严于中国的项目 12 种(括号内为限量值,单位为 mg/kg)	中国	嘧菌酯(1)、啶酰菌胺(2)、毒死蜱(0.02)、氟噻虫砜(4)、氟唑菌酰胺(1)、福美双(5)、异菌脲(10)、代森锰锌(5)、代森联(5)、二甲戊灵(0.5)、丙森锌(5)、敌百虫(0.5)
	澳大利亚	嘧菌酯(0.2)、啶酰菌胺(1)、毒死蜱(0.01)、氟噻虫砜(2)、氟唑菌酰胺(0.9)、福美双(1)、异菌脲(0.5)、代森锰锌(1)、代森联(1)、二甲戊灵(0.3)、丙森锌(1)、敌百虫(0.1)
规定宽于中国的项目 16 种(括号内为限量值,单位为 mg/kg)	中国	戊唑醇(0.4)、甲萘威(0.5)、氯虫苯甲酰胺(0.08)、百菌清(0.3)、二嗪磷(0.5)、乐果(0.01)、氟虫腈(0.02)、噻虫嗪(0.3)、七氯(0.02)、吡虫啉(0.2)、甲霜灵和精甲霜灵(0.05)、灭多威(0.2)、溴甲烷(0.02)、甲拌磷(0.01)、抗蚜威(0.05)、吡噻菌胺(0.6)
	澳大利亚	戊唑醇(0.5)、甲萘威(2)、氯虫苯甲酰胺(0.5)、百菌清(7)、二嗪磷(0.7)、乐果(0.3)、氟虫腈(0.05)、噻虫嗪(0.7)、七氯(0.2)、吡虫啉(0.5)、甲霜灵和精甲霜灵(0.1)、灭多威(1)、溴甲烷(0.05)、甲拌磷(0.5)、抗蚜威(1)、吡噻菌胺(2)
独有限量规定的农药项目(括号内为限量值,单位为 mg/kg)	中国 102 种	吡氟禾草灵和精吡氟禾草灵(0.6)、吡唑萘菌胺(0.15)、草铵膦(0.3)、虫酰肼(5)、除虫菊素(1)、代森锌(5)、敌敌畏(0.5)、多菌灵(0.2)、氟吡菌酰胺(0.4)、氟啶脲(0.1)、氟氰戊菊酯(0.05)、甲氨基阿维菌素苯甲酸盐(0.02)、甲氧虫酰肼(0.5)、氯菊酯(0.1)、氯硝胺(15)、咪唑菌酮(0.2)、嘧菌环胺(0.7)、嘧霉胺(1)、氰戊菊酯和 S-氰戊菊酯(0.05)、杀线威(0.1)、肟菌酯(0.1)、溴氰菊酯(0.2)、滴滴涕(0.2)、氟吡呋喃酮(0.7)、腈菌唑(0.06)、噻虫胺(0.2)、溴氰虫酰胺(0.05)、胺苯磺隆(0.01)、巴毒磷(0.02)、百草枯(0.05)、倍硫磷(0.05)、苯线磷(0.02)、丙酯杀螨醇(0.02)、草枯醚(0.01)、草芽畏(0.01)、地虫硫磷(0.01)、丁硫克百威(0.01)、毒虫畏(0.01)、毒菌酚(0.01)、对硫磷(0.01)、二溴磷(0.01)、

续表

项目		农药残留限量指标数目、种类和限量值
独有限量规定的农药项目(括号内为限量值,单位为 mg/kg)	中国 102 种	氟除草醚(0.01)、格螨酯(0.01)、庚烯磷(0.01)、环螨酯(0.01)、甲胺磷(0.05)、甲磺隆(0.01)、甲基对硫磷(0.02)、甲基硫环磷(0.03)、甲基异柳磷(0.01)、甲氧滴滴涕(0.01)、久效磷(0.03)、克百威(0.02)、乐杀螨(0.05)、联苯菊酯(0.05)、磷胺(0.05)、硫丹(0.05)、硫环磷(0.03)、硫线磷(0.02)、氯苯甲醚(0.01)、氯氟氰菊酯和高效氯氟氰菊酯(0.01)、氯磺隆(0.01)、氯氰菊酯和高效氯氰菊酯(0.01)、氯酞酸(0.01)、氯酞酸甲酯(0.01)、氯唑磷(0.01)、茅草枯(0.01)、灭草环(0.05)、灭螨醌(0.01)、灭线磷(0.02)、内吸磷(0.02)、三氟硝草醚(0.01)、三氯杀螨醇(0.01)、三唑磷(0.05)、杀虫脒(0.01)、杀虫畏(0.01)、杀螟硫磷(0.5)、杀扑磷(0.05)、水胺硫磷(0.05)、速灭磷(0.01)、特丁硫磷(0.01)、特乐酚(0.01)、涕灭威(0.03)、戊硝酚(0.01)、烯虫炔酯(0.01)、烯虫乙酯(0.01)、消螨酚(0.01)、辛硫磷(0.05)、氧乐果(0.02)、乙酰甲胺磷(0.02)、乙酯杀螨醇(0.01)、抑草蓬(0.05)、茚草酮(0.01)、蝇毒磷(0.05)、增效醚(0.5)、治螟磷(0.01)、毒杀芬(0.05)、六六六(0.05)、氯丹(0.02)、灭蚁灵(0.01)、异狄氏剂(0.05)、保棉磷(0.5)
	澳大利亚 28 种	三唑醇(0.2)、阿灭丁(阿维菌素)(0.01)、灭蝇胺(1)、氟乐灵(0.5)、多杀菌素(0.02)、乙基多杀菌素(0.02)、喹禾糠酯(0.02)、喹禾灵(0.02)、扑草胺(0.02)、腐霉利(1)、亚磷酸(100)、嗪草酮(0.3)、威百亩(1)、抑芽丹(40)、利谷隆(0.05)、醚菌酯(0.05)、草甘膦(0.1)、氟胺氰菊酯(0.01)、丙炔氟草胺(0.05)、氟虫酰胺(0.2)、甲氨基阿维菌素(0.01)、二硫代氨基甲酸酯(1)、敌草快(0.05)、稀禾定(1)、烯草酮(1)、氟唑菌酰羟胺(0.05)、苄草丹(0.01)、双丙环虫酯(0.01)
其他项目(括号内为限量值,单位为 mg/kg)	中国 2 种	艾氏剂(0.05)、狄氏剂(0.05)
	澳大利亚 1 种	艾氏剂和狄氏剂(0.1)

⑥新西兰

新西兰对胡萝卜共规定了 20 种农药的残留限量,有 12 种与中国规定的农药种类一致。其中,相同种类农药中,有 4 种农药的 MRLs 相同,敌敌畏、啶酰菌胺等 4 种农药的 MRLs 比中国更严格,苯线磷、马拉硫磷、增效醚等 4 种农药的 MRLs 比中国宽松。艾氏剂、百菌清、丁硫克百威等 125 种农药的 MRLs 是中国制定而新西兰未制定，敌草快、克菌丹等8种农药的MRLs是新西兰制定而中国未制定。目前六个贸易国中，新西兰对胡萝卜中农药残留规定是最少的。中国与新西兰胡萝卜中农药残留限量值差异情况具体见表3-40。

表3-40　中国与新西兰胡萝卜中农药残留限量值差异情况

项目		农药残留限量指标数目、种类和限量值
有限量规定的农药种类总量	中国	137种
	新西兰	20种
新西兰与中国一致的项目4种(括号内为限量值，单位为mg/kg)		二嗪磷(0.5)、百草枯(0.05)、除虫菊素(1)、氟啶虫胺腈(0.05)
规定严于中国的项目4种(括号内为限量值，单位为mg/kg)	中国	啶酰菌胺(2)、敌敌畏(0.5)、氟吡菌酰胺(0.4)、二甲戊灵(0.5)
	新西兰	啶酰菌胺(0.5)、敌敌畏(0.01)、氟吡菌酰胺(0.2)、二甲戊灵(0.05)
规定宽于中国的项目4种(括号内为限量值，单位为mg/kg)	中国	乐果(0.01)、苯线磷(0.02)、马拉硫磷(0.5)、增效醚(0.5)
	新西兰	乐果(2)、苯线磷(0.2)、马拉硫磷(3)、增效醚(8)
独有限量规定的农药项目(括号内为限量值，单位为mg/kg)	中国125种	苯醚甲环唑(0.2)、吡虫啉(0.2)、吡氟禾草灵和精吡氟禾草灵(0.6)、吡噻菌胺(0.6)、吡唑醚菌酯(0.5)、吡唑萘菌胺(0.15)、丙森锌(5)、草铵膦(0.3)、虫酰肼(5)、代森联(5)、代森锰锌(5)、代森锌(5)、敌百虫(0.5)、多菌灵(0.2)、氟啶脲(0.1)、氟氰戊菊酯(0.05)、氟噻虫砜(4)、氟唑菌酰胺(1)、福美双(5)、甲氨基阿维菌素苯甲酸盐(0.02)、甲萘威(0.5)、甲霜灵和精甲霜灵(0.05)、甲氧虫酰肼(0.5)、氯虫苯甲酰胺(0.08)、氯菊酯(0.1)、氯硝胺(15)、咪唑菌酮(0.2)、嘧菌环胺(0.7)、嘧霉胺(1)、氰戊菊酯和S-氰戊菊酯(0.05)、噻草酮(5)、杀线威(0.1)、肟菌酯(0.1)、戊唑醇(0.4)、溴氰菊酯(0.2)、异菌脲(10)、滴滴涕(0.2)、百菌清(0.3)、氟吡呋喃酮(0.7)、腈菌唑(0.06)、嘧菌酯(1)、噻虫胺(0.2)、噻虫嗪(0.3)、溴氰虫酰胺(0.05)、胺苯磺隆(0.01)、巴毒磷(0.02)、倍硫磷(0.05)、丙酯杀螨醇(0.02)、草枯醚(0.01)、草芽畏(0.01)、地虫硫磷(0.01)、丁硫克百威(0.01)、毒虫畏(0.01)、

续表

项目		农药残留限量指标数目、种类和限量值
独有限量规定的农药项目(括号内为限量值,单位为 mg/kg)	中国 125 种	毒菌酚(0.01)、毒死蜱(0.02)、对硫磷(0.01)、二溴磷(0.01)、氟虫腈(0.02)、氟除草醚(0.01)、格螨酯(0.01)、庚烯磷(0.01)、环螨酯(0.01)、甲胺磷(0.05)、甲拌磷(0.01)、甲磺隆(0.01)、甲基对硫磷(0.02)、甲基硫环磷(0.03)、甲基异柳磷(0.01)、甲氧滴滴涕(0.01)、久效磷(0.03)、抗蚜威(0.05)、克百威(0.02)、乐杀螨(0.05)、联苯菊酯(0.05)、磷胺(0.05)、硫丹(0.05)、硫环磷(0.03)、硫线磷(0.02)、氯苯甲醚(0.01)、氯氟氰菊酯和高效氯氟氰菊酯(0.01)、氯磺隆(0.01)、氯氰菊酯和高效氯氰菊酯(0.01)、氯酞酸(0.01)、氯酞酸甲酯(0.01)、氯唑磷(0.01)、茅草枯(0.01)、灭草环(0.05)、灭多威(0.2)、灭螨醌(0.01)、灭线磷(0.02)、内吸磷(0.02)、三氟硝草醚(0.01)、三唑磷(0.05)、杀虫脒(0.01)、杀虫畏(0.01)、杀螟硫磷(0.5)、杀扑磷(0.05)、水胺硫磷(0.05)、速灭磷(0.01)、特丁硫磷(0.01)、特乐酚(0.01)、涕灭威(0.03)、戊硝酚(0.01)、烯虫炔酯(0.01)、烯虫乙酯(0.01)、消螨酚(0.01)、辛硫磷(0.05)、溴甲烷(0.02)、氧乐果(0.02)、乙酰甲胺磷(0.02)、乙酯杀螨醇(0.01)、抑草蓬(0.05)、茚草酮(0.01)、蝇毒磷(0.05)、治螟磷(0.01)、毒杀芬(0.05)、六六六(0.05)、氯丹(0.02)、灭蚁灵(0.01)、七氯(0.02)、异狄氏剂(0.05)、保棉磷(0.5)、艾氏剂(0.5)、狄氏剂(0.05)、三氯杀螨醇(0.01)
	新西兰 8 种	1-甲基环丙烯(0.01)、扑草胺(0.05)、扑灭津(0.05)、二硫代氨基甲酸酯(甲基代森锌除外)(7)、敌草快(0.05)、1，3-二氯丙烯(0.01)、异恶草酮(0.02)、克菌丹(10)

(3)部分农药残留指标差异性分析

本部分内容举例分析单一指标限量值的差异情况。

对于胡萝卜中部分农药残留限量值,中国与其他国家(组织)存在较大差异,部分其他国家(组织)的限量值明显严于中国。日本规定噻草酮在胡萝卜中的限量为 0.5 mg/kg,低于中国的 5 mg/kg;欧盟规定丙森锌在胡萝卜中的限量为 0.01 mg/kg,明显低于中国的 5 mg/kg。由于中国对胡萝卜中部分农药限量要求宽于其他国家(组织),导致在出口时容易出现贸易壁垒。表 3-41 列举了不同国家(组织)部分农药残留限量值差异情况。

表 3-41 不同国家(组织)部分农药残留限量值差异情况 单位:mg/kg

化合物	中国	欧盟	日本	CAC	澳大利亚	美国	新西兰
噻草酮	5	—	0.5	5	5	—	—
丙森锌	5	0.01	—	—	1	—	—
除虫菊素	1	1	1	0.05	—	—	1
乙酰甲胺磷	0.02	0.01	0.05	—	—	—	—
异菌脲	10	—	5.0	10	0.5	5.0	—

注:“—”表示无限量规定。

3.2.1.3 番茄中农药残留限量差异

番茄作为常规蔬菜之一,深受全世界人民的喜爱,自身有着丰富的营养价值,又兼具价格低廉、味道可口且做法丰富的特点。番茄是三大世界性贸易蔬菜之一,在全世界蔬菜贸易中占有重要地位。随着番茄需求量的不断上升,世界番茄生产总量及种植规模不断扩大。数据显示,2019 年全球番茄产量最多的地区为中国,产量为 6287 万吨;其次是印度,番茄产量为 1900 万吨;再次是欧盟,27 国番茄产量为 1652 万吨。2020 年,中国番茄种植面积约为 505.5 万公顷,产量为 6515 万吨,全球番茄产量为 18205 万吨。中国是农业大国,蔬菜出口数量大,2020 年中国番茄出口数量为 21.8 万吨,出口金额为 25053 万美元。

(1)中国与其他国家(组织)农药残留限量指标数量的差异

各个国家及组织对番茄中农药残留的限量做了不同规定,其指标数量存在较大差异,如图 3-5 所示。中国规定了番茄中 242 种农药的限量,美国、CAC、澳大利亚、日本、欧盟、新西兰分别规定了 147 种、80 种、168 种、335 种、497 种、48 种。中国农药残留限量数量高于美国、CAC、澳大利亚和新西兰,但低于欧盟和日本,其中与欧盟的指标数量差距在一倍以上,见表 3-42。

表 3-42 番茄中农药残留限量指标数量差异情况

项目		中国	欧盟	日本	澳大利亚	美国	CAC	新西兰
农药指标数量		242	497	335	168	147	80	48
中国独有指标数量		—	66	84	135	148	166	201
对方独有指标数量		—	322	178	61	53	4	7
共同指标数量		—	173	155	106	94	76	41
共同指标数量	限量值一致	—	45	49	24	25	49	7
	限量值严于中国	—	98	27	57	28	19	17
	限量值宽于中国	—	30	79	25	41	8	17
其他指标数量	中国	—	3	3	1	—	—	—
	对方国家(组织)	—	2	2	1	—	—	—

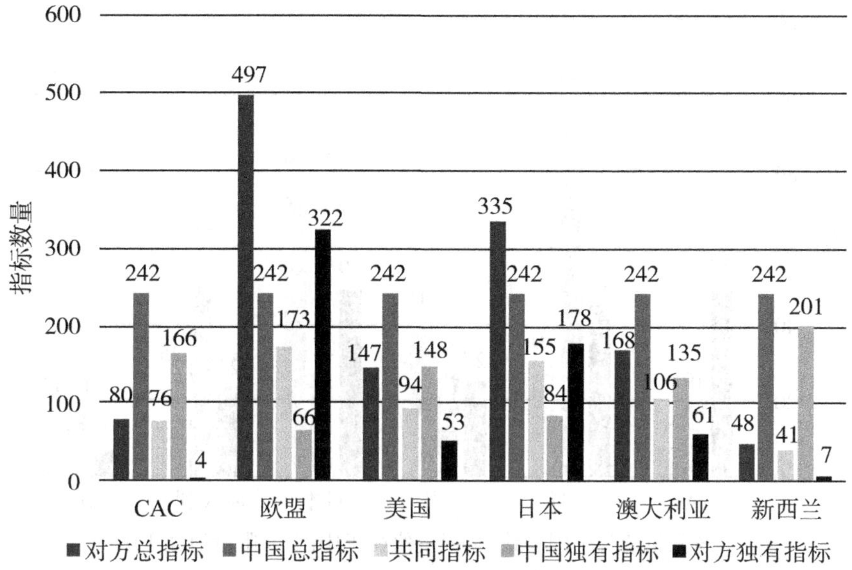

图 3-5 番茄中农药残留限量指标数量差异情况

(2)中国与其他国家(组织)农药残留限量指标值的差异

对于共同的农药指标,不同国家(组织)在限量值的宽严程度上也存在一定的差异,如图 3-6 所示。例如:中国与欧盟对 173 种相同农药做出了限量规定,其中欧盟与中国的限量规定一致的农药有 45 种,欧盟严于中国的有 98 种,宽于中国的有 30 种。中国与日本对 155 种相同农药做出了限量规定,其中日本与中国的限量规定一致的农药有 49 种,日本严于中国的有 27 种,宽于中国的有 79 种。中国与澳大利亚对 106 种相同农药做出了限量规定,其中澳大利亚与中国的限量规定一致的农药有 24 种,澳大利亚严于中国的有 57 种,宽于中国的有 25 种。中国与 CAC 对 76 种相同农药做出了限量规定,其中 CAC 与中国的限量规定一致的农药有 49 种,CAC 严于中国的有 19 种,宽于中国的有 8 种。中国与新西兰对 41 种相同农药做出了限量规定,其中新西兰与中国的限量规定一致的农药有 7 种,新西兰严于中国的有 17 种,宽于中国的有 17 种。中国与美国对 94 种相同农药做出了限量规定,其中美国与中国的限量规定一致的农药有 25 种,美国严于中国的有 28 种,宽于中国的有 41 种。下面就中国与 CAC、欧盟、美国等国家(组织)番茄中的农药残留限量指标的差异进行逐一分析。

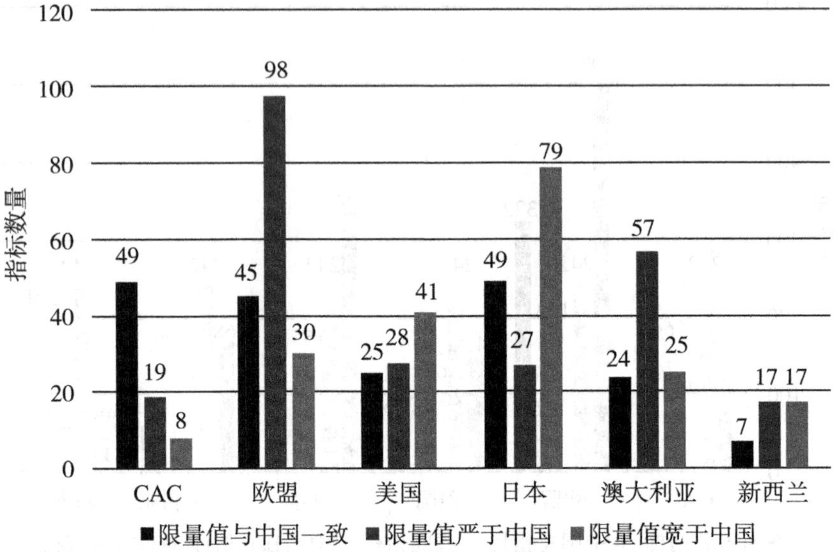

图 3-6　相同农药残留限量指标的限量值差异情况

①CAC

CAC 对番茄共规定了 80 种农药的残留限量，有 76 种与中国规定的农药种类一致。其中，相同种类农药中，有 49 种农药的 MRLs 相同，联苯菊酯、噻嗪酮、多菌灵等 19 种农药的 MRLs 比中国更严格，阿维菌素、乙酰甲胺磷、甲萘威等 8 种农药的 MRLs 宽于中国。巴毒磷、百草枯、倍硫磷等 166 种农药的 MRLs 是中国制定而 CAC 未制定，甲基毒死蜱、炔螨特等 4 种农药的 MRLs 是 CAC 制定而中国未制定。中国与 CAC 番茄中农药残留限量值差异情况具体见表 3-43。

表 3-43　中国与 CAC 番茄中农药残留限量值差异情况

项目		农药残留限量指标数目、种类和限量值
有限量规定的农药种类总量	中国	242 种
	CAC	80 种
CAC 与中国一致的项目 49 种（括号内为限量值，单位为 mg/kg）		活化酯(0.3)、双甲脒(0.5)、保棉磷(1)、苯霜灵(0.2)、联苯肼酯(0.5)、联苯三唑醇(3)、克菌丹(5)、百菌清(5)、烯草酮(1)、四螨嗪(0.5)、噻草酮(1.5)、丁氟螨酯(0.3)、二嗪磷(0.5)、乙烯利(2)、噁唑菌酮(2)、苯丁锡(1)、环酰菌胺(2)、甲氰菊酯(1)、胺苯吡菌酮(3)、氟苯虫酰胺(2)、咯菌腈(3)、粉唑醇(0.8)、灭菌丹(3)、噻螨酮(0.1)、茚虫威(0.5)、异菌脲(5)、吡唑萘菌胺(0.4)、马拉硫磷(0.5)、双炔酰菌胺(0.3)、氰氟虫腙(0.6)、甲氧虫酰肼(2)、氯菊酯(1)、增效醚(2)、丙溴磷(10)、丙环唑(3)、除虫菊素(0.05)、乙基多杀菌素(0.06)、螺螨酯(0.5)、螺甲螨酯(0.7)、虫酰肼(1)、噻虫啉(0.5)、肟菌酯(0.7)、苯酰菌胺(2)、氟苯脲(1.5)、吡氟禾草灵和精吡氟禾草灵(0.4)、甲霜灵和精甲霜灵(0.5)、霜霉威和霜霉威盐酸盐(2)、氟氯氰菊酯和高效氟氯氰菊酯(0.2)、敌螨普(0.3)

续表

项目		农药残留限量指标数目、种类和限量值
规定严于中国的项目19种（括号内为限量值，单位为mg/kg）	中国	联苯菊酯（0.5）、噻嗪酮（2）、多菌灵（3）、氰霜唑（2）、灭线磷（0.02）、氟吡菌酰胺（1）、氟吡呋喃酮（3）、腈菌唑（1）、杀线威（2）、戊菌唑（0.2）、吡唑醚菌酯（1）、嘧霉胺（1）、五氯硝基苯（0.1）、多杀霉素（1）、戊唑醇（2）、氰戊菊酯和S-氰戊菊酯（0.2）、氯氰菊酯和高效氯氰菊酯（0.5）、吡虫啉（1）、虱螨脲（3）
	CAC	联苯菊酯（0.3）、噻嗪酮（1）、多菌灵（0.5）、氰霜唑（0.2）、灭线磷（0.01）、氟吡菌酰胺（0.5）、氟吡呋喃酮（1）、腈菌唑（0.3）、杀线威（0.01）、戊菌唑（0.09）、吡唑醚菌酯（0.3）、嘧霉胺（0.7）、五氯硝基苯（0.02）、多杀霉素（0.3）、戊唑醇（0.7）、氰戊菊酯和S-氰戊菊酯（0.1）、氯氰菊酯和高效氯氰菊酯（0.2）、吡虫啉（0.5）、虱螨脲（0.4）
规定宽于中国的项目8种（括号内为限量值，单位为mg/kg）	中国	阿维菌素（0.02）、乙酰甲胺磷（0.02）、甲萘威（1）、溴氰菊酯（0.2）、硫丹（0.05）、灭多威（0.2）、苯菌酮（0.4）、嗪氨灵（0.5）
	CAC	阿维菌素（0.05）、乙酰甲胺磷（1）、甲萘威（5）、溴氰菊酯（0.3）、硫丹（0.5）、灭多威（1）、苯菌酮（0.6）、嗪氨灵（0.7）
独有限量规定的农药项目（括号内为限量值，单位为mg/kg）	中国166种	2,4-滴和2,4-滴钠盐（0.5）、矮壮素（1）、胺苯磺隆（0.01）、胺鲜酯（0.1）、巴毒磷（0.02）、百草枯（0.05）、倍硫磷（0.05）、苯并烯氟菌唑（0.9）、苯氟磺胺（2）、苯醚甲环唑（0.5）、苯线磷（0.02）、吡丙醚（1）、吡噻菌胺（2）、吡蚜酮（0.2）、丙硫菌唑（0.2）、丙炔氟草胺（0.02）、丙森锌（5）、丙酯杀螨醇（0.02）、草铵膦（0.5）、草枯醚（0.01）、草芽畏（0.01）、春雷霉素（0.05）、代森联（5）、代森锰锌（5）、代森锌（5）、敌百虫（0.2）、敌草腈（0.01）、敌草快（0.01）、敌敌畏（0.2）、敌磺钠（0.1）、敌菌灵（10）、地虫硫磷（0.01）、丁吡吗啉（10）、丁硫克百威（0.01）、啶虫脒（1）、啶菌噁唑（1）、啶酰菌胺（2）、啶氧菌酯（1）、毒虫畏（0.01）、毒氟磷（3）、毒菌酚（0.01）、毒死蜱（0.02）、对硫磷（0.01）、二溴磷（0.01）、呋虫胺（0.5）、氟吡菌胺（2）、氟虫腈（0.02）、氟除草醚（0.01）、氟啶胺（2）、氟啶虫胺腈（1.5）、氟啶虫酰胺（0.4）、氟硅唑（0.2）、氟吗啉（10）、氟嘧菌酯（1）、氟氰戊菊酯（0.2）、氟噻虫砜（0.7）、氟噻唑吡乙酮（0.3）、氟酰脲（0.02）、氟唑菌酰胺（0.5）、福美双（5）、福美锌（5）、腐霉利（2）、复硝酚钠（0.1）、格螨酯（0.01）、庚烯磷（0.01）、环螨酯（0.01）、己唑醇（0.5）、甲氨基阿维菌素苯甲酸盐（0.02）、甲胺磷（0.05）、甲拌磷（0.01）、甲苯氟磺胺（3）、甲磺隆（0.01）、甲基对硫磷（0.02）、甲基硫环磷（0.03）、甲基硫菌灵（3）、甲氧滴滴涕（0.01）、久效磷（0.03）、菌核净（0.2）、抗蚜威（0.5）、克百威（0.02）、喹啉铜（2）、乐果（0.01）、乐杀螨（0.05）、

续表

项目		农药残留限量指标数目、种类和限量值
独有限量规定的农药项目(括号内为限量值,单位为 mg/kg)	中国 166 种	磷胺(0.05)、硫环磷(0.03)、硫线磷(0.02)、螺虫乙酯(1)、氯苯甲醚(0.01)、氯吡嘧磺隆(0.05)、氯虫苯甲酰胺(0.6)、氯氟氰菊酯和高效氯氟氰菊酯(0.2)、氯磺隆(0.01)、氯噻啉(0.2)、氯酞酸(0.01)、氯酞酸甲酯(0.01)、氯唑磷(0.01)、茅草枯(0.01)、咪唑菌酮(1.5)、醚菌酯(1)、嘧菌环胺(0.5)、嘧菌酯(3)、棉隆(0.02)、灭草环(0.05)、灭螨醌(0.01)、萘乙酸和萘乙酸钠(0.1)、内吸磷(0.02)、宁南霉素(1)、噻苯隆(0.05)、噻虫胺(1)、噻虫嗪(1)、噻菌铜(0.5)、噻唑膦(0.05)、三氟硝草醚(0.01)、三氯杀螨醇(0.01)、三唑醇(1)、三唑磷(0.05)、三唑酮(1)、杀虫单(1)、杀虫脒(0.01)、杀虫双(1)、杀虫畏(0.01)、杀螟硫磷(0.5)、杀扑磷(0.05)、双胍三辛烷基苯磺酸盐(1)、霜脲氰(1)、水胺硫磷(0.5)、四聚乙醛(0.5)、速灭磷(0.01)、特丁硫磷(0.01)、特乐酚(0.01)、涕灭威(0.03)、戊硝酚(0.01)、烯虫炔酯(0.01)、烯虫乙酯(0.01)、烯酰吗啉(1)、消螨酚(0.01)、辛菌胺(0.5)、辛菌胺醋酸盐(0.5)、辛硫磷(0.05)、溴甲烷(0.02)、溴氰虫酰胺(0.2)、盐酸吗啉胍(5)、氧乐果(0.02)、乙霉威(1)、乙烯菌核利(3)、乙酯杀螨醇(0.01)、异丙甲草胺和精异丙甲草胺(0.1)、异硫氰酸烯丙酯(0.05)、抑草蓬(0.05)、抑霉唑(0.5)、茚草酮(0.01)、蝇毒磷(0.05)、治螟磷(0.01)、仲丁灵(0.1)、唑螨酯(0.2)、唑嘧菌胺(2)、艾氏剂(0.05)、滴滴涕(0.05)、狄氏剂(0.05)、毒杀芬(0.05)、六六六(0.05)、氯丹(0.02)、灭蚁灵(0.01)、七氯(0.02)、异狄氏剂(0.05)、甲基异柳磷(0.01)
	CAC 4 种	二硫代氨基甲酸酯(2)、三乙膦酸铝(8)、甲基毒死蜱(1)、炔螨特(2)

②欧盟

欧盟对番茄共规定了 497 种农药的残留限量,有 173 种与中国规定的农药种类一致。其中,相同种类农药中,有 45 种农药的 MRLs 相同,矮壮素、毒死蜱、四螨嗪等 98 种农药的 MRLs 比中国更严格,苯醚甲环唑、吡唑萘菌胺、除虫菊素等 30 种农药的 MRLs 比中国宽松。胺苯磺隆、巴毒磷、丙酯杀螨醇等 66 种农药的 MRLs 是中国制定而欧盟未制定,杀螨特、氯苯胺灵、麦草畏等 322 种农药的 MRLs 是欧盟制定而中国未制定。在对番茄中农药残留限量做出规定的国家(组织)中,欧盟规定的农药种类是最多的。另外,中国对六六六(α-六六六、β-六六六、γ-六六六和 δ-六六六之和)、艾氏剂、狄氏剂制定了相应的限量,而欧盟是对林丹(γ-六六六)、艾氏剂与狄氏剂之和制定了限量。中国与欧盟番茄中农药残留限量值差异情况具体见表 3-44。

表 3-44　中国与欧盟番茄中农药残留限量值差异情况

项目		农药残留限量指标数目、种类和限量值
有限量规定的农药种类总量	中国	242 种
	欧盟	497 种
欧盟与中国一致的项目 45 种(括号内为限量值,单位为 mg/kg)		唑嘧菌胺(2)、嘧菌酯(3)、苯并烯氟菌唑(0.9)、联苯肼酯(0.5)、毒虫畏(0.01)、氯酞酸甲酯(0.01)、烯草酮(1)、丁氟螨酯(0.3)、滴滴涕(0.05)、敌草腈(0.01)、乐果(0.01)、烯酰吗啉(1)、特乐酚(0.01)、敌草快(0.01)、硫丹(0.05)、乙烯利(2)、灭线磷(0.02)、噁唑菌酮(2)、环酰菌胺(2)、胺苯吡菌酮(3)、咯菌腈(3)、丙炔氟草胺(0.02)、粉唑醇(0.8)、苗虫威(0.5)、氰氟虫腙(0.6)、甲氧滴滴涕(0.01)、甲氧虫酰肼(2)、甲磺隆(0.01)、速灭磷(0.01)、吡噻菌胺(2)、甲拌磷(0.01)、抗蚜威(0.5)、丙溴磷(10)、丙环唑(3)、嘧霉胺(1)、吡丙醚(1)、螺螨酯(0.5)、特丁硫磷(0.01)、噻虫啉(0.5)、肟菌酯(0.7)、氟苯脲(1.5)、甲氨基阿维菌素苯甲酸盐(0.02)、氯虫苯甲酰胺(0.6)、氯氰菊酯和高效氯氰菊酯(0.5)、噻草酮(1.5)
规定严于中国的项目 98 种(括号内为限量值,单位为 mg/kg)	中国	乙酰甲胺磷(0.02)、啶虫脒(1)、涕灭威(0.03)、双甲脒(0.5)、敌菌灵(10)、保棉磷(1)、联苯菊酯(0.5)、联苯三唑醇(3)、噻嗪酮(2)、仲丁灵(0.1)、硫线磷(0.02)、克菌丹(5)、甲萘威(1)、克百威(0.02)、氯丹(0.02)、矮壮素(1)、毒死蜱(0.02)、四螨嗪(0.5)、噻虫胺(1)、蝇毒磷(0.05)、溴氰虫酰胺(0.2)、氰霜唑(2)、霜脲氰(1)、二嗪磷(0.5)、敌敌畏(0.2)、乙霉威(1)、呋虫胺(0.5)、异狄氏剂(0.05)、咪唑菌酮(1.5)、苯丁锡(1)、杀螟硫磷(0.5)、甲氰菊酯(1)、倍硫磷(0.05)、氟虫腈(0.02)、氟啶胺(2)、氟苯虫酰胺(2)、氟氰戊菊酯(0.2)、氟吡菌胺(2)、氟吡菌酰胺(1)、氟嘧菌酯(1)、氟吡呋喃酮(3)、氟硅唑(0.2)、噻唑膦(0.05)、草铵膦(0.5)、氯吡嘧磺隆(0.05)、七氯(0.02)、己唑醇(0.5)、抑霉唑(0.5)、吡虫啉(1)、醚菌酯(1)、马拉硫磷(0.5)、四聚乙醛(0.5)、甲胺磷(0.05)、杀扑磷(0.05)、灭多威(0.2)、异丙甲草胺和精异丙甲草胺(0.1)、久效磷(0.03)、氧乐果(0.02)、杀线威(2)、氟噻唑吡乙酮(0.3)、百草枯(0.05)、甲基对硫磷(0.02)、戊菌唑(0.2)、氯菊酯(1)、磷胺(0.05)、辛硫磷(0.05)、啶氧菌酯(1)、腐霉利(2)、丙森锌(5)、吡唑醚菌酯(1)、五氯硝基苯(0.1)、氟啶虫胺腈(1.5)、戊唑醇(2)、噻虫嗪(1)、甲基硫菌灵(3)、福美双(5)、甲苯氟磺胺(3)、三唑酮(1)、三唑磷(0.05)、敌百虫(0.2)、嗪氨灵(0.5)、乙烯菌核利(3)、福美锌(5)、苯酰菌胺(2)、敌螨普(0.3)、2,4-滴和 2,4-滴钠盐(0.5)、丙硫菌唑(0.2)、毒杀芬(0.05)、多菌灵(3)、多杀霉素(1)、氟氯氰菊酯和高效氟氯氰菊酯(0.2)、氯氟氰菊酯和高效氯氟氰菊酯(0.2)、甲霜灵和精甲霜灵(0.5)、腈菌唑(1)、氰戊菊酯和 S-氰戊菊酯(0.2)、三唑醇(1)、溴氰菊酯(0.2)、吡氟禾草灵和精吡氟禾草灵(0.4)

续表

项目		农药残留限量指标数目、种类和限量值
规定严于中国的项目98种(括号内为限量值,单位为mg/kg)	欧盟	乙酰甲胺磷(0.01)、啶虫脒(0.5)、涕灭威(0.02)、双甲脒(0.05)、敌菌灵(0.01)、保棉磷(0.05)、联苯菊酯(0.3)、联苯三唑醇(0.01)、噻嗪酮(0.01)、仲丁灵(0.01)、硫线磷(0.01)、克菌丹(1)、甲萘威(0.01)、克百威(0.002)、氯丹(0.01)、矮壮素(0.01)、毒死蜱(0.01)、四螨嗪(0.3)、噻虫胺(0.04)、蝇毒磷(0.01)、溴氰虫酰胺(1)、氰霜唑(0.6)、霜脲氰(0.4)、二嗪磷(0.01)、敌敌畏(0.01)、乙霉威(0.7)、呋虫胺(0.01)、异狄氏剂(0.01)、咪唑菌酮(1)、苯丁锡(0.01)、杀螟硫磷(0.01)、甲氰菊酯(0.01)、倍硫磷(0.01)、氟虫腈(0.005)、氟啶胺(0.3)、氟苯虫酰胺(0.2)、氟氰戊菊酯(0.01)、氟吡菌胺(1)、氟吡菌酰胺(0.9)、氟嘧菌酯(0.01)、氟吡呋喃酮(0.7)、氟硅唑(0.01)、噻唑膦(0.02)、草铵膦(0.1)、氯吡嘧磺隆(0.01)、七氯(0.01)、己唑醇(0.01)、抑霉唑(0.3)、吡虫啉(0.5)、醚菌酯(0.6)、马拉硫磷(0.02)、四聚乙醛(0.15)、甲胺磷(0.01)、杀扑磷(0.02)、灭多威(0.01)、异丙甲草胺和精异丙甲草胺(0.05)、久效磷(0.01)、氧乐果(0.01)、杀线威(0.01)、氟噻唑吡乙酮(0.2)、百草枯(0.02)、甲基对硫磷(0.01)、戊菌唑(0.1)、氯菊酯(0.05)、磷胺(0.01)、辛硫磷(0.01)、啶氧菌酯(0.01)、腐霉利(0.01)、丙森锌(2)、吡唑醚菌酯(0.3)、五氯硝基苯(0.02)、氟啶虫胺腈(0.3)、戊唑醇(0.9)、噻虫嗪(0.2)、甲基硫菌灵(1)、福美双(0.1)、甲苯氟磺胺(0.02)、三唑酮(0.01)、三唑磷(0.01)、敌百虫(0.01)、嗪氨灵(0.01)、乙烯菌核利(0.01)、福美锌(0.1)、苯酰菌胺(0.5)、敌螨普(0.02)、2,4-滴和2,4-滴钠盐(0.05)、丙硫菌唑(0.01)、毒杀芬(0.01)、多菌灵(0.3)、多杀霉素(0.7)、氟氯氰菊酯和高效氟氯氰菊酯(0.05)、氯氟氰菊酯和高效氯氟氰菊酯(0.07)、甲霜灵和精甲霜灵(0.3)、腈菌唑(0.6)、氰戊菊酯和S-氰戊菊酯(0.1)、三唑醇(0.3)、溴氰菊酯(0.07)、吡氟禾草灵和精吡氟禾草灵(0.06)
规定宽于中国的项目30种(括号内为限量值,单位为mg/kg)	中国	阿维菌素(0.02)、灭螨醌(0.01)、啶酰菌胺(2)、乙酯杀螨醇(0.01)、百菌清(5)、氯磺隆(0.01)、嘧菌环胺(0.5)、茅草枯(0.01)、棉隆(0.02)、三氯杀螨醇(0.01)、苯醚甲环唑(0.5)、苯线磷(0.02)、唑螨酯(0.2)、氟啶虫酰胺(0.4)、氟唑菌酰胺(0.5)、灭菌丹(3)、噻螨酮(0.1)、吡唑萘菌胺(0.4)、双炔酰菌胺(0.3)、苯菌酮(0.4)、氟酰脲(0.02)、对硫磷(0.01)、吡蚜酮(0.2)、除虫菊素(0.05)、乙基多杀菌素(0.06)、螺甲螨酯(0.7)、虫酰肼(1)、苯霜灵(0.2)、螺虫乙酯(1)、霜霉威和霜霉威盐酸盐(2)
	欧盟	阿维菌素(0.09)、灭螨醌(0.2)、啶酰菌胺(3)、乙酯杀螨醇(0.02)、百菌清(6)、氯磺隆(0.05)、嘧菌环胺(1.5)、茅草枯(0.05)、棉隆(0.1)、三氯杀螨醇(0.02)、苯醚甲环唑(2)、苯线磷(0.04)、唑螨酯(0.3)、氟啶虫酰胺(0.5)、氟唑菌酰胺(0.6)、灭菌丹(5)、噻螨酮(0.5)、吡唑萘菌胺(0.5)、双炔酰菌胺(3)、苯菌酮(0.6)、氟酰脲(1)、对硫磷(0.05)、吡蚜酮(0.5)、除虫菊素(1)、乙基多杀菌素(0.5)、螺甲螨酯(1)、虫酰肼(1.5)、苯霜灵(0.5)、螺虫乙酯(2)、霜霉威和霜霉威盐酸盐(4)

续表

项目		农药残留限量指标数目、种类和限量值
独有限量规定的农药项目(括号内为限量值,单位为 mg/kg)	中国 66 种	胺苯磺隆(0.01)、胺鲜酯(0.1)、巴毒磷(0.02)、苯氟磺胺(2)、丙酯杀螨醇(0.02)、草枯醚(0.01)、草芽畏(0.01)、春雷霉素(0.05)、代森联(5)、代森锰锌(5)、代森锌(5)、敌磺钠(0.1)、地虫硫磷(0.01)、丁吡吗啉(10)、丁硫克百威(0.01)、啶菌噁唑(1)、毒氟磷(3)、毒菌酚(0.01)、二溴磷(0.01)、氟除草醚(0.01)、氟吗啉(10)、氟噻虫砜(0.7)、复硝酚钠(0.1)、格螨酯(0.01)、庚烯磷(0.01)、环螨酯(0.01)、活化酯(0.3)、甲基硫环磷(0.03)、菌核净(0.2)、喹啉铜(2)、乐杀螨(0.05)、硫环磷(0.03)、氯苯甲醚(0.01)、氯噻啉(0.2)、氯酞酸(0.01)、氯唑磷(0.01)、灭草环(0.05)、萘乙酸和萘乙酸钠(0.1)、内吸磷(0.02)、宁南霉素(1)、噻苯隆(0.05)、噻菌铜(0.5)、三氟硝草醚(0.01)、杀虫单(1)、杀虫脒(0.01)、杀虫双(1)、杀虫畏(0.01)、虱螨脲(3)、双胍三辛烷基苯磺酸盐(1)、水胺硫磷(0.5)、戊硝酚(0.01)、烯虫炔酯(0.01)、烯虫乙酯(0.01)、消螨酚(0.01)、辛菌胺(0.5)、辛菌胺醋酸盐(0.5)、溴甲烷(0.02)、盐酸吗啉胍(5)、异菌脲(5)、异硫氰酸烯丙酯(0.05)、抑草蓬(0.05)、茚草酮(0.01)、增效醚(2)、治螟磷(0.01)、灭蚁灵(0.01)、甲基异柳磷(0.01)
	欧盟 322 种	环溴虫酰胺(0.01)、芬吡草胺(0.01)、氯酸钠(0.1)、1，1-二氯-2，2-二(4-乙苯基)乙烷(0.01)、1，2-二溴乙烷(0.01)、二氯乙烷(0.01)、1，3-二氯丙烯(0.01)、1，4-二甲基萘(1,4-DMN)(0.01)、唑菌嗪(0.001)、1-甲基环丙烯(0.01)、1-萘基乙酰胺和 1-萘基乙酸(0.06)、2，4，5-涕(0.01)、2-氨基-4-甲氧基-6-(三氟甲基)-1,3,5-三嗪(AMTT)(0.01)、2-萘氧乙酸(0.01)、2-苯基苯酚(2-苯基苯酚及其共轭物的总和，以 2-苯基苯酚表示)(0.01)、8-羟基喹啉(0.1)、乙氧磺隆(0.01)、乙草胺(0.01)、甲草胺(0.01)、酰嘧磺隆(0.01)、吲唑磺菌胺(0.4)、杀草强(0.01)、蒽醌(0.01)、杀螨特(0.01)、磺草灵(0.05)、莠去津(0.05)、印楝素(1)、四唑嘧磺隆(0.01)、益棉磷(0.02)、三唑锡和三环锡(总和，以三环锡计)(0.01)、燕麦灵(0.01)、氟丁酰草胺(0.02)、氟草胺(0.02)、排草丹(0.03)、苄嘧磺隆(0.01)、苯噻菌胺(0.3)、氯化苯甲烃铵(0.1)、甲羰除草醚(0.01)、联苯(0.01)、溴离子(50)、乙基溴硫磷(0.01)、溴螨酯(0.01)、溴苯腈及其盐(以溴苯腈计)(0.01)、碘苯腈(0.01)、乙嘧酚磺酸酯(2)、草达灭(0.01)、丁草敌(0.01)、敌菌丹(0.02)、一氧化碳(0.01)、四氯化碳(0.01)、氟酮唑草(0.01)、杀螟丹(0.01)、氯杀螨(0.01)、氯草灵(0.01)、十氯酮(0.02)、溴虫腈(0.01)、杀螨酯(0.01)、氯草敏(0.1)、氯化苦(0.005)、绿麦隆(0.01)、枯草隆(0.01)、氯苯胺灵(0.01)、氟醚唑(0.1)、草克乐(0.01)、乙菌利(0.01)、环虫酰肼(0.01)、炔草酯和炔草酯 S-异构体及其盐(0.02)、异恶草酮(0.01)、铜化合物(5)、氰胺包括其盐(0.01)、环丙草酰胺(0.05)、环氟菌胺(0.04)、

续表

项目		农药残留限量指标数目、种类和限量值
独有限量规定的农药项目(括号内为限量值,单位为 mg/kg)	欧盟 322 种	氰氟草酯(0.02)、灭蝇胺(0.6)、丁酰肼(0.06)、甜菜安(0.01)、燕麦敌(0.01)、麦草畏(0.05)、禾草灵(0.05)、氯硝胺(0.01)、二癸基二甲基氯化铵(0.1)、吡喃草酮(0.1)、吡氟草胺(0.01)、二氟乙酸(0.15)、二甲草胺(0.01)、噻节因(0.05)、醚菌胺(0.01)、烯唑醇(异构体之和)(0.01)、消螨普(0.02)、地乐酚(0.02)、敌杀磷(异构体之和)(0.01)、恶霜灵(0.01)、乙拌磷(0.01)、二氰蒽醌(0.6)、二硫代氨基甲酸酯(3)、敌草隆(0.01)、二硝甲酚(0.01)、吗菌灵(0.01)、多果定(0.01)、氟环唑(0.05)、茵草敌(0.01)、乙丁烯氟灵(0.01)、甲基胺苯磺隆(0.01)、乙硫磷(0.01)、乙菌定(0.1)、乙氧呋草黄(0.03)、乙氧基喹(0.05)、糠菌唑(0.01)、环氧乙烷(0.02)、乙螨唑(0.07)、氯苯嘧啶醇(0.02)、喹螨醚(0.5)、腈苯唑(0.01)、萎锈灵(0.03)、皮蝇磷(0.01)、精恶唑禾草灵(0.1)、苯氧威(0.01)、苯锈啶(0.01)、三苯锡(0.02)、嘧啶磺隆(0.01)、双氟磺草胺(0.01)、氟环脲(0.01)、氟噻草胺(0.05)、氟虫脲(0.5)、氟螨嗪(0.02)、氟甲喹(0.01)、氟节胺(0.01)、伏草隆(0.01)、氟离子(2)、乙羧氟草醚(0.01)、氟啶嘧磺隆(0.02)、氟喹唑(0.01)、氟咯草酮(0.01)、氟草烟(0.01)、调嘧醇(0.01)、呋草酮(0.01)、氟酰胺(0.01)、氟磺胺草醚(0.01)、甲酰胺磺隆(0.01)、氯吡脲(0.01)、伐虫脒(0.3)、安果(0.01)、麦穗宁(0.01)、糠醛(1)、甲芬特氟康唑(0.01)、苯草醚(0.01)、草甘膦(0.1)、双胍辛胺(0.05)、氟氯吡啶酯(0.02)、吡氟氯禾灵(0.01)、氢氰酸(0.01)、恶霉灵(1)、杀雄啉(0.01)、甲氧咪草烟(0.05)、甲咪唑烟酸(0.01)、灭草烟(0.01)、灭草喹(0.05)、咪唑磺隆(0.01)、吲哚乙酸(0.1)、吲哚丁酸(0.1)、碘甲磺隆(0.01)、种菌唑(0.01)、异丙隆(0.01)、异恶草胺(0.02)、异恶唑草酮(0.02)、乳氟草灵(0.01)、氯氨吡啶酸(0.01)、环草定(0.1)、氯芬奴隆(0.4)、二甲四氯和二甲四氯丁酸(0.05)、灭蚜磷(0.01)、二甲四氯丙酸(0.05)、嘧菌胺(1.5)、灭锈胺(0.01)、消螨多(0.05)、甲基二磺隆(0.01)、硝磺草酮(0.01)、苯嗪草酮(0.1)、叶菌唑(0.02)、噻唑隆(0.01)、虫螨畏(0.01)、甲硫威(0.2)、烯虫酯(0.02)、磺草唑胺(0.01)、嗪草酮(0.1)、灭螨菌素(0.02)、溴敌隆(0.01)、利谷隆(0.01)、灭草隆(0.01)、敌草胺(0.01)、烟嘧磺隆(0.01)、除草醚(0.01)、磺酰脲(0.01)、黄草消(0.01)、丙炔噁草酮(0.01)、恶草酮(0.05)、五氟磺草胺(0.01)、环氧嘧磺隆(0.01)、亚砜磷(0.01)、乙氧氟草醚(0.05)、石蜡油(0.01)、戊菌隆(0.02)、哒螨灵(0.15)、氟菌唑(1.5)、乙酰胺(0.01)、甜菜宁(0.01)、苯醚菊酯(0.02)、稻丰散(0.01)、伏杀硫磷(0.01)、亚胺硫磷(0.05)、毒莠定(0.01)、多效唑(0.01)、唑啉草酯(0.02)、甲基嘧啶磷(0.01)、咪酰胺(0.03)、2,5-二氯苯甲酸甲酯(2,5-二氯苯甲酸及其酯的总和,以2,5-二氯苯甲酸甲酯计)(0.01)、毒草安(0.02)、

续表

项目		农药残留限量指标数目、种类和限量值
独有限量规定的农药项目(括号内为限量值,单位为 mg/kg)	欧盟 322 种	敌稗(0.01)、喔草酯(0.05)、苯胺灵(0.01)、异丙草胺(0.01)、残杀威(0.05)、丙苯磺隆(0.02)、炔苯酰草胺(0.01)、丙氧喹啉(0.15)、苄草丹(0.01)、氟磺隆(0.01)、丁苯吗啉(异构体之和)(0.01)、氟吡酰草胺(0.01)、二甲戊灵(0.05)、磺酰草吡唑(0.01)、吡菌磷(0.01)、啶虫丙醚(1)、哒草特 (0.05)、甲氧苯啶菌(0.01)、甲氧磺草胺(0.01)、喹硫磷(0.01)、二氯喹啉酸(0.01)、氯甲喹啉酸(0.1)、灭藻醌(0.01)、喹氧灵(0.02)、喹禾灵包括精喹禾灵(0.4)、苄呋菊酯(0.01)、砜嘧磺隆(0.01)、鱼藤酮(0.01)、苯嘧磺草胺(0.03)、环苯吡菌胺(0.01)、硅噻菌胺(0.01)、西玛津(0.01)、二苯胺(0.05)、螺环菌胺(异构体之和) (0.01)、链霉素(0.01)、磺草酮(0.01)、磺酰磺隆(0.01)、硫酰氟(0.01)、四氧硝基苯(0.01)、环磺酮(0.02)、特普(0.01)、草净津(0.05)、环苯草酮(0.01)、四氯杀螨砜(0.01)、噻吩磺隆(0.01)、杀草丹(4-氯苄基甲基砜)(0.01)、硫双威(0.01)、甲基立枯磷(0.01)、苯吡唑草酮(0.01)、三甲苯草酮(0.01)、野燕畏(0.1)、醚苯磺隆(0.01)、苯磺隆(0.01)、杀虫隆(0.01)、三环唑(0.01)、十三吗啉(0.01)、二甲吩草胺 (二甲吩草胺-P,包括其异构体混和物之和)(0.01)、甲基毒死蜱(0.01)、氟乐灵(0.01)、三甲基硫阳离子(0.05)、抗倒酯 (0.01)、灭菌唑(0.01)、三氟甲磺隆(0.01)、维芬乐特(0.8)、杀鼠灵(0.01)、长杀草(0.01)、吲哚酮草酯(0.05)、3-癸烯-2-酮(0.1)、5-硝基愈创木酚钠(邻硝基酚钠与对 - 硝基苯酚钠之和,以 5-硝基愈创木酚钠表示)(0.03)、磷酸盐和磷化盐(0.01)、2,4-滴丙酸(0.02)、醚菊酯(0.7)、土菌灵(0.05)、氟胺氰菊酯(异构体之和)(0.01)、三氟苯嘧啶(0.01)、氟吡草酮(0.01)、六氯苯(0.01)、壮棉素(0.02)、尼古丁(0.01)、六氯环己烷(HCH)α-异构体(0.01)、六氯环己烷(HCH)β-异构体(0.01)、噻苯咪唑(0.01)、氟丙菊酯 (0.02)、氟尿嘧啶(0.01)、调环酸(0.01)、环唑醇(0.05)、汞化合物(0.01)、吡螨胺(0.8)、抑芽丹(0.2)、七氟菊酯(0.05)、吡草醚(0.02)、联苯吡菌胺(0.01)、吡草胺(0.02)、稻瘟灵(0.01)、乙磷铝(三乙膦酸铝)(100)、炔螨特(0.01)、绿草定(0.01)、二氯吡啶酸(0.5)、苯并噻二唑(0.3)、精吡氟禾草灵(0.06)、异丙噻菌胺(1.5)、氯氟吡啶酯(0.01)、除虫脲(0.01)、双草醚(0.01)、苯甲酸地那铵(0.01)
其他项目(括号内为限量值,单位为 mg/kg)	中国 3 种	六六六(0.05)、艾氏剂(0.05)、狄氏剂(0.05)
	欧盟 2 种	林丹(0.01)、艾氏剂和狄氏剂(0.01)

③美国

美国对番茄共规定了147种农药的残留限量，有94种与中国规定的农药种类一致。其中，相同种类农药中，有25种农药的MRLs相同，啶虫脒、唑嘧菌胺、联苯菊酯等28种农药的MRLs比中国更严格，活化酯、苯并烯氟菌唑、联苯肼酯等41种农药的MRLs比中国宽松。矮壮素、胺苯吡菌酮、胺鲜酯、巴毒磷等148种农药的MRLs是中国制定而美国未制定，唑虫酰胺、环氟菌胺、咪唑磺隆、烯效唑等53种农药的MRLs是美国制定而中国未制定。中国与美国番茄中农药残留限量值差异情况具体见表3-45。

表3-45　中国与美国番茄中农药残留限量值差异情况

项目		农药残留限量指标数目、种类和限量值
有限量规定的农药种类总量	中国	242种
	美国	147种
美国与中国一致的项目25种(括号内为限量值，单位为mg/kg)		噻嗪酮(2)、百菌清(5)、烯草酮(1)、溴氰菊酯(0.2)、乙烯利(2)、环酰菌胺(2)、甲氰菊酯(1)、唑螨酯(0.2)、氟噻虫砜(0.7)、丙炔氟草胺(0.02)、氟嘧菌酯(1)、氯吡嘧磺隆(0.05)、吡虫啉(1)、茚虫威(0.5)、氰氟虫腙(0.6)、甲氧虫酰肼(2)、杀线威(2)、百草枯(0.05)、丙环唑(3)、吡蚜酮(0.2)、虫酰肼(1)、嗪氨灵(0.5)、氟氯氰菊酯和高效氟氯氰菊酯(0.2)、五氯硝基苯(0.1)、异丙甲草胺和精异丙甲草胺(0.1)
规定严于中国的项目28种(括号内为限量值，单位为mg/kg)	中国	啶虫脒(1)、唑嘧菌胺(2)、联苯菊酯(0.5)、克菌丹(5)、噻虫胺(1)、氰霜唑(2)、霜脲氰(1)、噁唑菌酮(2)、咪唑菌酮(1.5)、氟苯虫酰胺(2)、氟吡菌胺(2)、氟吡呋喃酮(3)、噻唑膦(0.05)、春雷霉素(0.05)、代森锰锌(5)、腈菌唑(1)、啶氧菌酯(1)、吡丙醚(1)、多杀霉素(1)、螺甲螨酯(0.7)、氟啶虫胺腈(1.5)、戊唑醇(2)、噻虫嗪(1)、甲苯氟磺胺(3)、2,4-滴和2,4-滴钠盐(0.5)、丙森锌(5)、氯氟氰菊酯和高效氯氟氰菊酯(0.2)、氯氰菊酯和高效氯氰菊酯(0.5)
	美国	啶虫脒(0.2)、唑嘧菌胺(1.5)、联苯菊酯(0.15)、克菌丹(0.05)、噻虫胺(0.2)、氰霜唑(0.9)、霜脲氰(0.2)、噁唑菌酮(1)、咪唑菌酮(1)、氟苯虫酰胺(0.6)、氟吡菌胺(1.6)、氟吡呋喃酮(1.5)、噻唑膦(0.02)、春雷霉素(0.04)、代森锰锌(2.5)、腈菌唑(0.3)、啶氧菌酯(0.7)、吡丙醚(0.8)、多杀霉素(0.4)、螺甲螨酯(0.45)、氟啶虫胺腈(0.7)、戊唑醇(1.3)、噻虫嗪(0.25)、甲苯氟磺胺(2)、2,4-滴和2,4-滴钠盐(0.05)、丙森锌(1)、氯氟氰菊酯和高效氯氟氰菊酯(0.1)、氯氰菊酯和高效氯氰菊酯(0.2)

续表

项目		农药残留限量指标数目、种类和限量值
规定宽于中国的项目 41 种(括号内为限量值,单位为 mg/kg)	中国	活化酯(0.3)、苯并烯氟菌唑(0.9)、联苯肼酯(0.5)、啶酰菌胺(2)、甲萘威(1)、氯虫苯甲酰胺(0.6)、溴氰虫酰胺(0.2)、嘧菌环胺(0.5)、二嗪磷(0.5)、苯醚甲环唑(0.5)、乐果(0.01)、烯酰吗啉(1)、呋虫胺(0.5)、敌草快(0.01)、咯菌腈(3)、粉唑醇(0.8)、氟唑菌酰胺(0.5)、灭菌丹(3)、噻螨酮(0.1)、吡唑萘菌胺(0.4)、马拉硫磷(0.5)、双炔酰菌胺(0.3)、灭多威(0.2)、溴甲烷(0.02)、苯菌酮(0.4)、二溴磷(0.01)、氟酰脲(0.02)、氟噻唑吡乙酮(0.3)、吡噻菌胺(2)、氯菊酯(1)、增效醚(2)、吡唑醚菌酯(1)、除虫菊素(0.05)、乙基多杀菌素(0.06)、螺虫乙酯(1)、福美锌(5)、阿维菌素(0.02)、甲霜灵和精甲霜灵(0.5)、灭螨醌(0.01)、氰戊菊酯和 S-氰戊菊酯(0.2)、霜霉威和霜霉威盐酸盐(2)
	美国	活化酯(1)、苯并烯氟菌唑(1.5)、联苯肼酯(4)、啶酰菌胺(3)、甲萘威(5)、氯虫苯甲酰胺(1.4)、溴氰虫酰胺(2)、嘧菌环胺(1.5)、二嗪磷(0.75)、苯醚甲环唑(0.6)、乐果(2)、烯酰吗啉(1.5)、呋虫胺(0.7)、敌草快(0.05)、咯菌腈(5)、粉唑醇(1)、氟唑菌酰胺(0.7)、灭菌丹(25)、噻螨酮(0.5)、吡唑萘菌胺(0.5)、马拉硫磷(8)、双炔酰菌胺(1)、灭多威(1)、溴甲烷(7)、苯菌酮(0.9)、二溴磷(0.5)、氟酰脲(1)、氟噻唑吡乙酮(0.5)、吡噻菌胺(3)、氯菊酯(2)、增效醚(8)、吡唑醚菌酯(1.4)、除虫菊素(1)、乙基多杀菌素(0.4)、螺虫乙酯(2.5)、福美锌(7)、阿维菌素(0.07)、甲霜灵和精甲霜灵(1)、灭螨醌(0.7)、氰戊菊酯和 S-氰戊菊酯(0.5)、霜霉威和霜霉威盐酸盐(4)
独有限量规定的农药项目(括号内为限量值,单位为 mg/kg)	中国 148 种	矮壮素(1)、胺苯吡菌酮(3)、胺苯磺隆(0.01)、胺鲜酯(0.1)、巴毒磷(0.02)、保棉磷(1)、倍硫磷(0.05)、苯丁锡(1)、苯氟磺胺(2)、苯霜灵(0.2)、苯酰菌胺(2)、苯线磷(0.02)、吡氟禾草灵和精吡氟禾草灵(0.4)、丙硫菌唑(0.2)、丙溴磷(10)、丙酯杀螨醇(0.02)、草铵膦(0.5)、草枯醚(0.01)、草芽畏(0.01)、代森联(5)、代森锌(5)、敌百虫(0.2)、敌草腈(0.01)、敌敌畏(0.2)、敌磺钠(0.1)、敌菌灵(10)、地虫硫磷(0.01)、丁吡吗啉(10)、丁氟螨酯(0.3)、丁硫克百威(0.01)、啶菌噁唑(1)、毒虫畏(0.01)、毒氟磷(3)、毒菌酚(0.01)、毒死蜱(0.02)、对硫磷(0.01)、多菌灵(3)、氟吡菌酰胺(1)、氟虫腈(0.02)、氟除草醚(0.01)、氟啶胺(2)、氟啶虫酰胺(0.4)、氟硅唑(0.2)、氟吗啉(10)、氟氰戊菊酯(0.2)、福美双(5)、腐霉利(2)、复硝酚钠(0.1)、格螨酯(0.01)、庚烯磷(0.01)、环螨酯(0.01)、己唑醇(0.5)、甲氨基阿维菌素苯甲酸盐(0.02)、甲胺磷(0.05)、甲拌磷(0.01)、甲磺隆(0.01)、甲基对硫磷(0.02)、甲基硫环磷(0.03)、甲基硫菌灵(3)、甲氧滴滴涕(0.01)、久效磷(0.03)、菌核净(0.2)、抗蚜威(0.5)、克百威(0.02)、

续表

项目		农药残留限量指标数目、种类和限量值
独有限量规定的农药项目(括号内为限量值,单位为 mg/kg)	中国 148 种	喹啉铜(2)、乐杀螨(0.05)、联苯三唑醇(3)、磷胺(0.05)、硫丹(0.05)、硫环磷(0.03)、硫线磷(0.02)、螺螨酯(0.5)、氯苯甲醚(0.01)、氯磺隆(0.01)、氯噻啉(0.2)、氯酞酸(0.01)、氯酞酸甲酯(0.01)、氯唑磷(0.01)、茅草枯(0.01)、醚菌酯(1)、嘧菌酯(3)、嘧霉胺(1)、棉隆(0.02)、灭草环(0.05)、灭线磷(0.02)、萘乙酸和萘乙酸钠(0.1)、内吸磷(0.02)、宁南霉素(1)、噻苯隆(0.05)、噻草酮(1.5)、噻虫啉(0.5)、噻菌铜(0.5)、三氟硝草醚(0.01)、三氯杀螨醇(0.01)、三唑醇(1)、三唑磷(0.05)、三唑酮(1)、杀虫单(1)、杀虫脒(0.01)、杀虫双(1)、杀虫畏(0.01)、杀螟硫磷(0.5)、杀扑磷(0.05)、虱螨脲(3)、双胍三辛烷基苯磺酸盐(1)、双甲脒(0.5)、水胺硫磷(0.5)、四聚乙醛(0.5)、四螨嗪(0.5)、速灭磷(0.01)、特丁硫磷(0.01)、特乐酚(0.01)、涕灭威(0.03)、肟菌酯(0.7)、戊菌唑(0.2)、戊硝酚(0.01)、烯虫炔酯(0.01)、烯虫乙酯(0.01)、消螨酚(0.01)、辛菌胺(0.5)、辛菌胺醋酸盐(0.5)、辛硫磷(0.05)、盐酸吗啉胍(5)、氧乐果(0.02)、乙霉威(1)、乙烯菌核利(3)、乙酰甲胺磷(0.02)、乙酯杀螨醇(0.01)、异菌脲(5)、异硫氰酸烯丙酯(0.05)、抑草蓬(0.05)、抑霉唑(0.5)、茚草酮(0.01)、蝇毒磷(0.05)、治螟磷(0.01)、仲丁灵(0.1)、艾氏剂(0.05)、滴滴涕(0.05)、狄氏剂(0.05)、毒杀芬(0.05)、六六六(0.05)、氯丹(0.02)、灭蚁灵(0.01)、七氯(0.02)、异狄氏剂(0.05)、甲基异柳磷(0.01)、敌螨普(0.3)、氟苯脲(1.5)
	美国 53 种	维芬乐特(1)、唑虫酰胺(1.5)、环氟菌胺(0.2)、吲唑磺菌胺(0.5)、咪唑磺隆(0.02)、烯效唑(0.01)、啶虫丙醚(1)、苯噻菌胺(0.45)、嘧菌胺(0.5)、螺环菌胺(1.2)、乙螨唑(0.2)、三氟啶磺隆(0.01)、喹氧灵(1.7)、氟醚唑(0.3)、唑草酮(0.1)、溴虫腈(1)、甲磺草胺(0.15)、哒螨灵(0.15)、砜嘧磺隆(0.05)、氟菌唑(1.5)、二氯丙烯胺(0.05)、解草酮(0.01)、氟磺胺草醚(0.025)、乳氟草灵(0.02)、氟啶草酮(0.1)、三乙膦酸铝(3)、西禾定(4)、土菌灵(0.15)、草甘膦(0.1)、二甲戊灵(0.1)、赛克津(0.1)、敌草胺(0.1)、茵多杀(0.05)、链霉素(0.25)、地散磷(0.1)、磷化氢(0.01)、氟乐灵(0.05)、氯硝胺(5)、四氯对苯二甲酸二甲酯(1)、氟化合物[冰晶石或合成冰晶石(氟化铝钠)](7)、邻苯基苯酚及其钠盐(10)、茵草敌(0.08)、精苯霜灵(0.2)、伏虫隆(1.5)、环溴虫酰胺(0.2)、吡氟美酮(0.6)、吡氟喹唑酮(0.3)、6-苄基腺嘌呤(0.01)、依马菌素(0.02)、喹螨醚(0.3)、双丙环虫酯(0.2)、甲芬特氟康唑(0.9)、氟氰虫酰胺(0.4)

④日本

日本对番茄共规定了335种农药的残留限量，有155种与中国规定的农药种类一致。其中，相同种类农药中，有49种农药的MRLs相同，噻嗪酮、硫线磷、甲萘威等27种农药的MRLs比中国更严格，阿维菌素、乙酰甲胺磷、啶虫脒等79种农药的MRLs比中国宽松。胺苯磺隆、巴毒磷、保棉磷等84种农药的MRLs是中国制定而日本未制定，二氯异丙醚、2,4-滴丙酸、苯醚菊酯等178种农药的MRLs是日本制定而中国未制定。另外，中国对艾氏剂、狄氏剂、溴氰菊酯分别制定了相应的限量，而日本是对艾氏剂与狄氏剂之和、四溴菊酯和溴氰菊酯之和制定了限量。中国与日本番茄中农药残留限量值差异情况具体见表3-46。

表3-46 中国与日本番茄中农药残留限量值差异情况

项目		农药残留限量指标数目、种类和限量值
有限量规定的农药种类总量	中国	242种
	日本	335种
日本与中国一致的项目49种(括号内为限量值，单位为mg/kg)		嘧菌酯(3)、联苯菊酯(0.5)、联苯三唑醇(3)、克菌丹(5)、丁硫克百威(0.01)、氯丹(0.02)、百菌清(5)、烯草酮(1)、四螨嗪(0.5)、氰霜唑(2)、嘧菌环胺(0.5)、二嗪磷(0.5)、敌草快(0.01)、乙烯利(2)、噁唑菌酮(2)、苯丁锡(1)、环酰菌胺(2)、氟苯虫酰胺(2)、氟氰戊菊酯(0.2)、氟吡菌胺(2)、氟吡菌酰胺(1)、粉唑醇(0.8)、噻螨酮(0.1)、抑霉唑(0.5)、茚虫威(0.5)、异菌脲(5)、马拉硫磷(0.5)、甲氧虫酰肼(2)、杀线威(2)、百草枯(0.05)、戊菌唑(0.2)、氯菊酯(1)、增效醚(2)、吡丙醚(1)、多杀霉素(1)、螺螨酯(0.5)、虫酰肼(1)、杀虫畏(0.01)、甲苯氟磺胺(3)、敌百虫(0.2)、肟菌酯(0.7)、乙烯菌核利(3)、苯酰菌胺(2)、敌螨普(0.3)、霜霉威和霜霉威盐酸盐(2)、氯吡嘧磺隆(0.05)、多菌灵(3)、茅草枯(0.01)、异丙甲草胺和精异丙甲草胺(0.1)
规定严于中国的项目27种(括号内为限量值，单位为mg/kg)	中国	噻嗪酮(2)、硫线磷(0.02)、甲萘威(1)、克百威(0.02)、矮壮素(1)、蝇毒磷(0.05)、噻草酮(1.5)、霜脲氰(1)、异狄氏剂(0.05)、灭线磷(0.02)、咪唑菌酮(1.5)、氟虫腈(0.02)、氟吡呋喃酮(3)、七氯(0.02)、虱螨脲(3)、甲胺磷(0.05)、磷胺(0.05)、丙环唑(3)、吡唑醚菌酯(1)、五氯硝基苯(0.1)、戊唑醇(2)、特丁硫磷(0.01)、三唑酮(1)、三唑醇(1)、2,4-滴和2,4-滴钠盐(0.5)、草铵膦(0.5)、敌敌畏(0.2)
	日本	噻嗪酮(1)、硫线磷(0.01)、甲萘威(0.01)、克百威(0.01)、矮壮素(0.01)、蝇毒磷(不得检出)、噻草酮(0.05)、霜脲氰(0.7)、异狄氏剂(不得检出)、灭线磷(0.01)、咪唑菌酮(1)、氟虫腈(0.01)、氟吡呋喃酮(2)、七氯(0.01)、虱螨脲(0.5)、甲胺磷(0.02)、磷胺(0.01)、丙环唑(0.05)、吡唑醚菌酯(0.5)、五氯硝基苯(0.02)、戊唑醇(1)、特丁硫磷(0.005)、三唑酮(0.3)、三唑醇(0.5)、2,4-滴和2,4-滴钠盐(0.2)、草铵膦(0.2)、敌敌畏(0.1)

续表

项目		农药残留限量指标数目、种类和限量值
规定宽于中国的项目79种(括号内为限量值,单位为mg/kg)	中国	阿维菌素(0.02)、乙酰甲胺磷(0.02)、啶虫脒(1)、活化酯(0.3)、唑嘧菌胺(2)、双甲脒(0.5)、苯霜灵(0.2)、苯并烯氟菌唑(0.9)、联苯肼酯(0.5)、啶酰菌胺(2)、氯虫苯甲酰胺(0.6)、毒虫畏(0.01)、毒死蜱(0.02)、氯酞酸甲酯(0.01)、噻虫胺(1)、溴氰虫酰胺(0.2)、丁氟螨酯(0.3)、滴滴涕(0.05)、苯氟磺胺(2)、三氯杀螨醇(0.01)、乙霉威(1)、苯醚甲环唑(0.5)、乐果(0.01)、烯酰吗啉(1)、呋虫胺(0.5)、甲氨基阿维菌素苯甲酸盐(0.02)、硫丹(0.05)、苯线磷(0.02)、杀螟硫磷(0.5)、甲氰菊酯(1)、胺苯吡菌酮(3)、唑螨酯(0.2)、氟啶虫酰胺(0.4)、咯菌腈(3)、氟噻虫砜(0.7)、氟唑菌酰胺(0.5)、灭菌丹(3)、噻唑膦(0.05)、吡虫啉(1)、吡唑萘菌胺(0.4)、春雷霉素(0.05)、双炔酰菌胺(0.3)、氰氟虫腙(0.6)、杀扑磷(0.05)、甲氧滴滴涕(0.01)、苯菌酮(0.4)、久效磷(0.03)、腈菌唑(1)、氟酰脲(0.02)、氧乐果(0.02)、喹啉铜(2)、对硫磷(0.01)、甲基对硫磷(0.02)、吡噻菌胺(2)、甲拌磷(0.01)、辛硫磷(0.05)、抗蚜威(0.5)、腐霉利(2)、吡蚜酮(0.2)、除虫菊素(0.05)、嘧霉胺(1)、乙基多杀菌素(0.06)、螺甲螨酯(0.7)、螺虫乙酯(1)、氟啶虫胺腈(1.5)、噻虫啉(0.5)、噻虫嗪(1)、嗪氨灵(0.5)、氟苯脲(1.5)、氟氯氰菊酯和高效氟氯氰菊酯(0.2)、氯氟氰菊酯和高效氯氟氰菊酯(0.2)、氯氰菊酯和高效氯氰菊酯(0.5)、氰戊菊酯和S-氰戊菊酯(0.2)、吡氟禾草灵和精吡氟禾草灵(0.4)、甲霜灵和精甲霜灵(0.5)、氟噻唑吡乙酮(0.3)、棉隆(0.02)、灭多威(0.2)、六六六(0.05)
	日本	阿维菌素(0.3)、乙酰甲胺磷(0.03)、啶虫脒(2)、活化酯(1)、唑嘧菌胺(5)、双甲脒(0.9)、苯霜灵(0.5)、苯并烯氟菌唑(2)、联苯肼酯(1)、啶酰菌胺(5)、氯虫苯甲酰胺(0.7)、毒虫畏(0.1)、毒死蜱(0.5)、氯酞酸甲酯(2)、噻虫胺(3)、溴氰虫酰胺(2)、丁氟螨酯(0.4)、滴滴涕(0.2)、苯氟磺胺(15)、三氯杀螨醇(1)、乙霉威(5)、苯醚甲环唑(0.6)、乐果(1)、烯酰吗啉(3)、呋虫胺(2)、甲氨基阿维菌素苯甲酸盐(0.1)、硫丹(0.5)、苯线磷(0.2)、杀螟硫磷(0.7)、甲氰菊酯(2)、胺苯吡菌酮(5)、唑螨酯(0.5)、氟啶虫酰胺(1)、咯菌腈(5)、氟噻虫砜 (1)、氟唑菌酰胺(0.7)、灭菌丹(5)、噻唑膦(0.2)、吡虫啉(2)、吡唑萘菌胺(3)、春雷霉素(0.2)、双炔酰菌胺(2)、氰氟虫腙(5)、杀扑磷(0.1)、甲氧滴滴涕(7)、苯菌酮(0.9)、久效磷(0.05)、腈菌唑(2)、氟酰脲(2)、氧乐果(0.7)、喹啉铜(3)、对硫磷(0.3)、甲基对硫磷(0.2)、吡噻菌胺(3)、甲拌磷(0.3)、辛硫磷(0.2)、抗蚜威(1)、腐霉利(3)、吡蚜酮(1)、除虫菊素(1)、嘧霉胺(2)、乙基多杀菌素(0.7)、螺甲螨酯(3)、螺虫乙酯(3)、氟啶虫胺腈(2)、噻虫啉(1)、噻虫嗪(2)、嗪氨灵(2)、氟苯脲(2.0)、氟氯氰菊酯和高效氟氯氰菊酯(2)、氯氟氰菊酯和高效氯氟氰菊酯(0.5)、氯氰菊酯和高效氯氰菊酯(2)、氰戊菊酯和S-氰戊菊酯(1)、吡氟禾草灵和精吡氟禾草灵(0.5)、甲霜灵和精甲霜灵(2)、氟噻唑吡乙酮(0.5)、棉隆(0.5)、灭多威(0.5)、六六六(0.2)

续表

项目		农药残留限量指标数目、种类和限量值
独有限量规定的农药项目(括号内为限量值,单位为 mg/kg)	中国 84 种	胺苯磺隆(0.01)、胺鲜酯(0.1)、巴毒磷(0.02)、保棉磷(1)、倍硫磷(0.05)、丙硫菌唑(0.2)、丙炔氟草胺(0.02)、丙森锌(5)、丙溴磷(10)、丙酯杀螨醇(0.02)、草枯醚(0.01)、草芽畏(0.01)、代森联(5)、代森锰锌(5)、代森锌(5)、敌草腈(0.01)、敌磺钠(0.1)、敌菌灵(10)、地虫硫磷(0.01)、丁吡吗啉(10)、啶菌噁唑(1)、啶氧菌酯(1)、毒氟磷(3)、毒菌酚(0.01)、二溴磷(0.01)、氟除草醚(0.01)、氟啶胺(2)、氟硅唑(0.2)、氟吗啉(10)、氟嘧菌酯(1)、福美双(5)、福美锌(5)、复硝酚钠(0.1)、格螨酯(0.01)、庚烯磷(0.01)、环螨酯(0.01)、已唑醇(0.5)、甲磺隆(0.01)、甲基硫环磷(0.03)、甲基硫菌灵(3)、菌核净(0.2)、乐杀螨(0.05)、硫环磷(0.03)、氯苯甲醚(0.01)、氯磺隆(0.01)、氯噻啉(0.2)、氯酞酸(0.01)、氯唑磷(0.01)、醚菌酯(1)、灭草环(0.05)、灭螨醌(0.01)、萘乙酸和萘乙酸钠(0.1)、内吸磷(0.02)、宁南霉素(1)、噻苯隆(0.05)、噻菌铜(0.5)、三氟硝草醚(0.01)、三唑磷(0.05)、杀虫单(1)、杀虫脒(0.01)、杀虫双(1)、双胍三辛烷基苯磺酸盐(1)、水胺硫磷(0.5)、四聚乙醛(0.5)、速灭磷(0.01)、特乐酚(0.01)、涕灭威(0.03)、戊硝酚(0.01)、烯虫炔酯(0.01)、烯虫乙酯(0.01)、消螨酚(0.01)、辛菌胺(0.5)、辛菌胺醋酸盐(0.5)、溴甲烷(0.02)、盐酸吗啉胍(5)、乙酯杀螨醇(0.01)、异硫氰酸烯丙酯(0.05)、抑草蓬(0.05)、茚草酮(0.01)、治螟磷(0.01)、仲丁灵(0.1)、毒杀芬(0.05)、灭蚁灵(0.01)、甲基异柳磷(0.01)
	日本 178 种	二氯异丙醚(0.02)、2,4-滴丙酸(0.01)、苯醚菊酯(0.01)、特丁赛草隆(特丁隆)(0.01)、克草蜢(0.01)、呋喃硫威(0.01)、仲丁胺(0.01)、地散磷(0.01)、残杀威(2)、吡唑硫磷(0.1)、苄草唑(0.02)、吡菌苯威(3)、哒螨灵(5)、啶虫丙醚(5)、新喹唑啉(间二氮杂苯)类杀虫剂(1)、噻唑啶类杀菌剂(0.3)、敌稗(0.01)、喹恶磷(0.05)、喹禾灵(0.05)、喹禾糠酯(0.05)、三氯杀螨砜(0.01)、氟醚唑(0.7)、烯禾啶(1)、硅氟唑(0.2)、二氰蒽醌(0.01)、杀螟腈(0.01)、甲基噻吩磺隆(0.07)、哌碳唑(2)、茵草敌(0.1)、噻唑菌胺(1)、乙硫磷(0.3)、二溴化乙烯(0.01)、二氯乙烷(0.01)、醚菊酯(2)、土菌灵(0.1)、氯苯嘧啶醇(0.5)、恶唑禾草灵(0.1)、苯氧威(0.05)、丁苯吗啉(0.05)、丰索磷(0.1)、三苯基氢氧化锡(0.05)、啶嘧磺隆(0.02)、杀鼠灵(0.001)、井冈霉素(0.05)、杀铃脲(0.02)、氟乐灵(0.1)、氟菌唑(2)、三环唑[5-甲基-1,2,4-三唑并(3,4-b)苯并噻唑](0.01)、十三吗啉(0.05)、绿草定(0.03)、野麦畏(0.1)、甲基立枯磷(2)、唑虫酰胺(2)、噻菌灵(2)、四氯硝基苯(0.05)、异丁乙氧喹啉(1)、吡螨胺(0.8)、磺酰唑草酮(0.05)、砜嘧磺隆(0.05)、苄呋菊酯(0.1)、炔螨特(2)、调环酸钙盐(0.01)、咪鲜胺(0.05)、烯丙苯噻唑(0.01)、多氧霉素(0.1)、甲基嘧啶磷(2)、杀鼠酮(0.001)、

续表

项目		农药残留限量指标数目、种类和限量值
独有限量规定的农药项目(括号内为限量值,单位为 mg/kg)	日本 178 种	2-苯基苯酚(8)、亚胺硫磷(1)、二甲戊灵(0.05)、亚砜吸磷(亚砜磷)(0.02)、噁霜灵(5)、烟碱(2)、萘丙酰草胺(0.1)、嗪草酮(0.5)、灭螨菌素(0.2)、碘甲烷(0.05)、甲硫威(0.05)、冬播隆(0.05)、灭锈胺(0.02)、嘧菌胺(5)、曼地洛宾(10)、抑芽丹(0.2)、利谷隆(0.2)、林丹(2)、弥拜菌素(0.3)、环草定(0.3)、碘苯腈(0.1)、缬霉威(2)、双胍辛胺(0.3)、新烟碱类(0.3)、咪唑喹啉酸(0.05)、咪唑乙烟酸铵(0.05)、噁霉灵(0.5)、磷化氢(0.01)、氰化氢(5)、六氯苯(0.01)、草甘膦(0.2)、赤霉素(0.2)、氯吡脲(0.1)、乙膦酸(100)、氟胺氰菊酯(0.01)、氯氟吡氧乙酸(0.05)、氟啶草酮(0.1)、伏草隆(0.02)、氟虫脲(0.5)、氟噻草胺(0.05)、敌草隆(0.05)、多果定(0.2)、二硫代氨基甲酸盐类(5)、乙拌磷(0.5)、二苯胺(0.05)、噻节因(0.04)、链霉素和双氢链霉素(0.3)、氟吡草腙(0.05)、除虫脲(0.01)、野燕枯(0.05)、哒菌清(0.02)、1,3-二氯丙烯(0.01)、氯硝胺(10)、丁醚脲(0.05)、异吸磷(S)(0.4)、胺磺铜(10)、威百亩(0.5)、异硫氰酸甲酯(0.5)、灭蝇胺(1)、环唑醇(0.05)、环氟菌胺(0.5)、克球酚(0.2)、壬菌铜(10)、4-氯苯氧乙酸(对氯苯氧乙酸)(0.1)、氰草津(0.01)、异噁草酮(0.02)、炔草酯(0.02)、环虫酰肼(0.5)、甲基毒死蜱(0.5)、氟啶脲(1)、杀草敏(0.1)、虫螨腈(1)、灭螨猛(2)、巴丹(3)、唑草酮(0.1)、抑草磷(0.02)、溴螨酯(0.5)、溴鼠隆(0.001)、生物苄呋菊酯(0.1)、双丙酰胺磷(0.004)、苯噻菌胺(2)、灭草松(0.05)、三氧化二砷(1)、莠去津(0.02)、吲唑磺菌胺(安美速)(2)、棉铃威(0.1)、氟丙菊酯(0.5)、丙硫克百威(0.01)、异氟苯喹(1)、琥珀酸脱氢酶抑制剂(6)、氯化苦(0.01)、双丙环虫酯(0.2)、四苯胺(2)、氟甲酰胺(1)、氟美托喹(1)、吡嗪氟米特(2)、双氢链霉素和链霉素(0.3)、烯啶虫胺(1)、异噁唑硫磷(0.01)、氟酰胺(0.03)、苯胺灵(不得检出)、丁酰肼(不得检出)、敌菌丹(不得检出)、2,4,5-滴(不得检出)、多效唑(0.05)、扑灭津(0.01)、甲氧苯啶菌(1)、氧四环素(0.3)、三氟啶磺隆(0.01)、环溴虫酰胺(0.2)、氟唑菌酰羟胺(0.6)
其他项目(括号内为限量值,单位为 mg/kg)	中国 3 种	溴氰菊酯(0.2)、艾氏剂(0.05)、狄氏剂(0.05)
	日本 2 种	四溴菊酯和溴氰菊酯(0.3)、艾氏剂和狄氏剂(0.01)

⑤澳大利亚

澳大利亚对番茄共规定了 168 种农药的残留限量,有 106 种与中国规定的农药种类一致。其中,相同种类农药中,有 24 种农药的 MRLs 相同,阿维菌素、唑嘧菌胺、嘧菌酯等 57 种农药的 MRLs 比中国更严格，乙酰甲胺磷、活化酯、百菌清等 25 种农药的 MRLs 比中国宽松。矮壮素、胺苯磺隆、巴毒磷等 135 种农药的 MRLs 是中国制定而澳大利亚未制定，氯氨吡啶酸、灭蝇胺、氟乐灵等 61 种农药的 MRLs 是澳大利亚制定而中国未制定。另外，中国对六六六（α-六六六、β-六六六、γ-六六六和 δ-六六六之和）制定了限量，而澳大利亚是对林丹（γ-六六六）制定了限量。中国与澳大利亚番茄中农药残留限量值差异情况具体见表 3-47。

表 3-47　中国与澳大利亚番茄中农药残留限量值差异情况

项目		农药残留限量指标数目、种类和限量值
有限量规定的农药种类总量	中国	242 种
	澳大利亚	168 种
澳大利亚与中国一致的项目 24 种（括号内为限量值，单位为 mg/kg）		啶虫脒（1）、氯丹（0.02）、四螨嗪（0.5）、噻草酮（1.5）、苯醚甲环唑（0.5）、乙烯利（2）、环酰菌胺（2）、杀螟硫磷（0.5）、丙炔氟草胺（0.02）、七氯（0.02）、抑霉唑（0.5）、代森锰锌（5）、氰氟虫腙（0.6）、代森联（5）、百草枯（0.05）、丙森锌（5）、嘧霉胺（1）、五氯硝基苯（0.1）、福美双（5）、肟菌酯（0.7）、氰戊菊酯和 S-氰戊菊酯（0.2）、氟氯氰菊酯和高效氟氯氰菊酯（0.2）、氯氰菊酯和高效氯氰菊酯（0.5）、甲霜灵和精甲霜灵（0.5）
规定严于中国的项目 57 种（括号内为限量值，单位为 mg/kg）	中国	阿维菌素（0.02）、唑嘧菌胺（2）、嘧菌酯（3）、联苯肼酯（0.5）、联苯菊酯（0.5）、噻嗪酮（2）、硫线磷（0.02）、克菌丹（5）、多菌灵（3）、烯草酮（1）、噻虫胺（1）、氰霜唑（2）、溴氰菊酯（0.2）、苯氟磺胺（2）、烯酰吗啉（1）、呋虫胺（0.5）、灭线磷（0.02）、胺苯吡菌酮（3）、唑螨酯（0.2）、氟苯虫酰胺（2）、咯菌腈（3）、氟吡菌酰胺（1）、粉唑醇（0.8）、噻螨酮（0.1）、茚虫威（0.5）、异菌脲（5）、醚菌酯（1）、灭多威（0.2）、甲氧虫酰肼（2）、腈菌唑（1）、杀线威（2）、氟噻唑吡乙酮（0.3）、戊菌唑（0.2）、吡噻菌胺（2）、氯菊酯（1）、抗蚜威（0.5）、丙溴磷（10）、丙环唑（3）、丙硫菌唑（0.2）、吡蚜酮（0.2）、吡丙醚（1）、乙基多杀菌素（0.06）、多杀霉素（1）、螺虫乙酯（1）、氟啶虫胺腈（1.5）、戊唑醇（2）、噻虫啉（0.5）、三唑酮（1）、三唑醇（1）、敌百虫（0.2）、2，4-滴和 2，4-滴钠盐（0.5）、氯氟氰菊酯和高效氯氟氰菊酯（0.2）、吡氟禾草灵和精吡氟禾草灵（0.4）、草铵膦（0.5）、马拉硫磷（0.5）、异丙甲草胺和精异丙甲草胺（0.1）、霜霉威和霜霉威盐酸盐（2）
	澳大利亚	阿维菌素（0.01）、唑嘧菌胺（0.2）、嘧菌酯（1）、联苯肼酯（0.2）、联苯菊酯（0.03）、噻嗪酮（1）、硫线磷（0.01）、克菌丹（0.1）、多菌灵（0.5）、烯草酮（0.1）、噻虫胺（0.1）、氰霜唑（0.04）、溴氰菊酯（0.05）、苯氟磺胺（1）、烯酰吗啉（0.2）、呋虫胺（0.02）、灭线磷（0.01）、胺苯吡菌酮（0.02）、唑螨酯（0.1）、氟苯虫酰胺（0.05）、咯菌腈（1）、氟吡菌酰胺（0.9）、粉唑醇（0.5）、噻螨酮（0.05）、

续表

项目		农药残留限量指标数目、种类和限量值
规定严于中国的项目57种(括号内为限量值,单位为 mg/kg)	澳大利亚	茚虫威(0.2)、异菌脲(2)、醚菌酯(0.6)、灭多威(0.05)、甲氧虫酰肼(0.03)、腈菌唑(0.05)、杀线威(0.05)、氟噻唑吡乙酮(0.02)、戊菌唑(0.02)、吡噻菌胺(0.05)、氯菊酯(0.4)、抗蚜威(0.05)、丙溴磷(0.02)、丙环唑(0.05)、丙硫菌唑(0.02)、吡蚜酮(0.02)、吡丙醚(0.1)、乙基多杀菌素(0.01)、多杀霉素(0.01)、螺虫乙酯(0.1)、氟啶虫胺腈(0.01)、戊唑醇(0.05)、噻虫啉(0.1)、三唑酮(0.05)、三唑醇(0.05)、敌百虫(0.05)、2,4-滴和2,4-滴钠盐(0.05)、氯氟氰菊酯和高效氯氟氰菊酯(0.02)、吡氟禾草灵和精吡氟禾草灵(0.1)、草铵膦(0.05)、马拉硫磷(0.05)、异丙甲草胺和精异丙甲草胺(0.01)、霜霉威和霜霉威盐酸盐(0.1)
规定宽于中国的项目25种(括号内为限量值,单位为 mg/kg)	中国	乙酰甲胺磷(0.02)、活化酯(0.3)、百菌清(5)、毒死蜱(0.02)、氯酞酸甲酯(0.01)、嘧菌环胺(0.5)、滴滴涕(0.05)、二嗪磷(0.5)、敌草腈(0.01)、三氯杀螨醇(0.01)、乐果(0.01)、敌草快(0.01)、苯丁锡(1)、氟啶虫酰胺(0.4)、双炔酰菌胺(0.3)、四聚乙醛(0.5)、甲胺磷(0.05)、杀扑磷(0.05)、溴甲烷(0.02)、苯菌酮(0.4)、氧乐果(0.02)、甲拌磷(0.01)、增效醚(2)、除虫菊素(0.05)、茅草枯(0.01)
	澳大利亚	乙酰甲胺磷(5)、活化酯(1)、百菌清(10)、毒死蜱(0.5)、氯酞酸甲酯 (5)、嘧菌环胺(1)、滴滴涕(1)、二嗪磷(0.7)、敌草腈(0.1)、三氯杀螨醇(1)、乐果(0.02)、敌草快(0.05)、苯丁锡(2)、氟啶虫酰胺(0.5)、双炔酰菌胺(0.5)、四聚乙醛(1)、甲胺磷(2)、杀扑磷(0.1)、溴甲烷(0.05)、苯菌酮(0.9)、氧乐果(1)、甲拌磷(0.5)、增效醚(8)、除虫菊素(1)、茅草枯(0.1)
独有限量规定的农药项目(括号内为限量值,单位为 mg/kg)	中国135种	矮壮素(1)、胺苯磺隆(0.01)、胺鲜酯(0.1)、巴毒磷(0.02)、保棉磷(1)、倍硫磷(0.05)、苯并烯氟菌唑(0.9)、苯霜灵(0.2)、苯酰菌胺(2)、苯线磷(0.02)、吡虫啉(1)、吡唑醚菌酯(1)、吡唑萘菌胺(0.4)、丙酯杀螨醇(0.02)、草枯醚(0.01)、草芽畏(0.01)、虫酰肼(1)、春雷霉素(0.05)、代森锌(5)、敌敌畏(0.2)、敌磺钠(0.1)、敌菌灵(10)、地虫硫磷(0.01)、丁吡吗啉(10)、丁氟螨酯(0.3)、丁硫克百威(0.01)、啶菌噁唑(1)、啶酰菌胺(2)、啶氧菌酯(1)、毒虫畏(0.01)、毒氟磷(3)、毒菌酚(0.01)、对硫磷(0.01)、噁唑菌酮(2)、二溴磷(0.01)、氟吡呋喃酮(3)、氟吡菌胺(2)、氟虫腈(0.02)、氟除草醚(0.01)、氟啶胺(2)、氟硅唑(0.2)、氟吗啉(10)、氟嘧菌酯(1)、氟氰戊菊酯(0.2)、氟噻虫砜(0.7)、氟酰脲(0.02)、氟唑菌酰胺(0.5)、福美锌(5)、腐霉利(2)、复硝酚钠(0.1)、格螨酯(0.01)、庚烯磷(0.01)、环螨酯(0.01)、己唑醇(0.5)、甲氨基阿维菌素苯甲酸盐(0.02)、甲苯氟磺胺(3)、甲磺隆(0.01)、甲基对硫磷(0.02)、甲基硫环磷(0.03)、甲基硫菌灵(3)、甲萘威(1)、甲氰菊酯(1)、甲氧滴滴涕(0.01)、久效磷(0.03)、菌核净(0.2)、克百威(0.02)、喹啉铜(2)、乐杀螨(0.05)、联苯三唑醇(3)、磷胺(0.05)、

续表

项目		农药残留限量指标数目、种类和限量值
独有限量规定的农药项目(括号内为限量值,单位为 mg/kg)	中国 135 种	硫丹(0.05)、硫环磷(0.03)、螺甲螨酯(0.7)、螺螨酯(0.5)、氯苯甲醚(0.01)、氯吡嘧磺隆(0.05)、氯虫苯甲酰胺(0.6)、氯磺隆(0.01)、氯噻啉(0.2)、氯酞酸(0.01)、氯唑磷(0.01)、咪唑菌酮(1.5)、棉隆(0.02)、灭草环(0.05)、灭菌丹(3)、灭螨醌(0.01)、萘乙酸和萘乙酸钠(0.1)、内吸磷(0.02)、宁南霉素(1)、嗪氨灵(0.5)、噻苯隆(0.05)、噻虫嗪(1)、噻菌铜(0.5)、噻唑膦(0.05)、三氟硝草醚(0.01)、三唑磷(0.05)、杀虫单(1)、杀虫脒(0.01)、杀虫双(1)、杀虫畏(0.01)、虱螨脲(3)、双胍三辛烷基苯磺酸盐(1)、双甲脒(0.5)、霜脲氰(1)、水胺硫磷(0.5)、速灭磷(0.01)、特丁硫磷(0.01)、特乐酚(0.01)、涕灭威(0.03)、戊硝酚(0.01)、烯虫炔酯(0.01)、烯虫乙酯(0.01)、消螨酚(0.01)、辛菌胺(0.5)、辛菌胺醋酸盐(0.5)、辛硫磷(0.05)、溴氰虫酰胺(0.2)、盐酸吗啉胍(5)、乙霉威(1)、乙烯菌核利(3)、乙酯杀螨醇(0.01)、异硫氰酸烯丙酯(0.05)、抑草蓬(0.05)、茚草酮(0.01)、蝇毒磷(0.05)、治螟磷(0.01)、仲丁灵(0.1)、艾氏剂(0.05)、狄氏剂(0.05)、毒杀芬(0.05)、灭蚁灵(0.01)、异狄氏剂(0.05)、甲基异柳磷(0.01)、敌螨普(0.3)、氟苯脲(1.5)
	澳大利亚 61 种	咪唑烟酸(0.05)、氟氯吡啶酯(0.01)、氯氨吡啶酸(0.02)、灭蝇胺(0.05)、氟乐灵(0.01)、硫菌灵(0.5)、硫双威(2)、氟醚唑(0.02)、环苯吡菌胺(0.01)、苯嘧磺草胺(0.03)、砜嘧磺隆(0.05)、喹禾糠酯(0.02)、喹禾灵(0.02)、喹氧灵(0.02)、丙氧喹啉(0.3)、炔苯酰草胺(0.02)、克螨特(3)、扑灭津(0.1)、扑草净(0.1)、咪鲜胺(0.1)、二甲戊灵(0.05)、克草猛(0.1)、恶霜灵(0.1)、氟草敏(0.05)、敌草胺(0.1)、嗪草酮(0.1)、甲硫威(0.1)、威百亩钠(5)、威百亩(5)、利谷隆(0.05)、双胍辛胺(5)、草甘膦(0.2)、氟胺氰菊酯(0.5)、腈苯唑(0.02)、抑霉唑 (碱)(0.5)、茵草敌(0.04)、甲氨基阿维菌素(0.005)、二硫代氨基甲酸酯(5)、吡氟草胺(0.01)、麦草畏(0.05)、环唑醇(0.01)、二氯吡啶酸(0.1)、稀禾定(0.1)、苯菌灵(0.5)、吡氟米芬(0.05)、氟草烟(0.02)、双丙环虫酯(0.2)、螺环菌胺(0.05)、多效唑(0.01)、吲唑磺菌胺(0.02)、丁醚脲(0.01)、苯氧威(0.1)、溴苯腈(0.1)、磷化铝(0.01)、磷化氢(0.01)、磷化镁(0.01)、阿维菌素 B1(0.01)、乙螨唑(0.05)、乙嘧酚磺酸酯(1)、甲氧咪草烟(0.05)、亚胺硫磷(0.05)
其他项目(括号内为限量值,单位为 mg/kg)	中国 1 种	六六六(0.05)
	澳大利亚 1 种	林丹(2)

⑥新西兰

新西兰对番茄共规定了48种农药的残留限量，有41种与中国规定的农药种类一致。其中，相同种类农药中，有7种农药的MRLs相同，嘧菌酯、联苯菊酯、噻嗪酮等17种农药的MRLs比中国更严格，甲萘威、毒死蜱、敌敌畏等17种农药的MRLs比中国宽松。吡噻菌胺、吡唑醚菌酯、吡唑萘菌胺、丙环唑等201种农药的MRLs是中国制定而新西兰未制定，甲基嘧啶磷、扑草胺、氧环唑等7种农药的MRLs是新西兰制定而中国未制定。目前六个贸易国(组织)中，新西兰对番茄中农药残留规定数量是最少的。中国与新西兰番茄中农药残留限量值差异情况具体见表3-48。

表3-48 中国与新西兰番茄中农药残留限量值差异情况

项目		农药残留限量指标数目、种类和限量值
有限量规定的农药种类总量	中国	242种
	新西兰	48种
新西兰与中国一致的项目7种(括号内为限量值，单位为mg/kg)		百菌清(5)、烯草酮(1)、氟吡菌酰胺(1)、异菌脲(5)、百草枯(0.05)、吡丙醚(1)、氰戊菊酯和S-氰戊菊酯(0.2)
规定严于中国的项目17种(括号内为限量值，单位为mg/kg)	中国	嘧菌酯(3)、联苯菊酯(0.5)、噻嗪酮(2)、多菌灵(3)、溴氰虫酰胺(0.2)、溴氰菊酯(0.2)、二嗪磷(0.5)、氟啶胺(2)、甲霜灵和精甲霜灵(0.5)、氯菊酯(1)、腐霉利(2)、乙基多杀菌素(0.06)、多杀霉素(1)、螺甲螨酯(0.7)、螺虫乙酯(1)、氟啶虫胺腈(1.5)、乙烯利(2)
	新西兰	嘧菌酯(0.01)、联苯菊酯(0.05)、噻嗪酮(0.5)、多菌灵(2)、溴氰虫酰胺(0.1)、溴氰菊酯(0.05)、二嗪磷(0.2)、氟啶胺(0.02)、甲霜灵和精甲霜灵(0.05)、氯菊酯(0.5)、腐霉利(1)、乙基多杀菌素(0.02)、多杀霉素(0.05)、螺甲螨酯(0.5)、螺虫乙酯(0.3)、氟啶虫胺腈(1)、乙烯利(1)
规定宽于中国的项目17种(括号内为限量值，单位为mg/kg)	中国	阿维菌素(0.02)、乙酰甲胺磷(0.02)、克菌丹(5)、甲萘威(1)、毒死蜱(0.02)、敌敌畏(0.2)、三氯杀螨醇(0.01)、敌草快(0.01)、甲胺磷(0.05)、灭多威(0.2)、增效醚(2)、抗蚜威(0.5)、吡蚜酮(0.2)、除虫菊素(0.05)、嗪氨灵(0.5)、马拉硫磷(0.5)、乐果(0.01)
	新西兰	阿维菌素(0.1)、乙酰甲胺磷(1)、克菌丹(10)、甲萘威(3)、毒死蜱(0.2)、敌敌畏(2)、三氯杀螨醇(3)、敌草快(0.05)、甲胺磷(0.1)、灭多威(0.5)、增效醚(8)、抗蚜威(1)、吡蚜酮(0.5)、除虫菊素(1)、嗪氨灵(2)、马拉硫磷(5)、乐果(1)

续表

项目		农药残留限量指标数目、种类和限量值
独有限量规定的农药项目(括号内为限量值,单位为 mg/kg)	中国 201 种	2,4-滴和 2,4-滴钠盐(0.5)、矮壮素(1)、胺苯吡菌酮(3)、胺苯磺隆(0.01)、胺鲜酯(0.1)、巴毒磷(0.02)、保棉磷(1)、倍硫磷(0.05)、苯并烯氟菌唑(0.9)、苯丁锡(1)、苯氟磺胺(2)、苯菌酮(0.4)、苯醚甲环唑(0.5)、苯霜灵(0.2)、苯酰菌胺(2)、苯线磷(0.02)、吡虫啉(1)、吡氟禾草灵和精吡氟禾草灵(0.4)、吡噻菌胺(2)、吡唑醚菌酯(1)、吡唑萘菌胺(0.4)、丙环唑(3)、丙硫菌唑(0.2)、丙炔氟草胺(0.02)、丙森锌(5)、丙溴磷(10)、丙酯杀螨醇(0.02)、草铵膦(0.5)、草枯醚(0.01)、草芽畏(0.01)、虫酰肼(1)、春雷霉素(0.05)、代森联(5)、代森锰锌(5)、代森锌(5)、敌百虫(0.2)、敌草腈(0.01)、敌磺钠(0.1)、敌菌灵(10)、地虫硫磷(0.01)、丁吡吗啉(10)、丁氟螨酯(0.3)、丁硫克百威(0.01)、啶虫脒(1)、啶菌噁唑(1)、啶酰菌胺(2)、啶氧菌酯(1)、毒虫畏(0.01)、毒氟磷(3)、毒菌酚(0.01)、对硫磷(0.01)、噁唑菌酮(2)、二溴磷(0.01)、粉唑醇(0.8)、呋虫胺(0.5)、氟苯虫酰胺(2)、氟吡呋喃酮(3)、氟吡菌胺(2)、氟虫腈(0.02)、氟除草醚(0.01)、氟啶虫酰胺(0.4)、氟硅唑(0.2)、氟氯氰菊酯和高效氟氯氰菊酯(0.2)、氟吗啉(10)、氟嘧菌酯(1)、氟氰戊菊酯(0.2)、氟噻虫砜(0.7)、氟噻唑吡乙酮(0.3)、氟酰脲(0.02)、氟唑菌酰胺(0.5)、福美双(5)、福美锌(5)、复硝酚钠(0.1)、咯菌腈(3)、格螨酯(0.01)、庚烯磷(0.01)、环螨酯(0.01)、环酰菌胺(2)、活化酯(0.3)、己唑醇(0.5)、甲氨基阿维菌素苯甲酸盐(0.02)、甲拌磷(0.01)、甲苯氟磺胺(3)、甲磺隆(0.01)、甲基对硫磷(0.02)、甲基硫环磷(0.03)、甲基硫菌灵(3)、甲氰菊酯(1)、甲氧虫酰肼(2)、甲氧滴滴涕(0.01)、腈菌唑(1)、久效磷(0.03)、菌核净(0.2)、克百威(0.02)、喹啉铜(2)、乐杀螨(0.05)、联苯肼酯(0.5)、联苯三唑醇(3)、磷胺(0.05)、硫丹(0.05)、硫环磷(0.03)、硫线磷(0.02)、螺螨酯(0.5)、氯苯甲醚(0.01)、氯吡嘧磺隆(0.05)、氯虫苯甲酰胺(0.6)、氯氟氰菊酯和高效氯氟氰菊酯(0.2)、氯磺隆(0.01)、氯氰菊酯和高效氯氰菊酯(0.5)、氯噻啉(0.2)、氯酞酸(0.01)、氯酞酸甲酯(0.01)、氯唑磷(0.01)、茅草枯(0.01)、咪唑菌酮(1.5)、醚菌酯(1)、嘧菌环胺(0.5)、嘧霉胺(1)、棉隆(0.02)、灭草环(0.05)、灭菌丹(3)、灭螨醌(0.01)、灭线磷(0.02)、萘乙酸和萘乙酸钠(0.1)、内吸磷(0.02)、宁南霉素(1)、氰氟虫腙(0.6)、氰霜唑(2)、噻苯隆(0.05)、噻草酮(1.5)、噻虫胺(1)、噻虫啉(0.5)、噻虫嗪(1)、噻菌铜(0.5)、噻螨酮(0.1)、噻唑膦(0.05)、三氟硝草醚(0.01)、三唑醇(1)、三唑磷(0.05)、三唑酮(1)、杀虫单(1)、杀虫脒(0.01)、杀虫双(1)、杀虫畏(0.01)、杀螟硫磷(0.5)、杀扑磷(0.05)、杀线威(2)、虱螨脲(3)、双胍三辛烷基苯磺酸盐(1)、双甲脒(0.5)、双炔酰菌胺(0.3)、霜霉威和霜霉威盐酸盐(2)、霜脲氰(1)、水胺硫磷(0.5)、四聚乙醛(0.5)、四螨嗪(0.5)、速灭磷(0.01)、

续表

项目		农药残留限量指标数目、种类和限量值
独有限量规定的农药项目(括号内为限量值,单位为 mg/kg)	中国 201 种	特丁硫磷(0.01)、特乐酚(0.01)、涕灭威(0.03)、肟菌酯(0.7)、五氯硝基苯(0.1)、戊菌唑(0.2)、戊硝酚(0.01)、戊唑醇(2)、烯虫炔酯(0.01)、烯虫乙酯(0.01)、烯酰吗啉(1)、消螨酚(0.01)、辛菌胺(0.5)、辛菌胺醋酸盐(0.5)、辛硫磷(0.05)、溴甲烷(0.02)、盐酸吗啉胍(5)、乙霉威(1)、乙烯菌核利(3)、乙酯杀螨醇(0.01)、异丙甲草胺和精异丙甲草胺(0.1)、异硫氰酸烯丙酯(0.05)、抑草蓬(0.05)、抑霉唑(0.5)、茚草酮(0.01)、茚虫威(0.5)、蝇毒磷(0.05)、治螟磷(0.01)、仲丁灵(0.1)、唑螨酯(0.2)、唑嘧菌胺(2)、艾氏剂(0.05)、滴滴涕(0.05)、狄氏剂(0.05)、毒杀芬(0.05)、六六六(0.05)、氯丹(0.02)、灭蚁灵(0.01)、七氯(0.02)、异狄氏剂(0.05)、甲基异柳磷(0.01)、敌螨普(0.3)、氟苯脲(1.5)、氧乐果(0.02)
	新西兰 7 种	1-甲基环丙烯(0.01)、甲基嘧啶磷(1)、扑草胺(0.05)、精喹禾灵(0.02)、二硫代氨基甲酸酯(甲基代森锌除外)(7)、1,3-二氯丙烯(0.01)、氧环唑(0.05)

(3)部分农药残留指标差异性分析

本部分内容举例分析单一指标限量值差异情况。

对于番茄中部分农药残留限量值,中国与其他国家(组织)存在较大差异,部分其他国家(组织)的限量值明显严于中国。欧盟规定甲氰菊酯在番茄中的限量值为 0.01 mg/kg,低于中国的 1 mg/kg;美国、澳大利亚、欧盟规定克菌丹在番茄中的限量值分别为 0.05 mg/kg、0.1 mg/kg、1 mg/kg,明显低于中国的 5 mg/kg。由于中国对番茄中部分农药限量要求宽于其他国家(组织),导致在出口时容易出现贸易壁垒。表 3-49 列举了不同国家(组织)部分农药残留限量值差异情况。

表 3-49 不同国家(组织)部分农药残留限量值差异情况 单位:mg/kg

化合物	各国限量值						
	中国	欧盟	日本	CAC	澳大利亚	美国	新西兰
甲氰菊酯	1	0.01	2	1	—	1	—
福美双	5	0.1	—	—	5	—	—
甲苯氟磺胺	3	0.02	3	—	—	2	—
三唑酮	1	0.01	0.3	—	0.05	—	—
乙烯菌核利	3	0.01	3	—	—	—	—
克菌丹	5	1	5	5	0.1	0.05	10
嘧菌酯	3	3	3	—	1	—	0.01

注:“—”表示无限量规定。

3.2.1.4 蔬菜中农药残留定义差异

农药残留是指由于使用农药而在食品、农产品和动物饲料中出现的任何特定物质，包括农药母体及被认为具有毒理学意义的农药衍生物，如农药转化物、代谢物、反应产物及杂质等。根据农药在动植物体内代谢特性不同，联合国粮农组织和世界卫生组织农药残留联席会议(JMPR)将农药残留分为2类，即植物源产品残留和动物源产品残留。尽管各国制定农药残留定义的原则基本一致，但在执行过程中依然会有各自不同的考虑，部分农药指标的残留定义不同，如果不加以注意，很容易造成贸易损失。

以多菌灵、苯菌灵和甲基硫菌灵为例，苯菌灵和甲基硫菌灵在植物体内的代谢产物是多菌灵，1998年JMPR规定苯菌灵的残留定义为苯菌灵与多菌灵残留量之和，以多菌灵含量表示；多菌灵的残留定义为多菌灵残留量；甲基硫菌灵的残留定义为甲基硫菌灵与多菌灵残留量之和，以多菌灵含量表示。在2002年国际食品法典农药残留委员会(CCPR)第34届年会上，相关专家决定把苯菌灵、多菌灵和甲基硫菌灵的残留定义和限量合并，即多菌灵、苯菌灵和甲基硫菌灵残留量之和，以多菌灵含量表示。目前我国GB 2763仍然是分别规定这3种农药的限量及残留定义，而日本、欧盟和CAC等未单列苯菌灵或甲基硫菌灵的农药残留定义，例如日本制定了多菌灵、硫菌灵、甲基硫菌灵和苯菌灵的总体限量，包括多菌灵的残留量和以多菌灵含量分别计算的苯菌灵、硫菌灵、甲基硫菌灵的残留量之和；欧盟制定了多菌灵和苯菌灵的总体限量，以多菌灵含量表示，并且单列了甲基硫菌灵的限量，但残留定义为多菌灵与甲基硫菌灵残留量之和，以多菌灵含量表示；CAC虽然单列了多菌灵的限量，但其残留定义为苯菌灵、多菌灵和甲基硫菌灵残留量之和，以多菌灵含量表示。澳大利亚与中国类似，也单列了苯菌灵、多菌灵的限量，但是其残留定义与中国不同，多菌灵的残留定义为多菌灵与2-氨基苯并咪唑残留量之和，以多菌灵含量表示；苯菌灵的残留定义也是多菌灵与2-氨基苯并咪唑残留量之和，以多菌灵含量表示。澳大利亚未对甲基硫菌灵做限量规定。新西兰规定多菌灵的残留定义为苯菌灵、多菌灵及甲基硫菌灵残留量之和，以多菌灵含量表示。动物源性食品中多菌灵、苯菌灵和甲基硫菌灵的残留定义除新西兰外，在中国及其他国家(组织)中的规定与植物源性食品中的规定一致，新西兰未对肉、乳等产品中的多菌灵做出限量规定。

以丁硫克百威和克百威为例，CAC规定丁硫克百威的残留定义为丁硫克百威残留量，克百威的残留定义为克百威与3-羟基克百威残留量之和，与欧盟和中国的规定相同。而日本规定丁硫克百威的残留定义为丁硫克百威及其代谢产物克百威、克百威的代谢产物3-羟基克百威的残留量之和，以丁硫克百威含量表示；克百威的残留定义为克百威与3-羟基克百威之和。且日本在其文件中注明，只有当检测到丁硫克百威时，才适用丁硫克百威的限量标准，即如果产品中检测出丁硫克百威，则所有检测出的克百威和3-羟基克百威的残留量均需折算成丁硫克百威含量，而不能用克百威的限量值去判断其残留量是否超标。导致上述两种残留定义不同的原因在于考虑的重点不同。欧盟和中国均认为，丁硫克百威和克百威本身都属于农药，尽管克百威是丁硫克百威的代谢物，但两者作为独立的农药需要分别制定限量要求，因此其残留定义也应分别制定，如果在市场执法过程中检测出丁硫克百威和克百威，则分别按照其各自的 MRLs 值进行判定。而日本则认为，克百威作为丁硫克百威的代谢物，在市场检测中应该将两者统一进行考虑，如果同时检测出克百威和丁硫克百威，则应将代谢物残留量折算成母体含量，用母体的 MRLs 值进行判定。蔬菜中残留定义有差异的部分农药见表 3-50。

表 3-50　蔬菜中部分农药指标残留定义差异

序号	中文名称	英文名称	残留定义	
			中国	其他国家(组织)
1	吡虫啉	imidacloprid	吡虫啉残留量	CAC:吡虫啉及其含有 6-氯吡啶基的代谢物残留量之和，以吡虫啉含量表示
2	抗蚜威	pirimicarb	抗蚜威残留量	澳大利亚、CAC:抗蚜威、脱甲基抗蚜威、脱甲基甲酰胺抗蚜威残留量总和，以抗蚜威含量表示
3	百菌清	chlorothalonil	百菌清残留量	美国:百菌清及其代谢物 4-羟基-2,5,6-三氯间苯二腈
4	二甲戊灵	pendimethalin	二甲戊灵残留量	美国:二甲戊灵与其代谢物 4-[(1-乙基丙基)氨基]-2-甲基-3,5-二硝基苄醇(4-[(1-ethylpropyl)amino]-2-methyl-3,5-dinitrobenzyl alcohol)残留量之和，以二甲戊灵含量表示
5	噻虫嗪	thiamethoxam	噻虫嗪残留量	美国:噻虫嗪及其代谢物 CGA-322704 N-[(2-氯-噻唑-5-基)甲基]-N′-甲基-N″-硝基胍(CGA-322704 N-[(2-chloro-5-thiazolyl) methyl]-N′-methyl-N″-nitroguanidine)残留量之和，以噻虫嗪含量表示
6	肟菌酯	trifloxystrobin	肟菌酯残留量	日本:肟菌酯和酸代谢物((E,E)-甲氧基亚氨基-[2-[1-(3-三氟甲基-苯基)-亚乙基氨氧基甲基]-苯基]乙酸)残留量之和，以肟菌酯含量表示
7	草铵膦	glufosinate-ammonium	草铵膦残留量	澳大利亚:草铵膦、N-乙酰草铵膦及 3-[羟基(甲基)-氧膦基]丙酸的残留量总和，以草铵膦(游离酸)含量表示；日本:以草铵膦铵盐含量分别计算草铵膦、3-甲基次膦酸丙酯残留量之和
8	杀线威	oxamyl	杀线威和杀线威肟残留量之和，以杀线威含量表示	CAC:杀线威残留量

续表

序号	中文名称	英文名称	残留定义	
			中国	其他国家(组织)
9	啶酰菌胺	boscalid	啶酰菌胺残留量	日本:啶酰菌胺及其代谢产物B[2-氯-N-(4′-氯-5-羟基-联苯-2-基)烟酰胺]、代谢产物B的葡糖苷酸结合体的残留量之和,以啶酰菌胺含量表示
10	丁硫克百威	carbosulfan	丁硫克百威残留量	日本:丁硫克百威及其代谢产物克百威、克百威的代谢产物3-羟基克百威的残留量之和,以丁硫克百威含量表示。只有当检测到丁硫克百威时,才适用丁硫克百威的限量标准
11	咪唑菌酮	fenamidone	咪唑菌酮残留量	日本:咪唑菌酮与5-甲基-5-苯基咪唑烷-2,4-二酮的残留量之和,以咪唑菌酮含量表示
12	异菌脲	iprodione	异菌脲残留量	日本:异菌脲的残留量和N-(3,5-二氯苯基)-3-异丙基-2,4-二氧代咪唑烷-1-甲酰胺的残留量之和
13	马拉硫磷	malathion	马拉硫磷残留量	欧盟:马拉硫磷和马拉氧磷残留量之和,以马拉硫磷含量表示
14	艾氏剂和狄氏剂	Aldrin and Dieldrin	艾氏剂、狄氏剂各自的残留量	欧盟、日本:艾氏剂和狄氏剂残留量之和
15	多菌灵	carbendazim	多菌灵残留量	CAC:苯菌灵、多菌灵和甲基硫菌灵的残留量总和,以多菌灵含量表示
				欧盟:苯菌灵与多菌灵残留量之和,以多菌灵含量表示
				日本:多菌灵、苯菌灵、硫菌灵和甲基硫菌灵的残留量之和,以多菌灵含量表示
				澳大利亚:多菌灵和2-氨基苯并咪唑残留量总和,以多菌灵含量表示
				新西兰:多菌灵、苯菌灵、硫菌灵残留量之和,以多菌灵含量表示
16	乐果	dimethoate	乐果残留量	澳大利亚、欧盟、新西兰:乐果和氧化乐果残留量之和,以乐果含量表示

续表

序号	中文名称	英文名称	残留定义	
			中国	其他国家(组织)
17	吡唑醚菌酯	pyraclostrobin	吡唑醚菌酯残留量	美国:吡唑醚菌酯与其脱甲氧基代谢物甲基-N-[[[1-(4-氯苯基)-1H-吡唑-3-基]氧基]甲基]苯基氨基甲酸叔丁酯(methyl-N-[[[1-(4-chlorophenyl)-1H-pyrazol-3-yl]oxy]methyl] phenylcarbamate)残留量之和,以吡唑醚菌酯含量表示

3.2.2 不同国家(组织)肉中农药残留限量差异

随着我国经济的发展,尤其加入 WTO 以来,我国全面融入全球经济,肉与肉制品全方位进入国际市场,这也意味着我国肉类面临的安全标准数量将大大增加。我国是世界肉类生产大国,但由于我国肉与肉制品标准体系落后,限制了我国肉与肉制品出口,造成肉类食品安全事件出现,影响了我国肉类食品的国际形象。

我国肉与肉制品中的农药最高残留限量标准,主要存在两方面的问题:一是规定的农药种类偏少,与欧盟、日本等发达的国家(组织)有较大的差距;二是农药品种老旧,没有覆盖生产中的常用农药。基于上述问题,本章节对我国及主要贸易国家(组织)肉中农药残留限量的差异进行了研究。

部分农药是农兽药共用药,既可作为农药使用,也可作为兽药使用,在农、兽药残留限量标准中均有相关规定。由于评估方式的不同,同一种农兽药共用药作为农药时的残留限量和作为兽药时的残留限量存在不一致的情况。比如我国《食品安全国家标准　食品中农药最大残留限量》(GB 2763—2021)规定牛肉中的氟氯氰菊酯和高效氟氯氰菊酯、氰戊菊酯和 S-氰戊菊酯的残留限量分别为 0.02 mg/kg、1 mg/kg;而《食品安全国家标准　食品中兽药最大残留限量》(GB 31650—2019)规定,牛肌肉中的氟氯氰菊酯、氰戊菊酯的残留限量分别为 20 μg/kg、25 μg/kg。本书仅讨论农兽药共用药作为农药时的残留限量情况,不讨论其作为兽药时的残留限量。

各个国家对肉中农药的使用和残留要求均制定了明确的法规标准进行规范,不同国家(组织)肉中农药限量要求法规标准见表 3-51。中国标准规定了 133 种农药残留限量,美国标准规定了 173 种农药残留限量,CAC 标准规定了 180 种农药残留限量,澳大利亚标准规定了 303 种农药残留限量,日本标准规定了 288 种农药残留限量,新西兰标准规定了 39 种农药残留限量,欧盟标准规定了 501 种农药残留限量。

表 3-51　不同国家(组织)肉中主要农药残留限量法规

国家	限量法规中文名称	限量法规英文名称	涉及农药数量
中国	食品安全国家标准　食品中农药最大残留限量	GB 2763—2021	133
美国	食品中农药最大残留限量及豁免	40 CFR PART 180	173
欧盟	动植物源性食品和饲料中农药最大残留限量	(EC) No. 396/2005	501
CAC	国际食品法典农药残留限量数据库	Codex Pesticides Residues in Food Online Database	180
澳大利亚	澳新食品标准法典 1.4.2：附表 20	Standard 1.4.2：Schedule 20	303
新西兰	农业化合物最大残留限量	Maximum Residue Levels for Agricultural Compounds	39
日本	食品中残留农业化学品肯定列表制度	Maximum Residue Limits (MRLs) List of Agricultural Chemicals in Foods	288

注：日本和欧盟技术法规标准中指标数量的统计均以标准中规定限量的指标为准。

不同的禽畜在养殖的过程中，由于喂养的饲料种类和动物本身代谢存在差异，导致不同种类肉中农药残留的限量规定并不相同。与蔬菜的情况类似，由于不同国家(组织)中肉的分类体系存在差异，针对具体品种的肉进行差异性分析才能够得到更为准确的信息。本节以牛肉和猪肉为例，具体分析我国与其他国家(组织)的农药残留限量在指标数量、指标宽严程度上的差异，以期向读者呈现更详尽、具体的肉中农残限量的差异性。

3.2.2.1 牛肉中农药残留限量差异

(1)中国与其他国家(组织)农药残留限量指标数量的差异

各个国家及组织对牛肉中农药残留的限量做了不同规定，其指标数量存在较大差异，如图 3-7 所示。中国规定了牛肉中 129 种农药的限量，低于欧盟的 498 种、日本的 286 种、澳大利亚的 204 种、CAC 的 173 种、美国的 161 种，其中与欧盟、日本的指标数量差距在一倍以上。与其他国家(组织)相比,中国牛肉中有限量规定的农药项目缺失较大,欧盟、日本、澳大利亚、美国、CAC 的独有指标数量分别为 376、180、152、93、53 种,见表 3-52。

表 3-52　牛肉中农药残留限量指标数量差异情况

项目		中国	欧盟	日本	澳大利亚	美国	CAC	新西兰
农药指标数量		129	498	286	204	161	173	38
中国独有指标数量		—	6	22	77	61	8	112
对方独有指标数量		—	376	180	152	93	53	21
共同指标数量		—	121	103	52	68	119	17
共同指标数量	限量值一致	—	61	61	21	12	113	5
	限量值严于中国	—	45	25	16	32	2	12
	限量值宽于中国	—	15	17	15	24	4	0
其他指标数量	中国	—	2	4	—	—	2	—
	对方国家(组织)	—	1	3	—	—	1	—

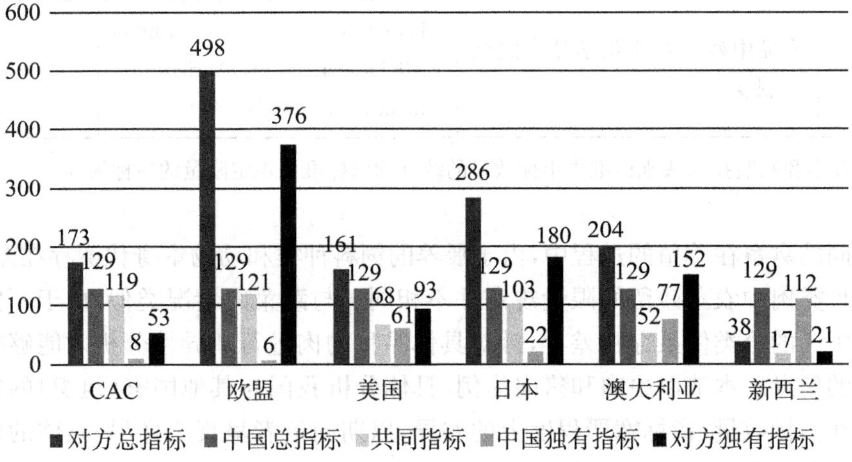

图 3-7　牛肉中农药残留限量指标数量差异情况

(2)中国与其他国家(组织)农药残留限量指标值的差异

对于共同的农药指标,不同国家(组织)在限量值的宽严程度上也存在一定的差异,如图 3-8 所示。例如:中国与欧盟对 121 种相同农药做出了限量规定,其中欧盟与中国的限量规定一致的农药有 61 种,欧盟严于中国的有 45 种,宽于中国的有 15 种;中国与日本对 103 种相同农药做出了限量规定,其中日本与中国的限量规定一致的农药有 61 种，日本严于中国的有 25 种，宽于中国的有 17 种；中国与澳大利亚对 52 种相同农药做出了限量规定，其中澳大利亚与中国的限量规定一致的农药有 21 种，澳大利亚严于中国的有 16 种，宽于中国的有 15 种。下面就中国与 CAC、欧盟、美国等国家(组织)牛肉中的农药残留限量指标的差异进行逐一分析。

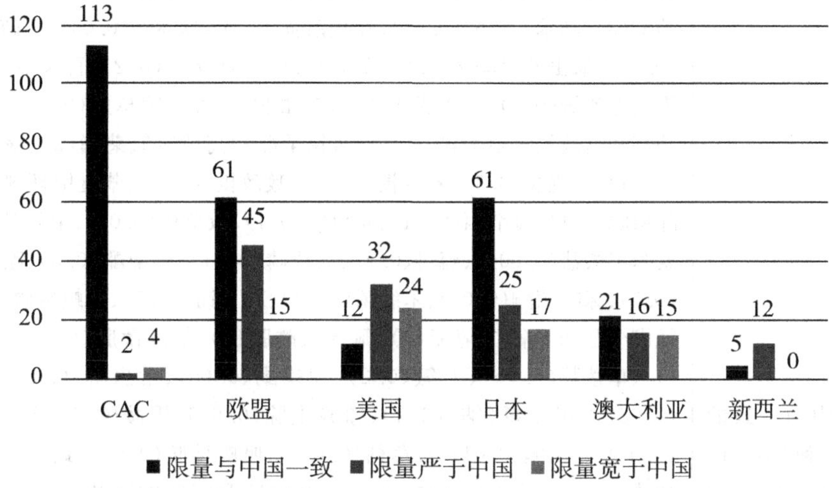

图 3-8 相同农药残留项目限量值规定差异的比较

①CAC

CAC 对牛肉共规定了 173 种农药的残留限量，有 119 种与中国规定的农药种类一致。其中，相同种类农药中，有联苯肼酯、联苯菊酯、双苯三唑醇等 113 种农药的 MRLs 相同，林丹、杀线威 2 种农药的 MRLs 严于中国，氯氟氰菊酯、滴滴涕、丁苯吗啉吡、唑萘菌胺 4 种农药的 MRLs 比中国宽松。咪唑烟酸、杀扑磷、氟酰脲等 8 种农药的 MRLs 是中国制定而 CAC 未制定，乙酰甲胺磷、乙草胺、环丙嘧啶酸等 53 种农药的 MRLs 是 CAC 制定而中国未制定。另外，中国对艾氏剂和狄氏剂分别制定了相应的限量，而 CAC 是对艾氏剂与狄氏剂之和制定了限量。中国与 CAC 牛肉中农药残留限量值差异情况具体见表 3-53。

表 3-53 中国与 CAC 牛肉中农药残留限量值差异情况

项目		农药残留限量指标数目、种类和限量值
有限量规定的农药种类总量	中国	129 种
	CAC	173 种

续表

项目		农药残留限量指标数目、种类和限量值
CAC与中国一致的项目113种(括号内为限量值,单位为mg/kg)		2,4滴和2,4-滴钠盐(0.2)、啶虫脒(啶虫清)(0.5)、涕灭威(0.01)、氯氨吡啶酸(0.1)、嘧菌酯(0.05)、苯并烯氟菌唑(0.03)、联苯肼酯(0.05)、联苯菊酯(3)、联苯三唑醇(0.05)、啶酰菌胺(0.7) 、噻嗪酮(0.05)、丁硫克百威(0.05)、氯虫苯甲酰胺(0.2)、氯丹(0.05)、矮状素(0.2)、百菌清(0.02)、甲基毒死蜱(0.1)、四螨嗪(0.05)、噻虫胺(0.02)、噻草酮(0.06)、氟氯氰菊酯和高效氟氯氰菊酯(0.2)、氯氰菊酯和高效氯氰菊酯(2)、嘧菌环胺(0.01)、灭蝇胺(0.3)、麦草畏(0.03)、敌敌畏(0.01)、苯醚甲环唑(0.2)、除虫脲(0.1)、噻节因(0.01)、呋虫胺(0.1)、敌草快(0.05)、甲氨基阿维菌素苯甲酸盐(0.004)、硫丹(0.2)、灭线磷(0.01)、醚菊酯(0.5)、噁唑菌酮(0.5)、咪唑菌酮(0.01)、苯线磷(0.01)、苯丁锡(0.05)、杀螟硫磷(0.05)、氰戊菊酯和S-氰戊菊酯(1)、氟苯虫酰胺(2)、氟吡菌胺(0.01)、氟硅唑(1)、草铵膦(0.05)、七氯(0.2)、噻螨酮(0.05)、吡虫啉(0.1)、醚菌酯(0.05)、2甲4氯(钠)(0.1)、氰氟虫腙(0.02)、甲胺磷(0.01)、灭多威(0.02)、苯菌酮(0.01)、百草枯(0.005)、吡噻菌胺(0.04)、氯菊酯(1)、甲拌磷(0.02)、甲基嘧啶磷(0.01)、咪鲜胺和咪鲜胺锰盐(0.5)、丙溴磷(0.05)、霜霉威和霜霉威盐酸盐(0.01)、炔螨特(0.1)、丙环唑(0.01)、丙硫菌唑(0.01)、吡唑醚菌酯(0.5)、嘧霉胺(0.05)、喹氧灵(0.2)、苯嘧磺草胺(0.01)、螺螨酯(0.01)、螺虫乙酯(0.05)、氟啶虫胺腈(0.3)、虫酰肼(0.05)、特丁硫磷(0.05)、噻虫啉(0.1)、噻虫嗪(0.02)、三唑酮(0.02)、三唑醇(0.02)、嗪氨灵(0.01)、甲萘威(0.05)、活化酯(0.02)、联苯吡菌胺(2)、溴氰虫酰胺(0.2)、丁氟螨酯(0.01)、敌草腈(0.01)、乙烯利(0.01)、甲氰菊酯(0.01)、氟噻虫砜(0.01)、氟虫脲(0.05)、丙炔氟草胺(0.02)、氟吡菌酰胺(1.5)、氟吡呋喃酮(1.5)、粉唑醇(0.02)、甲氧咪草烟(0.01)、咪唑乙烟酸(0.01)、异丙噻菌胺(0.02)、硝磺草酮(0.01)、腈菌唑(0.01)、氟噻唑吡乙酮(0.01)、戊菌唑(0.05)、二甲戊灵(0.2)、螺甲螨酯(0.15)、氟苯脲(0.01)、多菌灵(0.05)、乐果(0.05)、克百威(0.05)、双甲脒(0.05)、毒死蜱(1)、氯苯胺灵(0.1)、二苯胺(0.01)、二嗪磷 (2)、氯苯嘧啶醇(0.02)、多杀霉素(3)
规定严于中国的项目2种(括号内为限量值,单位为mg/kg)	中国	林丹(0.1)、杀线威(0.02)
	CAC	林丹(0.01)、杀线威(0.01)

续表

项目		农药残留限量指标数目、种类和限量值
规定宽于中国的项目 4 种(括号内为限量值,单位为 mg/kg)	中国	氯氟氰菊酯和高效氯氟氰菊酯(0.05)、滴滴涕(0.2)、丁苯吗啉(0.02)、吡唑萘菌胺(0.01)
	CAC	氯氟氰菊酯和高效氯氟氰菊酯)(3)、滴滴涕(5)、丁苯吗啉(0.04)、吡唑萘菌胺(0.03)
独有限量规定的农药项目(括号内为限量值,单位为 mg/kg)	中国 8 种	异狄氏剂(0.2)、氯丙嘧啶酸(0.01)、六六六(0.1)、咪唑烟酸(0.05)、杀扑磷(0.02)、氟酰脲(10)、吡丙醚(0.01)、噻菌灵(0.1)
	CAC 53 种	乙酰甲胺磷(0.05)、乙草胺(0.02)、环丙嘧啶酸(0.01)、氟吡草酮(0.02)、烯草酮(0.2)、环唑醇(0.02)、溴氰菊酯(0.5)、二甲吩草胺-P(0.01)、烯酰吗啉(0.01)、二氰蒽醌(0.01)、二硫代氨基甲酸酯(0.05)、乙虫腈(0.15)、乙螨唑(0.01)、腈苯唑(0.01)、环酰菌胺(0.05)、胺苯吡菌酮(0.02)、唑螨酯(0.1)、氟啶虫酰胺(0.15)、精吡氟禾草灵(0.09)、咯菌腈(0.01)、氟酰胺(0.05)、氟唑菌酰胺(0.2)、三乙膦酸铝(0.15)、草甘膦(0.05)、氟吡禾灵(0.5)、甲咪唑烟酸(0.1)、灭草烟(0.05)、茚虫威(2)、稻瘟灵(0.01)、异恶唑草酮(0.01)、氯芬奴隆(0.7)、烯虫酯(0.2)、甲氧虫酰肼(0.3)、氟草敏(达草灭)(0.02)、双苯氟脲(10)、啶氧菌酯(0.02)、抗蚜威(0.01)、二氯喹啉酸(0.05)、环苯吡菌胺(0.01)、乙基多杀菌素(1)、戊唑醇(0.05)、线噻吩(0.02)、肟菌酯(0.05)、三氟苯嘧啶(0.01)、氟菌唑(0.03)、抗倒酯(0.01)、亚胺硫磷(1)、氟氯苯菊酯 (0.2)、蚊蝇醚(0.01)、增效醚(5)、亚砜磷(0.05)、噻苯咪唑(0.1)、氟虫腈(0.5)
其他项目(括号内为限量值,单位为 mg/kg)	中国 2 种	艾氏剂(0.2)、狄氏剂(0.2)
	CAC 1 种	艾氏剂与狄氏剂之和(0.2)

②欧盟

欧盟对牛肉共规定了 498 种农药的残留限量,有 121 种与中国规定的农药种类一致。其中，相同种类农药中，有咪唑菌酮、氯苯嘧啶醇、氟苯虫酰胺、氟吡菌胺等 61 种农药的 MRLs 相同，矮状素、百菌清、嘧菌环胺等 15 种农药的 MRLs 比中国宽松，双甲脒、嘧菌酯、苯并烯氟菌唑、联苯肼酯、联苯菊酯等 45 种农药的 MRLs 比中国严格。氯丙嘧啶酸、丁硫克百威、咪唑乙烟酸等 6 种农药的 MRLs 是中国制定而欧盟未制定，乙草胺、苯草醚、氟丙菊酯、甲草胺等 376 种农药的 MRLs 是欧盟制定而中国未制定。另外，中国对艾氏剂和狄氏剂分别制定了相应的限量，而欧盟是对艾氏剂与狄氏剂之和制定了限量。目前欧盟对牛肉中农药残留规定是最多的，其限量值也是相对比较严格的，在 498 项农药 MRLs 中有 86.8%的 MRLs 定在 0.05 mg/kg 及以下，55.4%的 MRLs 定在 0.01 mg/kg 及以下，具体见表 3-54。

表 3-54　中国与欧盟牛肉中农药残留限量值差异

项目		农药残留限量指标数目、种类和限量值
有限量规定的农药种类总量	中国	129 种
	欧盟	498 种
欧盟与中国一致的项目 61 种(括号内为限量值，单位为 mg/kg)		2,4 滴和 2,4-滴钠盐(0.2)、啶虫脒(啶虫清)(0.5)、涕灭威(0.01)、氯氨吡啶酸(0.1)、多菌灵(0.05)、氯虫苯甲酰胺(0.2)、氯丹(0.05)、四螨嗪(0.05)、噻虫胺(0.02)、氯氰菊酯和高效氯氰菊酯(2)、敌敌畏(0.01)、噻节因(0.01)、呋虫胺(0.1)、敌草快(0.05)、灭线磷(0.01)、咪唑菌酮(0.01)、氯苯嘧啶醇(0.02)、氟苯虫酰胺(2)、氟吡菌胺(0.01)、草铵膦(0.05)、七氯(0.2)、噻螨酮(0.05)、咪唑烟酸(0.05)、吡虫啉(0.1)、吡唑萘菌胺(0.01)、醚菌酯(0.05)、2 甲 4 氯(钠)(0.1)、氰氟虫腙(0.02)、甲胺磷(0.01)、杀扑磷(0.02)、甲萘威(0.05)、苯菌酮(0.01)、氟酰脲(10)、甲拌磷(0.02)、甲基嘧啶磷(0.01)、丙溴磷(0.05)、霜霉威和霜霉威盐酸盐(0.01)、丙硫菌唑(0.01)、喹氧灵(0.2)、苯嘧磺草胺(0.01)、螺螨酯(0.01)、螺虫乙酯(0.05)、氟啶虫胺腈(0.3)、虫酰肼(0.05)、噻虫啉(0.1)、噻虫嗪(0.02)、嗪氨灵(0.01)、活化酯(0.02)、溴氰虫酰胺(0.2)、丁氟螨酯(0.01)、敌草腈(0.01)、甲氰菊酯(0.01)、氟虫脲(0.05)、丙炔氟草胺(0.02)、氟吡菌酰胺(1.5)、甲氧咪草烟(0.01)、硝磺草酮(0.01)、腈菌唑(0.01)、氟噻唑吡乙酮(0.01)、戊菌唑(0.05)、噻草酮(0.06)

续表

项目		农药残留限量指标数目、种类和限量值
规定严于中国的项目45种(括号内为限量值,单位为mg/kg)	中国	双甲脒(0.05)、嘧菌酯(0.05)、苯并烯氟菌唑(0.03)、联苯肼酯(0.05)、联苯菊酯(3)、联苯三唑醇(0.05)、啶酰菌胺(0.7)、噻嗪酮(0.05)、克百威(0.05)、氯苯胺灵(0.1)、毒死蜱(1)、甲基毒死蜱(0.1)、氟氯氰菊酯和高效氟氯氰菊酯(0.2)、氯氟氰菊酯和高效氯氟氰菊酯(0.05)、灭蝇胺(0.3)、二嗪磷(2)、苯醚甲环唑(0.2)、除虫脲(0.1)、乐果(0.05)、硫丹(0.2)、异狄氏剂(0.2)、醚菊酯(0.5)、噁唑菌酮(0.5)、苯丁锡(0.05)、杀螟硫磷(0.05)、氟硅唑(1)、林丹(0.1)、灭多威(0.02)、杀线威(0.02)、吡噻菌胺(0.04)、氯菊酯(1)、咪鲜胺和咪鲜胺锰盐(0.5)、炔螨特(0.1)、吡唑醚菌酯(0.5)、多杀霉素(3)、特丁硫磷(0.05)、三唑酮(0.02)、三唑醇(0.02)、氟吡呋喃酮(1.5)、粉唑醇(0.02)、异丙噻菌胺(0.02)、二甲戊灵(0.2)、螺甲螨酯(0.15)、联苯吡菌胺(2)、氰戊菊酯和S-氰戊菊酯(1)
	欧盟	双甲脒(0.01)、嘧菌酯(0.01)、苯并烯氟菌唑(0.01)、联苯肼酯(0.02)、联苯菊酯(0.2)、联苯三唑醇(0.01)、啶酰菌胺(0.01)、噻嗪酮(0.01)、克百威(0.01)、氯苯胺灵(0.05)、毒死蜱(0.01)、甲基毒死蜱(0.01)、氟氯氰菊酯和高效氟氯氰菊酯(0.05)、氯氟氰菊酯和高效氯氟氰菊酯(0.02)、灭蝇胺(0.01)、二嗪磷(0.02)、苯醚甲环唑(0.05)、除虫脲(0.01)、乐果(0.01)、硫丹(0.05)、异狄氏剂(0.05)、醚菊酯(0.06)、噁唑菌酮(0.05)、苯丁锡(0.02)、杀螟硫磷(0.01)、氟硅唑(0.02)、林丹(0.01)、灭多威(0.01)、杀线威(0.01)、吡噻菌胺(0.01)、氯菊酯(0.05)、咪鲜胺和咪鲜胺锰盐(0.03)、炔螨特(0.01)、吡唑醚菌酯(0.05)、多杀霉素(0.3)、特丁硫磷(0.01)、三唑酮(0.01)、三唑醇(0.01)、氟吡呋喃酮(0.01)、粉唑醇(0.01)、异丙噻菌胺(0.01)、二甲戊灵(0.01)、螺甲螨酯(0.01)、联苯吡菌胺(0.15)、氰戊菊酯和S-氰戊菊酯(0.025)
规定宽于中国的项目15种(括号内为限量值,单位为mg/kg)	中国	矮壮素(0.2)、百菌清(0.02)、嘧菌环胺(0.01)、滴滴涕(0.2)、麦草畏(0.03)、二苯胺(0.01)、甲氨基阿维菌素苯甲酸盐(0.004)、苯线磷(0.01)、丁苯吗啉(0.02)、百草枯(0.005)、丙环唑(0.01)、嘧霉胺(0.05)、吡丙醚(0.01)、乙烯利(0.01)、氟苯脲(0.01)
	欧盟	矮壮素(0.3)、百菌清(0.15)、嘧菌环胺(0.02)、滴滴涕(1)、麦草畏(0.5)、二苯胺(0.05)、甲氨基阿维菌素苯甲酸盐(0.01)、苯线磷(0.02)、丁苯吗啉(0.15)、百草枯(0.01)、丙环唑(0.05)、嘧霉胺(0.1)、吡丙醚(0.05)、乙烯利(0.05)、氟苯脲(0.05)

续表

项目		农药残留限量指标数目、种类和限量值
独有限量规定的农药项目(括号内为限量值,单位为 mg/kg)	中国 6 种	氯丙嘧啶酸(0.01)、丁硫克百威(0.05)、六六六(0.1)、噻菌灵(0.1)、氟噻虫砜(0.01)、咪唑乙烟酸(0.01)
	欧盟 376 种	1,1-二氯-2,2-二(4-乙苯基)乙烷(0.01)、1,2-二溴乙烷(0.01)、二氯乙烷(0.1)、1,3-二氯丙烯(0.02)、1,4-二甲基萘(1,4-DMN)(0.01)、1-甲基环丙烯(0.01)、1-萘基乙酰胺和 1-萘基乙酸(0.06)、2,4,5-涕(0.01)、2,5-二氯苯甲酸甲酯(2,5-二氯苯甲酸及其酯的总和,以 2,5-二氯苯甲酸甲酯计)(0.01)、由使用三氟磺隆得到的 2-氨基-4-甲氧基-6-(三氟甲基)-1,3,5-三嗪(AMTT)(0.01)、2-萘氧乙酸(0.01)、2-苯基苯酚(2-苯基苯酚及其共轭物的总和,以 2-苯基苯酚表示)(0.01)、3-癸烯-2-酮(0.1)、8-羟基喹啉(0.01)、阿灭丁(阿维菌素)(0.01)、乙酰甲胺磷(0.02)、灭螨醌(0.01)、乙草胺(0.01)、苯草醚(0.01)、氟丙菊酯和它的对映异构体(0.01)、甲草胺(0.01)、唑嘧菌胺(0.03)、酰嘧磺隆(0.03)、吲唑磺菌胺(0.01)、杀草强(0.01)、敌菌灵(0.01)、蒽醌(0.01)、杀螨特(0.01)、磺草灵(0.02)、莠去津(0.01)、印楝素(0.01)、四唑嘧磺隆(0.02)、益棉磷(0.01)、甲基谷硫磷(0.01)、三唑锡和三环锡(总和,以三环锡计)(0.01)、燕麦灵(0.01)、氟丁酰草胺(0.01)、苯霜灵(包括其他混和异构体及精苯霜灵及其异构体之和)(0.05)、氟草胺(0.02)、苄嘧磺隆(0.01)、排草丹(0.02)、苯噻菌胺(0.01)、氯化苯甲烃铵(0.1)、氟吡草酮(0.02)、甲羰除草醚(0.01)、联苯(0.01)、双草醚(0.01)、骨油(0.01)、溴敌隆(0.01)、溴离子(0.05)、乙基溴硫磷(0.01)、溴螨酯(0.01)、溴苯腈及其盐(以溴苯腈计)(0.05)、糠菌唑(0.02)、乙嘧磺酸酯(0.05)、丁乐灵(0.01)、丁草敌(0.01)、硫线磷(0.01)、毒杀芬(0.01)、敌菌丹(0.01)、克菌丹(0.09)、长杀草(0.01)、一氧化碳(0.01)、四氯化碳(0.01)、萎锈灵(0.03)、氟酮唑草(0.01)、杀螟丹(0.01)、氯酸钠(0.05)、氯杀螨(0.05)、氯草灵(0.01)、十氯酮(0.1)、溴虫腈(0.01)、杀螨酯(0.05)、杀螟威(0.01)、氯草敏(0.3)、乙酯杀螨醇(0.1)、氯化苦(0.01)、绿麦隆(0.05)、枯草隆(0.02)、氯磺隆(0.01)、氯酞酸二甲酯(0.01)、草克乐(0.01)、乙菌利(0.01)、环虫酰肼(0.01)、吲哚酮草酯(0.1)、烯草酮(0.2)、炔草酯和炔草酯 S-异构体及其盐(0.02)、异恶草酮(0.01)、二氯吡啶酸(0.08)、铜化合物(5)、蝇毒硫磷(0.01)、氰胺包括其盐(0.01)、氰霜唑(0.01)、环丙草酰胺(0.01)、环溴虫酰胺(0.01)、环氟菌胺(0.02)、氰氟草酯(0.01)、霜脲氰(0.01)、环唑醇(0.05)、茅草枯(0.01)、丁酰肼(0.06)、棉隆(0.01)、溴氰菊酯(0.03)、苯甲地那铵盐(0.01)、甜菜安(0.05)、燕麦敌(0.01)、2,4-滴丙酸(0.02)、禾草灵(0.05)、氯硝胺(0.01)、三氯杀螨醇(0.02)、二癸基二甲基氯化铵(0.1)、乙霉威(0.01)、吡氟草胺(0.02)、二氟乙酸(0.1)、二甲草胺(0.01)、二甲吩草胺(0.01)、烯酰吗啉及其异构体之和(0.01)、醚菌胺(0.03)、烯唑醇及其异构体之和(0.01)、

续表

项目		农药残留限量指标数目、种类和限量值
独有限量规定的农药项目(括号内为限量值,单位为 mg/kg)	欧盟 376 种	地乐酚(0.02)、特乐酚(0.01)、敌杀磷(异构体之和)(0.01)、乙拌磷(0.01)、二氰蒽醌(0.01)、二硫代氨基甲酸酯(0.05)、敌草隆(0.05)、二硝甲酚(0.02)、吗菌灵(0.01)、多果定(0.01)、氟环唑(0.01)、茵草敌(0.02)、乙丁烯氟灵(0.01)、甲基胺苯磺隆(0.01)、乙硫磷(0.01)、乙菌定(0.05)、乙氧呋草黄(0.03)、乙氧基喹 (0.05)、乙氧磺隆(0.01)、环氧乙烷(0.02)、乙螨唑(0.01)、土菌灵(0.05)、喹螨醚(0.01)、腈苯唑(0.05)、皮蝇磷(0.01)、环酰菌胺 (0.05)、精恶唑禾草灵(0.05)、苯氧威(0.01)、吡啶菌胺(0.01)、苯锈啶(S)(0.02)、胺苯吡菌酮(0.01)、唑螨酯(0.02)、倍硫磷(0.05)、三苯锡(0.02)、氟虫腈(0.005)、嘧啶磺隆(0.01)、氟啶虫酰胺(0.15)、双氟磺草胺(0.01)、氯氟吡啶酯(0.01)、精吡氟禾草灵(0.02)、氟啶胺(0.01)、氟环脲(0.01)、氟氰戊菊酯(0.01)、咯菌腈 (0.04)、氟噻草胺(0.05)、氟螨嗪(0.02)、氟甲喹(0.2)、氟节胺 (0.01)、伏草隆(0.005)、氟离子(1)、乙羧氟草醚(0.01)、氟嘧菌酯(0.02)、氟啶嘧磺隆(0.02)、氟喹唑 (0.01)、氟咯草酮(0.05)、氟草烟(0.01)、调嘧醇(0.01)、呋草酮(0.01)、氟噻唑菌腈(0.01)、氟酰胺(0.05)、氟胺氰菊酯(异构体之和)(0.05)、氟唑菌酰胺(0.02)、灭菌丹(0.05)、氟磺胺草醚(0.01)、甲酰胺磺隆(0.01)、氯吡脲(0.01)、伐虫脒(0.01)、安果(0.01)、乙磷铝(三乙膦酸铝)(0.5)、噻唑磷(0.01)、麦穗宁(0.01)、糠醛(1)、草甘膦(0.05)、双胍辛胺(0.05)、氟氯吡啶酯(0.02)、氯吡嘧磺隆(0.01)、吡氟氯禾灵(0.01)、六氯苯(0.005)、六氯环已烷(HCH,α-异构体)(0.01)、六氯环已烷(HCH,β-异构体)(0.01)、已唑醇(0.01)、氢氰酸(0.01)、恶霉灵(0.05)、抑霉唑(0.02)、甲咪唑烟酸(0.01)、灭草喹(0.05)、咪唑磺隆(0.02)、吲哚乙酸(0.1)、吲哚丁酸(0.1)、茚虫威(2)、碘甲磺隆(0.02)、碘苯腈(0.01)、种菌唑(0.01)、丙森锌(0.05)、稻瘟灵(0.01)、异丙隆(0.01)、异恶草胺(0.01)、异恶唑草酮(0.02)、乳氟草灵(0.01)、环草定(0.1)、利谷隆(0.01)、氯芬奴隆(组成异构体的任意比例)(0.08)、马拉硫磷(0.02)、抑芽丹(0.1)、甲氧基丙烯酸酯类杀菌剂(0.01)、双炔酰菌胺(0.01)、灭蚜磷(0.01)、二甲四氯丙酸(0.01)、氯氟醚菌唑(0.04)、嘧菌胺(0.01)、壮棉素(0.09)、灭锈胺(0.01)、消螨普(0.05)、汞化合物(0.01)、甲基二磺隆(0.02)、甲霜灵[包括组分异构体的其他混合物,包括甲霜灵-M(异构体总和)](0.01)、四聚乙醛(0.01)、苯嗪草酮(0.05)、吡草胺(0.05)、叶菌唑 (0.02)、噻唑隆(0.05)、虫螨畏(0.01)、甲硫威(0.05)、烯虫酯(0.05)、甲氧滴滴涕(0.01)、甲氧虫酰肼(0.01)、异丙甲草胺和精异丙甲草胺(0.01)、磺草唑胺(0.01)、嗪草酮(0.1)、甲磺隆(0.01)、速灭磷(0.01)、灭螨菌素(0.02)、草达灭(0.01)、久效磷(0.01)、灭草隆(0.01)、敌草胺(0.01)、烟嘧磺隆(0.02)、尼古丁(0.01)、除草醚(0.01)、氧化乐果(0.01)、磺酰脲(0.01)、黄草消(0.01)、

续表

项目		农药残留限量指标数目、种类和限量值
独有限量规定的农药项目(括号内为限量值,单位为 mg/kg)	欧盟 376 种	丙炔噁草酮(0.01)、恶草酮(0.05)、恶霜灵(0.01)、环氧嘧磺隆(0.01)、亚砜磷(0.01)、乙氧氟草醚(0.05)、多效唑(0.01)、石蜡油(0.01)、对硫磷(0.05)、甲基对硫磷(0.01)、戊菌隆(0.01)、五氟磺草胺(0.01)、乙酰胺(0.01)、石油(0.01)、甜菜宁(0.05)、苯醚菊酯(0.05)、稻丰散(0.01)、伏杀硫磷(0.01)、亚胺硫磷(0.1)、磷胺(0.01)、磷酸盐和磷化盐(0.01)、辛硫磷(0.02)、毒莠定(0.2)、氟吡酰草胺(0.02)、啶氧菌酯(0.01)、唑啉草酯(0.01)、抗蚜威(0.05)、腐霉利(0.01)、环苯草酮(0.01)、调环酸(0.01)、毒草安(0.02)、敌稗(0.01)、喔草酯(0.05)、苯胺灵(0.01)、甲基代森锌(0.01)、异丙草胺(0.01)、残杀威(0.05)、丙苯磺隆(0.05)、炔苯酰草胺(0.01)、丙氧喹啉(0.01)、苄草丹(0.01)、氟磺隆(0.02)、吡嗪酮(0.01)、吡草醚(0.02)、磺酰草吡唑(0.01)、吡菌磷(0.01)、除虫菊素(0.05)、哒螨灵(0.05)、啶虫丙醚(0.01)、哒草特(0.05)、甲氧苯啶菌(0.01)、甲氧磺草胺(0.01)、喹硫磷(0.01)、二氯喹啉酸(0.01)、氯甲喹啉酸(0.05)、灭藻醌(0.02)、五氯硝基苯(0.01)、喹禾灵包括精喹禾灵(0.1)、苄呋菊酯(0.02)、砜嘧磺隆(0.02)、鱼藤酮(0.01)、环苯吡菌胺(0.01)、硅噻菌胺(0.01)、西玛津(0.01)、杀雄啉(0.01)、乙基多杀菌素(0.01)、螺环菌胺(异构体之和)(0.03)、链霉素(0.5)、磺草酮(0.01)、磺酰磺隆(0.02)、硫酰氟(0.01)、5-硝基愈创木酚钠(邻硝基酚钠与对-硝基苯酚钠之和,以 5-硝基愈创木酚钠表示)(0.03)、戊唑醇(0.1)、吡螨胺(0.01)、四氧硝基苯(0.01)、七氟菊酯(0.05)、环磺酮(0.01)、特普(0.01)、吡喃草酮(0.1)、草净津(0.05)、氟醚唑(0.05)、四氯杀螨砜(0.05)、噻苯咪唑(0.1)、噻吩磺隆(0.01)、杀草丹(4-氯苄基甲基砜)(0.01)、硫双威(0.01)、甲基硫菌灵(0.05)、福美双(0.01)、甲基立枯磷(0.01)、甲苯氟磺胺(0.05)、苯吡唑草酮(0.01)、三甲苯草酮(0.01)、野燕畏(0.05)、醚苯磺隆(0.01)、三唑磷(0.01)、唑菌嗪(0.01)、苯磺隆(0.01)、敌百虫(0.01)、绿草定(0.06)、三环唑(0.01)、十三吗啉(0.01)、肟菌酯(0.04)、三氟苯嘧啶(0.01)、氟菌唑(0.01)、杀虫隆(0.01)、氟乐灵(0.01)、三甲基硫阳离子(0.2)、抗倒酯(0.01)、灭菌唑(0.01)、三氟甲磺隆(0.01)、维芬乐特(0.01)、乙烯菌核利(0.01)、杀鼠灵(0.01)、福美锌(0.01)、苯酰菌胺(0.01)
其他项目(括号内为限量值,单位为 mg/kg)	中国 2 种	艾氏剂(0.2)、狄氏剂(0.2)
	欧盟 1 种	艾氏剂与狄氏剂之和(0.2)

③美国

美国对牛肉共规定了161种农药的残留限量，有68种与中国规定的农药种类一致。其中，相同种类农药中，有噻嗪酮、噻虫嗪、丙溴磷等12种农药的MRLs相同，双甲脒、嘧菌酯、苯并烯氟菌唑等32种农药的MRLs比中国更严格，甲基毒死蜱、敌敌畏、乙烯利等24种农药的MRLs比中国宽松。涕灭威、艾氏剂、联苯三唑醇等61种农药的MRLs是中国制定而美国未制定，乙酰甲胺磷、乙草胺、甲草胺、氨唑草酮等93种农药的MRLs是美国制定而中国未制定，具体见表3-55。

表3-55 中国与美国牛肉中农药残留限量值差异情况

项目		农药残留限量指标数目、种类和限量值
有限量规定的农药种类总量	中国	129种
	美国	161种
美国与中国一致的项目12种（括号内为限量值，单位为mg/kg）		氯丙嘧啶酸(0.01)、噻嗪酮(0.05)、矮状素(0.2)、四螨嗪(0.05)、二苯胺(0.01)、敌草快(0.05)、咪唑烟酸(0.05)、2甲4氯(钠)(0.1)、丙溴磷(0.05)、炔螨特(0.1)、噻菌灵(0.1)、噻虫嗪(0.02)
规定严于中国的项目32种（括号内为限量值，单位为mg/kg）	中国	啶虫脒(啶虫清)(0.5)、氯氨吡啶酸(0.1)、双甲脒(0.05)、嘧菌酯(0.05)、苯并烯氟菌唑(0.03)、联苯肼酯(0.05)、联苯菊酯(3)、啶酰菌胺(0.7)、氯虫苯甲酰胺(0.2)、氯苯胺灵(0.1)、毒死蜱(1)、溴氰虫酰胺(0.2)、氟氯氰菊酯和高效氟氯氰菊酯(0.2)、氯氰菊酯和高效氯氰菊酯(2)、灭蝇胺(0.3)、苯醚甲环唑(0.2)、除虫脲(0.1)、呋虫胺(0.1)、醚菊酯(0.5)、氟苯虫酰胺(2)、氟吡菌酰胺(1.5)、氟吡呋喃酮(1.5)、二甲戊灵(0.2)、吡噻菌胺(0.04)、氯菊酯(1)、吡唑醚菌酯(0.5)、嘧霉胺(0.05)、多杀霉素(3)、螺甲螨酯(0.15)、螺虫乙酯(0.05)、噻虫啉(0.1)、联苯吡菌胺(2)
	美国	啶虫脒(啶虫清)(0.3)、氯氨吡啶酸(0.02)、双甲脒(0.02)、嘧菌酯(0.01)、苯并烯氟菌唑(0.01)、联苯肼酯(0.02)、联苯菊酯(0.5)、啶酰菌胺(0.1)、氯虫苯甲酰胺(0.1)、氯苯胺灵(0.06)、毒死蜱(0.05)、溴氰虫酰胺(0.1)、氟氯氰菊酯和高效氟氯氰菊酯(0.1)、氯氰菊酯和高效氯氰菊酯(0.2)、灭蝇胺(0.05)、苯醚甲环唑(0.05)、除虫脲(0.05)、呋虫胺(0.05)、醚菊酯(0.4)、氟苯虫酰胺(0.08)、氟吡菌酰胺(0.8)、氟吡呋喃酮(0.3)、二甲戊灵(0.1)、吡噻菌胺(0.03)、氯菊酯(0.1)、吡唑醚菌酯(0.1)、嘧霉胺(0.01)、多杀霉素(2)、螺甲螨酯(0.02)、螺虫乙酯(0.02)、噻虫啉(0.03)、联苯吡菌胺(0.08)

续表

<table>
<tr><th colspan="2">项目</th><th>农药残留限量指标数目、种类和限量值</th></tr>
<tr><td rowspan="2">规定宽于中国的项目 24 种(括号内为限量值,单位为 mg/kg)</td><td>中国</td><td>2,4 滴和 2,4-滴钠盐(0.2)、甲萘威(0.05)、百菌清(0.02)、甲基毒死蜱(0.1)、氯氟氰菊酯和高效氯氟氰菊酯(0.05)、麦草畏(0.03)、敌敌畏(0.01)、氰戊菊酯和 S-氰戊菊酯(1)、乙烯利(0.01)、咪唑菌酮(0.01)、苯丁锡(0.05)、甲氰菊酯(0.01)、氟虫脲(0.05)、草铵膦(0.05)、吡虫啉(0.1)、腈菌唑(0.01)、百草枯(0.005)、丙环唑(0.01)、丙硫菌唑(0.01)、苯嘧磺草胺(0.01)、螺螨酯(0.01)、氟啶虫胺腈(0.3)、虫酰肼(0.05)、粉唑醇(0.02)</td></tr>
<tr><td>美国</td><td>2,4 滴和 2,4-滴钠盐(0.3)、甲萘威(1)、百菌清(0.03)、甲基毒死蜱(0.5)、氯氟氰菊酯和高效氯氟氰菊酯(0.2)、麦草畏(0.25)、敌敌畏(0.02)、氰戊菊酯和 S-氰戊菊酯(1.5)、乙烯利(0.02)、咪唑菌酮(0.1)、苯丁锡(0.5)、甲氰菊酯(0.1)、氟虫脲(0.1)、草铵膦(0.15)、吡虫啉(0.3)、腈菌唑(0.1)、百草枯(0.05)、丙环唑(0.05)、丙硫菌唑(0.02)、苯嘧磺草胺(0.02)、螺螨酯(0.02)、氟啶虫胺腈(0.4)、虫酰肼(0.08)、粉唑醇(0.05)</td></tr>
<tr><td rowspan="2">独有限量规定的农药项目(括号内为限量值,单位为 mg/kg)</td><td>中国 61 种</td><td>涕灭威(0.01)、艾氏剂(0.2)、联苯三唑醇(0.05)、多菌灵(0.05)、克百威(0.05)、丁硫克百威(0.05)、氯丹(0.05)、噻虫胺(0.02)、噻草酮(0.06)、嘧菌环胺(0.01)、滴滴涕(0.2)、二嗪磷(2)、狄氏剂(0.2)、噻节因(0.01)、乐果(0.05)、甲氨基阿维菌素苯甲酸盐(0.004)、硫丹(0.2)、异狄氏剂(0.1)、灭线磷(0.01)、噁唑菌酮(0.5)、苯线磷(0.01)、氯苯嘧啶醇(0.02)、杀螟硫磷(0.05)、丁苯吗啉(0.02)、氟吡菌胺(0.01)、氟硅唑(1)、六六六(0.1)、七氯(0.2)、噻螨酮(0.05)、吡唑萘菌胺(0.01)、醚菌酯(0.05)、林丹(0.1)、氰氟虫腙(0.02)、甲胺磷(0.01)、杀扑磷(0.02)、灭多威(0.02)、苯菌酮(0.01)、氟酰脲(10)、杀线威(0.02)、甲拌磷(0.02)、甲基嘧啶磷(0.01)、咪鲜胺和咪鲜胺锰盐(0.5)、霜霉威和霜霉威盐酸盐(0.01)、吡丙醚(0.01)、喹氧灵(0.2)、特丁硫磷(0.05)、三唑酮(0.02)、三唑醇(0.02)、嗪氨灵(0.01)、活化酯(0.02)、丁氟螨酯(0.01)、敌草腈(0.01)、氟噻虫砜(0.01)、丙炔氟草胺(0.02)、甲氧咪草烟(0.01)、咪唑乙烟酸(0.01)、异丙噻菌胺(0.02)、硝磺草酮(0.01)、氟噻唑吡乙酮(0.01)、戊菌唑(0.05)、氟苯脲(0.01)</td></tr>
<tr><td>美国 93 种</td><td>2,6-二异丙基萘(0.02)、乙酰甲胺磷(0.1)、乙草胺(0.02)、甲草胺(0.02)、氨唑草酮(0.01)、磺草灵(0.05)、莠去津(0.02)、阿维菌素 B1 及其 delta-8,9-异构体(0.02)、灭草松(0.05)、溴草腈(0.5)、克菌丹(0.2)、萎锈灵(0.05)、唑草酮(0.1)、氯磺隆(0.3)、烯草酮(0.2)、二氯吡啶酸(1)、蝇毒磷(1)、环丙草酰胺(0.02)、环溴虫酰胺(0.01)、溴氰菊酯(0.02)、敌草隆(1)、依马菌素(0.003)、茵多杀(0.05)、乙氧呋草黄(0.05)、恶唑禾草灵(0.05)、唑螨酯(0.03)、氟虫腈(0.04)、氟啶虫酰胺(0.08)、</td></tr>
</table>

续表

项目		农药残留限量指标数目、种类和限量值
独有限量规定的农药项目(括号内为限量值,单位为 mg/kg)	美国93种	精吡氟禾草灵(0.05)、氟酮磺隆(0.01)、咯菌腈(0.01)、氟嘧菌酯(0.05)、氟啶草酮(0.05)、氯氟吡氧乙酸(0.1)、氟酰胺(0.05)、氟唑菌酰胺(0.01)、氯吡嘧磺隆(0.05)、环嗪酮(0.5)、抑霉唑(0.01)、甲咪唑烟酸(0.1)、茚虫威(0.05)、异菌脲(0.5)、利谷隆(0.1)、马拉硫磷(4)、甲芬特氟康唑(0.03)、甲霜灵(0.05)、甲氧虫酰肼(0.02)、异丙甲草胺(0.02)、赛克津(0.7)、甲磺隆(0.1)、烟嘧磺隆(0.01)、氟草敏(0.1)、双苯氟脲(0.6)、亚砜吸磷(0.01)、乙氧氟草醚(0.01)、亚胺硫磷(0.1)、毒莠定(0.4)、啶氧菌酯(0.01)、唑啉草酯(0.04)、增效醚(0.1)、甲基氟嘧黄隆(0.1)、扑草胺(0.02)、敌稗(0.05)、丙苯磺隆(0.05)、炔苯酰草胺(0.02)、吡地氟美托芬(0.01)、吡草醚(0.03)、磺酰草吡唑(0.02)、杀草敏(0.1)、除虫菊酯(0.05)、哒螨灵(0.05)、二氯喹啉酸(0.05)、喹禾灵(0.02)、西禾定(0.2)、西玛津(0.03)、乙基多杀菌素(0.2)、磺酰磺隆(0.01)、特丁隆(1)、杀虫畏(2)、氟醚唑(0.02)、噻苯隆(0.4)、噻酮磺隆(0.02)、杀草丹(0.2)、唑虫酰胺(0.01)、醚苯磺隆(0.1)、脱叶磷(0.02)、敌百虫(0.2)、绿草定(0.1)、肟菌酯(0.1)、抗倒酯(0.02)、毒菌锡(0.5)、氟唑菌酰羟胺(0.01)、氯氟醚菌唑(0.15)

④日本

日本对牛肉共规定了286种农药的残留限量,有103种与中国规定的农药种类一致。其中,相同种类农药中,有氯丙嘧啶酸、嘧菌酯、联苯菊酯、联苯三唑醇、噻嗪酮等61种农药的MRLs相同;啶虫脒(啶虫清)、氯氨吡啶酸、苯并烯氟菌唑、联苯肼酯等25种农药的MRLs比中国更严格;氯丹、矮状素、咪唑菌酮等17种农药的MRLs比中国宽松。敌草腈、氟虫脲、丙炔氟草胺、甲氧咪草烟、咪唑乙烟酸、硝磺草酮等22种农药的MRLs是中国制定而日本未制定,茅草枯、2,4-滴丁酸、2,6-二异丙基萘、乙酰甲胺磷等180种农药的MRLs是日本制定而中国未制定。另外,中国对艾氏剂、狄氏剂、敌敌畏、多菌灵分别制定了相应的限量;而日本是对艾氏剂与狄氏剂之和,敌敌畏和二溴磷之和,多菌灵、硫菌灵、甲基硫菌灵和苯菌灵之和制定了限量。中国与日本牛肉中农药残留限量值差异情况具体见表3-56。

表3-56 中国与日本牛肉中农药残留限量值差异情况

项目		农药残留限量指标数目、种类和限量值
有限量规定的农药种类总量	中国	129种
	日本	286种

续表

项目		农药残留限量指标数目、种类和限量值
日本与中国一致的项目61种(括号内为限量值,单位为 mg/kg)		2,4滴和2,4-滴钠盐(0.2)、氯丙嘧啶酸(0.01)、嘧菌酯(0.05)、联苯菊酯(3)、联苯三唑醇(0.05)、噻嗪酮(0.05)、氯虫苯甲酰胺(0.2)、百菌清(0.02)、四螨嗪(0.05)、噻虫胺(0.02)、嘧菌环胺(0.01)、麦草畏(0.03)、苯醚甲环唑(0.2)、除虫脲(0.1)、噻节因(0.01)、乐果(0.05)、呋虫胺(0.1)、二苯胺(0.01)、噁唑菌酮(0.5)、苯线磷(0.01)、氯苯嘧啶醇(0.02)、苯丁锡(0.05)、杀螟硫磷(0.05)、丁苯吗啉(0.02)、氟苯虫酰胺(2)、氟吡菌胺(0.01)、草铵膦(0.05)、噻螨酮(0.05)、咪唑烟酸(0.05)、醚菌酯(0.05)、氰氟虫腙(0.02)、甲胺磷(0.01)、杀扑磷(0.02)、苯菌酮(0.01)、杀线威(0.02)、吡噻菌胺(0.04)、氯菊酯(1)、甲基嘧啶磷(0.01)、丙溴磷(0.05)、霜霉威和霜霉威盐酸盐(0.01)、炔螨特(0.1)、丙硫菌唑(0.01)、吡唑醚菌酯(0.5)、嘧霉胺(0.05)、吡丙醚(0.01)、螺虫乙酯(0.05)、氟啶虫胺腈(0.3)、虫酰肼(0.05)、特丁硫磷(0.05)、噻虫啉(0.1)、噻虫嗪(0.02)、嗪氨灵(0.01)、活化酯(0.02)、联苯吡菌胺(2)、溴氰虫酰胺(0.2)、丁氟螨酯(0.01)、氟噻虫砜(0.01)、异丙噻菌胺(0.02)、戊菌唑(0.05)、氟苯脲(0.01)、甲萘威(0.05)
规定严于中国的项目25种(括号内为限量值,单位为 mg/kg)	中国	啶虫脒(啶虫清)(0.5)、氯氨吡啶酸(0.1)、苯并烯氟菌唑(0.03)、联苯肼酯(0.05)、啶酰菌胺(0.7)、氯苯胺灵(0.1)、毒死蜱(1)、甲基毒死蜱(0.1)、硫丹(0.2)、异狄氏剂(0.2)、醚菊酯(0.5)、氟硅唑(1)、七氯(0.2)、林丹(0.1)、2甲4氯(钠)(0.1)、氟酰脲(10)、咪鲜胺和咪鲜胺锰盐(0.5)、喹氧灵(0.2)、多杀霉素(3)、氟吡菌酰胺(1.5)、氟吡呋喃酮(1.5)、螺甲螨酯(0.15)、克百威(0.05)、丁硫克百威(0.05)、敌草快(0.05)
	日本	啶虫脒(啶虫清)(0.1)、氯氨吡啶酸(0.02)、苯并烯氟菌唑(0.01)、联苯肼酯(0.01)、啶酰菌胺(0.2)、氯苯胺灵(0.01)、毒死蜱(0.5)、甲基毒死蜱(0.05)、硫丹(0.1)、异狄氏剂(0.05)、醚菊酯(0.2)、氟硅唑(0.1)、七氯(0.01)、林丹(0.02)、2甲4氯(钠)(0.08)、氟酰脲(0.7)、咪鲜胺和咪鲜胺锰盐(0.1)、喹氧灵(0.01)、多杀霉素(2)、氟吡菌酰胺(0.8)、氟吡呋喃酮(0.3)、螺甲螨酯(0.02)、克百威(0.01)、丁硫克百威(0.01)、敌草快(0.01)
规定宽于中国的项目17种(括号内为限量值,单位为 mg/kg)	中国	氯丹(0.05)、矮状素(0.2)、咪唑菌酮(0.01)、吡虫啉(0.1)、吡唑萘菌胺(0.01)、百草枯(0.005)、甲拌磷(0.02)、丙环唑(0.01)、苯嘧磺草胺(0.01)、螺螨酯(0.01)、三唑酮(0.02)、三唑醇(0.02)、乙烯利(0.01)、甲氰菊酯(0.01)、粉唑醇(0.02)、腈菌唑(0.01)、滴滴涕(0.2)
	日本	氯丹(0.08)、矮状素(0.3)、咪唑菌酮(0.1)、吡虫啉(0.3)、吡唑萘菌胺(0.03)、百草枯(0.05)、甲拌磷(0.05)、丙环唑(0.05)、苯嘧磺草胺(0.02)、螺螨酯(0.02)、三唑酮(0.05)、三唑醇(0.05)、乙烯利(0.1)、甲氰菊酯(0.1)、粉唑醇(0.05)、腈菌唑(0.03)、滴滴涕(1)

续表

项目		农药残留限量指标数目、种类和限量值
独有限量规定的农药项目(括号内为限量值,单位为 mg/kg)	中国 22 种	敌草腈(0.01)、氟虫脲(0.05)、丙炔氟草胺(0.02)、甲氧咪草烟(0.01)、咪唑乙烟酸(0.01)、硝磺草酮(0.01)、氟噻唑吡乙酮(0.01)、二甲戊灵(0.2)、涕灭威(0.01)、双甲脒(0.05)、噻草酮(0.06)、氟氯氰菊酯和高效氟氯氰菊酯(0.2)、氯氟氰菊酯和高效氯氟氰菊酯(0.05)、氯氰菊酯和高效氯氰菊酯(2)、灭蝇胺(0.3)、二嗪磷(2)、甲氨基阿维菌素苯甲酸盐(0.004)、灭线磷(0.01)、氰戊菊酯和 S-氰戊菊酯(1)、六六六(0.1)、灭多威(0.02)、噻菌灵(0.1)
	日本 180 种	茅草枯(0.01)、2,4-滴丁酸(0.2)、2,6-二异丙基萘(1)、乙酰甲胺磷(0.05)、甲草胺(0.02)、脂肪醇聚氧乙烯醚(0.01)、烯丙菊酯(0.04)、磺草灵(0.05)、莠去津(0.02)、苯霜灵(0.5)、恶虫威(0.05)、丙硫克百威(0.01)、灭草松(0.05)、苯并吡喃(0.01)、生物苄呋菊酯(0.5)、溴鼠隆(0.0005)、溴(50)、溴螨酯(0.05)、溴苯腈(0.07)、氟丙嘧草酯(0.01)、丁氧环酮(0.01)、克菌丹(0.01)、卡草胺(0.01)、萎锈灵(0.05)、唑草酮(0.08)、虫螨腈(0.01)、毒虫畏(0.2)、氟啶脲(0.02)、地茂散(0.01)、氯磺隆(0.2)、氯酞酸二甲酯(0.05)、烯草酮(0.2)、炔草酸(0.01)、炔草酯(0.05)、克球酚(0.2)、二氯吡啶酸(0.4)、解毒喹(0.1)、环丙酸酰胺(0.05)、环唑醇(0.03)、四溴菊酯和溴氰菊酯(0.5)、丁醚脲(0.02)、禾草灵(0.05)、三氯杀螨醇(0.3)、野燕枯(0.05)、二甲噻草胺(0.01)、烯酰吗啉(0.01)、地乐酚(0.01)、乙拌磷(0.02)、二氰蒽醌(0.01)、二硫代氨基甲酸盐类(0.05)、敌草隆(0.6)、氟环唑(0.01)、茵草敌(0.1)、甲基胺苯磺隆(0.02)、乙硫磷(1)、乙氧呋草黄(0.5)、乙氧喹啉(0.5)、二氯乙烷(0.1)、乙螨唑(0.05)、土菌灵(0.1)、腈苯唑(0.01)、环酰菌胺(0.05)、仲丁威(0.01)、恶唑禾草灵(0.05)、唑螨酯(0.1)、三苯基氢氧化锡(0.05)、氟虫腈(0.5)、麦草伏-甲酯(0.01)、氟啶虫酰胺(0.2)、氯氟吡啶酯(0.01)、吡氟禾草灵(0.04)、氟啶胺(0.01)、氟氰戊菊酯(0.05)、咯菌腈(0.01)、唑嘧磺草胺(0.1)、氟胺草酯(0.01)、氟吡林(0.01)、氟喹唑(0.2)、氯氟吡氧乙酸(0.08)、氟酰胺(0.05)、氟唑菌酰胺(0.2)、乙膦酸(1)、呋喃硫威(0.01)、草甘膦(0.05)、盖草能(0.02)、六氯苯(0.2)、环嗪酮(0.5)、磷化氢(0.01)、抑霉唑(0.02)、氨基咪草啶酸(0.03)、甲咪唑烟酸(0.1)、咪唑乙烟酸铵(0.1)、茚虫威(1)、碘甲磺隆(0.01)、异丙菌喹啉(0.01)、异菌脲(0.2)、稻瘟灵(0.02)、异恶唑草酮(0.01)、利谷隆(0.5)、2 甲 4 氯丁酸(0.05)、二甲四氯丙酸(0.05)、氯氟醚菌唑(0.03)、甲哌啶(0.09)、甲基二磺隆(0.01)、甲霜灵和精甲霜灵(0.05)、烯虫酯(0.1)、甲氧滴滴涕(2)、甲氧虫酰肼(0.2)、磺草唑胺(0.01)、嗪草酮(0.4)、甲磺隆(0.1)、氟草敏(达草灭)(0.1)、氧乐果(0.05)、解草腈(0.01)、亚砜吸磷(亚砜磷)(0.01)、乙氧氟草醚(0.01)、对硫磷(0.05)、甲基对硫磷(0.05)、苯醚菊酯(0.01)、亚胺硫磷(0.2)、

续表

项目		农药残留限量指标数目、种类和限量值
独有限量规定的农药项目(括号内为限量值,单位为mg/kg)	日本180种	氨氯吡啶酸(0.1)、啶氧菌酯(0.02)、杀鼠酮(0.001)、唑啉草酯(0.05)、增效醚(2)、抗蚜威(0.05)、腐霉利(0.01)、调环酸钙盐(0.01)、敌稗(0.01)、喔草酯(0.02)、残杀威(0.02)、丙苯磺隆(0.05)、氟磺隆(0.05)、氟唑菌酰羟胺(0.01)、吡蚜酮(0.01)、磺酰草吡唑(0.02)、除虫菊素(0.1)、哒螨灵(0.05)、哒草特(0.2)、嘧草硫磷(0.01)、二氯喹啉酸(快杀稗)(0.05)、五氯硝基苯(0.01)、喹禾灵及喹禾糠酯(0.02)、苄呋菊酯(0.1)、环苯吡菌胺(0.01)、烯禾啶(0.01)、硅白灵(1)、西玛津(0.02)、乙基多杀菌素(0.2)、甚孢菌素(0.05)、磺酰磺隆(0.005)、戊唑醇(0.05)、特丁赛草隆(特丁隆)(0.01)、四氯硝基苯(0.05)、七氟菊酯(0.001)、双硫磷(0.01)、得杀草(吡喃草酮)(0.2)、特丁净(0.01)、氟醚唑(0.01)、噻苯隆(0.4)、噻吩磺隆(0.01)、噻呋酰胺(0.05)、禾草丹(0.01)、硫双威和灭多虫(0.02)、野麦畏(0.1)、醚苯磺隆(0.08)、苯磺隆(0.01)、脱叶磷(0.02)、敌百虫(0.1)、绿草定(0.05)、十三吗啉(0.05)、肟菌酯(0.05)、三氟啶磺隆(0.01)、氟菌唑(0.03)、杀铃脲(0.05)、灭菌唑(0.05)、乙烯菌核利(0.05)、杀鼠灵(0.001)、氟虫啶胺(0.01)、苯嘧虫噁烷(0.01)
其他项目(括号内为限量值,单位为mg/kg)	中国4种	艾氏剂(0.2)、狄氏剂(0.2)、敌敌畏(0.01)、多菌灵(0.05)
	日本3种	艾氏剂与狄氏剂之和(0.01),敌敌畏与二溴磷之和(0.05),菌灵、硫菌灵、甲基硫菌灵和苯菌灵之和(0.1)

⑤澳大利亚

澳大利亚对牛肉共规定了204种农药的残留限量,有52种与中国规定的农药种类一致。其中,相同种类农药中,有矮状素、四螨嗪、嘧菌环胺等21种农药的MRLs相同,灭蝇胺、苯醚甲环唑、呋虫胺、吡虫啉等16种农药的MRLs比中国更严格,双甲脒、多菌灵、麦草畏、草铵膦等15种农药的MRLs比中国宽松。联苯吡菌胺、溴氰虫酰胺、丁氟螨酯、敌草腈、甲氰菊酯、氟虫脲等77种农药的MRLs是中国制定而澳大利亚未制定,唑嘧菌胺、莠灭净、氨唑草酮等152种农药的MRLs是澳大利亚制定而中国未制定,具体见表3-57。

表 3-57　中国与澳大利亚牛肉中农药残留限量值差异

<table>
<tr><td colspan="2">项目</td><td>农药残留限量指标数目、种类和限量值</td></tr>
<tr><td rowspan="2">有限量规定的农药种类总量</td><td>中国</td><td>129 种</td></tr>
<tr><td>澳大利亚</td><td>204 种</td></tr>
<tr><td colspan="2">澳大利亚与中国一致的项目 21 种(括号内为限量值,单位为 mg/kg)</td><td>2,4 滴和 2,4-滴钠盐(0.2)、克百威(0.05)、丁硫克百威(0.05)、矮状素(0.2)、四螨嗪(0.05)、嘧菌环胺(0.01)、敌敌畏(0.01)、乐果(0.05)、敌草快(0.05)、杀螟硫磷(0.05)、醚菌酯(0.05)、甲胺磷(0.01)、杀线威(0.02)、丙溴磷(0.05)、霜霉威和霜霉威盐酸盐(0.01)、嘧霉胺(0.05)、苯嘧磺草胺(0.01)、特丁硫磷(0.05)、活化酯(0.02)、氟噻虫砜(0.01)、腈菌唑(0.01)</td></tr>
<tr><td rowspan="2">规定严于中国的项目 16 种(括号内为限量值,单位为 mg/kg)</td><td>中国</td><td>啶虫脒(啶虫清)(0.5)、氯氨吡啶酸(0.1)、氟氯氰菊酯和高效氟氯氰菊酯(0.2)、氯氰菊酯和高效氯氰菊酯(2)、灭蝇胺(0.3)、苯醚甲环唑(0.2)、呋虫胺(0.1)、吡虫啉(0.1)、2 甲 4 氯(钠)(0.1)、吡噻菌胺(0.04)、螺虫乙酯(0.05)、氟啶虫胺腈(0.3)、噻虫啉(0.1)、三唑醇(0.02)、丙炔氟草胺(0.02)、二甲戊灵(0.2)</td></tr>
<tr><td>澳大利亚</td><td>啶虫脒(啶虫清)(0.01)、氯氨吡啶酸(0.01)、氟氯氰菊酯和高效氟氯氰菊酯(0.02)、氯氰菊酯和高效氯氰菊酯(0.5)、灭蝇胺(0.05)、苯醚甲环唑(0.05)、呋虫胺(0.02)、吡虫啉(0.05)、2 甲 4 氯(钠)(0.05)、吡噻菌胺(0.01)、螺虫乙酯(0.02)、氟啶虫胺腈(0.2)、噻虫啉(0.02)、三唑醇(0.01)、丙炔氟草胺(0.01)、二甲戊灵(0.01)</td></tr>
<tr><td rowspan="2">规定宽于中国的项目 15 种(括号内为限量值,单位为 mg/kg)</td><td>中国</td><td>双甲脒(0.05)、多菌灵(0.05)、麦草畏(0.03)、草铵膦(0.05)、灭多威(0.02)、百草枯(0.005)、甲拌磷(0.02)、甲基嘧啶磷(0.01)、丙环唑(0.01)、三唑酮(0.02)、乙烯利(0.01)、粉唑醇(0.02)、甲氧咪草烟(0.01)、咪唑乙烟酸(0.01)、甲萘威(0.05)</td></tr>
<tr><td>澳大利亚</td><td>双甲脒(0.1)、多菌灵(0.2)、麦草畏(0.05)、草铵膦(0.1)、灭多威(0.05)、百草枯(0.05)、甲拌磷(0.05)、甲基嘧啶磷(0.05)、丙环唑(0.1)、三唑酮(0.05)、乙烯利(0.1)、粉唑醇(0.05)、甲氧咪草烟(0.05)、咪唑乙烟酸(0.1)、甲萘威(0.07)</td></tr>
</table>

续表

<table>
<tr><th colspan="2">项目</th><th>农药残留限量指标数目、种类和限量值</th></tr>
<tr><td rowspan="2">独有限量规定的农药项目(括号内为限量值,单位为 mg/kg)</td><td>中国
77 种</td><td>联苯吡菌胺(2)、溴氰虫酰胺(0.2)、丁氟螨酯(0.01)、敌草腈(0.01)、甲氰菊酯(0.01)、氟虫脲(0.05)、氟吡菌酰胺(1.5)、氟吡呋喃酮(1.5)、异丙噻菌胺(0.02)、硝磺草酮(0.01)、氟噻唑吡乙酮(0.01)、戊菌唑(0.05)、螺甲螨酯(0.15)、氟苯脲(0.01)、涕灭威(0.01)、艾氏剂(0.2)、氯丙嘧啶酸(0.01)、嘧菌酯(0.05)、苯并烯氟菌唑(0.03)、联苯肼酯(0.05)、联苯菊酯(3)、联苯三唑醇(0.05)、啶酰菌胺(0.7)、噻嗪酮(0.05)、氯虫苯甲酰胺(0.2)、氯丹(0.05)、百菌清(0.02)、氯苯胺灵(0.1)、毒死蜱(1)、甲基毒死蜱(0.1)、噻虫胺(0.02)、噻草酮(0.06)、氯氟氰菊酯和高效氯氟氰菊酯(0.05)、滴滴涕(0.2)、二嗪磷(2)、狄氏剂(0.2)、除虫脲(0.1)、噻节因(0.01)、二苯胺(0.01)、甲氨基阿维菌素苯甲酸盐(0.004)、硫丹(0.2)、异狄氏剂(0.1)、灭线磷(0.01)、醚菊酯(0.5)、噁唑菌酮(0.5)、咪唑菌酮(0.01)、苯线磷(0.01)、氯苯嘧啶醇(0.02)、苯丁锡(0.05)、丁苯吗啉(0.02)、氰戊菊酯和 S-氰戊菊酯(1)、氟苯虫酰胺(2)、氟吡菌胺(0.01)、氟硅唑(1)、六六六(0.1)、七氯(0.2)、噻螨酮(0.05)、咪唑烟酸(0.05)、吡唑萘菌胺(0.01)、林丹(0.1)、氰氟虫腙(0.02)、杀扑磷(0.02)、苯菌酮(0.01)、氟酰脲(10)、氯菊酯(1)、咪鲜胺和咪鲜胺锰盐(0.5)、炔螨特(0.1)、丙硫菌唑(0.01)、吡唑醚菌酯(0.5)、吡丙醚(0.01)、喹氧灵(0.2)、多杀霉素(3)、螺螨酯(0.01)、虫酰肼(0.05)、噻菌灵(0.1)、噻虫嗪(0.02)、嗪氨灵(0.01)</td></tr>
<tr><td>澳大利亚
152 种</td><td>2,2-二氯丙酸 2,2-DPA(0.2)、2,4-滴丁酸(0.2)、阿灭丁(阿维菌素)(0.005)、三氟羧草醚(0.01)、脂肪醇聚氧乙烯醚(0.1)、唑嘧菌胺(0.02)、莠灭净(0.05)、氨唑草酮(0.01)、吲唑磺菌胺(0.01)、杀草强(0.01)、磺草灵(0.1)、莠去津(0.01)、阿维菌素 B1(0.005)、甲基吡啶磷(0.05)、四唑嘧磺隆(0.02)、甲基谷硫磷(0.05)、恶虫威(0.1)、苯菌灵(0.2)、灭草松(0.05)、氟吡草酮(0.02)、除草定(0.04)、氟丙嘧草酯(0.01)、丁氧环酮(0.01)、克菌丹(0.05)、卡草胺(0.05)、唑草酮(0.05)、杀螟威(0.2)、氯磺隆(0.05)、二甲基敌草索(0.05)、环庚草醚(0.01)、烯草酮(0.05)、炔草酸(0.1)、炔草酯(0.05)、异恶草酮(0.03)、二氯吡啶酸(0.1)、解毒酸(0.1)、解毒喹(0.1)、氰霜唑(0.01)、环丙烯胺酸(0.05)、环溴虫酰胺(0.01)、环唑醇(0.03)、溴氰菊酯(0.5)、精滴丙酸(0.02)、禾草灵(0.05)、二甲吩草胺-P(0.01)、烯酰吗啉(0.01)、二硫代氨基甲酸酯(0.5)、敌草隆(0.1)、茵草敌(0.1)、乙硫磷(2.5)、乙氧基喹(0.5)、乙氧磺隆(0.05)、腈苯唑(0.01)、恶唑禾草灵(0.05)、胺苯吡菌酮(0.01)、麦草氟甲酯(0.01)、高效麦草伏甲酯(0.01)、氟啶虫酰胺(0.02)、双氟磺草胺(0.01)、精吡氟禾草灵(0.05)、咯菌腈(0.05)、唑嘧磺草胺(0.1)、氟胺草酯(0.01)、氟雷拉纳(0.07)、</td></tr>
</table>

续表

项目		农药残留限量指标数目、种类和限量值
独有限量规定的农药项目(括号内为限量值,单位为 mg/kg)	澳大利亚152种	呋线威(0.05)、草甘膦(0.1)、氟氯吡啶酯(0.01)、氯吡嘧磺隆(0.01)、环嗪酮(0.1)、种菌唑(0.01)、异菌脲(0.1)、异恶酰草胺(0.01)、异恶唑草酮(0.05)、利谷隆(0.05)、代森锰锌(0.5)、2-甲-4-氯丁酸(0.05)、吡唑解草酯(0.05)、助壮素(0.1)、甲基二磺隆(0.01)、甲霜灵(0.05)、精甲霜灵(0.05)、吡草胺(0.05)、威百亩(0.5)、威百亩钠(0.5)、代森联(0.5)、异丙甲草胺(0.05)、磺草唑胺(0.01)、嗪草酮(0.05)、甲磺隆(0.1)、速灭磷(0.05)、敌草胺(0.08)、氯硝柳胺(0.01)、氧乐果(0.05)、解草腈(0.1)、甜菜宁(0.1)、亚胺硫磷(1)、亚磷酸(1)、毒莠定(0.05)、唑啉草酯(0.02)、增效醚(0.1)、抗蚜威(0.1)、环苯草酮(0.05)、调环酸钙盐(0.05)、扑草净(0.05)、敌稗(0.1)、喔草酯(0.02)、甲基代森锌(0.5)、炔苯酰草胺(0.05)、丙氧喹啉(0.01)、苄草丹(0.02)、氟唑菌酰羟胺(0.01)、吡蚜酮(0.01)、吡草醚(0.02)、磺酰草吡唑(0.01)、达草特(0.2)、甲氧苯啶菌(0.01)、嘧草硫醚(0.02)、罗克杀草砜(0.02)、甲氧磺草胺(0.01)、喹禾灵(0.02)、喹禾糠酯(0.02)、环苯吡菌胺(0.01)、稀禾定(0.05)、西玛津(0.05)、螺环菌胺(0.05)、磺酰磺隆(0.005)、戊唑醇(0.1)、特丁噻草隆(0.5)、双硫磷(5)、吡喃草酮(0.1)、草净津(特丁津)(0.01)、去草净(0.1)、噻苯咪唑(0.2)、噻苯隆(0.05)、噻吩磺隆(0.01)、硫双威(0.05)、硫菌灵(0.2)、福美双(0.5)、野麦畏(0.1)、醚苯磺隆(0.05)、苯磺隆(0.01)、敌百虫(0.1)、绿草定(0.2)、肟菌酯(0.05)、三氟啶磺隆钠(0.01)、杀虫隆(0.05)、氟乐灵(0.05)、抗倒酯(0.02)、灭菌唑(0.05)、双丙环虫酯(0.1)、解草磺酰胺(0.03)、三氟草嗪(0.01)

⑥新西兰

新西兰对牛肉共规定了38种农药的残留限量,有17种与中国规定的农药种类一致。其中,相同种类农药中,有苯菌酮、丙硫菌唑、苯嘧磺草胺、丙炔氟草胺等5种农药的MRLs相同,氯氨吡啶酸、苯并烯氟菌唑、噻虫胺12种农药的MRLs比中国严格。啶虫脒(啶虫清)、涕灭威、艾氏剂等112种农药的MRLs是中国制定而新西兰未制定,啶氧菌酯、罗克杀草砜、甲氧磺草胺、乙基多杀菌素、螺环菌胺等21种农药的MRLs是新西兰制定而中国未制定。目前六个贸易国(组织)中,新西兰对牛肉中农药残留规定是最少的,但是限量要求比较严格,在38种农药的MRLs中,有78%的MRLs定在0.02 mg/kg及以下,59%的MRLs定在0.01 mg/kg,具体见表3-58。

表 3-58 中国与新西兰牛肉中农药残留限量值差异情况

项目		农药残留限量指标数目、种类和限量值
有限量规定的农药种类总量	中国	129 种
	新西兰	38 种
新西兰与中国一致的项目 5 种(括号内为限量值,单位为 mg/kg)		苯菌酮(0.01)、丙硫菌唑(0.01)、苯嘧磺草胺(0.01)、丙炔氟草胺(0.02)、敌敌畏(0.01)
规定严于中国的项目 12 种(括号内为限量值,单位为 mg/kg)	中国	氯氨吡啶酸(0.1)、苯并烯氟菌唑(0.03)、噻虫胺(0.02)、氯氟氰菊酯和高效氯氟氰菊酯(0.05)、麦草畏(0.03)、苯醚甲环唑(0.2)、氟硅唑(1)、吡唑醚菌酯(0.5)、氟啶虫胺腈(0.3)、联苯吡菌胺(2)、氟吡菌酰胺(1.5)、溴氰虫酰胺(0.2)
	新西兰	氯氨吡啶酸(0.01)、苯并烯氟菌唑(0.01)、噻虫胺(0.01)、氯氟氰菊酯和高效氯氟氰菊酯(0.01)、麦草畏(0.01)、苯醚甲环唑(0.01)、氟硅唑(0.01)、吡唑醚菌酯(0.01)、氟啶虫胺腈(0.01)、联苯吡菌胺(0.15)、氟吡菌酰胺(0.5)、溴氰虫酰胺(0.01)
独有限量规定的农药项目(括号内为限量值,单位为 mg/kg)	中国 112 种	2,4 滴和 2,4-滴钠盐(0.2)、啶虫脒(啶虫清)(0.5)、涕灭威(0.01)、艾氏剂(0.2)、氯丙嘧啶酸(0.01)、双甲脒(0.05)、嘧菌酯(0.05)、联苯肼酯(0.05)、联苯菊酯(3)、联苯三唑醇(0.05)、啶酰菌胺(0.7)、噻嗪酮(0.05)、多菌灵(0.05)、克百威(0.05)、丁硫克百威(0.05)、氯虫苯甲酰胺(0.2)、氯丹(0.05)、矮壮素(0.2)、百菌清(0.02)、氯苯胺灵(0.1)、毒死蜱(1)、甲基毒死蜱(0.1)、四螨嗪(0.05)、噻草酮(0.06)、氟氯氰菊酯和高效氟氯氰菊酯(0.2)、氯氰菊酯和高效氯氰菊酯(2)、嘧菌环胺(0.01)、灭蝇胺(0.3)、滴滴涕(0.2)、二嗪磷(2)、狄氏剂(0.2)、除虫脲(0.1)、噻节因(0.01)、乐果(0.05)、呋虫胺(0.1)、二苯胺(0.01)、敌草快(0.05)、甲氨基阿维菌素苯甲酸盐(0.004)、硫丹(0.2)、异狄氏剂(0.1)、灭线磷(0.01)、醚菊酯(0.5)、噁唑菌酮(0.5)、咪唑菌酮(0.01)、苯线磷(0.01)、氯苯嘧啶醇(0.02)、苯丁锡(0.05)、杀螟硫磷(0.05)、丁苯吗啉(0.02)、氰戊菊酯和S-氰戊菊酯(1)、氟苯虫酰胺(2)、氟吡菌胺(0.01)、草铵膦(0.05)、六六六(0.1)、七氯(0.2)、噻螨酮(0.05)、咪唑烟酸(0.05)、吡虫啉(0.1)、吡唑萘菌胺(0.01)、醚菌酯(0.05)、林丹(0.1)、2 甲 4 氯(钠)(0.1)、氰氟虫腙(0.02)、甲胺磷(0.01)、杀扑磷(0.02)、甲萘威(0.05)、灭多威(0.02)、氟酰脲(10)、杀线威(0.02)、百草枯(0.005)、吡噻菌胺(0.04)、氯菊酯(1)、甲拌磷(0.02)、甲基嘧啶磷(0.01)、咪鲜胺和咪鲜胺锰盐(0.5)、丙溴磷(0.05)、霜霉威和霜霉威盐酸盐(0.01)、炔螨特(0.1)、丙环唑(0.01)、

续表

<table>
<tr><th colspan="2">项目</th><th>农药残留限量指标数目、种类和限量值</th></tr>
<tr><td rowspan="2">独有限量规定的农药项目(括号内为限量值，单位为 mg/kg)</td><td>中国
112 种</td><td>嘧霉胺(0.05)、吡丙醚(0.01)、喹氧灵(0.2)、多杀霉素(3)、螺螨酯(0.01)、螺虫乙酯(0.05)、虫酰肼(0.05)、特丁硫磷(0.05)、噻菌灵(0.1)、噻虫啉(0.1)、噻虫嗪(0.02)、三唑酮(0.02)、三唑醇(0.02)、嗪氨灵(0.01)、活化酯(0.02)、丁氟螨酯(0.01)、敌草腈(0.01)、乙烯利(0.01)、甲氰菊酯(0.01)、氟噻虫砜(0.01)、氟虫脲(0.05)、氟吡呋喃酮(1.5)、粉唑醇(0.02)、甲氧咪草烟(0.01)、咪唑乙烟酸(0.01)、异丙噻菌胺(0.02)、硝磺草酮(0.01)、腈菌唑(0.01)、氟噻唑吡乙酮(0.01)、戊菌唑(0.05)、二甲戊灵(0.2)、螺甲螨酯(0.15)、氟苯脲(0.01)</td></tr>
<tr><td>新西兰
21 种</td><td>阿灭丁(0.01)、烯草酮(0.2)、环唑醇(0.02)、链霉素和双氢链霉素(0.5)、精噁唑禾草灵(0.02)、吡啶菌胺(0.01)、苯锈啶(0.01)、氟喹唑(0.02)、氟唑菌酰胺(0.01)、氟氯吡啶酯(0.01)、异丙氟吡菌胺(0.01)、啶氧菌酯(0.01)、罗克杀草砜(0.02)、甲氧磺草胺(0.01)、乙基多杀菌素(0.01)、螺环菌胺(0.01)、链霉素(0.5)、氟胺氰菊酯(0.01)、噻苯咪唑(0.1)、苯磺隆(0.01)、肟菌酯(0.05)</td></tr>
</table>

(3)部分农药残留指标差异性分析

本部分内容举例分析单一指标限量值差异情况。

中国与欧盟、日本、CAC、美国等 6 个国家(组织)中对牛肉中指标限量值规定的差别较大，例如中国规定多杀霉素、苯并烯氟菌唑、苯醚甲环唑在牛肉中的限量值分别为 3 mg/kg、0.03 mg/kg、0.2 mg/kg，而欧盟规定其限量值为 0.3 mg/kg、0.01 mg/kg、0.05 mg/kg，限量较中国严格。由于中国对牛肉中部分农药残留限量要求与其他国家(组织)存在较大差异，导致在出口时容易出现贸易壁垒，进口时不易发现安全风险隐患。表 3-59 列举了不同国家(组织)部分农药残留限量值差异情况。

表 3-59 不同国家(组织)部分农药残留限量值差异情况 单位：mg/kg

化合物	各国限量值						
	中国	欧盟	美国	澳大利亚	日本	新西兰	CAC
百草枯	0.005	0.01	0.05	0.05	0.05	—	0.005
苯并烯氟菌唑	0.03	0.01	0.01	—	0.01	0.01	0.03
苯醚甲环唑	0.2	0.05	0.05	0.05	0.2	0.01	0.2
丙环唑	0.01	0.05	0.05	0.1	0.05	—	0.01
多杀霉素	3	0.3	2	—	2	—	2

续表

化合物	各国限量值						
	中国	欧盟	美国	澳大利亚	日本	新西兰	CAC
氯氨吡啶酸	0.1	0.1	0.02	0.01	0.02	0.01	0.1
氯氟氰菊酯和高效氯氟氰菊酯	0.05	0.02	0.2	—	—	0.01	3
麦草畏	0.03	0.5	0.25	0.05	0.03	—	0.03
乙烯利	0.01	0.05	0.02	0.1	0.1	0.01	0.01

注:“—”表示无限量规定。

3.2.2.2 猪肉中农药残留限量差异

(1)中国与其他国家(组织)农药残留限量指标数量的差异

各个国家及组织对猪肉中农药残留的限量做了不同规定,其指标数量存在较大差异,如图3-9所示。中国规定了猪肉中123种农药的限量,低于欧盟的497种、日本的269种、澳大利亚的286种、CAC的164种,其中与欧盟、日本、澳大利亚的指标数量差距在一倍以上。与其他国家(组织)相比,中国猪肉中有限量规定的农药项目缺失较大,欧盟、日本、澳大利亚、美国、CAC的独有指标数量分别为381、174、192、74、46种,见表3-60。

表3-60 猪肉中农药残留限量指标数量差异情况

项目		中国	欧盟	日本	澳大利亚	美国	CAC	新西兰
农药指标数量		123	497	269	286	119	164	36
中国独有指标		—	6	27	29	78	4	107
对方独有指标		—	381	174	192	74	46	20
共同指标数量		—	115	93	94	45	117	16
共同指标数量	限量值一致	—	58	57	35	10	111	5
	限量值严于中国	—	44	19	34	20	2	11
	限量值宽于中国	—	13	17	25	15	4	0
其他指标数量	中国	—	2	3	—	—	2	—
	对方国家及组织	—	1	2	—	—	1	—

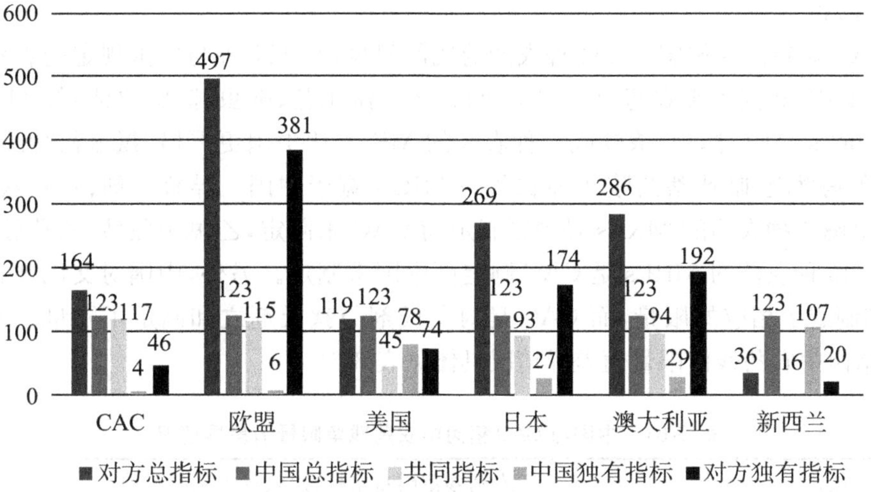

图 3-9　猪肉中农药残留限量指标数量差异情况

(2)中国与其他国家(组织)农药残留限量指标值的差异

对于共同的农药指标，不同国家(组织)在限量值的宽严程度上也存在一定的差异，如图 3-10 所示。例如：中国与欧盟对 115 种相同农药做出了限量规定，其中欧盟与中国的限量规定一致的农药有 58 种，欧盟严于中国的有 44 种，宽于中国的有 13 种；中国与日本对 93 种相同农药做出了限量规定，其中日本与中国的限量规定一致的农药有 57 种，日本严于中国的有 19 种，宽于中国的有 17 种；中国与澳大利亚对 94 种相同农药做出了限量规定，其中澳大利亚与中国的限量规定一致的农药有 35 种，澳大利亚严于中国的有 34 种，宽于中国的有 25 种。下面就中国与 CAC、欧盟、美国等国家(组织)猪肉中的农药残留限量指标的差异进行逐一分析。

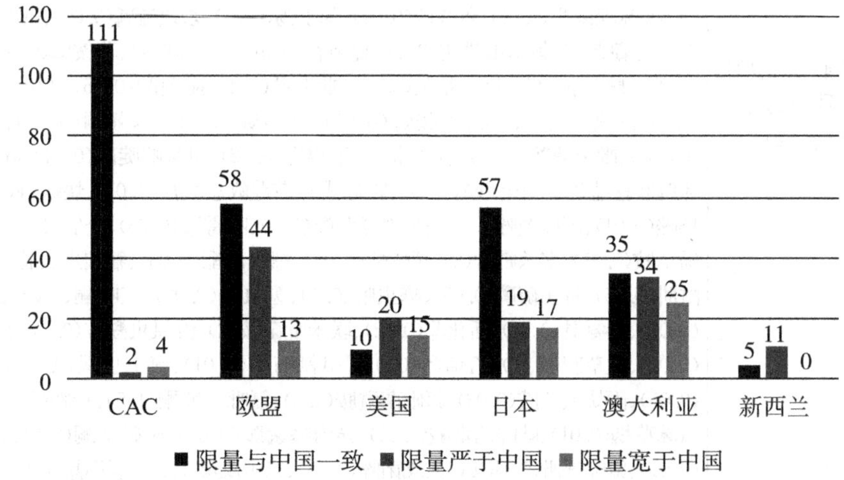

图 3-10　相同农药残留限量指标的限量值差异情况

①CAC

CAC对猪肉共规定了164种农药的残留限量，有117种与中国规定的农药种类一致。其中，相同种类农药中，有2，4滴和2，4-滴钠盐、啶虫脒（啶虫清）等111种农药的MRLs相同，林丹、杀线威2种农药的MRLs比中国更严格，氯氟氰菊酯、滴滴涕、丁苯吗啉吡、吡唑萘菌胺4种农药的MRLs宽于中国。异狄氏剂、六六六、杀扑磷、氟酰脲4种农药的MRLs是中国制定而CAC未制定，乙酰甲胺磷、乙草胺、氟吡草酮等46种农药的MRLs是CAC制定而中国未制定。另外，中国对艾氏剂和狄氏剂分别制定了相应的限量，而CAC是对艾氏剂与狄氏剂之和制定了限量。中国与CAC猪肉中农药残留限量值差异情况具体见表3-61。

表3-61 中国与CAC猪肉中农药残留限量值差异情况

项目		农药残留限量指标数目、种类和限量值
有限量规定的农药种类总量	中国	123种
	CAC	164种
CAC与中国一致的项目111种（括号内为限量值，单位为mg/kg）		2,4滴和2,4-滴钠盐(0.2)、啶虫脒(啶虫清)(0.5)、涕灭威(0.01)、氯丙嘧啶酸(0.01)、氯氨吡啶酸(0.1)、双甲脒(0.05)、嘧菌酯(0.05)、苯并烯氟菌唑(0.03)、联苯肼酯(0.05)、联苯菊酯(3)、联苯三唑醇(0.05)、啶酰菌胺(0.7)、噻嗪酮(0.05)、克百威(0.05)、丁硫克百威(0.05)、氯虫苯甲酰胺(0.2)、氯丹(0.05)、矮状素(0.2)、百菌清(0.02)、毒死蜱(0.02)、甲基毒死蜱(0.1)、四螨嗪(0.05)、噻虫胺(0.02)、噻草酮(0.06)、氟氯氰菊酯和高效氟氯氰菊酯(0.2)、氯氰菊酯和高效氯氰菊酯(2)、嘧菌环胺(0.01)、灭蝇胺(0.3)、二嗪磷(2)、麦草畏(0.03)、敌敌畏(0.01)、苯醚甲环唑(0.2)、除虫脲(0.1)、噻节因(0.01)、乐果(0.05)、呋虫胺(0.1)、敌草快(0.05)、甲氨基阿维菌素苯甲酸盐(0.004)、硫丹(0.2)、灭线磷(0.01)、醚菊酯(0.5)、噁唑菌酮(0.5)、咪唑菌酮(0.01)、苯线磷(0.01)、苯丁锡(0.05)、杀螟硫磷(0.05)、氰戊菊酯和S-氰戊菊酯(1)、氟苯虫酰胺(2)、氟吡菌胺(0.01)、氟硅唑(1)、草铵膦(0.05)、七氯(0.2)、噻螨酮(0.05)、咪唑烟酸(0.05)、吡虫啉(0.1)、醚菌酯(0.05)、2甲4氯(钠)(0.1)、氰氟虫腙(0.02)、甲胺磷(0.01)、灭多威(0.02)、苯菌酮(0.01)、百草枯(0.005)、吡噻菌胺(0.04)、氯菊酯(1)、甲拌磷(0.02)、甲基嘧啶磷(0.01)、咪鲜胺和咪鲜胺锰盐(0.5)、丙溴磷(0.05)、霜霉威和霜霉威盐酸盐(0.01)、炔螨特(0.1)、丙环唑(0.01)、丙硫菌唑(0.01)、吡唑醚菌酯(0.5)、嘧霉胺(0.05)、喹氧灵(0.2)、苯嘧磺草胺(0.01)、多杀霉素(2)、螺螨酯(0.01)、螺虫乙酯(0.05)、氟啶虫胺腈(0.3)、虫酰肼(0.05)、特丁硫磷(0.05)、噻虫啉(0.1)、噻虫嗪(0.02)、三唑酮(0.02)、三唑醇(0.02)、嗪氨灵(0.01)、活化酯(0.02)、联苯吡菌胺(2)、溴氰虫酰胺(0.2)、丁氟螨酯(0.01)、敌草腈(0.01)、乙烯利(0.01)、甲氰菊酯(0.01)、氟噻虫砜(0.01)、氟虫脲(0.05)、丙炔氟草胺(0.02)、氟吡菌酰胺(1.5)、氟吡呋喃酮(1.5)、粉唑醇(0.02)、甲氧咪草烟(0.01)、咪唑乙烟酸(0.01)、异丙噻菌胺(0.02)、硝磺草酮(0.01)、腈菌唑(0.01)、氟噻唑吡乙酮(0.01)、戊菌唑(0.05)、二甲戊灵(0.2)、螺甲螨酯(0.15)、氟苯脲(0.01)、甲萘威(0.05)

续表

项目		农药残留限量指标数目、种类和限量值
规定严于中国的项目 2 种(括号内为限量值，单位为 mg/kg)	中国	林丹(0.1)、杀线威(0.02)
	CAC	林丹(0.01)、杀线威(0.01)
规定宽于中国的项目 4 种(括号内为限量值，单位为 mg/kg)	中国	氯氟氰菊酯和高效氯氟氰菊酯(0.05)、滴滴涕(0.2)、丁苯吗啉(0.02)、吡唑萘菌胺(0.01)
	CAC	氯氟氰菊酯和高效氯氟氰菊酯(3)、滴滴涕(5)、丁苯吗啉(0.04)、吡唑萘菌胺(0.03)
独有限量规定的农药项目(括号内为限量值，单位为 mg/kg)	中国 4 种	异狄氏剂(0.1)、六六六(0.1)、杀扑磷(0.02)、氟酰脲(10)
	CAC 46 种	乙酰甲胺磷(0.05)、乙草胺(0.02)、氟吡草酮(0.02)、烯草酮(0.2)、环唑醇(0.02)、溴氰菊酯(0.5)、二甲吩草胺-P(0.01)、烯酰吗啉(0.01)、二氰蒽醌(0.01)、二硫代氨基甲酸酯(0.05)、乙虫腈(0.15)、乙螨唑(0.01)、腈苯唑(0.01)、环酰菌胺(0.05)、胺苯吡菌酮(0.02)、唑螨酯(0.1)、氟啶虫酰胺(0.15)、精吡氟禾草灵(0.09)、咯菌腈(0.01)、氟酰胺(0.05)、氟唑菌酰胺(0.2)、三乙膦酸铝(0.15)、草甘膦(0.05)、氟吡禾灵(0.5)、甲咪唑烟酸(0.1)、茚虫威(2)、稻瘟灵(0.01)、异恶唑草酮(0.01)、氯芬奴隆(0.7)、烯虫酯(0.2)、甲氧虫酰肼(0.3)、氟草敏(达草灭)(0.02)、双苯氟脲(10)、亚砜磷(0.05)、啶氧菌酯(0.02)、增效醚(2)、抗蚜威(0.01)、二氯喹啉酸(0.05)、环苯吡菌胺(0.01)、乙基多杀菌素(1)、戊唑醇(0.05)、线噻吩(0.02)、肟菌酯(0.05)、三氟苯嘧啶(0.01)、氟菌唑(0.03)、抗倒酯(0.01)
其他项目(括号内为限量值，单位为 mg/kg)	中国 2 种	艾氏剂(0.2)、狄氏剂(0.2)
	CAC 1 种	艾氏剂与狄氏剂之和(0.2)

②欧盟

欧盟对猪肉共规定了 497 种农药的残留限量，有 115 种与中国规定的农药种类一致。其中，相同种类农药中，有2,4滴和2,4-滴钠盐、啶虫脒(啶虫清)、涕灭威等58种农药的MRLs相同，氯氨吡啶酸、双甲脒、嘧菌酯、苯并烯氟菌唑等44种农药的MRLs比中国更严格，矮状素、嘧菌环胺、滴滴涕、麦草畏、甲氨基阿维菌素苯甲酸盐等13种农药的MRLs比中国宽松。氯丙嘧啶酸、丁硫克百威等6种农药的MRLs是中国制定而欧盟未制定，苯锈啶、胺苯吡菌酮、唑螨酯、倍硫磷、三苯锡、氟虫腈等381种农药的MRLs是欧盟制定而中国未制定。另外，中国对艾氏剂和狄氏剂分别制定了相应的限量，而欧盟是对艾氏剂与狄氏剂之和制定了限量。在对猪肉中农药残留限量做出规定的国家(组织)中，欧盟规定的农药种类是最多的，其限量值也是相对比较严格的，在497种农药的MRLs中，有86.8%的MRLs定在0.05 mg/kg及以下，55.4%的MRLs定在0.01 mg/kg及以下，具体见表3-62。

表3-62　中国与欧盟猪肉中农药残留限量值差异情况

项目		农药残留限量指标数目、种类和限量值
有限量规定的农药种类总量	中国	123种
	欧盟	497种
欧盟与中国一致的项目58种(括号内为限量值,单位为mg/kg)		2,4滴和2,4-滴钠盐(0.2)、啶虫脒(啶虫清)(0.5)、涕灭威(0.01)、氯虫苯甲酰胺(0.2)、氯丹(0.05)、百菌清(0.02)、四螨嗪(0.05)、噻虫胺(0.02)、氯氰菊酯和高效氯氰菊酯(2)、敌敌畏(0.01)、噻节因(0.01)、呋虫胺(0.1)、敌草快(0.05)、灭线磷(0.01)、咪唑菌酮(0.01)、氟苯虫酰胺(2)、氟吡菌胺(0.01)、草铵膦(0.05)、七氯(0.2)、噻螨酮(0.05)、咪唑烟酸(0.05)、吡虫啉(0.1)、吡唑萘菌胺(0.01)、醚菌酯(0.05)、2甲4氯(钠)(0.1)、氰氟虫腙(0.02)、甲胺磷(0.01)、杀扑磷(0.02)、甲萘威(0.05)、苯菌酮(0.01)、甲拌磷(0.02)、甲基嘧啶磷(0.01)、丙溴磷(0.05)、霜霉威和霜霉威盐酸盐(0.01)、丙硫菌唑(0.01)、喹氧灵(0.2)、苯嘧磺草胺(0.01)、螺螨酯(0.01)、螺虫乙酯(0.05)、氟啶虫胺腈(0.3)、虫酰肼(0.05)、噻虫啉(0.1)、噻虫嗪(0.02)、嗪氨灵(0.01)、活化酯(0.02)、溴氰虫酰胺(0.2)、丁氟螨酯(0.01)、敌草腈(0.01)、甲氰菊酯(0.01)、氟虫脲(0.05)、丙炔氟草胺(0.02)、氟吡菌酰胺(1.5)、甲氧咪草烟(0.01)、硝磺草酮(0.01)、腈菌唑(0.01)、氟噻唑吡乙酮(0.01)、戊菌唑(0.05)、噻草酮(0.06)

续表

项目		农药残留限量指标数目、种类和限量值
规定严于中国的项目44种(括号内为限量值,单位为mg/kg)	中国	氯氨吡啶酸(0.1)、双甲脒(0.05)、嘧菌酯(0.05)、苯并烯氟菌唑(0.03)、联苯肼酯(0.05)、联苯菊酯(3)、联苯三唑醇(0.05)、啶酰菌胺(0.7)、噻嗪酮(0.05)、克百威(0.05)、毒死蜱(0.02)、甲基毒死蜱(0.1)、氟氯氰菊酯和高效氟氯氰菊酯(0.2)、灭蝇胺(0.3)、二嗪磷(2)、苯醚甲环唑(0.2)、乐果(0.05)、硫丹(0.2)、异狄氏剂(0.1)、醚菊酯(0.5)、噁唑菌酮(0.5)、苯丁锡(0.05)、杀螟硫磷(0.05)、氰戊菊酯和S-氰戊菊酯(1)、氟硅唑(1)、林丹(0.1)、灭多威(0.02)、杀线威(0.02)、吡噻菌胺(0.04)、氯菊酯(1)、咪鲜胺和咪鲜胺锰盐(0.5)、炔螨特(0.1)、吡唑醚菌酯(0.5)、多杀霉素(2)、特丁硫磷(0.05)、三唑酮(0.02)、三唑醇(0.02)、联苯吡菌胺(2)、氟吡呋喃酮(1.5)、粉唑醇(0.02)、异丙噻菌胺(0.02)、二甲戊灵(0.2)、螺甲螨酯(0.15)、除虫脲(0.1)
	欧盟	氯氨吡啶酸(0.01)、双甲脒(0.01)、嘧菌酯(0.01)、苯并烯氟菌唑(0.01)、联苯肼酯(0.02)、联苯菊酯(0.2)、联苯三唑醇(0.01)、啶酰菌胺(0.01)、噻嗪酮(0.01)、克百威(0.01)、毒死蜱(0.01)、甲基毒死蜱(0.01)、氟氯氰菊酯和高效氟氯氰菊酯(0.05)、灭蝇胺(0.01)、二嗪磷(0.02)、苯醚甲环唑(0.05)、乐果(0.01)、硫丹(0.05)、异狄氏剂(0.05)、醚菊酯(0.05)、噁唑菌酮(0.05)、苯丁锡(0.02)、杀螟硫磷(0.01)、氰戊菊酯和S-氰戊菊酯(0.02)、氟硅唑(0.02)、林丹(0.01)、灭多威(0.01)、杀线威(0.01)、吡噻菌胺(0.01)、氯菊酯(0.05)、咪鲜胺和咪鲜胺锰盐(0.03)、炔螨特(0.01)、吡唑醚菌酯(0.05)、多杀霉素(0.1)、特丁硫磷(0.01)、三唑酮(0.01)、三唑醇(0.01)、联苯吡菌胺(0.02)、氟吡呋喃酮(0.01)、粉唑醇(0.01)、异丙噻菌胺(0.01)、二甲戊灵(0.01)、螺甲螨酯(0.01)、除虫脲(0.01)
规定宽于中国的项目13种(括号内为限量值,单位为mg/kg)	中国	矮状素(0.2)、嘧菌环胺(0.01)、滴滴涕(0.2)、麦草畏(0.03)、甲氨基阿维菌素苯甲酸盐(0.004)、苯线磷(0.01)、丁苯吗啉(0.02)、百草枯(0.005)、丙环唑(0.01)、嘧霉胺(0.05)、乙烯利(0.01)、氟苯脲(0.01)、氯氟氰菊酯和高效氯氟氰菊酯(0.05)
	欧盟	矮状素(0.3)、嘧菌环胺(0.02)、滴滴涕(1)、麦草畏(0.05)、甲氨基阿维菌素苯甲酸盐(0.01)、苯线磷(0.02)、丁苯吗啉(0.04)、百草枯(0.01)、丙环唑(0.05)、嘧霉胺(0.1)、乙烯利(0.05)、氟苯脲(0.05)、氯氟氰菊酯和高效氯氟氰菊酯(0.15)

续表

项目		农药残留限量指标数目、种类和限量值
独有限量规定的农药项目(括号内为限量值,单位为 mg/kg)	中国 6 种	氯丙嘧啶酸(0.01)、丁硫克百威(0.05)、六六六(0.1)、氟酰脲(10)、氟噻虫砜(0.01)、咪唑乙烟酸(0.01)
	欧盟 381 种	1,1-二氯-2,2-二(4-乙苯基)乙烷(0.01)、1,2-二溴乙烷(0.01)、二氯乙烷(0.1)、1,3-二氯丙烯(0.02)、1,4-二甲基萘(1,4-DMN)(0.01)、1-甲基环丙烯(0.01)、1-萘基乙酰胺和 1-萘基乙酸(0.06)、2,4,5-涕(0.01)、2,5-二氯苯甲酸甲酯(2,5-二氯苯甲酸及其酯的总和,以 2,5-二氯苯甲酸甲酯计)(0.01)、由使用三氟磺隆得到的 2-氨基-4-甲氧基-6-(三氟甲基)-1,3,5-三嗪(AMTT)(0.01)、2-萘氧乙酸(0.01)、2-苯基苯酚(2-苯基苯酚及其共轭物的总和,以 2-苯基苯酚表示)(0.01)、3-癸烯-2-酮(0.1)、8-羟基喹啉(0.01)、阿灭丁(阿维菌素)(0.01)、乙酰甲胺磷(0.02)、灭螨醌(0.01)、乙草胺(0.01)、苯草醚(0.01)、氟丙菊酯和它的对映异构体(0.01)、甲草胺(0.01)、唑嘧菌胺(0.03)、酰嘧磺隆(R)(0.02)、吲唑磺菌胺(0.01)、杀草强(0.01)、敌菌灵(0.01)、蒽醌(0.01)、杀螨特(0.01)、磺草灵(0.02)、莠去津(0.01)、印楝素(0.01)、四唑嘧磺隆(0.02)、益棉磷(0.01)、甲基谷硫磷(0.01)、三唑锡和三环锡(总和,以三环锡计)(0.01)、燕麦灵(0.01)、氟丁酰草胺(0.01)、苯霜灵(包括其他混和异构体及精苯霜灵及其异构体之和)(0.05)、氟草胺(0.02)、苄嘧磺隆(0.01)、排草丹(0.02)、苯噻菌胺(0.01)、氯化苯甲烃铵(0.1)、氟吡草酮(0.02)、甲羧除草醚(0.01)、联苯(0.01)、双草醚(0.01)、骨油(0.01)、溴敌隆(0.01)、溴离子(0.05)、乙基溴硫磷(0.01)、溴螨酯(0.01)、溴苯腈及其盐(以溴苯腈计)(0.05)、糠菌唑(0.02)、乙嘧酚磺酸酯(0.05)、丁乐灵(0.01)、丁草敌(0.01)、硫线磷(0.01)、毒杀芬(0.01)、敌菌丹(0.01)、克菌丹(0.03)、多菌灵和苯菌灵(0.05)、长杀草(0.01)、一氧化碳(0.01)、四氯化碳(0.01)、萎锈灵(0.03)、氟酮唑草(0.01)、杀螟丹(0.01)、氯酸钠(0.05)、氯杀螨(0.05)、氯草灵(0.01)、十氯酮(0.1)、溴虫腈(0.01)、杀螨酯(0.05)、杀螟威(0.01)、氯草敏(0.2)、乙酯杀螨醇(0.1)、氯化苦(0.01)、绿麦隆(0.02)、枯草隆(0.02)、氯苯胺灵(0.05)、氯磺隆(0.01)、氯酞酸二甲酯(0.01)、草克乐(0.01)、乙菌利(0.01)、环虫酰肼(0.01)、吲哚酮草酯(0.1)、烯草酮(0.2)、炔草酯和炔草酯 S-异构体及其盐(0.02)、异恶草酮(0.01)、二氯吡啶酸(0.05)、铜化合物(5)、蝇毒硫磷(0.01)、氰胺包括其盐(0.01)、氰霜唑(0.01)、环丙草酰胺(0.01)、环溴虫酰胺(0.01)、环氟菌胺(0.02)、氰氟草酯(0.01)、霜脲氰(0.01)、环唑醇(0.05)、茅草枯(0.01)、丁酰肼(0.06)、棉隆(0.01)、溴氰菊酯(0.03)、苯甲地那铵盐(0.01)、甜菜安(0.05)、燕麦敌(0.01)、2,4-滴丙酸(0.02)、禾草灵(0.05)、氯硝胺(0.01)、三氯杀螨醇(0.02)、二癸基二甲基氯化铵(0.1)、乙霉威(0.01)、

续表

项目		农药残留限量指标数目、种类和限量值
独有限量规定的农药项目(括号内为限量值,单位为mg/kg)	欧盟381种	吡氟草胺(0.02)、二氟乙酸(0.1)、二甲草胺(0.01)、二甲吩草胺(二甲吩草胺-P包括其异构体混和物之和)(0.01)、烯酰吗啉及其异构体之和(0.01)、醚菌胺(0.03)、烯唑醇及其异构体之和(0.01)、消螨普(0.05)、地乐酚(0.02)、特乐酚(0.01)、敌杀磷(异构体之和)(0.01)、二苯胺(0.05)、乙拌磷(0.01)、二氰蒽醌(0.01)、二硫代氨基甲酸酯(0.05)、敌草隆(0.05)、二硝甲酚(0.02)、吗菌灵(0.01)、多果定(0.01)、氟环唑(0.01)、茵草敌(0.02)、乙丁烯氟灵(0.01)、甲基胺苯磺隆(0.01)、乙硫磷(0.01)、乙菌定(0.05)、乙氧呋草黄(0.03)、乙氧基喹(0.05)、乙氧磺隆(0.01)、环氧乙烷(0.02)、乙螨唑(0.01)、土菌灵(0.05)、氯苯嘧啶醇(0.02)、喹螨醚(0.01)、腈苯唑(0.05)、皮蝇磷(0.01)、环酰菌胺(0.05)、精恶唑禾草灵(0.05)、苯氧威(0.01)、吡啶菌胺(0.01)、苯锈啶(S)(0.02)、胺苯吡菌酮(0.01)、唑螨酯(0.02)、倍硫磷(0.05)、三苯锡(0.02)、氟虫腈(0.005)、嘧啶磺隆(0.01)、氟啶虫酰胺(0.15)、双氟磺草胺(0.01)、氯氟吡啶酯(0.01)、精吡氟禾草灵(0.02)、氟啶胺(0.01)、氟环脲(0.01)、氟氰戊菊酯(0.01)、咯菌腈(0.02)、氟噻草胺(0.05)、氟螨嗪(0.02)、氟甲喹(0.2)、氟节胺(0.01)、伏草隆(0.005)、氟离子(1)、乙羧氟草醚(0.01)、氟嘧菌酯(0.02)、氟啶嘧磺隆(0.02)、氟喹唑(0.01)、氟咯草酮(0.05)、氟草烟(0.01)、调嘧醇(0.01)、呋草酮(0.01)、氟噻唑菌腈(0.01)、氟酰胺(0.05)、氟胺氰菊酯(异构体之和)(0.015)、氟唑菌酰胺(0.02)、灭菌丹(0.05)、氟磺胺草醚(0.01)、甲酰胺磺隆(0.01)、氯吡脲(0.01)、伐虫脒(0.01)、安果(0.01)、乙磷铝(三乙膦酸铝)(0.5)、噻唑磷(0.01)、麦穗宁(0.01)、糠醛(1)、草甘膦(0.05)、双胍辛胺(0.05)、氟氯吡啶酯(0.02)、氯吡嘧磺隆(0.01)、吡氟氯禾灵(0.01)、六氯苯(0.01)、六氯环己烷(HCH,α-异构体)(0.01)、六氯环己烷(HCH,β-异构体)(0.01)、已唑醇(0.01)、氢氰酸(0.01)、恶霉灵(0.05)、抑霉唑(0.02)、甲咪唑烟酸(0.01)、灭草喹(0.05)、咪唑磺隆(0.02)、吲哚乙酸(0.1)、吲哚丁酸(0.1)、茚虫威(2)、碘甲磺隆(0.02)、碘苯腈(0.01)、种菌唑(0.01)、丙森锌(0.05)、稻瘟灵(0.01)、异丙隆(0.01)、异恶草胺(0.01)、异恶唑草酮(0.02)、乳氟草灵(0.01)、环草定(0.1)、利谷隆(0.01)、氯芬奴隆(组成异构体的任意比例)(0.08)、马拉硫磷(0.02)、抑芽丹(0.05)、甲氧基丙烯酸酯类杀菌剂(0.01)、双炔酰菌胺(0.01)、灭蚜磷(0.01)、二甲四氯丙酸(0.01)、氯氟醚菌唑(0.01)、嘧菌胺(0.01)、壮棉素(0.05)、灭锈胺(0.01)、汞化合物(0.01)、甲基二磺隆(0.02)、甲霜灵[包括组分异构体的其他混合物,包括甲霜灵-M(异构体总和)](0.01)、四聚乙醛(0.01)、苯嗪草酮(0.05)、吡草胺(0.05)、叶菌唑(0.02)、噻唑隆(0.05)、虫螨畏(0.01)、烯虫酯(0.05)、甲氧滴滴涕(0.01)、甲氧虫酰肼(0.01)、

续表

项目		农药残留限量指标数目、种类和限量值
独有限量规定的农药项目(括号内为限量值,单位为 mg/kg)	欧盟381种	异丙甲草胺和精异丙甲草胺(0.01)、磺草唑胺(0.01)、嗪草酮(0.1)、甲磺隆(0.01)、速灭磷(0.01)、灭螨菌素(0.02)、草达灭(0.01)、久效磷(0.01)、灭草隆(0.01)、敌草胺(0.01)、烟嘧磺隆(0.02)、尼古丁(0.01)、除草醚(0.01)、双苯氟脲(10)、氧化乐果(0.01)、磺酰脲(0.01)、黄草消(0.01)、丙炔噁草酮(0.01)、恶草酮(0.05)、恶霜灵(0.01)、环氧嘧磺隆(0.01)、亚砜磷(0.01)、乙氧氟草醚(0.05)、多效唑(0.01)、石蜡油(0.01)、对硫磷(0.05)、甲基对硫磷(0.01)、戊菌隆(0.01)、五氟磺草胺(0.01)、乙酰胺(0.01)、石油(0.01)、甜菜宁(0.05)、苯醚菊酯(0.05)、稻丰散(0.01)、伏杀硫磷(0.01)、亚胺硫磷(0.1)、磷胺(0.01)、磷酸盐和磷化盐(0.01)、辛硫磷(0.02)、毒莠定(0.2)、氟吡酰草胺(0.02)、啶氧菌酯(0.01)、唑啉草酯(0.01)、抗蚜威(0.05)、腐霉利(0.01)、环苯草酮(0.01)、调环酸(0.01)、毒草安(0.02)、敌稗(0.01)、喔草酯(0.05)、苯胺灵(0.01)、甲基代森锌 (0.01)、异丙草胺(0.01)、残杀威(0.05)、丙苯磺隆(0.05)、炔苯酰草胺(0.01)、丙氧喹啉(0.01)、苄草丹(0.01)、氟磺隆(0.02)、吡嗪酮(0.01)、吡草醚(0.02)、磺酰草吡唑(0.01)、吡菌磷(0.01)、除虫菊素(0.05)、哒螨灵(0.05)、啶虫丙醚(0.01)、哒草特 (0.05)、甲氧苯唳菌(0.01)、吡丙醚(0.05)、甲氧磺草胺(0.01)、喹硫磷(0.01)、二氯喹啉酸(0.01)、氯甲喹啉酸(0.05)、灭藻醌(0.02)、五氯硝基苯(0.01)、喹禾灵包括精喹禾灵(0.1)、苄呋菊酯(0.02)、砜嘧磺隆(0.02)、鱼藤酮(0.01)、环苯吡菌胺(0.01)、硅噻菌胺(0.01)、西玛津(0.01)、杀雄啉(0.01)、乙基多杀菌素(0.01)、螺环菌胺(异构体之和)(0.02)、链霉素(0.5)、磺草酮(0.05)、磺酰磺隆(0.02)、硫酰氟(0.01)、5-硝基愈创木酚钠(邻硝基酚钠与对-硝基苯酚钠之和,以 5-硝基愈创木酚钠表示)(0.03)、戊唑醇(0.1)、吡螨胺 (0.01)、四氧硝基苯(0.01)、七氟菊酯 (0.05)、环磺酮(0.01)、特普(0.01)、吡喃草酮(0.1)、草净津(0.05)、氟醚唑(0.05)、四氯杀螨砜(0.05)、噻苯咪唑(0.05)、噻吩磺隆(0.01)、杀草丹(4-氯苄基甲基砜)(0.01)、硫双威(0.01)、甲基硫菌灵(0.05)、福美双 (0.01)、甲基立枯磷 (0.01)、甲苯氟磺胺(0.05)、苯吡唑草酮(0.01)、三甲苯草酮(0.01)、野燕畏(0.05)、醚苯磺隆(0.01)、三唑磷(0.01)、唑菌嗪(0.01)、苯磺隆(0.01)、敌百虫(0.01)、绿草定(0.01)、三环唑(0.01)、十三吗啉 (0.01)、肟菌酯(0.04)、三氟苯嘧啶(0.01)、氟菌唑(0.01)、杀虫隆 (0.01)、氟乐灵(0.01)、三甲基硫阳离子 (0.05)、抗倒酯(0.01)、灭菌唑(0.01)、三氟甲磺隆(0.01)、维芬乐特(0.01)、乙烯菌核利(0.01)、杀鼠灵(0.01)、福美锌(0.01)、苯酰菌胺(0.01)
其他项目(括号内为限量值,单位为 mg/kg)	中国2种	艾氏剂(0.2)、狄氏剂(0.2)
	欧盟1种	艾氏剂与狄氏剂之和(0.2)

③美国

美国对猪肉共规定了119种农药的残留限量，有45种与中国规定的农药种类一致。其中，相同种类农药中，双甲脒、噻嗪酮、矮状素、四螨嗪、敌草快、2甲4氯(钠)、炔螨特、苯嘧磺草胺、氟啶虫胺腈、噻虫嗪10种农药的MRLs相同，啶虫脒(啶虫清)、嘧菌酯、联苯肼酯、联苯菊酯、啶酰菌胺等20种农药的MRLs比中国更严格，百菌清、毒死蜱、甲基毒死蜱、麦草畏、敌敌畏等15种农药的MRLs比中国宽松。2,4滴和2,4-滴钠盐、涕灭威、艾氏剂、氯丙嘧啶酸、氯氨吡啶酸、苯并烯氟菌唑、联苯三唑醇等78种农药的MRLs是中国制定而美国未制定，乙酰甲胺磷、甲草胺、氨唑草酮、磺草灵等74种农药的MRLs是美国制定而中国未制定，具体见表3-63。

表3-63 中国与美国猪肉中农药残留限量值差异情况

项目		农药残留限量指标数目、种类和限量值
有限量规定的农药种类总量	中国	123种
	美国	119种
美国与中国一致的项目10种(括号内为限量值,单位为mg/kg)		双甲脒(0.05)、噻嗪酮(0.05)、矮状素(0.2)、四螨嗪(0.05)、敌草快(0.05)、2甲4氯(钠)(0.1)、炔螨特(0.1)、苯嘧磺草胺(0.01)、氟啶虫胺腈(0.3)、噻虫嗪(0.02)
规定严于中国的项目20种(括号内为限量值,单位为mg/kg)	中国	啶虫脒(啶虫清)(0.5)、嘧菌酯(0.05)、联苯肼酯(0.05)、联苯菊酯(3)、啶酰菌胺(0.7)、氯虫苯甲酰胺(0.2)、氟氯氰菊酯和高效氟氯氰菊酯(0.2)、氯氟氰菊酯和高效氯氟氰菊酯(0.05)、氯氰菊酯和高效氯氰菊酯(2)、苯醚甲环唑(0.2)、除虫脲(0.1)、呋虫胺(0.1)、醚菊酯(0.5)、氟苯虫酰胺(2)、氯菊酯(1)、吡唑醚菌酯(0.5)、多杀霉素(2)、氟吡菌酰胺(1.5)、氟吡呋喃酮(1.5)、粉唑醇(0.02)
	美国	啶虫脒(啶虫清)(0.1)、嘧菌酯(0.01)、联苯肼酯(0.02)、联苯菊酯(0.5)、啶酰菌胺(0.05)、氯虫苯甲酰胺(0.02)、氟氯氰菊酯和高效氟氯氰菊酯(0.01)、氯氟氰菊酯和高效氯氟氰菊酯(0.01)、氯氰菊酯和高效氯氰菊酯(0.05)、苯醚甲环唑(0.05)、除虫脲(0.05)、呋虫胺(0.05)、醚菊酯(0.2)、氟苯虫酰胺(0.03)、氯菊酯(0.05)、吡唑醚菌酯(0.1)、多杀霉素(0.5)、氟吡菌酰胺(0.02)、氟吡呋喃酮(0.01)、粉唑醇(0.01)

续表

项目		农药残留限量指标数目、种类和限量值
规定宽于中国的项目15种(括号内为限量值,单位为mg/kg)	中国	百菌清(0.02)、毒死蜱(0.02)、甲基毒死蜱(0.1)、麦草畏(0.03)、敌敌畏(0.01)、苯丁锡(0.05)、氰戊菊酯和S-氰戊菊酯(1)、草铵膦(0.05)、吡虫啉(0.1)、百草枯(0.005)、虫酰肼(0.05)、乙烯利(0.01)、甲氰菊酯(0.01)、腈菌唑(0.01)、甲萘威(0.05)
	美国	百菌清(0.03)、毒死蜱(0.05)、甲基毒死蜱(0.5)、麦草畏(0.25)、敌敌畏(0.1)、苯丁锡(0.5)、氰戊菊酯和S-氰戊菊酯(1.5)、草铵膦(0.15)、吡虫啉(0.3)、百草枯(0.05)、虫酰肼(0.08)、乙烯利(0.02)、甲氰菊酯(0.1)、腈菌唑(0.1)、甲萘威(1)
独有限量规定的农药项目(括号内为限量值,单位为mg/kg)	中国78种	2,4滴和2,4-滴钠盐(0.2)、涕灭威(0.01)、艾氏剂(0.2)、氯丙嘧啶酸(0.01)、氯氨吡啶酸(0.1)、苯并烯氟菌唑(0.03)、联苯三唑醇(0.05)、克百威(0.05)、丁硫克百威(0.05)、氯丹(0.05)、噻虫胺(0.02)、噻草酮(0.06)、嘧菌环胺(0.01)、灭蝇胺(0.3)、滴滴涕(0.2)、二嗪磷(2)、狄氏剂(0.2)、噻节因(0.01)、乐果(0.05)、甲氨基阿维菌素苯甲酸盐(0.004)、硫丹(0.2)、异狄氏剂(0.1)、灭线磷(0.01)、噁唑菌酮(0.5)、咪唑菌酮(0.01)、苯线磷(0.01)、杀螟硫磷(0.05)、丁苯吗啉(0.02)、氟吡菌胺(0.01)、氟硅唑(1)、六六六(0.1)、七氯(0.2)、噻螨酮(0.05)、咪唑烟酸(0.05)、吡唑萘菌胺(0.01)、醚菌酯(0.05)、林丹(0.1)、氰氟虫腙(0.02)、甲胺磷(0.01)、杀扑磷(0.02)、灭多威(0.02)、苯菌酮(0.01)、氟酰脲(10)、杀线威(0.02)、吡噻菌胺(0.04)、甲拌磷(0.02)、甲基嘧啶磷(0.01)、咪鲜胺和咪鲜胺锰盐(0.5)、丙溴磷(0.05)、霜霉威和霜霉威盐酸盐(0.01)、丙环唑(0.01)、丙硫菌唑(0.01)、嘧霉胺(0.05)、喹氧灵(0.2)、螺螨酯(0.01)、螺虫乙酯(0.05)、特丁硫磷(0.05)、噻虫啉(0.1)、三唑酮(0.02)、三唑醇(0.02)、嗪氨灵(0.01)、活化酯(0.02)、联苯吡菌胺(2)、溴氰虫酰胺(0.2)、丁氟螨酯(0.01)、敌草腈(0.01)、氟噻虫砜(0.01)、氟虫脲(0.05)、丙炔氟草胺(0.02)、甲氧咪草烟(0.01)、咪唑乙烟酸(0.01)、异丙噻菌胺(0.02)、硝磺草酮(0.01)、氟噻唑吡乙酮(0.01)、戊菌唑(0.05)、二甲戊灵(0.2)、螺甲螨酯(0.15)、氟苯脲(0.01)
	美国74种	乙酰甲胺磷 (0.1)、甲草胺(0.02)、氨唑草酮(0.01)、磺草灵(0.05)、阿维菌素B1及其delta-8,9-异构体(0.02)、灭草松(0.05)、溴虫氟苯双酰胺(0.02)、溴草腈(0.5)、克菌丹(0.2)、萎锈灵(0.05)、唑草酮(0.10)、氯苯胺灵(0.06)、氯磺隆(0.3)、烯草酮(0.2)、二氯吡啶酸(0.2)、蝇毒磷(1.0)、环丙草酰胺(0.02)、环丙氨嗪(0.05)、敌草隆(1)、依马菌素(0.002)、茵多杀(0.05)、恶唑禾草灵(0.05)、氟虫腈(0.01)、氟啶虫酰胺(0.03)、

续表

项目		农药残留限量指标数目、种类和限量值
独有限量规定的农药项目(括号内为限量值，单位为 mg/kg)	美国 74 种	精吡氟禾草灵(0.05)、氟酮磺隆(0.01)、氟茚唑菌胺(0.01)、氟化合物[冰晶石或合成冰晶石(氟化铝钠))](20)、氟啶草酮(0.05)、氯氟吡氧乙酸(0.1)、氟酰胺(0.05)、精高效氯氟氰菊酯(0.2)、环嗪酮(0.5)、茚虫威(0.05)、异菌脲(0.5)、利谷隆(0.05)、马拉硫磷(4)、氯氟醚菌唑(0.01)、甲霜灵(0.05)、甲氧虫酰肼(0.02)、赛克津(0.7)、甲磺隆(0.1)、氟草敏(0.1)、双苯氟脲(0.07)、亚砜吸磷(0.01)、乙氧氟草醚(0.01)、烯草胺(0.01)、亚胺硫磷(0.04)、毒莠定(0.05)、啶氧菌酯(0.01)、增效醚(0.1)、甲基氟嘧黄隆(0.10)、扑草胺(0.02)、敌稗(0.05)、炔苯酰草胺(0.02)、磺酰草吡唑(0.02)、除虫菊酯(0.05)、哒螨灵(0.05)、二氯喹啉酸(0.05)、喹禾灵(0.02)、西禾定(0.2)、乙基多杀菌素(0.04)、磺酰磺隆(0.005)、硫酰氟(0.02)、杀虫畏(2.0)、氟醚唑(0.02)、噻苯隆(0.4)、杀草丹(0.2)、醚苯磺隆(0.1)、脱叶磷(0.02)、绿草定(0.10)、肟菌酯(0.05)、抗倒酯(0.02)、毒菌锡(0.06)

④日本

日本对猪肉共规定了 269 种农药的残留限量，有 93 种与中国规定的农药种类一致。其中，相同种类农药中，有 2,4 滴和 2,4-滴钠盐、氯丙嘧啶酸、嘧菌酯、联苯菊酯等 57 种农药的 MRLs 相同；啶虫脒(啶虫清)、苯并烯氟菌唑、联苯肼酯、啶酰菌胺等 19 种农药的 MRLs 比中国更严格；氯丹、矮状素、毒死蜱、甲基毒死蜱等 17 种农药的 MRLs 比中国宽松。涕灭威、氯氨吡啶酸、双甲脒、噻草酮、氟氯氰菊酯和高效氟氯氰菊酯等 27 种农药的 MRLs 是中国制定而日本未制定，茅草枯、2,4-滴丁酸、2,6-二异丙基萘、乙酰甲胺磷、甲草胺、烯丙菊酯等 174 种农药的 MRLs 是日本制定而中国未制定。另外，中国对艾氏剂、狄氏剂和敌敌畏分别制定了相应的限量，而日本是对艾氏剂与狄氏剂之和、敌敌畏和二溴磷之和制定了限量。中国与日本猪肉中农药残留限量值差异情况具体见表 3-64。

表 3-64 中国与日本猪肉中农药残留限量值差异情况

项目		农药残留限量指标数目、种类和限量值
有限量规定的农药种类总量	中国	123 种
	日本	269 种

续表

项目		农药残留限量指标数目、种类和限量值
日本与中国一致的项目57种(括号内为限量值,单位为mg/kg)		2,4滴和2,4-滴钠盐(0.2)、氯丙嘧啶酸(0.01)、嘧菌酯(0.05)、联苯菊酯(3)、联苯三唑醇(0.05)、噻嗪酮(0.05)、氯虫苯甲酰胺(0.2)、百菌清(0.02)、四螨嗪(0.05)、噻虫胺(0.02)、嘧菌环胺(0.01)、麦草畏(0.03)、苯醚甲环唑(0.2)、除虫脲(0.1)、噻节因(0.01)、乐果(0.05)、呋虫胺(0.1)、噁唑菌酮(0.5)、苯线磷(0.01)、苯丁锡(0.05)、杀螟硫磷(0.05)、丁苯吗啉(0.02)、氟苯虫酰胺(2)、氟吡菌胺(0.01)、草铵膦(0.05)、噻螨酮(0.05)、咪唑烟酸(0.05)、醚菌酯(0.05)、氰氟虫腙(0.02)、甲胺磷(0.01)、杀扑磷(0.02)、苯菌酮(0.01)、杀线威(0.02)、吡噻菌胺(0.04)、氯菊酯(1)、甲基嘧啶磷(0.01)、丙溴磷(0.05)、霜霉威和霜霉威盐酸盐(0.01)、炔螨特(0.1)、丙硫菌唑(0.01)、吡唑醚菌酯(0.5)、嘧霉胺(0.05)、苯嘧磺草胺(0.01)、多杀霉素(2)、螺虫乙酯(0.05)、氟啶虫胺腈(0.3)、虫酰肼(0.05)、噻虫啉(0.1)、噻虫嗪(0.02)、嗪氨灵(0.01)、活化酯(0.02)、丁氟螨酯(0.01)、氟噻虫砜(0.01)、戊菌唑(0.05)、氟苯脲(0.01)、甲萘威(0.05)、联苯吡菌胺(2)
规定严于中国的项目19种(括号内为限量值,单位为mg/kg)	中国	啶虫脒(啶虫清)(0.5)、苯并烯氟菌唑(0.03)、联苯肼酯(0.05)、啶酰菌胺(0.7)、克百威(0.05)、丁硫克百威(0.05)、敌草快(0.05)、硫丹(0.2)、异狄氏剂(0.1)、醚菊酯(0.5)、氟硅唑(1)、七氯(0.2)、林丹(0.1)、2甲4氯(钠)(0.1)、氟酰脲(10)、咪鲜胺和咪鲜胺锰盐(0.5)、喹氧灵(0.2)、氟吡菌酰胺(1.5)、氟吡呋喃酮(1.5)
	日本	啶虫脒(啶虫清)(0.1)、苯并烯氟菌唑(0.01)、联苯肼酯(0.01)、啶酰菌胺(0.2)、克百威(0.01)、丁硫克百威(0.01)、敌草快(0.01)、硫丹(0.1)、异狄氏剂(0.05)、醚菊酯(0.2)、氟硅唑(0.1)、七氯(0.01)、林丹(0.02)、2甲4氯(钠)(0.08)、氟酰脲(0.7)、咪鲜胺和咪鲜胺锰盐(0.1)、喹氧灵(0.01)、氟吡菌酰胺(0.8)、氟吡呋喃酮(0.01)
规定宽于中国的项目17种(括号内为限量值,单位为mg/kg)	中国	氯丹(0.05)、矮状素(0.2)、毒死蜱(0.02)、甲基毒死蜱(0.1)、滴滴涕(0.2)、吡虫啉(0.1)、吡唑萘菌胺(0.01)、百草枯(0.005)、甲拌磷(0.02)、丙环唑(0.01)、螺螨酯(0.01)、三唑酮(0.02)、三唑醇(0.02)、乙烯利(0.01)、甲氰菊酯(0.01)、粉唑醇(0.02)、腈菌唑(0.01)
	日本	氯丹(0.08)、矮状素(0.3)、毒死蜱(0.05)、甲基毒死蜱(0.3)、滴滴涕(1)、吡虫啉(0.3)、吡唑萘菌胺(0.03)、百草枯(0.05)、甲拌磷(0.05)、丙环唑(0.05)、螺螨酯(0.02)、三唑酮(0.05)、三唑醇(0.05)、乙烯利(0.1)、甲氰菊酯(0.1)、粉唑醇(0.05)、腈菌唑(0.03)

续表

项目		农药残留限量指标数目、种类和限量值
独有限量规定的农药项目(括号内为限量值，单位为 mg/kg)	中国 27 种	涕灭威(0.01)、氯氨吡啶酸(0.1)、双甲脒(0.05)、噻草酮(0.06)、氟氯氰菊酯和高效氟氯氰菊酯(0.2)、氯氟氰菊酯和高效氯氟氰菊酯(0.05)、氯氰菊酯和高效氯氰菊酯(2)、灭蝇胺(0.3)、二嗪磷(2)、甲氨基阿维菌素苯甲酸盐(0.004)、灭线磷(0.01)、咪唑菌酮(0.01)、氰戊菊酯和 S-氰戊菊酯(1)、六六六(0.1)、灭多威(0.02)、特丁硫磷(0.05)、溴氰虫酰胺(0.2)、敌草腈(0.01)、氟虫脲(0.05)、丙炔氟草胺(0.02)、甲氧咪草烟(0.01)、咪唑乙烟酸(0.01)、异丙噻菌胺(0.02)、硝磺草酮(0.01)、氟噻唑吡乙酮(0.01)、二甲戊灵(0.2)、螺甲螨酯(0.15)
	日本 174 种	莠草枯(0.01)、2,4-滴丁酸(0.2)、2,6-二异丙基萘(1)、乙酰甲胺磷(0.05)、甲草胺(0.02)、烯丙菊酯(0.04)、莠去津(0.02)、苯霜灵(0.5)、丙硫克百威(0.01)、灭草松(0.05)、苯嘧虫噁烷(0.01)、生物苄呋菊酯(0.5)、溴鼠隆(0.0005)、溴(50)、溴螨酯(0.05)、溴苯腈(0.06)、氟丙嘧草酯(0.01)、丁氧环酮(0.01)、克菌丹(0.01)、多菌灵，硫菌灵，甲基硫菌灵和苯菌灵(0.1)、卡草胺(0.01)、萎锈灵(0.05)、唑草酮(0.08)、虫螨腈(0.01)、氟啶脲(0.02)、地茂散(0.01)、氯磺隆(0.2)、氯酞酸二甲酯(0.05)、烯草酮(0.2)、炔草酸(0.01)、炔草酯(0.05)、克球酚(0.2)、二氯吡啶酸(0.1)、解毒喹(0.1)、环丙酸酰胺(0.05)、环唑醇(0.03)、四溴菊酯和溴氰菊酯(0.5)、丁醚脲(0.02)、禾草灵(0.05)、三氯杀螨醇(0.08)、野燕枯(0.05)、二甲噻草胺(0.01)、烯酰吗啉(0.01)、地乐酚(0.01)、二苯胺(0.01)、乙拌磷(0.02)、二氰蒽醌(0.01)、二硫代氨基甲酸盐类(0.05)、敌草隆(1)、氟环唑(0.01)、茵草敌(0.1)、甲基胺苯磺隆(0.02)、乙硫磷(0.2)、乙氧呋草黄(0.5)、乙氧喹啉(0.5)、二氯乙烷(0.1)、乙螨唑(0.01)、土菌灵(0.1)、氯苯嘧啶醇(0.02)、腈苯唑(0.01)、环酰菌胺(0.05)、仲丁威(0.01)、恶唑禾草灵(0.05)、唑螨酯(0.1)、三苯基氢氧化锡(0.05)、氟虫腈(0.01)、麦草伏-甲酯(0.01)、氟啶虫酰胺(0.2)、氯氟吡啶酯(0.01)、吡氟禾草灵(0.04)、氟氰戊菊酯(0.05)、咯菌腈(0.01)、唑嘧磺草胺(0.1)、氟胺草酯(0.01)、氟虫啶胺(0.01)、氟喹唑(0.2)、氯氟吡氧乙酸(0.08)、氟酰胺(0.05)、氟唑菌酰胺(0.2)、乙膦酸(1)、呋喃硫威(0.01)、草甘膦(0.05)、盖草能(0.02)、六氯苯(0.2)、环嗪酮(0.5)、磷化氢(0.01)、抑霉唑(0.02)、氨基咪草啶酸(0.05)、甲咪唑烟酸(0.1)、咪唑乙烟酸铵(0.1)、茚虫威(1)、碘甲磺隆(0.01)、异丙菌喹啉(0.01)、异菌脲(0.2)、稻瘟灵(0.01)、异恶唑草酮(0.01)、利谷隆(0.5)、2 甲 4 氯丁酸(0.05)、二甲四氯丙酸(0.05)、氯氟醚菌唑(0.01)、甲哌啶(0.05)、甲基二磺隆(0.01)、甲霜灵和精甲霜灵(0.05)、烯虫酯(0.1)、甲氧滴滴涕(2)、甲氧虫酰肼(0.2)、磺草唑胺(0.01)、嗪草酮(0.4)、甲磺隆(0.1)、氟草敏(达草灭)(0.1)、

续表

<table>
<tr><th colspan="2">项目</th><th>农药残留限量指标数目、种类和限量值</th></tr>
<tr><td>独有限量规定的农药项目(括号内为限量值,单位为 mg/kg)</td><td>日本
174 种</td><td>氧乐果(0.05)、解草腈(0.01)、亚砜吸磷(亚砜磷)(0.01)、乙氧氟草醚(0.01)、对硫磷(0.05)、甲基对硫磷(0.05)、苯醚菊酯(0.01)、亚胺硫磷(0.2)、辛硫磷(0.05)、氨氯吡啶酸(0.1)、啶氧菌酯(0.02)、杀鼠酮(0.001)、唑啉草酯(0.05)、增效醚(2)、抗蚜威(0.05)、腐霉利(0.01)、调环酸钙盐(0.01)、敌稗(0.01)、喔草酯(0.02)、残杀威(0.01)、氟磺隆(0.05)、吡蚜酮(0.01)、磺酰草吡唑(0.02)、除虫菊素(0.1)、哒螨灵(0.05)、哒草特(0.2)、嘧草硫磷(0.01)、二氯喹啉酸(快杀稗)(0.05)、五氯硝基苯(0.01)、喹禾灵及喹禾糠酯(0.02)、苄呋菊酯(0.1)、环苯吡菌胺(0.01)、烯禾啶(0.01)、硅白灵(1)、西玛津(0.02)、乙基多杀菌素(0.2)、甚孢菌素(0.05)、磺酰磺隆(0.005)、戊唑醇(0.05)、特丁赛草隆(特丁隆)(0.01)、四氯硝基苯(0.05)、七氟菊酯(0.001)、得杀草(吡喃草酮)(0.2)、特丁净(0.01)、氟醚唑(0.01)、噻苯隆(0.4)、噻吩磺隆(0.01)、噻呋酰胺(0.05)、禾草丹(0.01)、硫双威和灭多虫(0.02)、野麦畏(0.1)、醚苯磺隆(0.08)、苯磺隆(0.01)、脱叶磷(0.02)、敌百虫(0.1)、绿草定(0.05)、十三吗啉(0.05)、肟菌酯(0.05)、三氟啶磺隆(0.01)、氟菌唑(0.03)、杀铃脲(0.05)、灭菌唑(0.05)、乙烯菌核利(0.05)、杀鼠灵(0.001)</td></tr>
<tr><td rowspan="2">其他项目(括号内为限量值,单位为 mg/kg)</td><td>中国
3 种</td><td>艾氏剂(0.2)、狄氏剂(0.2)、敌敌畏(0.01)</td></tr>
<tr><td>日本
2 种</td><td>艾氏剂与狄氏剂之和(0.01)、敌敌畏与二溴磷之和(0.05)</td></tr>
</table>

⑤澳大利亚

澳大利亚对猪肉共规定了 286 种农药的残留限量,有 94 种与中国规定的农药种类一致。其中,相同种类农药中,有噻嗪酮、克百威、丁硫克百威、矮状素等 35 种农药的 MRLs 相同;啶虫脒(啶虫清)、氯氨吡啶酸、嘧菌酯、苯并烯氟菌唑等 34 种农药的 MRLs 比中国更严格;双甲脒、联苯三唑醇、氯丹、百菌清等 25 种农药的 MRLs 比中国宽松。涕灭威、氯丙嘧啶酸、噻草酮、除虫脲等 29 种农药的 MRLs 是中国制定而澳大利亚未制定,唑嘧菌胺、莠灭净、氨唑草酮、莠去津等 192 种农药的 MRLs 是澳大利亚制定而中国未制定,具体见表 3-65。

表 3-65 中国与澳大利亚猪肉中农药残留限量值差异情况

项目		农药残留限量指标数目、种类和限量值
有限量规定的农药种类总量	中国	123 种
	澳大利亚	286 种
澳大利亚与中国一致的项目 35 种(括号内为限量值,单位为 mg/kg)		2,4 滴和 2,4-滴钠盐(0.2)、艾氏剂(0.2)、狄氏剂(0.2)、噻嗪酮(0.05)、克百威(0.05)、丁硫克百威(0.05)、矮状素(0.2)、四螨嗪(0.05)、噻虫胺(0.02)、嘧菌环胺(0.01)、敌敌畏(0.01)、乐果(0.05)、敌草快(0.05)、杀螟硫磷(0.05)、氰戊菊酯和 S-氰戊菊酯(1)、氟吡菌胺(0.01)、七氯(0.2)、咪唑烟酸(0.05)、醚菌酯(0.05)、甲胺磷(0.01)、杀线威(0.02)、氯菊酯(1)、丙溴磷(0.05)、霜霉威和霜霉威盐酸盐(0.01)、炔螨特(0.1)、吡唑醚菌酯(0.5)、嘧霉胺(0.05)、苯嘧磺草胺(0.01)、多杀霉素(2)、噻虫嗪(0.02)、活化酯(0.02)、氟噻虫砜(0.01)、异丙噻菌胺(0.02)、硝磺草酮(0.01)、氟噻唑吡乙酮(0.01)
规定严于中国的项目 34 种(括号内为限量值,单位为 mg/kg)	中国	啶虫脒(啶虫清)(0.5)、氯氨吡啶酸(0.1)、嘧菌酯(0.05)、苯并烯氟菌唑(0.03)、联苯肼酯(0.05)、联苯菊酯(3)、啶酰菌胺(0.7)、氯虫苯甲酰胺(0.2)、甲基毒死蜱(0.1)、氟氯氰菊酯和高效氟氯氰菊酯(0.2)、氯氰菊酯和高效氯氰菊酯(2)、灭蝇胺(0.3)、二嗪磷(2)、苯醚甲环唑(0.2)、呋虫胺(0.1)、醚菊酯(0.5)、氟苯虫酰胺(2)、噻螨酮(0.05)、吡虫啉(0.1)、吡唑萘菌胺(0.01)、2 甲 4 氯(钠)(0.1)、氟酰脲(10)、吡噻菌胺(0.04)、喹氧灵(0.2)、螺虫乙酯(0.05)、氟啶虫胺腈(0.3)、虫酰肼(0.05)、噻虫啉(0.1)、三唑醇(0.02)、联苯吡菌胺(2)、溴氰虫酰胺(0.2)、丙炔氟草胺(0.02)、氟吡菌酰胺(1.5)、二甲戊灵(0.2)
	澳大利亚	啶虫脒(啶虫清)(0.01)、氯氨吡啶酸(0.01)、嘧菌酯(0.02)、苯并烯氟菌唑(0.01)、联苯肼酯(0.01)、联苯菊酯(2)、啶酰菌胺(0.3)、氯虫苯甲酰胺(0.02)、甲基毒死蜱(0.05)、氟氯氰菊酯和高效氟氯氰菊酯(0.02)、氯氰菊酯和高效氯氰菊酯(0.05)、灭蝇胺(0.05)、二嗪磷(0.7)、苯醚甲环唑(0.05)、呋虫胺(0.02)、醚菊酯(0.01)、氟苯虫酰胺(0.05)、噻螨酮(0.01)、吡虫啉(0.05)、吡唑萘菌胺(0.005)、2 甲 4 氯(钠)(0.05)、氟酰脲(0.1)、吡噻菌胺(0.01)、喹氧灵(0.1)、螺虫乙酯(0.02)、氟啶虫胺腈(0.2)、虫酰肼(0.02)、噻虫啉(0.02)、三唑醇(0.01)、联苯吡菌胺(0.2)、溴氰虫酰胺(0.01)、丙炔氟草胺(0.01)、氟吡菌酰胺(0.1)、二甲戊灵(0.01)

续表

项目		农药残留限量指标数目、种类和限量值
规定宽于中国的项目25种(括号内为限量值,单位为mg/kg)	中国	双甲脒(0.05)、联苯三唑醇(0.05)、氯丹(0.05)、百菌清(0.02)、毒死蜱(0.02)、氯氟氰菊酯和高效氯氟氰菊酯(0.05)、滴滴涕(0.2)、麦草畏(0.03)、甲氨基阿维菌素苯甲酸盐(0.004)、草铵膦(0.05)、林丹(0.1)、杀扑磷(0.02)、灭多威(0.02)、苯菌酮(0.01)、百草枯(0.005)、甲拌磷(0.02)、甲基嘧啶磷(0.01)、丙环唑(0.01)、丙硫菌唑(0.01)、三唑酮(0.02)、乙烯利(0.01)、粉唑醇(0.02)、甲氧咪草烟(0.01)、咪唑乙烟酸(0.01)、甲萘威(0.05)
	澳大利亚	双甲脒(0.1)、联苯三唑醇(0.3)、氯丹(0.2)、百菌清(2)、毒死蜱(0.5)、氯氟氰菊酯和高效氯氟氰菊酯(0.5)、滴滴涕(5)、麦草畏(0.05)、甲氨基阿维菌素苯甲酸盐(0.01)、草铵膦(0.1)、林丹(2)、杀扑磷(0.5)、灭多威(0.05)、苯菌酮(0.05)、百草枯(0.05)、甲拌磷(0.05)、甲基嘧啶磷(0.05)、丙环唑(0.1)、丙硫菌唑(0.02)、三唑酮(0.05)、乙烯利(0.1)、粉唑醇(0.05)、甲氧咪草烟(0.05)、咪唑乙烟酸(0.1)、甲萘威(0.07)
独有限量规定的农药项目(括号内为限量值,单位为mg/kg)	中国29种	涕灭威(0.01)、氯丙嘧啶酸(0.01)、噻草酮(0.06)、除虫脲(0.1)、噻节因(0.01)、硫丹(0.2)、异狄氏剂(0.1)、灭线磷(0.01)、噁唑菌酮(0.5)、咪唑菌酮(0.01)、苯线磷(0.01)、苯丁锡(0.05)、丁苯吗啉(0.02)、氟硅唑(1)、六六六(0.1)、氰氟虫腙(0.02)、咪鲜胺和咪鲜胺锰盐(0.5)、螺螨酯(0.01)、特丁硫磷(0.05)、嗪氨灵(0.01)、丁氟螨酯(0.01)、敌草腈(0.01)、甲氰菊酯(0.01)、氟虫脲(0.05)、氟吡呋喃酮(1.5)、腈菌唑(0.01)、戊菌唑(0.05)、螺甲螨酯(0.15)、氟苯脲(0.01)
	澳大利亚192种	2,2-二氯丙酸2,2-DPA(0.2)、2,4-滴丁酸(0.2)、阿灭丁(阿维菌素)(0.02)、乙酰甲胺磷(0.2)、三氟羧草醚(0.01)、苯草醚(0.01)、双丙环虫酯(0.1)、唑嘧菌胺(0.02)、莠灭净(0.05)、氨唑草酮(0.01)、吲唑磺菌胺(0.01)、杀草强(0.01)、磺草灵(0.1)、莠去津(0.01)、阿维菌素B1(0.02)、甲基吡啶磷(0.05)、四唑嘧磺隆(0.02)、甲基谷硫磷(0.05)、苯菌灵(0.2)、灭草松(0.05)、六六六(不包括γ-异构体,林丹)(0.3)、氟吡草酮(0.02)、2-[(2,4-二氯苯基)甲基]-4,4-二甲基-3-异噁唑酮(0.01)、除草定(0.04)、溴苯腈(1)、氟丙嘧草酯(0.01)、丁氧环酮(0.01)、克菌丹(0.05)、多菌灵(0.2)、卡草胺(0.05)、唑草酮(0.05)、溴虫腈(0.05)、氯磺隆(0.05)、二甲基敌草索(0.05)、环庚草醚(0.01)、烯草酮(0.05)、炔草酸(0.1)、炔草酯(0.05)、异恶草酮(0.03)、二氯吡啶酸(0.1)、解毒酸(0.1)、解毒喹(0.1)、氰霜唑(0.01)、环丙烯胺酸(0.05)、环溴虫酰胺(0.01)、环氟菌胺(0.01)、氰氟草酯(0.05)、环唑醇(0.03)、溴氰菊酯(0.1)、丁醚脲(0.02)、精滴丙酸(0.02)、禾草灵(0.05)、吡氟草胺(0.05)、二甲吩草胺-P(0.01)、烯酰吗啉(0.01)、二苯胺(0.01)、

续表

项目		农药残留限量指标数目、种类和限量值
独有限量规定的农药项目(括号内为限量值,单位为mg/kg)	澳大利亚192种	二硫代氨基甲酸酯(0.5)、敌草隆(0.1)、茵多酸(0.05)、茵草敌(0.1)、乙氧呋草黄(0.5)、乙氧基喹(0.5)、乙氧磺隆(0.05)、乙螨唑(0.02)、腈苯唑(0.01)、环酰菌胺(0.05)、恶唑禾草灵(0.05)、胺苯吡菌酮(0.01)、氟虫腈(0.1)、麦草氟甲酯(0.01)、高效麦草伏甲酯(0.01)、氟啶虫酰胺(0.02)、双氟磺草胺(0.01)、氯氟吡啶酯(0.02)、精吡氟禾草灵(0.05)、咯菌腈(0.05)、唑嘧磺草胺(0.1)、氟胺草酯(0.01)、氟喹唑(0.5)、氟草烟(0.1)、氟酰胺(0.05)、氟唑菌酰胺(0.05)、呋线威(0.05)、草甘膦(0.1)、氟氯吡啶酯(0.01)、氯吡嘧磺隆(0.01)、氟吡禾灵(0.02)、六氯苯(1)、环嗪酮(0.1)、甲咪唑烟酸(0.05)、茚虫威(3)、碘甲磺隆(0.01)、种菌唑(0.01)、异菌脲(0.1)、异恶酰草胺(0.01)、异恶唑草酮(0.05)、利谷隆(0.05)、氯芬奴隆(1)、马拉硫磷(1)、代森锰锌(0.5)、甲苯醚菌酯(0.02)、Mandestronin(0.02)、双炔酰菌胺(0.01)、2-甲-4-氯丁酸(0.05)、吡唑解草酯(0.05)、氯氟醚菌唑(0.02)、助壮素(0.1)、甲基二磺隆(0.01)、甲霜灵(0.05)、精甲霜灵(0.05)、苯嗪草酮(0.05)、吡草胺(0.05)、解草磺酰胺(0.03)、威百亩(0.5)、威百亩钠(0.5)、烯虫酯(0.3)、甲氧虫酰肼(0.01)、代森联(0.5)、异丙甲草胺(0.05)、磺草唑胺(0.01)、嗪草酮(0.05)、甲磺隆(0.1)、速灭磷(0.05)、灭螨菌素(0.002)、敌草胺(0.08)、氯硝柳胺(0.01)、氧乐果(0.05)、解草腈(0.1)、乙氧氟草醚(0.01)、氟唑菌苯胺(0.01)、甜菜宁(0.1)、亚胺硫磷(0.1)、亚磷酸(1)、毒莠定(0.05)、氟吡酰草胺(0.02)、唑啉草酯(0.02)、增效醚(0.1)、抗蚜威(0.1)、腐霉利(0.2)、环苯草酮(0.05)、调环酸钙盐(0.05)、扑草净(0.05)、扑草胺(0.02)、喔草酯(0.02)、甲基代森锌(0.5)、炔苯酰草胺(0.05)、丙氧喹啉(0.01)、苄草丹(0.02)、吡蚜酮(0.01)、吡草醚(0.02)、磺酰草吡唑(0.01)、除虫菊素(0.05)、达草特(0.2)、甲氧苯啶菌(0.01)、吡丙醚(0.02)、嘧草硫醚(0.02)、罗克杀草砜(0.02)、甲氧磺草胺(0.01)、五氯硝基苯(0.2)、喹禾灵(0.02)、喹禾糠酯(0.02)、环苯吡菌胺(0.01)、稀禾定(0.05)、西玛津(0.05)、乙基多杀菌素(2)、螺环菌胺(0.05)、磺酰磺隆(0.005)、戊唑醇(0.1)、特丁噻草隆(0.5)、吡喃草酮(0.1)、草净津(特丁津)(0.01)、去草净(0.1)、氟醚唑(0.01)、噻苯咪唑(0.2)、噻苯隆(0.05)、噻吩磺隆(0.01)、硫双威(0.05)、硫菌灵(0.2)、福美双(0.5)、苯吡唑草酮(0.01)、野麦畏(0.1)、醚苯磺隆(0.05)、苯磺隆(0.01)、敌百虫(0.1)、肟菌酯(0.05)、三氟啶磺隆钠(0.01)、三氟草嗪(0.01)、杀虫隆(0.05)、氟乐灵(0.05)、抗倒酯(0.02)、灭菌唑(0.05)、杀鼠灵(0.007)

⑥新西兰

新西兰对猪肉共规定了 36 种农药的残留限量，有 16 种与中国规定的农药种类一致。其中，相同种类农药中，丙炔氟草胺、苯菌酮、丙硫菌唑等 5 种农药的 MRLs 相同；氯氨吡啶酸、噻虫胺、溴氰虫酰胺、氟硅唑、吡唑醚菌酯等 11 种农药的 MRLs 比中国更严格。2，4 滴和 2，4-滴钠盐、啶虫脒(啶虫清)、活化酯等 107 种农药的 MRLs 是中国制定而新西兰未制定，烯草酮、环唑醇等 20 种农药的 MRLs 是新西兰制定而中国未制定。目前六个贸易国(组织)中，新西兰对猪肉中农药残留规定是最少的，但是限量要求比较严格，在 36 种农药的 MRLs 中，有 78％的 MRLs 定在 0.02 mg/kg 及以下，61％的 MRLs 定在 0.01 mg/kg，具体见表 3-66。

表 3-66　中国与新西兰猪肉中农药残留限量值差异

<table>
<tr><th colspan="2">项目</th><th>农药残留限量指标数目、种类和限量值</th></tr>
<tr><td rowspan="2">有限量规定的农药种类总量</td><td>中国</td><td>123 种</td></tr>
<tr><td>新西兰</td><td>36 种</td></tr>
<tr><td colspan="2">新西兰与中国一致的项目 5 种(括号内为限量值，单位为 mg/kg)</td><td>丙炔氟草胺(0.02)、苯菌酮(0.01)、丙硫菌唑(0.01)、敌敌畏(0.01)、苯嘧磺草胺(0.01)</td></tr>
<tr><td rowspan="2">规定严于中国的项目 11 种(括号内为限量值，单位为 mg/kg)</td><td>中国</td><td>氯氨吡啶酸(0.1)、噻虫胺(0.02)、溴氰虫酰胺(0.2)、氟硅唑(1)、吡唑醚菌酯(0.5)、苯并烯氟菌唑(0.03)、联苯吡菌胺(2)、麦草畏(0.03)、苯醚甲环唑(0.2)、氟吡菌酰胺(1.5)、氟啶虫胺腈(0.3)</td></tr>
<tr><td>新西兰</td><td>氯氨吡啶酸(0.01)、噻虫胺(0.01)、溴氰虫酰胺(0.01)、氟硅唑(0.01)、吡唑醚菌酯(0.02)、苯并烯氟菌唑(0.01)、联苯吡菌胺(0.15)、麦草畏(0.02)、苯醚甲环唑(0.01)、氟吡菌酰胺(0.5)、氟啶虫胺腈(0.07)</td></tr>
</table>

续表

项目		农药残留限量指标数目、种类和限量值
独有限量规定的农药项目(括号内为限量值,单位为 mg/kg)	中国 107 种	2,4 滴和 2,4-滴钠盐(0.2)、啶虫脒(啶虫清)(0.5)、活化酯(0.02)、涕灭威(0.01)、艾氏剂(0.2)、氯丙嘧啶酸(0.01)、双甲脒(0.05)、嘧菌酯(0.05)、联苯肼酯(0.05)、联苯菊酯(3)、联苯三唑醇(0.05)、啶酰菌胺(0.7)、噻嗪酮(0.05)、克百威(0.05)、丁硫克百威(0.05)、氯虫苯甲酰胺(0.2)、氯丹(0.05)、矮壮素(0.2)、百菌清(0.02)、毒死蜱(0.02)、甲基毒死蜱(0.1)、四螨嗪(0.05)、噻草酮(0.06)、丁氟螨酯(0.01)、氟氯氰菊酯和高效氟氯氰菊酯(0.2)、氯氟氰菊酯和高效氯氟氰菊酯(0.05)、氯氰菊酯和高效氯氰菊酯(2)、嘧菌环胺(0.01)、灭蝇胺(0.3)、滴滴涕(0.2)、二嗪磷(2)、敌草腈(0.01)、狄氏剂(0.2)、除虫脲(0.1)、噻节因(0.01)、乐果(0.05)、呋虫胺(0.1)、敌草快(0.05)、甲氨基阿维菌素苯甲酸盐(0.004)、硫丹(0.2)、异狄氏剂(0.1)、乙烯利(0.01)、灭线磷(0.01)、醚菊酯(0.5)、噁唑菌酮(0.5)、咪唑菌酮(0.01)、苯线磷(0.01)、苯丁锡(0.05)、杀螟硫磷(0.05)、甲氰菊酯(0.01)、丁苯吗啉(0.02)、氰戊菊酯和 S-氰戊菊酯(1)、氟苯虫酰胺(2)、氟噻虫砜(0.01)、氟虫脲(0.05)、氟吡菌胺(0.01)、氟吡呋喃酮(1.5)、粉唑醇(0.02)、草铵膦(0.05)、六六六(0.1)、七氯(0.2)、噻螨酮(0.05)、甲氧咪草烟(0.01)、咪唑烟酸(0.05)、咪唑乙烟酸(0.01)、吡虫啉(0.1)、异丙噻菌胺(0.02)、吡唑萘菌胺(0.01)、醚菌酯(0.05)、林丹(0.1)、2 甲 4 氯(钠)(0.1)、硝磺草酮(0.01)、氰氟虫腙(0.02)、甲胺磷(0.01)、杀扑磷(0.02)、甲萘威(0.05)、灭多威(0.02)、腈菌唑(0.01)、氟酰脲(10)、杀线威(0.02)、氟噻唑吡乙酮(0.01)、百草枯(0.005)、戊菌唑(0.05)、二甲戊灵(0.2)、吡噻菌胺(0.04)、氯菊酯(1)、甲拌磷(0.02)、甲基嘧啶磷(0.01)、咪鲜胺和咪鲜胺锰盐(0.5)、丙溴磷(0.05)、霜霉威和霜霉威盐酸盐(0.01)、炔螨特(0.1)、丙环唑(0.01)、嘧霉胺(0.05)、喹氧灵(0.2)、多杀霉素(2)、螺螨酯(0.01)、螺甲螨酯(0.15)、螺虫乙酯(0.05)、虫酰肼(0.05)、氟苯脲(0.01)、特丁硫磷(0.05)、噻虫啉(0.1)、噻虫嗪(0.02)、三唑酮(0.02)、三唑醇(0.02)、嗪氨灵(0.01)
	新西兰 20 种	烯草酮(0.2)、环唑醇(0.02)、链霉素和双氢链霉素(0.5)、吡啶菌胺(0.01)、苯锈啶(0.01)、氟喹唑(0.02)、氟唑菌酰胺(0.01)、氟氯吡啶酯(0.01)、异丙氟吡菌胺(0.01)、高效氯氟氰菊酯(0.01)、啶氧菌酯(0.01)、罗克杀草砜(0.02)、甲氧磺草胺(0.01)、乙基多杀菌素(0.01)、螺环菌胺(0.01)、链霉素(0.5)、氟胺氰菊酯(0.01)、噻苯咪唑(0.1)、苯磺隆(0.01)、肟菌酯(0.05)

(3)部分农药残留指标差异性分析

本部分内容从单一指标限量值差异对部分内容进行举例。

对于猪肉中部分农药残留限量值,中国与其他国家(组织)存在较大差异,部分其他国家(组织)的限量值明显严于中国。例如中国规定多杀霉素、联苯吡菌胺、二嗪磷、氯菊酯在猪肉中的限量值分别为 2 mg/kg、2 mg/kg、2 mg/kg、1 mg/kg,而欧盟规定的限量值为 0.1 mg/kg、0.02 mg/kg、0.02 mg/kg、0.05 mg/kg,较中国严格。由于我国对猪肉中部分农药限量要求与其他国家(组织)存在较大差异,导致在出口时容易出现贸易壁垒,进口时不易发现安全风险隐患。表 3-67 列举了不同国家(组织)部分农药残留限量值差异情况。

表 3-67 不同国家(组织)部分农药残留限量值差异情况 单位:mg/kg

化合物	各国限量值						
	中国	欧盟	日本	CAC	美国	澳大利亚	新西兰
多杀霉素	2	0.1	2	2	0.5	2	—
联苯吡菌胺	2	0.02	2	2	—	0.2	0.15
二甲戊灵	0.2	0.01	—	0.2	—	0.01	—
二嗪磷	2	0.02	—	2	—	0.7	—
氯菊酯	1	0.05	1	1	0.05	1	—
苯醚甲环唑	0.2	0.05	0.2	0.2	0.05	0.05	0.01
啶酰菌胺	0.7	0.01	0.2	0.7	0.05	0.3	—
百草枯	0.005	0.01	0.05	0.005	0.05	0.05	—
氰戊菊酯和 S-氰戊菊酯	1	0.02	—	1	1.5	1	—
吡唑醚菌酯	0.5	0.05	0.5	0.5	0.1	0.5	0.02
氯氰菊酯和高效氯氰菊酯	2	2	—	2	0.05	0.05	—
联苯菊酯	3	0.2	3	3	0.5	2	—
氯氨吡啶酸	0.1	0.01	—	0.1	—	0.01	0.01
氟吡呋喃酮	1.5	0.01	0.3	1.5	0.3	—	—

注:“—”表示无限量规定。

3.2.2.3 肉中农药残留定义差异

由于动物和植物本身代谢机制的差异性,农药在动、植物体内的代谢途径不同,其代谢产物可能存在较大的差异,导致残留定义不同。如我国标准《食品安全国家标准 食品中农药最大残留限量》(GB 2763—2021)中规定百菌清在植物源产品的残留定义为百菌清残留量,动物源产品中为 4-羟基-2,5,6-三氯异二苯腈残留量。由于我国对动物源性食品中农药及其代谢物的相关研究较薄弱,与欧美发达国家在动物源性食品中农药残留的定义方面存在着一定的差异。中国与部分贸易国家(组织)的肉及肉制品中部分农药残留定义的差异如表 3-68 所示。

表 3-68 肉中部分农药指标残留定义差异

中文名称	英文名称	残留定义	
		中国	其他国家(组织)
2,4 滴和 2,4-滴钠盐	2,4-D and 2,4-D Na	2,4-滴残留量	日本:2,4-滴、2,4-D 钠盐、2,4-D 二甲胺盐、2,4-D 乙酯、2,4-D 异丙酯、4-D 丁氧基乙基酯和 2,4-D 链烷醇胺盐残留量之和
百菌清	chlorothalonil	4-羟基-2,5,6-三氯异二苯腈残留量	日本:百菌清残留量
苯醚甲环唑	difenoconazole	苯醚甲环唑与 1-[2-4-(4-氯苯氧基)-苯基]-2-(1,2,4-三唑)-1-基-乙醇)残留量之和,以苯醚甲环唑含量表示	澳大利亚、欧盟、新西兰:苯醚甲环唑残留量
苯线磷	fenamiphos	苯线磷及其氧类似物(亚砜、砜化合物)残留量之和,以苯线磷含量表示	日本:苯线磷残留量
除虫脲	diflubenzuron	除虫脲残留量	欧盟:除虫脲和 4-氯苯脲残留量之和,以除虫脲含量表示
丁氟螨酯	cyflumetofen	丁氟螨酯残留量	日本:丁氟螨酯及代谢物 B-1(α,α,α-三氟邻甲苯甲酸)残留量之和,以丁氟螨酯含量表示
丁硫克百威	carbosulfan	丁硫克百威残留量	澳大利亚:克百威及 3-羟基克百威残留量之和,以克百威含量表示
			日本:丁硫克百威、克百威和 3- 羟基克百威残留量之和,以丁硫克百威含量表示
啶虫脒(啶虫清)	acetamiprid	啶虫脒残留量	澳大利亚、美国、日本、欧盟:啶虫脒和 N-去甲基-啶虫脒残留量之和,以啶虫脒含量表示

续表

中文名称	英文名称	残留定义	
		中国	其他国家(组织)
啶酰菌胺	boscalid	啶酰菌胺残留量	CAC:啶酰菌胺、2-氯-N-(4′-氯-5-羟基联苯-2-基)烟酰胺及其共轭物残留量之和,以啶酰菌胺含量表示
多菌灵	carbendazim	多菌灵残留量	澳大利亚:多菌灵和2-氨基苯并咪唑残留量之和,以多菌灵含量表示
			CAC:苯菌灵、多菌灵和甲基硫菌灵残留量总和,以多菌灵含量表示
			日本:多菌灵、苯菌灵、硫菌灵、甲基硫菌灵残留量之和,以多菌灵含量表示
			欧盟:苯菌灵与多菌灵残留量之和,以多菌灵含量表示
氟吡呋喃酮	flupyradifurone	氟吡呋喃酮残留量	CAC:氟吡呋喃酮和二氟乙酸残留量总和,以氟吡呋喃酮含量表示
氟吡菌胺	fluopicolide	氟吡菌胺残留量	CAC:氟吡菌胺与2,6-二氯苯甲酰胺残留量之和
氟硅唑	flusilazole	氟硅唑残留量	CAC、日本、欧盟:氟硅唑与[双(4-氟苯基)甲基]硅烷醇残留量之和,以氟硅唑含量表示
氟噻唑吡乙酮	oxathiapiprolin	氟噻唑吡乙酮残留量	CAC:氟噻唑吡乙酮与5-(三氟甲基)-1H-吡唑-3-羧酸和1-β-D-吡喃葡萄糖基-3-(三氟甲基)-1H-吡唑-5-羧酸残留量之和,以氟噻唑吡乙酮含量表示
甲拌磷	phorate	甲拌磷及其氧类似物(亚砜、砜)残留量之和,以甲拌磷含量表示	日本:甲拌磷残留量
			美国:甲拌磷、甲拌磷砜、甲拌磷亚砜、甲拌磷氧类似物、甲拌磷砜氧类似物、甲拌磷亚砜氧类似物残留量之和
甲基毒死蜱	chlorpyrifos-methyl	甲基毒死蜱残留量	美国:甲基毒死蜱及其代谢物(3,5,6-三氯-2-吡啶酚)残留量之和
甲萘威	Carbaryl	甲萘威残留量	美国:甲萘威、1-萘酚(硫酸萘酯)、5,6-二羟基咔啉基和5,6-二氢二羟基萘酚残留量之和

续表

中文名称	英文名称	残留定义	
		中国	其他国家(组织)
甲氧咪草烟	imazamox	甲氧咪草烟残留量	CAC:甲氧咪草烟与5-(羟甲基)-2-(4-异丙基-4-甲基-5-氧代-2-氮杂唑啉-2-基)烟酸残留量之和,以甲氧咪草烟含量表示
			欧盟:甲氧咪草烟及其盐残留量总和,以甲氧咪草烟含量表示
乐果	dimethoate	乐果残留量	澳大利亚:乐果和氧化乐果残留量之和,以乐果含量表示
			欧盟:乐果和氧化乐果残留量之和,以乐果含量表示
联苯吡菌胺	bixafen	联苯吡菌胺残留量	欧盟、新西兰、CAC:联苯吡菌胺和去甲基联苯吡菌胺残留量总和,以联苯吡菌胺含量表示
氯苯胺灵	chlor-propham	氯苯胺灵残留量	美国:氯苯胺灵(异丙基氯苯胺灵)及其代谢产物4-羟基喹喔啉-O-磺酸残留量之和
咪唑菌酮	fenamidone	咪唑菌酮残留量	CAC:咪唑菌酮和5-甲基-5-苯基-2,4-咪唑烷二酮残留量之和
咪唑乙烟酸	imazetha-pyr	咪唑乙烟酸残留量	CAC:咪唑乙烟酸和5-羟乙基-2-(4-异丙基-4-甲基-5-氧代-2-咪唑啉-2-基)烟酸残留量总和,以咪唑乙烟酸含量表示
醚菌酯	kresoxim-methyl	E-甲基-2-甲氧基亚氨基-2-[2-(o-甲苯氧基)苯基]醋酸盐残留量,以醚菌酯含量表示	CAC:代谢物(2e)-(甲氧基亚氨基)2-[(2-甲基苯氧基)甲基]苯基乙酸和(2e)-2-[(4-羟基-2-甲基苯氧基)甲基]苯基(甲氧基亚氨基)乙酸残留量之和,以醚菌酯含量表示
灭多威	methomyl	灭多威残留量	CAC:灭多威和硫双威残留量总和,以灭多威含量表示

续表

中文名称	英文名称	残留定义	
		中国	其他国家(组织)
噻虫胺	clothianidin	噻虫胺残留量	新西兰:噻虫胺、2-氯噻唑-5-基甲基胍、N-(2-氯噻唑-5-亚甲基)-N′-甲基胍丙酮酸盐派生物 2-氯噻唑-5-基甲基胍残留量总和,以噻虫胺含量表示
杀线威	oxamyl	杀线威和杀线威肟残留量之和,以杀线威含量表示	日本:杀线威残留量
双甲脒	amitraz	双甲脒及 N-(2,4-二甲苯基)-N′-甲基甲脒残留量之和,以双甲脒含量表示	澳大利亚:双甲脒及 N-(2,4-二甲苯基)-N′-甲基甲脒残留量之和,以 N-(2,4- 二甲苯基)-N′-甲基甲脒含量表示
特丁硫磷	terbufos	特丁硫磷及其氧类似物(亚砜、砜)残留量之和	日本:特丁硫磷残留量
戊菌唑	penconazole	戊菌唑残留量	CAC:戊菌唑与 4-(2,4-二氯 - 苯基)-5-[1,2,4]三唑-1-基-戊-2-醇(游离和共轭态)以及 4-(2,4-二氯 - 苯基)-5- [1,2,4]三唑-1-基 - 戊酸残留量之和,以戊菌唑含量表示
溴氰虫酰胺	cyantranil-iprole	溴氰虫酰胺残留量	CAC:溴氰虫酰胺、2-[3-溴-1-(3-氯-2-吡啶基)-1H-吡唑-5-基]-3,4-二氢、3,8-二甲基-4-氧代-6-喹唑啉甲腈、2-[3-溴-1-(3-氯-2-吡啶基)-1H-吡唑-5-基]-1,4-二氢-8-甲基-4-氧代-6-喹唑啉甲腈、3-溴-1-(3-氯-2-吡啶基)-N-[4-氰基-2-(羟甲基)-6-[(甲基氨基)羰基]苯基]-1H-吡唑-5-甲酰胺、3-溴-1-(3-氯-2-吡啶基)-N-[4-氰基-2[(羟甲基)氨基]羰基]-6-甲基苯基]-1H-吡唑-5-甲酰胺残留量总和,以溴氰虫酰胺含量表示
异丙噻菌胺	isofetamid	异丙噻菌胺残留量	CAC:异丙噻菌胺和 2-[3-甲基-4-[2-甲基-2-(3-甲基噻吩-2-甲酰胺基)丙酰基]苯氧基]丙酸(PPA)残留量,以异丙噻菌胺含量表示
异狄氏剂	endrin	异狄氏剂、异狄氏剂醛和异狄氏剂酮残留量之和	日本:异狄氏剂残留量

3.2.3 不同国家(组织)乳中农药残留限量差异

生乳是指从符合国家有关要求的健康奶畜乳房中挤出的无任何成分改变的常乳。乳制品是以生鲜牛(羊)乳及其制品为主要原料，经加工制成的产品，包括：液体乳类(杀菌乳、灭菌乳、酸牛乳、配方乳)，乳粉类(全脂乳粉、脱脂乳粉、全脂加糖乳粉和调味乳粉、婴幼儿配方乳粉、其他配方乳粉)，炼乳类(全脂淡炼乳、全脂加糖炼乳、调味/调制炼乳、配方炼乳)，乳脂肪类(稀奶油、奶油、无水奶油)，干酪类(原干酪、再制干酪)，其他乳制品类(干酪素、乳糖、乳清粉等)。目前的乳制品多以生牛乳或生羊乳为原料。

近年来，中国奶业平稳发展，养殖规模明显增加。国家统计局发布的数据显示，2019 年中国牛奶产量 3201 万吨，仅次于印度和美国，居世界第 3 位。目前，我国生鲜乳整体的质量安全水平也保持相对平稳，生鲜乳抽检合格率连续多年保持在 99.7% 以上，三聚氰胺等违禁添加物抽检合格率保持在 100%。然而，与美国、欧盟等发达国家相比，我国奶牛饲养规模化和标准化程度仍有待提高，生鲜乳质量安全隐患依然存在。

生乳的质量直接影响乳制品的加工品质、营养价值，是乳制品质量安全的基础，对乳制品的生产发展意义重大。生乳作为乳制品的原料，对乳制品的安全卫生尤为重要。奶牛场工作人员为防治奶牛体外寄生虫等会使用大量的杀虫剂等药物，这些药物可以在环境和动物脂肪组织中积累，在活的生物体中达到毒性暴露水平，在肉和乳汁中产生二级毒性。当奶牛采食的饲料和干草被农药污染时，奶牛挤出的乳汁中和奶牛组织中的农药残留会不断累积，生乳及其乳制品受到污染，危害人体健康。

3.2.3.1 生牛乳中农药残留限量差异

美国、CAC、澳大利亚、日本、欧盟、新西兰等国家(组织)针对生牛乳中的农药残留限量制定了相应的法规，见表 3-69。中国标准中规定了 125 种农药残留限量，美国标准中规定了 147 种农药残留限量，欧盟标准中规定了 504 种农药残留限量，CAC 标准中规定了 170 种农药残留限量，澳大利亚标准中规定了 252 种农药残留限量，新西兰标准中规定了 44 种农药残留限量，日本标准中规定了 282 种农药残留限量。

表 3-69 不同国家(组织)的生牛乳中主要农药残留限量要求法规或标准

国家(组织)	限量法规或标准中文名称	限量法规或标准的编号或英文名称	农药数量
中国	食品安全国家标准　食品中农药最大残留限量	GB 2763—2021	125
美国	食品中农药最大残留限量及豁免	40 CFR PART 180	147
欧盟	动植物源性食品和饲料中农药最大残留限量	(EC) No. 396/2005	504

续表

国家(组织)	限量法规或标准中文名称	限量法规或标准的编号或英文名称	农药数量
CAC	国际食品法典农药残留限量数据库	Codex Pesticides Residues in Food Online Database	170
澳大利亚	澳新食品标准法典 1.4.2:附表 20	Standard 1.4.2: Schedule 20	252
新西兰	农业化合物最大残留限量	Maximum Residue Levels for Agricultural Compounds	44
日本	食品中残留农业化学品肯定列表制度	Maximum Residue Limits (MRLs) List of Agricultural Chemicals in Foods	282

(1)中国与其他国家(组织)农药残留限量指标数量的差异

各个国家及组织对生牛乳中农药残留的限量做了不同规定,其指标数量存在较大差异,如图 3-11 所示。中国规定了生牛乳中 125 种农药的限量,低于欧盟的 504 种、日本的 282 种、澳大利亚的 252 种、CAC 的 170 种、美国的 147 种,其中与欧盟、日本、澳大利亚 3 个国家(组织)的指标数量差距在一倍以上。与其他国家(组织)相比,中国生牛乳中有限量规定的农药项目缺失较大,欧盟、日本、澳大利亚、美国、CAC 的独有指标数量分别为 384、172、173、84、48 种,见表 3-70。

表 3-70　生牛乳中农药残留限量指标数量差异情况

项目		中国	欧盟	日本	澳大利亚	美国	CAC	新西兰
农药指标数量		125	504	282	252	147	170	44
中国独有指标数量		—	5	14	46	62	2	102
对方独有指标数量		—	384	172	173	84	48	22
共同指标数量		—	117	109	79	63	121	21
共同指标数量	限量值一致	—	68	72	27	12	115	8
	限量值严于中国	—	23	14	30	16	4	12
	限量值宽于中国	—	26	23	22	35	2	1
其他指标数量	中国	—	3	2	—	—	2	2
	对方国家(组织)	—	3	1	—	—	1	1

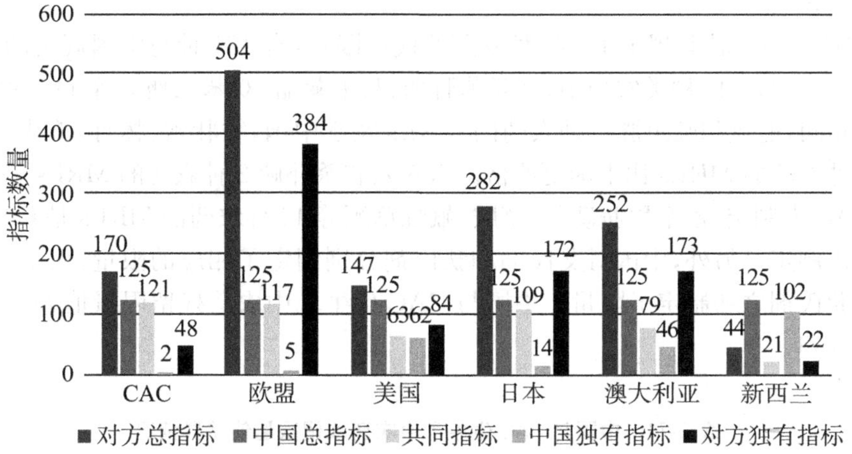

图 3-11 生牛乳中农药残留限量指标数量差异情况

(2)中国与其他国家(组织)农药残留限量指标值的差异

不同国家(组织)在生牛乳中农药残留共有指标的限量值上也存在宽严程度的差异,如图 3-12 所示。例如:中国与欧盟对 117 种相同农药做出了限量规定,其中欧盟与中国的限量规定一致的农药有 68 种,欧盟严于中国的有 23 种,宽于中国的有 26 种;中国与日本对 109 种相同农药做出了限量规定,其中日本与中国的限量规定一致的农药有 72 种,日本严于中国的有 14 种,宽于中国的有 23 种;中国与澳大利亚对 79 种相同农药做出了限量规定,其中澳大利亚与中国的限量规定一致的农药有 27 种,澳大利亚严于中国的有 30 种,宽于中国的有 22 种。下面就中国与 CAC、欧盟、美国等国家(组织)生牛乳中的农药残留限量指标的差异进行逐一分析。

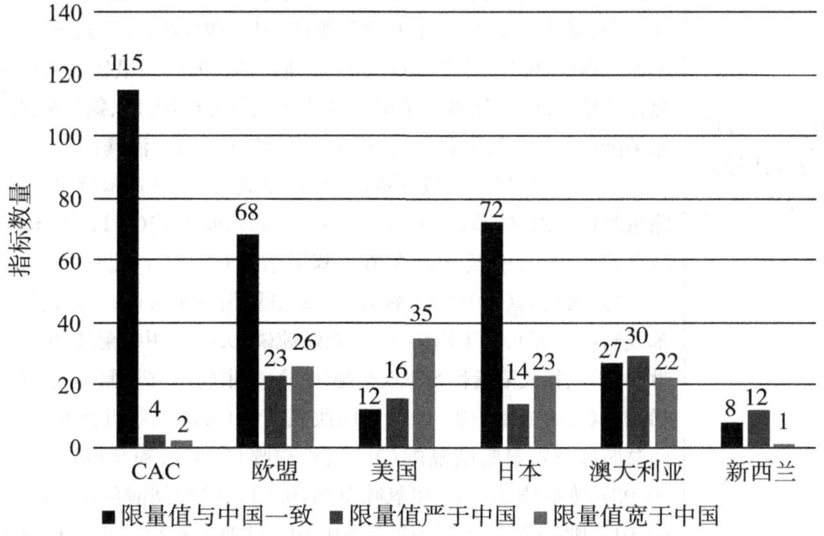

图 3-12 生牛乳中相同农药残留限量指标的限量值差异情况

①CAC

CAC对生牛乳共规定了170种农药的残留限量，有121种与中国规定的农药种类一致。其中，相同种类农药中，有联苯肼酯、联苯菊酯、双苯三唑醇等115种农药的MRLs相同，七氯和啶虫脒2种农药的MRLs宽于中国，矮壮素、林丹、杀线威、螺甲螨酯4种农药的MRLs比中国更严格。六六六和杀扑磷2种农药的MRLs是中国制定而CAC未制定，乙酰甲胺磷、乙草胺、氟吡草酮等48种农药的MRLs是CAC制定而中国未制定。另外，中国对艾氏剂和狄氏剂分别制定了相应的限量，而CAC对艾氏剂与狄氏剂之和制定了限量。中国与CAC生牛乳中农药残留限量值差异情况具体见表3-71。

表3-71　中国与CAC生牛乳中农药残留限量值差异情况

项目		农药残留限量指标数目、种类和限量值
有限量规定的农药种类总量	中国	125种
	CAC	170种
CAC与中国一致的项目115种(括号内为限量值，单位为mg/kg)		2,4-滴和2,4-滴钠盐(0.01)、苯并噻二唑(0.01)、涕灭威(0.01)、氯丙嘧啶酸(0.02)、氯氨吡啶酸(0.02)、双甲脒(0.01)、嘧菌酯(0.01)、灭草松(0.01)、苯并烯氟菌唑(0.01)、联苯肼酯(0.01)、联苯菊酯(0.2)、联苯三唑醇(0.05)、联苯吡菌胺(0.2)、啶酰菌胺(0.1)、噻嗪酮(0.01)、甲萘威(0.05)、多菌灵(0.05)、氯虫苯甲酰胺(0.05)、氯丹(0.002)、百菌清(0.07)、氯苯胺灵(0.01)、毒死蜱(0.02)、甲基毒死蜱(0.01)、四螨嗪(0.05)、噻虫胺(0.02)、溴氰虫酰胺(0.6)、噻草酮(0.02)、丁氟螨酯(0.01)、氟氯氰菊酯和高效氟氯氰菊酯(0.01)、氯氟氰菊酯和高效氯氟氰菊酯(0.2)、氯氰菊酯和高效氯氰菊酯(0.05)、嘧菌环胺(0.0004)、灭蝇胺(0.01)、滴滴涕(0.02)、二嗪磷(0.02)、麦草畏(0.2)、敌草腈(0.01)、敌敌畏(0.01)、苯醚甲环唑(0.02)、除虫脲(0.02)、噻节因(0.01)、乐果(0.05)、呋虫胺(0.1)、二苯胺(0.01)、敌草快(0.01)、甲氨基阿维菌素苯甲酸盐(0.002)、硫丹(0.01)、乙烯利(0.01)、灭线磷(0.01)、醚菊酯(0.02)、噁唑菌酮(0.03)、咪唑菌酮(0.01)、苯线磷(0.005)、苯丁锡(0.05)、杀螟硫磷(0.01)、甲氰菊酯(0.01)、丁苯吗啉(0.01)、氰戊菊酯和S-氰戊菊酯(0.1)、氟虫腈(0.02)、氟苯虫酰胺(0.1)、氟烯线砜(0.01)、氟虫脲(0.01)、丙炔氟草胺(0.02)、氟吡菌胺(0.02)、氟吡菌酰胺(0.8)、氟吡呋喃酮(0.7)、氟硅唑(0.05)、粉唑醇(0.01)、草铵膦(0.02)、噻螨酮(0.05)、甲氧咪草烟(0.01)、咪唑烟酸(0.01)、咪唑乙烟酸(0.01)、吡虫啉(0.1)、异丙噻菌胺(0.01)、吡唑萘菌胺(0.01)、醚菌酯(0.01)、

续表

项目		农药残留限量指标数目、种类和限量值
CAC与中国一致的项目115种(括号内为限量值,单位为mg/kg)		2-甲-4-苯氧基乙酸(0.04)、硝磺草酮(0.01)、氰氟虫腙(0.01)、甲胺磷(0.02)、灭多威(0.02)、苯菌酮(0.01)、腈菌唑(0.01)、氟酰脲(0.4)、氟噻唑吡乙酮(0.01)、百草枯(0.005)、戊菌唑(0.01)、二甲戊灵(0.02)、吡噻菌胺(0.04)、甲拌磷(0.01)、甲基嘧啶磷(0.01)、咪鲜胺和咪鲜胺锰盐(0.05)、丙溴磷(0.01)、霜霉威和霜霉威盐酸盐(0.01)、炔螨特(0.1)、丙环唑(0.01)、丙硫菌唑(0.004)、吡唑醚菌酯(0.03)、嘧霉胺(0.01)、喹氧灵(0.01)、苯嘧磺草胺(0.01)、多杀霉素(1)、螺螨酯(0.004)、螺虫乙酯(0.005)、氟啶虫胺腈(0.2)、虫酰肼(0.05)、氟苯脲(0.01)、特丁硫磷(0.01)、噻菌灵(0.2)、噻虫啉(0.05)、噻虫嗪(0.05)、三唑酮(0.01)、三唑醇(0.01)、嗪氨灵(0.01)
规定严于中国的项目4种(括号内为限量值,单位为mg/kg)	中国	矮壮素(0.5)、林丹(0.01)、杀线威(0.02)、螺甲螨酯(0.015)
	CAC	矮壮素(0.3)、林丹(0.001)、杀线威(0.01)、螺甲螨酯(0.01)
规定宽于中国的项目2种(括号内为限量值,单位为mg/kg)	中国	七氯(0.002)、啶虫脒(0.02)
	CAC	七氯(0.006)、啶虫脒(0.2)
独有限量规定的农药项目(括号内为限量值,单位为mg/kg)	中国2种	六六六(0.02)、杀扑磷(0.001)
	CAC 48种	乙酰甲胺磷(0.02)、乙草胺(0.02)、氟吡草酮(0.02)、烯草酮(0.05)、环唑醇(0.01)、溴氰菊酯(0.05)、二甲吩草胺-P(0.01)、烯酰吗啉(0.01)、乙拌磷(0.01)、二氰蒽醌(0.01)、二硫代氨基甲酸酯(0.05)、乙虫腈(0.01)、乙螨唑(0.01)、腈苯唑(0.01)、环酰菌胺(0.01)、胺苯吡菌酮(0.01)、唑螨酯(0.01)、氟啶虫酰胺(0.15)、精吡氟禾草灵(0.2)、咯菌腈(0.01)、氟氯苯菊酯(0.05)、氟酰胺(0.05)、氟唑菌酰胺(0.02)、三乙膦酸铝(0.1)、草甘膦(0.05)、氟吡禾灵(0.3)、甲咪唑烟酸(0.1)、茚虫威(0.1)、稻瘟灵(0.01)、异恶唑草酮(0.01)、氯芬奴隆(0.1)、烯虫酯(0.1)、甲氧虫酰肼(0.05)、氟草敏(达草灭)(0.02)、亚砜磷(0.01)、亚胺硫磷(0.02)、啶氧菌酯(0.01)、增效醚(0.05)、抗蚜威(0.01)、二氯喹啉酸(0.05)、环苯吡菌胺(0.01)、乙基多杀菌(0.02)、戊唑醇(0.01)、Tioxazafen(0.02)、肟菌酯(0.02)、三氟苯嘧啶(0.01)、氟菌唑(0.02)、抗倒酯(0.005)

续表

项目		农药残留限量指标数目、种类和限量值
其他项目(括号内为限量值,单位为 mg/kg)	中国 2种	艾氏剂(0.006)、狄氏剂(0.006)
	CAC 1种	艾氏剂与狄氏剂之和(0.006)

②美国

美国对生牛乳共规定了147种农药的MRLs,有63种与中国规定的农药种类一致。其中,相同种类农药中,有苯并烯氟菌唑、啶酰菌胺、噻嗪酮等12种农药的MRLs相同,2,4-滴和2,4-滴钠盐、啶虫脒、氯氨吡啶酸、双甲脒、灭草松、联苯肼酯等35种农药的MRLs宽于中国,氯丙嘧啶酸、嘧菌酯、联苯吡菌胺、四螨嗪、噻虫胺等16种农药的MRLs比中国更严格。苯并噻二唑、涕灭威、联苯菊酯、联苯三唑醇、杀螟硫磷等62种农药的MRLs是中国制定而美国未制定,乙酰甲胺磷、乙草胺、氟嘧菌酯、氟啶草酮、氯氟吡氧乙酸、氟酰胺、氟唑菌酰胺等84种农药的MRLs是美国制定而中国未制定。中国与美国生牛乳中农药残留限量值差异情况具体见表3-72。

表3-72 中国与美国生牛乳中农药残留限量值差异情况

项目		农药残留限量指标数目、种类和限量值
有限量规定的农药种类总量	中国	125种
	美国	147种
美国与中国一致的项目12种(括号内为限量值,单位为 mg/kg)		苯并烯氟菌唑(0.01)、啶酰菌胺(0.1)、噻嗪酮(0.01)、矮壮素(0.5)、麦草畏(0.2)、苯醚甲环唑(0.02)、二苯胺(0.01)、乙烯利(0.01)、噻螨酮(0.05)、吡虫啉(0.1)、丙溴磷(0.01)、苯嘧磺草胺(0.01)
规定严于中国的项目16种(括号内为限量值,单位为mg/kg)	中国	氯丙嘧啶酸(0.02)、嘧菌酯(0.01)、联苯吡菌胺(0.2)、四螨嗪(0.05)、噻虫胺(0.02)、溴氰虫酰胺(0.6)、乐果(0.05)、呋虫胺(0.1)、氟吡菌酰胺(0.8)、氟吡呋喃酮(0.7)、吡噻菌胺(0.04)、螺甲螨酯(0.015)、噻菌灵(0.2)、噻虫啉(0.05)、噻虫嗪(0.05)、虫酰肼(0.05)
	美国	氯丙嘧啶酸(0.01)、嘧菌酯(0.006)、联苯吡菌胺(0.04)、四螨嗪(0.01)、噻虫胺(0.01)、溴氰虫酰胺(0.2)、乐果(0.002)、呋虫胺(0.05)、氟吡菌酰胺(0.4)、氟吡呋喃酮(0.15)、吡噻菌胺(0.02)、螺甲螨酯(0.01)、噻菌灵(0.1)、噻虫啉(0.03)、噻虫嗪(0.02)、虫酰肼(0.04)

续表

项目		农药残留限量指标数目、种类和限量值
规定宽于中国的项目35种(括号内为限量值,单位为mg/kg)	中国	2,4-滴和2,4-滴钠盐(0.01)、啶虫脒(0.02)、氯氨吡啶酸(0.02)、双甲脒(0.01)、灭草松(0.01)、联苯肼酯(0.01)、甲萘威(0.05)、氯虫苯甲酰胺(0.05)、百菌清(0.07)、氯苯胺灵(0.01)、氟氯氰菊酯和高效氟氯氰菊酯(0.01)、灭蝇胺(0.01)、敌敌畏(0.01)、除虫脲(0.02)、敌草快(0.01)、醚菊酯(0.02)、咪唑菌酮(0.01)、氟苯虫酰胺(0.1)、氟虫脲(0.01)、草铵膦(0.02)、2-甲-4-苯氧基乙酸(0.04)、腈菌唑(0.01)、氟酰脲(0.4)、百草枯(0.005)、二甲戊灵(0.02)、丙环唑(0.01)、丙硫菌唑(0.004)、吡唑醚菌酯(0.03)、嘧霉胺(0.01)、多杀霉素(1)、螺螨酯(0.004)、螺虫乙酯(0.005)、氟啶虫胺腈(0.2)、粉唑醇(0.01)、氰戊菊酯和S-氰戊菊酯(0.1)
	美国	2,4-滴和2,4-滴钠盐(0.05)、啶虫脒(0.3)、氯氨吡啶酸(0.03)、双甲脒(0.03)、灭草松(0.02)、联苯肼酯(0.02)、甲萘威(1.0)、氯虫苯甲酰胺(0.1)、百菌清(0.1)、氯苯胺灵(0.30)、氟氯氰菊酯和高效氟氯氰菊酯(0.2)、灭蝇胺(0.05)、敌敌畏(0.02)、除虫脲(0.05)、敌草快(0.02)、醚菊酯(0.60)、咪唑菌酮(0.02)、氟苯虫酰胺(0.15)、氟虫脲(0.20)、草铵膦(0.15)、2-甲-4-苯氧基乙酸(0.1)、腈菌唑(0.2)、氟酰脲(1.0)、百草枯(0.01)、二甲戊灵(0.04)、丙环唑(0.05)、丙硫菌唑(0.02)、吡唑醚菌酯(0.1)、嘧霉胺(0.05)、多杀霉素(7.0)、螺螨酯(0.01)、螺虫乙酯(0.01)、氟啶虫胺腈(0.3)、粉唑醇(0.02)、氰戊菊酯和S-氰戊菊酯(0.3)
独有限量规定的农药项目(括号内为限量值,单位为mg/kg)	中国62种	咪唑烟酸(0.01)、苯并噻二唑(0.01)、涕灭威(0.01)、艾氏剂(0.006)、联苯菊酯(0.2)、联苯三唑醇(0.05)、多菌灵(0.05)、氯丹(0.002)、毒死蜱(0.02)、甲基毒死蜱(0.01)、噻草酮(0.02)、丁氟螨酯(0.01)、氯氟氰菊酯和高效氯氟氰菊酯(0.2)、氯氰菊酯和高效氯氰菊酯(0.05)、嘧菌环胺(0.0004)、滴滴涕(0.02)、二嗪磷(0.02)、敌草腈(0.01)、狄氏剂(0.006)、噻节因(0.01)、甲氨基阿维菌素苯甲酸盐(0.002)、硫丹(0.01)、灭线磷(0.01)、噁唑菌酮(0.03)、苯线磷(0.005)、苯丁锡(0.05)、杀螟硫磷(0.01)、甲氰菊酯(0.01)、丁苯吗啉(0.01)、氟虫腈(0.02)、氟烯线砜(0.01)、氟吡菌胺(0.02)、氟硅唑(0.05)、六六六(0.02)、七氯(0.002)、甲氧咪草烟(0.01)、咪唑乙烟酸(0.01)、异丙噻菌胺(0.01)、吡唑萘菌胺(0.01)、醚菌酯(0.01)、林丹(0.01)、硝磺草酮(0.01)、氰氟虫腙(0.01)、甲胺磷(0.02)、杀扑磷(0.001)、灭多威(0.02)、苯菌酮(0.01)、杀线威(0.02)、氟噻唑吡乙酮(0.01)、戊菌唑(0.01)、甲拌磷(0.01)、甲基嘧啶磷(0.01)、咪鲜胺和咪鲜胺锰盐(0.05)、霜霉威和霜霉威盐酸盐(0.01)、炔螨特(0.1)、喹氧灵(0.01)、氟苯脲(0.01)、特丁硫磷(0.01)、三唑酮(0.01)、三唑醇(0.01)、嗪氨灵(0.01)、丙炔氟草胺(0.02)
	美国84种	乙酰甲胺磷(0.1)、乙草胺(0.02)、甲草胺(0.02)、氨唑草酮(0.01)、磺草灵(0.05)、莠去津(0.02)、阿维菌素B1及其delta-8,9-异构体(0.015)、解草酮(0.01)、

续表

项目		农药残留限量指标数目、种类和限量值
独有限量规定的农药项目(括号内为限量值,单位为mg/kg)	美国84种	溴草腈(0.4)、克菌丹(0.1)、萎锈灵(0.05)、唑草酮(0.05)、氯磺隆(0.1)、烯草酮(0.05)、二氯吡啶酸(0.2)、环丙草酰胺(0.04)、环溴虫酰胺(0.015)、环唑醇(0.02)、依马菌素(0.003)、茵多杀(0.01)、恶唑禾草灵(0.02)、唑螨酯(0.015)、氟啶虫酰胺(0.05)、精吡氟禾草灵(0.05)、氟酮磺隆(0.005)、咯菌腈(0.01)、伏草隆(0.02)、氟嘧菌酯(0.03)、氟啶草酮(0.05)、氯氟吡氧乙酸(0.3)、氟酰胺(0.05)、氟唑菌酰胺(0.01)、氯吡嘧磺隆(0.05)、环嗪酮(11)、烯虫乙酯(0.2)、抑霉唑(0.02)、甲咪唑烟酸(0.1)、茚虫威(0.15)、异菌脲(0.5)、利谷隆(0.05)、氯氟醚菌唑(0.03)、甲霜灵(0.02)、甲氧虫酰肼(0.1)、异丙甲草胺(0.02)、赛克津(0.05)、甲磺隆(0.05)、烟嘧磺隆(0.01)、氟草敏(0.1)、亚砜吸磷(0.01)、乙氧氟草醚(0.01)、亚胺硫磷(0.1)、毒莠定(0.25)、啶氧菌酯(0.01)、唑啉草酯(0.02)、甲基氟嘧黄隆(0.02)、扑草胺(0.02)、敌稗(0.05)、丙苯磺隆(0.03)、炔苯酰草胺(0.02)、Pydiflumetofen(0.03)、吡草醚(0.03)、磺酰草吡唑(0.03)、杀草敏(0.02)、哒螨灵(0.01)、5-(二氟乙氧基)-1-甲基-3-三氟甲基吡唑-4-甲基-4,5-2H-5,5-二甲基-1,2-恶唑-3-砜基;3-(5-二氟乙氧基-1-甲基-3-三氟甲基吡唑-4-甲砜基)-4,5-2H-5,5-二甲基1,2-恶唑(0.003)、二氯喹啉酸(0.05)、喹禾灵(0.01)、苄呋菊酯(3)、西禾定(0.5)、西玛津(0.03)、乙基多杀菌素(0.3)、磺酰磺隆(0.02)、戊唑醇(0.1)、特丁隆(0.8)、氟醚唑(0.06)、噻苯隆(0.05)、噻酮磺隆(0.02)、杀草丹(0.05)、唑虫酰胺(0.03)、醚苯磺隆(0.02)、脱叶磷(0.01)、绿草定(0.6)、肟菌酯(0.02)、毒菌锡(0.06)

③欧盟

欧盟对生牛乳共规定了504种农药的残留限量,有117种与中国规定的农药种类一致。其中,相同种类农药中,2,4-滴和2,4-滴钠盐、苯并噻二唑、涕灭威、氯氨吡啶酸、双甲脒、嘧菌酯等68种农药的MRLs相同,啶虫脒、联苯肼酯、噻嗪酮、百菌清、氯苯胺灵等26种农药的MRLs宽于中国,联苯三唑醇、啶酰菌胺、溴氰虫酰胺、苯醚甲环唑、除虫脲、乐果、苯丁锡等23种农药的MRLs比中国更严格。氯丙嘧啶酸、灭草松、氟烯线砜、咪唑乙烟酸和2-甲-4-苯氧基乙酸5种农药的MRLs是中国制定而欧盟未制定,灭螨醌、乙草胺、苯草醚、氟丙菊酯、甲草胺、唑嘧菌胺、酰嘧磺隆、吲唑磺菌胺等384种农药的MRLs是CAC制定而中国未制定。另外,中国对艾氏剂、狄氏剂、六六六(α-六六六、β-六六六、γ-六六六和δ-六六六之和)制定了相应的限量,而欧盟是对艾氏剂与狄氏剂之和、α-六六六、β-六六六制定了限量。中国与欧盟生牛乳中农药残留限量值差异情况具体见表3-73。

表 3-73　中国与欧盟生牛乳中农药残留限量值差异情况

项目		农药残留限量指标数目、种类和限量值
有限量规定的农药种类总量	中国	125 种
	欧盟	504 种
欧盟与中国一致的项目 68 种（括号内为限量值，单位为 mg/kg）		2,4-滴和 2,4-滴钠盐(0.01)、苯并噻二唑(0.01)、涕灭威(0.01)、氯氨吡啶酸(0.02)、双甲脒(0.01)、嘧菌酯(0.01)、苯并烯氟菌唑(0.01)、联苯菊酯(0.2)、联苯吡菌胺(0.2)、甲萘威(0.05)、多菌灵(0.05)、氯虫苯甲酰胺(0.05)、氯丹(0.002)、矮壮素(0.5)、毒死蜱(0.02)、甲基毒死蜱(0.01)、四螨嗪(0.05)、噻虫胺(0.02)、丁氟螨酯(0.01)、氯氰菊酯和高效氯氰菊酯(0.05)、灭蝇胺(0.01)、二嗪磷(0.02)、敌草腈(0.01)、敌敌畏(0.01)、噻节因(0.01)、呋虫胺(0.1)、敌草快(0.01)、灭线磷(0.01)、噁唑菌酮(0.03)、咪唑菌酮(0.01)、苯线磷(0.005)、杀螟硫磷(0.01)、甲氰菊酯(0.01)、氟苯虫酰胺(0.1)、丙炔氟草胺(0.02)、氟吡菌胺(0.02)、粉唑醇(0.01)、噻螨酮(0.05)、甲氧咪草烟(0.01)、灭草松(0.01)、吡虫啉(0.1)、异丙噻菌胺(0.01)、吡唑萘菌胺(0.01)、醚菌酯(0.01)、林丹(0.01)、硝磺草酮(0.01)、苯菌酮(0.01)、腈菌唑(0.01)、氟酰脲(0.4)、氟噻唑吡乙酮(0.01)、戊菌唑(0.01)、二甲戊灵(0.02)、甲拌磷(0.01)、甲基嘧啶磷(0.01)、丙溴磷(0.01)、霜霉威和霜霉威盐酸盐(0.01)、丙环唑(0.01)、苯嘧磺草胺(0.01)、螺螨酯(0.004)、螺虫乙酯(0.005)、氟啶虫胺腈(0.2)、特丁硫磷(0.01)、噻菌灵(0.2)、噻虫啉(0.05)、噻虫嗪(0.05)、三唑酮(0.01)、三唑醇(0.01)、嗪氨灵(0.01)
规定严于中国的项目 23 种（括号内为限量值，单位为 mg/kg）	中国	联苯三唑醇(0.05)、啶酰菌胺(0.1)、溴氰虫酰胺(0.6)、苯醚甲环唑(0.02)、除虫脲(0.02)、乐果(0.05)、苯丁锡(0.05)、氰戊菊酯和 S-氰戊菊酯(0.1)、氟虫腈(0.02)、氟吡菌酰胺(0.8)、氟硅唑(0.05)、甲胺磷(0.02)、灭多威(0.02)、杀线威(0.02)、吡噻菌胺(0.04)、咪鲜胺和咪鲜胺锰盐(0.05)、炔螨特(0.1)、吡唑醚菌酯(0.03)、多杀霉素(1)、螺甲螨酯(0.015)、氯氟氰菊酯和高效氯氟氰菊酯(0.2)、氟吡呋喃酮(0.7)、虫酰肼(0.05)
	欧盟	联苯三唑醇(0.001)、啶酰菌胺(0.02)、溴氰虫酰胺(0.02)、苯醚甲环唑(0.005)、除虫脲(0.01)、乐果(0.01)、苯丁锡(0.02)、氰戊菊酯和 S-氰戊菊酯(0.04)、氟虫腈(0.008)、氟吡菌酰胺(0.6)、氟硅唑(0.02)、甲胺磷(0.01)、灭多威(0.01)、杀线威(0.01)、吡噻菌胺(0.01)、咪鲜胺和咪鲜胺锰盐(0.04)、炔螨特(0.01)、吡唑醚菌酯(0.01)、多杀霉素(0.2)、螺甲螨酯(0.1)、氯氟氰菊酯和高效氯氟氰菊酯(0.02) 、氟吡呋喃酮(0.01)、虫酰肼(0.01)

续表

项目		农药残留限量指标数目、种类和限量值
规定宽于中国的项目 26 种(括号内为限量值,单位为 mg/kg)	中国	啶虫脒(0.02)、联苯肼酯(0.01)、噻嗪酮(0.01)、百菌清(0.07)、氯苯胺灵(0.01)、噻草酮(0.02)、氟氯氰菊酯和高效氟氯氰菊酯(0.01)、嘧菌环胺(0.0004)、滴滴涕(0.02)、麦草畏(0.2)、二苯胺(0.01)、甲氨基阿维菌素苯甲酸盐(0.002)、硫丹(0.01)、乙烯利(0.01)、醚菊酯(0.02)、丁苯吗啉(0.01)、氟虫脲(0.01)、草铵膦(0.02)、七氯(0.002)、氰氟虫腙(0.01)、杀扑磷(0.001)、百草枯(0.005)、丙硫菌唑(0.004)、嘧霉胺(0.01)、喹氧灵(0.01)、氟苯脲(0.01)
	欧盟	啶虫脒(0.2)、联苯肼酯(0.02)、噻嗪酮(0.05)、百菌清(0.1)、氯苯胺灵(0.05)、噻草酮(0.05)、氟氯氰菊酯和高效氟氯氰菊酯(0.02)、嘧菌环胺(0.02)、滴滴涕(0.04)、麦草畏(0.5)、二苯胺(0.05)、甲氨基阿维菌素苯甲酸盐(0.01)、硫丹(0.05)、乙烯利(0.05)、醚菊酯(0.07)、丁苯吗啉(0.015)、氟虫脲(0.05)、草铵膦(0.03)、七氯(0.004)、氰氟虫腙(0.02)、杀扑磷(0.02)、百草枯(0.01)、丙硫菌唑(0.01)、嘧霉胺(0.05)、喹氧灵(0.05)、氟苯脲(0.05)
独有限量规定的农药种类(括号内为限量值,单位为 mg/kg)	中国 5 种	氯丙嘧啶酸(0.02)、咪唑烟酸(0.01)、氟烯线砜(0.01)、咪唑乙烟酸(0.01)、2-甲-4-苯氧基乙酸(0.04)
	欧盟 384 种	1,1-二氯-2,2-二(4-乙苯基)乙烷(0.01)、1,2-二溴乙烷(0.01)、二氯乙烷(0.1)、1,3-二氯丙烯(0.02)、1,4-二甲基萘(1,4-DMN)(0.01)、1-甲基环丙烯(0.01)、1-萘基乙酰胺和 1-萘基乙酸(0.06)、2,4,5-涕(0.01)、2,4-滴丁酸(1.5)、由使用三氟磺隆得到的 2-氨基-4-甲氧基-6-(三氟甲基)-1,3,5-三嗪(AMTT)(0.001)、2-萘氧乙酸(0.01)、2-苯基苯酚(0.01)、3-癸烯-2-酮(0.1)、8-羟基喹啉(0.01)、阿灭丁(阿维菌素)(0.01)、乙酰甲胺磷(0.02)、灭螨醌(0.01)、乙草胺(0.01)、苯草醚(0.01)、氟丙菊酯(0.01)、甲草胺(0.01)、唑嘧菌胺(R)(0.03)、酰嘧磺隆(0.07)、吲唑磺菌胺(0.01)、杀草强(0.01)、敌菌灵(0.01)、蒽醌(0.01)、杀螨特(0.01)、磺草灵(0.02)、莠去津(0.01)、印楝素(0.01)、四唑嘧磺隆(0.02)、益棉磷(0.01)、甲基谷硫磷(0.01)、三唑锡和三环锡(总和,以三环锡计)(0.01)、燕麦灵(0.01)、氟丁酰草胺(0.01)、苯霜灵(0.05)、氟草胺(0.02)、苄嘧磺隆(0.01)、排草丹(0.02)、苯噻菌胺(0.01)、氯化苯甲烃铵(0.1)、氟吡草酮(0.02)、甲羰除草醚(0.01)、联苯(0.01)、骨油(0.01)、溴敌隆(0.01)、溴离子(0.05)、乙基溴硫磷(0.01)、溴螨酯(0.01)、溴苯腈及其盐(0.01)、糠菌唑(0.01)、乙嘧酚磺酸酯(0.05)、丁乐灵(0.01)、丁草敌(0.01)、硫线磷(0.01)、毒杀芬(0.01)、敌菌丹(0.01)、克菌丹(0.03)、长杀草(0.01)、呋喃丹(0.001)、一氧化碳(0.01)、四氯化碳(0.01)、萎锈灵(0.03)、

续表

项目		农药残留限量指标数目、种类和限量值
独有限量规定的农药种类(括号内为限量值,单位为mg/kg)	欧盟384种	氟酮唑草(0.01)、杀螟丹(0.01)、氯杀螨(0.05)、氯草灵(0.01)、十氯酮(0.02)、溴虫腈(0.01)、杀螨酯(0.05)、杀螟威(0.01)、氯草敏(0.3)、乙酯杀螨醇(0.1)、氯化苦(0.01)、绿麦隆(0.01)、枯草隆(0.02)、氯磺隆(0.01)、氯酞酸二甲酯(0.01)、草克乐(0.01)、乙菌利(0.01)、环虫酰肼(0.01)、吲哚酮草酯(0.05)、烯草酮(0.05)、炔草酯(0.02)、异恶草酮(0.01)、二氯吡啶酸(0.05)、铜化合物(2)、蝇毒硫磷(0.01)、氰胺包括其盐(0.01)、氰霜唑(0.01)、环丙草酰胺(0.01)、环溴虫酰胺(0.01)、环氟菌胺(0.03)、氰氟草酯(0.01)、霜脲氰(0.01)、环唑醇(0.05)、茅草枯(0.01)、丁酰肼(0.06)、棉隆(0.01)、溴氰菊酯(0.05)、甜菜安(0.05)、燕麦敌(0.01)、2,4-滴丙酸(0.01)、禾草灵(0.01)、氯硝胺(0.01)、三氯杀螨醇(0.1)、二癸基二甲基氯化铵(0.1)、乙霉威(0.01)、吡氟草胺(0.01)、二氟乙酸(0.03)、二甲草胺(0.01)、二甲吩草胺(0.01)、烯酰吗啉(0.01)、醚菌胺(0.01)、烯唑醇(0.01)、消螨普(0.03)、地乐酚(0.02)、特乐酚(0.01)、敌杀磷(0.01)、乙拌磷(0.01)、二氰蒽醌(0.01)、二硫代氨基甲酸酯(0.05)、敌草隆(0.05)、二硝甲酚(0.02)、吗菌灵(0.01)、多果定(0.01)、异狄氏剂(0.0008)、氟环唑(0.002)、茵草敌(0.02)、乙丁烯氟灵(0.01)、甲基胺苯磺隆(0.01)、乙硫磷(0.01)、乙菌定(0.05)、乙氧呋草黄(0.03)、乙氧基喹(0.05)、乙氧磺隆(0.01)、环氧乙烷(0.02)、乙螨唑(0.01)、土菌灵(0.05)、氯苯嘧啶醇(0.02)、喹螨醚(0.01)、腈苯唑(0.05)、皮蝇磷(0.01)、环酰菌胺(0.01)、精恶唑禾草灵(0.05)、苯氧威(0.05)、Fenpicoxamid(0.01)、苯锈啶(0.02)、胺苯吡菌酮(0.01)、唑螨酯(0.01)、倍硫磷(0.01)、三苯锡(0.02)、嘧啶磺隆(0.01)、氟啶虫酰胺(0.15)、双氟磺草胺(0.01)、氯氟吡啶酯(0.01)、精吡氟禾草灵(0.08)、氟啶胺(0.01)、氟环脲(0.01)、氟氰戊菊酯(0.01)、咯菌腈(0.01)、氟噻草胺(0.01)、氟螨嗪(0.02)、氟甲喹(0.05)、氟节胺(0.01)、伏草隆(0.01)、氟离子(0.2)、乙羧氟草醚(0.01)、氟嘧菌酯(0.02)、氟啶嘧磺隆(0.02)、氟喹唑(0.03)、氟咯草酮(0.05)、氟草烟(0.06)、调嘧醇(0.01)、呋草酮(0.01)、Flutianil(0.01)、氟酰胺(0.05)、氟唑菌酰胺(0.02)、灭菌丹(0.05)、氟磺胺草醚(0.01)、甲酰胺磺隆(0.01)、氯吡脲(0.01)、伐虫脒(0.01)、安果(0.01)、乙磷铝(三乙膦酸铝)(0.1)、噻唑磷(0.01)、麦穗宁(0.01)、糠醛(1)、草甘膦(0.05)、双胍辛胺(0.02)、氟氯吡啶酯(0.02)、氯吡嘧磺隆(0.01)、吡氟氯禾灵(0.015)、六氯苯(0.005)、已唑醇(0.01)、氢氰酸(0.01)、恶霉灵(0.05)、抑霉唑(0.05)、甲咪唑烟酸(0.01)、灭草喹(0.05)、咪唑磺隆(0.02)、吲哚乙酸(0.1)、吲哚丁酸(0.1)、茚虫威(0.1)、碘甲磺隆(0.02)、碘苯腈(0.01)、种菌唑(0.01)、异菌脲(0.1)、丙森锌(0.01)、稻瘟灵(0.01)、异丙隆(0.01)、异恶草胺(0.01)、

续表

项目		农药残留限量指标数目、种类和限量值
独有限量规定的农药种类(括号内为限量值,单位为 mg/kg)	欧盟 384 种	异恶唑草酮(0.02)、乳氟草灵(0.01)、环草定(0.1)、利谷隆(0.01)、氯芬奴隆(0.1)、马拉硫磷(0.02)、抑芽丹(0.07)、Mandestrobin(0.01)、双炔酰菌胺(0.02)、二甲四氯和二甲四氯丁酸(0.05)、灭蚜磷(0.01)、二甲四氯丙酸(0.01)、Mefentrifluconazole(0.02)、嘧菌胺(0.01)、壮棉素(0.07)、灭锈胺(0.01)、消螨多(0.05)、汞化合物(0.01)、甲基二磺隆(0.02)、甲霜灵(0.01)、四聚乙醛(0.01)、苯嗪草酮(0.05)、吡草胺(0.01)、叶菌唑(0.02)、噻唑隆(0.05)、虫螨畏(0.01)、甲硫威(0.05)、烯虫酯(0.05)、甲氧滴滴涕(0.01)、甲氧虫酰肼(0.05)、异丙甲草胺和精异丙甲草胺(0.01)、磺草唑胺(0.01)、嗪草酮(0.1)、甲磺隆(0.01)、速灭磷(0.01)、灭螨菌素(0.02)、草达灭(0.01)、久效磷(0.01)、绿谷隆(0.01)、灭草隆(0.01)、敌草胺(0.01)、烟嘧磺隆(0.02)、尼古丁(0.01)、除草醚(0.01)、氧化乐果(0.01)、磺酰脲(0.01)、黄草消(0.01)、丙炔噁草酮(0.01)、恶草酮(0.05)、恶霜灵(0.01)、环氧嘧磺隆(0.01)、氧化萎锈灵(0.01)、亚砜磷(0.01)、乙氧氟草醚(0.05)、多效唑(0.01)、石蜡油(CAS 64742-54-7)(0.01)、对硫磷(0.05)、甲基对硫磷(0.01)、戊菌隆(0.05)、五氟磺草胺(0.01)、氯菊酯(0.05)、乙酰胺(0.01)、石油馏出物(0.01)、甜菜宁(0.05)、苯醚菊酯(0.05)、稻丰散(0.01)、伏杀硫磷(0.01)、亚胺硫磷(0.05)、磷胺(0.01)、磷酸盐和磷化盐(0.01)、辛硫磷(0.02)、毒莠定(0.05)、氟吡酰草胺(0.01)、啶氧菌酯(0.01)、唑啉草酯(0.01)、抗蚜威(0.05)、腐霉利(0.01)、环苯草酮(0.01)、调环酸(0.01)、毒草安(0.02)、敌稗(0.01)、喔草酯(0.05)、苯胺灵(0.01)、甲基代森锌(0.01)、异丙草胺(0.01)、残杀威(0.05)、丙苯磺隆(0.02)、炔苯酰草胺(0.01)、丙氧喹啉(0.01)、苄草丹(0.01)、氟磺隆(0.02)、吡嗪酮(0.01)、吡草醚(0.02)、磺酰草吡唑(0.01)、吡菌磷(0.01)、除虫菊素(0.05)、哒螨灵(0.01)、啶虫丙醚(0.01)、哒草特(0.05)、甲氧苯唳菌(0.01)、吡丙醚(0.05)、甲氧磺草胺(0.01)、喹硫磷(0.01)、二氯喹啉酸(0.01)、氯甲喹啉酸(0.05)、灭藻醌(0.02)、五氯硝基苯(0.01)、喹禾灵包括精喹禾灵(0.05)、苄呋菊酯(0.02)、砜嘧磺隆(0.02)、鱼藤酮(0.01)、环苯吡菌胺(0.01)、硅噻菌胺(0.01)、西玛津(0.01)、乙基多杀菌素(0.01)、螺环菌胺(0.015)、链霉素(0.2)、磺草酮(0.01)、磺酰磺隆(0.02)、硫酰氟(0.01)、5-硝基愈创木酚钠(邻硝基酚钠与对-硝基苯酚钠之和,以5-硝基愈创木酚钠表示)(0.03)、氟胺氰菊酯(0.05)、戊唑醇(0.02)、吡螨胺(0.01)、四氯硝基苯(0.01)、七氟菊酯(0.05)、环磺酮(0.002)、特普(0.01)、吡喃草酮(0.02)、草净津(0.05)、氟醚唑(0.05)、四氯杀螨砜(0.05)、噻吩磺隆(0.01)、杀草丹(4-氯苄基甲基砜)(0.01)、硫双威(0.01)、甲基硫菌灵(0.05)、福美双(0.01)、甲基立枯磷(0.01)、甲苯氟磺胺(0.01)、

续表

项目		农药残留限量指标数目、种类和限量值
独有限量规定的农药种类(括号内为限量值,单位为 mg/kg)	欧盟 384 种	苯吡唑草酮(0.01)、三甲苯草酮(0.01)、野燕畏(0.05)、醚苯磺隆(0.05)、三唑磷 (0.01)、苯磺隆(0.01)、敌百虫(0.01)、绿草定(0.01)、三环唑(0.01)、十三吗啉 (0.01)、肟菌酯(0.02)、三氟苯嘧啶(0.01)、氟菌唑(0.01)、杀虫隆 (0.01)、氟乐灵(0.01)、氟胺磺隆[6-(2,2,2-三氟乙氧基)-1,3,5-三嗪-2,4-二胺(IN-M7222)](0.01)、三甲基硫阳离子 (0.1)、抗倒酯 (0.01)、灭菌唑(0.01)、三氟甲磺隆(0.01)、维芬乐特(0.01)、乙烯菌核利(0.01)、杀鼠灵(0.01)、福美锌(0.01)、苯酰菌胺(0.01)、氟噻菌净(0.01)、甲基磺草酮(0.01)、氯炔灵(0.01)、缬菌胺(霜霉灭)(0.01)、异恶草松(0.01)、鱼滕酮(0.01)
其他项目(括号内为限量值，单位为 mg/kg)	中国 3 种	艾氏剂(0.006)、狄氏剂(0.006)、六六六(α-六六六、β-六六六、γ-六六六和δ-六六六之和,0.02)
	欧盟 3 种	艾氏剂与狄氏剂之和(0.006)、α-六六六(0.01)、β-六六六(0.01)

④日本

日本对生牛乳共规定了 282 种农药的残留限量，有 109 种与中国规定的农药种类一致。其中，相同种类农药中，有苯并噻二唑、氯丙嘧啶酸、嘧菌酯、苯并烯氟菌唑等 72 种农药的 MRLs 相同，啶虫脒、氯氨吡啶酸、双甲脒等 23 种农药的 MRLs 宽于中国，联苯吡菌胺、矮壮素、百菌清等 14 种农药的 MRLs 比中国更严格。涕灭威、噻草酮、敌草腈等 14 种农药的 MRLs 是中国制定而日本未制定，苯霜灵、恶虫威、丙硫克百威、生物苄呋菊酯等 172 种农药的 MRLs 是日本制定而中国未制定。另外，中国对艾氏剂、狄氏剂分别制定了相应的限量，而日本是对艾氏剂与狄氏剂之和制定了限量。中国与日本生牛乳中农药残留限量值差异情况具体见表 3-74。

表 3-74 中国与日本生牛乳中农药残留限量值差异情况

项目		农药残留限量指标数目、种类和限量值
有限量规定的农药种类总量	中国	125 种
	日本	282 种

续表

项目		农药残留限量指标数目、种类和限量值
日本与中国一致的项目 72 种(括号内为限量值,单位为 mg/kg)		2,4-滴和 2,4-滴钠盐(0.01)、苯并噻二唑(0.01)、氯丙嘧啶酸(0.02)、嘧菌酯(0.01)、苯并烯氟菌唑(0.01)、联苯肼酯(0.01)、联苯菊酯(0.2)、联苯三唑醇(0.05)、啶酰菌胺(0.1)、甲萘威(0.05)、氯虫苯甲酰胺(0.05)、氯丹(0.002)、氯苯胺灵(0.01)、毒死蜱(0.02)、甲基毒死蜱(0.01)、四螨嗪(0.05)、噻虫胺(0.02)、溴氰虫酰胺(0.6)、丁氟螨酯(0.01)、氯氰菊酯和高效氯氰菊酯(0.05)、嘧菌环胺(0.0004)、灭蝇胺(0.01)、滴滴涕(0.02)、二嗪磷(0.02)、麦草畏(0.2)、苯醚甲环唑(0.02)、除虫脲(0.02)、噻节因(0.01)、乐果(0.05)、呋虫胺(0.1)、敌草快(0.01)、噁唑菌酮(0.03)、苯线磷(0.005)、苯丁锡(0.05)、丁苯吗啉(0.01)、氰戊菊酯和 S-氰戊菊酯(0.1)、氟虫腈(0.02)、氟苯虫酰胺(0.1)、氟烯线砜(0.01)、氟吡菌胺(0.02)、氟硅唑(0.05)、草铵膦(0.02)、噻螨酮(0.05)、咪唑烟酸(0.01)、吡虫啉(0.1)、醚菌酯(0.01)、林丹(0.01)、氰氟虫腙(0.01)、杀扑磷(0.001)、苯菌酮(0.01)、氟酰脲(0.4)、杀线威(0.02)、戊菌唑(0.01)、吡噻菌胺(0.04)、甲基嘧啶磷(0.01)、咪鲜胺和咪鲜胺锰盐(0.05)、丙溴磷(0.01)、霜霉威和霜霉威盐酸盐(0.01)、炔螨特(0.1)、丙环唑(0.01)、丙硫菌唑(0.004)、吡唑醚菌酯(0.03)、嘧霉胺(0.01)、喹氧灵(0.01)、苯嘧磺草胺(0.01)、氟啶虫胺腈(0.2)、氟苯脲(0.01)、特丁硫磷(0.01)、噻虫啉(0.05)、噻虫嗪(0.05)、三唑醇(0.01)、嗪氨灵(0.01)
规定严于中国的项目 14 种(括号内为限量值,单位为 mg/kg)	中国	联苯吡菌胺(0.2)、矮壮素(0.5)、百菌清(0.07)、氯氟氰菊酯和高效氯氟氰菊酯(0.2)、二苯胺(0.01)、甲氨基阿维菌素苯甲酸盐(0.002)、硫丹(0.01)、杀螟硫磷(0.01)、氟吡菌酰胺(0.8)、氟吡呋喃酮(0.7)、甲胺磷(0.02)、螺甲螨酯(0.015)、噻菌灵(0.2) 、虫酰肼(0.05)
	日本	联苯吡菌胺(0.04)、矮壮素(0.4)、百菌清(0.06)、氯氟氰菊酯和高效氯氟氰菊酯(0.03)、二苯胺(0.0004)、甲氨基阿维菌素苯甲酸盐(0.0005)、硫丹(0.004)、杀螟硫磷(0.002)、氟吡菌酰胺(0.6)、氟吡呋喃酮(0.2)、甲胺磷(0.01)、螺甲螨酯(0.001)、噻菌灵(0.1)、虫酰肼(0.02)
规定宽于中国的项目 23 种(括号内为限量值,单位为 mg/kg)	中国	啶虫脒(0.02)、氯氨吡啶酸(0.02)、双甲脒(0.01)、灭草松(0.01)、噻嗪酮(0.01)、氟氯氰菊酯和高效氟氯氰菊酯(0.01)、乙烯利(0.01)、醚菊酯(0.02)、咪唑菌酮(0.01)、甲氰菊酯(0.01)、粉唑醇(0.01)、七氯(0.002)、甲氧咪草烟(0.01)、吡唑萘菌胺(0.01)、2-甲-4-苯氧基乙酸(0.04)、腈菌唑(0.01)、百草枯(0.005)、甲拌磷(0.01)、多杀霉素(1)、螺螨酯(0.004)、三唑酮(0.01)、敌敌畏(0.01)、多菌灵(0.05)
	日本	啶虫脒(0.1)、氯氨吡啶酸(0.03)、双甲脒(0.02)、灭草松(0.05)、噻嗪酮(0.02)、氟氯氰菊酯和高效氟氯氰菊酯(0.04)、乙烯利(0.05)、醚菊酯(0.4)、咪唑菌酮(0.02)、甲氰菊酯(0.1)、粉唑醇(0.05)、七氯(0.006)、甲氧咪草烟(0.03)、吡唑萘菌胺(0.02)、2-甲-4-苯氧基乙酸(0.08)、腈菌唑(0.09)、百草枯(0.01)、甲拌磷(0.05)、多杀霉素(2)、螺螨酯(0.01)、三唑酮(0.05)、敌敌畏和二溴磷(以敌敌畏计,0.02)、多菌灵(0.3)

续表

项目		农药残留限量指标数目、种类和限量值
独有限量规定的农药种类(括号内为限量值,单位为 mg/kg)	中国 14 种	涕灭威(0.01)、噻草酮(0.02)、敌草腈(0.01)、灭线磷(0.01)、氟虫脲(0.01)、六六六(0.02)、咪唑乙烟酸(0.01)、异丙噻菌胺(0.01)、硝磺草酮(0.01)、灭多威(0.02)、氟噻唑吡乙酮(0.01)、二甲戊灵(0.02)、螺虫乙酯(0.005)、丙炔氟草胺(0.02)
	日本 172 种	2,4-滴丁酸(0.05)、2,6-二异丙基萘(0.7)、4-氯苯氧乙酸(对氯苯氧乙酸)(20)、阿维菌素(0.02)、乙酰甲胺磷(0.01)、甲草胺(0.02)、烯丙菊酯(0.01)、莠去津(0.02)、苯霜灵(0.05)、恶虫威(0.05)、丙硫克百威(0.05)、生物苄呋菊酯(0.05)、溴鼠隆(0.001)、溴螨酯(0.05)、溴苯腈(0.07)、氟丙嘧草酯(0.01)、丁氧环酮(0.01)、克菌丹(0.01)、卡拉洛尔(咔唑心安)(0.001)、卡草胺(0.01)、克百威(0.05)、丁硫克百威(0.03)、萎锈灵(0.05)、唑草酮(0.04)、虫螨腈(0.01)、毒虫畏(0.2)、氟啶脲(0.03)、杀草敏(0.01)、地茂散(0.01)、氯磺隆(0.08)、氯酞酸二甲酯(0.05)、烯草酮(0.05)、炔草酸(0.01)、炔草酯(0.05)、二氯吡啶酸(0.09)、解毒喹(0.1)、环丙酸酰胺(0.05)、环唑醇(0.01)、四溴菊酯和溴氰菊酯(0.05)、丁醚脲(0.02)、禾草灵(0.05)、三氯杀螨醇(0.1)、二甲噻草胺(0.01)、烯酰吗啉(0.01)、三氮脒(0.15)、地乐酚(0.01)、丙虫驱(0.004)、乙拌磷(0.01)、二氰蒽醌(0.01)、二硫代氨基甲酸盐类(0.05)、敌草隆(0.1)、多拉菌素(0.015)、异狄氏剂(0.005)、氟环唑(0.002)、茵草敌(0.1)、甲基胺苯磺隆(0.02)、乙硫磷(0.5)、乙氧呋草黄(0.2)、二氯乙烷(0.1)、乙螨唑(0.01)、土菌灵(0.05)、氨黄磷(0.01)、氯苯嘧啶醇(0.01)、腈苯唑(0.01)、环酰菌胺(0.01)、恶唑禾草灵(0.02)、唑螨酯(0.01)、麦草伏-甲酯(0.01)、氟啶虫酰胺(0.03)、吡氟禾草灵(0.03)、氟氰戊菊酯(0.07)、咯菌腈(0.01)、氟氯苯氰菊酯(0.05)、唑嘧磺草胺(0.1)、氟胺草酯(0.01)、氟喹唑(0.1)、氯氟吡氧乙酸(0.2)、氟酰胺(0.05)、氟唑菌酰胺(0.02)、草甘膦(0.05)、盖草能(0.02)、环嗪酮(11)、磷化氢(0.01)、抑霉唑(0.02)、甲咪唑烟酸(0.1)、双咪苯脲(0.05)、茚虫威(0.1)、碘甲磺隆(0.01)、异菌脲(0.2)、异丙胺磷(0.01)、稻瘟灵(0.02)、异恶唑草酮(0.01)、伊维菌素(0.01)、利谷隆(0.05)、氯芬奴隆(0.05)、2甲4氯丁酸(0.05)、二甲四氯丙酸(0.05)、甲哌啶(0.06)、甲基二磺隆(0.01)、甲霜灵和精甲霜灵(0.01)、烯虫酯(0.05)、甲氧滴滴涕(0.01)、甲氧虫酰肼(0.05)、嗪草酮(0.05)、甲磺隆(0.07)、氟草敏(达草灭)(0.1)、氧乐果(0.05)、解草腈(0.01)、亚砜吸磷(亚砜磷)(0.01)、乙氧氟草醚(0.01)、对硫磷(0.05)、甲基对硫磷(0.05)、氯菊酯(0.1)、苯醚菊酯(0.01)、亚胺硫磷(0.2)、氨氯吡啶酸(0.05)、啶氧菌酯(0.01)、杀鼠酮(0.001)、唑啉草酯(0.02)、增效醚(0.2)、抗蚜威(0.05)、吡芬(0.04)、腐霉利(0.01)、敌稗(0.01)、喔草酯(0.01)、残杀威(0.05)、丙苯磺隆(0.03)、氟磺隆(0.05)、吡蚜酮(0.01)、除虫菊素(0.5)、哒螨灵(0.01)、哒草特(0.2)、二氯喹啉酸(快杀稗)(0.05)、五氯硝基苯(0.01)、喹禾灵及喹禾糠酯(0.04)、苄呋菊酯(0.1)、环苯吡菌胺(0.01)、烯禾啶(0.3)、

续表

项目		农药残留限量指标数目、种类和限量值
独有限量规定的农药种类(括号内为限量值,单位为 mg/kg)	日本 172 种	西玛津(0.02)、乙基多杀菌素(0.02)、戊唑醇(0.01)、特丁赛草隆(特丁隆)(0.01)、四氯硝基苯(0.05)、七氟菊酯(0.001)、得杀草(吡喃草酮)(0.05)、特丁净(0.01)、杀虫畏(0.01)、氟醚唑(0.0003)、噻苯隆(0.02)、噻吩磺隆(0.01)、禾草丹(0.01)、野麦畏(0.1)、醚苯磺隆(0.02)、苯磺隆(0.01)、脱叶磷(0.01)、敌百虫(0.05)、绿草定(0.01)、肟菌酯(0.02)、三氟啶磺隆(0.01)、氟菌唑(0.02)、杀铃脲(0.05)、灭菌唑(0.01)、乙烯菌核利(0.05)、杀鼠灵(0.001)、毒莠定(0.05)、氟草烟(0.2)、环丙草酰胺(0.05)、甲氧氯普胺(0.005)、螺环菌胺(0.04)、扑草灭(0.1)、噻苯达唑(0.1)、杀虫隆(0.05)
其他(括号内为限量值,单位为 mg/kg)	中国 2 种	艾氏剂(0.006)、狄氏剂(0.006)
	日本 1 种	艾氏剂与狄氏剂之和(0.006)

⑤澳大利亚

澳大利亚对生牛乳共规定了 252 种农药的残留限量,有 79 种与中国规定的农药种类一致。其中,相同种类农药中,有苯并烯氟菌唑、联苯肼酯、啶酰菌胺等 27 种农药的 MRLs 相同,双甲脒、灭草松、联苯菊酯、联苯三唑醇等 22 种农药的 MRLs 宽于中国,氯氨吡啶酸、嘧菌酯、联苯吡菌胺、氯虫苯甲酰胺等 30 种农药的 MRLs 比中国更严格。涕灭威、艾氏剂、氯丹、氯苯胺灵等 46 种农药的 MRLs 是中国制定而澳大利亚未制定,杀草强、磺草灵、莠去津、甲基吡啶磷等 173 种农药的 MRLs 是澳大利亚制定而中国未制定。中国与澳大利亚生牛乳中农药残留限量值差异情况具体见表 3-75。

表 3-75 中国与澳大利亚生牛乳中农药残留限量值差异情况

项目		农药残留限量指标数目、种类和限量值
有限量规定的农药种类总量	中国	125 种
	澳大利亚	252 种
澳大利亚与中国一致的项目 27 种(括号内为限量值,单位为 mg/kg)		苯并烯氟菌唑(0.01)、联苯肼酯(0.01)、啶酰菌胺(0.1)、噻嗪酮(0.01)、矮壮素(0.5)、四螨嗪(0.05)、灭蝇胺(0.01)、敌敌畏(0.01)、乐果(0.05)、敌草快(0.01)、氟烯线砜(0.01)、咪唑烟酸(0.01)、咪唑乙烟酸(0.01)、硝磺草酮(0.01)、苯菌酮(0.01)、杀线威(0.02)、氟噻唑吡乙酮(0.01)、霜霉威和霜霉威盐酸盐(0.01)、炔螨特(0.1)、丙环唑(0.01)、丙硫菌唑(0.004)、吡唑醚菌酯(0.03)、嘧霉胺(0.01)、喹氧灵(0.01)、苯嘧磺草胺(0.01)、三唑醇(0.01)、螺虫乙酯(0.005)

续表

项目		农药残留限量指标数目、种类和限量值
规定严于中国的项目30种(括号内为限量值,单位为mg/kg)	中国	啶虫脒(0.02)、苯并噻二唑(0.01)、氯丙嘧啶酸(0.02)、氯氨吡啶酸(0.02)、嘧菌酯(0.01)、联苯吡菌胺(0.2)、氯虫苯甲酰胺(0.05)、百菌清(0.07)、溴氰虫酰胺(0.6)、麦草畏(0.2)、苯醚甲环唑(0.02)、呋虫胺(0.1)、甲氨基阿维菌素苯甲酸盐(0.002)、醚菊酯(0.02)、氟虫腈(0.02)、氟苯虫酰胺(0.1)、氟吡菌胺(0.02)、氟吡菌酰胺(0.8)、噻螨酮(0.05)、吡虫啉(0.1)、甲胺磷(0.02)、氟酰脲(0.4)、二甲戊灵(0.02)、吡噻菌胺(0.04)、多杀霉素(1)、氟啶虫胺腈(0.2)、虫酰肼(0.05)、噻菌灵(0.2)、噻虫啉(0.05)、丙炔氟草胺(0.02)
	澳大利亚	啶虫脒(0.01)、苯并噻二唑(0.005)、氯丙嘧啶酸(0.01)、氯氨吡啶酸(0.01)、嘧菌酯(0.005)、联苯吡菌胺(0.05)、氯虫苯甲酰胺(0.02)、百菌清(0.05)、溴氰虫酰胺(0.01)、麦草畏(0.1)、苯醚甲环唑(0.01)、呋虫胺(0.02)、甲氨基阿维菌素苯甲酸盐(0.001)、醚菊酯(0.01)、氟虫腈(0.01)、氟苯虫酰胺(0.01)、氟吡菌胺(0.01)、氟吡菌酰胺(0.02)、噻螨酮(0.01)、吡虫啉(0.05)、甲胺磷(0.01)、氟酰脲(0.01)、二甲戊灵(0.01)、吡噻菌胺(0.01)、多杀霉素(0.1)、氟啶虫胺腈(0.1)、虫酰肼(0.01)、噻菌灵(0.05)、噻虫啉(0.01)、丙炔氟草胺(0.01)
规定宽于中国的项目22种(括号内为限量值,单位为mg/kg)	中国	2,4-滴和2,4-滴钠盐(0.01)、双甲脒(0.01)、灭草松(0.01)、联苯菊酯(0.2)、联苯三唑醇(0.05)、甲萘威(0.05)、多菌灵(0.05)、氟氯氰菊酯和高效氟氯氰菊酯(0.01)、嘧菌环胺(0.0004)、乙烯利(0.01)、氰戊菊酯和S-氰戊菊酯(0.1)、草铵膦(0.02)、甲氧咪草烟(0.01)、异丙噻菌胺(0.01)、醚菌酯(0.01)、2-甲-4-苯氧基乙酸(0.04)、灭多威(0.02)、百草枯(0.005)、甲拌磷(0.01)、甲基嘧啶磷(0.01)、三唑酮(0.01)、粉唑醇(0.01)
	澳大利亚	2,4-滴和2,4-滴钠盐(0.05)、双甲脒(0.1)、灭草松(0.05)、联苯菊酯(0.5)、联苯三唑醇(0.2)、甲萘威(0.1)、多菌灵(0.1)、氟氯氰菊酯和高效氟氯氰菊酯(0.1)、嘧菌环胺(0.01)、乙烯利(0.1)、氰戊菊酯和S-氰戊菊酯(0.2)、草铵膦(0.05)、甲氧咪草烟(0.05)、异丙噻菌胺(0.02)、醚菌酯(0.05)、2-甲-4-苯氧基乙酸(0.05)、灭多威(0.05)、百草枯(0.01)、甲拌磷(0.05)、甲基嘧啶磷(0.05)、三唑酮(0.1)、粉唑醇(0.05)

续表

<table>
<tr><th colspan="2">项目</th><th>农药残留限量指标数目、种类和限量值</th></tr>
<tr><td rowspan="2">独有限量规定的农药种类(括号内为限量值,单位为 mg/kg)</td><td>中国
46 种</td><td>涕灭威(0.01)、艾氏剂(0.006)、氯丹(0.002)、氯苯胺灵(0.01)、毒死蜱(0.02)、甲基毒死蜱(0.01)、噻虫胺(0.02)、噻草酮(0.02)、丁氟螨酯(0.01)、氯氟氰菊酯和高效氯氟氰菊酯(0.2)、氯氰菊酯和高效氯氰菊酯(0.05)、滴滴涕(0.02)、二嗪磷(0.02)、敌草腈(0.01)、除虫脲(0.02)、噻节因(0.01)、二苯胺(0.01)、硫丹(0.01)、灭线磷(0.01)、噁唑菌酮(0.03)、咪唑菌酮(0.01)、苯线磷(0.005)、苯丁锡(0.05)、杀螟硫磷(0.01)、甲氰菊酯(0.01)、丁苯吗啉(0.01)、氟虫脲(0.01)、氟吡呋喃酮(0.7)、氟硅唑(0.05)、六六六(0.02)、七氯(0.002)、吡唑萘菌胺(0.01)、氰氟虫腙(0.01)、杀扑磷(0.001)、腈菌唑(0.01)、戊菌唑(0.01)、咪鲜胺和咪鲜胺锰盐(0.05)、丙溴磷(0.01)、螺螨酯(0.004)、螺甲螨酯(0.015)、氟苯脲(0.01)、特丁硫磷(0.01)、嗪氨灵(0.01)、噻虫嗪(0.05)、狄氏剂(0.006)、林丹(0.01)</td></tr>
<tr><td>澳大利亚
173 种</td><td>2,2-二氯丙酸(0.1)、2,4-滴丁酸(0.05)、三氟羧草醚(0.01)、苯草醚(0.01)、唑嘧菌胺(0.02)、莠灭净(0.05)、吲唑磺菌胺(0.01)、杀草强(0.01)、磺草灵(0.1)、莠去津(0.01)、甲基吡啶磷(0.05)、四唑嘧磺隆(0.02)、甲基谷硫磷(0.05)、恶虫威(0.1)、苯菌灵(0.1)、氟吡草酮(0.02)、2-[(2,4-二氯苯基)甲基]-4,4-二甲基-3-异噁唑酮(0.01)、除草定(0.04)、溴苯腈(0.1)、氟丙嘧草酯(0.01)、丁氧环酮(0.01)、克菌丹(0.01)、卡草胺(0.05)、克百威(呋喃丹)(0.05)、丁硫克百威(0.05)、唑草酮(0.025)、溴虫腈(0.01)、氯磺隆(0.05)、二甲基敌草索(0.05)、环庚草醚(0.01)、烯草酮(0.05)、炔草酸(0.1)、炔草酯(0.05)、异恶草酮(0.03)、二氯吡啶酸(0.05)、解毒酸(0.1)、解毒喹(0.1)、氰霜唑(0.01)、环丙烯胺酸(0.05)、环溴虫酰胺(0.01)、环氟菌胺(0.01)、氰氟草酯(0.05)、环唑醇(0.01)、溴氰菊酯(0.05)、丁醚脲(0.02)、精滴丙酸(0.01)、禾草灵(0.05)、吡氟草胺(0.01)、二甲吩草胺-P(0.01)、烯酰吗啉(0.01)、二硫代氨基甲酸酯(0.2)、敌草隆(0.1)、茵草敌(0.1)、乙氧磺隆(0.01)、乙螨唑(0.01)、腈苯唑(0.01)、环酰菌胺(0.01)、恶唑禾草灵(0.02)、胺苯吡菌酮(0.005)、麦草氟甲酯(0.01)、高效麦草伏甲酯(0.01)、氟啶虫酰胺(0.02)、双氟磺草胺(0.01)、氯氟吡啶酯(0.02)、精吡氟禾草灵(0.1)、咯菌腈(0.05)、唑嘧磺草胺(0.1)、氟胺草酯(0.01)、氟喹唑(0.02)、氟草烟(0.1)、氟酰胺(0.05)、氟唑菌酰胺(0.005)、呋线威(0.05)、草甘膦(0.1)、氟氯吡啶酯(0.01)、氯吡嘧磺隆(0.01)、氟吡禾灵(0.02)、环嗪酮(0.05)、甲咪唑烟酸(0.01)、茚虫威(0.1)、碘甲磺隆(0.01)、种菌唑(0.01)、异菌脲(0.1)、异恶酰草胺(0.01)、异恶唑草酮(0.05)、利谷隆(0.05)、氯芬奴隆(T0.2)、代森锰锌(0.2)、Mandestronin(0.02)、双炔酰菌胺(0.01)、2-甲-4-氯丁酸(0.05)、吡唑解草酯(0.01)、氯氟醚菌唑(0.01)、助壮素(0.05)、甲基二磺隆(0.01)、甲霜灵(0.01)、苯嗪草酮(0.05)、吡草胺(0.01)、Metcamifen(0.03)、威百亩(0.2)、威百亩钠(0.2)、甲氧虫酰肼(0.01)、代森联(0.2)、异丙甲草胺(0.05)、磺草唑胺(0.01)、嗪草酮(0.05)、甲磺隆(0.1)、</td></tr>
</table>

续表

项目		农药残留限量指标数目、种类和限量值
独有限量规定的农药种类(括号内为限量值,单位为 mg/kg)	澳大利亚 173 种	速灭磷(0.05)、灭螨菌素(0.0005)、敌草胺(0.08)、氯硝柳胺(0.01)、氧乐果(0.05)、解草腈(0.05)、乙氧氟草醚(0.01)、氟唑菌苯胺(0.01)、氯菊酯(0.05)、甜菜宁(0.1)、毒莠定(0.05)、氟吡酰草胺(0.01)、唑啉草酯(0.01)、抗蚜威(0.1)、腐霉利(T0.02)、环苯草酮(0.01)、调环酸钙盐(0.01)、扑草胺(0.02)、敌稗(0.01)、喔草酯(0.01)、甲基代森锌(0.2)、炔苯酰草胺(0.01)、丙氧喹啉(0.01)、苄草丹(0.02)、吡蚜酮(0.01)、吡草醚(0.02)、磺酰草吡唑(0.01)、除虫菊素(0.05)、达草特(0.2)、甲氧苯唳菌(0.01)、吡丙醚(0.02)、嘧草硫醚(0.02)、罗克杀草砜(0.002)、甲氧磺草胺(0.01)、喹禾灵(0.1)、喹禾糠酯(0.1)、环苯吡菌胺(0.01)、稀禾定(0.05)、西玛津(0.02)、乙基多杀菌素(0.01)、螺环菌胺(0.05)、磺酰磺隆(0.005)、戊唑醇(0.05)、特丁噻草隆(0.2)、吡喃草酮(0.02)、草净津(特丁津)(0.01)、去草净(0.1)、氟醚唑(0.01)、氟氰虫酰胺(0.01)、噻苯隆(0.01)、噻吩磺隆(0.01)、硫双威(0.05)、硫菌灵(0.1)、福美双(0.2)、苯吡唑草酮(0.001)、野麦畏(0.1)、醚苯磺隆(0.01)、苯磺隆(0.01)、敌百虫(0.05)、肟菌酯(0.02)、三氟啶磺隆钠(0.01)、Trifludimoxazin(0.001)、杀虫隆(0.05)、氟乐灵(0.05)、抗倒酯(0.005)、灭菌唑(0.01)

⑥新西兰

新西兰对生牛乳共规定了 44 种农药的残留限量,有 21 种与中国规定的农药种类一致。其中,相同种类农药中,有苯并烯氟菌唑、啶酰菌胺、敌敌畏等 8 种农药的 MRLs 相同,苯线磷的 MRLs 宽于中国,氯氨吡啶酸、联苯吡菌胺、溴氰虫酰胺等 12 种农药的 MRLs 比中国更严格。灭草松、联苯肼酯、联苯菊酯、联苯三唑醇等 102 种农药的 MRLs 是中国制定而新西兰未制定,乙酰甲胺磷、溴鼠灵、溴敌隆、烯草酮等 22 种农药的 MRLs 是新西兰制定而中国未制定。另外,中国对艾氏剂和狄氏剂分别制定了相应的限量,而新西兰是对艾氏剂与狄氏剂之和制定了限量。中国与新西兰生牛乳中农药残留限量值差异情况具体见表 3-76。

表 3-76　中国与新西兰生牛乳中农药残留限量值差异情况

项目		农药残留限量指标数目、种类和限量值
有限量规定的农药种类总量	中国	125 种
	新西兰	44 种
新西兰与中国一致的项目 8 种(括号内为限量值,单位为 mg/kg)		苯并烯氟菌唑(0.01)、啶酰菌胺(0.1)、敌敌畏(0.01)、丁苯吗啉(0.01)、丙炔氟草胺(0.02)、苯菌酮(0.01)、丙硫菌唑(0.004)、苯嘧磺草胺(0.01)

续表

项目		农药残留限量指标数目、种类和限量值
规定严于中国的项目 12 种(括号内为限量值,单位为 mg/kg)	中国	氯氨吡啶酸(0.02)、联苯吡菌胺(0.2)、溴氰虫酰胺(0.6)、氯氟氰菊酯和高效氯氟氰菊酯(0.2)、麦草畏(0.2)、苯醚甲环唑(0.02)、氟吡菌酰胺(0.8)、氟硅唑(0.05)、甲胺磷(0.02)、吡唑醚菌酯(0.03)、氟啶虫胺腈(0.2)、噻虫胺(0.02)
	新西兰	氯氨吡啶酸(0.01)、联苯吡菌胺(0.04)、溴氰虫酰胺(0.01)、氯氟氰菊酯和高效氯氟氰菊酯(0.05)、麦草畏(0.1)、苯醚甲环唑(0.01)、氟吡菌酰胺(0.3)、氟硅唑(0.01)、甲胺磷(0.01)、吡唑醚菌酯(0.02)、氟啶虫胺腈(0.03)、噻虫胺(0.01)
规定宽于中国的项目 1 种(括号内为限量值,单位为 mg/kg)	中国	苯线磷(0.005)
	新西兰	苯线磷(0.01)
独有限量规定的农药种类(括号内为限量值,单位为 mg/kg)	中国 102 种	2,4-滴和 2,4-滴钠盐(0.01)、啶虫脒(0.02)、苯并噻二唑(0.01)、涕灭威(0.01)、氯丙嘧啶酸(0.02)、双甲脒(0.01)、嘧菌酯(0.01)、灭草松(0.01)、联苯肼酯(0.01)、联苯菊酯(0.2)、联苯三唑醇(0.05)、噻嗪酮(0.01)、甲萘威(0.05)、多菌灵(0.05)、氯虫苯甲酰胺(0.05)、氯丹(0.002)、矮壮素(0.5)、百菌清(0.07)、氯苯胺灵(0.01)、毒死蜱(0.02)、甲基毒死蜱(0.01)、四螨嗪(0.05)、噻草酮(0.02)、丁氟螨酯(0.01)、氟氯氰菊酯和高效氟氯氰菊酯(0.01)、氯氰菊酯和高效氯氰菊酯(0.05)、嘧菌环胺(0.0004)、灭蝇胺(0.01)、滴滴涕(0.02)、二嗪磷(0.02)、敌草腈(0.01)、除虫脲(0.02)、噻节因(0.01)、乐果(0.05)、呋虫胺(0.1)、二苯胺(0.01)、敌草快(0.01)、甲氨基阿维菌素苯甲酸盐(0.002)、硫丹(0.01)、乙烯利(0.01)、灭线磷(0.01)、醚菊酯(0.02)、噁唑菌酮(0.03)、咪唑菌酮(0.01)、苯丁锡(0.05)、杀螟硫磷(0.01)、甲氰菊酯(0.01)、氰戊菊酯和 S-氰戊菊酯(0.1)、氟虫腈(0.02)、氟苯虫酰胺(0.1)、氟烯线砜(0.01)、氟虫脲(0.01)、氟吡菌胺(0.02)、氟吡呋喃酮(0.7)、粉唑醇(0.01)、草铵膦(0.02)、六六六(0.02)、七氯(0.002)、噻螨酮(0.05)、甲氧咪草烟(0.01)、咪唑烟酸(0.01)、咪唑乙烟酸(0.01)、吡虫啉(0.1)、异丙噻菌胺(0.01)、吡唑萘菌胺(0.01)、醚菌酯(0.01)、林丹(0.01)、2-甲-4-苯氧基乙酸(0.04)、硝磺草酮(0.01)、氰氟虫腙(0.01)、杀扑磷(0.001)、灭多威(0.02)、腈菌唑(0.01)、氟酰脲(0.4)、杀线威(0.02)、氟噻唑吡乙酮(0.01)、百草枯(0.005)、戊菌唑(0.01)、二甲戊灵(0.02)、吡噻菌胺(0.04)、甲拌磷(0.01)、甲基嘧啶磷(0.01)、咪鲜胺和咪鲜胺锰盐(0.05)、丙溴磷(0.01)、霜霉威和霜霉威盐酸盐(0.01)、炔螨特(0.1)、丙环唑(0.01)、嘧霉胺(0.01)、喹氧灵(0.01)、多杀霉素(1)、螺螨酯(0.004)、螺甲螨酯(0.015)、螺虫乙酯(0.005)、虫酰肼(0.05)、氟苯脲(0.01)、特丁硫磷(0.01)、噻菌灵(0.2)、噻虫啉(0.05)、噻虫嗪(0.05)、三唑酮(0.01)、三唑醇(0.01)、嗪氨灵(0.01)

续表

<table>
<tr><th colspan="2">项目</th><th>农药残留限量指标数目、种类和限量值</th></tr>
<tr><td>独有限量规定的农药种类(括号内为限量值,单位为 mg/kg)</td><td>新西兰
22 种</td><td>乙酰甲胺磷(0.01)、溴鼠灵(0.001)、溴敌隆(0.001)、烯草酮(0.05)、环唑醇(0.01)、苯锈啶(0.005)、氟鼠酮(0.001)、氟氯苯氰菊酯(0.03)、氟唑菌酰胺(0.005)、氟氯吡啶酯(0.01)、isoflucypram(0.005)、马拉硫磷(0.5)、溴甲烷(50)、磷化氢(0.01)、杀鼠酮(0.001)、罗克杀草砜(0.002)、甲氧磺草胺(0.01)、醋酸氟一钠(0.001)、氟胺氰菊酯(0.01)、苯磺隆(0.01)、敌百虫(0.05)、杀鼠灵(0.001)</td></tr>
<tr><td rowspan="2">其他(括号内为限量值,单位为 mg/kg)</td><td>中国
2 种</td><td>艾氏剂(0.006)、狄氏剂(0.006)</td></tr>
<tr><td>新西兰
1 种</td><td>艾氏剂与狄氏剂之和(0.1)</td></tr>
</table>

(3)部分农残指标差异性分析

本部分内容举例分析单一指标限量值差异。

对于生牛乳中部分农药残留限量值,中国与其他国家(组织)存在较大差异,部分其他国家(组织)的限量值明显严于中国。欧盟、澳大利亚规定苯醚甲环唑在生牛乳中的限量值分别为 0.005 mg/kg、0.01 mg/kg,低于中国的 0.02 mg/kg;日本和美国规定氟吡呋喃酮在生牛乳中的限量值分别为 0.2 mg/kg、0.15 mg/kg,明显低于中国的 0.7 mg/kg。由于中国对生牛乳中部分农药限量要求宽于其他国家(组织),导致在出口时容易出现贸易壁垒。表 3-77 列举了不同国家(组织)部分农药残留限量值差异情况。

表 3-77　不同国家(组织)部分农药残留限量值差异情况　　单位:mg/kg

<table>
<tr><th rowspan="2">化合物</th><th colspan="7">各国限量值</th></tr>
<tr><th>中国</th><th>欧盟</th><th>日本</th><th>CAC</th><th>美国</th><th>澳大利亚</th><th>新西兰</th></tr>
<tr><td>苯醚甲环唑</td><td>0.02</td><td>0.005</td><td>0.02</td><td>0.02</td><td>0.02</td><td>0.01</td><td>0.01</td></tr>
<tr><td>吡噻菌胺</td><td>0.04</td><td>0.01</td><td>0.04</td><td>0.04</td><td>0.02</td><td>0.01</td><td>—</td></tr>
<tr><td>氟吡呋喃酮</td><td>0.7</td><td>—</td><td>0.2</td><td>0.7</td><td>0.15</td><td>—</td><td>—</td></tr>
<tr><td>乐果</td><td>0.05</td><td>0.01</td><td>0.05</td><td>0.05</td><td>0.002</td><td>0.05</td><td>—</td></tr>
<tr><td>联苯吡菌胺</td><td>0.2</td><td>0.2</td><td>0.04</td><td>0.2</td><td>0.04</td><td>0.05</td><td>0.04</td></tr>
</table>

注:“—”表示无限量规定。

3.2.3.2 生牛乳中农药残留定义差异

生牛乳中相同名称农药残留物在不同国家(组织)所代表的含义也有所不同,如表3-78所示。

表3-78 部分相同名称农药残留定义差异示例

序号	中文名称	英文名称	残留定义	
			中国	其他国家(组织)
1	乐果	dimethoate	乐果残留量	欧盟、美国:乐果和氧化乐果残留量之和,以乐果含量表示
2	啶虫脒	acetamiprid	啶虫脒残留量	澳大利亚、美国、日本、欧盟:啶虫脒和N-去甲基-啶虫脒残留量之和,以啶虫脒含量表示
3	多菌灵	carbendazim	多菌灵残留量	澳大利亚:多菌灵和2-氨基苯并咪唑残留量之和,以多菌灵含量表示
				日本:多菌灵、苯菌灵、硫菌灵、甲基硫菌灵残留量之和,以多菌灵含量表示
				欧盟:苯菌灵与多菌灵残留量之和,以多菌灵含量表示
				CAC:苯菌灵、多菌灵和甲基硫菌灵残留量之和,以多菌灵含量表示
4	艾氏剂和狄氏剂	Aldrin and Dieldrin	艾氏剂、狄氏剂各自残留量	欧盟、日本、CAC、新西兰:艾氏剂和狄氏剂残留量之和

第4章　中国食品中农药残留限量的发展及变化趋势

农药最大残留限量标准既是各国政府保障公共食品安全的政策工具，也是贸易保护政策工具。农药最大残留限量（MRLs）是保障食品质量安全的重要立法依据，也是指导食品和农产品等生产的关键技术指标。MRLs 的制定方法不仅影响农产品行业的持续发展，而且还对提高我国农产品行业的国际竞争力起到积极作用。

我国农药限量标准的研制工作近几年来一直在稳步快速地更新推进，以中国农业科学院植保所、部省级农药检定机构等近 100 家技术先进单位为依托，广泛征求相关技术领域专家、有关职能部门、标准使用用户等的意见，并经过国家农药残留标准审评委员会和食品安全国家标准审评委员会审议，同时接受世界贸易组织成员对标准科学性地评议。整个制定过程有效保证了标准的科学性、公正性和合理性，同时有力促进了农产品国际贸易的发展。

本章主要介绍我国食品中农药残留限量制定的相关依据、程序及发展概况与变化趋势。

4.1 食品中农药最大残留限量的制定

4.1.1 中国食品中农药残留限量制定的依据

食品（包括食用农产品）中农药最大残留限量制定是指根据农药使用的良好农业规范（GAP）和规范农药残留试验，推荐农药最大残留水平，参考农药残留风险评估结果，推荐农药最大残留限量（MRLs）。

2009 年《中华人民共和国食品安全法》颁布实施后，农业部根据《中华人民共和国食品安全法》和《食品安全风险评估管理规定》（试行）的有关规定，参照国际食品法典委员会（CAC）和欧美等国家有关农药残留限量标准制定的技术要求及管理程序，制定了《农产品及食品中农药最大残留限量制定指南》和《农产品及食品中农药残留风险评估指导原则》，对我国农药最大残留限量制定的技术要求进行了规范。

2015 年，农业部根据《中华人民共和国食品安全法》《中华人民共和国农产品质量安全法》和《农药管理条例》有关规定，制定了《食品中农药残留风险评估指南》和《食品中农药最大残留限量制定指南》，规范了食品中农药残留限量标准制定的程序和技术要求，确保了农药残留限量标准制定的科学性。

自2006年我国成为国际食品法典农药残留委员会的主席国以来，学习、了解和掌握了法典标准制定要求和规则。经过多年的发展，我国已建立了较为完善的农药残留限量标准制修订程序。

4.1.2 中国食品中农药残留限量制定的基本程序

国际上制定农产品及食品中农药最大残留限量通行的程序是根据农药的毒理学和残留化学试验结果，结合本国居民膳食结构和消费量，对因膳食摄入农药残留产生风险的可能性及程度进行量化评价。我国制定食品中农药最大残留限量也遵循这个程序。

4.1.2.1 一般程序

我国食品中农药残留限量制定的一般程序为：

(1)确定规范残留试验中值(STMR)和最高残留值(HR)。

(2)确定每日允许摄入量(ADI)和/或急性参考剂量(ARfD)。

(3)推荐农药最大残留限量(MRLs)

根据规范农药残留试验数据，确定农药最大残留水平，依据我国膳食消费数据，估算每日摄入农药量或短期膳食摄入农药量，进行膳食中农药摄入风险评估，推荐食品安全国家标准农药最大残留限量(MRLs)。

4.1.2.2 再评估

当存在以下情况时，需遵从农药最大残留限量标准制定程序对制定的农药最大残留限量进行再评估：批准农药的良好农业规范（GAP）变化较大、毒理学研究证明有新的潜在风险、残留试验监测数据显示有新的摄入风险、农药残留标准审评委员会认定的其他情况。

4.1.2.3 周期评估

实行农药最大残留限量周期评估制度，正式限量的评估周期为15年，临时限量和再残留限量的评估周期为5年，以保证农药最大残留限量的时效性和有效性。

4.1.3 农药最大残留限量的分类

依据农药在我国获得登记使用、毒性和评估数据的完整性等情况，我国农药最大残留限量分为正式限量、临时限量、再残留限量、豁免残留限量、香料/调味品产品中最大残留限量5类。

(1)正式限量：在我国获得登记、膳食风险评估数据完整并且有符合要求的残留监测分析方法的农药或农药与农产品组合制定正式限量。

(2)临时限量:当缺乏完整的膳食风险评估数据、每日允许摄入量是临时值、没有符合要求的残留监测分析方法或在紧急情况下，农药被批准在未登记作物上使用时，制定临时限量。临时限量标准的制定需参照农药最大残留限量制定程序进行，当有新获得的试验和监测数据时，应及时进行修订。

(3)再残留限量:对已经禁止使用且不易降解的农药,因其在环境中长期稳定存在而引起在作物上的残留,需要制定再残留限量(EMRLs)。再残留限量是通过对实施国家监测计划获得的残留数据进行风险评估制修订的。

(4)豁免残留限量:按照国际惯例，当农药毒性很低，按照标签规定使用后,食品中农药残留不会对健康产生不可接受风险或农药的使用仅带来微小的膳食摄入风险时,免于制定残留限量。豁免制定残留限量的农药需要根据具体农药的毒性和使用方法逐个进行风险评估确定。

(5)香料/调味品产品中最大残留限量:在没有规范残留试验数据的条件下,可以使用监测数据,但需要提供详细的种植和生产情况以及足够的监测数据,制定程序参照农药最大残留限量制定标准。

4.2 中国食品中农药残留限量标准的发展概况与变化趋势

4.2.1 中国食品中农药最大残留限量发展历程

GB 2763 系列标准是目前我国统一规定食品中农药最大残留限量的强制性国家标准,是食品安全评价和食品安全监管部门执法的重要依据。我国食品中农药最大残留限量标准的制定始于 20 世纪 70 年代,此后不断对其修订和完善,直到 2005 年 1 月 25 日,我国颁布了《食品中农药最大残留限量》(GB 2763—2005)。2005～2021 年,该标准共计修订了 6 个版本和 1 个补充版本,包括 GB 2763—2005、GB 2763—2012、GB 2763—2014、GB 2763—2016、GB 2763.1—2018、GB 2763—2019 和 GB 2763—2021。

2005 年 1 月,卫生部和国家标准化委员会发布的《食品中农药最大残留限量》(GB 2763—2005)代替并废止了《粮食、蔬菜等食品中六六六、滴滴涕残留量标准》(GB 2763—1981)等 34 个食品中农药残留限量标准,规定了 136 种农药的 478 项限量值。

2009 年《中华人民共和国食品安全法》发布实施,2010 年开始针对农药最大残留限量行业标准和国家标准存在的过时、重复、交叉等问题进行规范和清理。经过不断修订和完善,2012 年 11 月卫生部和农业部发布了《食品安全国家标准　食品中农药最大残留限量》(GB 2763—2012),规定了 322 种农药在 10 大类食品中的 2293 项最大残留限量,其中蔬菜中 915 项、动物源性食品中 40 项。

2014年3月，国家卫生和计划生育委员会与农业部联合发布的《食品安全国家标准　食品中农药最大残留限量》(GB 2763—2014)，规定了387种农药在284种(类)食品中的3650项限量指标，较GB 2763—2012，新增加了65种农药、43种(类)食品、1356项限量指标。其中植物源食品中农药最大残留限量为3607项，动物源食品中最大残留限量为43项。

2016年12月，国家卫生和计划生育委员会、农业部和国家食品药品监督管理总局联合发布的《食品安全国家标准　食品中农药最大残留限量》(GB 2763—2016)，规定了433种农药的4140项限量指标。其中蔬菜中1487项、动物源性食品中43项。

2018年6月，国家卫生健康委员会、农业农村部和国家市场监督管理总局联合发布的《食品安全国家标准　食品中百草枯等43种农药最大残留限量》(GB 2763.1—2018)，是GB 2763—2016的增补版，二者配套使用，新增加了43种农药的302项最大残留限量。截至2018年，共发布了476种农药的4442项限量指标。

2019年8月，国家卫生健康委员会、农业农村部和国家市场监督管理总局联合发布的《食品安全国家标准　食品中农药最大残留限量》(GB 2763—2019)，规定了483种农药在11大类农产品、356种(类)食品中的7107项最大残留限量，其中蔬菜中2267项、动物源性食品中703项。GB 2763—2019在涵盖的农药残留限量数量上首次超过国际食品法典委员会(CAC)。

2021年3月，国家卫生健康委员会、农业农村部和国家市场监督管理总局联合发布的《食品安全国家标准　食品中农药最大残留限量》(GB 2763—2021)，规定了564种农药在376种(类)食品中的10092项最大残留限量，农药残留限量数量首次突破10000项，全面覆盖我国批准使用的农药品种和主要植物源性农产品。农药品种和限量数量达到国际食品法典委员会(CAC)相关标准的近2倍，这标志着我国农药残留标准制定工作迈上新的台阶。

4.2.2 中国禁限用农药概况

自1939年瑞士化学家发现有机氯化合物DDT可以作为杀虫剂以来，化学农药便进入了人们的生活，为农林病虫害防控及粮食、蔬菜的增产增收提供了有力保障，但生态环境污染、食品安全、人类健康等问题也随之而来。化学农药的不合理使用有可能引发安全风险，甚至导致安全事故发生。随着生活水平的提高，健康、安全问题成为人们关注的重点，高毒、高残留和致癌、致畸、致突变作用农药的使用风险不容忽视。基于农药对农业生产、生态环境和人类健康的诸多风险，我国农业农村部等相关部门加强了部分高风险农药的管理。根据我国《农药管理条例》规定，农药生产应取得农药登记证和生产许可证，农药经营应取得经营许可证，农药使用应遵守标签规定的使用范围、安全间隔期，不得超范围用药。剧毒、高毒农药不得用于防治卫生害虫，不得用于蔬菜、瓜果、茶叶、菌类、中草药材的生产，不得用于水生植物的病虫害防治。

我国农药禁用工作始于20世纪70年代。1997年《农药管理条例》实施后，我国禁用农药管理工作步入规范化、法制化的轨道；2002年以来，农业部先后发布第199号、第322号、第747号、第1586号、第1745号、第536号等公告，公布了一批国家明令禁止使用的农药。

我国农药限用政策始于20世纪90年代，1997年禁止三氯杀螨醇在茶树上使用，1999年开始禁止氰戊菊酯在茶树上使用。2002年以来，农业部先后发布第194号、第199号、第274号、第1157号、第1586号等公告，公布了在蔬菜、果树、茶叶、中草药材上不得使用和限制使用的农药。

截至2021年12月，已有66种农药被禁限用，其中46种农药被禁止(停止)使用，20种农药在部分范围内禁止使用(限用)，另有4种农药将于2024年9月1日起禁止销售和使用。禁止(停止)使用的农药见表4-1，在部分范围禁止使用的农药见表4-2。

表4-1　禁止(停止)使用的农药(50种)

六六六、滴滴涕、毒杀芬、二溴氯丙烷、杀虫脒、二溴乙烷、除草醚、艾氏剂、狄氏剂、汞制剂、砷类、铅类、敌枯双、氟乙酰胺、甘氟、毒鼠强、氟乙酸钠、毒鼠硅、甲胺磷、对硫磷、甲基对硫磷、久效磷、磷胺、苯线磷、地虫硫磷、甲基硫环磷、磷化钙、磷化镁、磷化锌、硫线磷、蝇毒磷、治螟磷、特丁硫磷、氯磺隆、胺苯磺隆、甲磺隆、福美胂、福美甲胂、三氯杀螨醇、林丹、硫丹、溴甲烷、氟虫胺、杀扑磷、百草枯、2,4-滴丁酯、甲拌磷、甲基异柳磷、水胺硫磷、灭线磷

注：氟虫胺自2020年1月1日起禁止使用。百草枯可溶胶剂自2020年9月26日起禁止使用。2,4-滴丁酯自2023年1月29日起禁止使用。溴甲烷可用于“检疫熏蒸处理”。杀扑磷已无制剂登记。甲拌磷、甲基异柳磷、水胺硫磷、灭线磷自2024年9月1日起禁止销售和使用。

表4-2　在部分范围禁止使用的农药(20种)

通用名	禁止使用范围
甲拌磷、甲基异柳磷、克百威、水胺硫磷、氧乐果、灭多威、涕灭威、灭线磷	禁止在蔬菜、瓜果、茶叶、菌类、中草药材上使用，禁止用于防治卫生害虫，禁止用于水生植物的病虫害防治
甲拌磷、甲基异柳磷、克百威	禁止在甘蔗作物上使用
内吸磷、硫环磷、氯唑磷	禁止在蔬菜、瓜果、茶叶、中草药材上使用

续表

通用名	禁止使用范围
乙酰甲胺磷、丁硫克百威、乐果	禁止在蔬菜、瓜果、茶叶、菌类和中草药材上使用
毒死蜱、三唑磷	禁止在蔬菜上使用
丁酰肼(比久)	禁止在花生上使用
氰戊菊酯	禁止在茶叶上使用
氟虫腈	禁止在所有农作物上使用(玉米等部分旱田种子包衣除外)
氟苯虫酰胺	禁止在水稻上使用

《食品安全国家标准　食品中农药最大残留限量》(GB 2763—2021)对29种禁用农药和全部的20种限用农药规定了残留限量标准,共计1137项MRLs。暂未制定残留限量标准的禁用农药有17种,包括氟乙酰胺、氟乙酸钠、毒鼠硅、毒鼠强、甘氟等杀鼠剂,汞制剂、砷类、铅类等重金属类农药,氟虫胺、敌枯双、二溴氯丙烷、二溴乙烷、福美胂、福美甲胂、除草醚、磷化钙、磷化锌等。以蔬菜、水果、肉、乳为例,农药残留限量数量和限量值范围具体如下。

(1)禁限用农药在蔬菜中的MRLs共计536项,涉及26种禁用农药的294项MRLs,19种限用农药的242项MRLs,限量值范围为0.01～10 mg/kg。

(2)禁限用农药在水果中的MRLs共计298项,涉及25种禁用农药的161项MRLs,18种限用农药的137项MRLs,限量值范围为0.01～3 mg/kg。

(3)禁限用农药在肉中的MRLs共计169项,涉及22种禁用农药的111项MRLs,11种限用农药的58项MRLs,限量值范围为0.005～2 mg/kg。

(4)禁限用农药在乳中的MRLs共计19项,涉及10种禁用农药的10项MRLs,9种限用农药的9项MRLs,限量值范围为0.001～0.1 mg/kg。

4.2.3 中国食品中农药残留限量的发展趋势分析

中国农药最大残留限量标准的发展,以国际标准为基础,坚持了"国际化"方向;充分反映农业生产方式、粮食安全以及食品消费结构在内的社会经济发展的要求和变化,体现出鲜明的中国"本土化"特色。

自《食品中农药最大残留限量》开始,截至当前最新版本的《食品安全国家标准　食品中农药最大残留限量》(GB 2763—2021),我国食品中已制定残留限量标准的农药由 136 个增加到 564 个，增幅约为 315%；制定的残留限量个数由 478 增加到 10092，增幅约为 2011%，详见图 4-1、图 4-2。

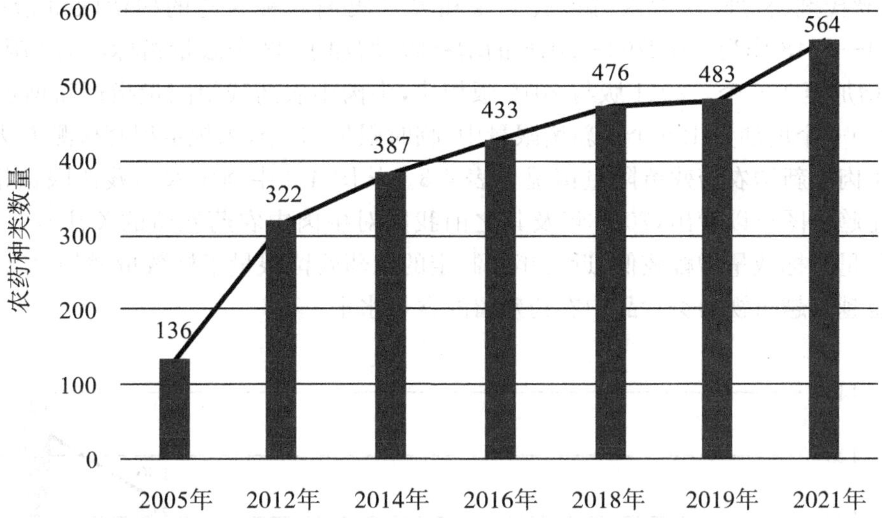

图 4-1　历年 GB 2763 中农药种类的数量变化

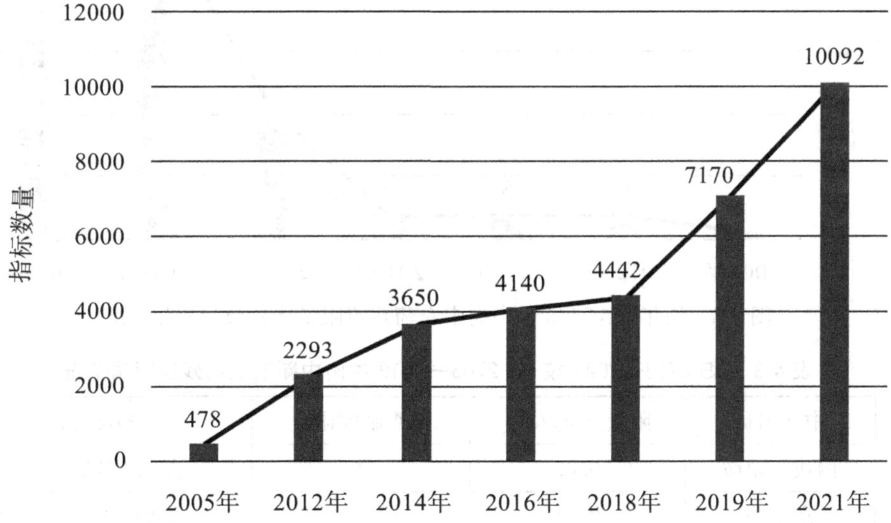

图 4-2　历年 GB 2763 中最大残留限量的数量变化

中国农药最大残留限量标准正处于快速发展阶段，不仅总条目数增长迅速，其涵盖的食品类别和农药的种类都保持了持续扩大的趋势。本节仍选取进出口贸易中代表性食品牛肉、猪肉、生牛乳、洋葱、番茄和胡萝卜，详细介绍了 GB 2763 中这六类食品的农药残留限量的变化情况。

(1)我国牛肉中农药残留限量变化情况

对于牛肉中的农药残留限量,2016 版及其以前的 GB 2763 只规定了艾氏剂、滴滴涕、狄氏剂、林丹、六六六、氯丹、七氯和异狄氏剂 8 种农药的残留限量指标,GB 2763.1—2018 作为 GB 2763—2016 的增补版,增加了 33 个限量指标,2019 版的 GB 2763 增加至 106 个。2021 版与 2019 版相比,牛肉中农药残留限量指标新增加了 23 个,由 106 个增加为 129 个。新增限量中,临时限量 13 个,未规定配套检测方法的 14 个。牛肉中新增农药残留限量情况见表 4-3。从图 4-3 牛肉中农药残留限量指标数量变化趋势图可以看出,2016 年及其之前我国对牛肉中农药残留的关注较少,农药残留限量指标数量增幅较低,近几年来制定的农药残留限量指标数量增加显著,说明我国也越来越重视肉类食品中农药残留的含量水平。

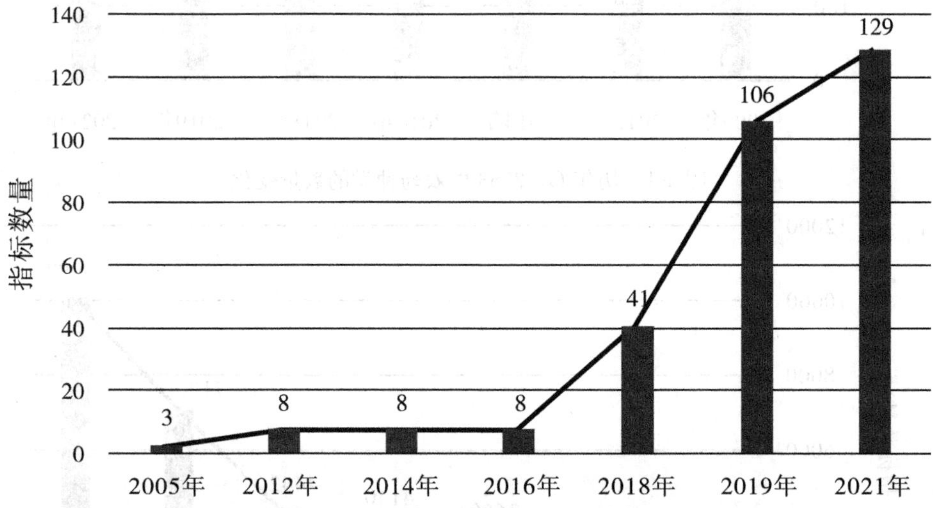

图 4-3　历年 GB 2763 中牛肉中农药残留限量指标数量变化情况

表 4-3　GB 2763—2021 较 GB 2763—2019 牛肉中新增农药残留限量情况

序号	中文名称	限量/(mg/kg)	是否临时限量	检测方法
1	丙炔氟草胺	0.02	否	参照 GB 23200.31
2	敌草腈	0.01	否	参照 GB/T 20772
3	丁氟螨酯	0.01	否	参照 SN/T 3539
4	二甲戊灵	0.2	否	参照 GB 23200.69
5	粉唑醇	0.02	是	无
6	氟苯脲	0.01	否	无
7	氟吡呋喃酮	1.5	是	无

续表

序号	中文名称	限量/(mg/kg)	是否临时限量	检测方法
8	氟吡菌酰胺	1.5	是	无
9	氟虫脲	0.05	否	参照 SN/T 2540
10	氟噻虫砜	0.01	是	无
11	氟噻唑吡乙酮	0.01	是	无
12	活化酯	0.02	是	无
13	甲氰菊酯	0.01	否	参照 SN/T 2233
14	甲氧咪草烟	0.01	是	无
15	腈菌唑	0.01	否	参照 GB 23200.46
16	联苯吡菌胺	2	是	无
17	螺甲螨酯	0.15	是	无
18	咪唑乙烟酸	0.01	是	无
19	戊菌唑	0.05	是	无
20	硝磺草酮	0.01	否	参照 SN/T 4045
21	溴氰虫酰胺	0.2	是	无
22	乙烯利	0.01	否	参照 GB 23200.82
23	异丙噻菌胺	0.02	是	无

(2)我国猪肉中农药残留限量变化情况

对于猪肉中的农药残留限量,2016 版及其以前的 GB 2763 只规定了艾氏剂、滴滴涕、狄氏剂、林丹、六六六、氯丹、七氯和异狄氏剂 8 种农药残留限量指标,GB 2763.1—2018 作为GB 2763—2016 的增补版,增加了 32 个限量指标,2019 版的 GB 2763 增加至 100 个。2021 版与 2019 版相比,猪肉中农药残留限量指标新增加了 23 个,由 100 个增加为 123 个。新增限量中,临时限量 13 个,未规定配套检测方法的 14 个。猪肉中新增农药残留限量情况见表 4-4。从图 4-4 猪肉中农药残留限量指标数量变化趋势图可以看出,其变化趋势同牛肉中的农药残留限量指标数量变化趋势相同,近几年来制定的猪肉中农药残留限量指标数量增幅较大。

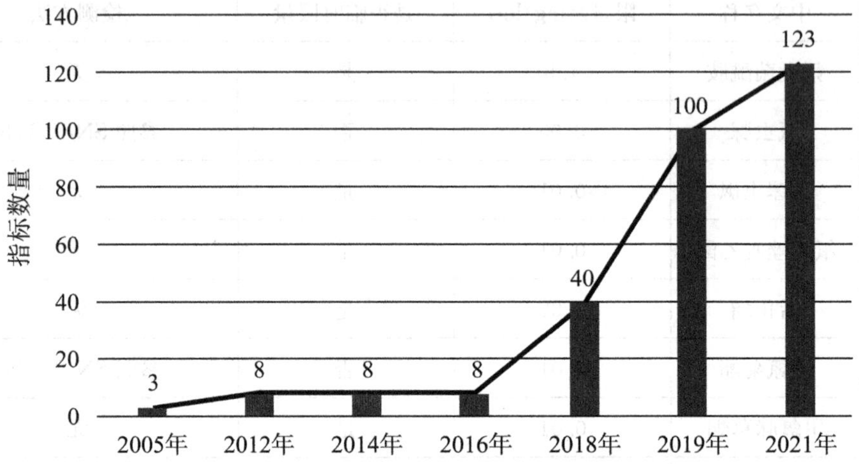

图 4-4 历年 GB 2763 中猪肉中农药残留限量指标数量变化情况

表 4-4 GB 2763—2021 较 GB 2763—2019 猪肉中新增农药残留限量情况

序号	中文名称	限量/(mg/kg)	是否临时限量	检测方法
1	丙炔氟草胺	0.02	否	参照 GB 23200.31
2	敌草腈	0.01	否	参照 GB/T 20772
3	丁氟螨酯	0.01	否	参照 SN/T 3539
4	二甲戊灵	0.2	否	参照 GB 23200.69
5	粉唑醇	0.02	是	无
6	氟苯脲	0.01	否	无
7	氟吡呋喃酮	1.5	是	无
8	氟吡菌酰胺	1.5	是	无
9	氟虫脲	0.05	否	参照 SN/T 2540
10	氟噻虫砜	0.01	是	无
11	氟噻唑吡乙酮	0.01	是	无
12	活化酯	0.02	是	无
13	甲氰菊酯	0.01	否	参照 SN/T 2233
14	甲氧咪草烟	0.01	是	无
15	腈菌唑	0.01	否	参照 GB 23200.46
16	联苯吡菌胺	2	是	无

续表

序号	中文名称	限量/(mg/kg)	是否临时限量	检测方法
17	螺甲螨酯	0.15	是	无
18	咪唑乙烟酸	0.01	是	无
19	戊菌唑	0.05	是	无
20	硝磺草酮	0.01	否	参照 SN/T 4045
21	溴氰虫酰胺	0.2	是	无
22	乙烯利	0.01	否	参照 GB 23200.82
23	异丙噻菌胺	0.02	是	无

(3)我国生牛乳中农药残留限量变化情况

对于生乳中的农药残留限量，2016 版及其以前的 GB 2763 只规定了艾氏剂、滴滴涕、狄氏剂、林丹、六六六、氯丹和七氯 7 种农药的残留限量指标，GB 2763.1—2018 作为 GB 2763—2016 的增补版，增加了 33 个限量指标，2019 版的 GB 2763 增加至 102 个 。2021 版与 2019 版相比，生牛乳中农药残留限量指标新增加了 23 个，由 102 个增加为 125 个。新增限量中有 21 个未规定配套检测方法，21 个为临时限量。生牛乳中新增农药残留限量情况见表 4-5。从历年 GB 2763 生牛乳中农药残留限量指标数量变化趋势图(见图 4-5)可以看出，2016 年及其之前我国对生牛乳中农药残留限量指标的规定数量与肉中规定相似，均低于 10 种，且多为持久性污染物，表明 2016 年及其之前我国对动物源食品中农药残留的关注不足。近几年来生牛乳中农药残留限量指标数量呈现增加的趋势，且增幅较大。

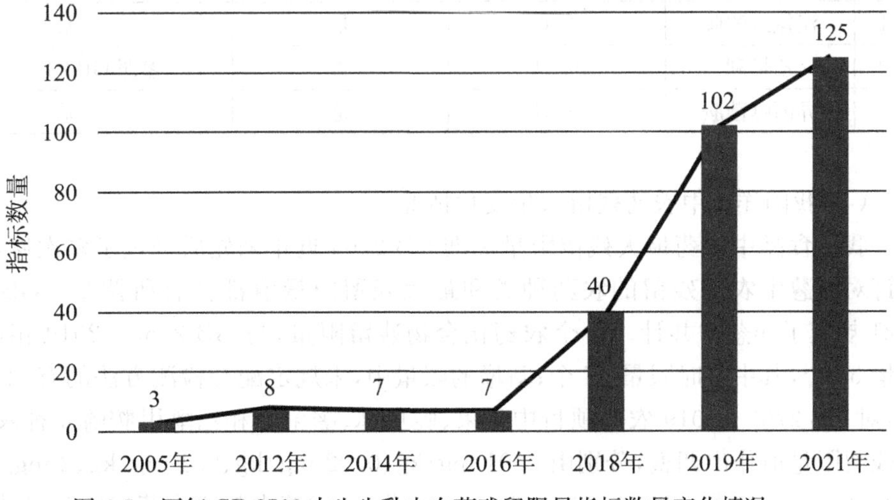

图 4-5　历年 GB 2763 中生牛乳中农药残留限量指标数量变化情况

表 4-5 GB 2763—2021 较 GB 2763—2019 生牛乳中新增农药残留限量情况

序号	项目名称	限量/(mg/kg)	是否临时限量	检测方法
1	丙炔氟草胺	0.02	是	无
2	敌草腈	0.01	是	无
3	丁氟螨酯	0.01	是	无
4	二甲戊灵	0.02	是	无
5	粉唑醇	0.01	是	无
6	氟苯脲	0.01	是	无
7	氟吡呋喃酮	0.7	是	无
8	氟吡菌酰胺	0.8	是	无
9	氟虫脲	0.01	是	无
10	氟噻虫砜	0.01	是	无
11	氟噻唑吡乙酮	0.01	是	无
12	活化酯	0.01	是	无
13	甲氰菊酯	0.01	是	无
14	甲氧咪草烟	0.01	是	无
15	腈菌唑	0.01	是	无
16	联苯吡菌胺	0.2	是	无
17	螺甲螨酯	0.015	是	无
18	咪唑乙烟酸	0.01	是	无
19	戊菌唑	0.01	是	无
20	硝磺草酮	0.01	否	参照 SN/T 4045
21	溴氰虫酰胺	0.6	是	无
22	乙烯利	0.01	否	参照 GB 23200.82
23	异丙噻菌胺	0.01	是	无

(4) 我国洋葱中农药残留限量变化情况

我国食品中农药最大残留限量标准 GB 2763 近年来先后经过了多次修订，每次修订对洋葱中农药残留的农药种类和最大残留限量值都会有所调整。GB 2763—2021 规定了洋葱中共计 151 个农药化合物残留限量，与 GB 2763—2019 相比，新增限量 52 个，其中临时限量 27 个；新增的限量中，未规定配套检测方法的有 19 个。另外，对 GB 2763—2019 农药项目中乐果、啶虫脒、嘧菌酯和乙酰甲胺磷 4 种农药的最大残留限量值作出调整，分别由 0.01 mg/kg、0.02 mg/kg、0.1 mg/kg、2 mg/kg 调整为 0.2 mg/kg、1 mg/kg、0.02 mg/kg、1 mg/kg。洋葱中新增农药残留限量情况见表

4-6。从图 4-6 可以看出，与动物源性食品不同，2005 年到 2021 年我国洋葱中农药残留限量指标数量呈现逐渐增加的趋势，2019～2021 年增幅最大。

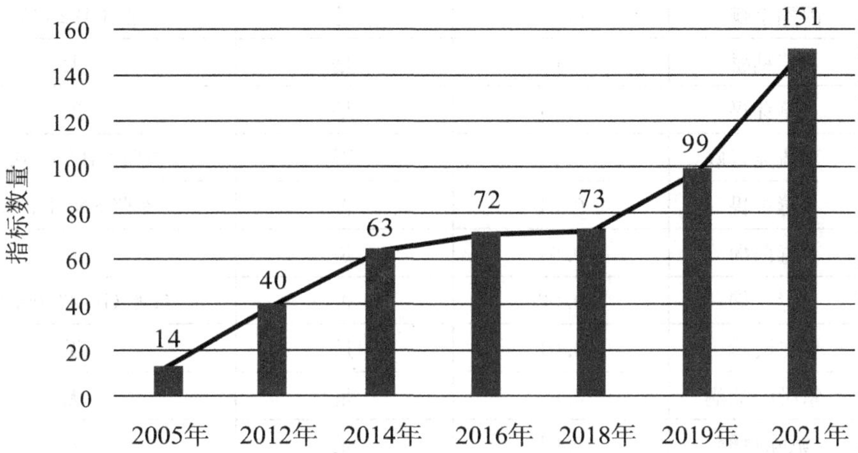

图 4-6 历年 GB 2763 中洋葱中农药残留限量指标数量变化情况

表 4-6 GB 2763—2021 较 GB 2763—2019 洋葱中新增农药残留限量情况

序号	中文名称	限量/(mg/kg)	是否临时限量	检测方法
1	阿维菌素	0.05	否	参照 GB 23200.19
2	吡氟禾草灵和精吡氟禾草灵	0.3	否	参照 GB 23200.113、GB/T 5009.142
3	吡蚜酮	0.5	否	参照 SN/T 3860
4	丙环唑	0.1	否	参照 GB 23200.13
5	丙炔氟草胺	0.02	是	无
6	氟啶胺	0.05	否	参照 SN/T 4591
7	氟噻唑吡乙酮	0.04	是	无
8	氟唑菌酰胺	0.6	是	无
9	活化酯	0.15	否	参照 GB 23200.13
10	甲氧虫酰肼	0.05	否	参照 GB/T 20769
11	萘乙酸和萘乙酸钠	0.1	否	参照 SN/T 2228
12	肟菌酯	0.05	否	参照 GB 23200.113
13	胺苯磺隆	0.01	否	参照 SN/T 2325
14	巴毒磷	0.02	是	参照 GB 23200.116

续表

序号	中文名称	限量/(mg/kg)	是否临时限量	检测方法
15	丙酯杀螨醇	0.02	是	参照 GB 23200.8
16	草枯醚	0.01	是	无
17	草芽畏	0.01	是	无
18	丁硫克百威	0.01	否	参照 GB 23200.13
19	毒虫畏	0.01	否	参照 SN/T 2324
20	毒菌酚	0.01	是	无
21	毒死蜱	0.02	否	参照 GB 23200.113
22	二溴磷	0.01	是	无
23	氟吡呋喃酮	0.01	是	无
24	氟除草醚	0.01	是	无
25	格螨酯	0.01	是	无
26	庚烯磷	0.01	是	参照 GB/T 20769
27	环螨酯	0.01	是	无
28	甲磺隆	0.01	否	参照 SN/T 2325
29	甲氧滴滴涕	0.01	否	参照 GB 23200.113
30	乐杀螨	0.05	是	参照 SN 0523
31	硫丹	0.05	否	参照 GB/T 5009.19
32	氯苯甲醚	0.01	否	参照 GB 23200.113
33	氯磺隆	0.01	否	参照 GB/T 20769
34	氯酞酸	0.01	是	无
35	氯酞酸甲酯	0.01	否	参照 SN/T 4138
36	茅草枯	0.01	是	无
37	灭草环	0.05	是	参照 GB 23200.8
38	灭螨醌	0.01	否	参照 SN/T 4066
39	三氟硝草醚	0.01	是	无
40	三氯杀螨醇	0.01	否	参照 GB 23200.113
41	三唑磷	0.05	否	参照 GB 23200.113
42	杀虫畏	0.01	否	参照 GB 23200.113
43	速灭磷	0.01	否	参照 GB 23200.113

续表

序号	中文名称	限量/(mg/kg)	是否临时限量	检测方法
44	特乐酚	0.01	是	参照 SN/T 4591
45	戊硝酚	0.01	是	无
46	烯虫炔酯	0.01	是	无
47	烯虫乙酯	0.01	是	无
48	消螨酚	0.01	是	无
49	溴甲烷	0.02	是	无
50	乙酯杀螨醇	0.01	否	参照 GB 23200.113
51	抑草蓬	0.05	是	参照 GB 23200.8
52	茚草酮	0.01	是	参照 SN/T 2915

(5) 我国胡萝卜中农药残留限量变化情况

GB 2763—2021 规定了胡萝卜中共计 137 个农药化合物残留限量，与 GB 2763—2019 相比，新增限量 44 个，其中临时限量 27 个；新增的限量中，未规定配套检测方法的有 18 个。另外，相比于 GB 2763—2019，GB 2763—2021 对毒死蜱、乐果和乙酰甲胺磷 3 种农药制定了更加严格的最大残留限量，分别由 1 mg/kg、0.5 mg/kg、1 mg/kg调整为 0.02 mg/kg、0.01 mg/kg、0.02 mg/kg。胡萝卜中农药的残留限量值变化详见表 4-7。胡萝卜中新增农药残留限量情况见表 4-8。从图 4-7 可以看出近几年我国胡萝卜中农药残留限量指标数量呈现增加的趋势，2019～2021 年增幅最大。

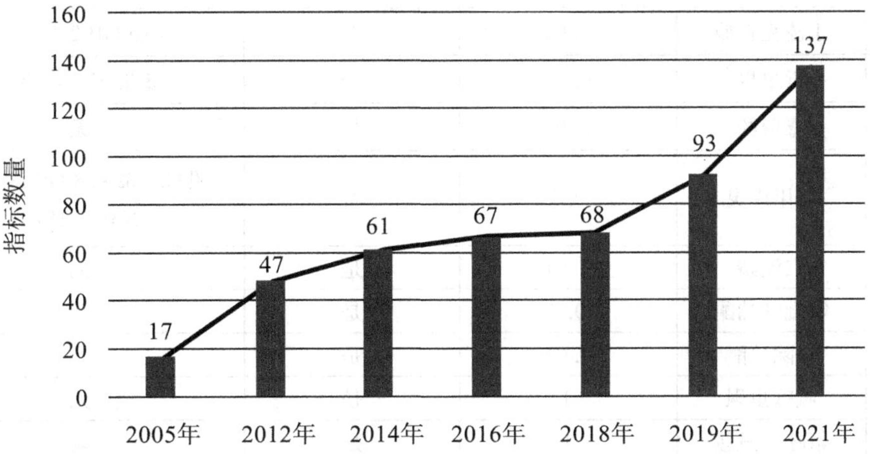

图 4-7 历年 GB 2763 中胡萝卜中农药残留限量指标数量变化情况

表 4-7　胡萝卜中农药的残留限量值变化　　单位：mg/kg

项目	GB 2763—2016	GB 2763—2019	GB 2763—2021
毒死蜱	1	1	0.02
乐果	0.5	0.5	0.01
乙酰甲胺磷	1	1	0.02
甲萘威	1	0.5	0.5
敌百虫	0.2	0.5	0.5
氯虫苯甲酰胺	0.02	0.08	0.08
敌敌畏	0.2	0.5	0.5

表 4-8　GB 2763—2021 较 GB 2763—2019 胡萝卜中新增农药残留限量情况

序号	项目名称	限量/(mg/kg)	是否临时限量	检测方法
1	胺苯磺隆	0.01	否	参照 SN/T 2325
2	巴毒磷	0.02	是	参照 GB 23200.116
3	吡氟禾草灵和精吡氟禾草灵	0.6	否	参照 GB 23200.113、GB/T 5009.142
4	吡唑萘菌胺	0.15	是	无
5	丙酯杀螨醇	0.02	是	参照 GB 23200.8
6	草枯醚	0.01	是	无
7	草芽畏	0.01	是	无
8	丁硫克百威	0.01	否	参照 GB 23200.13
9	毒虫畏	0.01	否	参照 SN/T 2324
10	毒菌酚	0.01	是	无
11	二甲戊灵	0.5	否	参照 GB 23200.8、GB 23200.113、NY/T 1379
12	二溴磷	0.01	是	无
13	氟吡呋喃酮	0.7	是	无
14	氟除草醚	0.01	是	无
15	氟噻虫砜	4	是	无
16	氟唑菌酰胺	1	是	无
17	格螨酯	0.01	是	无

续表

序号	项目名称	限量/(mg/kg)	是否临时限量	检测方法
18	庚烯磷	0.01	是	参照 GB/T 20769
19	环螨酯	0.01	是	无
20	甲磺隆	0.01	否	参照 SN/T 2325
21	甲氧滴滴涕	0.01	否	参照 GB 23200.113
22	乐杀螨	0.05	是	参照 SN 0523
23	硫丹	0.05	否	参照 GB/T 5009.19
24	氯苯甲醚	0.01	否	参照 GB 23200.113
25	氯磺隆	0.01	否	参照 GB/T 20769
26	氯酞酸	0.01	是	无
27	氯酞酸甲酯	0.01	否	参照 SN/T 4138
28	茅草枯	0.01	是	无
29	灭草环	0.05	是	参照 GB 23200.8
30	灭螨醌	0.01	否	参照 SN/T 4066
31	三氟硝草醚	0.01	是	参照 GB 23200.113
32	三氯杀螨醇	0.01	否	参照 GB 23200.113、NY/T 761
33	三唑磷	0.05	否	参照 GB 23200.113、GB 23200.116、NY/T 761
34	杀虫畏	0.01	否	参照 GB 23200.113
35	速灭磷	0.01	否	参照 GB 23200.113、GB 23200.116
36	特乐酚	0.01	是	参照 SN/T 4591
37	戊硝酚	0.01	是	无
38	烯虫炔酯	0.01	是	无
39	烯虫乙酯	0.01	是	无
40	消螨酚	0.01	是	无
41	溴甲烷	0.02	是	无
42	乙酯杀螨醇	0.01	否	参照 GB 23200.113
43	抑草蓬	0.05	是	参照 GB 23200.8
44	茚草酮	0.01	是	参照 SN/T 2915

(6) 我国番茄中农药残留限量变化情况

GB 2763—2021 规定了番茄中共计 242 个农药化合物残留限量，与 GB 2763—2019 相比，新增限量 62 个，其中临时限量 36 个；新增的限量中，未规定配套检测方法的有 28 个。相比于 GB 2763—2016 和 GB 2763—2019，GB 2763—2021 降低了丁硫克百威、毒死蜱、乐果和乙酰甲胺磷 4 种农药的最大残留限量值，提高了氟吡菌胺的最大残留限量值，详见表 4-9。番茄中新增农药残留限量情况见表 4-10。从图 4-8 可以看出近几年我国番茄中农药残留限量指标数量呈现增加的趋势，2019～2021 年增幅最大。

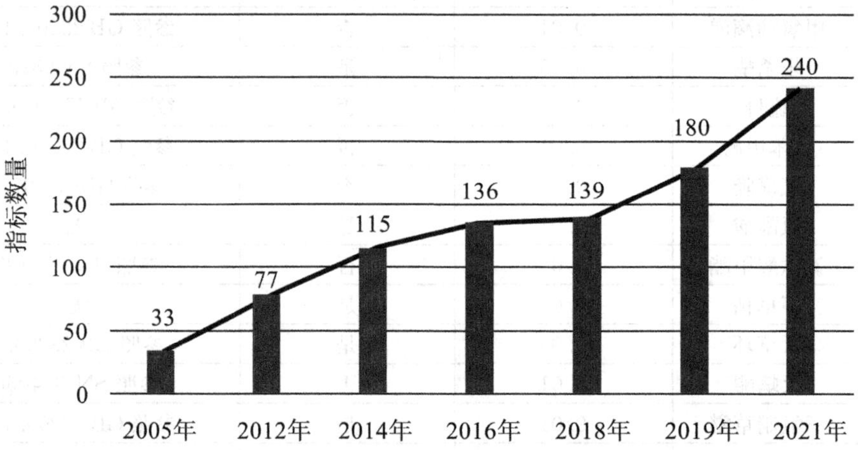

图 4-8　历年 GB 2763 中番茄中农药残留限量指标数量变化情况

表 4-9　番茄中农药的残留限量值变化　　单位：mg/kg

项目	GB 2763—2016	GB 2763—2019	GB 2763—2021
丁硫克百威	0.1	0.1	0.01
毒死蜱	0.5	0.5	0.02
乐果	0.5	0.5	0.01
乙酰甲胺磷	1	1	0.02
氟吡菌胺	0.1	0.2	2

表 4-10　GB 2763—2021 较 GB 2763—2019 番茄中新增农药残留限量情况

序号	中文名称	限量/(mg/kg)	是否临时限量	检测方法
1	胺苯吡菌酮	3	是	无
2	胺鲜酯	0.1	是	无
3	吡氟禾草灵和精吡氟禾草灵	0.4	否	参照 GB 23200.113、GB/T 5009.142

续表

序号	中文名称	限量/(mg/kg)	是否临时限量	检测方法
4	吡蚜酮	0.2	否	参照 SN/T 3860
5	吡唑萘菌胺	0.4	是	无
6	粉唑醇	0.8	否	参照 GB/T 20769
7	氟苯脲	1.5	否	参照 NY/T 1453、SN/T 4591
8	氟吡呋喃酮	3	是	无
9	氟啶胺	2	否	参照 SN/T 4591
10	氟嘧菌酯	1	否	参照 GB 23200.54
11	氟噻唑吡乙酮	0.3	是	无
12	氟唑菌酰胺	0.5	是	无
13	活化酯	0.3	否	参照 GB 23200.13
14	菌核净	0.2	是	无
15	螺甲螨酯	0.7	是	无
16	醚菌酯	1	否	参照 GB 23200.8、GB 23200.113、GB/T 20769
17	噻苯隆	0.05	否	参照 SN/T 4586
18	虱螨脲	3	否	参照 GB/T 20769
19	辛菌胺醋酸盐	0.5	是	无
20	异硫氰酸烯丙酯	0.05	是	无
21	唑嘧菌胺	2	是	无
22	胺苯磺隆	0.01	否	参照 SN/T 2325
23	巴毒磷	0.02	是	参照 GB 23200.116
24	苯并烯氟菌唑	0.9	是	无
25	丙炔氟草胺	0.02	否	参照 GB 23200.8、GB 23200.31
26	丙酯杀螨醇	0.02	是	参照 GB 23200.8
27	草枯醚	0.01	是	无
28	草芽畏	0.01	是	无
29	毒虫畏	0.01	否	参照 SN/T 2324
30	毒菌酚	0.01	是	无
31	二溴磷	0.01	是	无

续表

序号	中文名称	限量/(mg/kg)	是否临时限量	检测方法
32	氟除草醚	0.01	是	无
33	氟啶虫酰胺	0.4	否	参照 GB 23200.75
34	氟噻虫砜	0.7	是	无
35	格螨酯	0.01	是	无
36	庚烯磷	0.01	是	参照 GB/T 20769
37	环螨酯	0.01	是	无
38	甲磺隆	0.01	否	参照 SN/T 2325
39	甲氧滴滴涕	0.01	否	参照 GB 23200.113
40	乐杀螨	0.05	是	参照 SN 0523
41	硫丹	0.05	否	参照 GB/T 5009.19
42	氯苯甲醚	0.01	否	参照 GB 23200.113
43	氯磺隆	0.01	否	参照 GB/T 20769
44	氯酞酸	0.01	是	无
45	氯酞酸甲酯	0.01	否	参照 SN/T 4138
46	茅草枯	0.01	是	无
47	灭草环	0.05	是	参照 GB 23200.8
48	灭螨醌	0.01	否	参照 SN/T 4066
49	三氟硝草醚	0.01	是	参照 GB 23200.113
50	三氯杀螨醇	0.01	否	参照 GB 23200.113、GB 23200.116、NY/T 761
51	三唑磷	0.05	否	参照 GB 23200.113、NY/T 761
52	杀虫畏	0.01	否	参照 GB 23200.113
53	速灭磷	0.01	否	参照 GB 23200.113、GB 23200.116
54	特乐酚	0.01	是	无
55	戊硝酚	0.01	是	无
56	烯虫炔酯	0.01	是	无
57	烯虫乙酯	0.01	是	无
58	消螨酚	0.01	是	无

续表

序号	中文名称	限量/(mg/kg)	是否临时限量	检测方法
59	溴甲烷	0.02	是	无
60	乙酯杀螨醇	0.01	否	参照 GB 23200.113
61	抑草蓬	0.05	是	参照 GB 23200.8
62	茚草酮	0.01	是	参照 SN/T 2915

食品安全问题中的农药残留问题是民生关注的热点，在中共中央、国务院关于深化改革加强食品安全工作的意见中，要求用最严谨的标准、最严格的监管、最严厉的处罚、最严肃的问责，进一步加强食品安全工作，确保人民群众“舌尖上的安全”。标准是食品监管的基础，多年来，虽然我国在不断完善食品中农药最大残留限量标准，但在涉及的农药种类、涵盖的食品种类及最大残留限量标准的制定上仍有一些地方有待逐步完善。因此，应加强农药的登记管理工作，规范田间残留试验，增加与国际组织间的交流合作、吸取先进的经验和方法，并结合我国的膳食结构，逐步制定出既满足国内需求又满足国际“协调性”原则的食品中农药最大残留限量标准。

第5章　农药残留检测技术

农药残留检测是指根据样品基质和目标农药的物理、化学性质，选用合适的前处理方法和测定技术，将目标农药从样品中提取出来进行定性、定量分析。一个完整的分析方法主要包括样品前处理技术和测定技术两部分，本章主要介绍农药残留检测目前常用的样品前处理技术和测定技术。

5.1 样品前处理技术

在分析测定食品中农药残留时，食品种类众多，干扰物成分复杂，样品中农药残留含量较低，因此，需要在测定前对样品进行前处理，实现样品中农药残留物的有效提取和基质干扰物质的有效去除，使得制备的测试样符合后期分析测定的要求，确保检测结果的准确性。样品前处理技术通常包括提取、净化、浓缩等步骤。

5.1.1 提取技术

提取是用物理的或化学的手段破坏待测组分与样品成分间的结合力，将待测组分从样品中释放出来并转移到易于分析的溶液中(或其他合适的物质中)，是农药残留检测中非常关键的一步，提取效率将直接影响结果的准确性。提取时应根据农药种类和样品类型等来选择合适的提取溶剂和提取方法，以便尽可能完整地将农药从样品中提取出来，并尽量避免提取出干扰物质，以免影响样品的后期处理和分析测定。

5.1.1.1 提取溶剂

进行食品中农药残留检测时可选择的溶剂较多，在提取样品中的残留农药时，农药自身的极性以及其在提取溶剂中的溶解度直接影响提取效果，一般根据“相似相溶”原理，采用与农药极性相仿的提取溶剂，选取覆盖面较广的溶剂作为农药残留提取溶剂。主要的溶剂极性强弱排序为:水>乙腈>甲醇>醋酸>乙醇>异丙醇>丙酮>二恶烷>四氢呋喃>甲基乙基甲酮>苯酚>正丁醇>乙酸乙酯>乙醚>硝基甲苯>二氯甲烷>氯仿>苯>甲苯>二甲苯>四氯化碳>二硫化碳>环己烷>正己烷>正庚烷>煤油。

非极性农药如有机氯农药用非极性溶剂提取或反萃取，一般采用石油醚、正己烷、乙醚等溶剂进行提取。有机磷农药和一些除草剂等极性农药则使用极性强或含水的极性溶剂提取或反萃取。对于极易溶于水且采用极性溶剂提取后转溶或浓缩有困难的一类农药，需要向试样中加入等量乃至数倍量的无水硫酸钠，边脱水边用乙酸乙酯、二氯甲烷、苯进行提取。

对于含水较多的植物性试样，一般采用与水能互溶的极性溶剂进行提取，如丙酮、乙腈等。如果所要提取的农药是非极性的，可在加极性溶剂的同时，加入适量的非极性溶剂，以便农药能更好地进入非极性溶剂。对于比较干燥或水分含量较少的植物性试样，为了使提取溶剂更容易浸入样品，需要先加入少量水润湿乃至泡发，而后再用适当提取溶剂进行提取。对于含糖量较高的试样，要先加入适量的水，使其糖分充分溶解，其后再用能与样品相混合的溶剂提取。对于既含水分又含脂肪的试样，可先用一种与水相混合的溶剂提取，其后再用一种与水不相混合的溶剂进行反萃取。至于含脂肪的动物组织样品，由于动物体的结缔组织比植物组织更难断开和分离，组织完全破坏比较困难，其中又含水容易乳化，因此在提取时，往往先将试样用海砂和无水硫酸钠甚至干冰共同研磨，分解试样后（有时也用丙酮使脂肪颗粒沉淀），再根据农药的极性选择提取溶剂进行提取。

乙腈是目前最常用的提取溶剂，可以溶解并提取各种极性与非极性农药，在较宽泛的 pH 范围内获得较高的回收率，且溶解的非极性物质如脂肪以及极性较大化合物如蛋白质、盐类、糖类都较少；同时，通过盐析作用，乙腈极易与水层分离。实验中，为了延长不稳定化合物的稳定性，提高酸性物质及易受基质干扰物质的回收率，常用乙酸或甲酸将乙腈酸化。酸性萃取剂使目标化合物呈分子状态，避免了酸性化合物的水解，提高了酸性化合物及易受基质干扰物质的回收率。

5.1.1.2 提取方法

传统的提取方法有振荡提取法、匀浆提取法、索氏提取法、超声波提取方法、液液萃取等，伴随着时代发展以及技术的不断革新与优化，越来越多的新型提取技术应运而生，如加速溶剂萃取、微波辅助萃取、超临界流体萃取等。

(1)振荡提取法(MSE)

振荡提取法是指在样品基质中加入一定量的提取溶剂，将样品基质密封后置于振荡器上进行振荡提取。

(2)匀浆提取法

匀浆提取法是指将试样置于匀浆机中，加入提取剂，用高速匀浆机匀浆提取。在试样提取处理后，将试样中的待测成分转移至提取剂中。

(3)索氏提取法(SOX)

索氏提取法是指将样品置于索氏提取器中，选用合适的提取溶剂将样品进行循环萃取，将所需要的目标物提取出来。

(4)超声波提取法(UE)

超声波提取法是利用超声波辅助溶剂进行提取。声波产生高速、强烈的空化效应、机械振动效应和扰动效应等，增大物质分子运动频率和速度，增加溶剂穿透力，从而加速目标成分进入溶剂，缩短提取时间，提高提取效率。

(5)液液萃取(LLE)

液液萃取是农药分析的传统前处理方法，利用目标化合物在两种互不相溶(或微溶)的溶剂中溶解度或分配系数的差异，达到提取、分离和净化的目的。液液萃取中所用的萃取溶剂必须与被萃取的混合物液体不相溶，对提取液中的各组分(目标分析物以及样品的其他组分)具有选择性的溶解能力，且必须有好的热稳定性和化学稳定性。

液液萃取法操作简便、提取效率高，而且不需要特殊的辅助仪器，但是需要消耗的有机溶剂量较大、共萃取杂质较多、萃取过程中容易出现乳化现象、操作繁琐费时，难以实现自动化和高通量操作。目前正在逐渐被简单、低毒以及自动化程度高的提取方法取代。

(6)顶空萃取(HE)

顶空萃取是利用待测物的挥发性，将挥发性物质从液体或固体样品的基体中分离出来，可分为静态顶空技术和动态顶空技术。静态顶空技术是将待测样品置于一恒温密闭容器中，通过加热升温使得挥发性组分从基体中挥发出来，在顶空瓶里面的气液(气固)两相中达到热力学平衡。动态顶空技术也叫作吹扫-捕集分析法，是利用惰性气体通入液体样品(或固体表面)，把要分析的组分吹扫出来，使之通过一个吸附剂进行富集，然后再把吸附剂进行加热，使吸附的组分脱附，从而将待测物分离出来。动态顶空技术比静态顶空技术有更高的检测灵敏度，更适于痕量和超痕量分析。

(7)加速溶剂萃取(ASE)

加速溶剂萃取法是在密闭容器内通过升高温度和压力，用有机溶剂循环萃取样品，从样品中快速萃取出农药的方法。其工作原理为：通过增大压力来提高溶剂的沸点，使溶剂在高于正常沸点的温度下仍处于液态，可以提高目标成分的溶解度；通过增加温度来降低溶剂的黏度，使溶剂分子向基质扩散。ASE依靠升温和加压来完成萃取，因此热不稳定或易分解的化合物不适合用此方法来萃取；另外，ASE主要用于萃取固体或半固体样品，不适合液体样品的提取。该技术有快速、试剂用量少、萃取效率高、安全方便、仪器自动控制等优点。

(8)微波辅助萃取(MAE)

微波辅助萃取技术又叫微波萃取，是在密闭的容器内，直接利用微波能加热的特性来加强溶剂的提取效率，使农药从样品基质中快速分离出来的技术。该法具有萃取效率高、能耗少、环境污染小和易于自动控制等优点，并且可以与其他前处理技术联用，能够最大限度保持化合物的原生状态，而且有利于萃取热不稳定的物质，可避免长时间的高温造成的样品分解，适用于萃取固体和半固体样品中的农药残留物，现已广泛应用于茶叶等复杂基质样品中农药残留物的提取。

(9)超临界流体萃取(SFE)

超临界流体萃取技术是利用超临界流体的溶解能力与其密度的关系，即利用压力和温度对超临界流体溶解能力的影响而进行的。在超临界状态下，将超临界流体与待分离的物质接触，使其按照极性由大到小、沸点由高到低、分子质量由大到小的顺序，有选择地依次把不同成分萃取出来，然后借助减压、升温的方法使超临界流体变成普通气体，被萃取物质则自动完全或基本析出，从而达到分离提纯的目的，并将萃取、分离的两个过程合为一体。该技术通常采用 CO_2 作为萃取剂，由于 CO_2 属非极性溶剂，在萃取极性化合物时具有一定的局限性，常需添加少量改进剂增加溶剂的极性，来改善萃取效果，如甲醇、乙腈、乙酸乙酯、丙酮等极性溶剂。SFE 是一种新型而有效的提取分离技术，因超临界流体能代替有机溶剂，而不污染环境，故近年来备受关注。

(10)浊点萃取(CPE)

浊点萃取是基于表面活性剂胶束水溶液的增溶特性和浊点现象，通过改变溶液的 pH、离子强度、温度等操作条件引发相分离，将疏水性物质与亲水性物质分离。CPE 是近年来出现的一种新兴的液液萃取技术，是将表面活性剂应用于分析化学领域的一种重要的技术。该法不使用挥发性有机溶剂、不影响环境，具有经济、安全、高效、简便、便于实现联用等优点。

5.1.2 净化技术

净化是将待测组分与提取过程中的共萃取物(杂质)分离的过程。共萃取物通常为样品中的脂肪、蛋白质、糖类、蜡质、色素、胺类、酚类、有机酸等，净化就是尽可能除去提取液中的共萃取物，避免对测定系统的污染，减少对检测结果的干扰，提高检测的灵敏度和准确性。净化过程复杂而灵活多样，基本原理主要为液-液作用、液-固作用、液-气作用及化学反应。目前，应用较多的净化方法包括液液萃取、固相萃取、凝胶色谱净化等。

5.1.2.1 液液萃取

液液萃取是利用化合物在两种互不相溶(或微溶)的溶剂中溶解度或分配系数的

差异，来达到提取、分离和净化的目的。液液萃取的依据是能斯特（Nernst）于 1891 年提出的分配定律，即在一定温度下，溶质在一对互不相溶的溶剂中进行分配，平衡时溶质在两相中浓度之比为常数，该常数称为分配系数。分配系数与选择的溶剂对、pH、两相溶剂的体积比、极性溶剂中的含水量和盐分有关。

分散液液微萃取技术（DLLME）相当于微型化的液液萃取，是基于目标分析物在样品溶液和小体积的萃取剂之间平衡而进行分配的过程。其原理是萃取剂在分散剂的作用下形成分散的细小有机液滴，均匀地分散在水样中，从而形成水-分散剂-萃取剂乳浊液体系，目标分析物不断地被萃取到有机相中，最后在水样及小体积萃取剂之间达到萃取平衡。该技术操作简单快速、有机溶剂消耗低、回收率和富集倍数高。DLLME 适用于亲脂性高或中等的分析物（分配系数 $K>500$），对于高度亲水的中性分析物不适用；而对于具有酸碱性的分析物，可通过调节样品溶液的 pH 使分析物以非离子状态存在，从而提高分配系数。该技术集采样、萃取和浓缩于一体，灵敏度高、操作简单，而且还具有快捷、廉价等特点，所需要的有机溶剂非常少，是一项环境友好的样品前处理新技术。

5.1.2.2 固相萃取

固相萃取（SPE）是一种基于液-固相色谱分离机理，采用选择性吸附、选择性洗脱的方式对样品进行富集、分离、纯化的物理萃取过程，是目前应用最广泛的净化方法之一。SPE 包括正相柱、反相柱和离子交换树脂柱 3 种固相萃取柱。正相柱固定相吸附剂为极性的，且极性大于洗脱剂的极性，用来萃取极性物质，一般用氰基（—CN）、Al_2O_3、键合 Si、氨基（—NH_2）、硅酸镁等。反相柱固定相吸附剂为非极性的，且极性小于洗脱剂的极性，用来萃取非极性物质，一般用 C_{18}、C_8、PH（硅胶上接苯基）等。离子交换树脂柱的固定相为带电荷的离子交换树脂，用来吸附带相反电荷的离子化合物。实际操作过程中，应根据分析物的极性、溶解度等理化性质，选择合适的固相萃取柱。SPE 具有溶剂使用量少、操作简便快速、选择性高、重现性好、易于实现自动化操作等优势，已广泛应用于食品农药残留分析工作中。

虽然 SPE 有不少优点，但是仍需要提取和净化等多步才可完成，易造成分析物流失、重现性不好的后果。近年来，在固相萃取基础上又出现了固相微萃取、基质固相分散萃取、免疫亲和净化柱等新型的固相萃取前处理方法，本节对部分新型固相萃取技术进行简要介绍。

（1）固相微萃取（SPME）

固相微萃取技术是在液液分配和固相萃取的基础上开发的一种无溶剂、环境友好型萃取技术。其根据吸附-解吸原理，利用纤维表面涂层吸附样品中挥发性或半挥发性有机污染物，吸附一定时间后，取出萃取头，置于气相色谱（GC）或高效液相色谱（HPLC）等仪器进样口，进行热解析或溶解。

它是一种集萃取、浓缩、解吸、进样于一体的样品前处理新技术，其显著优点是操作简单、所需时间短、用样量少、选择性强、容易实现自动化，是极具发展前途的农药残留分析前处理技术。

(2)搅拌棒吸附萃取(SBSE)

搅拌棒吸附萃取技术的作用原理与固相微萃取相似，是一个基于待测物质在样品及萃取涂层中平衡分配的萃取过程，也是一种无溶剂损耗的样品制备方法。该方法于 1999 年被提出，将聚二甲基硅氧烷套在内封磁芯的玻璃管上作为萃取涂层，温度、时间、pH 值、溶液离子强度和搅拌速率等均能影响其萃取效率。高灵敏度、高萃取容量、易操作、无需有机溶剂、重现性好和可避免竞争性吸附等优点使得 SBSE 在前处理技术中具有良好的应用前景，现已有直接搅拌棒吸附萃取（dSBSE）和顶空吸附萃取（HSSE）等萃取技术。

(3)基质固相分散萃取(MSPD)

基质固相分散萃取是一种与固相萃取类似的样品前处理技术，其使用的填料与固相萃取相同，但作用方式不同。该方法的主要步骤是将适当的吸附剂与样品基质研磨，混合成均相，然后将混合物装入小柱中，再选择合适的溶剂洗脱目标分析物。在此过程中，一方面固相载体通过研磨破坏样品组织结构，使样品变成较小的部分；另一方面键合的有机相将样品组分溶解并更好地分散在载体表面。该技术省略了均质、离心等过程，减少了分析物在转移过程中的损失，大大减少了样品前处理的步骤，减少了有机溶剂的用量并缩短了分析时间。因此，该技术在农药残留分析中也得到了应用。

(4)分散固相萃取(DSPE)

分散固相萃取是近年来应用较为广泛的快速试样净化方法，该法直接在试样的提取液中加入固相吸附剂以去除基体中的杂质，涡旋混合、离心后取上清液进行色谱测定。该方法的主要优点有：前处理时间短，溶剂用量少，操作简单、无须较高的操作技能便能完成。其中一个典型的应用特例就是近年来样品前处理过程中常用的 QuEChERS 法。

QuEChERS 法（Quick，Easy，Cheap，Effective，Rugged and Safe）是基于分散固相萃取发展起来的一种集萃取和净化于一体的前处理方法，研发初期是针对水果、蔬菜样品建立的快速分析技术。该法的基本操作程序是用乙腈对样品进行浸提；再加入无水硫酸镁与氯化钠振荡，离心促使其分层；随后进行分散固相萃取，即将浸提液转移至含有硫酸镁、N-丙基乙二胺（PSA）和（或）C_{18} 等吸附剂的离心管中，离心后取上清液进行 GC-MS 或 LC-MS 分析。该法具有回收率高、省时省力、费用低、简单环保等优点，可发展成为一种应用范围广泛的样品前处理方法。

(5)免疫亲和净化柱(IAC)固相萃取

免疫亲和色谱技术是基于抗原与抗体的高专一亲和性和可逆结合特性以及色谱理论建立的一种分离富集方法。该技术是色谱分析方式、免疫反应的结合，并以免疫反应的原理作为基础，应用色谱分析方式中的差速迁移理论，将样品进行分离与净化。在免疫亲和固相萃取过程中，首先选择与目标分子高度特异结合的抗体，将抗体固定在固相材料上，例如石英、硅胶或聚合物等；然后使样品经过免疫亲和色谱柱，当样品中含目标分子时，免疫亲和固相萃取过程开始，目标分子与固相材料上的抗体发生结合，形成复合物，其他非目标物质则被洗脱，以去除任何干扰物；再采用适当方法将结合在抗体上的目标物洗脱下来，从而使目标物被选择性地提取和浓缩。它的特点是具有高度的选择性，近年来已开始应用于部分生物农药残留分析的样品前处理。

(6)分子印迹技术(MIT)

分子印迹技术是以在空间结构和结合位点上与目标分析物相匹配、对目标分析物具有选择性可逆结合能力的高分子聚合物为受体(也称为人工合成抗体)，实现选择性分子识别的分离分析技术，指将模板分子与功能单体采用共价或非共价结合力结合，在交联剂作用下共聚制备聚合物，该聚合物能够高选择性识别复杂样品中的印迹分子。该技术具有构效预定性、选择识别性、适用范围广及性质稳定等特点，能够特异性吸附目标化合物，被广泛应用于固相萃取、色谱分离、化学传感器、模拟酶催化等方面，在农药残留检测领域也得到广泛应用。

(7)磁固相萃取(MSPE)

磁固相萃取是以磁性或可磁化的材料作为吸附剂基质的一种分散固相萃取技术，利用具有磁性或者可磁化性质的吸附萃取剂对提取的样液进行净化。相比于传统固相萃取模式，MSPE 可根据不同试验要求灵活选择合适的吸附剂，同时磁性吸附剂具有接触充分、吸附速度快、缩短平衡时间的特点，大大提升前处理效率，也能避免复杂基质样品堵柱现象，可重复利用。MSPE 是 21 世纪在分离富集领域的革命性技术，具有操作简洁、快速、高效的特点，越来越受到青睐，现已广泛应用于牛奶、蜂蜜、蔬菜等复杂基质中兽药或农药残留检测的前处理中。随着技术的发展，越来越多的新型磁性纳米材料得到了发展，这将推动 MSPE 在更多领域的应用。

5.1.2.3 凝胶渗透色谱

凝胶渗透色谱(Gel Permeation Chromatography，简称 GPC)又称为尺寸排阻色谱(Size Exclusion Chromatography，简称 SEC)，是一种根据分子的尺寸进行分离的

色谱技术。其分离机理为立体排阻，是利用多孔凝胶固定相的独特性产生的一种分离方法，分离性能主要取决于凝胶的孔径大小与被分离组分分子尺寸之间的关系，与流动相的性质没有直接关系。色谱固定相是多孔凝胶，仅允许直径小于孔径的组分进入，这些孔径相对于溶剂分子来说是相当大的，以至溶剂分子可以自由地扩散出入。样品中的大分子不能进入凝胶孔洞而完全被排阻，只能沿多孔凝胶粒子之间的空隙通过色谱柱，首先从柱中被流动相洗脱出来；中等大小的分子能进入凝胶中一些适当的孔洞中，但不能进入更小的微孔，在柱中受到滞留作用，较慢地从色谱柱中被洗脱出来；小分子可进入凝胶中绝大部分孔洞，在柱中受到更强的滞留作用，会更慢地被洗脱出；溶解样品的溶剂分子，其分子量最小，可进入凝胶的所有孔洞，最后从柱中流出，从而实现不同分子大小样品的完全分离。

GPC 能够很好地分离蛋白质、色素、脂肪等大分子物质，且具有重现性好、适用范围广、自动化程度高、柱子可以重复使用、可与分析仪器联用等优点。作为一种快速的净化技术，GPC 被应用于农药残留分析中脂类提取物与农药的分离，是目前高脂肪含量样品农药残留净化中先进且有效的手段，但同时该技术具有溶剂消耗量大、环境污染性强等缺点。

5.1.2.4 其他样品净化技术

(1)磺化法

磺化法是利用脂肪、蜡质等杂质与浓硫酸的磺化作用，生成极性很大的物质而与农药进行分离，达到净化目的的一种方法。一般不被浓硫酸分解的农药都可以用磺化法净化。

(2)低温冷冻法

低温冷冻法是利用低温条件下待测物中脂肪、蜡质、蛋白质等杂质的溶解度降低而沉淀下来，而农药仍溶解在溶剂中的原理，实现农药残留与杂质分离的一种净化方法。

(3)凝结沉淀法

凝结沉淀法是使用凝结剂将农药残留样品提取液中的干扰物质沉淀下来的净化方法。该方法采用简单的过滤就可将干扰物质与农药分离，适用于极性较强、在水中有一定溶解度的有机磷、氨基甲酸酯类农药等。

5.1.3 浓缩

由于经提取和净化的待测组分的浓度或其存在介质不能满足检测仪器的要求而无法直接测定时，必须对待测组分进行浓缩或进行溶剂转换，使待测样品满足仪器检测的要求。浓缩是通过减少样品提取液中的溶剂体积，使组分的浓度升高以满足仪器检测灵敏度要求，或者进行溶剂转换以满足下一步前处理操作或仪器检测系统的需要。目前农药残留检测中常用的浓缩方法主要有水浴蒸发法、氮气吹干法、旋转蒸发法、真空离心浓缩法等。

(1)水浴蒸发法

水浴蒸发法是一种传统的浓缩方法，利用水浴锅加热，使常压下的待处理样品中的溶剂快速蒸发，适用于溶剂沸点较低、目标化合物沸点较高、热稳定性好的待处理溶液。

(2)旋转蒸发法

旋转蒸发法是一种快速的、针对大体积溶液的浓缩方法。由于该方法一般都在抽真空的条件下进行，因此浓缩的速度很快。应该注意的是，该浓缩方法中，水浴温度、旋转速率、倾斜角度、真空度等因素都会影响回收率。

(3)氮气吹干法

氮气吹干法采用惰性气体(氮气)对加入样液进行吹扫，使待处理样品迅速浓缩。该方法操作简便，可以批量化操作，大大缩短前处理时间。氮吹浓缩时，水浴温度、气体流量等也会影响回收率。目前在 SPE 小柱净化中，一般的溶剂体积较小，使用氮气吹干法浓缩是比较方便的方法。

(4)真空离心浓缩法

真空离心浓缩法采用离心机、真空和加热相结合的方法，在真空状态下离心样品，并通过超低温的冷阱捕捉溶剂，从而将溶剂快速蒸发，达到浓缩或干燥样品的目的。相对于其他浓缩方法，真空离心浓缩法的优点是样品的回收率较高、对环境的危害比较小，并且一般的真空离心浓缩仪操作较为简单、无需复杂的实验设计等。

农药残留检测中的样品前处理技术中通常有提取、净化和浓缩三个环节，但很多前处理过程中，这三个环节并不是严格分开的，有些方法兼有提取和净化效果，甚至还有浓缩效果，如液液分配、固相萃取等。不同的样品前处理技术有着不同的优缺点，在检测过程中应根据实际条件、待测样品数量以及检测结果的要求，选用合适的样品前处理方法。未来农药残留分析的发展方向之一是从目前单一农药品种分析转向多品种农药分析，但是到目前为止，还没有一种前处理技术能达到同时提取食品中所有的农药残留。

由于样品前处理在整个农药残留检测分析过程中是首个关键环节，个体差异、繁琐的手工操作最容易引起误差，影响分析检测的灵敏度、准确度和重现性，且有机溶剂的大量使用会对人体和环境造成很大的危害。因此，前处理技术和色谱分离分析的在线联用是未来样品前处理技术的发展方向，不仅可以弥补前处理技术的不足，而且可以减轻技术人员的劳动强度、实现分析的自动化、降低分析成本。另外，通过在线联用更容易做到环境友好的无毒操作，实现样品的无溶剂或少溶剂处理，减少对人体和环境生态的危害，必然促进绿色化学的早日到来。

5.2 农药残留检测仪器分析技术

伴随着科学技术的不断进步，农药残留的检测技术也迎来了高速发展。当前需要检测的农药种类及数量逐渐增多，使得样品提取溶液的溶解范围越来越宽泛，净化方法不可太严苛，由此造成样品基质中的提取干扰物较多，加重了分析仪器的负担，对分析仪器及分析方法提出了更高的要求。目前农药残留检测的仪器分析技术主要包括色谱技术、色谱-质谱联用技术、光谱分析技术、电化学分析技术及快检技术。

5.2.1 色谱分析技术

色谱或色谱法也被称为色层法或层析法，是一种物理化学分析方法，它利用混合物中各物质在两相间分配系数的差别，当溶质在两相间做相对移动时，各物质在两相间进行多次分配，从而使各组分得到分离。色谱法包括气相色谱法、液相色谱法、薄层色谱法、离子色谱法、分子排阻色谱法(凝胶渗透色谱法)等。色谱本身不能实现物质的直接测定，但色谱法具有强大的分离能力，从而可以在复杂基质中将目标分析物分离出来，供后续的其他检测技术进行测定和鉴别。近年来，气相色谱和液相色谱技术的不断发展，使色谱法在农药残留检测中发挥出巨大的作用，同时色谱技术和质谱技术的联用使色谱法的检测性能上升到一个全新的高度。

5.2.1.1 气相色谱法

(1)原理

气相色谱法(GC)是20世纪50年代发展起来的一种分析方法，它以气体(一般称为载气，根据检测器不同而采用 N_2、H_2、He、Ar 等)为流动相，将气化的样品带入色谱柱，由于样品中待测物质的溶解度、蒸气压、吸附能力、立体化学等物理化学性质存在微小差异，所以样品组分在流动相和固定相之间的分配系数等参数有所不同，当两相做相对运动时，组分在两相间进行连续多次分配，从而达到彼此分离的目的。

通常来说，气相色谱法适合于沸点在500 ℃以下、热稳定性好的农药。热分解和沸点太高的农药不能直接采用气相色谱法分析，可以通过衍生化提高热稳定性或降低沸点，以满足气相色谱的分析需要。

(2)气相色谱仪的结构

气相色谱仪的种类多样，功能各异，但其基本结构相似。气相色谱仪一般由气路系统、进样系统、分离系统、检测系统和数据处理系统等几部分组成。气相色谱仪有多种检测器，目前常用的检测器有：火焰电离检测器(FID)、电子捕获检测器(ECD)、火焰光度检测器(FPD)、氮磷检测器(NPD)、热导检测器(TCD)和质谱检测器(MSD)等。

(3)气相色谱柱的类型

在进行气相色谱分析时，色谱柱的选择是至关重要的，色谱柱被称为是气相色谱仪的“心脏”。根据固定液的化学性能，色谱柱可分为非极性、弱极性、中等极性、强极性等。目前农药残留检测常用的色谱柱种类及适用范围见表 5-1。

农药科学的发展和农药品种的增多为农药残留检测提出来更多挑战性的课题。随着新材料产业的发展，针对特殊的农药化合物的检测需要，开发出了新材料的色谱柱，攻克了原来无法解决的技术难题。比如：新发展的手性色谱柱使用的是手性固定液，主要有手性氨基酸衍生物、手性金属配合物、冠醚、杯芳烃和环糊精衍生物等。其中以环糊精及其衍生物为色谱固定液的手性色谱柱，用于分离各种对映体十分有效，是近年来发展极为迅速且应用前景相当广阔的一种手性色谱柱。

表 5-1　常见色谱柱种类及适用范围

极性种类	填料种类	商品名	适用范围	特点
非极性	100%二甲基聚硅氧烷	AC-1、OV-101、OV-1、DB-1、SE-30、HP-1、Rtx-1、BP-1	烃类、农药、杀虫剂、多氯联苯、酚类、硫化物、调料和香料	非极性键合交联固定相、耐溶剂冲洗、柱效高、热稳定性好
弱极性	5%二苯基，95%二甲基聚硅氧烷	AC-5、SE-52	生物碱、药物、FAMES、卤代化合物	非极性键合交联固定相、耐溶剂冲洗、柱效高、热稳定性好；通用柱为未知样品的首选；聚酰亚胺涂层
	5%二苯基，1%乙烯基，94%二甲基聚硅氧烷	OV-5、DB-5、SE-54、Rtx-5、BP-5		

续表

极性种类	填料种类	商品名	适用范围	特点
中等极性	35%苯基二甲基硅氧烷	HP-35、DB-35、Rtx-35、BPX-35	氯芳物、胺类、杀虫剂、醇类、农药、药物、其他极性或中等极性化合物	中等极性键合交联固定相，耐溶剂冲洗，EPA 8081、USP G-42 指定固定相
	6%氰丙基二甲基硅氧烷	DB-1301、Rtx-1301、Rtx-624	杀虫剂、醇类、氧化物、氯芳物	中等极性键合交联固定相、耐溶剂冲洗、独特选择性
	14%氰丙基二甲基硅氧烷	DB-1701、Rtx-1701、CP-Sil 19 CB、BP-10、OV-1701	药物、杀虫剂、氯芳物、除草剂、TMS糖	中等极性键合交联固定相、耐溶剂冲洗
	50%苯基二甲基硅氧烷	HP-50、DB-17、Rtx-50、CP-Sil 24 CB、BPX-50、OV-17	通常用来分析药品、乙二醇、杀虫剂、甾族化合物等极性化合物如含氧杀虫剂、除草剂和碱性药物等	中等极性键合交联固定相、耐溶剂冲洗、柱效高、热稳定性好、理想的验证分析用色谱柱、USP G3 固定相
	50%氰丙基二甲基硅氧烷	HP-225、DB-225、Rtx-225、CP-Sil 42 CB、OV-225	FAMES、聚不饱和脂肪酸、醛醇、乙酸酯类、中性甾醇	中强极性键合交联固定相、耐溶剂冲洗、USP G7 固定相
	50%三氟丙基甲基聚硅氧烷	DB-210、DB-200、HP-210、Rtx-200、OV-210	硝基化合物、卤化物、农药、杀虫剂、FAMES、醛、酮、酸	强极性键合交联固定相、耐溶剂冲洗、USP G6 固定相
强极性	聚乙二醇	HP-INNOWAX、DB-WAXetr、DB-WAX、Rtx-WAX、Stabilwax、CP-WAX 52 CB、BP-20	醇类、脂肪酸、芳烃类、香精类、溶剂、水样	极性键合交联固定相、耐溶剂冲洗、对极性化合物惰性良好、温度上限高且固定性流失低、可接受多种进水样和溶剂样品
	聚乙二醇(酸性)	DB-FFAP、Stabilwax DA、OV-351	酸类、醇类、醛类、酮类、腈类、水样	极性键合交联固定相、耐溶剂冲洗、对极性化合物惰性良好、温度上限高且固定性流失低、适用于分析溶于水的酸

(4)气相色谱法的特点

① 分离效率高,分析速度快。

② 样品用量少和检测灵敏度高。

③ 选择性好,可分离、分析恒沸混合物,沸点相近的物质,某些同位素,顺式与反式异构体,邻、间、对位异构体,旋光异构体等。

④ 可分离的样品应是可挥发且是热稳定的,沸点一般不超过 500 ℃。

⑤ 在对组分直接进行定性分析时,必须用已知物或已知数据与相应的色谱峰进行对比,或与其他方法(如质谱、光谱)联用,才能获得直接肯定的结果。在定量分析时,常需要用已知物的标准物质对检测后输出的信号进行校正。

(5)气相色谱仪的发展趋势及应用范围

随着气相色谱仪技术应用领域的不断拓展和新产品的开发,加之电子信息技术的普遍应用,使气相色谱仪朝向灵敏度更高、选择性更强、更加方便快捷的方向发展,主要表现出以下三个方面。

① 智能化。智能化气相色谱仪是以数字化、智能化、网络化技术等为标志的气相色谱仪技术,智能化的发展方向有效解决了传统气相色谱仪可靠性较差、功能单一、无法进行技术升级等问题,其技术攻关的主要难点在于如何把微处理器植入测试系统当中。智能化的操作方向可以实现气相色谱仪的人机对话功能,提供更好的操控使用界面,更有助于推动我国气相色谱仪的产业化能力,不断扩大我国气相色谱仪的市场占有率。

② 微型化。气相色谱仪使用程度越来越广,使气相色谱仪的生产已经从技术驱动转为市场驱动,以往那种一味追求高、精、尖的气相色谱仪设计理念已不符合实际。而可以满足用户明确的需求,能用最短的时间开发的,集中优势、降低成本、专业化的气相色谱仪更加能促进企业的生存与发展需要。当前市场普遍要求气相色谱仪能现场作业、实时分析、即时提供有效精准的数据, 因此对气相色谱仪的设计提出了微型化、便携式的设计要求。

③ 新技术。随着科技的发展、研究的深入和检测的实际需求增加,气相色谱仪的应用范围越来越广泛,并且不断有新技术应用到气相色谱领域,如可以提高分离速度的细内径毛细管柱、色谱仪模块化技术、在线 GPC-气相色谱-质谱联用技术(GPC/GC-MS-MS)、全二维气相色谱联用技术(GC×GC)、全二维气相色谱-质谱联用技术

(GC×GC-MS)、中心切割多维气相色谱-质谱联用技术等等。二维色谱技术分离分析样品时,能提高样品各组分的分离能力,与质谱技术联用时,可以提高对样品各组分的定性与定量能力,为复杂体系分离鉴定提供了有力手段。随着人们对复杂基质样品及难分离化合物越来越多的关注,这些新技术将会得到越来越多的应用。

5.2.1.2 液相色谱法

(1)原理

液相色谱法(LC)是以液体为流动相的色谱方法,其分离过程的本质是待分离物质分子在固定相和流动相之间分配平衡的过程,不同的物质在两相之间的分配会不同,这使其随流动相运动速率各不相同,随着流动相的运动,混合物中的不同组分在固定相上相互分离。液相色谱法里流动相参与了组分的分离过程,色谱分离过程是利用不同的溶质(组分)在流动相和固定相之间的作用力(分配、吸附)的不同来实现分离。实际操作中经常通过改变流动相的组成来调节待测组分在色谱柱上的保留性和选择性,以适应不同的样品分离分析的需要。根据待分离物质分子的分离机制,色谱又可分为吸附色谱、分配色谱、离子交换色谱、凝胶色谱、亲和色谱等类别。

目前使用的高效液相色谱法(HPLC)是在经典的液相色谱法基础上发展起来的,具有更高的分离效率和检测灵敏度,本书提及的液相色谱法主要是指高效液相色谱法。高效液相色谱从原理上与经典的液相色谱没有本质的差别,它的特点是采用了高压输液泵、高灵敏度检测器和高效微粒固定相,适于分析高沸点不易挥发、分子量大、不同极性的有机化合物。

(2)高效液相色谱仪的结构

高效液相色谱系统由流动相储液、输液泵、进样器、色谱柱、检测器和数据接收处理系统组成。高效液相色谱的输液泵要求输液量恒定平稳,进样系统要求进样便利、切换严密。同时,由于液体流动相黏度远远高于气体,为了减低柱压,高效液相色谱的色谱柱一般比较粗,长度也远小于气相色谱柱。HPLC中常用的检测器有紫外-可见光检测器(包括单波长或多波长紫外可见光检测器、二极管阵列检测器)、荧光检测器、示差折光检测器、蒸发光检测器等。应用最多的是紫外-可见光检测器,其次是荧光检测器。

(3)高效液相色谱柱的类型

高效液相色谱柱大致可分为五类:高效反相液相色谱柱、高效正相液相色谱柱、高效亲水液相色谱柱、高效离子交换液相色谱柱、高效尺寸排阻液相色谱柱等。常用液相色谱柱种类及适用范围具体见表 5-2。

表 5-2 色谱柱种类及适用范围

色谱柱类型	固定相填料	适用范围
高效反相液相色谱柱	C18	多种物质的分离
	C8	中等疏水性物质的分离
	C4	亲脂性多糖和蛋白的分离
	C1	非极性、中等级性物质的分离
	C30	同分异构体的分离
	苯-己基	不同极性和芳香性物质的分离
	PFP	极性和卤代化合物的分离
	蛋白质	蛋白质的分离
	多肽	多肽的分离
	多糖	多糖的分离
	寡核苷酸	核苷酸及其同型异构体的分离
	单克隆抗体	单克隆抗体、抗体-药物聚合物的分离
高效正相液相色谱柱	氨基柱	糖类的分离
	硅胶柱	非极性和中等极性同分异构体的分离
	氰基柱	梯度洗脱
高效亲水液相色谱柱	硅胶	中性或碱性同分异构体的分离
	尿素	极性化合物的分离
	两性离子	多种物质的分离
	聚乙烯亚胺	中性或酸性极性化合物的分离
高效离子交换液相色谱柱	硅胶离子交换柱	较小的水溶性化合物的分离
高效尺寸排阻液相色谱柱	硅胶	水溶性聚合物的分离

(4)高效液相色谱法的特点

① 高压。流动相为液体，流经色谱柱时，受到的阻力较大。为了使流动相能迅速通过色谱柱，必须对载液加高压。

② 高效。液相色谱分离效能高，可选择固定相和流动相以达到最佳分离效果，

比工业精馏塔和气相色谱的分离效能高出许多倍。

③ 高灵敏度。紫外检测器精度可达 0.01 ng,进样量在 μL 数量级。

④ 应用范围广。70%以上的有机化合物可用高效液相色谱分析,特别是高沸点、大分子、强极性、热稳定性差的化合物分离分析,显示出优势。

⑤ 分析速度快、载液流速快。高效液相色谱法较经典液相色谱法速度快得多,通常分析一个样品需要 15～30 min,有些样品分析甚至在 5 min 内即可完成,一般小于 1 h。

⑥可重复利用性。高效液相色谱柱可反复使用,样品不被破坏、易回收。

(5)高效液相色谱法的发展趋势及应用范围

高效液相色谱法应用非常广泛,几乎遍及农药残留定量定性分析的各个领域,其发展趋势和应用范围如下。

① 分离混合物。高效液相色谱法只要求样品能制成溶液,不受样品挥发性的限制,流动相可选择的范围宽,固定相的种类繁多,因而可以分离热不稳定和非挥发性的、离解的和非离解的以及各种分子量范围的物质。通过与试样预处理技术相配合,高效液相色谱法可具有高分辨率和高灵敏度,可分离并同时测定性质上十分相近的物质,能够分离复杂混合物中的微量成分。并且随着固定相的发展,该方法还可在充分保持生化物质活性的条件下完成对其的分离。

② 生化分析。由于高效液相色谱法具有高分辨率、高灵敏度、速度快、色谱柱可反复利用、流出组分易收集等优点,因而被广泛应用到生物化学、食品分析、医药研究、环境分析、无机分析等各种领域,并已成为生化分析领域最有发展前景的方法。

③ 仪器联用。高效液相色谱仪与结构仪器的联用是一个重要的发展方向。高效液相色谱-质谱联用技术受到普遍重视,可分析氨基甲酸酯农药和多环芳烃等。高效液相色谱-红外光谱联用技术也发展很快,如在环境污染分析中测定水中的烃类等,使环境污染分析得到新的发展。

高效液相色谱法相对于其他很多的检测方法而言,具有较高的效率、精密性、准确性以及可行性,因此在分离混合物、生化分析和仪器联用等领域中高效液相色谱法几乎都属于首选的检测方法。从上述的分析我们可以发现,高效液相色谱法不仅现在发挥了十分重要的作用,在未来也拥有广阔的发展前景。

5.2.1.3 毛细管电泳技术

毛细管电泳技术(CE)是一类以毛细管为分离通道、以高压直流电场为驱动力的新型液相分离分析技术,主要针对难以用传统色谱法分离的离子化农药样品的分离与分析。该技术在国内起步较晚，国外相关人员在这一领域已做了大量的研究工作，其中有关各种除草剂的分离、单种及复合农药有效成分含量的测定的报道较多。

5.2.1.4 超临界流体色谱技术

超临界流体色谱(SFC)技术是以超临界流体作为流动相，依靠流动相的溶剂化能力来进行分离、分析的色谱过程，可以与质谱仪、化学发光氮气检测器、蒸发光散射检测器、紫外光度检测器、氢火焰离子检测器等多种检测器联用。超临界流体是物质在高于临界压力和临界温度时的一种状态，它具有气体和液体的某些性质，具有气体的低黏度、液体的高密度以及介于气、液之间较高的扩散系数等特征，常用的流体有二氧化碳及氧化亚氮等。SFC在较低温度下对热不稳定的农药进行检测，是农药检测研究中最具潜力的检测技术之一。由于气相色谱法对热不稳定或挥发性差的物质，只能采取衍生化的手段才能进行检测与分析；液相色谱法通常应用紫外检测器，而众多有机化合物缺乏紫外吸收，从而在一定程度上限制了LC对这类物质的分析。而SFC却解决了这些缺陷，且能保持GC和LC的高效性。但是，在使用超临界流体色谱法时，还需要一些特殊的设备来进行配合，因此，这种检验方式的推广受到了限制，目前无法做到普及。

5.2.2 色谱-质谱联用技术

色谱法是一种分离分析技术，它利用物质在两相中分配系数或吸附的微小差异，当两相做相对移动时，被测物质在两相之间进行反复多次分配或吸附，以达到有效分离、分析的目的。但这些具有高效分离能力的技术对分离后各组分的定性、鉴定结构的能力较差。质谱仪与色谱法常用的检测器相比，在选择性、灵敏度等方面有非常大的优势，且能同时提供分析物的化学结构信息，对化合物分析有独到的鉴定能力，但单独的质谱技术对复杂基质中的组分测定又显得力不从心，因此具有高分离能力的色谱分离技术与高选择性的质谱测定技术联合在一起具有非常强大的技术优势。

5.2.2.1 气相色谱-质谱联用技术

(1)原理

气相色谱-质谱(GC-MS)联用技术是利用气相色谱对混合物的高效分离能力和质谱对化合物的准确鉴定能力对农药进行定性和定量分析的一门技术，质谱的引入可以克服结构干扰，有效分离复杂样品中的农药，检测残留农药及其代谢物，还可同时对其进行定量、定性分析，并提供来自精准分子质量和裂解模式的结构信息。质谱分析器种类很多，其中四极杆分析器(Quadrupole，简称 Q)、离子阱分析器(Ion Trap，简称 IT)和飞行时间分析器(Time of Flight Mass，简称 TOF)最为常用。为了达到增加结构信息的目的，大多数情况下选用具有串联质谱功能的质量分析器，如 Q-TOF、Q-Q-Q。在色谱-质谱联用系统中，被分析的样品先在色谱系统中分离，然后从色谱柱中洗脱出来的馏分再进行电离并进入质量分析器进行测定。农药覆盖范围广、样品制备简便、无需衍生化、灵敏度高、选择性强等优点是色谱-质谱联用技术广泛应用于农药检测、鉴定和定量分析的重要原因。

(2)气相色谱-质谱(GC-MS)联用仪的结构

气相色谱-质谱(GC-MS)联用仪包括 GC 模块、MS 模块、GC-MS 接口模块、仪器控制模块以及软件模块。待分析样品通过载气(氢气或氦气)经过 GC 色谱柱得到初步分离，从色谱柱流出的各组分经过 GC-MS 接口模块传输进入 MS 模块的离子源单元，在这里各组分被离子化形成离子，进而被 MS 模块中的质量分析器分析，分析获得的数据由 GC-MS 平台的数据处理模块进行处理、显示，并进行数据库搜索和比对。整个分析过程所涉及的流程处理顺序均由 GC-MS 平台的仪器控制模块进行控制和协调。

(3)离子源

气相色谱-质谱联用仪常用离子源主要有电子电离(EI)和化学电离(CI，包括正化学电离源 PCI、负化学电离源 NCI)等。

EI 是用在气相色谱质谱上的，是一种“硬电离”，主要用于在一定温度下可以气化的化合物的电离。EI 源主要由电离室(离子盒)、灯丝、离子聚焦透镜和一对磁极组成。其主要的工作原理是灯丝发射出具备 70 eV 能量的电子，经聚焦并在磁场作用下穿过离子化室到达收集极；此时进入离子化室的样品分子在一定能量电子的作用下发生电离，内能较大的离子在与中性分子(如 He)碰撞时能够自发裂解产生更多的碎片离子；所有的离子被聚焦、加速聚焦成离子束进入质谱分析器。

对于大部分有机物来说，EI 源的这种硬电离方式不仅可以看到母离子，而且可以看到很多碎片离子，便于进行结构解析。并且标准谱库就是利用 EI 源在 70 eV 的碰撞能量下轰击已知的纯有机化合物，电离后分子离子进一步破碎产生丰富的碎片离子，形成具有丰富“指纹”信息的标准质谱图，这些标准质谱图存储起来成为标准谱库。我们在相同的碰撞能量下进行实验获得的质谱可以与标准谱库进行对比，进而对化合物进行定性分析。

EI 的优点：①非选择性电离，只要样品能气化都能够离子化。②离子化效率高，灵敏度高。③EI 谱提供丰富的结构信息，是化合物的“指纹谱”。④有庞大的标准谱库供检索，谱图是在 70 eV 条件下获得的，谱图重复性好，被称作经典的 EI 谱（是指谱图中同位素峰的比例能反映构成该离子的天然同位素丰度分布规律）。

EI 的缺点：①样品必须能气化，不适于难挥发、热不稳定的样品。②有的化合物在 EI 方式下分子离子不稳定、易碎裂、得不到分子量信息，谱图复杂解释有一定困难。③EI 方式只能检测正离子，不能检测负离子。

CI 和 EI 一样，灯丝发射的电子使中性分子电离，不同的是样品和反应试剂一起进入离子化室，反应试剂浓度高于样品浓度，首先电离的是反应试剂中性分子，产生各种活性反应离子，这些离子与样品分子再发生分子-离子反应，从而使待测物离子化。常用的反应试剂有甲烷、异丁烷、氨气等。从化学反应的类型来看，化学电离有正化学电离和负化学电离。正化学电离发生的分子-离子反应主要有质子转移反应、电荷交换反应、亲电加成反应，负化学电离发生的分子-离子反应主要有电子捕获反应、负离子加成反应等。对电负性较强的化合物（含 X、N、O 等）使用负化学电离模式时，选择性和灵敏度非常高。

CI 的优点：CI 不仅是获得相对分子质量信息的重要手段，还可通过控制反应，根据离子亲和力和电负性选择不同的反应试剂，用于不同化合物的选择性检测。

CI 的缺点：和 EI 一样要样品必须能气化，不适于难挥发、热不稳定的样品，而且 CI 谱图重现性不如 EI，没有标准谱库；另外反应试剂易形成较高本底，影响检测限；反应试剂的压力需要摸索。

(4)气相色谱-质谱联用技术的优点

在气相色谱-质谱联用技术中，气相色谱作为进样系统，充分发挥其高效的分离能力和高的灵敏度，对样品进行有效分离。同时满足质谱分析对样品单一性的要求，避免了样品受污染，有效控制质谱进样量，减少对质谱仪器的污染，极大地提高了对混合物的分离、定性和定量分析的效率。

质谱作为检测器，检测的是离子质量，获得化合物的质谱图，解决了气相色谱定性分析的局限性。而且质谱的多种扫描方式和质量分析技术使得该联用技术可以有选择地只检测所需要的目标化合物的特征离子（SIM，选择离子模式），不仅能排除基质和杂质峰的干扰，还能极大地提高检测灵敏度。

联用的优势还体现在可获得更多的信息，单独使用气相色谱只获得保留时间、强度两维信息，单独使用质谱也只获得质荷比和强度两维信息，而气相色谱-质谱联用可得到质量、保留时间、强度三维信息，提高了解决问题的能力。

气相色谱-质谱联用技术的发展促进了分析技术的计算机化，缩短了各种新方法开发的时间和样品运行时间，实现了高通量、高效率分析的目标。

5.2.2.2 液相色谱-质谱联用技术

(1)原理

液相色谱-质谱(LC-MS)联用技术是指将液相色谱仪分离开的各种组分逐一送入质谱仪进行物质离子化,再按照离子的质荷比分离,经由检测器检测各种离子峰的强度得到质谱图,从而实现分析目的。该技术的关键技术是高压液相色谱产生的液态流出物与需要高真空工作的质谱的匹配,即接口技术,目前液相色谱-质谱联用仪的接口技术主要有电喷雾离子化(ESI)和大气压化学离子化(APCI)等技术。液相色谱-质谱联用技术中质量分析器有单四极杆分析器、三重四极杆(又称串联四极杆)分析器、离子阱分析器、飞行时间分析器、飞行时间与四极杆混合分析器、杂交轨道阱分析器等,在食品安全检测分析中,目前使用最多的是串联四极杆质量分析器。串联四极杆质量分析器中,第一个四级杆用于分析物准分子离子(母离子)的质量分离,第二个四极杆主要用于离子碰撞产生离子碎片,第三个四极杆主要是分离第二个四极杆产生的碎片离子。在扫描方式方面,可以有全谱扫描、多重反应监测(MRM)等模式,与全谱扫描相比,MRM 方式有更高的灵敏度与选择性,因而使用最广泛。

此技术在检测热不稳定性、高热性、难挥发大分子有机化合物中具有明显优势;该检测方法受沸点影响较小,可有效分离、分析热稳定性较差的农药。液相色谱-质谱联用技术对于检测仪器有着较高的要求,该技术可靠性和检测准确性较高,可以在农产品农药残留检测中应用。

(2)电离源种类

液相色谱-质谱(LC-MS)仪电离源包括电喷雾电离源(ESI)、大气压化学电离源(APCI)、大气压光电离离子源(APPI)和基质辅助激光解吸电离源(MALDI)。

①电喷雾电离源(ESI)。ESI 一般用于液相色谱-质谱联用仪器中,这种电离方式基本不产生碎片峰,故称为软电离。其主要的工作原理是:包裹着样品的溶剂进入电喷雾探头,通过加着高电压的毛细管,高电压使得液体表面带上电荷,溶剂被周围加热的氮气气化从而挥发,随着溶剂蒸发,溶剂表面的库伦排斥力越来越大,引起液滴爆炸,最后生成单个离子进入质量分析器。

由于 ESI 采用的是软电离的方式,因此适合做分子量确认。对于分子量大、稳定性差的化合物,也不会在电离过程中发生分解,它适合于分析极性强的大分子有机化合物,如药物、肽、糖等。它最大的特点就是可以生成多电荷离子,这样,一个分子量为 10000 Da 的分子若带有 10 个电荷,则其质荷比只有 1000 Da,进入了一般质谱仪可以分析的范围之内。但是 ESI 有以下不足:要求待测样品在溶液中必须能够形成离子；流动相中缓冲盐的种类和浓度对灵敏度均有显著影响，因此流动相的选择非常重要；基质抑制现象较为明显。

②大气压化学电离源（APCI）。APCI是介于ESI和EI之间的一种离子源，主要应用于液相色谱-质谱联用仪中，其产生的也是$(M+H)^+$或$(M\text{-}H)^-$等准分子离子峰，几乎不产生碎片。其主要的工作原理是：样品流经热喷雾器，加热器辅助样品分子快速蒸发；电晕针持续放电使得源内O_2或N_2分子电离，O_2或N_2离子将电荷转移给溶剂分子，溶剂离子将电荷转移给目标分子，最终目标离子进入质量分析器。

大气压化学电离源主要用来分析中等极性或低极性的小分子化合物。有些分析物由于结构和极性方面的原因，用ESI不能产生足够强的离子，可以采用APCI方式增加离子产率，可以认为APCI是ESI的补充。APCI主要产生的是单电荷离子，所以分析的化合物分子量一般小于2000 Da。用这种电离源得到的质谱很少有碎片离子，主要是准分子离子。APCI要求样品要有一定的挥发性，要能够进行气态离子化；热不稳定的化合物不能使用这种方式进行测定。

③大气压光电离离子源（APPI）。APPI是一种新兴的用于液相色谱-质谱联用的软电离离子化技术。它是在APCI的基础上加上一个紫外灯（也可使用激光），利用紫外灯或激光的照射使带有共轭双键的化合物选择性电离，由于其选择性好，所以对特定的化合物具有较高的灵敏度。在APPI中，来自液相色谱的流动相及样品首先在雾化气的作用下形成细小雾滴，随后被喷射蒸发，由光源发射的光子与气态分析物发生相互碰撞作用产生离子，而后离子被引入质谱仪进行质量分析，得到质谱图。

与ESI和APCI相比，APPI的应用优点如下：它可以同时电离出极性和非极性的小分子物质，让用户单次注射分析更多的化合物；测定过程中大幅度减少了基质效应和相对离子抑制作用，从而简化了样品的净化程序，节省了样品的前处理时间，可以获得更好的分析物回收率，保证了分析数据的质量；测定结果拥有达到5个数量级的动态线性范围，是定量分析者首选的离子源方式。

④基质辅助激光解吸电离技术（MALDI）。MALDI是一种用于质谱的软离子化技术，可以得到用常规离子化方法容易解离的一些大分子化合物的质谱信息，比如生物分子类的DNA、生物高分子、蛋白质、多肽和糖以及其他大分子量的有机分子，在这方面类似于同样是软离子化方法的电喷雾离子法，但MALDI更容易得到单电荷的离子峰。

对于热敏感的化合物，如果进行极快速的加热，可以避免其受热分解。MALDI技术与此原理相似：即在一个微小的区域内，在极短的时间间隔（ns数量级）中，激光对靶上待分析物质提供高强度脉冲式能量，使其在瞬间完成解吸和电离，且不产生热分解。MALDI是一种直接气化并离子化非挥发性样品的质谱离子化方式，但是其离子化机理尚不清楚，存在两种可能性：离子在固态时已形成，激光照射时只是简单的释放出；或离子是由激光引发的离子-分子反应产生的。MALDI的解吸离子化过程与基质的种类、激发光波长和激光照射强度有关。

与电子电离、化学电离等其他质谱电离技术相比，MALDI技术具有以下特点：可电离一些较难电离的样品（特别是生物大分子），得到完整的电离产物，且无明显碎片；单电荷分子离子峰占多数，质谱图较简单，适合多组分样品的分析；适用范围广，能耐受一定程度的盐和缓冲液；对样品处理的要求不严格，甚至可以直接分析未处理过的生物样品，从而简化繁琐的制样过程；灵敏度高。

(3)液相色谱-质谱联用技术的优点

液质联用即高效液相色谱-质谱联用技术（HPLC-MS）。它将液相色谱和质谱连接，把色谱的分离能力与高分辨质谱的高选择性、高灵敏度和高定性能力相结合，适合复杂成分、痕量物质的分析，并能提供分子量和结构信息。液相色谱-质谱联用技术具有以下优点。

①MS具有广泛的适应性检测器，能够检测出几乎所有的化合物，很容易解决热不稳定化合物的分析问题。

②分离能力强，即使在液相色谱上没有完全分离开，但通过MS的特征离子质量色谱图也能分别画出它们各自的色谱图来进行定性和定量分析，可以给出每一个组分的丰富的结构信息和分子量，并且定量结构十分可靠。

③检测限低，MS具备高灵敏度，它可以在小于 10^{-12} g水平下检测样品，通过选择离子检测方式，其检测能力还可以提高一个数量级以上，特别是对于那些没有紫外吸收光谱（UV）吸收的样品，用MS检测更是得心应手。

④可以让科学家从分子水平上研究生命科学。

⑤质谱引导的自动纯化，以质谱给馏分收集器提供触发信号，可以大大提高制备系统的性能，克服了传统UV制备中的很多问题。

5.2.2.3 色谱-质谱联用技术在农药残留检测的应用和前景

(1)气相色谱-质谱法（GC-MS）

气相色谱-质谱联用技术在科学技术不断发展的背景下，逐渐向着自动化和小型化方向发展，气相色谱-质谱联用技术具有较高的灵敏度和稳定性，是农产品农药残留检测中常用技术。采用GC-MS技术可分析粮谷、蔬菜、水果、茶叶、饮料、动物源食品以及加工食品等多种基质中的农药残留，所分析目标物的种类包括有机磷类、有机氯类、拟除虫菊酯类、氨基甲酸酯类、酰胺类及唑类等农药。目前欧盟、美国、日本和中国等已普遍采用该技术建立了多种农药的标准检测方法或官方方法。采用GC-EI-MS检测，一次进样可分析100种以上农药的残留，一次前处理后分多次进样则可分析近500种农药的残留。

(2)色谱-串联质谱法(MS/MS)

常用的色谱-串联质谱法有气相色谱-串联质谱联用(GC-MS/MS)技术、液相色谱-串联质谱联用(LC-MS/MS)技术等。将气相色谱与串联质谱技术相结合，可更好地发挥二者的技术优势。GC具有高效的分离能力，在优化的色谱条件下，一次进样可分离100余种农药；MS/MS具有抗干扰能力强及定性准确、灵敏度高的特点，使得复杂基质如葱、姜、蒜、韭菜等样本中农药的多残留分析技术和能力得到了提升，弥补了样品前处理不能较好地去除基质干扰的不足，是复杂基质中农药多残留分析的有效手段。

对于一些极性强、不易挥发、热稳定性差而不适于采用气相色谱法进行分析的农药，如磺酰脲类、苯氧羧酸类等除草剂，通常采用液相色谱法进行测定，但液相色谱法的灵敏度较低。随着LC-MS/MS技术的逐步发展和成熟，LC-MS/MS成为分析这类化合物的有效方法，该技术同样也适用于那些可采用GC-MS分析的农药，且通常比GC-MS具有更高的灵敏度。串联质谱技术的抗干扰能力强、灵敏度高、定性准确，因此已有越来越多的研究者选择采用LC-MS/MS技术进行农药多残留分析，并成为当前主要的研究热点和应用方向。

(3)飞行时间质谱法(TOF-MS)

近年来，飞行时间质谱法(TOF-MS)作为一种高分辨质谱技术已逐渐被应用于分析化学、生命科学等诸多领域。TOF-MS具有极快的扫描速度和较高的灵敏度，能够获得样品的全扫描质谱图和精确质量数，并通过精确质量数对化合物进行定性，理论上对分析对象不存在质量范围限制，将其与色谱仪联用后作为高分辨检测设备，已经在食品安全研究领域开始得到应用。

据现有研究报道，液相色谱-飞行时间质谱(LC-TOF-MS)、液相色谱-四极杆-飞行时间质谱(LC-Qq TOF-MS)、气相色谱-飞行时间质谱(GC-TOF-MS)、全二维气相色谱-飞行时间质谱(GC×GC-TOF-MS)等技术已被用于食品中已知目标化合物分析和未知物的筛查。

单极质谱、串联质谱和飞行时间质谱都适用于农药残留分析，与色谱技术联用后都可用于开发高通量、高灵敏度的农药多残留分析方法。从农药残留分析角度而言，在定性准确度方面，由于采用精确质量数检测，因此TOF-ms的定性准确度最高，串联质谱次之；在灵敏度方面，通常串联质谱技术的灵敏度最高，但是对于结构特殊的化合物，如含有电负性较大基团的化合物，则采用负化学源进行检测的单极 GC-MS 也具有较高的灵敏度，而在采用全扫描模式分析时，则 TOF-MS 的灵敏度最高；在稳定性方面，采用单极质谱建立的检测方法最为稳定，串联质谱法次之；在应用普遍性方面，目前 GC-MS 应用最为普遍，LC-MS/MS 次之，TOF-MS 因设备昂贵、不易操作等因素而尚未得到广泛应用。尽管各种质谱检测技术的灵敏度、准确度和稳定性有所差别，但是配合不同的样品前处理技术建立合适的方法，对于大部分农药，如有机磷、有机氯、拟除虫菊酯、氨基甲酸酯、唑类、菊酯类等常用农药而言，方法的灵敏度仍然能够满足 MRLs 标准的要求。

质谱法已经成为当前食品安全研究特别是痕量物质分析的主要技术手段，其应用领域正在不断拓展。从当前的发展趋势看，采用 MS/MS 建立农药多残留检测方法已成为研究和应用的重点；采用 TOF-MS 的精确质量数测定，结合化合物色谱保留时间和特征碎片信息，开展农药多残留快速筛查方法研究、农药在植物和食品中的代谢规律研究以及食品溯源与食品掺假鉴别等将成为新的研究热点。

5.2.3 农药残留快速检测技术

常规的农药残留分析方法为仪器分析法，主要包括气相色谱法、高效液相色谱法与色谱-质谱联用法等，这些常规分析方法灵敏度、准确性与精密度较好，具有检测结果可靠、稳定等优势，但存在样品前处理步骤较繁琐、仪器设备成本高且需要专业技术人员操作、设备环境要求高、检测过程时间长等不足，不能满足样品现场快速检测的要求，这就迫使人们开发出一些操作方便快捷、结果准确的农药残留快速检测技术。目前农药残留快速检测技术主要有酶抑制法、免疫分析法、活体生物测定法和生物传感器法等。农残快检技术不需要检测人员具备很强的技术能力，一般检测人员具备基本的知识理论即可上手操作，可以提高工作效率，在增加检测样本的同时，也可以大大减轻实验室工作压力。同时，农残快检技术能够使检测人员在第一时间及时发现问题，并迅速采取相应措施，保障食品安全。但是这并不意味着农残快检技术可以代替传统检测技术，而是为传统检测技术锦上添花，二者相辅相成，在未来的发展中要有机融合、共同发展。传统实验室应向设备精密、检测限低的方向发展，快检技术应向速测、仪器轻量化方向发展。例如，对于环境要求不高、时间要求紧迫、预期目标明确、定性优先的情况，使用农残快检技术更为合适；而对于要求精确定量、涉及判定结果、不合格样品复检等情况，则还需依靠传统仪器分析手段，得到精确的结果。

5.2.3.1 酶抑制法

酶抑制法是利用有机磷及氨基甲酸酯类农药可特异性地抑制昆虫中枢和周围神经系统中乙酰胆碱酯酶(AChE)的活性,造成神经传导介质乙酰胆碱的积累,影响神经正常传导,使昆虫中毒致死这一毒理学原理,将 AChE 与样品反应,如果样品中没有农药残留或者残留量极少,AChE 的活性就不被抑制,反之,如果农药残留量比较高,AChE 的活性就会被农药所抑制。在酶反应试验中加入底物和显色剂,观察颜色的变化或测定某种特定化合物反应的物理化学信号的变化,可判断是否存在有机磷或氨基甲酸酯类农药残留。依据酶抑制法原理设计的农药残留检测方法主要有速测卡法(纸片法)、比色法(分光光度法)和胆碱酯酶生物传感器。

5.2.3.2 免疫分析法

免疫分析法是利用抗原与抗体特异性结合反应检测各种物质(药物、激素、蛋白质、微生物等)的分析方法。抗原是能够引起免疫反应的分子,它是形成特异性免疫反应的必备条件。一个完整的抗原应包括免疫原性和反应原性(又称抗原性或免疫反应性)两种性质。具备这两种性质的物质为完全抗原,仅具有反应原性的物质称为半抗原。农药是典型的半抗原,只有反应原性而无免疫原性,不能诱导抗体产生,只有将它们与大分子蛋白质载体结合,才能刺激机体免疫系统产生抗体。抗原和抗体的制备是免疫分析的关键和基础的步骤。制备抗原时,如果农药分子自身带有供偶联的活性官能团(如氨基、羧基等),则可将农药分子直接与蛋白质载体进行偶联反应,否则就必须对农药分子进行衍生化,接上供偶联反应的活性官能团以合成人工抗原。有许多因素直接影响到能否制备出高质量的人工抗原,如选择合适的中间体、活性官能团引入位点的选择、半抗原产物的分离、间隔臂的长短、半抗原与载体分子的偶联比等。根据标记物的不同,用于农药残留分析的传统免疫分析法主要有 4 种:放射免疫分析(RIA)、酶免疫分析/酶联免疫吸附分析(EIA/ELISA)、荧光免疫分析(FIA/PFIA)、化学发光免疫分析(CLIA)。其中,EIA/ELISA 是最为常用的农药残留检测方法。

5.2.3.3 活体生物测定法

活体生物测定法是一种局限性较大的检测方法,主要通过动植物来测定样品基质中有机氯农药残留量,如发光细菌与残留农药作用后可影响细菌的发光强度,通过发光强度减弱的程度来对农药残留量进行定量分析。

5.2.3.4 生物传感器法

生物传感器法是利用电化学性质的特性，实现电化学信号与转化器电极的结合，利用DNA抗原单体、酶等物质对目标物进行识别、信号转化。此时信号可被传感器识别，实现对目标农药的检测。该技术优势显著，具有选择性广泛、准确性突出、分析速率快的特点，还具有良好的灵敏性、特异性，同时便于操作和携带、成本可控、精密度高，待试用的样本量较少，可减少对样本的损伤，对环境污染程度较小，可批量生产。目前实际应用中可使用电化学乙酰胆碱酯酶生物传感器对农药进行检测分析，主要是通过碳电极检测出氨基甲酸酯类农药，使用乙酰胆碱酯酶或普鲁士蓝-壳聚糖复合物实现对硫代胆碱的电催化，激发活性。若待检测样品上存在氨基甲酸酯类农药，则此方式的电流信号强度呈现下降趋势，此时酶活性抑制，可通过碳电极的复合物对氨基甲酸酯类农药进行高效、快速检测。

5.2.4 其他技术简介

5.2.4.1 光谱分析技术

根据物质的光谱特性来鉴别物质及确定它的化学组成和相对含量的方法叫光谱分析，光谱检测技术具有操作方便、非破坏、高效率、高精度等特点，受到广大研究者的青睐。常用的光谱检测技术有近红外光谱技术、中红外光谱技术、拉曼光谱技术、高光谱图像技术、荧光光谱技术等。

(1)近红外光谱技术

近红外光是介于可见光和中红外光之间的电磁波，其光谱波长区域为780～2526 nm。它是由于分子振动的非谐振性使分子振动从基态向高能级跃迁时产生的，主要反映分子的倍频和合频振动信息。近红外光谱技术在农药残留检测领域还处于起步阶段，21世纪初人们才首次将近红外分析法用于农药分析。

近红外光谱技术检测农药残留的缺点主要是不适用于痕量分析、检测灵敏度低、相对误差较大、建模比较难，而且大多数模型是在统计数据基础上的线性和非线性拟合，可靠性难以保证。在未来的研究中，背景干扰、检测机理和微量物质检测等都是近红外光谱技术的重点研究领域。另外，开发便携式近红外光谱仪也为现场农药残留检测开辟了一条广阔的途径。

(2)中红外光谱技术

中红外光谱是波长区间在2500～25000 nm的电磁波，是由于分子振动状态在相邻振动能级之间的跃迁而形成的，主要反映分子基频振动信息。

随着中红外光谱测量技术与化学计量学的有机结合，该技术在农药残留检测中的定性、定量分析均得到广泛应用。中红外光谱技术检测农药残留的缺点是检测灵敏度相对较低、不适用于微量成分的测定和含水样品分析、光谱分析较复杂且定量分析较困难。在未来的研究中，定量分析的精确性和定性分析的灵敏度方面是有待突破的研究领域，把不同的分析仪器与红外光谱联用、借助光路系统或光导纤维来传递红外光、利用衰减全反射原理和表面增强技术等可以提高样品检测精度，也是未来研究的重要方向。

(3)拉曼光谱技术

拉曼光谱技术是一种基于拉曼散射效应的光谱分析技术，是光子与样品分子之间发生了能量交换而产生的，体现的是分子振动或转动的信息。常见的拉曼光谱技术有傅里叶变换拉曼光谱技术、表面增强拉曼光谱技术、显微拉曼光谱技术、激光共振拉曼光谱技术和高温高压拉曼光谱技术等。一般在农药残留检测中常用的拉曼光谱技术有傅里叶变换拉曼光谱技术和表面增强拉曼光谱技术等。

①傅里叶变换拉曼光谱技术。傅里叶变换拉曼光谱技术以近红外激光为光源，采用了傅立叶变换技术对信号进行收集，具有较强的荧光抑制能力，在生物样品测定方面具有优势。

激光技术的发展使得傅里叶变换拉曼光谱技术逐渐趋向成熟，并在农药残留检测领域研究中发挥了重要的作用。这种技术具有测量波段宽、热效应小、荧光抑制能力强、精度和灵敏度高、多通路的特点，能同时测定所有频率。

傅里叶变换拉曼光谱技术检测农药残留的缺点是样品的移动对光谱影响较大，容易产生温度漂移。随着激光技术的发展，通过与光纤、计算机和其他技术的联用，使得傅里叶变换拉曼光谱技术有了更广阔的应用范围和发展前景。高精度、小型化、便携式拉曼光谱仪能在现场实现对样品快速、准确的检测，在农业等领域具有广阔的应用前景。

②表面增强拉曼光谱技术。表面增强拉曼光谱是指吸附到某些粗糙金属表面分子的拉曼信号增强的光谱，可以将检测限提高 10 个数量级，能够实现单分子检测。该技术可以增强所分析试样的拉曼效应，满足某些分析的特殊需要，特别是痕量分析，所以在农药残留检测中得到广泛应用。

目前，表面增强拉曼光谱技术在农药残留检测方面已经形成了一种快速、精确、无损的分析检测方法，其检测限能够达到单分子级别；但其基本原理仍受到一些限制，相关的基础科学和仪器发展较慢，基线的重现性和稳定性也难以控制。随着光电技术和纳米科学的发展，对单分子体系、过渡金属体系、纳米结构以及生物分子鉴别的研究已经越来越成为研究的热点，表面增强拉曼光谱技术的应用前景将会越来越广阔。

(4)高光谱图像技术

高光谱图像技术是利用光谱成像设备采集目标物体的图像信息和光谱信息，利用图像处理技术和光谱分析技术对目标物体进行识别和分析的技术。该技术综合了光学、电子学、图像处理、计算机科学等领域的先进技术，是二维成像技术和光谱技术有机结合在一起的一门新兴技术。

高光谱图像技术在农产品的病害、品质(表面缺陷、糖度、水分、坚实度、内部缺陷和表面污染等)检测等方面的研究成果较多，在农药残留检测方面的研究还处于试验阶段，研究的成果较少。

高光谱成像技术能同时采集到被测样品丰富的图像和光谱信息，但是高光谱图像数据量非常庞大，且光谱数据分析方法多种多样，从而导致数据处理的工作量比较大，影响了高光谱图像技术的广泛应用。因此，在从海量的高光谱数据中进行数据挖掘、改进和融合传统的分类识别技术、创建适合高光谱数据特点的分类识别新模式等方面，还有待广大科研工作者的深入研究和探索。高光谱成像技术在许多领域越来越受到研究者的青睐，在农药残留检测领域有着广泛的应用前景。

(5)荧光光谱技术

荧光光谱技术是根据基态分子吸收能量后发射的荧光特性和强度对待测物进行定性或定量分析的技术，适用于微量物质检测。常用的技术有前表面荧光技术、同步荧光光谱技术和三维荧光光谱技术等。

荧光光谱技术在农药残留检测领域还处于起步阶段，但已取得的研究成果表明，荧光光谱技术在农药残留检测方面有其独特的优势。荧光光谱在采集过程中容易受溶剂性质、溶液 pH 值、温度和散射光等外界因素的影响，如何避免和解决这些因素的影响、如何利用化学计量学研究和建立更准确的数学模型等都是广大科研工作者研究的重点。

5.2.4.2 电化学分析技术

电化学分析是一种以物质在溶液中的电化学性质为基础确定物质含量的分析方法。溶液的电化学性质是指电解质溶液通电时，其化学组成和浓度随电位、电导、电流和电量等电化学特性变化而变化的性质。电化学分析方法就是利用这些性质，通过电极把被测物质的组分或浓度转换成电学参数而加以测量，从而对其进行定性和定量分析的方法。该技术灵敏度高，可以对食品中的微量元素进行准确识别；该技术检测时间较短，可以快速精准地完成食品检测工作。在当前的食品检测领域，电化学分析方法得到了广泛的应用，而且长期实践证明，电化学分析方法检测结果可靠、应用效果极佳。此项技术的出现给农药残留检测工作带来了极大的便利，有效提升了农药残留检测效率，市场的食品安全得到了保证。在此项技术的应用过程中，利用电化学传感器可以准确识别各种农药成分，出现失误的概率极低，具有稳定性强的特点。

总体来看，当前科学技术的发展与食品安全管理体系的建设，促使农药残留检测分析领域的各种新技术、新设备得到不断完善与更新。农药多残留分析是一项综合性强和涉及面广的分析检测项目。一方面农药种类繁多，样品基质复杂，另一方面农药的种类多，其分子结构与理化性质复杂多变，污染源不确定，为达到快速、安全、准确且高通量检测出其中微量甚至痕量农药残留物的目的，就需对前处理技术及仪器分析手段做出更进一步的改良与完善。提高农药残留检测技术水平，研究可靠、快速、易于操作的检测技术已成为业界的共识。随着国家对食品安全的重视程度提高和科学技术的发展，相信这些领域都会得到持续发展。同时，随着研究人员对农药残留检测技术的深入研究，除现有检测方法会得到持续改进外，今后的检测技术将向着现场、低成本、快速准确、自动化、微量及多残留检测的方向发展。

5.3 检测方法标准法规的现状与差异

农产品与食品样品的组分比较复杂，农药残留含量较低，一般在 mg/kg 与 μg/kg 的数量级，而且还受到农药的异构体、同系物、代谢产物、降解产物和轭合物等的影响。农药残留检测作为痕量检测的一种，建立更灵敏、更准确、更高效的检测方法一直是相关学者追求的目标。随着各项科学技术的进步，我国农药残留检测技术向着快速、高效、多残留检测、自动化以及在线分析的方向发展，检测标准体系的建立也有了重大进展。食品检测方法标准是保障食品质量安全的客观依据和手段，近年来，国际上相继出现了一系列公认的标准分析方法，其中主要有美国环保署(EPA)方法、美国分析化学家协会(AOAC)方法、食品法典委员会(CAC)方法、欧盟委员会方法以及日本等国家注册和颁布的标准方法等，本书收集整理了以上国家或组织的农药相关法规，详见附录中附表 1、附表 2。由于各国经济发展水平和国情的差异，农药残留检测标准也具备各自的特点。

我国农药残留检测方法一般采用《食品安全国家标准　食品中农药最大残留限量》(GB 2763—2021)中指定的配套检测方法，检测标准为强制性或推荐性标准，检测标准中一般规定了适合的样品基质和检测项目。而国外一般不指定具体的技术法规或方法标准，而是制定了针对方法和性能参数的指导性文件，例如 CAC 规定了农药残留的分析方法和取样法典标准 4 项，分别为《农药最大残留限量符合性测定的推荐取样方法》(CAC/GL 33-1999)、《最大残留限量适用和分析取样的产品部位》(CAC/GL 41-1993)、《分析方法与取样法典标准》(CODEX STAN 234-1999)和《食品和饲料中的农药残留测定用分析方法的性能标准导则》(CAC/GL 90-2017)，这几个法典及标准作为指导性文件，全面而系统地规定了农药残留的检验分析方法，其中标准《食品和饲料中的农药残留测定用分析方法的性能标准导则》(CAC/GL 90-2017)作为农药残留测定分析方法的性能标准导则，虽未给出具体的前处理方法及仪器分析条件，但是总体规定了分析检测方法应满足的各个性能分析参数及方法的选择和验证原则，包括方法的选择性、准确性、精确性、适用范围、基质效应、不确定度及方法的确证等。欧盟标准《食品和饲料中农药残留分析的质量控制和方法验证程序》(SANTE 11312-2021)同样作为指导性文件，规定了实验室样品的取样、溯源和保存及分析方法，以总则的形式规定了样品的提取、净化、仪器分析条件及定量定性分析方法的选择及确定原则。与 CAC 不同的是，欧盟还颁布了相对比较具体的农药残留的检测标准，例如标准《植物源性食品通过分散 SPE 进行乙腈提取/分配和净化后使用基于 GC 和 LC 的分析测定农药残留的多种方法-模块化 QuEChERS 方法》(EN 15662-2018)规定了 191 种农药残留的检测方法，标准采用乙腈提取和分散固相萃取净化的 QuEChERS 前处理方法，同时给出了 5 种检测仪器，实验人员可根据化合物的性质自由选择不同的仪器方法。《食品安全国家标准　食品中农药最大残留限量》(GB 2763—2021)按照每种农药同类基质不超过 5 个且同类仪器的检测方法仅限 1 个的原则推荐配套检测方法，以兼顾不同检测机构的实际需要，但仍存在部分农药检测方法缺失、农药残留检测技术与限量标准不相配套的问题。比如:《食品安全国家标准

食品中农药最大残留限量》(GB 2763—2021)规定了肉中 133 种农药残留的限量，其中仅有 47 种农药残留有配套的检测方法，86 种农药残留未指定检测方法或参照现有检测方法执行;规范还规定了生乳中 125 种农药残留的限量，百菌清、苯并烯氟菌唑、苯嘧磺草胺等 48 种农药残留未指定检测方法或参照现有检测方法执行。另外，由于我国限量的缺失，检测方法也相应地出现了空白的现象，比如欧盟规定了胡萝卜中氯草灵、乙菌利、环氟菌胺等农药残留的限量，我国并未对蔬菜中这几种化合物有限量规定，同时也没有配套的检测方法。

另外，中国与主要贸易国在农药残留检出限的规定上存在一定的差异，中国的检测标准明确了各个化合物的检出限或定量限，而国外部分标准未明确规定。例如《食

品和饲料中的农药残留测定用分析方法的性能标准导则》(CAC/GL 90-2017)作为指导性文件,其考虑到分析仪器性能状态和其他因素每天会发生变化,会影响定量限的数值,因此并未对定量限给出具体的计算方式或确定原则,仅要求最低检测浓度能满足分析要求即可。欧盟标准《食品和饲料中农药残留分析的质量控制和方法验证程序》(SANTE 11312-2021)规定通过应用完整的分析方法和鉴定标准,以可接受的准确性进行验证的分析物的最低浓度或质量作为定量限。与其他国家不同的是,欧盟标准在判定临界值时,引入了不确定度的概念,其规定将不确定度计算其中并且检测值明显高于最大残留限量方可判定为超标,一般规定需要超出最大残留限量的 50%。另外欧盟《富含油脂食品 杀虫剂和多氯化联苯(PCB)含量测定 第 2 部分:油脂,杀虫剂,PCB 的萃取和油脂含量测定》(DIN EN 1528-2:1997)标准规定,每个实验室根据各自情况确定检出限,但基本原则是低于最大残留限量的 10%;若限量是 0.05 mg/kg 或更低,则检出限要满足低于限量的 20%(检出限处于最大残留限量水平的除外)。

总体来说,国外的检测标准多为指导性文件,检测方法需要各实验室自行制定并验证实施,方法比较灵活,但各实验室间检测水平的差异可能会导致结果的重现性差,而我国检测标准规定地更详尽,方法的适用性更强,但一定程度上欠缺灵活性。

附录　中国和主要贸易国家（组织）农药残留相关标准法规目录

附表 1　农药残留限量标准法规清单

产品	国家/组织	限量标准法规中文名称	限量标准法规英文名称或编号
肉	中国	食品安全国家标准　食品中农药最大残留限量	GB 2763—2021
	美国	食品中农药残留限量及豁免	40 CFR PART 180
	CAC	食品和饲料中农药残留限量数据库	Codex Pesticides Residues in Food Online Database
	澳大利亚	澳新食品标准法典 附表 20	Standard 1. 4. 2：Schedule 20
	日本	残留农药等肯定列表制度基准值列表	Maximum Residue Limits （MRLs） List of Agricultural Chemicals in Foods
	新西兰	农业化合物最大残留限量	Maximum Residue Levels for Agricultural Compounds
	欧盟	动植物源性食品和饲料中农药最大残留限量	(EC) No 396/2005
乳	中国	食品安全国家标准　食品中农药最大残留限量	GB 2763—2021
	美国	食品中农药残留限量及豁免	40 CFR Part 180
	CAC	食品和饲料中农药残留限量数据库	Codex Pesticides Residues in Food Online Database
	澳大利亚	澳新食品标准法典 1. 4. 2：附表 20——农兽药最大残留限量（仅适用于澳大利亚）	Standard 1. 4. 2：Schedule 20
	日本	残留农药等肯定列表制度基准值列表	Maximum Residue Limits （MRLs） List of Agricultural Chemicals in Foods
	新西兰	农业化合物最大残留限量	Maximum Residue Levels for Agricultural Compounds
	欧盟	动植物源性食品和饲料中农药最大残留限量	(EC) No 396/2005

续表

产品	国家/组织	限量法规中文名称	限量法规英文名称或编号
蔬菜	中国	食品安全国家标准　食品中最大农药残留限量	GB 2763—2021
	美国	食品中农药残留限量及豁免	40 CFR PART 180
	CAC	食品和饲料中农药残留限量数据库	Codex Pesticides Residues in Food Online Database
	澳大利亚	澳新食品标准法典 1. 3. 1:附表 15	Standard 1. 3. 1: Schedule 15
	日本	残留农药等肯定列表制度基准值列表	Maximum Residue Limits (MRLs) List of Agricultural Chemicals in Foods
	新西兰	农业化合物最大残留限量	Maximum Residue Levels for Agricultural Compounds

附表 2　主要贸易国家(组织)农药残留检测方法标准法规清单

序号	国家/组织	标准法规号	标准法规名称
1	美国分析化学家协会	AOAC 2002. 03-2005	Pesticide residues in nonfatty foods. Supercritical fluid extraction and gas chromatography/mass spectrometry
2	美国分析化学家协会	AOAC 2007. 01-2007	Pesticide residues in foods by acetonitrile extraction and partitioning with magnesium sulfate. Gas chromatography/mass spectrometry and liquid chromatography/tandem mass spectrometry
3	美国分析化学家协会	AOAC 949. 09-1975	Monofluoroacetic acid pesticide residues. Qualitative test
4	美国分析化学家协会	AOAC 949. 10-1949	Monofluoroacetic acid pesticide residues. Quantitative method
5	美国分析化学家协会	AOAC 954. 09-1965	Methoxychlor pesticide residues. Colorimetric method
6	美国分析化学家协会	AOAC 957. 14-1957	Captan pesticide resldues. Spectrophotometric method

续表

序号	国家/组织	标准法规号	标准法规名称
7	美国分析化学家协会	AOAC 957.15-1957	Malathion pesticide residues. Colorimetric method
8	美国分析化学家协会	AOAC 958.07-1958	Lindane and technical BHC pesticide residues. Distinguishing method
9	美国分析化学家协会	AOAC 958.08-1965	P-chlorophenyl phenyl sulfone pesticide residues. Spectrophotometric method
10	美国分析化学家协会	AOAC 959.10-1965	2-(P-tert-butylphenoxy)-1-methylethyl 2-chloroethyl sulfite (Aramite) pesticide residues. Colorimetric method
11	美国分析化学家协会	AOAC 960.41-1965	DDT pesticide residues. Colorimetric method
12	美国分析化学家协会	AOAC 960.42-1965	Parathion pesticide residues. Colorimetric method
13	美国分析化学家协会	AOAC 961.12-1961	Azinphos-methyl pesticide residues. Spectrophotometric method
14	美国分析化学家协会	AOAC 963.23-1964	Glyodin pesticide residues. Spectrophotometric method
15	美国分析化学家协会	AOAC 963.24-1965	Maleic hydrazide pesticide residues. Spectrophotometric method
16	美国分析化学家协会	AOAC 964.17-1964	Organophosphorus pesticide residues. Cholinesterase inhibition method
17	美国分析化学家协会	AOAC 964.18-1965	Carbaryl pesticide residues. Colorimetric method
18	美国分析化学家协会	AOAC 964.19-1965	Dodine pesticide residues. Spectrophotometric method
19	美国分析化学家协会	AOAC 968.24-1977	Organophosphorus pesticide residues. Sweep codistillation method
20	美国分析化学家协会	AOAC 968.25-1969	Biphenyl pesticide residues in citrus fruits. Thin-layer chromatographic-spectrophotometric method
21	美国分析化学家协会	AOAC 970.52-1970 (1996)	Organochlorine and organophosphorus pesticide residues. General multiresidue method

续表

序号	国家/组织	标准法规号	标准法规名称
22	美国分析化学家协会	AOAC 970. 53-1974	Organophosphorus pesticide residues. Single sweep oscillographic polarographic confirmatory method
23	美国分析化学家协会	AOAC 970. 54-1976	Naphthyleneacetic acid pesticide residues. Spectrophotometric method
24	美国分析化学家协会	AOAC 972. 29-1972	Thiram pesticide residues. Spectrophotometric method
25	美国分析化学家协会	AOAC 973. 39-1974	Ethylan (perthane) pesticide residues. Gas chromatographic method
26	美国分析化学家协会	AOAC 974. 22-1976	Organophosphorus pesticide residues. Carbon column cleanup method
27	美国分析化学家协会	AOAC 976. 23-1977	Endosulfan, Endosulfan sulfate, Tetradifon, and tetrasul pesticide residues. Gas chromatographic method
28	美国分析化学家协会	AOAC 977. 19-1978	Hexachlorobenzene and mirex pesticide residues in fatty products. Gas chromatographic method
29	美国分析化学家协会	AOAC 978. 16-1980	Ethylenethiourea pesticide residues. Gas chromatographic method
30	美国分析化学家协会	AOAC 980. 22-1982	Hexachlorobenzene and mirex pesticide residues in adipose tissue. Gas chromatographic method
31	美国分析化学家协会	AOAC 983. 21-1985	Organochlorine pesticide and polychorinated biphenyl residues in fish. Gas chromatographic method
32	美国分析化学家协会	AOAC 984. 21-1985	Organochlorine pesticide residues in animal fats. Gel permeation chromatographic method
33	美国分析化学家协会	AOAC 984. 32-1984	Pesticide residues
34	美国分析化学家协会	AOAC 985. 22-1986 (1996)	Organochlorine and organophosphorus pesticide residues. Gas chromatographic method

续表

序号	国家/组织	标准法规号	标准法规名称
35	国际标准化组织	ISO 8260-2008	Milk and milk products-Determination of organochlorine pesticides and polychlorobiphenyls-Method using capillary gas-liquid chromatography with electron-capture detection
36	国际标准化组织	ISO 3890-1-2009	Milk and milk products-Determination of residues of organochlorine compounds (pesticides)-Part 1: General considerations and extraction methods
37	国际标准化组织	ISO 3890-2-2009	Milk and milk products-Determination of residues of organochlorine compounds (pesticides)-Part 2: Test methods for crude extract purification and confirmation
38	欧盟	DIN EN 12393-1:2014	Foods of plant origin-Multiresidue methods for the determination of pesticide residues by GC or LC-MS/MS - Part 1: General considerations
39	欧盟	DIN EN 12393-2:2014	Foods of plant origin-Multiresidue methods for the determination of pesticide residues by GCor LC-MS/MS-Part 2: Methods for extraction and clean-up
40	欧盟	DIN EN 12393-3:2014	Foods of plant origin-Multiresidue methods for the determination of pesticide residues by GC or LC-MS/MS-Part 3: Determination and confirmatory tests
41	欧盟	DIN EN 15637-2009	Foods of plant origin -Determination of pesticide residues using LC-MS/MS following methanol extraction and clean-up using diatomaceous earth

续表

序号	国家/组织	标准法规号	标准法规名称
42	欧盟	CEN/TS 17061-2017	Foodstuffs- Guidelines for the calibration and quantitative determination of pesticide residues and organic contaminants using chromatographic methods; German version CEN/TS 17061:2017
43	欧盟	CEN/TR 17063-2017	Foods of plant origin- Multimethod for the determination of pesticide residues using GC- or LC-based analysis following acetonitrile extraction/partitioning and cleanup by dispersive SPE- Validation data of the modular QuEChERS-method
44	欧盟	DIN EN 15662-2018	Foods of plant origin-Multimethod for the determination of pesticide residues using GC- and LC-based analysis following acetonitrile extraction/partitioning and clean-up by dispersive SPE-Modular QuEChERS-method
45	欧盟	PD CEN/TR 15641-2007	Food analysis-Determination of pesticide residues by LC-MS/MS- Tandem mass spectrometric parameters
46	欧盟	DIN EN 1528-1:1997	Fatty food- Determination of pesticides and polychlorinated biphenyls (PCBs)- Part 1: General; German version EN 1528-1:1996
47	欧盟	DIN EN 1528-2:1997	Fatty food- Determination of pesticides and polychlorinated biphenyls (PCBs)- Part 2: Extraction of fat, pesticides and PCBs, and determination of fat content; German version EN 1528-2:1996
48	欧盟	DIN EN 1528-3:1997	Fatty food- Determination of pesticides and polychlorinated biphenyls (PCBs)- Part 3: Clean-up methods; German version EN 1528-3:1996

续表

序号	国家/组织	标准法规号	标准法规名称
49	欧盟	DIN EN 1528-4:1997	Fatty food- Determination of pesticides and polychlorinated biphenyls (PCBs)- Part 4: Determination, confirmatory tests, miscellaneous; German version EN 1528-4:1996
50	欧盟	SANTE 11312-2021	Main changes introduced in Document NANTE/11312/2021 with respect to the previousversion (Document NANTE 12682/2019)
51	美国	EPA ERT 1822-1994	Pesticides/pcbs analysis of tissue samples by GC/ECD
52	CAC	CAC/GL 40-1993	Guidelines on Good Laboratory Practice in Pesticide Residue Analysis
53	CAC	CAC/GL 41-1993	Analysis of Pesticide Residues: Portion of Commodities to which Codex MRLS Apply and which is Analyzed
54	CAC	CAC/GL 90-2017	Guidelines on Performance Criteria for Methods of Analysis for the Determination of Pesticide Residues in Food and Feed
55	日本	—	Analytical Method for aldrin, endrin and dieldrin (Targeted to Agricultural, Animal and Fishery Products)
56	日本	—	Multi-residue Method for Agricultural Chemicals by GC-MS (Animal and Fishery Products)
57	日本	—	Analytical Method for Fenhexamid (Animal and Fishery Products)
58	日本	—	Analytical Method for Clomeprop (Animal and Fishery Products)
59	日本	—	Analytical Method for Fipronil (Animal Products)

附表 3　我国农药残留主要检测标准清单

序号	标准号	标准名称
1	GB 23200.1—2016	食品安全国家标准　除草剂残留量检测方法　第 1 部分：气相色谱—质谱法测定　粮谷及油籽中酰胺类除草剂残留量
2	GB 23200.2—2016	食品安全国家标准　除草剂残留量检验方法　第 2 部分：气相色谱—质谱法测定　粮谷及油籽中二苯醚类除草剂残留量
3	GB 23200.3—2016	食品安全国家标准　除草剂残留量检测方法　第 3 部分：液相色谱—质谱/质谱法测定　食品中环己酮类除草剂残留量
4	GB 23200.4—2016	食品安全国家标准　除草剂残留量检测方法　第 4 部分：气相色谱—质谱/质谱法测定　食品中芳氧苯氧丙酸酯类除草剂残留量
5	GB 23200.5—2016	食品安全国家标准　除草剂残留量检测方法　第 5 部分：液相色谱—质谱/质谱法测定　食品中硫代氨基甲酸酯类除草剂残留量
6	GB 23200.6—2016	食品安全国家标准　除草剂残留量检测方法　第 6 部分：液相色谱—质谱/质谱法测定　食品中杀草强残留量
7	GB 23200.7—2016	食品安全国家标准　蜂蜜、果汁和果酒中 497 种农药及相关化学品残留量的测定　气相色谱—质谱法
8	GB 23200.8—2016	食品安全国家标准　水果和蔬菜中 500 种农药及相关化学品残留量的测定　气相色谱—质谱法
9	GB 23200.9—2016	食品安全国家标准　粮谷中 475 种农药及相关化学品残留量的测定　气相色谱—质谱法
10	GB 23200.10—2016	食品安全国家标准　桑枝、金银花、枸杞子和荷叶中 488 种农药及相关化学品残留量的测定　气相色谱—质谱法
11	GB 23200.11—2016	食品安全国家标准　桑枝、金银花、枸杞子和荷叶中 413 种农药及相关化学品残留量的测定　液相色谱—质谱法
12	GB 23200.12—2016	食品安全国家标准　食用菌中 440 种农药及相关化学品残留量的测定　液相色谱—质谱法
13	GB 23200.15—2016	食品安全国家标准　食用菌中 503 种农药及相关化学品残留量的测定　气相色谱—质谱法
14	GB 23200.16—2016	食品安全国家标准　水果和蔬菜中乙烯利残留量的测定　气相色谱法
15	GB 23200.17—2016	食品安全国家标准水果和蔬菜中噻菌灵残留量的测定液相色谱法

续表

序号	标准号	标准名称
16	GB 23200.18—2016	食品安全国家标准　蔬菜中非草隆等 15 种取代脲类除草剂残留量的测定　液相色谱法
17	GB 23200.19—2016	食品安全国家标准　水果和蔬菜中阿维菌素残留量的测定　液相色谱法
18	GB 23200.20—2016	食品安全国家标准　食品中阿维菌素残留量的测定　液相色谱—质谱/质谱法
19	GB 23200.21—2016	食品安全国家标准　水果中赤霉酸残留量的测定　液相色谱—质谱/质谱法
20	GB 23200.22—2016	食品安全国家标准　坚果及坚果制品中抑芽丹残留量的测定　液相色谱法
21	GB 23200.23—2016	食品安全国家标准　食品中地乐酚残留量的测定　液相色谱—质谱/质谱法
22	GB 23200.24—2016	食品安全国家标准　粮谷和大豆中 11 种除草剂残留量的测定　气相色谱—质谱法
23	GB 23200.25—2016	食品安全国家标准　水果中噁草酮残留量的检测方法
24	GB 23200.26—2016	食品安全国家标准　茶叶中 9 种有机杂环类农药残留量的检测方法
25	GB 23200.27—2016	食品安全国家标准　水果中 4,6-二硝基邻甲酚残留量的测定　气相色谱—质谱法
26	GB 23200.28—2016	食品安全国家标准　食品中多种醚类除草剂残留量的测定　气相色谱—质谱法
27	GB 23200.29—2016	食品安全国家标准　水果和蔬菜中唑螨酯残留量的测定　液相色谱法
28	GB 23200.30—2016	食品安全国家标准　食品中环氟菌胺残留量的测定　气相色谱—质谱法
29	GB 23200.31—2016	食品安全国家标准　食品中丙炔氟草胺残留量的测定　气相色谱—质谱法
30	GB 23200.32—2016	食品安全国家标准　食品中丁酰肼残留量的测定　气相色谱—质谱法
31	GB 23200.33—2016	食品安全国家标准　食品中解草嗪、莎稗磷、二丙烯草胺等 110 种农药残留量的测定　气相色谱—质谱法
32	GB 23200.34—2016	食品安全国家标准　食品中涕灭砜威、吡唑醚菌酯、嘧菌酯等 65 种农药残留量的测定　液相色谱—质谱/质谱法
33	GB 23200.35—2016	食品安全国家标准　植物源性食品中取代脲类农药残留量的测定　液相色谱—质谱法

续表

序号	标准号	标准名称
34	GB 23200.36—2016	食品安全国家标准　植物源性食品中氯氟吡氧乙酸、氟硫草定、氟吡草腙和噻唑烟酸除草剂残留量的测定　液相色谱—质谱/质谱法
35	GB 23200.37—2016	食品安全国家标准　食品中烯啶虫胺、呋虫胺等20种农药残留量的测定　液相色谱—质谱/质谱法
36	GB 23200.38—2016	食品安全国家标准　植物源性食品中环己烯酮类除草剂残留量的测定　液相色谱—质谱/质谱法
37	GB 23200.39—2016	食品安全国家标准　食品中噻虫嗪及其代谢物噻虫胺残留量的测定　液相色谱—质谱/质谱法
38	GB 23200.41—2016	食品安全国家标准　食品中噻节因残留量的检测方法
39	GB 23200.42—2016	食品安全国家标准　粮谷中氟吡禾灵残留量的检测方法
40	GB 23200.43—2016	食品安全国家标准　粮谷及油籽中二氯喹磷酸残留量的测定　气相色谱法
41	GB 23200.45—2016	食品安全国家标准　食品中除虫脲残留量的测定　液相色谱—质谱法
42	GB 23200.46—2016	食品安全国家标准　食品中嘧霉胺、嘧菌胺、腈菌唑、嘧菌酯残留量的测定　气相色谱—质谱法
43	GB 23200.47—2016	食品安全国家标准　食品中四螨嗪残留量的测定　气相色谱—质谱法
44	GB 23200.48—2016	食品安全国家标准　食品中野燕枯残留量的测定　气相色谱—质谱法
45	GB 23200.49—2016	食品安全国家标准　食品中苯醚甲环唑残留量的测定　气相色谱—质谱法
46	GB 23200.50—2016	食品安全国家标准　食品中吡啶类农药残留量的测定　液相色谱—质谱/质谱法
47	GB 23200.51—2016	食品安全国家标准　食品中呋虫胺残留量的测定　液相色谱—质谱/质谱法
48	GB 23200.52—2016	食品安全国家标准　食品中嘧菌环胺残留量的测定　气相色谱—质谱法
49	GB 23200.53—2016	食品安全国家标准　食品中氟硅唑残留量的测定　气相色谱—质谱法

续表

序号	标准号	标准名称
50	GB 23200.54—2016	食品安全国家标准　食品中甲氧基丙烯酸酯类杀菌剂残留量的测定　气相色谱—质谱法
51	GB 23200.56—2016	食品安全国家标准　食品中喹氧灵残留量的检测方法
52	GB 23200.57—2016	食品安全国家标准　食品中乙草胺残留量的检测方法
53	GB 23200.58—2016	食品安全国家标准　食品中氯酯磺草胺残留量的测定　液相色谱—质谱/质谱法
54	GB 23200.59—2016	食品安全国家标准　食品中敌草腈残留量的测定　气相色谱—质谱法
55	GB 23200.60—2016	食品安全国家标准　食品中炔草酯残留量的检测方法
56	GB 23200.61—2016	食品安全国家标准　食品中苯胺灵残留量的测定　气相色谱—质谱法
57	GB 23200.62—2016	食品安全国家标准　食品中氟烯草酸残留量的测定　气相色谱—质谱法
58	GB 23200.63—2016	食品安全国家标准　食品中噻酰菌胺残留量的测定　液相色谱—质谱/质谱法
59	GB 23200.64—2016	食品安全国家标准　食品中吡丙醚残留量的测定　液相色谱—质谱/质谱法
60	GB 23200.65—2016	食品安全国家标准　食品中四氟醚唑残留量的检测方法
61	GB 23200.66—2016	食品安全国家标准　食品中吡螨胺残留量的测定　气相色谱—质谱法
62	GB 23200.67—2016	食品安全国家标准　食品中炔苯酰草胺残留量的测定　气相色谱—质谱法
63	GB 23200.68—2016	食品安全国家标准　食品中啶酰菌胺残留量的测定　气相色谱—质谱法
64	GB 23200.69—2016	食品安全国家标准　食品中二硝基苯胺类农药残留量的测定　液相色谱—质谱/质谱法
65	GB 23200.70—2016	食品安全国家标准　食品中三氟羧草醚残留量的测定　液相色谱—质谱/质谱法
66	GB 23200.71—2016	食品安全国家标准　食品中二缩甲酰亚胺类农药残留量的测定　气相色谱—质谱法

续表

序号	标准号	标准名称
67	GB 23200.72—2016	食品安全国家标准　食品中苯酰胺类农药残留量的测定　气相色谱—质谱法
68	GB 23200.73—2016	食品安全国家标准　食品中鱼藤酮和印楝素残留量的测定　液相色谱—质谱/质谱法
69	GB 23200.74—2016	食品安全国家标准　食品中井冈霉素残留量的测定　液相色谱—质谱/质谱法
70	GB 23200.75—2016	食品安全国家标准　食品中氟啶虫酰胺残留量的检测方法
71	GB 23200.76—2016	食品安全国家标准　食品中氟苯虫酰胺残留量的测定　液相色谱—质谱/质谱法
72	GB 23200.77—2016	食品安全国家标准　食品中苄螨醚残留量的检测方法
73	GB 23200.78—2016	食品安全国家标准　肉及肉制品中巴毒磷残留量的测定　气相色谱法
74	GB 23200.79—2016	食品安全国家标准　肉及肉制品中吡菌磷残留量的测定　气相色谱法
75	GB 23200.80—2016	食品安全国家标准　肉及肉制品中双硫磷残留量的检测方法
76	GB 23200.81—2016	食品安全国家标准　肉及肉制品中西玛津残留量的检测方法
77	GB 23200.82—2016	食品安全国家标准　肉及肉制品中乙烯利残留量的检测方法
78	GB 23200.83—2016	食品安全国家标准　食品中异稻瘟净残留量的检测方法
79	GB 23200.84—2016	食品安全国家标准　肉品中甲氧滴滴涕残留量的测定　气相色谱—质谱法
80	GB 23200.85—2016	食品安全国家标准　乳及乳制品中多种拟除虫菊酯农药残留量的测定　气相色谱—质谱法
81	GB 23200.86—2016	食品安全国家标准　乳及乳制品中多种有机氯农药残留量的测定　气相色谱—质谱/质谱法
82	GB 23200.87—2016	食品安全国家标准　乳及乳制品中噻菌灵残留量的测定　荧光分光光度法
83	GB 23200.88—2016	食品安全国家标准　水产品中多种有机氯农药残留量的检测方法
84	GB 23200.89—2016	食品安全国家标准　动物源性食品中乙氧喹啉残留量的测定　液相色谱法

续表

序号	标准号	标准名称
85	GB 23200.90—2016	食品安全国家标准　乳及乳制品中多种氨基甲酸酯类农药残留量的测定　液相色谱—质谱法
86	GB 23200.91—2016	食品安全国家标准　动物源性食品中 9 种有机磷农药残留量的测定　气相色谱法
87	GB 23200.92—2016	食品安全国家标准　动物源性食品中五氯酚残留量的测定　液相色谱—质谱法
88	GB 23200.93—2016	食品安全国家标准　食品中有机磷农药残留量的测定　气相色谱—质谱法
89	GB 23200.94—2016	食品安全国家标准　动物源性食品中敌百虫、敌敌畏、蝇毒磷残留量的测定　液相色谱—质谱/质谱法
90	GB 23200.95—2016	食品安全国家标准　蜂产品中氟胺氰菊酯残留量的检测方法
91	GB 23200.96—2016	食品安全国家标准　蜂蜜中杀虫脒及其代谢产物残留量的测定　液相色谱—质谱/质谱法
92	GB 23200.97—2016	食品安全国家标准　蜂蜜中 5 种有机磷农药残留量的测定　气相色谱法
93	GB 23200.98—2016	食品安全国家标准　蜂王浆中 11 种有机磷农药残留量的测定　气相色谱法
94	GB 23200.99—2016	食品安全国家标准　蜂王浆中多种氨基甲酸酯类农药残留量的测定　液相色谱—质谱/质谱法
95	GB 23200.100—2016	食品安全国家标准　蜂王浆中多种菊酯类农药残留量的测定　气相色谱法
96	GB 23200.101—2016	食品安全国家标准　蜂王浆中多种杀螨剂残留量的测定　气相色谱—质谱法
97	GB 23200.102—2016	食品安全国家标准　蜂王浆中杀虫脒及其代谢产物残留量的测定　气相色谱—质谱法
98	GB 23200.103—2016	食品安全国家标准　蜂王浆中双甲脒及其代谢产物残留量的测定　气相色谱—质谱法
99	GB 23200.104—2016	食品安全国家标准　肉及肉制品中 2 甲 4 氯及 2 甲 4 氯丁酸残留量的测定　液相色谱—质谱法
100	GB 23200.105—2016	食品安全国家标准　肉及肉制品中甲萘威残留量的测定　液相色谱—柱后衍生荧光检测法
101	GB 23200.106—2016	肉及肉制品中残杀威残留量的测定　气相色谱法
102	GB 23200.108—2018	食品安全国家标准　植物源性食品中草铵膦残留量的测定　液相色谱—质谱联用法

续表

序号	标准号	标准名称
103	GB 23200.109—2018	食品安全国家标准　植物源性食品中二氯吡啶酸残留量的测定　液相色谱—质谱联用法
104	GB 23200.110—2018	食品安全国家标准　植物源性食品中氯吡脲残留量的测定　液相色谱—质谱联用法
105	GB 23200.111—2018	食品安全国家标准　植物源性食品中唑嘧磺草胺残留量的测定　液相色谱—质谱联用法
106	GB 23200.112—2018	食品安全国家标准　植物源性食品中 9 种氨基甲酸酯类农药及其代谢物残留量的测定　液相色谱—柱后衍生法
107	GB 23200.113—2018	食品安全国家标准　植物源性食品中 208 种农药及其代谢物残留量的测定　气相色谱—质谱联用法
108	GB 23200.114—2018	食品安全国家标准　植物源性食品中灭瘟素残留量的测定　液相色谱—质谱联用法
109	GB 23200.115—2018	食品安全国家标准　鸡蛋中氟虫腈及其代谢物残留量的测定　液相色谱—质谱联用法
110	GB 23200.116—2019	食品安全国家标准　植物源性食品中 90 种有机磷类农药及其代谢物残留量的测定　气相色谱法
111	GB 23200.117—2019	食品安全国家标准　植物源性食品中喹啉铜残留量的测定　高效液相色谱法
112	GB 23200.118—2021	食品安全国家标准　植物源性食品中单氰胺残留量的测定　液相色谱—质谱联用法
113	GB 23200.119—2021	食品安全国家标准　植物源性食品中沙蚕毒素类农药残留量的测定　气相色谱法
114	GB 23200.120—2021	食品安全国家标准　植物源性食品中甜菜安残留量的测定　液相色谱—质谱联用法
115	GB 23200.121—2021	食品安全国家标准　植物源性食品中 331 种农药及其代谢物残留量的测定　液相色谱—质谱联用法
116	GB/T 5009.19—2008	食品中有机氯农药多组分残留量的测定
117	GB/T 5009.20—2003	食品中有机磷农药残留量的测定
118	GB/T 5009.21—2003	粮、油、菜中甲萘威残留量的测定
119	GB/T 5009.102—2003	植物性食品中辛硫磷农药残留量的测定
120	GB/T 5009.103—2003	植物性食品中甲胺磷和乙酰甲胺磷农药残留量的测定
121	GB/T 5009.104—2003	植物性食品中氨基甲酸酯类农药残留量的测定

续表

序号	标准号	标准名称
122	GB/T 5009.105—2003	黄瓜中百菌清残留量的测定
123	GB/T 5009.106—2003	植物性食品中二氯苯醚菊酯残留量的测定
124	GB/T 5009.107—2003	植物性食品中二嗪磷残留量的测定
125	GB/T 5009.110—2003	植物性食品中氯氰菊酯、氰戊菊酯和溴氰菊酯残留量的测定
126	GB/T 5009.126—2003	植物性食品中三唑酮残留量的测定
127	GB/T 5009.131—2003	植物性食品中亚胺硫磷残留量的测定
128	GB/T 5009.132—2003	食品中莠去津残留量的测定
129	GB/T 5009.135—2003	植物性食品中灭幼脲残留量的测定
130	GB/T 5009.136—2003	植物性食品中五氯硝基苯残留量的测定
131	GB/T 5009.142—2003	植物性食品中吡氟禾草灵、精吡氟禾草灵残留量的测定
132	GB/T 5009.143—2003	蔬菜、水果、食用油中双甲脒残留量的测定
133	GB/T 5009.144—2003	植物性食品中甲基异柳磷残留量的测定
134	GB/T 5009.145—2003	植物性食品中有机磷和氨基甲酸酯类农药多种残留的测定
135	GB/T 5009.146—2008	植物性食品中有机氯和拟除虫菊酯类农药多种残留量的测定
136	GB/T 5009.147—2003	植物性食品中除虫脲残留量的测定
137	GB/T 5009.161—2003	动物性食品中有机磷农药多组分残留量的测定
138	GB/T 5009.162—2008	动物性食品中有机氯农药和拟除虫菊酯农药多组分残留量的测定
139	GB/T 5009.163—2003	动物性食品中氨基甲酸酯类农药多组分残留高效液相色谱测定
140	GB/T 5009.175—2003	粮食和蔬菜中 2,4—滴残留量的测定
141	GB/T 5009.176—2003	茶叶、水果、食用植物油中三氯杀螨醇残留量的测定
142	GB/T 5009.184—2003	粮食、蔬菜中噻嗪酮残留量的测定
143	GB/T 5009.188—2003	蔬菜、水果中甲基托布津、多菌灵的测定
144	GB/T 5009.199—2003	蔬菜中有机磷和氨基甲酸酯类农药残留量的快速检测
145	GB/T 5009.218—2008	水果和蔬菜中多种农药残留量的测定
146	GB/T 14553—2003	粮食、水果和蔬菜中有机磷农药测定　气相色谱法
147	GB/T 19650—2006	动物肌肉中 478 种农药及相关化学品残留量的测定　气相色谱—质谱法
148	GB/T 20769—2008	水果和蔬菜中 450 种农药及相关化学品残留量的测定　液相色谱—串联质谱法

续表

序号	标准号	标准名称
149	GB/T 20772—2008	动物肌肉中 461 种农药及相关化学品残留量的测定　液相色谱—串联质谱法
150	GB/T 22243—2008	大米、蔬菜、水果中氯氟吡氧乙酸残留量的测定
151	GB/T 22968—2008	牛奶和奶粉中伊维菌素、阿维菌素、多拉菌素和乙酰氨基阿维菌素残留量的测定　液相色谱—串联质谱法
152	GB/T 22979—2008	牛奶和奶粉中啶酰菌胺残留量的测定　气相色谱—质谱法
153	GB/T 23210—2008	牛奶和奶粉中 511 种农药及相关化学品残留量的测定　气相色谱—质谱法
154	GB/T 23211—2008	牛奶和奶粉中 493 种农药及相关化学品残留量的测定　液相色谱—串联质谱法
155	GB/T 23379—2009	水果、蔬菜及茶叶中吡虫啉残留的测定　高效液相色谱法
156	GB/T 23380—2009	水果、蔬菜中多菌灵残留的测定　高效液相色谱法
157	GB/T 23584—2009	水果、蔬菜中啶虫脒残留量的测定　液相色谱—串联质谱法
158	GB/T 23750—2009	植物性产品中草甘膦残留量的测定　气相色谱—质谱法
159	NY/T 761—2008	蔬菜和水果中有机磷、有机氯、拟除虫菊酯和氨基甲酸酯类农药多残留的测定
160	NY/T 1096—2006	食品中草甘膦残留量测定
161	NY/T 1275—2007	蔬菜、水果中吡虫啉残留量的测定
162	NY/T 1277—2007	蔬菜中异菌脲残留量的测定　高效液相色谱法
163	NY/T 1379—2007	蔬菜中 334 种农药多残留的测定　气相色谱质谱法和液相色谱质谱法
164	NY/T 1380—2007	蔬菜、水果中 51 种农药多残留的测定　气相色谱—质谱法
165	NY/T 1434—2007	蔬菜中 2、4-D 等 13 种除草剂多残留的测定　液相色谱质谱法
166	NY/T 1453—2007	蔬菜及水果中多菌灵等 16 种农药残留测定　液相色谱—质谱—质谱联用法
167	NY/T 1652—2008	蔬菜、水果中克螨特残留量的测定　气相色谱法
168	NY/T 1679—2009	植物性食品中氨基甲酸酯类农药残留的测定　液相色谱—串联质谱法
169	NY/T 1680—2009	蔬菜水果中多菌灵等 4 种苯并咪唑类农药残留量的测定　高效液相色谱法

续表

序号	标准号	标准名称
170	NY/T 1720—2009	水果、蔬菜中杀铃脲等七种苯甲酰脲类农药残留量的测定　高效液相色谱法
171	NY/T 1722—2009	蔬菜中敌菌灵残留量的测定　高效液相色谱法
172	NY/T 1725—2009	蔬菜中灭蝇胺残留量的测定　高效液相色谱法
173	SN/T 0127—2011	进出口动物源性食品中六六六、滴滴涕和六氯苯残留量的检测方法　气相色谱—质谱法
174	SN/T 0134—2010	进出口食品中杀线威等 12 种氨基甲酸酯类农药残留量的检测方法　液相色谱—质谱/质谱法
175	SN/T 0145—2010	进出口植物产品中六六六、滴滴涕残留量测定方法　磺化法
176	SN/T 0148—2011	进出口水果蔬菜中有机磷农药残留量检测方法　气相色谱和气相色谱—质谱法
177	SN/T 0293—2014	出口植物源性食品中百草枯和敌草快残留量的测定　液相色谱—质谱/质谱法
178	SN/T 0519—2010	进出口食品中丙环唑残留量的检测方法
179	SN/T 1605—2017	进出口植物性产品中氰草津、氟草隆、莠去津、敌稗、利谷隆残留量检验方法　液相色谱—质谱/质谱法
180	SN/T 1606—2005	进出口植物性产品中苯氧羧酸类除草剂残留量检验方法　气相色谱法
181	SN/T 1873—2019	出口食品中硫丹残留量的检测方法
182	SN/T 1902—2007	水果蔬菜中吡虫啉、吡虫清残留量的测定　高效液相色谱法
183	SN/T 1923—2007	进出口食品中草甘膦残留量的检测方法　液相色谱—质谱/质谱法
184	SN/T 1969—2007	进出口食品中联苯菊酯残留量的检测方法　气相色谱—质谱法
185	SN/T 1971—2007	进出口食品中茚虫威残留量的检测方法　气相色谱法和液相色谱—质谱/质谱法
186	SN/T 1976—2007	进出口水果和蔬菜中嘧菌酯残留量检测方法　气相色谱法
187	SN/T 1982—2007	进出口食品中氟虫腈残留量检测方法　气相色谱—质谱法
188	SN/T 1986—2007	进出口食品中溴虫腈残留量检测方法
189	SN/T 2095—2008	进出口蔬菜中氟啶脲残留量检测方法高效液相色谱法
190	SN/T 2147—2008	进出口食品中硫线磷残留量的检测方法

续表

序号	标准号	标准名称
191	SN/T 2152—2008	进出口食品中氟铃脲残留量检测方法　高效液相色谱—质谱/质谱法
192	SN/T 2158—2008	进出口食品中毒死蜱残留量检测方法
193	SN/T 2229—2008	进出口食品中稻瘟灵残留量检测方法
194	SN/T 2232—2008	进出口食品中三唑醇残留量的检测方法　气相色谱—质谱法
195	SN/T 2233—2020	出口植物源性食品中甲氰菊酯残留量的测定
196	SN/T 2234—2008	进出口食品中丙溴磷残留量检测方法　气相色谱法和气相色谱—质谱法
197	SN/T 2320—2009	进出口食品中百菌清、苯氟磺胺、甲抑菌灵、克菌灵、灭菌丹、敌菌丹和四溴菊酯残留量检测方法　气相色谱—质谱法
198	SN/T 2432—2010	进出口食品中哒螨灵残留量的检测方法
199	SN/T 2441—2010	进出口食品中涕灭威、涕灭威砜、涕灭威亚砜残留量检测方法　液相色谱—质谱/质谱法
200	SN/T 2560—2010	进出口食品中氨基甲酸酯类农药残留量的测定　液相色谱—质谱/质谱法
201	SN/T 3983—2014	出口食品中氨基酸类有机磷除草剂残留量的测定　液相色谱—质谱/质谱法
202	SN/T 4558—2016	出口食品中三环锡(三唑锡)和苯丁锡含量的测定

注:所列标准为截至 2022 年 6 月有效版本。

参考文献

[1] 郑床木，戚亚梅，白玲，等. 美国农药残留监测体系概况及借鉴[J]. 农药科学与管理，2010,31(11)：5-11.

[2] 周子健. 美国农药登记概述[J]. 中国农药，2016，12(6)：40-44.

[3] 刘伯科，周颖，李欢，等. 美国农药研究概况[C]//中国标准化协会，郑州市人民政府. 第十六届中国标准化论坛论文集. 2019：554-561.

[4] 张存政，龚勇，张志勇，等. 美国农药管理体系及与我国的比较分析[J]. 农产品质量与安全，2011(2)：56-59.

[5] 李子昂，潘灿平，宋稳成，等. 日本农药残留限量综概述[J]. 农药科学与管理，2009，30(2)：40-45.

[6] 姚晗珺. 国内外食品中农药残留标准体系的比较研究[D]. 杭州：浙江大学，2010.

[7] 阎世江. 日本农药管理一瞥[J]. 农药市场信息，2019(7)：45-47.

[8] 梁帝允. 日本农药生产，销售及安全使用概况[J]. 植保技术与推广，2003(10)：42-43.

[9] 钟志. 日本食品安全监管现状[J]. 中国质量技术监督，2019(12)：76-77.

[10] 樊阳程，严耕. 日本食品农药残留管理的政府责任体系及启示[J]. 中国行政管理，2014(11)：120-122.

[11] 毛雪丹. 日本"肯定列表制度"及其农药残留限量标准[J]. 中国食品卫生杂志，2006(1)：91-92.

[12] 刘新山，张红，李龙飞. 澳新食品标准制度研究[J]. 广东海洋大学学报，2015，35(2)：53-59.

[13] 庄无忌. 国际食品饲料中农药残留限量法规：第4卷[M]. 北京：化学工业出版社，2010.

[14] 陈铁春. 印度尼西亚及澳大利亚农药管理情况[J]. 农药科学与管理，2002(6)：38-39.

[15] 亦戈. 澳大利亚农药和兽药的管理[J]. 兽医导刊，2007(6)：52-53.

[16] 申继忠. 澳大利亚农药制剂登记化学资料要求和审查要点[J]. 世界农药，2020，42(12)：16-23.

[17] 刘良，刘环，仇华磊，等. 新西兰进口食品监管机制介绍[J]. 食品安全质量检测学报，2015,6(7)：2539-2546.

[18] 焦阳，邹志飞. 食品安全国家标准使用指南[M]. 北京：中国标准出版社，2017.
[19] 简秋，单炜力，段丽芳，等. 我国农产品及食品中农药最大残留限量制定指导原则[J]. 农药科学与管理，2012，33 (6)：24-27.
[20] 蒋定国. GB 2763—2014《食品安全国家标准 食品中农药最大残留限量》实施指南[M]. 北京：中国标准出版社，2014.
[21] 康晓斌.《食品中农药最大残留限量》(GB 2763)之变化[J]. 饮料工业，2014，17(4)：6-8.
[22] 李富根，廖先骏，朴秀英，等. 2021 版食品中农药最大残留限量国家标准(GB 2763)解析[J]. 现代农药，2021，20(3)：7-12.
[23] 张冠华，毕忠泽，黄海，等. 食品中农药最大残留限量标准(GB 2763—2021)特点分析及应用[J]. 现代农业，2021(6)：90-93.
[24] 荆海强. 美国对食品中农药残留的监管[J]. 世界农药，2000(6)：50-52.
[25] OPPTS 860. 1520. Residue Chemistry Test Guidelines：Processed Food/Feed [S]. US EPA，1996.
[26] DUBEY J K，SHARMA A. Pesticide Residues and International Regulations[J]. Sustainable Management of Potato Pests and Diseases，Singapore：Springer，2022.
[27] CHEN Z L，DONG F S，X V J，et al. Management of pesticide residues in China[J]. Journal of Integrative Agriculture，2015(11)：2319-2327.
[28] 李巧，朱明，王缅，等. 中国与欧盟美国日本等国三嗪类农药残留限量法规差异性研究[J]. 农业与技术，2021，41(3)：24-29.
[29] 王竹天. 国内外食品安全法规标准对比分析[M]. 北京：中国标准出版社，2014.
[30] 郭伟锋，江东坡. 国际食品法典农药残留限量标准的变迁及启示[J]. 中国农业科技导报，2021，23(2)：115-122.
[31] 刘李峰. 我国胡萝卜产业发展现状分析[J]. 上海蔬菜，2006(2)：4-6.
[32] 杨江龙，刘拉平，李岚. 蔬菜中有机磷农药残留研究及对策[J]. 环境污染与防治，2003(6)：370-372.
[33] 张兴，马志卿，李广泽. 试谈生物农药的定义和范畴[J]. 农药科学与管理，2002(1)：32-36.
[34] 刘晓漫，曹坳程，王秋霞，等. 我国生物农药的登记及推广应用现状[J]. 植物保护，2018，44(5)：101-107.

[35] 朱光艳. 国际上农药残留物定义的制定原则综述[J]. 农药学学报，2015，17(6)：633-639.
[36] 王以燕，袁善奎，吴厚斌，等. 我国生物源及矿物源农药应用发展现状[J]. 农药，2012，51(5)：313-316.
[37] 邱德文. 生物农药——未来农药发展的新趋势[J]. 中国农村科技，2017(11)：36-39.
[38] 杨峻，林荣华，袁善奎，等. 我国生物源农药产业现状调研及分析[J]. 中国生物防治学报，2014，30(4)：441-445.
[39] 牛伟平，乔日红，阎会平. 国内外农药最大残留限量标准比较研究[J]. 农业技术与装备，2011(2)：29-31.
[40] 张志勇，王冬兰，余向阳，等. 我国农药残留限量标准制定最新进展与存在问题[J]. 江苏农业科学，2010(6)：480-481.
[41] 张卫锋，连槿. 食品中农药残留限量标准存在问题及制修订建议[J]. 农产品质量与安全，2010 (6)：28-31.
[42] 王旭，郜娓娓，何舞，等. 国内外菠菜标准对比分析研究[J]. 农业环境与发展，2009，26(6)：56-58.
[43] 刘肃，钱洪. 我国与食品法典委员会蔬菜农药残留限量标准的比较[J]. 农业质量标准，2003 (6)：13-14.
[44] 食品中农药残留限量新国标出台[J]. 农业工程，2013，3(1)：56.
[45] 我国最严谨农药残留国标即将实施[J]. 植物医生，2014，27(3)：44.
[46] 陈石榕. 对我国水果农药残留最大限量标准的分析与建议[J]. 农药科学与管理，2006(12)：44-48.
[47] 我国农药残留限量标准增加[J]. 农村新技术，2017 (2)：35.
[48] 朱光艳，朴秀英，廖先骏，等. 国际农药残留一律限量研究及对我国一律限量制定的建议[J]. 植物保护，2021，47(4)：1-5.
[49] 祝红蕾. 肉和肉制品中农药残留的危害及控制措施[J]. 食品安全导刊，2016(24)：39.
[50] 武丽辉. 第 42 届国际食品法典农药残留委员会(CCPR)年会在西安召开[J]. 农药科学与管理，2010，31(5)：55.
[51] 农药残留新国标发布　限量标准增至 4140 个[J]. 粮食科技与经济，2017，42(1)：2.

[52] WANG H B, HAN L R, FENG J T, et al. Evaluation of two Streptomyces spp. and compost for growth promotion and biocontrol potential against Rhizoctonia solani on pepper[J]. Biocontrol Science and Technology, 2015, 25(7): 852-857.

[53] MA W B, FENG J T, JIANG Z L, et al. Fumigant activity of eleven essential oil compounds and their selected binary mixtures against Culex pipiens pallens(Diptera: Culicidae)[J]. Parasitology Research, 2014, 113(10): 3631-3637.

[54] MIRESMAILLI S, ISMAN M B. Botanical insecticides inspired by plant-herbivore chemical interactions[J]. Trends in Plant Science, 2014, 19(1): 29-35.

[55] MEHTA C M, PALNI U, FRANKE-WHITTLE I H, et al. Compost: Its role, mechanism and impact on reducing soil-borne plant diseases[J]. Waste Management, 2014, 34(3): 607-622.

[56] MIAO G P, ZHU C S, FENG J T, et al. Aggregate cell suspension cultures of Tripterygium wilfordii Hook. f. for triptolide, wilforgine, and wilforine production [J]. Plant Cell Tissue and Organ Culture (PCTOC), 2013, 112(1): 109-116.

[57] CHANDLER D, BAILEY A S, TATCHELL G M, et al. The development, regulation and use of biopesticides for integrated pest management[J]. Philosophical transactions of the Royal Society of London. Series B, Biological sciences, 2011, 366 (1573): 1987-1998.

[58] 熊立文,李江华,杨烨,等. ISO、CAC肉与肉制品标准体系浅析以及对我国的启示[J]. 肉类研究,2011,25(6):47-53.

[59] 严寒,戚亚梅,郭林宇,等. 国内外鸡肉农(兽)药残留安全限量标准现状及比较分析[J]. 世界农业,2015(11):142-146.

[60] 康小斐,蒋雄武,李欢,等. 国内外农残限量标准与技术法规比对研究[C]// 中国标准化协会,郑州市人民政府. 第十六届中国标准化论坛论文集. 2019:529-533.

[61] 曹春丽. 基于供应链的肉食品安全预警指标体系研究[J]. 湖南工业大学学报,2015, 29(3): 83-87.

[62] 牛春娥,郭婷婷,袁超,等. 新丝绸之路经济带西部地区牛肉质量安全风险因子分析[J]. 安徽农业科学,2019,47(2):182-184.

[63] 闫冰心. 中国畜产品进口贸易特征及其影响研究[D]. 泰安:山东农业大学,2020.

[64] 马爱进.中外食品中农药残留限量标准差异的研究[J].中国食物与营养,2008(1):12-14.

[65] 孙彩霞,杨明升,崔野韩,等.主要贸易国牛肉质量安全标准研究[J].江苏农业科学,2011,39(4):366-368.

[66] 叶雪珠,王强,张志恒,等.我国与CAC、日本鸡肉兽药残留限量标准比较分析[J].中国畜牧杂志,2009,45(16):28-32.

[67] 于国光,孙彩霞,张志恒,等. 不同国家/地区鸡肉中农药残留限量的分析及对策[J].浙江农业科学,2020,61(10):2136-2137.

[68] 刘超,罗明.中国肉类进口市场结构实证分析[J].合作经济与科技,2022(3):90-92.

[69] 曲超,陶翠,牛琳茹,等.我国肉类加工业"十三五"期间发展状况及趋势[J].肉类研究,2021,35(11):44-49.

[70] 张红梅.浅谈国内外肉类食品安全问题与监管对策[J].食品安全导刊,2021(21):47.

[71] 段梦,黄德林,李新兴. 基于国际视角的中国羊肉竞争力分析及展望[J].农业展望,2018,14(4):61-67.

[72] 贺巍巍,荫硕焱,杨大进.我国部分地区腌腊肉制品中有机磷农药含量调查[J].中国食品卫生杂志, 2016,28(5):667-670.

[73] 中华人民共和国国家卫生健康委员会,中华人民共和国农业农村部.食品安全国家标准 食品中农药最大残留限量:GB 2763—2021[S].北京:中国农业出版社,2019.

[74] 中华人民共和国国家卫生健康委员会,中华人民共和国农业农村部.食品安全国家标准 食品中农药最大残留限量:GB 2763—2021[S].北京:中国农业出版社,2021.

[75] 农业部农药管理司,农业部农药检定所.新编农药手册[M].2版.北京:中国农业出版社,2016.

[76] 熊俊杰,刘超,尹海飞,等. 硫酸铜处理-气相色谱法测定洋葱中12种有机磷农药残留[J].食品安全质量检测学报, 2021,12(6):2246-2251.

[77] 马楠,张玉娟,张志强. QuEChERS-气相色谱-质谱法检测洋葱中20种农药残留[J].食品安全质量检测学报,2019,10(17):5681-5686.

[78] 李堃. "毒死蜱"农药残留标准对我国洋葱及大蒜出口影响的实证分析[D].北

京:对外经济贸易大学,2019.
[79] 刘金涛,赵萍,张子豪,等. 洋葱硫醇类化合物与开发生物农药潜力的研究综述[C]//中国生物工程学会. 中国生物工程学会第十二届学术年会暨 2018 年全国生物技术大会论文集. 2018:345-355.
[80] 许天钧,苏建峰. 离子交换净化-气相色谱法测定洋葱及洋葱调味汁中二嗪磷农药残留[J]. 分析试验室,2018,37(8):917-920.
[81] 徐佳. 气相色谱-质谱法测定洋葱中 129 种农药残留[J]. 福建分析测试,2017,26(5):52-58.
[82] 史海军,刘扬,张雅珩,等. 中国与欧盟和 CAC 关于洋葱农药残留标准限量概况分析[J]. 检验检疫学刊,2017,27(4):36-42.
[83] 侯雪,易盛国,韩梅,等. 串联质谱法检测洋葱中 36 种例行监测农药及其基质效应的探讨[J]. 现代科学仪器,2012(4):115-118.
[84] 李红. 气相色谱-串联质谱法同时测定洋葱中 29 种农药残留[J]. 农业科技与装备,2012(5):56-57.
[85] 姚伟琴,李锋格,李晓岩,等. 气相色谱-质谱法同时测定脱水洋葱中 11 种农药残留量的研究[J]. 中国卫生检验杂志,2012,22(5):1003-1005.
[86] 邵辉,张玉婷,刘磊,等. 气质联用法测定洋葱中有机磷类及拟除虫菊酯类农药残留量[J]. 安徽农业科学,2011,39(6):3327-3329.
[87] 王建,贾斌,张伟国. 气相色谱-三重四极质谱对复杂基质蔬菜(洋葱、茴香)中 12 种农药残留量的同时测定[J]. 分析测试学报,2008(S1):177-179.
[88] 韩世鹤,高媛,蔡雪静,等. 美国食品药品监督管理局农药残留监控计划分析及借鉴[J]. 食品安全质量检测学报,2021,12(12):4709-4713.
[89] 许秀丽,姚桂红,聂雪梅,等. 中外乳及乳制品法规与主要检测指标的比较分析[J]. 食品科学,2021, 42(11):304-312.
[90] 王均良,王冲. 影响生乳质量的因素分析与防控措施[J]. 榆林学院学报,2020,30(4):50-54.
[91] 祝文琪,董晓霞. 2020 年牛奶市场形势分析与 2021 年展望[J]. 中国畜牧杂志,2021, 57(5): 263-265.
[92] 谷美,郑楠,刘慧敏,等. 我国生乳国家标准主要指标对比[J]. 食品科学,2019,40(7):320-327.
[93] 吴成, 王蕾, 赵志强. 对国家标准 GB 2763—2014 中多菌灵、苯菌灵和甲基硫菌

灵残留规定存在问题分析[J]. 农产品质量与安全,2016(4):69-71.
[94] 朱光艳,龚勇. OECD 农药残留定义导则[J]. 农药科学与管理,2016,37(02):37-46.
[95] OECD. Guidance document on the definition of residue[R]//OECD Environment, Health and Safety Publications Series on Testing and Assessment No. 63,2009.
[96] 刘长令,杨吉春. 现代农药手册[M]. 北京:化学工业出版社,2017.
[97] 中华人民共和国农业部. 农业部公告第 2308 号——《食品中农药残留风险评估指南》和《食品中农药最大残留限量制定指南》[EB/OL]. (2015-10-08)[2021-11-12]. http://www.moa.gov.cn/nybgb/2015/shiyiqi/201712/t20171219_6104099.html.
[98] 袁哲,李庭铂. 果蔬农药残留检测方法研究进展[J]. 中国果菜,2021,41(9):75-78.
[99] 黎小鹏,刘红梅. 水果和蔬菜中农药残留检测前处理技术研究进展[J]. 仲恺农业工程学院学报,2013,26(4):65-70.
[100] 杨明,伊鋆,王冬梅,等. 食品中农药残留分析前处理技术研究进展[J]. 河南工业大学学报:自然科学版,2020,41(3):130-140.
[101] 武杨柳,李栋,康露,等. 质谱技术在农药残留分析中的研究进展[J]. 质谱学报,2021,42(5):691-708.
[102] 李靖,王春光,田海清. 光谱技术在农药残留检测中的应用与展望[J]. 农机化研究,2014,36(8):250-252.
[103] 李子豪,何强,师源,等. 浅谈农药残留快检技术的应用及展望[J]. 质量安全与检验检测,2020,30(6):57-60.
[104] 赵志高,骆骄阳,付延伟,等. 免疫分析技术在农药残留分析中的研究进展及在中药中的应用展望[J]. 分析测试学报,2021,40(1):149-158.
[105] 陈冬兰,夏彤,王志波,等. 几种常用蔬菜农药残留检测技术概述及比较[J]. 现代农业科技,2010(9):172-173.
[106] 潘辉. 几种食品农药残留快速检测样品前处理技术比较[J]. 生物技术世界,2016(3):57-59.
[107] 杨丽,叶尔买克,王震,等. 多残留检测的前处理技术及检测方法比较[J]. 安徽农业科学,2016,44(29):81-83.
[108] 侯芳. 蔬菜农药残留检测技术比较分析[J]. 广东蚕业,2021,55(3):73-74.
[109] 张卫国,章晓麟. 残留农药分析中提取溶剂的选择方法[J]. 公安大学学报:自

然科学版,2001(3):9-11.
[110] 杨柳,王贵禧,樊金拴.农产品农药残留的标准、检测和降解技术的研究进展[J].中国农学通报,2005(12):108-116.
[111] 李春扬,张晓磊,田菲菲,等.气相色谱-串联质谱技术在食品分析中的应用研究进展[J].食品安全质量检测学报,2016,7(8):3291-3299.
[112] 张国辉,孙传强,孙运,等.基质辅助激光解吸/电离质谱质量分析器技术综述[J].真空科学与技术学报,2018,38(8):667-676.
[113] 王聪,梁瑞强,曹进,等.高分辨质谱在食品检测分析中的应用进展[J].食品安全质量检测学报,2018,9(5):1038-1044.
[114] 丁宗庆,吕丽丽,徐晖.高效液相色谱-质谱技术在食品安全分析中的应用进展[J].食品科技,2008(10):222-225.
[115] 杨伯宇,朱大模,张玉奎.基体辅助激光解吸电离质谱法及其应用[J].生物化学与生物物理进展,1995(3):272-275.
[116] 石龙凯,杨进,张小涛,等.大气压光电离技术及其应用研究进展[J].化学分析计量,2014,23(4):99-103.
[117] 周雪彬.浅析气相色谱仪的应用现状及发展趋势[J].中国石油和化工标准与质量,2013,34(3):32.
[118] 孟凡玲.气相色谱简介及其应用现状[J].广东化工,2017,44(7):148.
[119] 阳仲斌,李甲枚,李伟,等.色谱技术在农药残留检测中的应用综述[J].现代农业科技,2016(14):114-117.
[120] 李晓娟,彭涛,陈冬东,等.质谱法在食品样本农药残留分析中的应用进展[J].农药学学报,2011,13(6):555-567.
[121] 刘洋,李天雨,张文.样品前处理技术在食品农药残留检测中运用概述[J].现代食品,2021(4):143-144.
[122] 刘芳,王恒,杨菊.农产品中农药残留检测前处理方法的研究进展[J].食品安全质量检测学报,2019,10(18),6184-6189.
[123] WANG L,DONG L X,LI Y, et al. The Development of Time-of-flight Mass Spectrometry (TOF-MS) and Its Applications in Screening Food Hazard Factors[J]. Agricultural Biotechnology,2020,9(2):101-104.
[124] 豆小文,褚先锋,杨银慧,等.纳米材料在农药残留分离富集和检测中的应用进展[J].药物分析杂志,2015,35(9):1509-1519.

[125] 王冬伟，刘畅，周志强，等. 新型农药残留快速检测技术研究进展[J]. 农药学学报，2019，21 (Z1)：852-864.

[126] YANG T T，ZHAO C C，CAI J R，et al. Research Progress on the Advanced Safety Detecting Technology of Edible Fungi[C]// Proceedings of the 5th International Medicinal Mushroom Conference. 2009：417-426.

[127]《2021 年世界粮食安全和营养状况》中文版全文发布：疫情肆虐，全球饥饿人数激增[J]. 粮油食品科技，2021，29(6)：70.

[128]李富根，廖先骏，朴秀英，等. 2021 版食品中农药最大残留限量国家标准（GB 2763）解析[J]. 现代农药，2021，20(3)：7-12.

[129]张冠华，毕忠泽，黄海，等. 食品中农药最大残留限量标准（GB 2763—2021）特点分析及应用[J]. 现代农业，2021(6)：90-93.

[130]虞冰，吴声敢，赵学平，等. 食品中农药最大残留限量标准（GB 2763—2016）特点分析[J]. 农产品质量与安全，2017(3)：74-77.

[131]宋稳成，郑尊涛，武丽辉，等. 食品中农药最大残留限量国家标准（GB 2763—2012）的特点分析[J]. 农产品质量与安全，2013(2)：31-33.

[132]2019 版《食品安全国家标准　食品中农药最大残留限量》发布[J]. 农产品质量与安全，2019(5)：88.

[133]黄晓春，周禹，赵丽丽，等. 番茄中农药残留现状调查与风险评估[J]. 安徽农业科学，2020，48(23)：231-233.

[134]简秋，朱光艳，郑尊涛，等. 国际禁限用农药残留限量标准制定原则简析[J]. 农药科学与管理，2014，35(6)：20-25.

[135]戴岳，朴秀英，朱光艳，等. 蔬菜禁用农药最大残留限量差异对贸易影响分析[J]. 农药科学与管理，2021，42(12)：32-39.

